Fritz Martini

Geschichte im Drama – Drama in der Geschichte

Spätbarock · Sturm und Drang · Klassik · Frührealismus

Klett-Cotta

CIP-Kurztitelaufnahme der Deutschen Bibliothek

Martini, Fritz:
Geschichte im Drama – Drama in der Geschichte :
Spätbarock · Sturm u. Drang · Klassik · Frührealis-
mus / Fritz Martini, – 1. Aufl. – Stuttgart :
Klett-Cotta, 1979.
ISBN 3-12-935510-3

1. Auflage 1979

Verlagsgemeinschaft
Ernst Klett – J. G. Cotta'sche Buchhandlung Nachfolger GmbH, Stuttgart

Einbandgestaltung: Heinz Edelmann
Satz: G. Müller, Heilbronn
Druck: Wilhelm Röck, Weinsberg

Inhalt

F. Schiller: *Demetrius.*
Usurpation und Legalität
– 307 –

Chr. D. Grabbe: *Napoleon oder die hundert Tage*
– 349 –

Vorwort

Aus der Sammlung von Aufsätzen eines Autors kann hervortreten, was bei den zunächst einzeln veröffentlichten Arbeiten unbeachtet geblieben war. Man hatte sie ihres Gegenstandes wegen gelesen. Erst die Gruppierung um ein übergreifendes Thema und die Wiederkehr der Gedankengänge geben leitende Interessen und Methoden des Verfassers deutlicher zu erkennen. Der Umriß des Wissenschaftlers wird individueller, die Bedeutung seiner Gegenstände gleichzeitig allgemeiner. Denn nicht mehr an der thematischen Grenze des einzelnen Aufsatzes endet nun die Erkenntnis; am Fortschreiten der Lektüre von Gegenstand zu Gegenstand werden generelle Bedingungen und Tendenzen sichtbar, die dem je besonderen Werk vorausliegen und nachfolgen.

Was dem ersten Blick aufs Inhaltsverzeichnis von Fritz Martinis Buch als eine Reihe von Einzelinterpretationen erscheinen mag, wird die zusammenhängende Lektüre als distinkte Realisationen einer durchgängigen Problemstellung erkennen. Sie geht – der Titel „Geschichte im Drama – Drama in der Geschichte" kündigt es an – aus der Verschränkung einer besonderen Form mit der allgemeinen Geschichte hervor. Wie das Verhältnis von Einzelwerk, literarischer Gattung und Gesellschaftsgeschichte zu denken sei, hat Martini im Vorwort zu seinem Hauptwerk „Deutsche Literatur im bürgerlichen Realismus" formuliert. Er bezeichnet es als Ziel seiner Arbeit, „daß die Autonomie des Werkes als Kunstwerk, als in sich freie, ‚spontane', ihren immanenten Gesetzen folgende Schöpfung, und seine Zugehörigkeit zu einem begründenden und verbindenden geschichtlichen Zusammenhang nicht zueinander in einen Widerspruch treten". Der Widerspruch löst sich nur dann auf, wenn „die geschichtliche Werkbestimmung" nicht außerhalb, sondern innerhalb der Interpretation gefunden wird: „Die geschichtliche Einsicht mußte aus der Interpretation hervorgehen, ihr als Perspektive eingebettet werden." Ist Geschichte als innere Perspektive im Werk selbst erkannt, so darf sich die weitere Interpretation der Erscheinung des Einzelnen überlassen, ohne um den Zusammenhang des Ganzen fürchten zu müssen.

Welcher Art ist die Geschichte, die den Literaturhistoriker interessieren muß? Konkrete politische oder ökonomische Fakten würde man in Martinis Studien so vergeblich suchen wie abstrakte Epochenbegriffe oder Zeittendenzen. Beide Auffüllungen von ‚Geschichte', jene von der neueren Literatursoziologie, diese von der älteren Geistesgeschichte vorgeschlagen, tragen nur äußerliche Zuordnungen an die Literatur heran und verfehlen deren genuines Vermögen, Geschichte zu erfassen. Sie ist, sofern sie von der Literatur selbst thematisiert und hervorgebracht wird, die Geschichte des gesellschaftlichen Bewußtseins, die Innenseite der Geschichte also. Ihr kehrt sich die Innenseite der Literatur zu. Der Bewußtseinswandel der Gesellschaft ist kein abstrakter Prozeß, der den konkreten Formen und Werken der Literatur vorausgesetzt wäre; vielmehr treiben sie ihn – wie andere wirkliche Handlungen der Menschen – voran. Wenn Christian Weises neues Drama, wie es Martini darstellt, sich programmatisch vom vorausgehenden Trauerspiel Gryphius' und Lohensteins absetzt, *spiegelt* es nicht, sondern *zeigt* es den Weg von der höfisch-gelehrten Standeskultur zu einer bürgerlich-praktischen Weltlichkeit. Ähnlich entfaltet sich der vorrevolutionäre Konflikt zwischen patriarchalischen und individualistischen Lebensformen am dramatischen Motiv der feindlichen Brüder: der historische Gegensatz wandert als Generationskonflikt ins Drama ein.

Von allen literarischen Formen steht keine dem Stoff und der Struktur der Geschichte so nahe wie das Drama, zumindest in seiner neuzeitlichen Ausprägung. Dem neueren Drama soll die Geschichte ersetzen, was die griechische Tragödie im Mythos besessen hatte: ein Reservoir bedeutender und folgenreicher Aktionen. Die reziproken Versuche, Drama als Geschichte und Geschichte als Drama zu begreifen, haben im dramatischen Werk Schillers und in der Geschichtsphilosophie Hegels ihre komplementären Darstellungen gefunden. Der von ihnen ausgehenden Verführung, in der historischen Realität selbst eine tragische Konstellation zu sehen, kann der historisch ambitionierte Interpret dramatischer Literatur nur schwer widerstehen. Martini jedoch referiert eine solche tragische Geschichtsdialektik nur, insofern sein Gegenstand sie von sich aus anbietet: „Das Trauerspiel als Geschichte und als Drama – dies war das Gleiche" schon in der Auffassung des 17. Jahrhunderts; bei der Deutung von Schillers „Demetrius" führt Martini tragische Aporie und Widersprüche im Werk auf die „Aporie im System der aufgeklärten Monarchie" und einen den „Zielen der Aufklärung selbst inhärenten Widerspruch" zurück. Poesie und Geschichte gehen lediglich im metaphorischen Gebrauch des Begriffs ‚Tragödie' zum Zweck der Interpretation ineinander über: „So spielt sich auf diesem geschichtlichen Welttheater die Tragödie des großgearteten Menschen innerhalb der Zwänge der Geschichte ab, deren Subjekt er sich glaubte und deren Objekt er wird." Keinesfalls möchte Martini – darin wird die historische Erfahrung seiner skeptischen Auffassung zustimmen – das Verständnis von Geschichte auf die gerade Linie des Fortschritts festlegen. Geschichte gilt ihm als zwar veränderlicher und veränderbarer, aber stets problematischer Rahmen der individuellen menschlichen Existenz.

Vergleicht man die deutsche dramatische Produktion mit der europäischen, so fällt eine eigentümliche historische Verspätung auf: Während das Drama in England, Spanien und Frankreich seine größte Bedeutung im späten 16. und im 17. Jahrhundert erreicht, müht sich das Theater in Deutschland im 18. Jahrhundert noch um theoretische Grundlagen und praktische Verwirklichung. Diese Verspätung bewirkt, daß das ‚klassische' deutsche Drama *bürgerliches* Drama wird. Keine andere Form der deutschen Literatur hat in solchem Ausmaß Modelle bereitgestellt, mit deren Hilfe sich die Mitglieder der aufsteigenden bürgerlichen Klasse über ihre Bedürfnisse, Probleme und Ideale verständigen konnten. Deshalb geht die Entstehung einer kritischen und politischen Öffentlichkeit in Deutschland mit der Anstrengung Hand in Hand, ein Nationaltheater zu begründen – wie auch im schließlichen Mißerfolg das politische und das kulturelle Vorhaben einander kongruent bleiben. Mit der deutschen Geschichte ist die deutsche Dramatik in einem eminenten Sinne verknüpft. Befragt Martini diese nach politischen Implikationen und gesellschaftskritischen Tendenzen, so verfällt er nicht falscher Aktualisierung, sondern legt den historischen Sachgehalt der Form frei. Entstehung, Entfaltung und Stagnation des bürgerlichen Bewußtseins in Deutschland bestimmen daher die zeitlichen Grenzen der hier analysierten Dramen. Sie reichen vom Ende des 17. Jahrhunderts, da Weises politisch-pragmatischer Blick im „Masaniello" die fürstliche Selbstdarstellung und mit ihr die höfische Theatralik entzauberte, bis in die erste Hälfte des 19. Jahrhunderts, da Grabbes „Napoleon" Illusion und Desillusion jener politischen Heroik vorführt, die in Deutschland aus der bürgerlichen Revolutionsepoche übriggeblieben war.

Am Anfang und Ende von Martinis exemplarischer Geschichte des bürgerlichen Dramas stehen *politisch* orientierte Werke; den Schwerpunkt seiner Darstellungen wie die Mitte dieser Geschichte bildet jedoch das *soziale* Drama. In ihm liegt die hauptsächliche Leistung des Sturm und Drang. Es artikuliert weniger die äußeren Gegensätze an den Klassengrenzen als vielmehr die inneren Widersprüche der neuen Gesellschaft, jene Widersprüche zwischen anarchischen Individualismen und sozialer Mechanik, zwischen privaten Trieben und sozialen Geboten, zwischen Söhnen und Vätern, zwischen utopischen Projekten und partikularen Gegebenheiten. Hier markieren die zentralen Themen Martinis, insbesondere Lenz und Klinger, die Interessen der neueren literaturhistorischen Forschung. Sie hat im Sturm und Drang, dessen unausgeglichene Formen früher als Argument dienten, ihn zum bloßen Kontrapost der klassischen Dramatik herabzusetzen, vorgreifende thematische Einsichten und formale Möglichkeiten entdeckt. Hier wird ein Vorläufer des modernen epischen Theaters sichtbar.

Daß das Drama Gesellschaft zu seinem Thema und Geschichte zu seiner Handlung macht, erfordert und bewirkt Veränderungen seiner Form. An ihr läßt sich ablesen, welche historischen Bedingungen sich geändert, welche sozialen Orientierungen sich verschoben haben. Die Dialektik von Form und Inhalt gestattet dem Literaturwissenschaftler, von seinem Wissen über Formtraditionen und seinen Beobachtungen über Formveränderungen auszugehen. „Literaturgeschichte" ist daher für Martini vor allem „eine Geschichte der Formen". Das Soziale liegt *in*, nicht *neben* ihnen. Damit knüpft Martini, auch wenn er die Bezüge nicht ausdrücklich nennt, an jenes ästhetisch-historische Denken an, dessen Vorbild Hegels Ästhetik abgibt und das zu Beginn unseres Jahrhunderts der frühe Lukács („Zur Soziologie des modernen Dramas", „Die Theorie des Romans") wiederaufgenommen hat.

Formtheoretische Überlegungen verhindern, daß Abweichungen in der Form (bis zur Zerstörung des überlieferten Gattungsschemas) unter das klassische Verdikt bloßer Normverletzungen fallen; vielmehr legen gerade Formverstöße es nahe, nach den Einbruchsstellen bedeutsamer historischer Verschiebungen zu suchen, sie gar als angemessenen Ausdruck neuer geschichtlicher Anforderungen zu rechtfertigen. Mit dieser Methode gelingt es Martini, die monströse Form von Goethes „Götz" zu begreifen: Hier ist der Held inmitten einer Vielzahl gesellschaftlicher Schichten und konträrer Parteien dargestellt, so daß sich das „Charakterdrama" zum „Gesellschaftsdrama" wandeln muß. Aus den Disproportionen einer alten Form gehen die Proportionen einer neuen hervor. Ähnlich verfährt die Analyse von Grabbes Werk: was zunächst, an den Normen des klassischen Dramas gemessen, als Zerfall der Form erscheint, ermöglicht gleichzeitig den Aufbau des Stoffes, der dem modernen politischen Weltzustand entnommen ist; aus den Gegensätzen der geschichtlichen Kräfte, aus der Uneinheitlichkeit der literarischen Stile bildet Grabbe seine eigene Form, die „Tragikomödie der Weltgeschichte". – Um solche Formprozesse zu erkennen, ist es notwendig, Form als innere Möglichkeit, nicht als äußerliche Kennzeichnung der Werke zu verstehen. Daß Martinis Untersuchungen eben dieser „Formmöglichkeit" (wie er es in „Schillers Abschiedsszenen" nennt) gelten, zeigt am deutlichsten seine Studie zum „Geisterseher", indem sie an Schillers Erzählung die innere Struktur des Dramas nachweist.

Der Versuch, Martinis literaturwissenschaftliches Vorgehen anhand der Aufsätze, die der Band vereinigt, exemplarisch zu rekonstruieren, sollte nicht zu der Annahme verleiten, seine Arbeiten seien ausschließlich von diesen theoretischen Richtlinien her bestimmt. Strenge Theorien zu formulieren war nicht das Hauptinteresse jener Generation von Literaturwissenschaftlern, welcher er angehört. Ihr gelten Werkdeutung, Formgeschichte und Literaturhistorie als selbstverständliche Aufgaben des Faches, zu deren Lösung vielfältige, zuweilen heterogene Mittel dienen konnten. Theoretische Orientierungspunkte, die bei einigen, darunter Martini, nicht fehlen, sind eher aus dem Gebrauch von Begriffen, aus der Wiederkehr von Interpretationsmustern zu erschließen denn erklärten Theorien zu entnehmen. Der Leser dieser Studien wird allgemeine und besondere, historische und literarische, inhaltliche und formale Bemerkungen verbunden vorfinden – und sich damit zufriedengeben, weil gerade durch die Mischung der Perspektiven ein ausgewogenes Bild des Gegenstandes entsteht. Hier kommen die Kenntnisse und Tugenden des Literaturhistorikers älteren Stils zur Geltung, der noch das Gesamtgebiet der deutschen Literatur zu überblicken und darzustellen wußte. Fritz Martini hat eine „Deutsche Literaturgeschichte von den Anfängen bis zur Gegenwart" geschrieben. Man wird bei ihm Erkenntnisse vermissen, wie sie nur aus der beharrlichen Verfolgung extremer Details zu gewinnen sind. Seine Leistung liegt in der vielseitigen Charakteristik und der zutreffenden Lokalisierung der Werke im Schnittpunkt literaturgeschichtlicher Entwicklungen. Darum ist es ihm wie wenigen seines Faches geglückt, eine akademische Wissenschaft auch dem gebildeten Laien zu vermitteln.

☆

Vielseitigkeit und Zugänglichkeit kennzeichnen nicht nur Martinis wissenschaftliche Arbeiten, die sich weder sachspezialistisch noch methodologisch, noch akademisch festnageln lassen. Sie kennzeichnen seine Tätigkeit an jener Hochschule, an der er stetig seit dem Ende des Zweiten Weltkriegs eine wirksame Rolle gespielt hat: durch seine Lehrveranstaltungen und erst recht durch seine bildungspolitischen Impulse. Daß die vormalige Technische Hochschule Stuttgart sich in den sechziger Jahren auf eine Universität Stuttgart hin entwickelte, dazu haben gerade die zielsicheren Anstrengungen Fritz Martinis zu einem guten Teil beigetragen. Der in diesem Aufsatzband so beharrlich dem Drama in der Geschichte und der Geschichte im Drama nachgeht, hat sich nicht auf beschriebenem Papier erschöpft. Er hat selbst so tatkräftig wie gewitzt eingegriffen in die Geschichte der Stuttgarter Universität – mit offensichtlichen inneruniversitären und außeruniversitären Wirkungen.

Inneruniversitär: die zunächst nur vereinzelten Geisteswissenschaften (in den fünfziger Jahren vertreten durch je einen Philosophen, einen Kunsthistoriker, einen Literaturwissenschaftler und einen gastierenden Historiker), die den Studenten der Natur- und Ingenieurwissenschaften mit allgemeinbildenden Veranstaltungen entgegenkamen, wurden nunmehr ausgebaut zu eigenständigen und vollständigen Studiengängen, unter anderm in Linguistik, Philosophie, Geschichte, Romanistik, Germanistik, Anglistik. Diese Entwicklungsstufe der Stuttgarter Hochschule, gefördert von Martini und dem damaligen Kultusminister Gerhard Storz, war und ist heute noch spannungsvoll.

Denn es gerieten da sowohl der Geschichtsverlauf wie das Geschichtsverständnis verschiedenartiger Wissenschaften in einer merkwürdigen Inversion aneinander. Eine Hochschule, deren Tradition auf modernen Natur- und Ingenieurwissenschaften beruhte, mußte eine Modernisierung durch traditionelle Geisteswissenschaften verkraften. Diese produktive Zumutung wurde durch den Zeitpunkt der späten sechziger Jahre noch verschärft. Die neuen alten Disziplinen nämlich, die der alten neuen Hochschule einverleibt wurden, waren just wegen ihres Traditionalismus und wegen ihrer heiklen Bindung an Geschichte besonders betroffen von den fälligen Forderungen, die eigene gesellschaftliche Rolle und den überkommenen Studienbetrieb zu überdenken und daraus praktische Konsequenzen zu ziehen. Auch diese Beunruhigung brachten sie dem befestigten Forschungs- und Lehrbestand der Naturwissenschaftler und Ingenieure noch als Morgengabe mit ein. Solche Spannungen, die anscheinend den Stuttgartern mehr zu schaffen machen als den parallelen Hochschulen in Aachen, Berlin, Hannover, Karlsruhe, sind, wie Martini früh erkannte, eine reizvolle und fruchtbare Herausforderung für beide Seiten. Sinnfälliger, als wenn sie eigensinnig unter je gesondertem institutionellem Dach bei sich blieben, können die neuen alten wie die alten neuen Disziplinen erfahren, wo ihre eigenen Stärken liegen und was sie voneinander haben.

Die außeruniversitären Wirkungen sind gleichfalls beträchtlich. Wenn es Martini und anderen gelungen ist, eine systematische geisteswissenschaftliche Ausbildung in Stuttgart nicht bloß durchzusetzen, sondern auch erfolgreich durchzuführen, so ist damit ein soziales Bedürfnis und ein kulturelles Vakuum gedeckt worden. Stuttgart ist Mittelpunkt eines sehr weiten Ballungsgebiets: vielen Studenten wurde so erst ermöglicht, ein Gymnasiallehrerstudium in erreichbarer Nähe aufzunehmen. Und Stuttgart vereinigt als Landeshauptstadt wesentliche kulturelle Einrichtungen von überregionalem Rang, zu denen auch das nahe gelegene Literaturarchiv in Marbach zählt: Sie werden erst dann sinnvoll ausgeschöpft, wenn es an Ort und Stelle einen entsprechenden akademischen Nachwuchs gibt, der davon Gebrauch macht.

Nicht allein *daß*, auch *wie* in Stuttgart Geisteswissenschaften tätig sind, hat mit Martinis Anregungen zu tun. Er nutzte die Chance einer Hochschule, die in den althergebrachten Disziplinen keine verpflichtenden Traditionen kannte und darum keinerlei Einschränkungen auferlegte in Forschungsrichtungen, weltanschaulichen Lehrmeinungen und Studiengängen. Das bedeutet keinen Bruch mit dem Ahnherrn auf dem gleichen Lehrstuhl – Friedrich Theodor Vischer –, vielmehr eine Bekräftigung von dessen unkonventionell-akademischer Aktivität. So ist in Stuttgart, früher als an den meisten altehrwürdigen Universitäten, ein Lehrstuhl für Linguistik eingerichtet worden, der das sehr bewegliche Dreiermodell im Germanistikstudium ermöglichte (neuere + mittelalterliche Literatur + Linguistik; ein Gebiet abwählbar nach der Zwischenprüfung). So sind in Stuttgart die verschiedenen philologischen Fächer jeweils in Instituten für Literatur und Linguistik zusammengefaßt, was fachübergreifende Zusammenarbeit in Forschung und Lehre begünstigt. So lag und liegt denn auch in Martinis eigentlichem Fach, bei ihm wie bei seinen unmittelbaren Kollegen, einer der Schwerpunkte auf gegenwärtiger Literatur und Massenmedien, die neue ästhetische Erfahrungen vermitteln.

Aus Martinis weiteren, mannigfachen Tätigkeiten braucht man bloß zwei herauszugreifen, die nochmals beispielhaft seine Spannweite von Vergangenheitsbildung und Gegenwartsinteresse abstecken. Er ist Herausgeber des „Deutschunterrichts" und des Schiller-Jahrbuchs; er war Präsidialmitglied der Deutschen Akademie für Sprache und Dichtung und ist noch Vorstandsmitglied der internationalen Goethe-Gesellschaft in Weimar. Allenthalben wird deutlich: Dieser lebendige Historiker lebender Literatur setzt nicht nur auf das, was sich schon gesetzt hat, er läßt sich auch, risikobereit, auf das ein, was kommt. Und er hat sich nicht nur von der Geschichte mitspielen lassen, sondern er selbst spielt mit in ihr. Fritz Martini wird in diesem Jahr 70 Jahre.

Fritz Martini zum 70. Geburtstag.
Stuttgart, 5. September 1979

Volker Klotz *Heinz Schlaffer*

Chr. Weise: *Masaniello*

Lehrstück und Trauerspiel der Geschichte

Das *Trauerspiel von dem Neapolitanischen Haupt-Rebellen Masaniello*[1] wurde am 11. Februar 1682 von Schülern des Gymnasiums in Zittau aufgeführt, dessen Rektor Christian Weise, sein Autor und sein Regisseur, seit 1678 des Amtes waltete. Weise hatte zwischen 1648 und 1660 hier selbst auf der Schulbank gesessen, und es kann mit Sicherheit angenommen werden, er habe Jahr für Jahr schon bei diesen traditionsreichen Zittauer Schulspielen mitagiert.[2] Sein Vater hatte 1662 bis 1669 als Lehrer an der gleichen Schule die „gewöhnlichen Komödien“ geleitet. Solche Einübung mag früh eine reiche Theatererfahrung entwickelt haben, zusammen mit einer Passion für das Spielwerk und das Schauwerk, der Weise sich als Rektor ungehindert hingeben konnte, auch wenn er gern sein Komödienschreiben als eine Pflicht ausgab, der er sich nur in seinen „gesuchten“ Nebenstunden mit „unvergleichlicher Geduld“ unterzogen habe: nicht eigentlich mit Freude, sondern in der mühsamen Erfüllung seiner pädagogischen Aufgaben. Der Gelehrte und Pädagoge fürchtete um seinen Ruf, er eilte den Kritikern voraus, die von der Komödie, überhaupt vom allzu lebhaften Theaterspielen seiner Schüler wenig hielten. Weise wäre in der Tat nicht genötigt gewesen, für den alljährlich wiederkehrenden Spielplan, dem er selbst die Regel gab, daß an drei einander folgenden Tagen je „eine geistliche Materie aus der Bibel, eine politische Begebenheit aus der Historie, und ein freies Gedichte neben einem lustigen Nachspiele“ dargeboten werden sollte, mit eigenen Werken zu bestellen. Er wich darin von der Zittauer Tradition, dem Verfahren seiner Amtsvorgänger

[1] Erster Druck: *Christian Weisens Zittauisches Theatrum.* Wie solches Anno 1682 präsentiret worden, Bestehende in drey unterschiedenen Spielen. 1. Von Jacobs doppelter Heyrath. 2. Von dem Neapolitanischen Rebellen Masaniello. 3. In einer Parodie eines neuen Peter Squenzes von lautern Absurdis Comicis. Zittau, In Verlegung Johann Christopf Miethens Druckts Michael Hartmann 1683. Neudrucke: Christian Weise, *Masaniello.* Hrsg. von Fritz Martini, Verlag Reclam, Stuttgart, Universal-Bibliothek 9327/29 (nach Druck A, Exemplar d. British Museum); Christian Weise, Sämtliche Werke, Bd. 1, Historische Dramen 1. Hrsg. von John D. Lindberg, Walter de Gruyter, Berlin/New York, 1971. Masaniello, Trauerspiel von Christian Weise (1683). Hrsg. von Robert Petsch, Neudrucke deutscher Literaturwerke des XVI. und XVII. Jahrhunderts, Halle a.S. 1907.

[2] Walther Eggert, *Christian Weise und seine Bühne.* Germanisch und Deutsch, Studien zur Sprache und Kultur, Heft 9, Berlin 1935. S. 31f.

ab, die fast immer zu fremden Dramen gegriffen hatten. Bereits die Zusammenstellung dieser drei Spieltypen zeigt eine Tendenz zur Totalität im Vielfältigen, das Heiliges und Weltliches, Ernstes und Heiteres zu umfassen hatte, der Frömmigkeit, der Moral wie der Belustigung dienen sollte. Allerdings legte sich der Akzent des Interesses Weises deutlich auf das „Politische", die Staatshandlung und deren Intrigen und auf das Komische, wie Stoffe, Aufbau und Einlagen seiner geistlichen Spiele, die er durchweg im Alten Testament ansiedelte, erkennen lassen. Von den politischen Spielen aus der Historie sind fünf im Druck, zwei handschriftlich überliefert. An ihre Spitze darf mit allem Fug das *Trauerspiel von Masaniello* gestellt werden.

Christian Weise schloß sich an die literarisch-theatralische Tradition des protestantischen Schuldramas seit der Reformation an, er kannte weiterhin die Spielformen, die auf den volkstümlichen Wanderbühnen geläufig waren und nach England, zur Shakespeare-Tradition, wie nach Italien, zur Tradition der Commedia dell'arte, zurückverwiesen. Diese Tradition macht sich im Stil der Haupt- und Staatsaktion des *Masaniello*, in dessen Szenenführung, in dessen Effekten des Schrecklichen und Komischen bis hin zu der lustigen Figur Allegro bemerkbar, die allerdings mehr dem deutschen Pickelhering als dem italienischen Arlecchino nahe ist.[3] Es ist auch wahrscheinlich, daß Weise das im nahen Schlesien hochentwickelte Jesuitendrama, das ebenfalls ein Schultheater war, kannte. Doch Christian Weise war nicht der Mann, nur im Gebräuchlichen zu verharren. Er machte die Tradition von Schuldrama und Schulaufführungen zur Basis einer in ihren Tendenzen und wie im *Masaniello* in ihren Resultaten originären Leistung. Sie stellte dem Typus der klassizistisch hohen Tragödie von Andreas Gryphius und Casper von Lohenstein, deren Pathos und Schmuckstil, einen radikal anderen Dramen- und Spieltypus entgegen, der, anscheinend geschichtlich zurückgreifend, in Wahrheit eine „Modernität" zeigte, die aus dem Jahrhundert des Barock in das Jahrhundert der Aufklärung, aus dem Stil des Höfisch-Gelehrten zum Stil einer bürgerlich-praktischen Weltlichkeit hinführte, der es nicht mehr um die vertikale Existenz des Menschen zwischen Himmel und Hölle, sondern um die horizontale Existenz des Menschen in dieser realen irdischen Welt ging. Weise schrieb im *Masaniello* ein Gegendrama gegen die religiöse Weltsicht und gegen den Klassizismus der barocken Tragödie, er schrieb ein Drama, das den Menschen nicht in der einen großen Spannung zwischen irdischem Schicksal und dem Reich Gottes, sondern in der Vielfalt der Konflikte und Intrigen dieser mannigfaltigen gesellschaftlichen Wirklichkeit darstellt. Er blieb ein Einzelgänger, fast ohne Folgen, wenn auch nicht ohne schwache

[3] Walter Hinck, *Das Lustspiel des 17. und 18. Jahrhunderts und die italienische Komödie. Commedia dell'Arte und Théâtre italien,* Stuttgart 1965, S. 136f.

Nachahmer; bereits das Urteil des 18. Jahrhunderts schob ihn beiseite, und das Verdikt einer pedantisch-ungeschickten Schulmeisterpoeterei, einer Zweck- und Effektarbeit ohne formende künstlerische Impulse, erhielt sich, nur langsam abgedämpft, bis in die gegenwärtige Forschung; ohne Rücksicht darauf, daß sich hier eine dramatische Auffassung und Stilformung abzeichnet, die bei J. R. M. Lenz, dann G. Büchner und wiederum im Drama und Theater des 20. Jahrhunderts fruchtbar wurde. Gewiß sei nicht daran gedacht, Weises *Masaniello* künstlerisch einen irgendwie vergleichbaren Rang zuzusprechen, doch scheint auch zu kurz gegriffen, wenn man ihn, wie es meist geschieht, lediglich an den Typus des Schuldramas zurückbindet und ihn unter dessen Perspektive versteht oder auch mißversteht.

Wir möchten zu einem anderen Aspekt leiten: zu der Frage, wie Weise unter den Voraussetzungen und Bedingungen des Schuldramas zu dem Originären eines Dramas wie *Masaniello*, zu den ihm eigenen Aufbau- und Gestaltungsformen gelangt ist. Weise war keineswegs nur ein naiver Theaterhandwerker, der seine Dramen schrieb und Aufführungen inszenierte, weil sein Amt dies vorschrieb; die vielen Bemerkungen zu den Zielen und Besonderheiten und gegen die Kritik seiner Dramen- und Theaterpraxis, die in seinem umfangreichen Werk, besonders in Vorreden zu den Dramen, verstreut sind, erweisen seine poetologische und dramaturgische Reflexion, ein methodisches Programm, eine persönliche Poetik, die sich entschieden gegen die Normen der in dieser Zeit noch geltenden Poetik des Dramas absetzte, eigene Wege ging und an ihnen unbeirrbar festhielt. Weise machte keine Konzessionen gegenüber der herrschenden Poetik – er mußte hingegen Konzessionen angesichts der besonderen Ansprüche der Schulbühne und ihrer Bestimmungen und Funktionen machen. Doch zeigt sich am *Masaniello*, wie er diese Konzession zur Übereinstimmung mit seinem eigenen produktiven Zugriff brachte. Daß die Schulbühne für ihn nicht nur ein Spiel-Platz war, über den er kraft Amt und eigener Neigung verfügen konnte, Autor, Intendant und Regisseur wie Erzieher seiner Spieler in einer Person, daß sie ihm vielmehr auch Grenzen setzte und Rücksichten auferlegte, die ihm seine Autorschaft und Spielleitung nicht erleichterten, geht aus vielen seiner Äußerungen genugsam hervor. Der Pädagoge Weise hat immer wieder mit Nachdruck, nicht nur als Schutzschild für ihn selbst und seine spielfreudigen Actores, sondern gewiß mit Überzeugung den erzieherischen Sinn dieser Aufführungen unterstrichen: Die Schüler wurden zur gewandten, ungezwungen-natürlichen und gleichwohl gepflegten Sprechfähigkeit, zur Kunst des öffentlichen Redens, zur Geschicklichkeit im Dialog gebildet. Ihr Spiel war eine Übung in selbstsicherem Auftreten, in freimütiger Gelassenheit, es war eine Übung des Gedächtnisses und in körperlicher Gewandtheit, in geselligem Anstand. Zugleich halfen die Spiele in der „schattichten" Schule zu einer galanten Aufmunterung, einer anständigen Relaxation, einer Befreiung zu Heiterkeit, einer Entspannung zu Frohsinn und Lachen. Denn Weise hielt dafür, daß das Lachen ein ebensogut von Gott eingesetzter Affekt sei wie andere und daß im gelehrten Leben die lustigen Divertissements nicht fehlen dürften.

So eindringlich Weise einerseits auf den moralischen Charakter, den Tugendwert seiner Spiele insistierte und sich dagegen wehrte, daß das, was er mit seinen Schülern vornahm, mit den gemeinen Possenspielen der Jahrmärkte verwechselt würde – er wollte andererseits als ein kluger Psychologe der Jugend sie aus Druck und Enge zur Sicherheit und Überlegenheit in dem praktischen gesellschaftlichen Leben führen, in dem sie später ihre Rollen zu spielen hatten. Der moralische Aspekt ging ein in die Lehre einer realistischen Lebenskundigkeit und -geschicklichkeit, in ein Bildungsprogramm, das sich an der zu erwartenden tätigen Existenz im „politischen", also gesellschaftlich-öffentlichen Leben orientierte und derart den Lebens- und Bewußtseinsraum des jungen adligen oder bürgerlichen Menschen erweiterte. Weises Schüler sollten durch diese Spiele und Aufführungen Menschenkenntnis, Gesellschaftskenntnis, Lebenskenntnis erhalten. Sie sollten sich, indem sie sie agierend imitierten, auf ein Erkennen und Durchschauen der wirklichen Welt in ihrer ganzen problematischen Mannigfaltigkeit einüben. Weises Drama wurde derart zum anwendbaren und angewandten Drama, das Theater wurde zur Schule der kritischen, räsonierenden Anschauung und Erkenntnis der Verfassung der realen politischen Welt, der in ihr agierenden, sich in Intrigen und in Affekten darstellenden Menschen.

Die Bühne war der Spiegel der Welt; sie sollte sie nicht in irgendeiner pathetisch-ästhetischen Erhöhung und Überformung, sondern so darstellen, wie sie mit aller ihrer Problematik beschaffen ist und von dem Schüler Klugheit, Kritik und Bewährung fordert. Weises Programm war, die Schule solle nicht Gelehrte, sondern Weltleute erziehen, die dem gemeinen, also gesellschaftlichen Leben nützlich würden. Das Spiel sollte die Erfahrungen des Lebens vorausnehmen. Es heißt in Weises Schrift *Von Verfertigung der Komödien und ihrem Nutzen*[4]: „... so wird ein junger Mensch aus dergleichen Intrigen etwas merken, dadurch er gegen Gott zu einem andächtigen Gebete, gegen sich selbst zu einer gebührenden Demut, sodann auch gegen der spitzigen und betrieglichen Welt zu einer gewissenhaften Behutsamkeit Anlaß nehmen mag." Weises Theater ist derart in seiner Moral, also seiner Nützlichkeit, wie in seinem Vergnügen, das aus der Anschauung der Affekte des Menschen

[4] Neudruck in: *Deutsche Literatur in Entwicklungsreihen*, Reihe Aufklärung, Bd. 1. Aus der Frühzeit der deutschen Aufklärung, hrsg. von Fritz Brüggemann, 2. Aufl., Leipzig, 1938, S. 128 ff.

entsteht, ein kritisches Theater. Diese Kritik kann sich im ernsthaften Nachsinnen über das, was sich da auf der Bühne abspielt und von dem Schüler selbst gespielt wird, einstellen, sie kann sich ebenso im Lachen herstellen, zu dem die oft satirischen und parodistischen komischen Kontrastszenen verhelfen. So läßt er denn gerade die Narrenfigur Allegro im *Masaniello* (I, 4 u. ö) gleich zu Beginn des Stücks als einen Philosophus die Wahrheit, eine sehr aggressive Wahrheit, über das erpresserische Gewaltregiment der Spanier gegenüber dem Volk von Neapel sagen. Der Narr wurde der Sprecher der eigenen stummen, vom Zuschauer selbst erwarteten Glossen, er lenkte ihn zum kritischen Nachdenken und wurde dadurch auch zu einer „Austerität der Action vornehmlich in Tragödien" legitimiert. „Die Sache beruhet auf einer also genannten Prosopopoeia. Denn ein iedweder Mensch ist so gesinnet / daß er über anderer Leute Verrichtungen sich verwundert / und wo nicht öffentlich / dennoch im Hertzen eine kleine Satyram darüber machet. Absonderlich wenn etliche Personen auf dem Theatro vorgestellet werden / so geschieht es darum / daß die Zuschauer sich darbey verwundern und von der Sache selbst ernsthafft oder höhnisch raisonnieren wollen. Damit nun den Leuten in solcher Verwunderung gleichsam eine Secunde gegeben werde / so wird eine Person darzu genommen / welche gleichsam die Stelle der allgemeinen Satyrischen Inclination vertreten muss."[5] Auch der Narr wird derart eine Hilfe, eine kritische Lehrfigur, eine Hinführung zum Nachdenken und so dem ganzen Spiel und seinen Tendenzen integriert. Er ist nicht nur ein überschüssiges Einschiebsel zwecks anekdotischer szenischer Posseneffekte. Allerdings: die Figur des Allegro zeigt die Schwierigkeiten, die Weise hatte, in derselben Figur das Kritisch-Satirische und das Possenhafte zu vereinigen, auf das er um seines Publikums und um der mimisch-pantomimischen Spielfreuden seiner Schüler willen nicht verzichten durfte, bildete er doch gewiß für viele Zuschauer eine Hauptattraktion der Aufführungen. Doch wesentlich ist der Ansatz, den Narren zum kritischen Kommentator zu machen, der, gesellschaftlich nicht klassifiziert und ohne Identität des Ich, deshalb zugleich neutral und verwandlungsfähig, die Leute „ihrer Heimlichkeit hinterschleichen" kann.

Wenn Weises Schüler ihre Rollen mit jener freimütigen Gelassenheit und ungezwungenen Expression spielen sollten, wie man, nach ihres Lehrers Wort, solches im gemeinen Leben gewohnt ist, dann mußten nicht nur diese Rollen und deren Sprache der Erfahrungswelt entsprechen; vielmehr das

[5] Zitiert nach Hans Schauer, *Christian Weises biblische Dramen*, Görlitz 1921, S. 70 f. Schauer geht ausführlich auf Weises Theorie des Dramas mit vielen Zitierungen des sehr verstreuten Materials ein, so daß bei der Schwierigkeit, alle Erstdrucke Weises einzusehen, wiederholt auf seine Darstellung zurückgegriffen werden kann.

ganze Drama mußte in Stoff, Aktion und Figuren mit ihr übereinstimmen. Ein Realismus von Drama und Bühne war für den pädagogischen Autor eine unentbehrliche Voraussetzung; sie war es auch für den auf seine Kunst und deren Wirkungen zielenden Autor, dem es darauf ankam, im Spiel ein Höchstmaß von fesselnder und überzeugender Lebendigkeit zu erreichen. Diese szenische Lebendigkeit entwächst bei Weise insbesondere dem Mimus, dem gestischen und pantomimischen Spiel, das dem gegenwärtigen Leser entgeht. Weise hat selbst bereits angemerkt, seine Dramen seien zur Anschauung im Spiel, nicht eigentlich zur Lektüre geschaffen, da das Wort ohne Mimus und Gestik gleichsam aus seiner Lebendigkeit herausgenommen sei.[6] Wie das Wort bezogen ist auf das lebensnahe Spiel, so ist das Drama zurückbezogen auf die Lebensrealität außerhalb der Bühne.

Weise knüpfte im *Masaniello* an eine fast noch zeitgenössische politisch-gesellschaftliche Begebenheit an. Er fand seinen Stoff nach einem ausführlichen Bericht „Relatione delle Rivolutioni Popolari Successe nel Distretto, e Regno di Napoli Nel presente anno 1647 alli 7 Juglio. Raccolta del Sig. Nescipio Liponari. In Padova, Per il Sarti 1648". Das Buch wurde bereits im gleichen Jahre von einem deutschen Anonymus übersetzt, der mit gutem Grund dem Titel hinzusetzte: „darein nicht allein die Ursachen Anfang und Progress desselbigen, sondern auch was von Tag zu Tag darbey vorgeloffen, auff das Fleissigste beschrieben wird".[7] Weise fand im Nachdruck dieser Übersetzung alles Detail des Volksaufstandes in Neapel gegen den spanischen Vizekönig unter der Anführung eines armen proletarischen Fischers. Es handelte sich um ein damals als ungeheuerlich, wahrhaft sensationell empfundenes Ereignis. „Der Fischer-Knecht hat Wunder gethan, aber wo haben wir in allen Historien ein gleiches Exempel?" (IV, 13). Die Geschichte zeichnete hier selbst ein Drama vor, sie hatte es gleichsam selbst geschrieben. Es war ein doppeltes Drama: die Geschichte des Zusammenbruchs und der Wiederherstellung einer ganzen, anscheinend gefestigten Staatsordnung und die Geschichte vom Aufstieg eines Menschen aus dem niedersten Volke zu höchster Macht und seines Sturzes in den Abgrund der völligen Zerstörung. Mußte es nicht, mit allen seinen gesellschaftlichen Implikationen, wie eine Herausforderung erscheinen, wenn Weise diese Geschichte von der Bühne der Welt auf seine Zittauer Schulbühne übertrug? Er war sich dessen bewußt, ihm könne „die

[6] Eggert, S. 226.

[7] Adolf Hess, *Christian Weises historische Dramen und ihre Quellen,* Diss. Rostock 1893, S. 59; ferner R. Petsch, S. XXVI, der die Wiederholung dieser Übersetzung in Schleders *Theatrum Europaeum oder historische Beschreibung der denckwürdigen Geschichten vom Jahre 1647–1651,* VI. Teil, Frankfurt 1663, nachweist, einem von Chr. Weise auch für den Unterricht ausgiebig benutzten Werk. Vgl. den Anhang von Petsch' Ausgabe, S. 147 ff.

Kühnheit" übel ausgelegt werden, „weil einige Rebellion auffgeführet wird, da hohe Personen ihre Schwachheiten, und hingegen niedrige Menschen einer möglichen Freyheit erinnert werden".[8] Weise war nicht blind für den sozialen Zündstoff, der dieser wunderbaren „Begebenheit von dem unvergleichlichen, und ich möchte fast sagen von dem unglaublichen Masaniello" innelag. Er hat auch in seinen anderen politischen Spielen das Thema der Rebellion gewählt, offenbar weil es seinen dramaturgischen Tendenzen, seiner Vorstellung vom Drama entgegenkam. Aber diese Dramen spielen unter hohen Personen, im höfischen Milieu, während im *Masaniello* das Volk in eine radikale und lange siegreiche, zudem ersichtlich ganz und gar berechtigte Aktion trat, seine aufbegehrende Stimme in vielen Szenen hörbar wurde. Das Schreckliche und Grausame dieses Ereignisses, die Verführung, die in dem Anblick jener für jeden Menschen höchsten Süßigkeit liegt, an seinem Feinde eine völlige, ja wohl noch übergroße Rache nehmen zu können, konnten als eine Provokation zu eigenem Handeln auf die Zuschauer, die sich wohl im Zittauer Theater nicht nur aus Adel und höherem Bürgertum zusammensetzten, überspringen. „So gar leicht würde manch ungehorsames Gemüthe sich erfreuen die Feindseligkeit gegen hochgebietende Personen durch eben dergleichen Exempel aus zu lassen." Weise glaubte sich jedoch gegen Vorwurf und Verdacht gedeckt. Denn was er vorführte, war geschehene Wirklichkeit, wie sie die Historie, die „auch die höchsten Häupter einer gefährlichen Verfolgung" unterwirft, hervorbringt, und er sah keinen Grund, sich dieser Wirklichkeit zu entziehen, zumal sie alle Voraussetzungen in sich barg, die seiner Auffassung vom Drama und von dessen Funktionen entsprachen. Denn dies Drama verlangte eine vielfigurige Darstellung der gesellschaftlichen Wirklichkeit in allen ihren sozialen Typen, es verlangte eine Häufung von Intrigen, von Affekten, von kurzen, rasch wechselnden Handlungsstößen und Handlungswendungen, von Verwirrungen und Überraschungen, „alles auf eine mögliche Verwirrung eingerichtet / welche mit der Zeit / und mit guter Manier soll herausgewickelt werden". Die Rebellion in Neapel war ein Weise adäquater Stoff.

War er es auch unter gesellschaftspolitischem Aspekt? Man hat gesagt, Revolutionen und Verschwörungen seien für ihn zum bevorzugten Stoff geworden, da sie Anlaß gaben, sie durch die Wiederherstellung der alten Herrschaftsordnung, durch den Sturz der Rebellen zu widerlegen und derart den unanfechtbaren Bestand dieser Ordnung einzuprägen. Der Stoff der Revolution wäre demnach eine Demonstration gegen die Revolutionen. *Masaniello* selbst zeigt, daß dies so einseitig geurteilt hieße, wie wenn man Weise ein sozialrevolutionäres Engagement zusprechen würde. Das Stück bezeugt einen

[8] *Nachredner*, Petsch, S. 144.

Willen zur Objektivität[9]; die ganze gesellschaftliche Wirklichkeit, mit allen ihren verschiedenen sozialen Interessengruppen und Perspektiven, soll auf der Bühne vorgewiesen werden. Zwar nennt Weise in der Nachrede die neapolitanische Rebellion einen Beweis der göttlichen „Providentz", die endlich das blutige Chaos zur Ordnung zurückgeleitet, den Rebellen bestraft und Regiment wie Volk versöhnt habe.[10] Auf sie beruft sich im Stück der Erzbischof (V, 25), während der Vizekönig, zum Besitz der Macht zurückgekehrt, die politische Lehre zieht: „daß wir ins künfftige bessere Concilia fassen können solches Unheil zu verhütten" (V, 24). Hier lag das Ziel des Dramas. *Masaniello* war kein Spiel von Gottes gütig-weiser Vorsehung, kein Spiel mit einer religiösen Dimension, es war ein Stück, das demonstrierte, wie es in dieser irdischen, vom Menschen verdorbenen und verantworteten Wirklichkeit zuging, es war ein Lehrstück zwecks Welterkenntnis. „Dannenhero belustiget sich die Klugheit in vielen nachdencklichen Lehren, welche aus dieser Historie hervorstrahlen." Die Lehre war an die Niedrigen und an die Hochgestellten gerichtet, sie ging alle an. Die Niedrigen sollten bedenken, wie leicht eine Rebellion, so berechtigt sie auch sein mochte, sich gegen sich selbst wendet und eine Diktatur herausruft, die bösartiger ist als das bisher erlittene Unrecht. Die Hochgestellten erhalten eine Lehre, die nun allerdings allen im Barock entwickelten Normen des höfisch-heroischen, des aristokratischen Verhaltens widerspricht. Das Postulat der Constantia, Basis aller höfisch-heldischen Tugend, wird geradezu umgekehrt. Weise empfiehlt den „Personen von ungemeiner Qualität" eine andere Art politischer Klugheit. Sie ist „nicht auff einer Eiche, sondern auff einer Weide gewachsen. Ich will sagen: Wenn das Eichen-Holtz von der grausamen Lufft zerschmettert wird, so bücket sich die Weide bis ein stilles Wetter die sämtlichen Zweige von sich selber wiederum aufrichtet." Dies war keine Moral der Starken und Mächtigen, es war die Klugheit und List der Schwachen – eine durchaus bürgerliche, nicht eine heroische Moral. Sie zielte auf ein Sich-Anpassen, auf ein Nachgeben, das geschickt und zäh vorausplanend, wenn auch ohne sichtbaren Ruhm, zu überstehen und zu überleben weiß. Nach dieser politischen Moral verfahren der Vizekönig und der Erzbischof, unbeirrt durch die Vorwürfe, die ersterer von dem Adel, letzterer von seinen Geistlichen hören muß (II, 6; IV, 3). Sie nähert sich, gänzlich unidealistisch geartet, dem genau kalkulierenden, die

[9] Dies war einer der Punkte, die Karl Lessing in einem Brief vom 24.8.1773 an seinen Bruder gegen Weises Drama einwandte. „Aus dem ganzen Stück leuchtet auch nicht hervor, ob Masaniello und das Volk oder der Adel Recht hat und zu bemitleiden ist." G. E. Lessing, *Sämtliche Schriften,* hrsg. von Karl Lachmann, 3. Aufl., besorgt von Franz Muncker, Leipzig 1907, Bd. 20, S. 278.

[10] Petsch, S. 144. Daß es sich dabei um eine von Weise oft benützte religiöse Formel handelt, zeigt der Vorbericht „*Von Verfertigung der Komödien*", Brüggemann, S. 130.

Menschennatur wie den Lauf der Dinge berechnenden Machiavellismus des Vizekönigs, der seine Versprechungen und Zusicherungen stets mit dem stummen Vorbehalt gibt, sie bei nächster bester Gelegenheit zu annullieren (I, 3; I, 8; I, 9 u.ö.).

Weise hebt zwar in Figur und Geschick des Masaniello die Positivität der Rebellion und die Möglichkeit der Herrschaft eines Mannes aus dem niederen Volke auf. Aber er betont bis zu des Fischers jähem Sturz in ein unsinnig wütendes Tyrannentum an ihm geradezu idealistische Züge: seine Hingabe an die Sache des Volkes, sein fast fanatisches Bestreben, sie rein zu halten, seine Treue zu dem spanischen König und des Königreichs Wohlfahrt, sein Bestehen auf den alten Rechten der Privilegien, so daß die Rebellion nur als eine Wiederherstellung des durch Vizekönig und Adel korrumpierten Rechtszustandes erscheint. Weise gibt weiterhin den spitzfindigen Staats-Griffen und der verborgenen Staats-List des Vizekönigs wenig sympathische Züge; dies steigert sich noch angesichts des brutalen und tückischen Egoismus des Adels. Vizekönig und Adel verkörpern die moralisch fragwürdige, zugleich aber herrschende Wirklichkeit der Politik, der politischen Menschen, auf die die Schüler kritisch vorbereitet werden sollten. Die Kritik lag in der Konfrontation von Herrschenden und Volk, und sie wandte sich – aus der neutralen Position des bürgerlichen Autors, die er in dem Stück selbst dem beständig vermittelnden Erzbischof gibt – gegen beide Seiten. (II, 6). Doch darf dies nicht das Neue und Kühne dieses Dramas verdecken: im Gegensatz zu Poetik und Tragödie des Barock wird hier das niedere Volk zum ernsthaften und in Masaniellos Person tragischen Gegenstande, gewinnt es selbst Stimme und wird es als eine soziale Gegenmacht mit eigenen Ansprüchen und Rechten vorgeführt. Es legen sich gewiß in dies Bild des Volkes auch komisch-possenhafte Züge und Szenen ein; jedoch der einzige Mensch, der in diesem Trauerspiel Kraft zum politischen Handeln und in ihr ein lange unantastbares Ethos zeigt, ist der proletarische Fischer. Um so schrecklicher erscheint sein Sturz in die psychische Zerstörung. Daß es sich darin nicht nur um ein individuelles, sondern um ein gesellschaftliches Problem handelt, davon später.

Weise war sich der Schwierigkeiten bewußt, die ihm die Übersetzung des Geschichtsberichts in die dramatische Handlung auferlegte, zumal wenn die Historici auch die geringsten Minutiae nicht vergessen hatten. Er mußte einen komplizierten Verlauf, einen Aufstand von Massen mit einer Fülle sich drängender und überraschender Wendungen, der sich über zehn Tage hinzog, in ein Spiel einpressen, das mit fünf Stunden zwar schon lange genug, doch wiederum nicht lange genug dauerte. Seine Absicht, die Wirklichkeit der Weltbegebenheit in dieser verwirrten Tragödie (I, 3) darzustellen, verbot ihm, die Specialia, die Illustration durch vereinfachende Typisierungen aufzulösen; seine Absicht, die Weltvielfalt vorzuführen, verbot ihm die Konzentration des Vorgangs zu einem geistig-verinnerlichten Geschehen. Er mußte ihm vielmehr, über den Geschichtsschreiber hinausgehend, noch neue, sinnlich-bühnenwirksame Elemente hinzufügen. Denn die Freiheit eines Gedichtes bestand darin, daß sein Autor nach seinem Gefallen und Bedürfnis supplicierte, was der Historiker als unnötig ausgelassen hatte. Die reale Begebenheit durfte keinen Abzug erleiden, aber sie konnte im Drama nur als eine interpretierte, d. h. lebhaftere und deutlichere Wirklichkeit aufgeführt werden. „Gleichwohl können wir ex natura ipsius Dramatis so viel urtheilen, daß die Zuschauer etwas ordentliches und verständliches haben sollen und daß eine Comödie nichts anders sein soll / als eine accurate Vorstellung und Interpretation einer gewissen Begebenheit.“[11] Diese Interpretation erfolgt insbesondere durch die dargestellten Menschen, ihre Specialia, ihre wechselnden und bis zum Extremen getriebenen Affekte. Der Interessenkern des Dramas ist somit nicht primär die Begebenheit, sondern die Beschaffenheit und das Verhalten der in sie verflochtenen Menschen. Sie müssen so lebendig-anschaulich dem gemeinen Leben entsprechen, daß die Spieler wie die Zuschauer zugeben müssen, es gehe im gemeinen Leben nicht anders als auf der Bühne her. Diese Realitätssuggestion verschaffen die Details der „Umstände“. Das Dramatische, die „Interpretatio dramatica“, liegt nicht in der Sache der Begebenheit, sondern in den Affekten, die sich in ihr entzünden. Sie waren das Feld, in dem sich die Erfindungskraft und Menschenkenntnis des Autors frei bewegen konnten. „Allein was viel Personen dabei gelitten verloren und vergebens gesucht haben das wird erst bekannt wenn allerhand Specialia dazu kommen.“[12]

Masaniello ist in der Vielfalt seiner Szenen, in ihrem sprunghaften, kurze Ausschnitte reihenden Wechsel, in dieser Technik dramatisch-affektiv spannungsgeladener Augenblicksbilder, die von Menschengruppe zu Menschengruppe, Gesellschaftsschicht zu Gesellschaftsschicht fortreißen, die Verwirklichung dieses dramaturgischen Programms. Das Panorama der Rebellion in Neapel wird zum Panorama der Mannigfaltigkeit der menschlichen Typen, ihrer Affekte in ihren Aktionen und Reaktionen. Mochte die ganze Begebenheit auch noch formelhaft als Beweis der göttlichen Providentz gewertet werden – das Ziel der Spiels lag in der Vorführung und damit Provokation einer Erkenntnis der „menschlichen Beschaffenheit“. Deshalb wurde es unvermeidlich, diese Vielfalt der Figuren auf die Bühne zu setzen; sie sind genauso zahlreich wie die Gesellschaftsschichten und die Affekttypen, von denen Weise die reale Welt bevölkert sah. Dem widerspricht nicht, daß ihn auch

[11] Schauer, S. 28.
[12] „*Von Verfertigung der Komödien*“, Brüggemann, S. 130.

der Schulbrauch zu dieser Rollenvielzahl nötigte. Er mußte für möglichst viele seiner Schüler eine Rolle bereit haben – von den Primanern bis zu den Jüngsten, die sich im *Masaniello* als die kleinen Narren auf der Bühne belustigen durften. Dies verlangten der pädagogische Zweck, auch Rücksichten auf den Ehrgeiz der Schüler und ihrer Eltern und auf die Standesunterschiede dieser Schüler, da adlige Rollen nur von Adligen, geringere Rollen nur von Söhnen sozial niedriger gestufter Stände gespielt werden durften. Man wird auch dies nicht nur als gesellschaftliche Ideologie betrachten dürfen. Das Natürlichkeitsprinzip Weises verlangte, daß jeder sich selbst so „naturell", so zwanglos wie möglich spielen sollte, daß er zugleich sich, seinen Stand, der auch sein zukünftiges Leben bestimmen würde, in der Rolle erkennen und reflektieren sollte. Wenn er im *Masaniello* den Vizekönig und seine Frau durch die Söhne seines Patrons, des Grafen von Schweinitz, spielen ließ[13], so lag darin vielleicht nicht nur eine devote Reverenz vor seiner Obrigkeit, sondern auch ein Teil politischer Erziehung zu besserer Gerechtigkeit und Moral in künftigen Regierungsgeschäften. Der Schulbrauch entsprach und half seiner dramaturgischen Intention, die doch wohl der primäre Impuls war. Weise bedurfte im Hauptwerk des Nebenwerks zur nötigen Illustration, wollte er die Vielfalt der menschlichen Typen und Affekte darstellen, die eine politische Begebenheit wie eine große Revolution in Bewegung bringen mußte. Dies hat zu jenen häufigen Verdoppelungen und Vermehrfachungen der Figuren im *Masaniello* geführt, die das gleiche in Variationen agieren (z. B. I, 20) oder berichten (II, 7, 8, 9, 10). Doch eben in solcher Variation lag die Illustration, das Speciale, das die Suggestion des realen Lebens verstärkte. Es handelt sich bei dieser Rollenkumulation nicht um eine Ungeschicktheit des Dramatikers, auch nicht um dessen pedantische Abhängigkeit von seiner Quelle, sondern um ein reflektiertes Kunstprinzip. „In meinen Stücken", so schrieb Weise im Alter, „wird niemand etwas aussetzen, als daß ich mehrenteils sehr viel Personen gebrauchen muß: Doch hierinne will ich einen Kunstverständigen urteilen lassen ob sich alles nicht zur Rekommandation der ganzen Erfindung koncentrieren wird."[14] Weises Spiele richten sich nach den Personen, um in ihnen die Beschaffenheit des Lebens in seinen Intrigen und Konflikten, seinen Affekten, seinen tragischen und lustigen Händeln sichtbar zu vergegenwärtigen. Deshalb war ihm der Stoff des neapolitanischen Aufruhrs günstig, der alle Schichten vom Hof des Vizekönigs über Adel und hohe und niedrige Geistlichkeit, die Stadtbürger und Stadtproletarier bis zu den Bauern und Banditen auf die Bühne brachte; deshalb auch brauchte er viel Handlung, nicht nur eine Haupthandlung, die sich um wenige Hauptpersonen schloß,

[13] Eggert, S. 198.
[14] „*Von Verfertigung der Komödien*", Brüggemann, S. 132.

sondern „viel Handlungen à part", ein vielsträngiges Nebeneinander von mannigfaltigen episodischen Nebenhandlungen und Nebenbegebenheiten. Die Rebellion wurde zum Spiegel des ganzen und gemeinen Lebens, auf das sein Lehrspiel kritisch einüben sollte. Denn das war „gemein", was ein Mensch in seinem Leben erdulden, erwarten und vermeiden mußte. Die Komposition wurde in der Fülle der Einzelszenen gewiß nicht planlos, aber auch nicht übersichtlicher und gerundeter. Eben dies war nicht Weises Intention. Er wollte um der Spannung und Befremdung willen, die zu um so mehr Nachdenken herausfordern mußte, gerade jene Verworrenheit, jenes Labyrinthische in überraschenden Kontrasten, Wendungen und Gegenwendungen, aus denen sich dann – wir hörten es schon – mit der Zeit und mit guter Manier das Ende herauszuwickeln hatte.

Wenn das Leben als ein Dasein in der Gesellschaft, das Drama als deren Spiegel betrachtet wird, war es nötig, die Beschaffenheit des Menschen in den Formen seiner gesellschaftlichen Aktionen und Reaktionen vorzuführen. Hier eine Darstellung des spezifisch Individuellen, innerseelische Prozesse zu erwarten, wie es in der Forschung mit kritischen Mißverständnissen oft geschehen ist, heißt, die Konzeption dieses Dramas schon im Ansatz zu verfehlen. Die Funktion von Weises Drama lag nicht idealistisch-klassizistisch darin, den Menschen zu sich selbst hinzuführen, sondern ihn auf die Rollen im öffentlichen Leben praktisch-kritisch vorzubereiten, die er zu spielen haben würde. Die Spielbühne sollte in die Bühne der Wirklichkeit einführen. So mußte sie, in der Zusammenstellung des Personals, in der Gruppierung und Kontrastierung der Szenen und deren episodischer Vielheit, in Dialog, Gestik und Mimik, in deren Mischungen und Kontrasten, ein Panorama der ganzen Gesellschaft vorführen. Die Gebundenheit der Person an die soziale Gruppe manifestiert sich im *Masaniello* darin, wie die vielen einzelnen Personen, auch herausgehobene Personen wie Masaniello, der Vizekönig und der Erzbischof, im Bezug auf die Gruppe auftreten, zu der sie gehören; die Adligen, die Bürger, die Bauern und die Banditen wie die Geistlichen gehen gänzlich in sie ein. Sie haben kein von ihr abtrennbares eigenes Dasein. Diesem Prinzip der illustrativen Kontrastierung von sozialen Gruppen entspricht die Kontrastierung der Szenen und der ihnen eingelegten Spielarten der Affekte, ihres Ausdrucks in Redeweise und Gestik bis hin zur Pantomime. Der gegenwärtige Leser, der nur auf das Textwort angewiesen ist, hat an dieser mimisch-gestischen Vergegenwärtigung, aus der Weise – im Unterschied zu einer klassizistischen Wortdramatik – seine Hauptwirkungen aufbaute, nicht teil. Dies erschwert ihm die Identifikation vieler einzelner Personen. Erst das lebendige mimische Spiel gab nach Weises dramatischem Grundsatz der toten Rede die spezifische Ausdrücklichkeit. Aber letzthin kam es, von den Hauptfiguren abgesehen, auf Individuell-Spezifisches überhaupt nicht an.

Was seine Schüler und Spieler erkennen sollten, war, was für Bewegungen in Haß und Freundschaft jeweils ein Fürst, ein Staatsmann, ein Gelehrter, ein Soldat, ein Kaufmann, ein Bauer fühle. Psychologie war für Weise die Psychologie der unterschiedlichen Gemüter in der Gesellschaft. Sie mußte sich vor allem in der Art des Redens darstellen, die zugleich von der Art der Affekte bestimmt wird, die sich jeweils der Person bemächtigt haben und, ins Extreme gesteigert, bis ins Stammeln, in den Abbruch der Worte zur stummen Pantomime führen können. Zur Vielheit der Handlungen, der gesellschaftlichen Personen muß derart die Vielheit der Affekte und die Vielheit der Sprechweisen kommen; alle als Zeugen der Vielheit im menschlichen Leben. Denn sollte nach Weise das Sprichwort wahr bleiben, daß „Comoedia est vitae humanae speculum", so mußte die Rede gewißlich diesem Leben ähnlich sein. Ein Kavalier, ein vornehmes Frauenzimmer, ein liederlicher Kerl, ein gemeiner Mann, ein Bauer, ein Jude mußten den Akzent führen, wie er im gemeinen Leben angetroffen wird. Weise hat immer wieder, in seinen dramaturgischen Bemerkungen wie in seiner Lehre der Redekunst, das Postulat des Natürlichen, Lebensnahen und Ungezwungenen für Sprache und Rede betont, entgegen dem Pathos und Schmuck des barocken Hochstils. Er ging so weit, vorzuschlagen, seine Spieler sollten um der erhöhten Suggestion von Realität willen jeweils die Mundart ihrer Zuschauer wählen. Jedoch nicht allein um dieser Suggestion willen: die natürliche Rede war zugleich die lebendigere, nicht deklamierte, sondern mimisch frei agierte Rede. Sie hatte also die Qualität vergrößerter theatralischer Wirksamkeit. Damit ging, wie der Dialog im *Masaniello* erweist, Weises Drama über sein Programm des Realismus hinaus. Es bedarf keiner umständlichen Einzelanalyse, um bemerkbar zu machen, wie er den Monolog und Dialog zum dramatischen Spielelement macht, wie bei ihm noch immer bewährte Stilmuster der barokken dramatischen Rhetorik hindurchblicken, wie er zugleich aber, in der Opposition zu ihnen, mit sprachlichem Lakonismus, der sich auf wenige Sätze beschränkt, eine ungemein lebendige Vergegenwärtigung einer Figur, eines Affektes zu erzielen weiß. Dieser Lakonismus gewinnt seine Wirkung daraus, daß sich nicht der Eigenanspruch oratorisch-rhetorischer Rede zwischen das Wort, die Person und die Sache schiebt. Weise erreicht die stärkste Ausdrücklichkeit, wo er die natürliche mimische Rede einsetzt, also bei der Vergegenwärtigung von Personen aus der niederen Gesellschaft. Wo er die hohen Personen sprechen läßt, gerät er in das Formelhafte, leicht Gekünstelte, was wohl der damals geläufigen höheren Sprechart angemessen sein kann, aber diesen Personen an Kontur, an dramatischer Gegenwart und Expression viel fortnimmt; auch an Würde und Dignität. Man hat gesagt, Weise zeichne seine hohen Personen ganz wie andere gewöhnliche Menschen. Was er ihnen derart abzog, kann die nur formelhaft erhöhte Redeweise nicht ersetzen.

Indem Weise die hohen und niederen Personen mischte, zudem im Ablauf des neapolitanischen Aufstandes die Hohen erniedrigte, die Niedrigen zu herrschaftlicher Höhe aufsteigen ließ, wurde das Trauerspiel zur „Misculance", zu einem Mischspiel. Durch den Begriff des Mischspiels blickt noch die alte Ständeklausel der humanistischen und barocken Poetik hindurch, ebenso die Lehre von den drei Stilen; er nutzte weiterhin solche ältesten Spieltraditionen entstammende Mischung für den verstärkten Effekt, dessen seine Spieler und seine Zuschauer bedurften und den er künstlerisch-dramaturgisch als Bedingung des Schauspiels ansah: daß also ein möglichst rascher und überraschender Wechsel zwischen Hohem und Derbem, Ernstem und Heiterem, Schrecklichem und Komischem erzeugt wurde, der die Faszination durch die Verworrenheit der Begebenheit und Aktion noch steigerte und den Zuschauer eine Simultaneität im Widersprüchlichen wahrnehmen ließ, die zum Spiegel der gleichen Simultaneität im mehrgesichtigen Ganzen des Lebens wurde. Die Kombination des Heterogenen in der rasch gespielten Szenenfolge verstärkte die Affekte, wurde zugleich jedoch ein Mittel kritischer Distanz, das dem Zuschauer nahelegte, das, was sich abspielt, aus mehreren Perspektiven zu sehen. Nach Weises Überzeugung konnte die Vergnügung niemals größer sein, als wenn von der extremen Ernsthaftigkeit hurtig zu etwas extrem Lächerlichem übergegangen wurde. Das Ernsthafte mußte um so mehr wirken, wenn ihm etwas Lustiges oder Verächtliches entgegenstand; das Lustige mußte um so mehr empfunden werden, wenn man durch „sauersehende Materien" vorher bedrückt worden war.

Hier wird eine andere Grenze des von Weise betonten Realismusprinzips erkennbar. Der *Masaniello* ist auf ein Kunstprinzip des unaufhörlichen, spannenden und entspannenden Wechsels angelegt. Er liegt nicht nur in den Begebenheiten der Rebellion selbst, in diesem politischen Spiel und Widerspiel, in dem Hin und Her zwischen erhofften Versöhnungen und neuen Dissonanzen, zwischen Intrigen und deren Aufdeckung, zwischen dem triumphalen Aufstieg des armen Fischers und seinem jähen Niedergang – ebenso im Wechsel der Aktionen und Gegenaktionen, der Erwartungen und Enttäuschungen, dessen blutig ernste politisch-gesellschaftliche Verstörung sich immer wieder im Komischen, Satirischen und selbst Parodistischen umgekehrt spiegelt: wenn, um nur wenige Beispiele anzuführen, die vornehmen Damen sich zu halb erzwungenem, halb freiwilligem Rendezvous wider alle geistliche und eheliche Ordnung in die Zellen der Mönche flüchten, wenn die weiblichen Mitglieder der Familie des Fischers sich zu vulgär-protzigen Staatsdamen aufputzen, wenn der Herzog sich in das Bett der proletarischen Hure verkriecht, wenn schließlich der Narr Allegro alle Parteien, immer wieder auf Gewinn hoffend und wieder enttäuscht, ganz unten und dann doch wieder obenauf, durchspielt, bald Diener des Vizekönigs, bald Bandit, bald

Rebell, auf der Flucht in die Idylle des Bauernstandes und eben dort bis aufs Hemd ausgezogen. Bis endlich zu der so grotesken, weil zugleich naiv-komischen und grausam-makabren Szene (V, 23), in der Allegro den Fuß des buchstäblich zermordeten Masaniello auf die Bühne schleppt, eine absurd fürchterliche Beute, um auf deren Verkauf in kleinsten Portionen seine künftige Existenz zu gründen. Das Komische wird hier Sprache und Mimus des Schrecklichen, das Grausige überschlägt sich zur atembeklemmenden Groteske, die der Lakonismus des Auftritts, dessen Monolog sich ad spectatores richtet und sie derart unmittelbar in diese Situation hineinzieht, ihren Affekt und ihr Räsonnement provozierend noch steigert. Es geht, so hörten wir schon, Weise nicht primär um die Begebenheit, sondern es geht ihm um die in ihr agierenden und reagierenden Menschen, um deren Beschaffenheit. Sie zeigt sich in ihren Affekten. Damit begründen sich auch seine zahlreichen Berichtszenen im *Masaniello*. Sie sind nicht lediglich ungeschickte Notgriffe, um das komplexe Massengeschehen der Rebellion gleichsam erzählend zu vergegenwärtigen. In diesen Berichtszenen zeigt sich, wie die Begebenheiten auf den Menschen wirken, welche Affekte sie in ihm erregen, wie diese Affekte einander ablösen und wie sie sich steigern. Im Verhalten des Menschen liegt das Interessen- und Spannungszentrum dieses Trauerspiels. Es zwingt sich dem Zuschauer um so mehr auf, je mehr „inexspectata" ins Spiel kommen, je mehr in jeder einzelnen Szene ein „penetranter" Affekt sich hervorspielt und diese Affekte einander so konträr folgen, daß der Zuschauer selbst in einer andauernden Veränderung gehalten wird. Die Affekte sind die Elemente, die zur „Belustigung", d. h. zur Faszinierung und Fesselung des Zuschauers dienen, während er durch das „Morale" seine Aufklärung und derart Besserung erfährt. Vergegenwärtigt man sich, wie das Schreckliche und das Komische die Szenen im *Masaniello* durchziehen, wird leicht deutlich, in welchem Umfange Weise, ohne dessen Geltung als Lehrstück einzuschränken, den Akzent auf die theatralische Belustigung legte. Die Affekte waren ihm das „extremum Ornamentum Spectaculorum". Ihre äußerste Zuspitzung und Kontrastierung veränderte das reale Leben zur expressiven Lebendigkeit des Theaters. Sie erst machte die Darstellung des Realen auf der Bühne unter dem Aspekt von deren Gesetzen und Forderungen möglich. „Ich rede von dem Affect, welcher in allen Scenen gleichsam das Leben macht. Denn wo nicht lustig und traurig / getrost und verzweifelt / verliebt und höhnisch / schrecklich und furchtsam / herrisch und knechtisch / unter einander kömmt / daß man allezeit die Curiosität durch etwas neues unterhalten kan / so wird von den Reden und von den Personen ein schlechter Staat gemacht werden."[15]

[15] Schauer, S. 30.

Weise nennt sein Spiel von dem neapolitanischen Haupt-Rebellen ein Trauerspiel. Andere Termini kehren in den Dialogen des Spiels, abwechselnd als Tragödie, Spiel, Komödie, Spectacul, mehrfach wieder. Was sich hier als geschichtlicher Ablauf vollzieht, wird mit den Termini des dramatischen Spielens gleichgesetzt. Die Geschichte selbst ist ein Trauerspiel, dessen Gehalt und Gegenstand. Das Trauerspiel als Geschichte und als Drama – dies war das gleiche; so wie für Weise das Agieren und Erkennen auf der Schulbühne eine Vorbereitung zum Agieren und Erkennen auf der Weltbühne bedeutete. Der Fischer Masaniello ist ein Haupt-Rebell, also ein Rebell unter Rebellen. Er ist insofern die dramatische Hauptperson, als er diesen Sturm in der Stadt Neapel, dem weder der Vizekönig noch die Adligen widerstehen können, auslöst und lenkt, bis er mit ihm selbst endet. Masaniello ist hingegen keine Mittelpunktperson nach dem Stil des klassizistischen Dramas, auf die alle anderen Personen hingeordnet sind, und er ist nicht der Kern, der, in Art und Umfang seines individuellen Geschicks, das Trauerspiel zum Trauerspiele macht. Er ist nur insofern eine Hauptperson, als er der Exponent und das Exempel des geschichtlichen Vorgangs, des Trauerspiels der Geschichte ist. Auch hier wird man sich nicht nur daran halten, daß Weise sagte, er habe bei seinen Stücken selbst nicht gewußt, wer nun eigentlich vor den anderen Personen als Hauptperson gelten sollte, da er sich bei jeder Person, ohne Rücksicht auf ihren Platz in dem Drama, nach deren Pronunciation, Figur und ungezwungenen Affekten gerichtet habe. Dies würde heißen, er baute das Spiel gemäß seinem Schülermaterial, nicht in einer vom Vorgang bestimmten Figurenkomposition auf. Aber es lag doch wohl anders. Wir sahen: es ging ihm um die Suggestion der Vielheit des wirklichen Lebens im Stil des dramatischen Panoramas. Dies verbot eine Konzentration auf eine Zentralperson. Zahl und Umfang der Auftritte des Fischers Masaniello sind begrenzt; aber diese Szenen bedeuten im Inhaltlichen und in der ganzen Komposition entscheidende Szenen; sie tragen die stärksten Handlungsakzente. Weise bedurfte nicht häufigerer Erscheinung des Masaniello auf der Bühne; denn seine Auftritte umgibt von Beginn an eine Fülle von Szenen, in denen sich sein Dasein und Handeln in den Affekten der anderen Personen aus vielen verschiedenen Perspektiven reflektiert. Er ist in ihren Reaktionen fast ständig auf der Bühne. Falsch ist es, bei der Gestaltung des Fischers eine innere Entwicklung, innere Konflikte und tragische Verschuldungen zu erwarten und, was man nicht findet, Weise als eine mangelnde dramatische Fähigkeit anzurechnen. Denn dies Trauerspiel ist keine Masaniello-Tragödie und sollte es nicht sein, sondern das Trauerspiel der Geschichte, für die er – wir müssen es wiederholen – nun allerdings der stärkste Exponent und exemplarisch ist. Er ist zugleich exemplarisch für die im Geschichtlichen sich darstellende Verfassung und Lage des Menschen. Der gealterte Weise schrieb: „Es ist doch ein elend jämmerlich Ding um aller Menschen Leben. Und wer solches in frembden Bildern vor sich sehn kann, der ist ohn allen Zweifel nicht geärgert, sondern vielmehr zu manchem Nachdenken angeführt worden."[16] Das ist nicht nur Altersresignation; der Rückblick sprach von einem dauernden Impuls seines dramatischen Schaffens. Die oft in der Forschung vorfindliche Bemerkung, Weise habe im *Masaniello* einen Weg zur Charaktertragödie eingeleitet, ist kaum haltbar. Gewiß ist der Fischer im Ensemble der anderen Spielfiguren die überragende Person. Er weckt das Volk zum Bewußtsein seines Elends und seiner Kraft, er teilt ihm seinen leidenschaftlich-unerbittlichen Willen mit, er treibt und lenkt es zum Handeln, er gibt den Forderungen des Volkes das Ziel. Er ist Kopf und Herz und Wille der Masse, der Vater des Vaterlandes und Eroberer von dessen Freiheit. Er leitet zugleich dies Volk, indem er ihm Gesetze auferlegt und seiner egoistischen Willkür Grenzen zieht. Er verbietet sich und dem Volk jeglichen Eigennutz, er wacht wie ein früher Robespierre über der Reinheit der Rebellion, und er bestimmt, was sie will: die Bewahrung der Treuepflicht gegenüber dem spanischen König, die Wiederherstellung der alten Rechte, der Freiheitsrechte der Bürger von Neapel, die die Privilegien Caroli V. garantierten und die die Willkür des Vizekönigs, seiner spanischen Räte und des Adels mißachtete. So wird Masaniello zum Garanten der Rechtmäßigkeit des Volksaufstandes gegen jene, die es ausbeuteten, und seine Überlegenheit beruht nicht nur auf seinen Fähigkeiten, auch auf der Reinheit seiner Absichten. Denn, ein Mann des Volkes, will er, wenn die Freiheit gesichert ist, in das Volk zurücktreten, nur einer unter vielen. Weise läßt ihn dies mehrfach an ponderierter Stelle erklären, vor allem in II, 2 gegenüber seinen Anhängern, III, 3 gegenüber dem Erzbischof. Die Szenen, in denen Masaniello auftritt, zeigen, von I, 14 bis IV, 12, in beständiger Steigerung die Expansion seiner Macht, die in IV, 12 in der Kathedrale – in Anwesenheit des Vizekönigs und des den endgültigen Friedensvertrag vorlesenden Erzbischofs – die Klimax erreicht hat, die höchste Höhe vor dem tiefsten Fall. An die Stelle des Trauerspiels von Aufstieg und Fall des Fürsten im hohen Drama des Barock setzt hier mit radikaler Gegenwendung Weise sein Trauerspiel von Aufstieg und Fall des proletarischen kleinen Mannes.

Weises Quelle erklärte die Verwandlung des „Vaters des Vaterlandes" (V, 13) zum blindwütigen Tyrannen und dessen psychische Selbstzerstörung aus dem Maßlosen seines Ehrgeizes und Hochmuts, aus einer Art von Größenwahn, ferner aus Überanstrengung und einem Gifttrank, den ihm der Vizekönig tückisch beigebracht haben sollte. Weise läßt jeden dieser Gründe in den Gesprächen der Nebenpersonen erwähnen. Aber er rückt, getreu seinem

[16] „*Von Verfertigung der Komödien*", Brüggemann, S. 133.

Grundsatz, daß die dargestellte Wirklichkeit eine interpretierte Wirklichkeit sein müsse, was nicht zuletzt die sinnfällige Darstellung auf der Bühne zu leisten hat, ein Motiv in den szenischen Vordergrund: es ist das Motiv des silbernen Prachtkleides. Auch die Quelle erzählte von diesem Gewand, mit dem der Fischer entgegen seiner sonstigen Einfachheit zur Proklamation des Friedensvertrages in der Kathedrale erschien. Sie berichtete von seiner Erklärung, getreu seinen früheren Absichten in diesem Augenblick, da die Freiheit des Volkes erkämpft und gesichert erschien, in die Mitte dieses Volkes wieder als ein simpler Mann, ein Bürger wie alle, zurückzutreten. Sie berichtete weiter, wie Masaniello sich gewaltsam seines Herrschaftskleides zu entledigen versuchte, wie er fußfällig wiederholt den Vizekönig und den Kardinal bat, ihm aus ihm herauszuhelfen. Weise hat dies für die große Szene IV, 12, in der sich die Wende des Geschicks Masaniellos zu seiner höchsten Höhe und von ihr herab zum jammervollen Absturz vollzieht, genutzt. Masaniello diktiert den Vertrag, der Erzbischof gehorcht, der Vizekönig schweigt. Der Fischer ist Herr des Staates gleich einem Souverän. H. O. Burger hat bereits auf diesen Höhepunkt in Weises Trauerspiel und das ihm zentral eingelegte Motiv des Kleidertausches gewiesen, das eine „überraschende, theatralisch wirkungsvolle Wendung, deren Sinnbildlichkeit unmittelbar einleuchtet", bezeichnet.[17] Der Fischer trägt ein falsches Kleid, er spielt eine Rolle, die ihm nicht zusteht. Die innere Wandlung und Verwirrung eines Menschen wird dargestellt als Wechsel seiner Gewandung. Darin bekundet sich ein vielfach belegbares Motiv des Barock: menschliches Sein wird als Spiel einer Rolle aufgefaßt. H. O. Burger hat weiterhin darauf verwiesen, daß sich diese Szene mit anderen Szenen in dem Trauerspiel verknüpft, in denen es ebenfalls – unter den Mönchen, bei den Bürgern, unter den Frauen der Familie des Masaniello – um Veränderungen der Kleidung geht. Auch der wiederholte Kleider- und Rollenwechsel des Allegro gehört als Parodie in diesen Zusammenhang: als zweiseitige Parodie, ist doch in diesem Rollentausch des Narren auch das Verhalten der „politischen" Menschen mitgemeint, die listig sich in vielen politischen Masken zu bewegen wissen. Aber Burger hat den Unterschied der verschiedenen Situationen übergangen. Die Geistlichen und die Bürger bleiben im veränderten Kleid, was sie sind, sie haben teilweise auch nichts dagegen, die Mode zu wechseln. Die proletarischen Weiber aus Masaniellos Anhang klammern sich geradezu an ihre Roben, die sie zu Staatsdamen kostümieren.

[17] Heinz Otto Burger, *Dasein heißt eine Rolle spielen.* Das Barock im Spiegel von Jacob Bidermanns *Philemon Martyr* und Christian Weises *Masaniello.* In: *Dasein heißt eine Rolle spielen. Studien zur deutschen Literaturgeschichte.* Literatur als Kunst, München 1963, S. 75ff.

Anders ist die Situation Masaniellos: er will sein Prachtkleid, dies Emblem seiner Herrschaft, ausziehen – nicht nur, weil es ihm nach Weises bürgerlicher Anschauung ungemäß ist, nicht zusteht und nicht ansteht[18], sondern weil, weiter es zum Kleid zu wählen, für ihn heißt, wortbrüchig gegenüber dem Volk, dem Staat und sich selbst zu sein. Masaniello will zurück unter das Volk, für dessen Freiheiten er sein Blut aufs Spiel gesetzt hatte: als Wiederherstellung der alten Rechte, nicht als eine Revolution gegen den spanischen König und das Königreich. Oft genug hat er in den vorangegangenen Szenen von dieser Treue- und Gehorsamspflicht gegenüber dem Herrscher gesprochen. Er will den Beweis seiner Reinheit durch seinen Verzicht auf das Kommando bekräftigen, die ihn nichts für sich selbst, alles für das Volk, das Vaterland tun ließ. Dies Ethos gibt ihm fast den Glanz eines Heiligen – um so mehr, da alle um ihn herum in dieser Stadt, die hohen Standespersonen, die Adligen, die kleinen Bürger, zu schweigen von den Bauern und den Banditen, und selbst die Geistlichen nur an sich selbst, an ihre eigene Sicherheit, an ihre kleineren oder größeren Vorteile und an ihre Beute, sei es auch nur ein Stück Weiberfleisch wie unter den Klosterbrüdern, denken. Diese ganze Welt, die Masaniello umgibt, ist eine Welt des Egoismus, in der es um Besitz und Gewinn geht. Es hieße, fast Szene für Szene nachzuerzählen, um dies im Detail zu belegen – bis hin zu jenem Auftritt (IV, 16), der davon berichtet, wie Masaniello, jetzt zum Despoten geworden, seine ehemaligen Fischerkollegen in das Meer jagt, damit sie die Dukaten fischen, die er, mit verächtlichem Hohn, hineinwirft. Und bis hin zu jenem Auftritt, in dem Allegro sich nach Käufern für den Fuß des zerstückelten Masaniello umsieht. Dies ist die Verfassung der wirklichen Welt, die wirkliche Beschaffenheit der Menschen in allen Ständen. Egoismus und Besitzgier sind die beherrschenden Affekte in den meisten der vielen Szenen des Trauerspiels. Dieser Fischer nun, der nichts für sich wollte und nun auch in dem Augenblick, da ihm alles gehorcht, nichts für sich selbst will, wäre in der Dauer für die alten Regierenden in Staat und Kirche noch gefährlicher als der Rebell. Der Erzbischof hat ihn – als kluger „Politiker“, der weiß, wie man Menschen zu steuern hat und überwältigen kann – unter Strafe des Banns in das Silberkleid hineingezwungen. Er und der Vizekönig weigern sich jetzt, mit der lügnerischen Geste eines ihm huldigenden Respekts, ihm aus diesem Kleid herauszuhelfen. Das Kleid macht ihn zum Gefangenen in seiner Herrschaftsposition, in dem von ihnen gesponnenen Netz. Masaniello wird damit um sich selbst betrogen. Weise verfährt an diesem Höhepunkt des Spiels mit äußerstem sprachlichem Lakonismus; die Szene soll sich in sinnfälliger Anschaulichkeit selbst interpretieren.

[18] Ebd., S. 91.

Der Fischer im Gewande des Generals gerät von diesem Augenblick an in das Leere. Denn er gehört von jetzt an nicht mehr zu dem Volk, und er weiß, er wird auch niemals zu den Personen des hohen Standes gehören. „Ach jhr Leute sehet wie wird ein ehrlicher Mann genöthiget, wieder seinen Willen stoltze Kleider zu tragen: ach erbarmet euch, und betet vor mich, dass ich wieder zu meinen Fischer-Hosen komme" (IV, 12). Dies ist die klagende Stimme eines Zerbrechenden – im extremen Gegensatz zum Beginn dieser Szene. Als Anführer des ausgebeuteten Volkes war und blieb Masaniello ein ehrlicher Mann; jetzt muß der Fischer eine falsche Rolle spielen, seiner selbst beraubt. Er wird aus der sozialen Gruppe gerissen, die ihm Kraft, Halt und Ziel gab, aus der Gruppe, die seine Welt bedeutete – so wie für die anderen Personen ihr Stand ihre Welt ist.[19] Er wird in eine völlige Isolierung gejagt, die ihn in dem Amoklauf, der sich seiner jetzt bemächtigt, bald in einen Größenwahn und bald in eine Verfolgungsangst hineintreibt. Er ist von allen Seiten umstellt: nicht nur von den „politisch" fast raffiniert kalkulierenden Vertretern von König und Kirche, auch von seiner eigenen Familie, die nicht wieder in den Quark und die alten Kittel zurückkehren will (IV, 14, 15). „Ich weiss wohl das mein Bruder den Schluß gefaßt hat, sein Ampt wieder auffzugeben; aber ich habe ihm so bange gemacht, daß er sich nimmmehr bloss geben wird, so lange er lebt, so lange soll er nun wohl ein grosser Mann bleiben" (IV, 15). Die einen rechnen mit seiner Selbstzerstörung im Rausch der falschen Rolle; die anderen rechnen mit seiner Angst. Masaniello wird das Opfer seiner Feinde und seiner Freunde. Selbst wenn sie ihm helfen wollen, sieht er in seiner totalen Isolierung in ihnen Feinde (V, 17). Der Tyrann wird zum Wahnwitzigen, der alle Mächte herausfordert, ins Chaotische gerät und der sich vor allen fürchtet; in seiner Macht für sie nur noch Spott, ein öffentliches Übel und ein vom blinden Affektsturm haltlos übermächtigt armer Mann. Weise zeichnet diese Raserei, die den Fischer in V, 18 dem Herodes annähert, in dem sich im Barock das Tyrannentum schlechthin inkarnierte, so extrem, daß man versucht wird, an eine Parodie des barocken Tyrannendramas zu denken. Das Mißverhältnis zwischen dem Anspruch seiner Position und seiner armen Menschennatur wird bis nahe zum Umschlag ins Groteske getrieben. Eben noch Held des Volkes, wird jetzt nach ihm gejagt. Sein eigener Schwager bittet den Vizekönig, „dass dem reissenden Thiere möchte Einhalt geschehen" (V, 11). Durch das verzerrte Antlitz des „rasenden Menschen", des „Monstrum" (V, 22) blickt das Angesicht des Märtyrers durch.[20] Fast schon zerstört, bittet er, wiederum in der Kathedrale, am heiligen Ort des Er-

[19] Ebd., S. 87.

[20] Zu dem Zusammenhang von Tyrannendrama und Märtyrerdrama Walter Benjamin, *Ursprung des deutschen Trauerspiels*, Frankfurt a. M. 1963, S. 63f.

barmens, nochmals den Erzbischof, das Kommando möge von ihm genommen werden. Aber das Netz ist zugeschnürt; das Kloster wird zur Stätte seiner Ermordung. Weise preßt den Auftritt sprachlich und gestisch zu äußerster Konzentration zusammen – so als wolle er durch das Wort, die Rede nicht die Expressivität des sichtbaren gespielten Vorgangs stören und schwächen lassen. In solchen Augenblicken seines Theaters erweist er sich als ein gleichrangiger Vorläufer von J. R. M. Lenz und Georg Büchner, von deren „Lapidarstil".[21] „Mas. Hier bin ich, jhr lieben Brüder, was habt jhr zu thun? Salv. Dieses haben wir zu thun. (sie geben alle Vier zu gleich Feuer) Mas. (in dem er fällt) O jhr Verräter und Undanckbaren Leute!" (V, 22) Man möchte an die Passion Christi denken. Es folgt (V, 23) mit jähestem Kontrast der Auftritt des Allegro, auf dessen Mischung von Grauenhaftem und Komischem schon verwiesen wurde. Es spricht, durch die Naivität der Narrensprache noch unterstrichen, aus dieser makabren Groteske eine grausame Verhöhnung menschlicher Größe und eine grausame Verhöhnung menschlicher Nichtigkeit. Das Geschick des Helden, des Tyrannen und des Märtyrers endet in dem fürchterlich-grotesken „Betteltantz", der die Glieder des Masaniello in Stücke zerreißt, damit die Leute, in einem pervertierten Besitztrieb, „auch eine Reliquie zum Gedächtnis aufheben könten". Es ist die Reliquie dessen, den sie jetzt einmütig alle – die Großen und die Kleinen – umgebracht haben. Die Mörder machen aus ihren Opfern Reliquien.

Weises Trauerspiel von dem neapolitanischen Hauptrebellen ist, unter den Bedingungen der Schulbühne, ein Lehrstück, das zu einem kritischen Nachdenken über die Beschaffenheit und den Gang der politischen Welt herausfordern will. Das Lehrstück zielt auf Aufklärung – es setzt an die Stelle des Pathos der barocken Tragödie, das bewegen, aufwühlen, zu Leidenschaften hinreißen wollte, die „Series naturalis ... gleichsam die einfältige Erzählung der Sache".[22] Doch wohin zielt diese Lehre? Weise spricht von einer göttlichen Providentz, die das Unheil und das Chaos wieder aus sich selbst heraus zu einer friedlichen Ordnung zurückleitet. Doch wir sahen, daß diese oft bei ihm als Rechtfertigung seiner Stücke wiederkehrende Berufung auf den Erweis einer gerechten Fügung nicht substantiell in dem, was in dem Stück geschieht, einen Grund findet, sondern ihm vielmehr wie eine Formel hinzugesetzt wird. Was hier geschieht, vollzieht sich in dieser irdisch-realen Welt, im Spiel und Gegenspiel ihrer Intrigen und Affekte. Der Vizekönig spricht zum Schlusse eine andere Lehre aus, daß künftig, wer das Regiment innehat, mit mehr Gerechtigkeit und besseren Consilia solches Unheil vermeiden könne

[21] Walter Höllerer, *Lenz: Die Soldaten.* In: *Das deutsche Drama vom Barock bis zur Gegenwart,* hrsg. von Benno von Wiese, Bd. 1. Düsseldorf 1962, S. 127ff.

[22] Schauer, S. 28.

(V, 24). Dies ist aus dem Geist des aufgeklärten Absolutismus heraus gesprochen; die Vernunft des Regiments soll von vornherein die Anlässe zur Rebellion verhüten. So wäre der *Masaniello* ein politisches Lehrstück gegen die Rebellion und eine durch Aufklärung befestigte Bestätigung der bestehenden staatlich-gesellschaftlichen Verfassung, ein Lehrstück, wie man Rebellionen begegnen und sie in sich entmächtigen kann. Doch zeigt sich zugleich anderes: indem das Spiel die Kunst des politischen Handelns vorführt, die dank ihrer Kenntnis und Berechnung der Menschennatur, des ihr eingelegten kalkulablen Mechanismus der Affekte imstande ist, den Rebellen und damit die Rebellion sich in sich selbst aufheben zu lassen, läßt es das Fragwürdige dieses politischen Handelns, seine Mehrdeutigkeiten, Intrigen und Listen deutlich werden. Der Sturz des Masaniello in die Katastrophe seines Tyrannentums, in die Zerstörung seines Verstandes ist nicht nur ein Exempel dafür, daß der Niedrige nicht zur Herrschaft geboren und fähig ist, also nicht nur eine Bestätigung des Privilegs der Herrschenden, sondern auch ein Zeugnis, wohin deren skrupellose politische Klugheit einen Menschen führen kann. Der unter allen diesen vielen Menschen – Menschen aus jeder gesellschaftlichen Schicht – einzig und allein selbstlos handelnde Mann wird das Opfer der politisch Denkenden und Agierenden. Sie sperren den Fischer von dem Volk ab, zu dem er gehört und in das er zurückkehren will, sie isolieren ihn so, daß er den Boden unter den Füßen verliert und durch sich selbst in den Untergang stürzt. Lessing urteilte richtig, wenn er in Masaniello „einen sehr schicklichen tragischen Helden" erkannte, „die uneigennützige Entschlossenheit, zum Besten Anderer sein Leben zu wagen, in einem so rohen Menschen; die großen Fähigkeiten, welche Umstände und Not in einem so rohen Menschen erwecken und sichtbar machen."[23] Er fand in dem Stoff den Ansatz zur großen psychologischen Charaktertragödie, und er hat zeitweilig an deren Ausgestaltung gedacht, die so erfolgen sollte, daß Masaniellos „endliche Zerrüttung des Verstandes" in allmählicher Entwicklung „aus ganz natürlichen Ursachen in ihm selbst" hervorgehen und nicht, wie bei Weise, ein unmittelbar physisches Werk seiner Feinde bleiben sollte. Man hat auch von einem bürgerlichen, ja fast schon proletarischen Trauerspiel gesprochen[24], in dem durch ein bürgerliches bzw. proletarisches Personal, durch eine Aktion, die wesentlich durch dies Personal bestimmt wird, durch die Sprache, die diesem Personal zugehört, die Ständeklausel des barocken Trauerspiels durchbrochen wurde. Man hat ferner Weises *Masaniello* überhaupt den Charakter eines Trauerspiels abgesprochen und in diesem „Mischspiel" zwischen dem Komischen und Tragischen den Einsatz einer neuen Form, der Tragikomö-

[23] Lessing an seinen Bruder Karl Lessing, 14. Juli 1773.
[24] H. O. Burger, S. 83.

die, aufgefunden.[25] Gewiß lag in dem Stoff latent die Möglichkeit zum bürgerlichen Trauerspiel, aber was Weise aus ihm gemacht hat, ist weit von dem entfernt, was im fortschreitenden 18. Jahrhundert als bürgerliches Trauerspiel aufgefaßt und geschrieben wurde. Sein Drama stimmt weder mit der Charaktertragödie noch mit der Tragikomödie überein. Es geht ihm nicht um den psychologischen Charakter des Masaniello, um eine auf ihn zielende Innenperspektive, sondern um das Exemplarische seines Geschicks als Repräsentation der geschichtlich-politischen Wirklichkeit, wie sie als solche durch Weises Quelle belegt und bewiesen war. Dies Geschick stellt sich als ein Trauerspiel auf dem Hintergrunde eines tiefen Pessimismus gegenüber der Verfassung dieser Wirklichkeit dar. Die Katastrophe des Fischers wurzelt nicht darin, daß er eine falsche Rolle zu spielen hat, sondern darin, daß er gezwungen wird, sie gegen seinen ehrlich-selbstlosen Willen zu spielen. Die Gesellschaft, die ihn umgibt, vom Vizekönig und Erzbischof bis zu seiner eigenen Familie, hindert ihn, zu sein, was er sein will, sie beraubt ihn seiner eigenen und wahren Existenz. Das Prachtkleid, das ihm die Gesellschaft als Emblem seiner Herrschaftsstellung anzieht, verstellt ihm den Zugang zu sich selbst und treibt ihn derart außer sich, bis, wie schon Lessing bemerkte, zur endlichen Zerrüttung seines Verstandes.

Es erscheint angesichts dieser tragischen Lage wenig einleuchtend, wenn er als eine komische Figur interpretiert wird. Gewiß steigert sich sein Gebaren als Tyrann in den wenigen Tagen, die ihm noch übrigbleiben, bis ins Groteske, als Übergipfelung des Schrecklichen, das ihn zum „Monstrum" macht, und bis ins Absurde, das zum Zeichen seines Wahnwitzes wird. Gemäß dieser Interpretation wird Masaniello zum „lächerlichen Masaniello", seiner Rebellion wird hingegen eine tragische Wirkung zugeschrieben. Für Weise „ist der rasende Emporkömmling eine komische Figur und sonst nichts. Das Tragische ist nicht in dieser, sondern wird durch sie in anderen verursacht. Masaniello ist keine tragikomische Figur: seine Komik macht ihn selbst nicht tragisch, sondern nur seine Opfer."[26] Gewiß, er urteilt II, 12 hart, aber er verurteilt alle jene so grausam, die sich in irgendeiner Weise eines ichsüchtigen Vorteils oder der Sympathie mit jenen, die ihren Vorteil einheimsten, schuldig machen. Wenn jemand hier ein Opfer ist, so ist es Masaniello selbst. Weises Drama ist keine Tragikomödie in dem Sinne, daß „eine Handlung von dem Urheber aus betrachtet rein komisch, von dem Objekt der Handlung aus gesehen rein ‚tragisch'" ist.[27] Das Trauerspiel bleibt hier insofern in der Tat

[25] Karl S. Guthke, *Christian Weises Masaniello und die dramatische Tradition, Revue des Langues Vivantes XXV,* 1959, S. 402 ff.

[26] Ebd., S. 409.

[27] Ebd., S. 407.

in zweiseitiger Point-de-vue-Technik[28] dem Komischen offen, als dies Komische das Ernsthafte, Schreckliche und Grausame noch stärker erfahren läßt und zu deren ironisch-parodistisch reflektierender Innen- oder Kehrseite wird. Nicht als komische Figur, nicht aus der Innenperspektive des Charakters wird Masaniello dargestellt, sondern sein Geschick ist ein Exempel dessen, was die Gesellschaft als eine politisch rechnende und handelnde Gesellschaft bewirken und verschulden kann. Die Intrige siegt über den Mann, der allein unter vielen die Reinheit seiner Sache, die Rebellion um der Wiederherstellung der alten Rechte des Volkes willen, nicht Macht, Vorteil und Gewinn wollte. Die Gesellschaft, die dem Volk fern und feindselig ist, zwingt ihn, in dem Prachtgewand einer der Ihren in falscher Rolle zu werden, und vernichtet ihn auf diese Weise. Sie macht ihn unschädlich. Der Narr Allegro in der schon mehrfach zitierten Szene V, 23 erklärt, um was es geht: die Körperstücke des von den gewissen Leuten zerrissenen Masaniello werden zu Reliquien, zur Hinterlassenschaft des Märtyrers. Das Geschick des Masaniello stellt in dem Trauerspiel der noch aktuell nahen Geschichte das Trauerspiel der gesellschaftlich-politischen Verfassung dieser Welt dar.

[28] K.S. Guthke, *Geschichte und Poetik der Tragikomödie*, Göttingen 1961, S. 61.

Die Poetik des Dramas im Sturm und Drang

Versuch einer Zusammenfassung

Die Frage nach einer Poetik des Dramas im Sturm und Drang trifft auf mancherlei Schwierigkeiten. Diese Jugend- und Generationsbewegung ist in sich keineswegs eine Einheit – um so weniger, als zu ihren Grundimpulsen die Emanzipation des Individuellen und die Hochwertung des Subjektiven gehörte, aus der sich die Akzentuierung der autochthonen schöpferischen Persönlichkeit, des „Genies", ergab. Wo Protest gegen die gesellschaftlichen Normierungen und Konventionen erhoben wurde, konnte und wollte man sich nicht Normen und neuen Konventionen der eigenen Generation unterwerfen. Man teilte mit ihr die Grundimpulse, verwirklichte sie aber auf je eigene und besondere Art. Zwar galt – für begrenzte Zeit – der junge Goethe als gemeinsames Leitbild, als Konzentrationspunkt der neuen dichterischen Bestrebungen und Leistungen. Aber die individuellen Naturen von J.R.M. Lenz, F.M. Klinger, L.H. Wagner und des Malers Müller (um bei den Dramatikern zu bleiben, mit denen wir es hier vornehmlich zu tun haben) sowie schließlich der junge Schiller waren zu spezifisch geprägt durch ihren Charakter, ihre gesellschaftlichen und geistigen Voraussetzungen und ihr literarisches Vermögen, um nicht endlich zu ihm in Spannungen zu geraten, die zu Separationen wurden. Umgekehrt zeigt Goethe früh Vorbehalte gegenüber jenen, die ihm folgten; noch mehr J.G. Herder, der in der dritten Fassung seiner Schrift *Vom Erkennen und Empfinden* (1778) zur unverhohlenen Kritik überging. Es ist ein nutzloses Unterfangen, bei einem dieser Autoren gleichsam die „reinste" Verkörperung des Sturm und Drang, zumindest die „reinste" Annäherung an einen ihn repräsentierenden Idealtypus feststellen zu wollen. Man hat ihn in F.M. Klinger zu erkennen geglaubt[1]; doch zeigt gerade er in der Unruhe und im Wechsel seines experimentierenden Durchspielens verschiedenartiger dramatischer Formen – bald von Goethe, bald von Lenz, bald von Lessing, Gerstenberg oder Shakespeare beeinflußt – eine geringe produktive Originalität der gewählten Formen[2], wie denn bei ihm eine

[1] Kurt May, *Die Struktur des Dramas im Sturm und Drang. An Klingers „Zwillingen"*. – Zuerst unter dem Titel *Beitrag zur Phänomenologie des Dramas im Sturm und Drang*, in: GRM XVIII (1930), S. 260 ff.; jetzt in: *Form und Bedeutung. Interpretationen deutscher Dichtung des 18. und 19. Jahrhunderts*, Stuttgart 1957, S. 42 ff.

[2] Christoph Hering, *Friedrich Maximilian Klinger. Der Weltmann als Dichter*, Berlin 1966.

theoretische Reflexion auf den Typus des neuen Dramas fast völlig fehlt. Goethes dramatisches Werk, so tief es in die Bewegung des Sturm und Drang eingebettet ist, übergreift sie dank seiner Eigenkraft und entfernt sich von ihr schon während der zeitlichen Zugehörigkeit. Ähnliches gilt für das dramatische Jugendwerk Schillers, dem überdies eine Verspätung anhaftet. Der Maler Müller und H. L. Wagner bleiben am Rande der Bewegung. So wäre denn eher an J. R. M. Lenz zu denken, der als Vorbereiter und Ahnherr eines neuen Typus des Dramas der „offenen Form" die weiteste, bis in die jüngste Gegenwart ausstrahlende Wirkung erreichte. Aber gerade die Eigenprägung von Lenz' Drama verbietet, es als repräsentativ für das Drama des Sturm und Drang einzuschätzen. Dies alles widerspricht der Annahme einer einheitlichen Poetik des Dramas, sowenig geleugnet werden kann, daß allen Ansätzen zur poetologischen Reflexion wie der Vielzahl der damals entwickelten dramatischen Formen gemeinsame Grundimpulse zugrunde liegen, die sich zu parallelen, analogen, aber auch disparaten Grundtendenzen entfaltet haben.

Eine andere Schwierigkeit liegt darin, daß sich das poetologische Denken des Sturm und Drang nicht von den ihm vorausgehenden Ästhetik- und Poetikdiskussionen trennen läßt. Die Rebellion gegen die Aufklärung ist zugleich ihr weiterer Vollzug. Man radikalisiert jetzt ihre Resultate, deutet sie um und deckt ihre Widersprüche auf. Die Polemik gegen die Aufklärung schloß notwendig deren Begriffe und Vorstellungen in sich ein; man konnte sich bis in das Sprachliche, bis in die Terminologie hinein ihr nicht entziehen – selbst Herder nicht und um so weniger die Jüngeren, die nicht über sein kritisches Vermögen und seine Sprachkraft verfügten. Die Poetik des Dramas im Sturm und Drang setzt somit die Ästhetik und Poetik des Dramas im gesamten 18. Jahrhundert voraus. Vorbereitet waren die Abwertung des französischen klassizistischen Dramas und der „reinen" Gattungen, die Schätzung Shakespeares, die Ablösung der Regeldogmatik durch eine innere Gesetzlichkeit und Einheit der Formen; ebenso die Veränderungen in der Wahl der Stoffe und der Sprache und in der Bestimmung der Leidenschaften. Vorbereitet war der Begriff des Genies, seiner schöpferischen Gefühls- und Ausdruckskräfte, die Wertung der Natur und des Naturhaften. An die Stelle der Nachahmung der schönen Natur war das Postulat der „wahren" Natur getreten, und die Prinzipien der Wirkungsästhetik hatten sich zu solchen der Ausdrucksästhetik verlagert. Dies und anderes bildete die Basis der Sturm-und-Drang-Poetik; sie hat, was sie aufnahm, radikalisiert und auch vereinseitigt. Sie gab dem, was auf einen allgemein europäischen Stilwandel hindeutete, zusätzlich eine spezifisch deutsche Variante.

Schwierigkeiten bereitet ferner, von einer Jugend, die sich im Protest gegen alles Theoretisieren und Systematisieren, gegen abstraktes Philosophieren und ästhetisches Klassifizieren zusammenfand, eine Poetik zu erwarten. So wie die Kunstschöpfung unter der Prämisse des Genies zum Individuellen subjektiviert wurde, so auch die Poetik und Kritik. Zwar folgte sogar das unabhängige, selbstherrliche Genie Gesetzen; aber sie hatten nichts mit dem begrifflichen Kanon einer Poetik gemeinsam. Die Gesetze lagen in der schöpferischen Persönlichkeit, in deren Beziehung zu Natur und Wahrheit. „Je größer der Dichter war, desto weniger verarbeitete er sich mit deutlichen schwächenden ermattenden Regeln und der größte Geist war's, der, da ihn die Muse begeisterte, von keinem Gesetz wußte. Ein Sophokles dachte an keine Regel des Aristoteles, liegt aber nicht mehr als der ganze Aristoteles in ihm?“ [3] Allerdings gestand Herder eine Berechtigung der Analyse, der Philosophie und Erkenntnis zu; aber der wesentliche Akzent lag bei ihm darauf, daß die individuelle Kunstschöpfung den Kunstregeln übergeordnet blieb wie das Handeln dem Reflektieren und die Natur der Abstraktion. Der Begriff ‚Genie‘ entzog sich für ihn, wie schon vorher für W. H. v. Gerstenberg, der rationalen Definition.[4] Wo Herz, Gefühl, Ergriffenheit, Leidenschaft, Natur und Imagination die letzten Instanzen wurden, hatten Begriff und Gedanke ihre Ansprüche verloren. Der schöpferische Mensch erschien als seine eigene Poetik; er formulierte sie nicht, er verwirklichte sie im Werk, das wiederum als Abbild von Gottes Schöpfung, von dessen im Leben vervielfältigt sich verwirklichender Poetik galt. Gott hatte in seiner uranfänglichen Schöpfungstat zugleich die Urpoetik geschaffen; er hatte in ihr dem Epischen und dem Dramatischen ihre eigenen Bestimmungen vorgezeichnet. „Die Schöpfung des Schauplatzes verhält sich aber zur Schöpfung des Menschen: wie die epische zur dramatischen Dichtkunst. Jene geschah durch's Wort; die letzte durch Handlung.“[5] Handeln hieß, im dichterischen Ausdruck aus dem subjektiven Gefühl und Erkennen die Welt zu ergreifen und durch beides hindurch zu verwandeln. J. G. Hamann hatte bereits die Geltung der Poetik über Bord geworfen: „Die Unwissenheit des Sokrates war Empfindung. Zwischen Empfindung aber und einem Lehrsatz ist ein größerer Unterschied, als zwischen einem lebenden Tier und anatomischem Gerippe desselben.“[6] Er hatte auf das Naturhaft-Sinnliche von Empfindungen und Ausdruck, auf das Genie alles produktive Gewicht gelegt. „Was ersetzt bei Homer die Unwissenheit

[3] J.G. Herders *Sämmtliche Werke*, hrsg. von B. Suphan, Berlin 1891 *(Kritische Wälder)*, Bd. 4, S. 19.

[4] Zu W. H. v. Gerstenberg vgl. A. Malte Wagner, *Heinrich Wilhelm von Gerstenberg und der Sturm und Drang*, 2 Bde., Heidelberg 1920; Klaus Gerth, *Studien zu Gerstenbergs Poetik*, Göttingen 1960.

[5] J.G. Hamann, *Sämtliche Werke*, hrsg. von J. Nadler, Wien 1950 *(Sokratische Denkwürdigkeiten)*, Bd. 2, S. 200.

[6] Hamann, Bd. 2, S. 73.

der Kunstregeln, die ein Aristoteles nach ihm erdacht, und was bei einem Shakespeare die Unwissenheit oder Übertretung jener kritischen Gesetze? Das Genie ist die einmütige Antwort."[7] Herder gab das Echo: „Da aber Genie bekanntermaßen mehr ist als Philosophie und Schöpfer ein ander Ding als Zergliederer..."[8] Das Genie wurde zum Stichwort der radikalen Emanzipation des schöpferisch autochthonen Selbstbewußtseins, das den Menschen vor den Autor und schönen Geist, den Schöpfer vor den Dichter, das Leben vor und über das Kunstwerk stellte und ihm nur einen Rang zusprach, wenn es Zeugnis dieser Lebensenergie in dem Schöpfer, seiner von ihm gefühlten und erfahrenen Welt war und ein Maximum an Lebensdichte und -intensität enthielt. „Soll denn das Genie handeln wie die kalte Vernunft? Soll Feuer Wasser seyn?"[9] Es fällt leicht, ähnliche Zeugnisse zu häufen – bis hin zum jungen Schiller: „Da verrammeln sie sich die gesunde Natur mit abgeschmackten Konventionen... Ich soll meinen Leib pressen in eine Schnürbrust und meinen Willen schnüren in Gesetze. Das Gesetz hat zum Schneckengang verdorben, was Adlerflug geworden wäre. Das Gesetz hat noch keinen großen Mann gebildet, aber die Freiheit brütet Kolosse und Extremitäten aus."[10]

Die Kritik an der überlieferten Poetik entwuchs nicht nur einer anderen Bestimmung von Künstlertum und Kunst, sie war im umfassenden Sinne Bewußtseins- und Gesellschaftskritik. Was in ihr als Rationalismus und Mechanisierung bekämpft wurde, galt für alle bestehenden Denk- und Lebensverhältnisse. Denn sie brachten den Menschen um „seine selbständige Existenz, den Funken von Gott".[11] Die Negation der alten Poetik implizierte die Negation aller ihrer Voraussetzungen – nicht nur der gesellschaftlich-moralisch-ästhetischen Normen des Schönen, sondern der ihnen unterliegenden Behauptung einer objektiv moralisch-vernünftigen Wirklichkeit, die wiederum als die Gewähr einer allgemeinen vernünftig-moralischen Ordnung des Weltganzen galt. Wenn nun gleichwohl Ansätze einer neuen Poetik entworfen wurden, mußten sie über das Literaturproblem hinaus den Entwurf eines generell neuen Weltverständnisses einbeziehen. Sie mußten nicht nur die Auffassung von der Kunst, sondern auch ihre Bezugspunkte verändern und der Poetik in Form und Sprache eine neue Methode geben. Die alte Poetik wandte sich an die allgemeine transsubjektive Vernunft; sie wählte die Form

[7] Hamann, Bd. 2, S. 75.

[8] Herder, Bd. 5, S. 218 *(Shakespeare)*.

[9] Chr. F. D. Schubart, *Deutsche Chronik*, Bd. 2, S. 73.

[10] F. Schiller, *Sämtliche Werke*, hrsg. von G. Fricke und H. G. Göpfert, München [4]1967, *(Die Räuber)*, Bd. 1, S. 504.

[11] J. M. R. Lenz, *Gesammelte Schriften*, hrsg. von F. Blei, München 1909 ff., (Über *Götz von Berlichingen)*, Bd. 4, S. 223.

der rationalen Deduktion, in die das konkrete Einzelwerk als Argumentationsobjekt einbezogen wurde, das letztlich aber in der Allgemeingültigkeit der Beweisführung aufging. Bereits Lessing und neben ihm Gerstenberg hatten dies Schema durchbrochen. Gerstenberg war die Notwendigkeit einer neuen Sprache *in poeticis* bewußt geworden. Er hatte die Kunstwörter abgelehnt, die er für noch nachteiliger als manche nachteiligen Regeln hielt, da sie, wie diese, den Geist in einen maschinenmäßigen Gang einbinden und fast immer von der Natur abführen.[12] Die neue Poetik provozierte das Problem ihrer Sprache. Herders Shakespeare-Aufsatz, Goethes Shakespeare-Rede, Lenz' *Anmerkungen übers Theater* – die für diesen Überblick maßgeblichen Schriften – wenden sich in akzentuiert individueller, antisystematischer Sprache, vom individuellen Autor und Werk sprechend, an den „kleinen Kreis"[13], an die unsichtbare Gemeinde der Eingeweihten; sie nehmen die Geste des Vorläufigen, Improvisierten, des unmittelbaren Empfindungs- und Gedankenausdrucks an: „... und noch zur Zeit habe ich wenig über Shakespeare gedacht."[14] Lenz stellt seine *Anmerkungen* als das „ungehemmte Räsonnement eines unparteiischen Dilettanten" vor[15], der sich nur mühsam zum Phlegma des Denkens nötigt. Eine esoterische Sprache wird gewählt, sprunghaft, aphoristisch oder emphatisch überbrausend, bald stockend, bald von mythisierenden Bildern überfüllt – Verkündigung und (wie Goethes Frankfurter Rede) fast eine Predigt. Diese Poetik, entwickelt aus der subjektiven Bewegtheit im lebendig-fragmentarischen Augenblick, soll bereits in Form und Sprache vermitteln, was ihr neuer Inhalt und Gehalt wurde. An die Stelle der rationalistischen Distanz zum Objekt tritt eine Kundgabe der von ihm ausgelösten Ergriffenheit von Gefühl und Geist, die sich unmittelbar auf den Zuhörer übertragen soll. In dieser Subjektivierung der Form und Sprache der Poetik des Sturm und Drang liegt eine weitere Schwierigkeit, sie als Ausdruck einer ‚Einheit' dieser Bewegung aufzufassen – wenn man sie nicht nur in der übereinstimmenden Opposition und Rebellion gegen die überlieferte Kunsttheorie und Kunstpraxis, deren ästhetische, moralische und gesellschaftliche Normen erblicken will.[16]

Andererseits eröffnet die Reflexion über das Drama den nächsten Weg zum Verständnis der Poetik des Sturm und Drang. Die neue Kunstauffassung und der von ihr ausgelöste Stilbruch werden noch mehr im Drama als in der

[12] A.M. Wagner, Bd. 2, S. 21.

[13] Herder, Bd. 5, S. 208.

[14] *Der junge Goethe,* hrsg. von Hanna Fischer-Lamberg, Berlin 1963, Bd. 2, S. 83.

[15] J.R.M. Lenz, *Werke und Schriften*, hrsg. von B. Titel und H. Haug, Stuttgart 1966, *(Anmerkungen übers Theater),* Bd. 1, S. 329.

[16] Ausführliche Zusammenstellung z. B. bei Siegfried Melchinger, *Dramaturgie des Sturm und Drangs,* Gotha 1929.

Lyrik manifest. Das Drama stellte das Individuell-Subjektive des Charakters, den handelnden Menschen in eine sich aus extremen Spannungen zusammensetzende Totalität von Leidenschaften, von Konflikten, von Bewußtseins- und Gesellschaftslagen hinein. Es stellte Leben in seiner unmittelbaren Bewegtheit, in seinen Bedingungen und Verflechtungen, in seinen Explosionen konkret-sinnlich, mit steigernder und übersteigernder Gestik dar. Das Drama konnte sich erzählerisch zu einem breiten Weltbild ausdehnen; es konnte die Affekt-, Stimmungs- und Tonlagen in raschem Wechsel häufen und mischen; es konnte in Formen der gepreßten Konzentration zu höchsten Steigerungen hinführen. Das aus den klassizistischen Konventionen entlassene Drama entfaltete plötzlich eine Vielheit von Formmöglichkeiten, die dem subjektiven Ausdrucksdrang, dem Aufbruch zu neuen Formen und zu neuer Sprache freien Spielraum gaben. Die Konflikte im Drama konnten zum Spiegel der Konflikte dieser jungen Generation mit der vorgegebenen Weltzuständlichkeit, ihrer gesellschaftlichen und moralischen Verfassung werden. Im klassizistischen Drama und Theater stellte sich dem Sturm und Drang der Gegner gegenüber, der nicht nur aus literarischen Gründen zu überwinden war. Zum Drama führte das Vorbild Shakespeares. Das Drama als Darstellung der äußeren und inneren Konflikte des emanzipierten, handelnden und leidenden Menschen entsprach der eigenen Selbsterfahrung. Es wurde damit die zentrale Ausdrucksform der gewandelten Kunstauffassung: einsetzend mit Gerstenbergs *Ugolino,* auslaufend in Schillers Jugenddramen. Es empfing nicht nur eine entscheidende Veränderung durch die Vorbildlichkeit Shakespeares, sondern setzte sich auch gegen ihn durch, mit Rückgriffen auf nichtshakespearesche Formen der Tradition bei H. L. Wagner und F. M. Klinger, mit weitreichender Originalität bei J. R. M. Lenz. Shakespeare gab dem neuen Drama die Impulse; er hob es aber auch über sich selbst und die Grenzen der Bühne hinaus.

Dies zeigt schon in erster Phase die Auseinandersetzung W. H. v. Gerstenbergs mit dem englischen Dichter.[17] Er erfuhr ihn als Negation des bisher geltenden Dramas und Theaters, als Eröffnung eines überhaupt die Gattung und die Bühne sprengenden Dichtungsverständnisses. Shakespeare, das Genie der dichterischen Illusion, die höherer Art als die nur theatralische Illusion ist, das Genie des „Gedichts“, das dem „Werk des Geschmacks“ überlegen ist, ließ ihn das bloße Trauerspiel auf die Grenzen des *bel esprit* – also auf Aufklärung und Rokoko – reduzieren. An die Stelle der ästhetisch kalkulierten Perspektive tritt eine Weltperspektive, die das Drama als technisch-spe-

[17] Zu Gerstenberg vgl. außerdem Karl S. Guthke, Themen der deutschen Shakespeare-Deutung von der Aufklärung bis zur Romantik, in: *Wege zur Literatur. Studien zur deutschen Dichtungs- und Geistesgeschichte,* Bern 1967, S. 109 ff.

zifische Form mit spezifischen Wirkungszwecken hinter sich läßt. Die dichterische Illusion, die das Genie erzeugt, faßt das Naturhaft-Vielfältige zu einer anschaulich-unmittelbaren Einheit zusammen, die um so zwingender wirkt, je mehr sie Gegensätzliches in sich mischt und verknüpft. Das Drama hatte bisher auf Zwecke und Wirkungen gezielt; hier stellte sich in Bildern des menschlichen Lebens, in Charakteren, die universale Natur selbst dar. Shakespeare ahmt die Natur nicht nach, er bildet sie nach, da in seiner Universalität „jede einzelne Fähigkeit des menschlichen Geistes, die schon insbesondre Genie des Dichters heißen kann", mit allen übrigen in gleichem Grade vermischt und in *ein* großes Ganzes zusammengewachsen ist.[18] Er gibt seinem Drama aus eigener Allheit, die alles gleichgewichtig vereint, „den bilderreichen Geist der Natur in Ruhe und der Natur in Bewegung, den lyrischen Geist der Oper, den Geist der komischen Situation, sogar den Geist der Groteske"[19] – eine Welttotalität. Von hier aus erhält das Drama eine neue Bestimmung. Sie ist vorgezeichnet in Shakespeares lebendigen Bildern der sittlichen, d.h. menschlichen Natur, des idealischen und animalischen Lebens, in seinen bis in Nuancen des Sentiments ausgestalteten individuellen Charakteren und Leidenschaften. Die Handlung ist im Drama Funktion der Charaktere und aus ihnen motiviert. Der Akzent wird derart, J.R.M. Lenz vorgreifend, nicht auf ein Geschick, sondern auf den Charakter gelegt. Bei Gerstenberg findet sich die Wertung des Naturwahren, der produktiven Gefühlskraft, der Eigenrechte der Phantasie und der Wahrheit der Beobachtung, weiterhin die Verneinung einer durch Nachahmung bewirkten Illusion, an deren Stelle die Empfindung des Zuschauers als die innere Einheit und Illusion des Dargestellten tritt; es findet sich bei ihm nicht weniger die Wertung der Leidenschaften und Erfahrungen des Herzens, des Neuen und Originalen – „wo Genie ist, da ist Erfindung, da ist Neuheit, da ist das Original".[20] Freilich nicht umgekehrt. Gerstenbergs Einsichten haben sich noch nicht von den Denkformen der Aufklärung gelöst; sie sind auch nicht nur im Drama des Sturm und Drang zur Geltung gelangt, sondern weisen geschichtlich voraus. Sie wurden jedoch vor allem für den Sturm und Drang, vermittelt in erster Linie durch Herder, fruchtbar. Herder knüpfte an die von Gerstenberg vollzogene Verinnerlichung des Illusionsprinzips an und nahm ein Hauptproblem Gerstenbergs auf, das auch dessen *Ugolino* eingelegt ist: wie nämlich sich eine Einheit und Simplizität des Ganzen, nach dem griechischen Modell, mit der shakespearischen Fülle des Vielfachen, das mehr ein inneres als ein

[18] *Briefe über Merkwürdigkeiten der Literatur,* 14., 18. und 20. Brief, in: *Sturm und Drang. Kritische Schriften,* hrsg. von Erich Loewenthal, Heidelberg 1949, S. 17.
[19] Ebd.
[20] Ebd., S. 55.

äußeres Geschehen meint, verbinden läßt. Diese Frage nach der Synthese des Antiken mit dem Neuzeitlichen und mit dessen Offenheit zum Spezifischen und Individuellen griff über den Sturm und Drang hinaus, der in seinem Drama den Akzent weit mehr auf das letztere setzte – ausgenommen F.M. Klinger in *Die Zwillinge,* die das Experiment des *Ugolino* noch weiter zuspitzten. Gerstenberg suchte zwischen den Griechen und Shakespeare eine Gemeinsamkeit „aus der Natur des Ganzen", aus einer ahistorisch universal aufgefaßten Natur des Dramas heraus, gleichsam im Vortasten zur Poetik des Dramas in der Klassik. Dem Sturm und Drang hingegen näherte er sich, indem er der Tragödie und der Komödie den gleichen Rang zubilligte, auf die Bedeutung der italienischen Komödie, zumal Goldonis, hinwies, der Bauform und den Wirkungsmitteln der Komödie sein Interesse zuwandte und den besonderen Kunstcharakter der komischen Sprache hervorhob.

Was Justus Möser für eine Lockerung und Erneuerung der Vorstellungen vom Drama leistete, knüpfte an die Mannigfaltigkeit künstlerischer Darstellungen des Komisch-Grotesken an, welche die bisher anerkannte Poetik und Kritik als zum Niedrig-Possenhaften gehörig von der Bühne ausgeschlossen wissen wollte. Indem er diesem ästhetischen Verdikt in seiner ironisch-geistvollen Schrift *Harlequin oder Vertheidigung des Grotesk-Komischen* (zuerst 1761 gedruckt)[21] das komisch und karikaturistisch übertreibende Spiel als ein durch seine eigenen Regeln und Vollkommenheiten[22], trotz der ihm anstehenden Vermischung unterschiedener Arten, gerechtfertigtes entgegenstellte, wies er auf bisher erstickte Spielformen des Dramas, insbesondere auf die Commedia dell'arte und das Volkstheater und in ihm auf die Autorität der Stimme des Volkes und der Natur. Möser ging es darum, die Uniformität des Dramas zu sprengen, dessen Dimensionen durch das Phantastische und durch in Masken und Pantomime freigesetzte Spielelemente zu erweitern. Er lehnte sich gegen die Reduktion von Drama und Bühne auf deren moralische Absichten und Zwecke zugunsten einer Anerkenntnis der heilsamen Arznei des Vergnügens auf. Sein Plädoyer für die Mannigfaltigkeit der Spielformen, die den grotesk-komischen Übertreibungen, den Karikaturen im „Geschmack des Schiefen"[23] abgewonnen werden konnten, berief sich nicht nur auf die Freude als ein Bedürfnis unsrer Seelen, sondern auf die Natur: „Die Natur ist unerschöpflich an Gestalten, worin sie ihre Reizungen der begierigen Augen verschwendet, und Sitten und Leidenschaften sind eben so mannigfaltig als die unterschiednen Menschengesichter."[24] Dem Kanon der

[21] Justus Möser's *Sämtliche Werke.* Neu geordnet und aus dem Nachlasse desselben gemehrt durch B.R. Abeken *(Kleinere Schriften,* Neunter Teil), Berlin 1843, S.63 ff.

[22] Ebd., S.98.

[23] Ebd., S.85.

[24] Ebd., S.68.

Drama-Poetik, deren Bezügen auf Wirklichkeit, Wahrscheinlichkeit und Moralität, wurde damit eine Spielsouveränität der Bühne in Mimus, Maske und Pantomime entgegengesetzt sowie zudem eine Sprache, der Möser, der Buchsprache der zeitgenössischen Bühne opponierend, den Wert einer wahren Volkssprache zuerkannte.[25] Ironie und Ernst wirken zusammen, wenn er dem grotesk-komischen Spiel, im Wettkampf mit den Einheitsregeln der klassizistischen Poetik, seinerseits eine darstellerische Einheit im Mannigfaltigen zuspricht: wenn nämlich „die ganze Schöpfung der Bühne grotesk ist". Ähnlich wie Gerstenberg löste sich Möser nicht gänzlich von der Poetik der Aufklärung; aber er erweiterte beträchtlich den Spielraum von Drama und Bühne und erweckte verdrängte Spielmöglichkeiten.

Gerstenbergs Bedeutung lag darin, wie er, unzufrieden mit der französischen und deutschen Bühne, überzeugt von der Künstlerschaft Shakespeares, Fragen aufwarf und Ansätze zu gewandeltem Verstehen dramatischer Kunst ins Spiel brachte. Auch Herder, dessen eigene schmale produktive Anlage mehr zum Lyrischen hintrieb, wurde nicht zum Autor einer Poetik des Dramas. Er rückte Shakespeare endgültig in die Mitte der neuen Kunst- und Schöpfertheorie und empfahl den Deutschen, ihn zu nützen, ihn für sich neu herzustellen; aber wesentlicher als die Gattung oder Spezies des Dramas, die sich derart aufbauen ließ, war ihm, Shakespeare als neue Erscheinung des Dichters zu erklären, zu fühlen und fühlbar zu machen. Er löste Shakespeare aus dem Bezugsfeld der klassizistischen Poetik; er sicherte so für sein Verständnis eine ästhetische Voraussetzungslosigkeit, die als Unmittelbarkeit, als Ergriffenheit von Gefühl und Erkennen die Natur des englischen Dichters und seines Werkes nicht verstellte. An die Stelle der Argumentation trat die apodiktische Verkündigung neuer Perspektiven: „Hier stehe! oder du siehest nichts als Karikatur"[26]. Shakespeare erschien jetzt als der ganz andere – gegenüber der klassizistischen Poetik wie gegenüber der griechischen Tragödie; er ist der ganz andere in seiner Geschichtlichkeit wie in seinem naturhaften Genie. Herder hob die Möglichkeit zur Poetik schlechthin auf, wenn er, was

[25] Justus Möser, *Über die deutsche Sprache und Litteratur = Deutsche Literaturdenkmale des 18. und 19. Jahrhunderts*, hrsg. von A. Sauer, 3. Folge, Nr. 2, Berlin 1892, S. 21.

[26] Herder, Bd. 5, S. 209. – Zu Herders Shakespeare-Verständnis vgl. vor allem Hertha Isaacsen, *Der junge Herder und Shakespeare*, Berlin 1930; Gottfried Weber, *Herder und das Drama*, Weimar 1922; Alexander Gillies, Herder's Essay on Shakespeare: Das Herz der Untersuchung, in: MLR XXXII (1937), S. 262; Wilhelm Dobbek, Herder und Shakespeare, in: *Shakespeare-Jahrbuch* XCI (1955); Paul Böckmann, *Der dramatische Perspektivismus in der deutschen Shakespeare-Deutung des 18. Jahrhunderts*, in: *Formensprache. Studien zur Literaturästhetik und Dichtungsinterpretation*, Hamburg 1966, S. 45ff.

bisher als universale Kunstgesetze verstanden wurde, zu Naturgesetzen unter jeweils historischen Bedingungen der Genese transponierte.

Wenn man bei Herder las, daß die Einheit der Fabel als eine Einheit der Handlung, des Ortes, der Zeit ihre konkreten geschichtlichen Voraussetzungen habe – „Alle diese Dinge lagen damals in der *Natur*, daß der Dichter mit aller seiner Kunst ohne sie nichts konnte“[27] –, gewann man einen Zugang zu der griechischen Tragödie, den die klassizistische, nur technisch argumentierende Regeldogmatik verbaut hatte. Die griechische Tragödie wurde so für die eigene dramatische Dichtung fruchtbar; sie war ihrer Natur und ihrer Geschichte zurückgegeben und erhielt aus ihr ihre verjüngte Lebendigkeit. Herder rettete den aus diesem Aspekt richtig sehenden und urteilenden Aristoteles, der „eben in Allem fast das Umgekehrte war, was die neuern Zeiten aus ihm zu drehen beliebt haben“[28], gegen den verfälschten Aristoteles. Er lehrte, die Kunstgesetze als einen historischen Entwicklungsverlauf zu sehen, dessen erster Gipfel im Griechischen Sophokles geworden war. Den klassizistischen Kunstvorstellungen durchaus zuwider, verlief diese Entwicklung so, daß Sophokles „aus Einem ein Vieles, ein schönes Labyrinth von Szenen“ machte, ohne doch den Eindruck der Einheit, „den Anblick des Ganzen“ preiszugeben.[29] Bei Sophokles bereitete sich vor, was sich bei Shakespeare potenzierte und von Herder jetzt als eine ideale Forderung an das Drama des Sturm und Drang weitergegeben wurde: es sollte „ein vielfach einfältiges und einfach-vielfältiges, also vollkommenes Ganze“ sein.[30] Die Vorstellung der aus der Natur – „Weltverfassung, Sitten, Stand der Republiken, Tradition der Heldenzeit, Glaube, selbst Musik, Ausdruck, Maas der Illusion“[31] – sich entfaltenden griechischen Tragödie enthielt zugleich alle jene Stichworte, die die neuzeitliche vergesellschaftete Kunst als widernatürlich verwarfen. Es sind die Stichworte jener Kritik, die vornehmlich gegen das französische Drama gerichtet wurde[32], das sich, sklavisch vollkommen „gedacht und gemacht“, in Imitation, Fiktion und Regel, in Glanz, Witz, Philosophie, in Übungen von Ausdruck, Stellung und Wohlanständigkeit, in Gemälden guter und gar heroischer Sitten, in schöner Bildung, Empfindung und Sprache erschöpfe. Dieser vergesellschafteten Künstlichkeit fehlt alles, was jetzt Dichtung überhaupt, über die Spezies von Drama und Bühne hinaus, be-

[27] Ebd., S. 211.
[28] Ebd., S. 212.
[29] Ebd., S. 212.
[30] Ebd., S. 218.
[31] Ebd., S. 213.
[32] Vgl. dazu *Journal meiner Reise im Jahre 1769*, in: *Deutsche Literatur in Entwicklungsreihen*, Reihe Irrationalismus, Bd. 6 (*Von deutscher Art und Kunst)*, hrsg. von H. Kindermann, Leipzig 1935, S. 124 ff.

stimmen, was ihr Wesen sein soll: „Erschütterung des Herzens, Erregung der Seele“, „Geist, Leben, Natur, Wahrheit“.[33] Das Drama, aufsteigend aus der geschichtlichen und geistig-emotionalen Totalität des Lebens – „Geschichte, Tradition, Sitten, Religion, Geist der Zeit, des Volkes, der Rührung, der Sprache“[34] –, soll Ausdruck und Darstellung solcher Totalität sein, sodaß, was seine Genese bestimmte, in seiner Vollendung wiederkehrt. Diese Vollendung kann immer nur eine Vollendung unter anderen geschichtlichen Voraussetzungen sein. Der Weg ist derart zu einem Drama geöffnet, das, „natürlich, groß und original“, mit Sophokles, mit Shakespeare wetteifern kann, aber sie nicht nachahmen darf, ohne sich selbst zu widerlegen. Die Kunst des Dramas ist eine immer wieder unter anderen Voraussetzungen neu gestellte, nicht definitiv bestimmbare Aufgabe. Das dichterisch geglückte Drama erscheint nur dort, wo es sich gänzlich von der Tradition gelöst hat. „Eben das Neue, Erste, ganz Verschiedene“ zeigt an dem Dramatiker die „Urkraft seines Berufs“.[35] Das Drama ist im poetologischen Sinne überhaupt nicht fixierbar; es kann nur in Grundtendenzen vorgezeichnet werden, die sich an vollkommenen historischen Ausprägungen, also an den Griechen und an Shakespeare, ablesen lassen. Diese Grundtendenzen zeigen deren Analogie in dem Bestreben, ein Vielfältiges – als Totalität des jeweils geschichtlich gegebenen Lebens – zu einer Einheit zusammenzubinden, die sich zugleich als das einfach Vielfältige und das vielfältig Einfache darstellt.

Dies war leichter bei den Griechen; denn „Simplizität der Fabel lag wirklich so sehr in dem, was Handlung der Vorzeit, der Republik, des Vaterlandes, der Religion, was Heldenhandlung hieß, daß der Dichter eher Mühe hatte, in dieser einfältigen Größe Theile zu entdecken, Anfang, Mitte und Ende Dramatisch hineinzubringen, als sie gewaltsam zu sondern, zu verstümmeln, oder aus vielen, abgesonderten Begebenheiten Ein Ganzes zu kneten“.[36] Für Shakespeare stellt sich die Aufgabe erheblich schwieriger; denn er fand „nichts weniger“ als eine griechische Simplizität in Geschichte, Volk und Gesellschaft vor. Er schuf sein Werk aus einer historisch-künstlerischen Notlage heraus: als eine Zusammensetzung des Verschiedenartigsten, Widersprüchlichsten, und er gewann gerade dadurch die Größe seiner Leistung. Er baute sein Drama nicht wie die Griechen aus einer einzigen Handlung auf, sondern er fügte es episch in einem breiten Fresko zu einer großen Bilderreihe zusammen. In ihr vollzieht sich eine „Aktion im Sinne der mittlern, oder in der Sprache der neuern Zeiten Begebenheit (*evenement*)“.[37] Die klassische Ein-

[33] Herder, Bd. 5, S. 215 f.
[34] Ebd., S. 217.
[35] Ebd., S. 218.
[36] Ebd., S. 210 f.
[37] Ebd., S. 219.

heit als Simplizität verwandelt sich so in die neuzeitliche Totalität aus der Fülle des antinomisch Einzelnen. An die Stelle des Zusammenhangs durch die Handlung tritt der innere Zusammenhang des vielfältig Ganzen. Herder vollzieht damit eine Verinnerlichung der dramatischen Einheit, die notwendig eine Verinnerlichung der Aktionen und Begebenheiten, der dargestellten Figuren, der dargestellten Raum- und Zeitbezüge mit sich bringt. Das Lokal verwandelt sich in den gelebten und beseelten Raum, je individuell notwendig für Aktion, Figur und Atmosphäre; die Zeit verwandelt sich ebenso in eine innere Zeit, die von der gleichen Notwendigkeit durchbildet wird. Zeit und Raum werden aus ihrer starren Versachlichung herausgenommen; sie spielen als lebender Raum und lebende Zeit, als Perspektiven auf den inneren Raum der Welt, ihr Schicksalhaftes, mit. Die Zeit, der Raum werden zu Schöpfungen des Dichters. „Als solchem schlägt dir keine Uhr auf Thurm und Tempel, sondern du hast Raum und Zeitmaaße zu schaffen, und wenn du eine Welt hervorbringen kannst, und die nicht anders, als in Raum und Zeit existieret, siehe, so ist da im Innern dein Maaß von Frist und Raum; dahin du alle Zuschauer zaubern, das du Allen aufdringen mußt.“[38]

Damit hatte in der Tat das Drama seine Eingrenzungen durch das „Brettergerüst“, durch den Apparat seiner bisher geläufigen Bühnenpraxis gesprengt und war in den freien offenen Raum der Dichtung, einer Dichtung, die sich als Widerspiegelung des Weltganzen verstand, übergeführt. Wenn Herder Shakespeare als dramatischem Dichter huldigte, so lag darin eine völlige Veränderung des Verständnisses des Dramas und des Dramatischen: nicht mehr begründet in der Praxis des Theaters, sondern durch eine Perspektive auf die Weltganzheit als ein unendliches Weltdrama. „Shakespear kein Dramatischer Dichter? Der hundert Auftritte einer Weltbegebenheit mit dem Arm umfaßt, mit dem Blik ordnet, mit der Einen durchhauchenden, Alles belebenden Seele erfüllet, und nicht Aufmerksamkeit; Herz, alle Leidenschaften, die ganze Seele von Anfang bis zu Ende fortreißt.“[39] Was Herder bei Shakespeare als dessen „Ganzheit“ auffaßte, entsprach seiner eigenen Vorstellung von der geschichtlichen Welt als Zusammenwirken „aller Alter, Menschen und Menschenarten“[40] wie seiner Auffassung der Natur und seinem religiösen Denken. Die Konzeption einer normhaft in sich gleichen, vernünftig-moralischen Weltordnung, welche den Hintergrund der älteren Poetik bildete, wird hier abgelöst durch die Konzeption einer naturhaft-geschichtlich-religiösen Totalität des unendlich individuell Vielfältigen. Ein religiöser Orientierungspunkt als die letzte einheitbildende Instanz bleibt

[38] Ebd., S. 227.
[39] Ebd., S. 221.
[40] Ebd., S. 219.

in Herders poetologischer Vorstellung erhalten, wenn auch substantiell verändert. Denn der Dichter, das schaffende Genie, ist nicht mehr ein Nachahmer Gottes und seiner Weltordnung; er ist jetzt das der Gewalt Gottes nachschaffende, seine eigene dichterische Welt erzeugende Genie, dessen Subjektivität sich mit dem Objektiven dieser seiner Welt vereinigt. Die Frage, ob es eine poetologisch allgemein verbindliche Bestimmung des Dramas gebe, ist von Herder aus dem Gesamt seiner Kunst-, Geschichts- und Lebensanschauung heraus von vornherein verneint. Es gibt das Drama nur als ein je individuelles Kunstwerk aus den spezifischen Bedingungen von „Zeit, Klima, Bedürfniß, Welt, Schicksal“.[41] Das Individuelle oder, wie Goethe es nannte, das Charakteristische, sich darstellend im schöpferischen Ausdruck, ist Natur, Intensität des Lebendigen, Wahrheit. Kunst ist Ausdruck der Welt in der individuellen Anschauung. „Schildere (die Bilder) nach Deiner Art, wie Du solche wahrnahmest, wie der Geist Deiner Poesie sie fodert.“[42] Doch bleibt dies Subjektive auf das höhere Objektive zurückbezogen. „Eine Welt Dramatischer Geschichte, so groß und tief wie die Natur; aber der Schöpfer gibt uns Auge und Gesichtspunkt, so groß und tief zu sehen.“[43] Dichtung meint hier nicht ästhetische Transposition und Organisation einer vorausgegebenen Welt, sondern Ausdruck einer vom Dichter nach- und neugeschaffenen Welt, in dessen einzelner Individualität sich die Natur selbst kundgibt. „Lauter einzelne im Sturm der Zeiten wehende Blätter aus dem Buch der Begebenheiten, der Vorsehung, der Welt! – einzelne Gepräge der Völker, Stände, Seelen! die alle die verschiedenartigsten und abgetrenntest handelnden Maschinen, alle – was wir in der Hand des Weltschöpfers sind – unwißende, blinde Werkzeuge zum Ganzen Eines theatralischen Bildes, Einer Größe habenden Begebenheit, die nur der Dichter überschauet.“[44]

Es bedarf keiner weiteren Ausführung, wieweit hier die Abstandnahme vom Typus des klassizistischen Dramas, von seiner Durchrationalisierung der Handlung, des Bewußtseins und der Psychologie der agierenden Figuren, ihrer final zielenden Affekte und Aktionen, von seinen Endzwecken vollzogen ist, wie nahe hingegen Herder hier dem Typus des episch offenen Dramas kommt – in der Komposition aus „disparatesten Szenen“ wie in der Sicht der dramatischen Figuren als unwissend-blind in der Hand des für sie undurchsichtigen Welt-und-Schicksal-Spielers. Das Disparate bedeutet jedoch nicht Zersplitterungen der Form. An die Stelle der rational-kausal durchplanten Funktionalität der Szenen tritt ein in den Affekt, in das Fühlen und Erleben

[41] Herder *(Auch eine Philosophie der Geschichte zur Bildung der Menschheit)*, Bd. 5, S. 505.

[42] Herder *(Zerstreute Blätter. Dritte Sammlung)*, Bd. 15, S. 530.

[43] Herder, Bd. 5, S. 221.

[44] Ebd., S. 219.

des Dichters und des Zuschauers verlegter Zusammenhang: die im Spiel gestaltete und den Zuschauer mitreißende „Seele der Begebenheit". In Shakespeares Dramen spielen sich, nach Herders Sicht, zwar Fülle und Chaos der Natur und Geschichte, das Leben selbst noch vor dem Hintergrunde einer göttlichen Weltordnung ab, aber doch nur als deren „dunkle" Symbole, die dem getriebenen und nur „im Wahn des Freien"[45] handelnden Menschen undurchschaubar sind. „Die Auftritte der Natur rücken vor und ab; würken in einander, so Disparat sie scheinen; bringen sich hervor, und zerstören sich, damit die Absicht des Schöpfers, der alle im Plane der Trunkenheit und Unordnung gesellet zu haben schien, erfüllt werde – dunkle kleine Symbole zum Sonnenriß einer Theodizee Gottes."[46] Das Tragische scheint hier noch in dem christlichen Begriff der Theodizee aufgefangen zu sein; aber Herders Deutungen von *König Lear, Othello, Macbeth, Hamlet* zeigen, wie ihn vor allem der Tragiker Shakespeare faszinierte und wie fern vom Christlichen er dessen Tragisches, bis in seine „heidnische Schicksal- und Sternenphilosophie", aufgefaßt hat. Daneben tritt für ihn Shakespeare als Dichter der Komödien völlig zurück. Doch steht bei Herder nicht diese Erfahrung des Tragischen im Vordergrund, sondern der Zusammenfluß des disparat, kühn und sonderbar Erscheinenden zu der ausdrucksintensivsten „Empfindung einer lebendigen Welt" – ausgerüstet mit „allem Urkundlichen ihrer Wahrheit".[47]

Die Wahrheit, die man im klassizistischen Drama in dem Kausalnexus der sich aus Leidenschaften entwickelnden Handlungen auffand, ist abgelöst durch eine Wahrheit, die sich in der Dynamik des sich anscheinend aus sich selbst organisch entfaltenden Lebens manifestiert. Geschehen und Charaktere werden wie die Zeit und der Raum, in denen sie leben, zu einer organischen Einheit, die jeweils eine durch und durch individuelle Einheit ist. Diese Einheit läßt sich nicht mehr mittels Definitionen ableiten, läßt sich auch nicht als irgendwelche allgemeine Gesetzlichkeit des Gestaltens von einem Stück auf das andere übertragen; aber sie wird sinnlich emotional vollständig erfaßbar in der Anschauung und in der inneren Einstimmung auf sie, die der Dichter in dem Zuschauer hervorruft. Herders Akzentuierung des Individuellen des einzelnen Dramas, der einzelnen Hauptempfindung, „die also jedes Stück beherrscht, und wie eine Weltseele durchströmt" und es zu einem Ganzen macht[48], hat zur Folge, daß sich die Perspektive auf den individuellen Charakter, auf ein Sich-Herstellen eines individuellen Lebenszusammenhanges in der dramatischen Aktion oder Begebenheit konzentriert. Das

[45] Ebd., S. 222.
[46] Ebd., S. 220.
[47] Ebd., S. 225.
[48] Herder, Bd. 5, S. 224.

Drama der Geschichte ist das Drama ungewöhnlicher, von Leidenschaft, Kraft und Größe beseelter Charaktere.

Herder lehnte entschieden ab, das Drama und die Bühne moralischen Endzwecken, überhaupt moralischen Kriterien zu unterwerfen. Das Drama sollte keine Lehrdichtung, keine Schule der Sitten, keine moralische Anstalt sein. Alle jene Zwecke, mit denen es der Rationalismus ausgerüstet hatte, bedrohten seine poetische Eigenständigkeit. Das Drama war für Herder ein Dichtwerk, eine in sich ganze und autonome Welt; und nur das Kriterium war legitim, das nach seiner Qualität als Dichtwerk fragte. Damit war auf bedeutungsvolle und folgenreiche Weise das Drama aus der Abhängigkeit von Konventionen und Zwecken außerdichterischer Art herausgelöst und zugleich das Verhältnis zwischen dem Zuschauer und der Bühne eingreifend verändert. Das rationalisierte Drama legte zwischen Bühne und Zuschauer eine Distanz, die angesichts des Kausalgeflechtes des Ablaufs eine kritische Reflexion provozieren konnte und sollte, um moralische Zwecke zu Erkenntnis und Wirkung kommen zu lassen. Das Drama des Sturm und Drang hingegen akzentuiert das Individuelle und Charakteristische; es steigert es bis ins Übermächtige, um den Zuschauer jeweils in die hochgetriebene und verselbständigte Augenblickswirkung von Charakteren, Leidenschaften, Situationen und mimischen Szenen, selbst unter Gefährdung der Einheit des ganzen Gefüges, hineinzureißen. Der Zuschauer soll gleichsam in den Sturm des Dargestellten hineintauchen; er soll sich mit dem, was auf der Bühne vorgeht, identifizieren. Gerstenberg hatte schon davon gesprochen, die Natur solle in die Seele des Aufnehmenden wie gegenwärtig hineingebildet werden. Der Gedanke einer gesteigerten Illusion war bereits dem bürgerlichen Theater in der zweiten Hälfte des 18. Jahrhunderts vertraut[49]; er wurde durch Herder noch radikalisiert. Die Emotionen und Affekte auf der Bühne sollten sich jetzt unmittelbar auf den Zuschauer übertragen. Indem das Drama Verstärkungen und Überhöhungen einsetzte – was nichts anderes bedeutete, als die „wahre" Natur aus den Konventionen und Masken der Gesellschaft und des Alltags herauszuholen, sie zu ihrer „wahren" Intensität zurückzubringen –, konnte es erwarten, auch den miterlebenden und mitgerissenen Zuschauer aus solchen Konventionen zu befreien. Gerstenberg gab wiederum ein Stichwort an Herder weiter, wenn er den Eindruck von Shakespeares Wahrheit als so hinreißend schilderte, daß aus dem Zuschauer selbst ein Akteur werde. Herder wollte das „Brettergerüst" vergessen machen. „Mir ist, wenn ich ihn lese, Theater, Akteur, Koulisse verschwunden."[50] Shakespeare war ihm der

[49] Eckehard Catholy, *Die geschichtlichen Voraussetzungen des Illusionstheaters in Deutschland*, in: *Festschrift für Klaus Ziegler*, hrsg. von E. Catholy und W. Hellmann, Tübingen 1968, S. 93f.

[50] Herder, Bd. 5, S. 219.

Dichter der Welt, in dem Natur und Geschichte, Mensch und Gott umfaßt sind und angesichts dessen eine Frage nach Zwecken und Nützlichkeiten sinnlos wird. „Im Gange seiner Begebenheit, *in ordine successivorum et simultaneorum* seiner Welt, da liegt sein Raum und Zeit. Wie, und wo er dich hinreiße? wenn er dich nur dahin reißt, da ist eine Welt."[51] Die Illusion hat sich zur Identifikation gesteigert. So dachte auch Goethe. Und so reagierte der zeitgenössische Zuschauer. Schiller spricht davon in § 15 seiner Dissertation *Über den Zusammenhang der tierischen Natur des Menschen mit seiner geistigen* von 1780. „Die Illusion des Zuschauers, die Sympathie mit künstlichen Leidenschaften hat Schauer, Gichter und Ohnmachten gewirkt."[52] Dennoch ist dieser Typus des Identifikationstheaters nicht der einzige im Sturm und Drang. Lenz macht eine Ausnahme, auch Schiller und mitunter, wie in *Das leidende Weib*, Klinger. Sie haben, darin der Aufklärung näher und zugleich geschichtlich vorausweisend, kritisch-moralische Zwecke des Dramas und der Bühne nicht preisgegeben, sie aber verändert – zu emanzipatorisch gesellschaftskritischen, sozialen Lehrwirkungen. Lenz sah seine ernste Komödie, in der sich das Tragische und das Komische verknüpfen, als eine Erziehung des Publikums zur noch nicht vorhandenen Tragödie des von der Despotie der Gesellschaft befreiten, frei handelnden Menschen an. Er sprach gegenüber Herder von seiner himmlischen Freude, daß dieser *Die Soldaten* gerade von der Seite, von der er sein Stück empfunden wünschte, empfunden habe: nämlich von der politischen.[53] Ähnlich schrieb er an Sophie von La Roche über das gleiche Drama: „Doch bitte ich Sie sehr, zu bedenken, gnädige Frau, daß mein Publikum das ganze Volck ist; daß ich den Pöbel so wenig ausschließen kann, als Personen von Geschmack und Erziehung, und daß der gemeine Mann mit der Häßlichkeit feiner Regungen des Lasters, nicht so bekannt ist, sondern ihm anschaulich gemacht werden muß, wo sie hinausführen. Auch sind dergleichen Sachen würklich in der Natur; leider können sie nur in der Vorstellung nicht gefallen, und sollen's auch nicht. Ich will aber nichts, als dem Verderbnis der Sitten entgegen arbeiten, das von den glänzenden zu den niedrigen Ständen hinab schleicht und wogegen diese die Hilfsmittel nicht haben können, als jene."[54] Dies forderte im Praktischen einen anderen Bau, andere Wirkungsmittel des Dramas, die hier zu interpretieren nicht der Ort ist. Nur soviel sollte bemerkt werden, wie der Unterschied

[51] Ebd., S. 228.

[52] F. Schiller (*Über den Zusammenhang der tierischen Natur des Menschen mit seiner geistigen* [1780], § 15), Bd. 5, S. 310.

[53] *Briefe von und an J. M. R. Lenz*, gesammelt und hrsg. von K. Freye und W. Stammler, Leipzig 1918, Bd. 1, S. 145.

[54] Briefe, Bd. 1, S. 114f.

zwischen dem Identifikationsdrama, zu dem sich Herder und Goethe entschieden, und dem kritisch-satirischen, tragikomischen Drama, dessen Form Lenz schuf, es verbietet, von einer Einheit in der Poetik und Dramaturgie des Sturm und Drang zu sprechen.

Allerdings – es ist schon mehrfach gesagt worden – kann der Gehalt von Herders Shakespeare-Aufsatz, trotz seiner breiten Ausstrahlungen, nicht nur zur Grundlage einer Dramaturgie des Sturm und Drang erhoben werden.[55] Es geht Herder nicht um Aspekte der Gattungs- und Speziesformen; er denkt nicht an die Praxis von Drama und Theater, ja er scheint Shakespeare mehr als einen Erzähler denn als einen Dramatiker zu lesen. Er bricht ab, als sich die Frage nach der Poetik des shakespeareschen Dramas einstellt. Denn sie würde eine Auskunft über die Gesetze fordern, welche sein Werk „unsrer Historischen, Philosophischen, Dramatischen Kunst in Jedem seiner Schritte und Kunstgriffe" vorzeichnet.[56] Dies hieße, zu verallgemeinern und zu abstrahieren, was gerade in der dynamisch-organischen Anschaulichkeit der individuellen Schöpfung vorgeführt wurde. Die geschichtliche Genese dieser Dramen verbietet zudem, aus ihnen ein Programm für das notwendig andersgeartete Drama in der gegenwärtigen und zukünftigen Geschichtslage abzuleiten. Shakespeare führt in die Neuzeit hinein – aber er ist ihr auch bereits fern. Diese Neuzeit ist noch viel weiter als er von jener „Simplizität von Vaterlandssitten, Taten, Neigungen und Geschichtstraditionen", über die das griechische Drama verfügt, entfernt; sie ist noch viel mehr vor das Verbrauchte und Disparate in Bewußtseins- und Gesellschaftsverfassung gestellt, und ihr muß es noch schwerer fallen, einen Bezugspunkt der organisch-dynamischen Einheit des Widersprüchlichen und Disparaten zu finden. In ihr hat sich das Individuelle so bis zur Hypertrophie subjektiviert und emanzipiert, daß es droht, aus einem allgemeinen Weltzusammenhang – als Zusammenhang des Bewußtseins, der Werte und der Gesellschaft – herauszufallen und in die radikale Isolierung zu geraten. Das Drama des Sturm und Drang zeigt – bei Goethe wie bei Klinger und Lenz – eine Akzentuierung des Individuellen und Charakteristischen, des Außergewöhnlichen und Extremen in Charakteren, Situationen, Affekten und Sprach- wie Tonlagen, die, in der Verselbständigung der einzelnen Szene, der einzelnen Figur, der einzelnen überhöhten Wirkungselemente und -momente in Szene und Dialog, das Gefüge und die Form als Ganzes zu sprengen droht. Die Gefährdung der Gesamtstruktur des Dramas ist die Konsequenz dieser zeitgenössischen bewußt-

[55] Dazu Melchinger, S. 55; Bruno Markwardt, *Geschichte der deutschen Poetik*, Bd. 2, Berlin 1956, S. 358.

[56] Herder, Bd. 5, S. 229.

seins- und gesellschaftsgeschichtlichen Situation, deren Problematik jedoch der Blick Herders in dieser Phase, ganz auf Shakespeare gerichtet, nicht mehr aufgefaßt hat. Herder suchte einen Ausweg über und durch die Geschichte, im Widerspruch zu dem, was er als je individuelle Natur, Geschichtlichkeit, Originalität, Deutschheit, volksmäßige Wahrheit von einer Regeneration der Dichtung verlangt hatte. Dieser Ausweg spiegelte ihm eine zukünftige deutsche Dramatik in der vermittelnden Synthese von griechischer, französischer und englischer Bühne vor. „Was könnten wir Deutsche uns für eine schöne mittlere Laufbahn nehmen. Die Komödie vom Italiener, die Tragödie vom Engländer, in beiden die französische Feile hintennach, welch ein neues Theater."[57] Lenz hat in den *Anmerkungen übers Theater* solche Synthese mit sarkastischer Ironie zitiert und – verflucht.

So dicht sich in der Shakespeare-Rede des jungen Goethe die Einwirkungen, die er von Herder empfing, drängen – diese Rede bedeutet eine neue Wendung des Shakespeare-Verständnisses, die von Herder fort führt. Goethes Ergriffenheits- und Bekenntniston ist noch radikaler subjektiviert; er nimmt die Geste des Verkündigens, der Predigt an. „Der ich mir alles bin, da ich alles nur durch mich kenne! So ruft jeder, der sich fühlt."[58] Goethe spricht durch Shakespeare hindurch, mit Ehrfurcht und aus gleichsam brüderlicher Nähe, von sich selbst, seinen eigenen Schaffensimpulsen. Herders Aufsatz war die Manifestation eines originär umfassenden Verstehens und Deutens; Goethe spricht aus einer gefühlten schöpferischen Verwandtschaft. Auch er gibt keine Poetik des Dramas – sie hätte eine Poetik seines eigenen dramatischen Schaffens werden müssen, zu dessen Reflexion er damals weder geneigt noch fähig war. Viele Stichworte Herders kehren wieder: die jetzt noch verschärfte, jugendlicher Arroganz nicht entbehrende Negation des französischen Dramas und Theaters mit seiner mechanistischen Regeldogmatik und seiner Vergesellschaftung, der Spott über deren Versagen vor Größe und Ganzheit des griechischen Trauerspiels, die Identifikation von Shakespeares Menschendarstellung mit unmittelbar organisch-dynamischer Natur. „Und ich rufe Natur! Natur! nichts so Natur als Schäkespears Menschen."[59] Herder fand auf der Bühne Shakespeares vorzugsweise dramatische Weltgeschichte; Goethe heftet den Blick auf das Prometheische, die Schöpfung von Menschen „in kolossaler Größe". Er setzt neu hinzu die Interpretation von Shakespeares Theater als „schönem Raritätenkasten". Dieser Vergleich, Ausdruck einer perspektivischen Weltauffassung, hat eine Vorgeschichte im

[57] Herder, *Journal meiner Reise*, S. 125.

[58] *Der junge Goethe*, Bd. 2, S. 83; vgl. Horst Oppel, *Das Shakespeare-Bild Goethes*, Mainz 1949.

[59] *Der junge Goethe*, Bd. 2, S. 85.

Rationalismus.[60] Wenn Goethe ihn hier aufnimmt, zeigt sich eine Veränderung gegenüber Herders Shakespeare-Interpretation an. An die Stelle der in ihr akzentuierten, Geschichte, Natur und Gott umfassenden Totalität, die jedes individuelle Stück zu einem einzelnen Weltall werden läßt, rückt der einzelne Ausschnitt, der Wechsel der Momentbilder oder Bildsituationen wie im Guckkasten der Jahrmärkte. Der Autor wie der Zuschauer treten betrachtend dem bunten Szenenwechsel gegenüber: Goethe führt gleichsam auf die Bühne zurück, was Herder gerade von dem „Brettergerüst" entfernt hatte; er führt Shakespeare auf seine eigene *Götz von Berlichingen*-Bühne, auf der sich im schnellen, fortreißenden Wechsel die Schauplätze und Szenen reihen. Die Einzelszene, auf ihr der einzelne individuelle Mensch sowie der augenblickhafte Dialog verselbständigen sich. Goethe gibt darin ein Höchstmaß von Lebendigkeit an Situations- und Menschendarstellung und Sprache, an sinnlicher Anschaulichkeit, an Augenblicksvergegenwärtigung, an Raum, Atmosphäre, Kolorit. Das einzelne drängt sich eigengewichtig vor; dahinter treten Überschau und Zusammenhang des Ganzen zurück. Goethe erzählte später, er habe sein Stück in sechs Wochen „ohne Plan und Entwurf" geschrieben, sich „bloß der Einbildungskraft und einem inneren Trieb" überlassen.[61] Dies entsprach seiner Behauptung, Shakespeare habe „keine Plane", während doch Herder gerade betonte, das Genie habe sich hier, alles andere als ordnungslos, seine Regeln geschaffen, und sie seien als im höchsten Sinne zweckmäßig an seinem Werke abzulesen. Des jungen Goethe Impuls zum Individuellen, zum Charakteristischen[62], zu der Intensität des in ihm liegenden Ausdrucks war stärker als sein Vermögen und seine Bereitschaft, das Vielfältige zum Ganzen zu bilden.

Aber die fragmentarisch-momentane Einzelszene, die die erste Fassung des *Götz von Berlichingen* bestimmt, entstammt noch anderem: nämlich Goethes Auffassung der gesellschaftlichen Wirklichkeit, die sein Drama vorführt und durch das Historische hindurch zur Gegenwart transparent macht, als Zustand der Zersplitterungen, der Vereinzelungen, in dem jeder gegen jeden steht und in dem nur isolierte Zellen der humanen Gemeinsamkeit bleiben. Auch sie werden im Laufe des Geschehens zerschlagen; der Tod in diesem Drama ist ein Tod in völliger Vereinsamung. Ganzheit, als eine so-

[60] August Langen, *Anschauungsformen in der deutschen Dichtung des 18. Jahrhunderts (Rahmenschau und Rationalismus) = Deutsche Arbeiten der Universität Köln*, Bd. 6, Jena 1934.

[61] Goethe (*Dichtung und Wahrheit*, 3. Teil, 13. Buch), *Hamburger Ausgabe*, Hamburg 1955, Bd. 9, S. 571.

[62] Dazu Eudo C. Mason, *Schönheit, Ausdruck und Charakter im ästhetischen Denken des 18. Jahrhunderts*, in: *Geschichte, Deutung, Kritik*, hrsg. von M. Bindschedler und P. Zinsli, Bern 1969, S. 91 ff.

ziale Gemeinsamkeit, ist nur noch in der Utopie des Götz denkbar, nur ein schöner Traum. Die Wirklichkeit bedeutet Gefangenschaft in der Vereinzelung. Ein Bezug auf Gott als die höchste Einheit im Disparaten läßt sich nicht mehr herstellen – nicht mehr jene Theodizee, die Herder in Shakespeare sichtete. Herder hatte in ihm „eine Welt dramatischer Geschichte", eine Weltdichtung, mochte sie nun Drama oder auch „Roman" heißen, gefunden; Goethe erkennt in ihm eine neue Dimension des Tragischen. Er liest sie aus seiner eigenen Erfahrung in Shakespeare hinein; er findet sie als dessen inneres Zentrum, als „den geheimen Punct", in allen seinen Stücken. Die große Individualität, eine Naturgewalt mit schöpferischem Recht und Anspruch, stößt mit dem notwendigen Gang des Ganzen zusammen. Herders Schau von Einheit und Ganzheit wird aufgerissen zur tragischen Erfahrung eines Wert gegen Wert stellenden, unauflösbaren Konflikts: er ist der innere Drehpunkt von Shakespeares Drama, das auch hier, wie bei Herder, ausschließlich von der Tragödie, nicht von der Komödie her verstanden wird. Goethe erkennt die tragische Konsequenz der radikalen Emanzipation des individuell Einzelnen, die um so tiefer greift, je mehr dieser zur Größe aufwächst. Er stellt nicht, wie es Klinger getan hat, die emanzipierte Individualität als eine verabsolutierte Wertbehauptung gegen die ebenso radikale Wertnegation durch eine schlechte Satzungs-, Autoritäts- und Gesellschaftswelt; er löst sie auch nicht so aus einem Weltzusammenhang, daß sie sich völlig isoliert, wie in Klingers *Zwillinge,* in sich selbst aufreibt. Klinger trieb die Emanzipation des sich selbst fühlenden Ich bis zur Hypertrophie oder, wie im Guelfo der *Zwillinge*, bis zur Selbstzerstörung – beides am Rande des Umschlags zur Selbstparodie. Goethe hingegen erkennt die tragische Situation, in die der zu sich selbst befreite und emanzipierte Mensch von der Wirklichkeit hineingezwungen werden muß, die ihn nicht aus sich entläßt, vielmehr sich ihm um so mehr entgegenstellt, je mehr er auf Größe angelegt ist. Er bejaht aus eigenem Lebensbewußtsein die Rechte des überragenden Einzelnen, und er zieht zugleich dessen Subjektivismus eine Grenze, wenn er von der prätendierten Freiheit unseres Wollens spricht. Goethe sieht die Macht des sich ihm entgegenstellenden Ganzen und spricht ihr eine Notwendigkeit und damit eigene Rechte zu. Diese Notwendigkeit meint nicht eine sittliche Weltordnung, nicht eine objektive Vernunft gegenüber der Subjektivität des Individuellen, nicht einen Weltplan Gottes, sondern etwas Schicksalhaftes, Schicksalbestimmendes. In Klingers Rebellionen des einzelnen geht es um einen moralischen Anspruch, wie immer ihn die Maßlosigkeit des Subjektivismus entstellen und gegen sich selbst kehren möge. Goethe schaltet das Moralische aus dem Aspekt des Tragischen aus.

Gut und Böse sind hier nicht mehr normative Begriffe, sie sind vielmehr in sich verflochtene Erscheinungsweisen des Seins. Wenn der Mensch nicht mehr nur an solchen Normen gemessen werden kann, dann emanzipiert sich die Tragödie von Aspekten des Moralischen. Wo Wert gegen Wert, Recht gegen Recht und Notwendigkeit gegen Notwendigkeit stehen, fallen Fragen nach Schuld und Reinigung, nach den moralischen Wirkungen und Zwecken ins Leere. Goethe erkannte den tragischen Wechselbezug zwischen Mensch und Welt; er erkannte die Grenze des sich absolut setzenden Menschen. Bei Herder trat die tragische Seite hinter seiner Faszination durch die epische Entfaltung der Welt, die ihn Shakespeares Drama auch einen Roman nennen ließ, zurück. Goethe sah schärfer, wenn auch mit eigenwilliger Umdeutung zu seiner eigenen Welterfahrung hin, den Tragiker, der ihm den Weg zu dem psychologischen Charakterdrama, zur Tragödie der großen individuellen Seele öffnete. Zugleich deutete sich in seiner Rede an, wie er die Möglichkeit eines Transzendierens des Tragischen sichtete und es nicht die letzte Stufe der Welterfahrung bleiben ließ. „Das was edle Philosophen von der Welt gesagt haben, gilt auch von Schäkspearen, das, was wir bös nennen, ist nur die andre Seite vom Guten, die so notwendig zu seiner Existenz, und in das Ganze gehört, als Zona torrida brennen, und Lapland einfrieren muß, daß es einen gemäßigten Himmelsstrich gebe.“[63] Goethe erkannte die Mehrdeutigkeit der Erscheinungen des Lebens; er ergänzt die Weltvielfalt des Geschichtlichen, von der Herder gesprochen hatte, durch die Wendung zu deren innerer Verfassung. Sie stellt sich als eine Vielschichtigkeit im produktiven Wechselbezug des Guten und Bösen, des Schaffenden und des Zerstörenden dar. Das tragische Geschick des Individuums hebt sich auf in der Ordnung des Weltganzen, zu dessen Ökonomie der Schmerz, das Leiden, der Untergang gehören. Der Tragiker Shakespeare, wie Goethe ihn verstand, wird derart gleichzeitig zum Dichter einer Weltordnung, die auch das Erschütternde und Furchtbare in sich aufgenommen hat. „Er führt uns durch die ganze Welt, aber wir verzärtelte, unerfahrne Menschen schreien bey jeder fremden Heuschrecke, die uns begegnet: Herr, er will uns fressen.“[64]

Herder hatte in seiner Shakespeare-Deutung das Drama zum Epischen und zum Lyrischen hin geweitet. Er hatte die Grenzen der Form zum schlechthin Dichterischen geöffnet, das sich jenseits von Gattungsgrenzen aller Formen bedienen darf. Er hatte in ihm Dimensionen erschlossen, die einerseits die Form gefährdeten, andererseits sie bereicherten. Er hatte weiterhin davon gesprochen, daß Shakespeare zu einem historischen Fundament von Staats- und Marionettenspielen gegriffen habe, um aus diesem schlechten Leim das herrliche Geschöpf seines Werkes zu kneten. Es sei ihm gelungen, aus dem Vielfachen von Ständen, Lebensarten, Gesinnungen, Völkern

[63] *Der junge Goethe*, Bd. 2, S. 85.
[64] Ebd.

und Spracharten, also aus dem disparaten Stoff, den er vorfand, ein neues Ganzes zu bilden, eine Totalität von Natur und Geschichte. Dies war nicht nur geschichtliche Deutung, sondern es wurde als Anruf der Gegenwart aufgenommen. Aber das Vielfache war jetzt, gegen Ende des 18. Jahrhunderts, noch unvergleichlich disparater geworden. Nicht nur in dem Sinne, daß die dramatische Bauform einer gesteigerten Anreicherung durch das Erzählerische und das Lyrische bedurfte zwecks einer erweiterten Totalität des Ausdrucks aus einer differenzierteren Bewußtseinslage – auch in dem Sinne, daß angesichts einer noch disparateren Wirklichkeit die Tonmischungen verstärkt und bis ins Extrem getrieben werden mußten. Es mußte sich die Frage einstellen, ob denn überhaupt angesichts dieser zeitgenössischen Gesellschaft ein Drama erreichbar wäre, das die Möglichkeit in sich trug, zu einem „Ganzen" zu werden. Eine Antwort darauf fand man bei Herder: Shakespeare hatte sein Werk auf dem Fundament von mehr Simplizität anbietenden historischen und volkstümlichen Formen aufgebaut. Es lag nahe, den gleichen Weg erneut zu versuchen. Der für den Sturm und Drang in seiner gesamten Lebens- und Kunstanschauung wesentliche Bezug zum Volkstümlichen, Ursprünglich-Einfachen und Nationalen wurde für das neue Drama fruchtbar. Es ging im Rückgriff auf den Volksgeschmack, auf die noch nachlebenden volkstümlichen Spielformen nicht lediglich um eine deutsche Originalität, wie sie bereits Gerstenberg erwartet hatte, wenn er nach dem erhabenen Geist verlangte, der kühn genug sei, selbst original zu werden, und der das Zujauchzen seiner Nation seinem eigenen inneren Werte und keiner Vergleichung mit anderen verdanken wolle. Solche Art von geistig-literarischem Patriotismus war bereits ein Allgemeingut des Jahrhunderts und oft variiert worden.

Es ging vielmehr darum, einen Ausweg zu einer Tradition von Spielformen und zu einem Publikum zu finden, die noch nicht in der verhaßten Weise vergesellschaftet waren. Wie man für die Lyrik aus ihren volkstümlichen Formen neue Inhalte, neue Formen, eine neue Gefühlsausdrücklichkeit und eine neue Sprache gewann, so suchte man in der volkstümlichen Spieltradition produktive Kräfte für das Drama und die Bühne. Der Rückgriff auf sie war eine Form realisierter Gesellschaftskritik und durchaus als Provokation dieser Gesellschaft gemeint. Der in diesen Jahren so viel beschworene Volksgeschmack versprach eine neue Beheimatung des Spiels, das sich von der Gesellschaft und ihren Kunstgelehrten emanzipierte. Gewiß war dieser Volksgeschmack eine Setzung, die ihre einzelnen Bestimmungen im wesentlichen als Widerlage zur Gesellschaft erhielt: er war ein Mythologem, keine konkrete Realität; aber man hatte immerhin konkrete Zeugnisse in den alten, schon historisch gewordenen Spieltraditionen und -formen. Das Drama konnte zwar – thematisch, in den Konflikten und der Dialogsprache und nicht zuletzt in seiner Funktion auf die Gegenwart bezogen – nicht so unvermittelt wie die Lyrik an Volkslied und Ballade anknüpfen. Aber indem man das Volkstümliche – das als Urwüchsig-Individuelles, als sinnlich pralle und derbe Lebensnatürlichkeit, als das Einfach-Starke, als das Charakteristische und zugleich Einfältige, als Gestimmtheit und Geist des Volkes, kurz als alles, was noch nicht vergesellschaftet und mechanistisch rationalisiert erschien – mit den eigenen Ausdrucks- und Gestaltungstendenzen identifizierte, konnte man seiner auch im Drama habhaft werden. Herder hatte Shakespeares Drama als dramatisierte Geschichte verstanden; der Weg zur Geschichte des eigenen Volkes lag für den deutschen Dramatiker trotz aller Ansätze im 18. Jahrhundert seit Johann Elias Schlegel und Klopstock noch unerschöpft offen und bot zugleich die Chance, der Ungunst der eigenen Gesellschaftssituation zu entgehen. Goethe wählte für seine dramatisierte *Geschichte Gottfriedens von Berlichingen mit der eisernen Hand* nicht zuletzt deshalb diesen Rückgriff in das Geschichtliche, weil die Geschichte, bis in die Sprachlagen und -tönungen hinein, eine Einheitlichkeit des National-Volkstümlichen sicherte, weiterhin eine Einheitlichkeit der Stimmung und Atmosphäre, welche die zersplitterte gesellschaftliche Gegenwart ebensowenig zu bieten vermochte wie jenen Raum einer relativen Freiheit, in dem sich der große handelnde Charakter entfalten konnte. Goethe griff mit diesem „Schattenspiel" (wie er es brieflich 1773 nannte[65], wobei wohl auch Herders Vergleich Shakespeares mit einer magischen Laterne mitgewirkt haben mochte) zu Stoff und Sprache geschichtlicher Art zurück, weil diese ihm zugleich das National-Volkstümliche sicherten. In ihnen lag für ihn das Kriterium des Gelingens, nicht mehr in den Gesetzen der Poetik. „Ich habe sogleich an die Herzen des Volcks angefragt, ohne erst am Stapel der Critick anzufahren."[66] Die volkliche Spielüberlieferung führte ihn ferner zum Puppenspiel im *Urfaust* und zu seinen gleichsam aus der Geschichte zurückgeholten und nun aktualisierten Fastnachtspielen. Sie parodierten nicht nur thematisch, sondern auch mittels der Form zeitgenössische gesellschaftliche Erscheinungen. Ähnlich fruchtbar wurde der Rückgriff auf die Commedia dell'arte – etwa im *Neuen Menoza* von Lenz und in den Spielen Klingers, wobei charakteristisch ist, wie die festen Spielfiguren ihrerseits parodiert und subjektiviert wurden. Solche Formen setzten von Bindungen an die gesellschaftliche Realität frei; sie gaben provokativ der Spielphantasie und Spiellaune in allen Arten des Drastisch-Komischen und Grotesk-Burlesken der von J. Möser rehabilitierten Karikatur einen weiten Spielraum, und sie gewannen das Sinnlich-Anschauliche in Maske, Mimus und Pantomime für das zeitgenössische Theater. Zum

[65] *Der junge Goethe*, Bd. 3, S. 38.
[66] Ebd., S. 49.

Erzählerischen und zum Lyrischen traten Mimus und Pantomime als neue Ausdrucks- und Spieldimension, die der Klassizismus, der Rationalismus und die Prosa des bürgerlichen Realismus der Familiengemälde abgeschnitten hatten. Das Drama sprengte, als Dichtung wie als Spiel autonom geworden, die Einschnürungen durch die Gattungsform und die Bühne. Dies bedeutete einen Befreiungsakt, ein Aufsammeln und Ausgraben verjüngter Ausdruckskräfte – wenn auch vielfach in das Buch verbannt blieb, was derart den Konventionen der Bühne sich wiedersetzte. Denn sowenig wie die erste Fassung des *Götz von Berlichingen* waren etwa *Golo und Genoveva* des Malers Müller oder Klingers *Otto* auf der zeitgenössischen Bühne spielbar. Das lag nicht nur an der Vervielfachung des Personals, der Begebenheiten und der Schauplätze; es lag daran, daß der Rückgriff aufs Volkstümlich-Geschichtliche nicht genügte, um der vorgeführten dramatischen Aktion eine innere Einheit und Ganzheit zu geben. Eine kontinuierlich entwickelnde Szenengliederung wird abgelöst durch die Verselbständigung von Figuren und Situationen, von Affekten und dialogischen Augenblicken. Die Szenenschritte werden sprunghaft, stellen sich als Bruchstücke dar. Die einzelne sinnliche Vergegenwärtigung, zur maximalen Intensität getrieben, löst sich aus dem dramatischen Gesamtgefüge heraus. Die Absicht, ein historisches Panorama, ein gesellschaftliches Gesamtbild oder eine Biographie zu vermitteln, bricht sich in dem Zwang zu gepreßter, rascher Ereignis- und Bilderfolge, zu Kurzszene und Kurzdialog.

Dies Aufbrechen ins Vereinzelte, Disparate gilt für die Bautechnik des Dramas im Sturm und Drang wie für die affekthaften Aktionen und Reaktionen der dargestellten Figuren und für die Dialogsprache. Die Grundtendenz der Gestaltung ist sich darin gleich – bei Goethe wie bei Klinger, Lenz oder dem Maler Müller –, so mannigfaltig die Dialogsprache auch in ihren Tonwechseln und Tonmischungen sich darstellt und sosehr sie sich in der individuellen Handhabung selbst individualisiert. Man suchte, wie Klinger und Schiller, ein Pathos der Affektsprache bis zu jener Selbstübersteigerung, die sie in das Sprachlose, ins Stammeln und Sich-Überstürzen abbrechen läßt; man suchte, wie Goethe und der Maler Müller, das rauh und derb Einfache, archaisch Gedrungene und Kernige; man bevorzugte vor allem, parallel dem Wechsel der kurzen Szenen, die Abbreviaturen des Dialogs zu einem Kurz- oder „Lapidarstil".[67] Das Pathos ist, wie man bei Klinger gezeigt hat und auch an Schillers *Räubern* zeigen kann, die Kehrseite der Vereinzelung der Figur, die, sich selbst reflektierend und kommentierend, in den Monolog hineingenötigt wird, je höher ihre Affekte und Leidenschaften ansteigen. Die

[67] Walter Höllerer, *Die Soldaten*, in: *Das deutsche Drama*, hrsg. von B.v. Wiese, Düsseldorf 1958, Bd. 1, S. 127ff.

Einsamkeit des von Klinger dargestellten Menschen gegenüber seinen Partnern und der realen Welt ist „dermaßen extrem, daß sein Ich in seiner gestauten Fülle sich spalten muß: er redet sich selbst an, wie es denn bezeichnend ist für Klinger, daß seine Menschen im wildesten Taumel einer leidenschaftlichen, übervollen Einsamkeit ein Du aus dem Ich oder dem Es erzwingen".[68] Der Kurzdialog hingegen spart Reflexion und Kommentar aus. Was für die Aufsplitterung in Kurzszenen gilt, wiederholt sich in diesem Dialogstil: er ermöglicht ein unmittelbares Anschauen des sinnlich-gestisch und mimisch Vergegenwärtigten. Die Unmittelbarkeit dessen, was sich als Szene, als Figur, als theatralischer Augenblick darstellt, wird nicht durch die Rede verstellt. Was derart dem Dialog genommen wird, wird dem Gestischen und Mimischen, dem Stimmungsraum der Umwelt gegeben und in die szenische Konfiguration der Figuren eingelegt. Die Reduktion der Sprache hilft also zu jener intensiven Versinnlichung, Veranschaulichung des Schau-Spiels, von der besonders Lenz in den *Anmerkungen übers Theater* gesprochen hat und auf die auch Herder in seiner Beschreibung von Shakespeares Tragödien hinzielte. Der Kurzstil der Sprache gab ihr die Natürlichkeit zurück, die ihr in der Tradition und Konvention der Bühnenrede, die schon J. Möser als Buchsprache verworfen hatte, verlorengegangen war. Er verlegte zudem die dramatische Spannung aus dem Wort in die sinnliche und gestische Aktion, in den Mimus und mit Hilfe seiner Gebärden in das Innere des Menschen. Aber auch das hyperbolische Pathos wurde als ein Zurückgewinn von Natur verstanden – soweit es nämlich den Leidenschaften die Masken und Normen der Konvention fortnahm und sie so zeigte, wie sie der Natur entsprechen sollten. Stets wurde die Wahl der Prosa zur Selbstverständlichkeit – als Protest gegen die schön-uniformierte Harmonie und Glätte der Verssprache, die eine falsche, nur ästhetische Einheit vortäuschte, und als Möglichkeit, die jetzt erstrebte und notwendige Vielfalt der naturgemäßen Sprachtönungen und Sprachmischungen frei werden zu lassen. G. A. Bürger, der alle konventionellen Speziestrennungen auf dem Gebiet des Dramas als theoretisierenden Unfug verspottete und ein „Schauspiel" proklamierte, das das Tragische und Komische, „Freud und Leid, Krieg und Frieden, Ruh' und Aufruhr, Haß und Liebe, Versöhnung und Rache, Tod und Leben" wie „die liebe Mutter Natur" zur Tragikomödie vereinigen sollte – er auch wagte sich am weitesten, nun aber doch spekulativ vor, wenn er brieflich von seinem Plan zu einem Drama sprach, das bei großer Handlungsfülle den Dialog äußerst beschränken und sich im wesentlichen auf die Pantomime stützen werde. „In jenen Szenen soll nicht ein Wort gesprochen werden, und doch sollt ihr Erdensöhne

[68] Friedrich Beißner, *Studien zur Sprache des Sturm und Drang*, in: GRM XXII 1934, S. 417 ff.

vor der Bühne sprachlos niedertaumeln."[69] Dies hieß, dem Drama in der Sprache seine Geistigkeit zu nehmen und seine Wirkung allein von der sinnlichen Vergegenwärtigung und dem Pantomimischen der Affekte zu erwarten. Nach Bürgers Meinung hätte dann der Sprachlosigkeit der mitreißenden Aktion auf der Bühne die Sprachlosigkeit der Ergriffenheit der Zuschauer entsprochen. Bürger versprach sich eine besonders volkstümliche Wirkung von solchem Schauspiel – bis hin zur hölzernen Bude bei der Dorfschenke. Es zeigt sich die Nähe zum Puppenspiel, zur Marionettenbühne und zum Raritätenkasten.

Die Veränderung der Sprache ist ein wesentlicher Teil der Poetik des Dramas im Sturm und Drang; sie ist gleichwohl in dessen wenigen theoretischen Schriften zum Drama, auf die sich unsere Darstellung beziehen muß, nicht reflektiert worden. Den Umfang und die Variabilität solcher Sprachveränderungen darzustellen fordert eine Analyse der Dialog- und Monologhandhabung in den Dramen selbst. Das aber führt über die Grenzen dieses Überblicks hinaus. Die Anfrage an die Herzen des Volks, von der Goethe sprach, war jedenfalls nicht der einzige Impuls zu dieser tief eingreifenden und wirkungsvollen Umbildung der dramatischen Sprache. Auch Lenz berief sich in den *Anmerkungen* auf „den Volksgeschmack der Vorzeit und unsers Vaterlandes..., der noch heutzutage Volksgeschmack bleibt und bleiben wird".[70] Er fand dessen deutlichstes Kennzeichen in der Freude an der Handlung, „beim Trauerspiele oder Staatsaktion, ist gleichviel", und an den drauflosstürmenden Kerls. Dieser Volksgeschmack wurde ihm zu einem Argument für das von ihm geforderte Charakterdrama als Drama des selbständig, frei handelnden Menschen. Aber es charakterisiert Lenz' Sonderstellung gegenüber Herder und Goethe, daß er weit mehr an zeitgenössische reale Zuschauer und die Wirkungen auf sie dachte. Herder sprach als ein einfühlend-verstehender Dichtungshistoriker. Goethe sprach von seinen eigenen Schaffensimpulsen; Lenz reflektiert in den *Anmerkungen* und in seinen anderen kritisch-theoretischen Äußerungen die Situation des zeitgenössischen Dramas und Theaters und dessen Verhältnis zum Publikum. Er wollte als ein Publikum das „ganze Volck", die ganze Nation. Wir zitierten schon jenen Brief, in dem er sagte, er wolle den Pöbel, den gemeinen Mann sowenig von ihm ausschließen wie Personen von Geschmack und Erziehung. Sein Drama sollte zusammenbringen, was getrennt war; es sollte die Ständeschranken beseitigen, die Lenz als Bildungs- und Geschmacksgrenzen bewußt waren. Er zielte, utopisch angesichts der realen gesellschaftlichen Verhältnisse, auf ein

[69] G. A. Bürger, *Aus Daniel Wunderlichs Buch,* in: *Sturm und Drang. Kritische Schriften,* S. 804 f.

[70] Lenz, Bd. 1, S. 359.

geeintes Publikum. „Mein Theater ist wie ich Ihnen sage unter freyem Himmel vor der ganzen deutschen Nation, in der mir die unteren Stände mit den oberen gleich gelten die *pedites* wie die *equites* ehrwürdig sind.“[71]

Hier ist nicht, wie bei Herder und Goethe, Volk und Volksgeschmack etwas Naturhaftes und Historisches, eine Welt bewahrter und jetzt neu belebter Überlieferungen; sondern Volk meint die Gesellschaft der Gegenwart, auf die Lenz mit seinem Drama handelnd einwirken wollte, um aus ihr eine andere Gegenwart herauszuarbeiten. Dieser leidenschaftlich angespannte Wille, die vorhandene Gesellschaft durch ihr Bild im Drama zu verändern, unterscheidet Lenz von Goethe wie auch von der Resignation H. L. Wagners, der seiner Umarbeitung der *Kindermörderin* als Selbstverteidigung zum Geleit mitgab: „In unsern gleißnerischen Tagen, wo alles Komödiant ist, kann die Schaubühne freilich, wie ihr schon mehrmalen vorgeworfen worden, keine Schule der Sitten werden; dies von ihr zu erwarten müssen wir erst dem Stande der unverderbten Natur wieder näher rücken können, von der wir weltenweit entfernt sind.“[72] Lenz, so darf man abgekürzt sagen, blickte nicht zurück, sondern voraus.

Lenz' *Anmerkungen übers Theater* sind oft als die eigentliche Poetik des Sturm und Drang betrachtet worden, die Herder und Goethe schuldig blieben, und seine Unterscheidung des Charakter- und Handlungsdramas wurde als der Kernpunkt der positiven Sturm-und-Drang-Poetik bezeichnet, der die Praxis der zeitgenössischen dramatischen Dichtung fast ganz bestimmt habe.[73] Dies muß eingeschränkt werden. Es wurde schon gesagt: Sturm und Drang war keine einheitliche Bewegung; es gibt für ihn keine einheitliche Poetik. Sosehr die *Anmerkungen* von Gedanken und Tendenzen durchdrungen sind, die seit Gerstenberg, Herder und Goethe dieser literarischen Bewegung geläufig wurden, so sind sie doch nicht deren Programmschrift, sondern weitgehend Lenz' eigene Poetik – besser: der fragmentarische, aphoristische und ganz unsystematische Versuch solch einer Poetik. Sie weisen zurück zur Aufklärung, setzen sich auf Lenz' eigene Weise mit Aristoteles und Lessing auseinander und deuten auf eine neue Form des Dramas, die über den Sturm und Drang hinaus gültig geblieben ist. Ihre sprunghafte, assoziative Darstellungsform, die weder Wiederholung noch Widersprüche scheut, oft abbricht, oft den Ton wechselt und sich in Seitenwegen und Abschweifungen zu verlaufen scheint, bald ausholend, bald zur Abbreviatur reduziert – dieser ganze höchst subjektive und absichtlich, im Gedanklichen wie Sprachlichen, im-

[71] Lenz, *Briefe,* Bd. 1, S. 105.

[72] Vorrede zur Zweiten Bearbeitung, in: *Kürschners Deutsche National-Litteratur,* Bd. 80 = *Sturm und Drang,* hrsg. von A. Sauer, S. 280.

[73] Melchinger, S. 80.

provisatorische Essay macht es schwierig, eine Einheit der Konzeption zu erkennen. Mehrere Vorträge vor der Straßburger *Société de philosophie et de belles lettres,* mehrere Bearbeitungen sind auf schwer durchschaubare Weise in den *Anmerkungen* kombiniert worden.[74] Lenz wollte sein ungehemmtes Räsonnement eines unparteiischen Dilettanten pointiert und provozierend, einerseits vernichtend, andrerseits beschwörend, mit ebensoviel Witz und Geist der spottenden Negation wie Kraft der Forderung und Verkündigung, der bisherigen Poetik entgegenstellen. Der Essay bezeugt aber zugleich, wie schwer es ihm wurde, für sein eigenes Dichtungswollen, für eine Theorie seines Dramas und seiner Schaffensweise die angemessene begriffliche Sprache zu finden. Diese Schwierigkeiten kennzeichnen den ersten Abschnitt, wo es ihm in der Bestimmung des Wesens der Poesie ersichtlich um sein eigenes dramatisches Dichtungsverfahren geht. Es setzt sich zusammen aus sinnlich intensivster Anschauung und einem durchdringenden Erkennen: „alles scharf durchdacht, durchforscht, durchschaut – und dann in getreuer Nachahmung zum andermal wieder hervorgebracht".[75] Nachahmung meint Darstellung, Vergegenwärtigung, nicht also eine ‚realistische' Reproduktion, nicht ‚Mechanik', nicht ‚Echo', sondern eine Einlegung der produktiven Subjektivität, die Standpunkt nimmt und derart auf eigene Weise verbindet, in die Objektivität der Darstellung. „Man könnte sein Gemälde mit der Sache verwechseln und der Schöpfer sieht auf ihn hinab, wie auf die kleinen Götter, die mit seinem Funken in der Brust auf den Thronen der Erde sitzen und seinem Beispiel gemäß eine kleine Welt erhalten."[76] Herder und Goethe schilderten in ihren Shakespeare-Schriften Resultate des genialen Schaffens; Lenz sucht dessen Bedingungen zu erfassen und dabei über sein eigenes Verfahren Rechenschaft abzulegen. Aber nicht in diesen mehr andeutenden, mehr sich verwirrenden als klärenden Reflexionen liegt der Kernpunkt der *Anmerkungen*, sondern in der Polemik gegen Aristoteles, die zugleich eine Polemik gegen Lessing ist.

Lessing hatte im 51. Stück der *Hamburgischen Dramaturgie* Aristoteles darin bestätigt, daß in der Komödie die Charaktere das Hauptwerk, die Situationen dagegen nur das Mittel seien, um jene sich äußern zu lassen und ins Spiel zu setzen. Umgekehrt seien in der Tragödie die Charaktere weniger wesentlich und entspringe Schrecken und Mitleid vornehmlich der Situation. Lenz kehrt diese These radikal um: Hauptgegenstand und Endzweck des ernsten Dramas bzw. der Tragödie ist für ihn der Mensch, die Darstellung des Charakters der handelnden Person, eine individuelle, weil von einem festen

[74] Theodor Friedrich, *Die Anmerkungen übers Theater des Dichters J. M. R. Lenz,* Leipzig 1909.

[75] Lenz, Bd. 1, S. 337 f.

[76] Ebd., S. 337.

Standpunkt aus gesehene Darstellung individueller Charaktere. Der Charakter ist gleich dem handelnden, sich im Handeln in seiner Beschaffenheit darstellenden Menschen. Er verwirklicht, was dem Menschen als seine Grundbestimmung eingelegt ist. Die Charaktertragödie wird so zur dramatischen Darstellung des neuzeitlichen Menschen, des zum Selbstbewußtsein seiner individuellen Freiheit gelangten Ich. Dieses Ich ist mündig, ist seiner Kraft gewiß geworden und erfüllt damit, wozu es geschaffen wurde. „Wir sind ... oder wollen wenigstens sein, die erste Sprosse auf der Leiter der freihandelnden, selbständigen Geschöpfe, und da wir eine Welt hie da um uns sehen, die der Beweis eines unendlich freihandelnden Wesens ist, so ist der erste Trieb, den wir in unserer Seele fühlen, die Begierde, 's ihm nachzutun; da aber die Welt keine Brücken hat, und wir uns schon mit den Dingen, die da sind, begnügen müssen, fühlen wir wenigstens Zuwachs unsrer Existenz, Glückseligkeit, um nachzuäffen, seine Schöpfung ins Kleine zu schaffen."[77] Wie das dramatische Dichten selbst ein Handeln ist, so ist sein Zweck die Darstellung des handelnden Menschen. Die Forderung und Bestimmung des Charakterdramas ist der zentrale Punkt der *Anmerkungen*, unter dessen Aspekt die Polemik gegen Aristoteles und Lessing, die radikale Negation des bisherigen vergesellschafteten Dramas und Theaters, insbesondere des französischen, das Verständnis Shakespeares, die Berufung auf den Volksgeschmack, die Verwerfung der griechischen Tragödie gestellt werden. Aber sprach Lenz beim Charakterdrama von dem Drama, das er selbst geschrieben hat und schreiben konnte? Unverkennbar ist, daß diese ausschließliche Bestimmung und Wertung des Charakterdramas Zeugnis der ungemeinen Wirkung von Goethes *Götz von Berlichingen* auf Lenz ist. Es heißt in dem kleinen Aufsatz *Über Götz von Berlichingen*, den Lenz dem gleichen Zuhörerkreis wie die *Anmerkungen* vortrug, daß „handeln, handeln die Seele der Welt sei, nicht genießen, nicht empfindeln, nicht spitzfündeln, daß wir dadurch allein Gott ähnlich werden, der unaufhörlich handelt und unaufhörlich an seinen Werken sich ergötzt; das lernen wir daraus, daß die in uns handelnde Kraft, unser Geist, unser höchstes Anteil sei... Das lernen wir daraus, daß diese unsre handelnde Kraft nicht eher ruhe, nicht eher ablasse zu wirken, zu regen, zu toben, als bis sie uns Freiheit um uns her verschafft, Platz zu handeln: Guter Gott, Platz zu handeln, und wenn es ein Chaos wäre, das du geschaffen, wüste und leer, aber Freiheit wohnte nur da, und wir könnten dir nachahmend drüber brüten, bis was herauskäme."[78]

Das Handeln ist die Verwirklichung des zum emanzipierten Selbstbewußtsein, zum charakteristischen Individuellen gelangten Menschen, der

[77] Ebd., S. 333.
[78] Ebd., S. 379.

darauf angelegt ist, aus eigener Entscheidung und Verantwortung, aus eigenem Maßstab und Gewissen kritisch seine Existenz zu bestimmen und die Welt zu verändern. Die Umkehr des aristotelischen Gesetzes für das ernste Drama bzw. die Tragödie entwächst nicht primär nur dramaturgischen und poetologischen Gründen, sie ist vielmehr der Ausdruck einer generellen Veränderung des Lebensbewußtseins und des Verhältnisses zur Gesellschaft. Die Einheit der Konzeption der *Anmerkungen* liegt darin, wie Lenz auf ein Drama zielt, das zum Ausdruck des in Freiheit zu sich selbst gelangten Menschen werden kann. Dessen radikale Emanzipation enthüllt jedoch ein Doppelgesicht: es zeigt ihn einerseits in einer titanisch-heldenhaften Größe, als das Ebenbild des unendlich frei handelnden höchsten Wesens; es zeigt ihn andrerseits in seiner spezifischen und unverstellten Wirklichkeit, die ihn als die einzelne und einsame Kreatur mit all ihren Schwächen und Leiden erkennen läßt. Goethe hatte im *Götz* den heldenhaft frei handelnden Menschen, damit das Charakterdrama geschrieben; Lenz sah in ihm die zukünftige Bestimmung des Dramas. „Es ist die Rede von Charakteren, die sich ihre Begebenheiten erschaffen, die selbständig und unveränderlich die ganze große Maschine selbst drehen, ohne die Gottheiten in den Wolken anders nötig zu haben, als wenn sie wollen zu Zuschauern, nicht von Bildern, von Marionettenpuppen – von Menschen."[79] Jedoch war dies nicht Lenz' Drama – seine Menschen zeigen das andere Gesicht: nicht eine bis zum Mythischen erhöhte Größe, sondern die ungefärbte Wirklichkeit des einzelnen, vereinsamten, leidenden Menschen. Goethe hatte das „Charakteristische" den Normen des Schönen entgegengesetzt; Lenz ging einen Schritt weiter. Es ist der Schritt zu den von ihm gestalteten Menschen: „Nach meiner Empfindung schätz ich den charakteristischen, selbst den Karikaturmaler zehnmal höher als den idealischen, hyperbolisch gesprochen, denn es gehört zehnmal mehr dazu, eine Figur, mit eben der Genauigkeit und Wahrheit darzustellen, mit der das Genie sie erkannt, als zehn Jahre an einem Ideal der Schönheit zu zirkeln, das endlich doch nur in dem Hirn des Künstlers, der es hervorgebracht, ein solches ist."[80] Das Charakteristische, die Karikatur, Genauigkeit, Wahrheit: dies alles zielt auf die Emanzipation von Normen und Konventionen des Schönen, die zugleich gesellschaftliche Normen waren – eine Emanzipation, die freisetzt zur Wertung des selbständig heroischen Menschen, freisetzt aber auch zu der Wertung jedes einzelnen Menschen in seiner noch so kleinen und selbst bis zur Karikatur verzerrten Wirklichkeit. Sie läßt ihn auf andere Weise am Leiden und an den Leidenschaften teilnehmen, die dem großen Mann das Feuer des Handelns geben.

[79] Ebd., S. 343.
[80] Ebd., S. 342.

Lenz' Negation der griechischen Tragödie und des Aristoteles ist also nicht allein auf eine Umstrukturierung des ernsten Dramas, der Tragödie, zum Charakterdrama gerichtet, sondern ist Manifestation der Vorstellung eines selbständig-frei seine Welt schaffenden und verändernden, die ganze große Maschine selbst drehenden Menschen, Ausdruck damit des neuzeitlichen autonomen Selbstbewußtseins. Dies zeigt sich deutlich an seiner Beschreibung der griechischen Tragödie. In dem Widerspruch gegen ihr Gesetz der Handlungseinheit geht er auf einer von Herder und Goethe gewiesenen Bahn weiter: „... die Mannigfaltigkeit der Charaktere und Psychologien ist die Fundgrube der Natur, hier allein schlägt die Wünschelrute des Genies an".[81] Und sie allein bestimmt die unendliche Mannigfaltigkeit der Handlungen und Begebenheiten in der Welt. Hier diente Shakespeare als Beweis gegen die Griechen und das französische Drama. Doch bereits in der Bestimmung des Charakterdramas hatte Lenz sich von Herder entfernt. Herder sah in Shakespeares Dramen das bewegte Werden des Menschenlebens, sah den von Kraft und Leidenschaft getriebenen Menschen eingeknüpft in das dramatisch Schicksalhafte der Geschichte, in das Ganze des Weltgeschehens. Lenz hingegen sieht dies Ganze konzentriert und konkretisiert in der Hauptperson. „Bei uns ist's die Reihe von Handlungen, die wie Donnerschläge auf einander folgen, eine die andere stützen und heben, in ein großes Ganze zusammenfließen müssen, das hernach nichts mehr und nichts minder ausmacht, als die Hauptperson."[82] Herder sieht die Figuren im Drama (wie die Menschen überhaupt in der Hand des Weltschöpfers) als „unwißende, blinde Werkzeuge zum Ganzen eines theatralischen Bildes"[83] – es ist eben dies, wogegen sich Lenz bei der griechischen Tragödie empört. Ihre geschlossene Form erscheint ihm als „abgerissene Handlung"; als das Ganze hingegen, das er ihr gegenüberstellt, erscheint der Mensch – im Gegensatz zur Irrationalität und Anonymität des eisernen Schicksals, das die Handlungen der Alten bestimmte und regierte. Dies Schicksal gab keine Begründungen; es verschloß, verantwortungslos, sich jeder Frage, ging über den Menschen hinweg. „Wir aber hassen solche Handlungen, von denen wir die Ursache nicht einsehen, und nehmen keinen Teil dran."[84] Herders Irrationalität wird abgelöst durch ein kritisches Bewußtsein, das nach dem Grund des Schicksals in der menschlichen Seele – was bedeutet, in der individuellen Seele – und nach dessen Sichtbarmachung fragt.

[81] Ebd., S. 351.
[82] Ebd., S. 345.
[83] Herder, Bd. 5, S. 220.
[84] Lenz, Bd. 1, S. 341.

Dieser Protest steigert sich noch, als Lenz gegen Ende der *Anmerkungen* auf den religiösen Hintergrund der Schauspiele der Alten zu sprechen kommt. Für die Griechen bedeutete es eine religiöse Ruchlosigkeit, was das Schicksal an Begebenheiten verhängte, aus den Charakteren zu berechnen. „Es war Gottesdienst, die furchtbare Gewalt des Schicksals anzuerkennen, vor seinem blinden Despotismus hinzuzittern."[85] Der Zweck der griechischen Tragödie war, blinde und knechtische Furcht vor den Göttern zu bewirken. Darum spielte man Ödipus, der, vom blinden Schicksal geschlagen, es noch bestätigte in freiwilliger Unterwerfung, indem er sich selbst blendete, während man einen Diomed nicht aufführte, da er den Aufstand gegen die Götter wagte. Der den Griechen durch ihre Religion auferlegten Fesselung durch den blinden Despotismus des Schicksals stellt Lenz das Bewußtsein der Freiheit des neuzeitlichen Menschen entgegen, das seiner Religion entwächst, die ihn die Welt als den Beweis eines unendlich frei handelnden Wesens ansehen läßt. Der neuzeitliche Mensch steht auf der Seite des sich auflehnenden Diomed, in der Auflehnung gegen ein blindes Schicksal, stelle es sich nun als Religion oder als Gesellschaft dar. Die Sätze, mit denen Lenz seinen Aufsatz über Goethes *Götz von Berlichingen* eingeleitet hat, jene Sätze, in denen er die Biographie des zeitgenössischen Menschen schildert, die ihn hineingestoßen und hineingetrieben zeigt „in die große Maschine", die wir „Welt, Weltbegebenheiten, Weltläufte nennen" und die ihn selbst zur nur künstlichen kleinen Maschine degradiert[86]: sie machen die gesellschaftskritischen Aspekte dieser Auflehnung gegen das griechische Drama und der Wendung von Lenz zur Charaktertragödie des frei handelnden Menschen genugsam deutlich. Er schleudert Voltaire, dem Nachdichter des *Oedipe*, entgegen: „Du sollst mir keinen Menschen auf die Folter bringen, ohne zu sagen warum"[87], und er greift aus Shakespeares Dramen nicht zufällig den *Julius Caesar* heraus, um ihm Voltaire zu konfrontieren.

Aber eben dieses große Charakterdrama, die Charaktertragödie, hat Lenz nicht geschrieben, und er hat sie nicht schreiben können. Sie ist, wie er sie im *Pandaemonium Germanicum* als ein geradezu mythisches Drama verkündigt, eine Aufgabe der Zukunft, die, wie es in seiner Selbstrezension des *Neuen Menoza* heißt, nur in dem höchsten und allgemeinen Bildungszustand der Gesellschaft entstehen kann. Lediglich dort, wohin die allgemeine Vergesellschaftung noch nicht gedrungen ist, im Volk und Volksgeschmack, hat sich eine Bereitschaft zum Drama der drauflosstürmenden Kerle bewahrt, und hier findet Lenz ersichtlich Goethes Drama angesiedelt, dessen Größe

[85] Ebd., S. 358.
[86] Ebd., S. 378 f.
[87] Ebd., S. 359.

ihm selbst unerreichbar erschien. So scheinen denn die *Anmerkungen,* indem sie die Charaktertragödie zu ihrem zentralen Punkt und Postulat machen, doch nicht Lenz' eigene Werkpoetik zu sein.

Erst gegen Schluß, in dem wahrscheinlich kurz vor dem Druck hinzugefügten Teil, der wie ein Anhang wirkt, nähert sich Lenz der dramatischen Form, die zwar auch nicht seine Form wurde, ihr aber zugrunde liegt: der Komödie. Es trifft nicht zu, wenn man sagt, Lenz habe – im Gegensatz zu Herder und Goethe, die sich darin noch der alten Wertungstradition der Gattungen verpflichtet zeigen – die Komödie gleichbürtig neben die Tragödie gestellt.[88] Er gönnt ihr in den *Anmerkungen* nur wenige Sätze; aus seinen übrigen theoretischen Äußerungen geht zudem hervor, daß er sie nur als einer niedrigeren Stufe des Volksgeschmacks und der Bildung zugehörig, nur als eine Vorstufe der Tragödie betrachtete, zu der Volk und Gesellschaft hinerzogen werden müssen. Wenn er nun, wieder im Gegensatz zu Aristoteles und Lessing, als die „Hauptempfindung" in der Komödie die Begebenheit bezeichnete, also das bisher gültige Verhältnis radikal umkehrte, so lag darin nicht nur eine Berufung auf den Geschmack des Volkes schon im „gemeinen Leben" und auch nicht nur die Komplettierung seines Widerspruchs gegen die bisher herrschende Poetik. Lenz zieht, im Gegensatz zu den sonst im Sturm und Drang beobachtbaren Verwischungen und Vermischungen, wie sie schon Herder an Shakespeare erkannte, der „König und Narren, Narren und König zu dem herrlichen Ganzen" dichtete[89], und im auffälligsten Gegensatz zu G. A. Bürgers alles vermengender Tragikomödie, mit akzentuierter Schärfe eine Grenze zwischen Komödie und Tragödie: „Die Hauptempfindung in der Komödie ist immer die Begebenheit, die Hauptempfindung in der Tragödie ist die Person, die Schöpfer ihrer Begebenheiten."[90] Die Personen sind in der Komödie nur für die Handlungen da: „für die artigen Erfolge, Wirkungen, Gegenwirkungen, ein Kreis herumgezogen, der sich um eine Hauptidee dreht – und es ist eine Komödie".[91] „Im Trauerspiel aber sind die Handlungen um der Person willen da... In der Komödie aber gehe ich von den Handlungen aus, und lasse Personen teil dran nehmen welche ich will."

Was die *Anmerkungen* nicht weiter ausführen, ergänzen andere Schriften von Lenz, vor allem seine Selbstrezension des *Neuen Menoza,* den er selbst eine Komödie genannt hat. Lenz versteht die Komödie – wie das Charakterdrama – bezogen auf die jeweils existenten Gesellschaftszustände. Aus ihnen ergibt sich ihre Form; sie ist die Antwort auf diese Zustände. Zu der poetolo-

[88] René Girard, *Lenz 1751–1792. Genèse d'une Dramaturgie du Tragi-Comique,* Paris 1968.

[89] Herder, Bd. 5, S. 218.

[90] Lenz, Bd. 1, S. 359.

[91] Ebd., S. 361.

gischen Unterscheidung zwischen Tragödie und Komödie setzt er eine bildungssoziologische Gliederung hinzu. Die Tragödie ist nur für den ernsthafteren, also gebildeten Teil des Publikums zugänglich; die Komödie ist für das Volk bestimmt. Je näher es sich einem Zustande der „Wildheit", also der Unbildung befindet, um so mehr muß sich die Komödie an das Komische, das niedrig Possenhafte halten. Je mehr der Bildungsstand des Publikums zunimmt, um so mehr vermag sie sich in ihren Stoffen und in ihren Wirkungsmitteln der Gesellschaft zu nähern und damit, so darf man hinzufügen, dem Problematischen, das im nur Komisch-Possenhaften zurückgedrängt wird. „Komödie ist Gemälde der Gesellschaft, und wenn die ernsthaft wird, kann das Gemälde nicht lachend werden."[92] Lenz stellt eine abnehmende Stufenfolge des Komischen von Plautus über Terenz, Molière und Destouches bis zu Beaumarchais fest. Ist es ein Zufall, daß der französische Autor der sozialkritischen Komödie diese Endstellung in der Entwicklungsgeschichte der komischen Komödie erhält? Oder ist es nicht so, daß das Bewußtsein des Publikums zum Ernsthaften gebildet wird, wo und wenn es zum Bewußtsein des Ernsthaften in den Begebenheiten, also in der gesellschaftlichen Wirklichkeit gelangt? Das Lustspiel des 18. Jahrhunderts machte die komische Figur, den komischen Charakter zum Zentralpunkt der kritisch verlachenden und lachenden Komödie. Lenz macht die zeitgenössische Gesellschaft dazu – jene Gesellschaft, die den selbständig-frei handelnden Helden und Charakter ausschließt, der „allein der Schlüssel ist zu seinen Schicksalen".[93] Die Begebenheiten in der Komödie, die „ein Gemälde der menschlichen Gesellschaft" ist, sind Begebenheiten innerhalb dieser Gesellschaft. In diese Begebenheiten werden die Personen als Glieder, Teile, Räder eingesetzt; ihnen werden sie untergeordnet, sie sind also nicht frei handelnde Menschen, sondern Charaktermasken – zwar „Alltagscharaktere" aus dem gewöhnlichen Leben, aber verstärkt, erhöht bis zur Karikatur. Denn solche Verstärkung, Erhöhung der Personen im Spiel und auf der Bühne bis zum Extrem war allgemeines Prinzip in Theorie und Praxis des Sturm und Drang. Dies widerspricht jedoch nicht Lenz' Wort, daß der Dichter der Komödie die „halbe Authentizität eines Geschichtsschreibers" behaupte.[94] Die Gesellschaft ist der Ring, der die Personen in der Komödie umschließt – „ein Kreis herumgezogen" –; die Gesellschaft ist an den Platz des eisernen Schicksals in der griechischen Tragödie getreten. Damit wird verständlich, warum und in welchem Maße das Tragische in die Komödie, in die Tragikomödie von Lenz eindringen mußte. Er war jener Gesellschaft konfrontiert, die er in dem schon mehrfach zitierten Aufsatz

[92] Ebd., S. 419.
[93] Ebd., S. 360.
[94] Ebd., S. 416.

über *Götz von Berlichingen* beschrieben hat: „Ein Ball anderer zu sein, ist ein trauriger niederdrückender Gedanke, eine ewige Sklaverei, eine nur künstlerische, eine vernünftige, aber um dessentwillen desto elendere Tierschaft."[95] Während im Lustspiel der Aufklärung der Charakter die Ursache seiner Verirrungen war, ist jetzt die Situation in der Gesellschaft potentiell tragisch geworden.

Lenz hat die Poetik der von ihm neu geschaffenen Form der Tragikomödie, mit der die Geschichte eines bis in das 20. Jahrhundert reichenden neuen Formtypus des „offenen Dramas" eingesetzt hat, nicht geschrieben. Sie ist jedoch in seine Poetik der Tragödie, des „Charakterstücks" und der Komödie eingelegt. Wie der Mensch frei wurde vom blinden Despotismus des archaischen Schicksals und die griechische Tragödie, nach einem Wort im *Pandaemonium Germanicum,* nur noch als die Groteske „bürgerlicher Helden"[96] und, nach den *Anmerkungen,* als ein Vergehen gegen die Freiheit und Verantwortlichkeit des Menschen, als eine „Gotteslästerung" erkennen kann[97], so muß jetzt das Komische, als eine Rückspiegelung der ernsthaft gewordenen Gesellschaft, in der Vereinigung des Tragischen und Komischen, des Ernsten und des Satirischen, des Schrecklichen und des Grotesken den Weg frei machen zu dem neuen Drama und zu einer Gesellschaft, in denen sich der frei handelnde Charakter zu seiner Größe entfalten kann. Lenz gab darin, in solcher in den *Anmerkungen* verborgenen Einheit der Konzeption, ein Programm des zukünftigen Dramas, das Tragödie, Tragikomödie und Komödie umfassen soll.[98] Sosehr die Darstellungsform der *Anmerkungen* diese Einheit zu verbergen scheint, sie wird deutlich, wenn man die übrigen theoretisch-poetologischen und kritischen Äußerungen von Lenz mit ihnen zusammennimmt.

So entschieden Lenz eine Abkehr von dem Drama und dem Theater des Rationalismus vollzog und so radikal und vollständig er die Mittel der dramatischen Darstellung und des dramatischen Ausdrucks veränderte: in seiner Theorie und seiner Praxis des Dramas blieben Grundtendenzen der Aufklärung wirksam; ja, sie erfuhren noch eine Steigerung. Lenz bestimmte, anders als Herder und Goethe, die die Autonomie der dichterischen Weltspiegelung und Weltschöpfung herausarbeiteten, das Drama weitgehend aus Aspekten, die sich aus seiner kritischen und erzieherischen, damit verändernden Funktion innerhalb der zeitgenössischen gesellschaftlichen Verfassung ergaben. Das Drama wurde einer allgemeinen Bewußtseins- und Gesellschaftsverän-

[95] Ebd., S. 378.
[96] Lenz, Bd. 2, S. 276.
[97] Lenz, Bd. 1, S. 358.
[98] Ausführlicher entwickelt vom Verfasser in: *Die Einheit der Konzeption in J. M. R. Lenz'* „Anmerkungen übers Theater", S. 80ff.

derung zugeordnet. Es wurde zum Mittel, sie herbeizuführen, und dadurch in seiner Struktur als Tragikomödie bestimmt. Der junge Schiller hat diese Perspektive auf Zweck und Wirkung von Drama und Bühne in der zeitgenössischen Gesellschaft noch schärfer akzentuiert, seine Forderungen an beide noch höher und vielfältiger gesetzt. Die Frage nach den Zwecken und Wirkungen des Dramas, nach den Gründen von deren Versagen und nach den Möglichkeiten, die in das Drama als Schule der sittlichen Bildung und der Aufklärung des Verstandes eingelegt sind bzw. sein können, bildet den Kernpunkt seiner beiden Aufsätze *Über das gegenwärtige teutsche Theater* von 1782 und *Was kann eine gute stehende Schaubühne eigentlich wirken?* von 1784. Beide Aufsätze waren durch sein Verhältnis zum Theater in Mannheim herausgefordert; beide zielen zugleich, davon unabhängig, auf sein jugendliches Selbstverständnis als Dramatiker – ein Selbstverständnis, das mit dem Impuls zur „Größe" dessen sicher war, die „höchste Anspannung der Kräfte" an die „edelste Anwendung" zu heften.[99]

Für Herder löste sich das Spezifische des Dramas mehr oder weniger im generell und universal Dichterischen Shakespeares auf – Schiller führt mit Entschiedenheit die dramatische Kunst zu sich selbst, zum Zuschauer und zur Bühne zurück. „Die dramatische Kunst setzt mehr voraus als jede andre von ihren Schwestern. Das höchste Produkt dieser Gattung ist *vielleicht* auch das höchste des menschlichen Geistes."[100] Damit war nicht ausschließlich das ernste Drama oder die Tragödie gemeint. Schiller ist eher, darin im Sinne der Aufklärung sprechend, geneigt, anders als Herder und Goethe der Komödie den höheren Wirkungsrang zu geben. „Wenn wir es unternehmen wollten, Lustspiel und Trauerspiel nach dem Maß der erreichten Wirkung zu schätzen, so würde vielleicht die Erfahrung dem ersten den Vorrang geben. Spott und Verachtung verwunden den Stolz des Menschen empfindlicher, als Verabscheuung sein Gewissen foltert... Gesetz und Gewissen schützen uns *oft* vor Verbrechen und Lastern – Lächerlichkeiten verlangen einen eigenen feinern Sinn, den wir nirgends mehr als vor dem Schauplatz üben."[101] Das ist im Geiste der Aufklärungskomödie gesprochen. Wirkungskriterien verdrängen die Ausdruckskriterien; die Aufklärung ist hier mehr am Wort als Sturm-und-Dranghaftes. Aber es entspricht der neuen Auffassung vom Drama, daß nun auch Schiller sich gegen dessen Mißbrauch zur gesellschaftlich-müßigen Unterhaltung wehrt, es als Selbstrepräsentation des Kunsthaft-Theatralischen ablehnt und gegen die Formen der rationalistischen Distanzierung zwischen Autor, Aktion, Charakteren und Zuschauer, damit vor allem gegen das

[99] Schiller, Bd. 5, S. 818.
[100] Ebd., S. 819.
[101] Ebd., S. 825.

französische Theater polemisiert. Der berühmte Brief an seinen Schwager Reinwald vom 14. April 1783 zeigt, wie er auch für sich die Subjektivierung des dramatischen Schaffens bis zur Identifikation mit den dargestellten Figuren beansprucht. „Alle Geburten unsrer Phantasie wären also zuletzt nur wir selbst... Das ist unstrittig wahr, daß wir die Freunde unsrer Helden seyn müssen, wenn wir in ihnen zittern, aufwallen, weinen und verzweifeln sollen – daß wir sie als Menschen außer uns denken müssen, die uns ihre geheimsten Gefühle vertrauen, und ihre Leiden und Freuden in unsern Busen ausschütten... Der Dichter mus weniger der Mahler seines Helden – er mus mehr dessen Mädchen, dessen Busenfreund seyn."[102] Diese subjektive Identifikation zwischen dem Autor und dem Drama, dessen Hauptempfindung für Schiller wie für Lenz die Charaktere sind, nicht die Handlung oder Fabel, muß sich auf andere Weise als eine Identifikation zwischen dem Drama und, über die Rampe hinweg, dem Zuschauer äußern. Zwar ist der Aufsatz *Über das gegenwärtige teutsche Theater* eine große Klage darüber, wie weit dies Ziel, durch Schuld der dramatischen Dichter, des bisher nicht für die Bühne gebildeten Publikums wie der Spieler selbst, noch entfernt ist. „Verdienst genug, wenn hie und da ein Freund der Wahrheit und gesunden Natur hier seine Welt wiederfindet, sein eigen Schicksal in fremdem Schicksal verträumt, seinen Mut an Szenen des Leidens erhärtet und seine Empfindung an Situationen des Unglücks übet."[103] Dies Postulat war nun so neuartig nicht, sowenig wie dessen Voraussetzungen: Darstellung der Natur, der wirklichen Welt, Wahrheit der Leidenschaften und Situationen, stärkste sinnliche Vergegenwärtigung, intensivste Anschaulichkeit und lebendigste Gegenwart in der Ausdrucksgestaltung der Charaktere, der Situationen, der Szene und der Sprache. Der junge Schiller stimmte darin mit dem allgemeinen Stilumbruch des Sturm und Drang und dessen Faszination durch die Steigerungen des Expressiven überein. Es geht auch ihm darum, im Drama die vielfältige und wahre Wirklichkeit mit ihrer ganzen Lebensfülle gegenwärtig zu machen – „ein offener Spiegel des menschlichen Lebens, auf welchem sich die geheimsten Winkelzüge des Herzens illuminiert und fresko zurückwerfen, wo alle Evolutionen von Tugend und Laster, alle verworrensten Intrigen des Glücks, die merkwürdige Ökonomie der obersten Fürsicht, die sich im wirklichen Leben oft in langen Ketten unabsehbar verliert, wo, sage ich, dies alles, in kleineren Flächen und Formen aufgefaßt, auch dem stumpfesten Auge übersehbar zu Gesichte liegt".[104]

[102] Schiller, *Nationalausgabe*, Bd. 23: *Schillers Briefe 1772–1785*, hrsg. von W. Müller-Seidel, Weimar 1956, S. 79ff.

[103] Schiller, Bd. 5, S. 818.

[104] Ebd., S. 811.

Es ist deutlich: es geht hier nicht lediglich um eine getreue Kopie der Natur; es legt sich über die Anschauung der lebendigen Vielfalt ein Formprinzip der Bildung des dramatischen „Miniaturgemäldes" zu einer in sich geschlossenen Einheit, zu einer Harmonie und Symmetrie im Kleinen, die das Abbild der „Harmonie des Großen" und der „Symmetrie des Ganzen" ist, des ungeheuren Gebäudes des Universums. Erst diese formschaffende Zusammenbildung des Vielfältigen zu einem Ganzen wird Bild und Ausdruck der wahren Natur. „Ein Versehen in diesem Punkt ist eine Ungerechtigkeit gegen das ewige Wesen, das nach dem unendlichen Umriß der *Welt*, nicht nach einzelnen herausgehobenen Fragmenten beurteilt sein will."[105] Es bedarf keiner näheren Interpretation, wie anders hier der Bezug zwischen der dramatischen Schöpfung und der vom höchsten Wesen geschaffenen Welt gegenüber Lenz aufgefaßt ist.

Lenz setzte den handelnden Menschen analog dem unendlich frei handelnden höchsten Wesen zu sich selbst frei. Der junge Schiller bindet ihn und sein Geschick an die harmonisch-gerechte Ordnung einer obersten Vorsehung zurück und sichert derart eine höchste moralische Universalität im Tragischen. Zwar ist auch für Schiller das Drama zentriert auf die Charaktere, auf die großen frei handelnden Menschen – es ist, wie seine Selbstrezension der *Räuber* deutlich macht, im dezidierten Sinne ein Charakterdrama, in dem die Begebenheiten die Folgen der Charaktere sind. Aber Schiller geht erheblich über Lenz hinaus. Er will nicht lediglich das Charakteristische, auch dann nicht, wenn es bis zur Karikatur überzogen ist; sondern er wählt, alle Traditionen und Konventionen der ästhetisch-moralischen Auswahl hinter sich lassend, zum Helden den erhabenen Verbrecher. Lenz suchte den moralisch-gesellschaftlich gekränkten und unterdrückten Menschen, den er gestaltete und gestalten wollte, unterhalb dessen, was als Gesellschaft galt und sich Gesellschaft nannte. Schiller fand seinen Helden unterhalb der Gesetze und Konventionen der Moral. Lenz sieht dort die wahrere Natur des Menschen, Schiller die Zeichen der Größe. „Wir sind geneigter, den Stempel der Gottheit aus den Grimassen des Lasters herauszulesen, als ebendenselben in einem regelmäßigen Gemälde zu bewundern."[106] Die sozial-humane Paradoxie, daß gerade der kleine gedrückte und vernachlässigte, nach unten gestoßene Mensch der wahre und eigentliche Mensch sei, verwandelt sich beim jungen Schiller zu der sittlichen Paradoxie, daß gerade an dem Verbrecher die Größe und das Moralische des Menschen sichtbar werden kann. „Bei Verbrechern, denen das Gesetz als Idealen moralischer Häßlichkeit die Menschheit abgerissen hat, erheben wir auch schon einen geringern Grad von

[105] Ebd., S. 815.
[106] Schiller, Bd. 1, S. 623.

Bosheit zur Tugend, so wie wir im Gegenteil all unsern Witz aufbieten, im Glanz eines Heiligen Flecken zu entdecken." Lenz umfaßte die Menschen aus dem Volke unterhalb der Gesellschaft mit der Klammer ihrer Teilhabe am Humanen; Schiller umfaßte die ungeheuerste Menschenverwirrung, wie er anläßlich der *Räuber* sagte, mit der Klammer des Moralischen, das jener Harmonie des Universums entspricht und ihm erlaubte, das „kühne Gemälde der sittlichen Häßlichkeit" nicht zu scheuen. Lenz wie Schiller suchten den Menschen außerhalb der Gesellschaft auf. Lenz findet ihn vor allem unter den sozial Niedrigen, unter den *Kleinen*, wie das dramatische Fragment einer Komödie von ihm heißt, in dessen erstem, autobiographisch gestimmtem Monolog von allen großen Männern, Genies, Idealen und deren Flügen und Pathos in der Zuwendung zu „den armen zerbrochenen schwachen Sterblichen" Abschied genommen wird.[107] Es überwiegt bei Lenz der soziale Aspekt. Schiller findet seinen Helden unter jenen, die von der Gesellschaft verfolgt und ausgestoßen wurden: „daß wir dem, den die Welt ausstößt, unsre Tränen in die Wüste nachtragen; daß wir lieber mit Crusoe auf der menschenverlassenen Insel uns einnisten, als im drängenden Gewühle der Welt mitschwimmen."[108] Und dies nochmals bekräftigend: „Je entferntern Zusammenhang sie mit der Welt haben, desto nähern hat unser Herz mit ihnen."[109] Dem sozialen Aspekt wird der moralische Aspekt hinzugesetzt. Lenz wehrte sich gegen eine blinde Despotie des Schicksals; Schiller fügt hingegen den im Handeln und Leiden großen Charakter in die „merkwürdige Ökonomie der obersten Fürsicht", d.h. in eine moralische Ordnung des Schicksals ein, die auch dann noch Ordnung ist, wenn sie für den Menschen undurchschaubar bleibt. „Nicht bloß auf Menschen und Menschencharakter, auch auf Schicksale macht uns die Schaubühne aufmerksam und lehrt uns die große Kunst, sie zu ertragen. Im Gewebe unsers Lebens spielen *Zufall* und *Plan* eine gleich große Rolle; den letztern lenken *wir*, dem erstern müssen wir uns blind unterwerfen."[110]

In der Zusammensicht von Charakter und Schicksal gab Schiller dem Drama die Dimension zurück, die Lenz mit der Konzentration auf den „selbständig und unveränderlich die ganze große Maschine" selbst drehenden Menschen reduziert hatte. Lenz strebte die individuelle, spezifische Charaktergestaltung an; Schiller bezieht hingegen die von ihm dargestellten Charaktere auf generelle moralische Repräsentationen, die sie über das menschliche Maß hinausheben – zwar, wie er kritisch zu seinem Franz Moor bemerkt, übereinstimmend mit sich selbst, doch mißstimmend mit der menschlichen

[107] Lenz, Bd. 2, S. 489.
[108] Schiller, Bd. 1, S. 622.
[109] Ebd., S. 623.
[110] Schiller, Bd. 5, S. 827.

Natur, sie gleichsam überspringend. So soll denn Amalie in den *Räubern* als die Repräsentation ihres ganzen Geschlechts gelten. Auch bei Schiller verselbständigt sich mit einer hochgetriebenen Wirkung die einzelne Spielsituation, die einzelne Szene, das szenische Augenblicksbild, in ihnen der einzelne Affekt, der im raschen Wechsel mit anderen Kontrasteffekten extremer Art zu großen Steigerungen und jähen Umschlägen gebracht wird. Der Dramatiker Schiller hat oft auf die Bedeutung der „dramatischen Situation" und ihrer Wechsel zwischen dem Schrecklichen und Rührenden, Erschütternden und Schmelzenden hingewiesen, aber er hat sie nicht aus der final zielenden Komposition des dramatischen Ganzen ausbrechen lassen. Seine „Fertigkeit oder Fühlbarkeit für das, was im Schauspielen wirkt", verlieh ihm eine sichere Handhabung der theatralischen Effektivität in der einzelnen Szene oder Szenengruppe; er folgte dem Sturm-und-Drang-Prinzip der Vielheit darin ebenso wie im Austausch der Kunstganzheit des theatralischen Theaters zum von ihm oft berufenen „Gemälde" als einem Ausschnitt aus der Vielfalt der Welt, wie sie wirklich und wahr ist, oder wie in der Dehnung des Dramas zum Epischen, zum „dramatischen Roman" und in dessen Öffnung zum Lyrischen bis in die Liedeinlagen hinein, die opernhafte Elemente hinzufügen. Aber er war sich rasch der Problematik bewußt, die für sein Formbedürfnis und die Bühnenpraxis in solcher Auflockerung der Form und in den „Ausschweifungen" einer überhöhten, poetisch verblümenden Sprache lag. Er hatte in den *Räubern* die expressiven Dimensionen der Sprache zu weit gespannt, und er mußte sich zurufen, was Lenz bereits erreicht hatte: „Wo der Dichter am *wahrsten fühlte* und *am durchdringendsten bewegte*, sprach er wie unsereiner."[111] Für Schiller war der Sturm und Drang ein Durchgang, eine erste Entwicklungsetappe, eine Phase der expressiven Ausdrucksbefreiung und der kritischen Selbstkorrektur; für Lenz war er der Ausgangspunkt einer originären Formschöpfung, deren dauernde Geltung sich im 20. Jahrhundert erwiesen hat. Was Schiller endlich am stärksten mit Lenz verbindet, weist im Grundimpuls über den Sturm und Drang zur Aufklärung zurück: die Auffassung des Dramas und der Schaubühne als einer mit größter Bedeutung wirkenden Stätte der „Menschen- und Volksbildung".

Das Drama soll nicht nur dem wirklichen Leben entwachsen und Geschichte wiedergeben, sondern soll in das wirkliche Leben einwirken und Geschichte machen. Lenz bezog den Wirkungssinn seiner Tragikomödie auf eine kritische und verändernde Aufklärung über den zeitgenössischen gesellschaftlichen Zustand, auf eine zwar satirisch erhöhte, aber objektive und konkrete Abbildung und Entlarvung von dessen schlechter Verfassung. Er bezog ihn weiterhin auf eine Erziehung des Publikums, die es endlich zum

[111] Schiller, Bd. 1, S. 634.

Verständnis der Tragödie als Darstellung des von der Despotie der Gesellschaft befreiten, selbständig handelnden Menschen fähig machen und, mittels der Bildung dieser anderen Gesellschaft, für diese Tragödie selbst den Boden bereiten sollte, die ihm als das Drama der Zukunft vorschwebte. Schiller hat der Bestimmung der Schaubühne noch einen ungleich weiteren Kreis gezogen und die Forderungen an ihre Wirkung bis zum utopisch Höchsten getrieben. Sie tritt nicht nur neben, sondern über die Gebote der Religion und die Gesetze des Staates. Sie ist „mehr als jede andere öffentliche Anstalt des Staats eine Schule der praktischen Weisheit, ein Wegweiser durch das bürgerliche Leben, ein unfehlbarer Schlüssel zu den geheimsten Zugängen der menschlichen Seele".[112] Sie ist, in den Formen des ernsten Dramas wie des Lustspiels, eine Erziehung und Aufklärung des Menschen, des einzelnen wie des Staatsbürgers, und sie ist die Stätte der Bildung einer sich als Gemeinsamkeit in Meinungen und Neigungen erfahrenden Nation, in der sich die Stände und Klassen zu einem Ganzen vereinigen. Sie ist überhaupt als Nationalbühne die Voraussetzung und hervorragende Bildungskraft der Nation. Mehr aber noch: die Schaubühne soll und vermag, in sich unabhängig, als das höchste Forum dem Staat und der Gesellschaft gegenüberzutreten und für sie die oberste richtende moralische Instanz zu werden. Hier liegt – wie Schillers eigenes Drama von den *Räubern* bis zum ersten Plan des *Don Carlos* zeigt, in dem es ihm darum ging, „die prostituirte Menschheit zu rächen, und ihre Schandfleken fürchterlich an den Pranger zu stellen" – der Hauptakzent seines Aufsatzes über die Wirkungen der Schaubühne, sein provokatorischer gesellschaftspolitischer Kern. Es gibt in dieser Zeit keine andere deutsche Schrift, die, bestärkt durch das vollzogene Werk, getragen von Energie, Schwung und Großartigkeit der Sprache, dem Drama mit vergleichbarem Nachdruck die gesellschaftskritische Funktion zuerkannt hat. „Die Gerichtsbarkeit der Bühne fängt an, wo das Gebiet der weltlichen Gesetze sich endigt. Wenn die Gerechtigkeit für Gold verblindet und im Solde der Laster schwelgt, wenn die Frevel der Mächtigen ihrer Ohnmacht spotten und Menschenfurcht den Arm der Obrigkeit bindet, übernimmt die Schaubühne Schwert und Waage und reißt die Laster vor einen schrecklichen Richterstuhl."[113] Sie zeigt den Mächtigen die Wahrheit, die sonst so wie die größere Masse des Volkes in Ketten des Vorurteils und der Meinung gefangenliegt; sie läßt die Geißel der Satire fühlen, und die auf ihr aufgestellten „Gemälde" fließen endlich mit der Moral des gemeinen Mannes zusammen und bestimmen „in einzelnen Fällen seine Empfindung".

[112] Schiller, Bd. 5, S. 826.
[113] Ebd., S. 823.

J.M.R. Lenz: *Anmerkungen übers Theater*

Die *Anmerkungen übers Theater*, die J.M.R.Lenz 1774 veröffentlicht hat, sind wohl die eigenartigste und eigenwilligste Schrift, die sich in der deutschen Literatur mit der Theorie der Dichtung und mit der ästhetischen Reflexion einer Gattung, des Dramas, beschäftigt. Sie sind zugleich eine der wichtigsten Schriften, da sie in den Jahren eines geschichtlich tief eingreifenden und weithin sich auswirkenden Stilwandels und Stilumbruchs entstanden sind. Sie sind der Versuch der poetologischen Begründung einer neuen Form des Dramas, die für die Folgezeit bis in die jüngste Gegenwart hinein ungemein fruchtbar wurde. Unsicherheiten liegen bereits über den Entstehungsumständen der *Anmerkungen*; als gewiß ist wohl anzunehmen, daß Lenz sie in der ersten und kürzeren Fassung für die „Société de Philosophie et Belles Lettres" in Straßburg geschrieben hat und daß sie seit 1771 von ihm mehrfach überarbeitet und ergänzt wurden, bis er sie, unterstützt durch Goethe, zur gleichen Zeit veröffentlichte, in der er die Plautus-Übertragungen und den *Hofmeister* zum Druck brachte. Doch nicht nur die Entstehung hat Fragen aufgenötigt; noch mehr der Inhalt, das methodische und gedankliche Verfahren, der Stil und die Sprechweise der *Anmerkungen*.[1] Sie erschließen sich nicht leicht dem Verständnis; sie erscheinen mehr affektiv hingeworfen als systematisch entwickelt, als ein Bündel sprunghafter, locker und assoziativ gereihter Fragmente, vielfach unklar in ihren Thesen und Formulierungen und auch widersprüchlich. Sie sind gleichwohl im Wechsel ihrer Aspekte und in den Mischungen ihrer Töne, in Spiel und Gestik der Stimmführung ein faszinierendes Sprachwerk, ein Essay, der, trotz seiner Unbekümmertheit um eine durchgebildete Form, einen eigenen künstlerischen Rang besitzt. Man pflegt die *Anmerkungen* neben Herders Shakespeare-Aufsatz und des jungen Goethe Shakespeare-Rede als die dritte Grundschrift zum neuen Drama des Sturm und Drang aufzuführen. Doch ist dies fraglich, auch wenn wohl unverkennbar ist, daß sie von Lenz als eine Art Programmschrift für die literarische Generation, der er sich zuzählte, mit polemischer Radikalität gemeint waren. Oder sind sie nur eine Manifestation dessen, was er als seine eigene und originäre Leistung auf dem Gebiet des Dramas anzielte, nur seine eigene Poetik? Dem scheint zu widersprechen, daß die *Anmerkungen* bezüglich Lenz' eigener Handhabung von Drama und Spiel sehr lakonisch verfahren, mehr abgebrochene Winke als Aufschlüsse geben und es ihm ersichtlich

[1] Theodor Friedrich, *Die Anmerkungen übers Theater des Dichters Jakob Michael Reinhold Lenz*, in: *Probefahrten*, hrsg. von A. Köster, Bd. 13, Leipzig 1909.

schwer wurde, in der Theorie zu formulieren und festzuhalten, was er in seiner noch kurzen literarischen Praxis tat. Die *Anmerkungen* ringen um die Sprache einer neuen, Lenz angemessen erscheinenden Poetik, und es gelingt ihnen nur mühsam, zu ihr zu gelangen. Nicht nur der mächtige Eindruck, den Herder und Goethe auf ihn ausübten, auch diese Schwierigkeiten haben veranlaßt, daß er so oft in den *Anmerkungen* sich ihrer Gedanken und Sprache bedient und derart von sich selbst, seinem eigenen und eigenständigen Schaffen entfernt. Lenz war sich dieser Situation bewußt: er weist selbst in der kurzen, anläßlich des Drucks entstandenen Vorbemerkung auf Herders und Goethes Schriften in *Von deutscher Art und Kunst* hin, um jedoch, aufgrund der früheren Abfassung von zumindest Teilen seiner *Anmerkungen*, ihnen gegenüber deren Selbständigkeit hervorzuheben, die sie „nicht ganz überflüssig" macht.[2] Seine Theorie des neuen Dramas stellt sich an die Seite von Herder und Goethe; sie wendet sich aber zugleich von ihnen ab. Lenz stellt sich weiterhin in der Vorbemerkung mit einer Geste des understatement als ein unparteiischer Dilettant vor, in der Maske einer neutralen Unwissenheit, als Amateur gleichsam, damit provokativ gegen die bisher dominierende Gelehrtheit und Kennerschaft in Sachen der Ästhetik und Poetik gewandt, womit sich schwer reimen läßt, daß er in der Schrift selbst als der seiner sichere und revolutionäre Anwalt einer neuen Kunstauffassung auftritt, die seit Jahrtausenden geltende Gesetze und Traditionen beiseite wirft und ganz von neuem beginnt; neu auch gegenüber Herder und Goethe, ganz also mit sich selbst. Das understatement ist die Maske eines leidenschaftlichen Engagements.

Nicht haltbar erscheint, angesichts der *Anmerkungen* schlechtweg von einer Sturm-und-Drang-Poetik zu sprechen.[3] Der Sturm und Drang war trotz gemeinsamer Grundimpulse keine Einheit; er konnte es nicht sein, weil diese jungen Generationsgefährten geradezu exzessiv die Autonomie und die Emanzipation der produktiven und subjektiven Individualität betonten. Überhaupt mußte der Begriff der Poetik fragwürdig werden, fanden sie sich doch in der heftigsten Opposition gegenüber deren bisher herrschende Traditionen zusammen, gehe es nun um ihre Ansprüche auf Geltung als Kanon und Dogma oder um ihre abstrahierenden und systematisierenden Methoden. J. G. Hamann hatte bereits die Autorität der Poetik abgewiesen. „Was ersetzt bei Homer die Unwissenheit der Kunstregeln, die ein Aristoteles nach

[2] Zitiert wird nach Jakob Michael Reinhold Lenz, *Werke und Schriften* (künftig: WS), hrsg. von Britta Titel und Hellmut Haug, Stuttgart 1967 (Goverts Neue Bibliothek der Weltliteratur). In dieser Ausgabe nicht enthaltene Texte nach: *Gesammelte Schriften*, hrsg. von Franz Blei, München, Leipzig 1910. – Das Zitat: WS Bd. 1, S. 329.

[3] Siegfried Melchinger, *Dramaturgie des Sturm und Drangs*, Gotha 1929, S. 80; Bruno Markwardt, *Geschichte der deutschen Poetik*, Berlin 1956, Bd. 2, S. 358.

ihm erdacht, und was bei einem Shakespeare die Unwissenheit oder Übertretung jener kritischen Gesetze? Das Genie ist die einmütige Antwort."[4] Im gleichen Sinne Herder: „Je größer der Dichter war, desto weniger zerarbeitete er sich mit deutlichen schwächenden, ermattenden Regeln, und der größte Geist war's, der, da ihn die Muse begeisterte, von keinem Gesetz wußte. Ein Sophokles dachte an keine Regel des Aristoteles; liegt aber nicht mehr, als der ganze Aristoteles in ihm?"[5] Nicht daß einem Kunstwerk eigene Regeln inneliegen, bestreitet Herder, sondern daß es, wenn es auf diesen Rang Anspruch erheben darf, nach a priori vorgegebenen Regeln gearbeitet worden ist. Lenz will hingegen in seinen *Anmerkungen* ein neuer poetologischer Gesetzgeber des Dramas sein – unterschiedlich zu jenen, die wie etwa F. M. Klinger oder Chr. D. Schubart eine Reflexion über die literarische Praxis überhaupt ablehnten. „Soll denn das Genie handeln wie die kalte Vernunft? Soll Feuer Wasser seyn?"[6] Das Genie – dies wußte man seit W. H. von Gerstenberg – ließ sich in keine Poetik einfangen. Aber Lenz zielt darüber hinaus: er entwirft die Strukturen eines neuen Dramas und Theaters, das aus dem Bewußtsein und der gesellschaftlichen Verfassung dieser gegenwärtigen Zeit Kriterien und Weisungen erhält. Er spricht auch vom Genie, aber er spricht zugleich von den Bedingungen, die das Handeln und Werken des Genies befördern oder lähmen. Was der Historiker Herder für die Erkenntnis der Verknüpfungen zwischen dem Drama, dem Theater und deren geschichtlicher Umwelt tat, Lenz will es – im Akt des Erkennens und des Schaffens – für diese Gegenwart tun. Er blickt nicht in die Geschichte zurück, sondern in eine erwartete, zu bewirkende Zukunft voraus. Die *Anmerkungen* sind als eine aktuelle Poetik, als ein Manifest und Entwurf gemeint, bezogen auf die gegenwärtige Bewutßseinslage und Gesellschaftsverfassung und auf eine Zukunft, die sich aus ihr heraus und ihr entgegen vorbereiten soll. Lenz tritt als der Anwalt und Propagandist des neuen Dramas auf – zwischen einer abgelebten Vergangenheit und einer geforderten Zukunft, die vorzubereiten das neue und damit sein eigenes Drama mithelfen soll.

Dennoch täuscht zunächst die Erwartung, daß diese Schrift Lenz' eigene Werkpoetik entwickelt und in ihr, bei allen Abbreviaturen, Sprüngen, Abschweifungen und polemischen Seitenblicken, eine Einheit findet. Lenz scheint auf eine verwirrende Weise mehr durch Herder und Goethe hindurch, abseits von seinem Werk, zu sprechen. Man hat dies dadurch begründet, daß er an sie, vor allem an Goethe gebunden und von ihm geradezu

[4] Johann Georg Hamann, *Sokratische Denkwürdigkeiten*, in: *Sämtliche Werke*. Hist.-krit. Ausg., hrsg. von Josef Nadler, Wien 1950, Bd. 2, S. 75.

[5] Johann Gottfried Herder, *Kritische Wälder, Viertes kritisches Wäldchen*, in: *Sämtliche Werke*, hrsg. von Bernhard Suphan, Berlin 1891, Bd. 4, S. 19.

[6] Christoph Friedr. Daniel Schubart, *Deutsche Chronik*, Bd. II, S. 73.

überwältigt, mehr dessen Sprecher als ein Sprecher in der eigenen Sache, in einen für ihn überhaupt typischen Zwiespalt hineingerissen worden sei, in einen Widerspruch zu sich selbst, durch den er nur hier und da, in plötzlichen Wendungen zu sich selbst gelangte – in Andeutungen, kaum jedoch in Ausführungen, die auf seine durchaus andersartigen Schaffensimpulse und Stiltendenzen verweisen.[7] So wären die *Anmerkungen* mehrfach geschichtet: nur unter einer breiten Überlagerung durch das, was allgemeiner Denkinhalt des Sturm und Drang angesichts von Kunst und Künstlertum, insbesondere von Drama und Theater war, ferner durch die Auseinandersetzung mit der älteren Poetik, mit der Aufklärung und mit Lessing, endlich durch das, was Herder und Goethe ins Bewußtsein riefen und zu einer neuen Sprache werden ließen, scheint sich, was das Lenz Eigene, bei ihm Unabhängige und Produktive ist, zu verstecken. Dies ist gewiß richtig, jedoch nur unter dem Aspekt, daß man von Lenz bereits eine Reflexion und Programmierung seines eigenen Werkes und Stiles erwarten darf; daß man, wie gleichsam selbstverständlich, annehmen darf, ihm sei jetzt, am Beginn seines Schaffens, schon der Begriffsapparat verfügbar gewesen, der es ihm ermöglicht hätte, von seinem völlig neuen, von allen bisherigen Normen in Form und Stil abweichenden dramatischen Schreiben und Gestalten eine Rechenschaft zu geben. Er verfügte über diesen Begriffsapparat sowenig wie Goethe in dieser Zeit, und er wäre im Bemühen um ihn mit sich selbst und mit den Impulsen seiner ganzen Generation in einen Widerspruch geraten. Deren Poetik konnte sich vorerst nur als eine Negation der systematischen Poetik äußern. Lenz war in der Tat noch ein „Dilettant", in der ihrer Subjektivität bewußten Suche auf einem bisher noch kaum beschrittenen originären Wege. „Noch weiß ich's selber nicht, aber Land wittere ich schon, bewohnt und unbewohnt, ist gleichgültig. Der Parnaß hat noch viel unentdeckte Länder, und willkommen sei mir, Schiffer! der du auch überm Suchen stürbest."[8] Diese Metaphern – Schiff, Meer, Wind, Wellen, Fahrt ins Unbekannte – haben bei Lenz eine signifikante Ausdrucksfunktion[9]; er bezeichnet in ihnen sein Selbstverständnis. Die *Anmerkungen* enthalten nicht Resultate, sie sind vielmehr eine Sprache des Suchens, der noch unklaren und unvollkommenen Entstehung von Gedanken. Sie sind Experimente ihrer Formulierung. Sie sind beredt und von sprachlicher Fülle, wo Lenz sich dem geistreich-witzigen, ironischen und parodierenden Spiel seiner Einfälle überläßt, überall dort also, wo es um Spott und Satire geht; sie sind ebenso beredt und nun emphatisch, wo sie in die

[7] René Girard, *Lenz 1751–1792. Genèse d'une Dramaturgie du Tragi-Comique,* Paris 1968, S. 149ff.

[8] WS Bd. 1, S. 337.

[9] Albrecht Schöne, *Säkularisation als sprachbildende Kraft,* Studien zur Dichtung deutscher Pfarrersöhne, in: *Palästra,* Bd. 226, Göttingen 1958, S. 104f.

Sprache einlaufen, die Herder und Goethe geprägt haben und die zu der dominierenden Sprache des Sturm und Drang wurde. Die *Anmerkungen* werden hingegen aphoristisch, abgebrochen, unsicher tastend dort, wo Lenz benennen und vermitteln will, was das ihm Eigene ist. Auch der junge Goethe verfährt in jenem berühmten Satz seiner Shakespeare-Rede von dem „geheimen Punct" in dessen Werk, „den noch kein Philosoph gesehen und bestimmt hat"[10] und in dem er sein zentrales Thema, das neue Verstehen des Tragischen, ausspricht, das mit Shakespeare nur wenig, aber sehr viel mit ihm selbst zu tun hat, mit einem bemerkenswerten Lakonismus.

Lenz' Sprache in den *Anmerkungen* entstammt nicht nur einer subjektivistischen Willkür der Geniegebärde, obwohl sie, als eine neue Poetik, auch bereits in der Sprache, in deren „wunderbarem Rothwelsch", wie 1775 Chr. M. Wieland im *Teutschen Merkur* spottete[11], ein herausfordernder Protest gegen die rationalistische Systematik der Aufklärungspoetik sein sollte. Der Stil der *Anmerkungen* deutet auch auf eine Sprachnot. Sie erschwert das Verständnis dieser Schrift, sie droht, es zu verstellen, und veranlaßt dazu, dort, wo man so viele Unstimmigkeiten, Inkonsequenzen, Mängel an logischer Führung, Abwege, Wiederholungen und Quersprünge findet, überhaupt an einer einheitlichen Konzeption zu zweifeln. Denn es geht in diesem Verwirrenden nicht allein um den Einschuß von allgemeinem Gedankengut des Sturm und Drang und um das, was von W. H. von Gerstenberg, Herder und Goethe in die Thesen und den Stil von Lenz eingeflossen ist. Die Polemik gegen Aristoteles und in ihm gegen Lessing, der eben dessen Theorie des Dramas, soweit sie die Bestimmung von Tragödie und Komödie betraf, im 51. Stück der *Hamburgischen Dramaturgie*[12] bestätigt hatte, ferner die Polemik gegen die französische klassizistische Poetik und Dramenproduktion mußte auch die Begriffe und Termini der älteren Poetik einbeziehen. Die *Anmerkungen* lassen erkennen, daß die Tradition der Aufklärung nicht nur mittels dieser Polemik in dem dramaturgischen Denken von Lenz gegenwärtig blieb. Zweifelhaft ist eine lange von der Forschung behauptete Abhängigkeit von S. L. Merciers *Du Théâtre ou nouvel essay sur l'art dramatique* von 1773. Keinesfalls kann man Lenz, obwohl er in vielem, was bei ihm zur Aufklärung und zu deren kritischem Moralismus zurückweist, mit ihm übereinstimmt, zu dessen Adepten machen[13], denn es zeigt sich überhaupt, daß, wo er anderen verpflichtet zu

[10] Zum Schäkespears Tag, in: *Der junge Goethe*, hrsg. von Hanna Fischer-Lamberg, Bd. 2, Berlin 1963, S. 85.

[11] Christoph Martin Wieland, in: *Der Teutsche Merkur*, Januar 1775.

[12] Gotthold Ephraim Lessing, *Hamburgische Dramaturgie*. Vollständige krit. Ausg., hrsg. von Otto Mann, Stuttgart 1958, S. 206.

[13] Girard, S. 179f. Zu dieser Frage jetzt auch das Nachwort von Peter Pfaff (S. XX ff.) zum Neudruck von Mercier-Wagner, *Neuer Versuch über die deutsche*

sein scheint, sich Verschiebungen und Veränderungen einstellen, die auf das ihm Eigene hinweisen.

Gibt es ungeachtet dieser Schwierigkeiten und Einwände gleichwohl eine Einheit der Konzeption in den *Anmerkungen*, eine Einheit der Grundkonzeption, die sich auch in den verschiedenen Überarbeitungen erhalten konnte, die sicher anzunehmen sind, selbst wenn sie sich nicht mit der Präzision systematisieren und unterscheiden lassen, wie sie von Th. Friedrich versucht wurde? Gibt es eine Grundkonzeption, die einzuschließen vermag, was sich zunächst als das dem eigenen Schaffenswillen und Stil von Lenz Fremde, ja als etwas ihm nicht Mögliches, ihm Unerreichbares darstellt? Man wird den Weg zu ihr nicht finden können, wenn man, wie bisher immer geschehen ist, die Frage darauf beschränkt, ob diese Einheit in der unmittelbar-direkten Formulierung seiner Intentionen dramatischer und dramaturgischer Gestaltung, also seiner Werkpoetik, zu suchen sei. Sie läßt sich hingegen aufspüren, wenn danach gefragt wird, wie Lenz in der Reflexion auf die Bewußtseins- und Gesellschaftslage seiner Gegenwart, in der die Traditionen ungültig wurden und eine neue Phase der menschlichen Selbst- und Welterfahrung einsetzte, das von ihm erstrebte Drama in einen historischen Zusammenhang, in einen umgreifenden Entwicklungs- und Veränderungszusammenhang einfügte und von ihm aus dessen Struktur, Stil und Funktionen bestimmte. Es muß allerdings eingeräumt werden, daß die *Anmerkungen* nur im vorbereitenden Umriß diese Fragen beantworten; andere, spätere Äußerungen von Lenz müssen hinzugezogen werden. Sie deuten auf die gleiche Grundkonzeption.

Unvermeidlich ist, den Inhalt der *Anmerkungen*, um zum Nachweis dieser Grundkonzeption zu gelangen, kurz zu durchlaufen; selbst auf die Gefahr hin, daß an genugsam Bekanntes erneut erinnert werden muß.

Lenz setzt mit einem großzügigen Panorama der Weltgeschichte des Theaters, seiner Bühnen, seiner Autoren, Schauspieler und seines Publikums ein. Dies Panorama von den Griechen bis zur Gegenwart wird auf einem zweiten théâtre imaginaire vorgeführt, in schnellster Abfolge, mit der Stimmlage eines Moritatenerzählers, der auf dem Jahrmarkt neben seinem Raritätenkasten steht, ein Departement dieses Kastens nach dem andern öffnend und es kommentierend. Fünf Departements führen fünf Epochen des Theaters vor – das griechische, das römische, das italienische, das französische, das englische, das die Natur mutterfadennackt, wie sie Gott geschaffen hat, auszog –, bis das letzte Departement dann dies alles zu einem wunderbaren Ge-

Schauspielkunst, Heidelberg 1967 (Deutsche Neudrucke, Reihe Goethezeit, hrsg. von Arthur Henkel); ferner Britta Titel, *„Nachahmung der Natur" als Prinzip der dramatischen Gestaltung bei Jakob Michael Reinhold Lenz*, Diss. Frankfurt a. M. 1962, S. 47 ff.

menge zusammenwirbelt, zu dem Alles und Nichts des Theaters dieser Gegenwart, „,...und das zu einem Punkt der Vollkommenheit getrieben, den kein unbewaffnetes Auge mehr entdecken kann".[14] „Deutsche Sophokles, deutsche Plautus, deutsche Shakespears, deutsche Franzosen, deutsche Metastasio" – ein Wirrwarr der historischen und fremden Kostüme und Masken, des Entlehnten und Erborgten –, dies ist das deutsche Theater dieser Gegenwart, das alles ist, nur nicht ein Theater der Gegenwart und kein eigenes deutsches Theater. „Wer Ohren hat zu hören, der klatsche, das Volk ist verflucht." Wie radikal Lenz hier urteilte und verwarf, erhellt ein Blick in Herders *Journal meiner Reise im Jahre 1769*, in dem gerade aus solcher alles verknüpfenden Synthese der Formen der dramatischen Weltliteratur die Zukunft des deutschen Theaters erwartet wurde: „,...und was können wir Deutsche uns für eine schöne mittlere Laufbahn nehmen! Die Komödie vom Italiener, die Tragödie vom Engländer, in beiden die französische Feile hinten nach, welch ein neues Theater!"[15]

Lenz macht tabula rasa – die Weltgeschichte des Theaters wird auf den deutschen Brettern zum Plunderhaufen. Es muß mit der Kunst, die hier immer als die Kunst des Dramas und des Theaters verstanden wird, neu begonnen werden – diesseits der Geschichte und aus ihren immer gültigen Prinzipien heraus. Der unparteiische Dilettant stellt, als Einsatz seines Experiments einer neuen Kunsttheorie, die Frage nach dem „Wesen der Poesie", was also meint, nach dem Wesen der dramatischen Poesie. Die Antwort klingt hergebracht, fast altertümlich: das Wesen der Poesie ist „Nachahmung der Natur". Aber Lenz gibt dieser traditionsüberlasteten Formel, die ihre Autorität Aristoteles verdankt, eine neue Interpretation, und er füllt sie mit dramatischer Energie auf. Die Nachahmung bedeutet nicht eine Reproduktion dessen, was als äußere und innere Wirklichkeit unter dem Stichwort Natur zusammengefaßt wurde, sie ist nicht ein Echo und keine Mechanik, sie ist schließlich gar nicht eine idealistisch und subjektiv-willkürlich auswählende Nachahmung der verschönerten Natur im Sinne des Klassizismus. Sie ist vielmehr die Manifestation des menschlichen Grundtriebes zur Betätigung, zum Handeln. Der dramatische Dichter ist ein Handelnder in der Nachahmung; dies bedeutet nicht, daß er nur wiedergibt, was sich ihm in der Natur anbietet, es bedeutet vielmehr, daß er in der Darstellung von handelnden Personen selbst zu einem Handelnden wird, ein frei handelndes selbständiges Geschöpf. Das Nachahmen enthält seinen eigentlichen und wesentlichen Bezugspunkt nicht in den Dingen dieser Welt, sondern aus dem höchsten Prin-

[14] WS Bd. 1, S. 331.
[15] *Deutsche Literatur in Entwicklungsreihen*, Reihe Irrationalismus, hrsg. von Heinz Kindermann, Bd. 6, Leipzig 1935, S. 125.

zip, das ihnen zugrunde liegt, aus Gott. Der dramatische Künstler wird zum Nachahmer Gottes, „eines unendlich freihandelnden Wesens". [16] Der Künstler als Schöpfer analog dem Schöpfergott, dies erscheint, auf Leibniz zurückweisend [17], Herder und Goethe sehr nahe. Jedoch: was bei ihnen sich zur metaphysischen Dimension ausweitet, erhält bei Lenz, aus der ihm eigenen Theologie heraus, eine Reduktion auf die Grenzen dieser empirischen Wirklichkeit, auf das Hier und Jetzt der praktischen Dramaturgie. „Da aber die Welt keine Brücken hat, und wir uns schon mit den Dingen, die da sind, begnügen müssen, fühlen wir wenigstens Zuwachs unsrer Existenz, Glückseligkeit, ihm nachzuäffen, seine Schöpfung ins Kleine zu schaffen." Natürlich zitiert auch Lenz das Zauberwort dieser Generation, das Genie – mit ihm seine Qualitäten: Begeisterung, Schöpfungskraft, Dichtungsvermögen und sein Begehren, „durch die innerste Natur aller Wesen" [18] zu dringen, diesen Sturm, „das All zu erfassen". Aber er ruft sich aus diesem Pathos Goethescher Prägung zurück, indem er sich mit einem an die Aufklärungstradition anknüpfenden Rationalismus zu den „lichten Regionen des Verstandes" wendet. Das Pathos wird ironisch angeleuchtet. Lenz stellt dem Metaphysischen des künstlerischen Schöpfungsdrangs zur unbegrenzten Imagination die Anforderungen entgegen, welche die künstlerische Praxis dem Dramatiker auferlegt. Sie verlangt, daß er zu einer Intensität des vereinigenden und auseinanderwickelnden, intuitiv sinnlichen Erkennens und Anschauens fähig ist. Denn dies sind die Bedingungen des Wiedergebens, des Form-Gebens und des Darstellens. An die Stelle des Mystizismus der Schöpferkraft rückt Lenz, ohne diese zu leugnen, eine Analyse des Schaffensvermögens, die, wie leicht ersichtlich, eine Herkunft aus der Ästhetik der Aufklärung nicht verbergen kann. Das Drama ist ein Spiegel der Welt. Es vergegenwärtigt die Erkenntnis und die Anschaubarkeit, die sein Autor mit spezifischer Schleifung der Gläser und spezifischer Vergrößerung der Projektionstafel aus seinem auf diese Welt konzentrierten Anschauen und Erkennen aufzubringen hat. Die derart wiedergegebene Wirklichkeit ist eine spezifisch gedeutete Wirklichkeit. „Den Gegenstand zurückzuspiegeln, das ist der Knoten, die nota diacritica des poetischen Genies." [19] Lenz akzentuiert ausdrücklich, es gehe nicht um ein Nachmachen, sondern um das eigene Machen – derart, daß das Subjektive, das eine Voraussetzung ist, ganz in das Objektive, in die „Sache" eingeht. Es ist nicht richtig, wenn Lenz' Rückgriff auf die Nachahmung der Natur als ein sinnleeres Wort bezeichnet wird, das sich in dem radikalen Sub-

[16] WS Bd. 1, S. 333.
[17] Ebd., S. 652 (Erläuterungen der Herausgeber).
[18] Ebd., S. 334.
[19] Ebd., S. 336.

jektivismus des Sturm und Drang aufgelöst habe.[20] Vielmehr bindet Lenz das Subjektive in die intuitive und intensive Erkenntnis und Anschauung der Sache ein. „Man könnte sein (des Dichters) Gemälde mit der Sache verwechseln."[21] Es läßt sich vermuten, daß Lenz hier von seinem eigenen Verfahren spricht; am Schluß der *Anmerkungen* erklärt er die „Sache" zum Hauptgedanken der Komödie.[22] Damit sie nicht nur Natur, sondern künstlerisch wiedergegebene Natur ist, müssen vergegenwärtigtes Erkennen, vergegenwärtigtes Anschauen und das letztlich nicht mehr Beschreibbare, das ein poetisches Genie ausmacht, zusammenwirken. Das Subjektive ist in allen diesen drei Elementen enthalten, und es richtet sich in ihnen auf die Sache. Der Dichter „nimmt Standpunkt – und dann muß er so verbinden".[23] Dieser richtigen Subjektivität und Verfahrensweise stellt Lenz eine falsche Subjektivität und Verfahrensweise gegenüber, die sich nicht mit der Sache vereinigt, sondern nur nach willkürlichem Belieben sie auswählt, arrangiert und verfälscht. „Der wahre Dichter verbindet nicht in seiner Einbildungskraft, wie es ihm gefällt, was die Herren die schöne Natur zu nennen belieben, was aber, mit ihrer Erlaubnis, nichts als die verfehlte Natur ist."[24] Lenz protestiert damit nicht nur gegen die Kunstanschauung von Aufklärung, Rokoko und Klassizismus; er dreht vielmehr deren Ansprüche völlig um. Was von ihnen als eine vernünftig-schöne Norm gesetzt wurde, wird für ihn zum Zeugnis einer schlechten Subjektivität; was sie als Erkenntnis allgemeiner Naturprinzipien im Schönen betrachteten, wird nun als ein Versagen vor der Wirklichkeit und Wahrheit der Natur aufgedeckt.

Wir haben damit in Stichworten skizziert, um was es in dem ersten Abschnitt der *Anmerkungen*, in der Bestimmung, mit der Lenz das „Wesen der Poesie" zu klären versucht, geht. Es handelt sich für ihn um die Formulierung seiner eigenen dichterischen Verfahrensweise. Dies bestätigen die Sätze, mit denen er zu Beginn des zweiten Abschnitts nochmals diese Überlegungen aufgreift, für die er nicht ohne Mühe das gehörige Phlegma aufgebracht zu haben behauptet – „mir eine fertige Zunge zu geben, meine Gedanken geschwind und dennoch mit gehöriger Präzision –".[25] Das Schauspiel fordert die Nachahmung, es fordert einen Dichter, dessen Schaffensbedingung, will er nicht sein Werk und damit die Nachahmung verfehlen, ein „fixierter Standpunkt" ist, wie es in den *Anmerkungen über die Rezension eines neu*

[20] Emil Staiger, *Stilwandel*. Studien zur Vorgeschichte der Goethezeit, Zürich 1963, S. 64.
[21] WS Bd. 1, S. 337.
[22] Ebd., S. 361.
[23] Ebd., S. 337.
[24] Ebd., S. 336.
[25] Ebd., S. 337.

herausgekommenen französischen Trauerspiels, den 2. Dezember 1772, heißt, die er gleichfalls vor der „Société“ vorgetragen hatte.[26] Eben dieser Standpunkt muß eingehen in die Sache: „alles scharf durchdacht, durchforscht, durchschaut – und dann in getreuer Nachahmung zum andermal wieder hervorgebracht“. Sache und Stil werden dabei identisch, sie bringen einander gegenseitig hervor.

Der Zentralpunkt von Lenz' radikaler Polemik gegen Aristoteles, die zugleich eine Polemik gegen Lessing ist, ist wohlbekannt. Lenz argumentiert, Aristoteles bestimme als Hauptgegenstand der Nachahmung im Schauspiel – Lenz nennt es später auch Trauerspiel oder Tragödie – das Schicksal des Menschen und als das Principium, den Endzweck die Fabel, die er mit der Handlung, den Begebenheiten gleichsetzt. Lessing hatte in der *Hamburgischen Dramaturgie* gesagt, daß in der Komödie die Charaktere das Hauptwerk, die Situationen aber nur das Mittel seien, jene sich äußern zu lassen und ins Spiel zu setzen. Umgekehrt seien in der Tragödie die Charaktere weniger wesentlich und entspringen Schrecken und Mitleid vornehmlich aus der Situation, die ihnen zum Schicksal wird. Lenz läuft dagegen Sturm. Er stellt der These von Aristoteles entgegen, daß Hauptgegenstand und Endzweck des Schauspiels bzw. der Tragödie der Mensch sei, also die Darstellung des Charakters der handelnden Personen, die nur eine individuelle, weil von dem festen Standpunkt aus gesehene und geschaffene Darstellung individueller Charaktere sein kann. Der Charakter aber ist für Lenz gleich dem handelnden, sich im Handeln in seiner Beschaffenheit darstellenden Menschen. Denn er verwirklicht, was dem Menschen als seine Grundbestimmung eingelegt ist. Es heißt in dem Aufsatz *Über Götz von Berlichingen*, der wiederum für den gleichen Straßburger Kreis verfaßt wurde, „daß handeln, handeln die Seele der Welt sei, nicht genießen, nicht empfindeln, nicht spitzfündeln, daß wir dadurch allein Gott ähnlich werden, der unaufhörlich handelt und unaufhörlich an seinen Werken sich ergötzt: das lernen wir daraus, daß die in uns handelnde Kraft, unser Geist, unser höchstes Anteil sei... Das lernen wir daraus, daß diese unsre handelnde Kraft nicht eher ruhe, nicht eher ablasse zu wirken, zu regen, zu toben, als bis sie uns Freiheit um uns her verschafft, Platz zu handeln: Guter Gott, Platz zu handeln, und wenn es ein Chaos wäre, das du geschaffen, wüste und leer, aber Freiheit wohnte nur da, und wir könnten dir nachahmend drüber brüten, bis was herauskäme.“[27] In dem Drama des jungen Goethe sah Lenz eine Bestätigung seiner Ablehnung der aristotelischen Kunsttheorie, eine Bestätigung zugleich dessen, um was es ihm ging: um das sich in der dramatischen Handlung beweisende neuzeitliche Selbst-

[26] Gesammelte Schriften, hrsg. von Franz Blei, Bd. 4, S. 193.
[27] WS Bd. 1, S. 379.

bewußtsein des zu seiner vollen individuellen Freiheit gelangten Ich. Es ist ein Ich, das aus seiner eigenen Entscheidung und Verantwortung handeln und aus seinem eigenen kritischen Denken und Gewissen fragen und urteilen will. „Wir aber hassen solche Handlungen, von denen wir die Ursache nicht einsehen, und nehmen keinen Teil daran.“[28] Der handelnde und leidende Mensch auf der Bühne muß für den Zuschauer ein in solchem Handeln und Leiden als konkrete spezifische Individualität durchschaubarer Mensch sein. Das Anschauen und das Erkennen soll, wie für den Dichter, so für den Zuschauer, zu einer Einheit werden. Dies Konkret-Spezifische verdeckt und entstellt hingegen eine Psychologie, die nur mit allgemeinen Normen arbeitet, sie entweder rationalistisch abstrahiert oder empfindsam erträumt. Sie verpackt den einzelnen, je individuellen Menschen in generalisierende Gesetze der menschlichen Seelenkenntnis. Lenz spielt Fieldings Realismus gegen die empfindsam-rationalistischen Gefühlsanalysen von Richardson aus. „Was ist Grandison, der abstrahierte, geträumte, gegen einen Rebhuhn, der da steht?“[29] Mit Leidenschaft drängt Lenz auf Kenntnis, Anschauung, Darstellung des unverwechselbar individuellen Menschen in seinem konkreten, kenntlichen Umriß, auf „Wahrheit“ und „Ausdruck“.[30]

Es ist bereits bemerkt worden, daß sich in den *Anmerkungen* zwei verschiedene Aspekte sehr oft vermischen, wenn Lenz einerseits von der dramatischen Person als einem autonomen, heldenhaft-einzigartig handelnden Charakter, andrerseits von ihr als einem ganz und gar individuellen, in eine spezifische Umwelt eingefügten Charakter spricht.[31] Diese Mehrdeutigkeit

[28] Ebd., S. 341.

[29] Ebd., S. 341.

[30] Verteidigung des Herrn W. gegen die Wolken, WS Bd. 1, S. 440.

[31] Girard, S. 168ff.; ferner B. Titel, S. 45f. Sie versucht nachzuweisen, daß in den *Anmerkungen* der Mensch in seiner „Naturwahrheit“ der „Gesichtspunkt“ ist, „dem Lenz alle anderen unterordnet – um so mehr, wenn man bedenkt, daß ja auch die ‚Sache‘ dieser kritischen Komödie, von der der Dichter aus einem Interesse am individuellen Menschen heraus immer wieder abschweift, eben ein Interesse am Menschen, und dies heißt auch hier konkret: am bestimmten, durch besondere Verhältnisse gedrückten Menschen ist“. Britta Titel sieht derart im Mittelpunkt von Lenz' dramatischer Theorie und Praxis die Erkenntnis und Gestaltung des individuellen Menschen, mit denen sich das Problem der ‚Sache‘, aufgefaßt als Lenz' sozialkritische Tendenz, verknüpft. Gegensätzlich zu meiner Darlegung meint sie, daß Lenz zur Zeit der Abfassung der *Anmerkungen* sich noch nicht der gesellschaftskritischen Konsequenzen bewußt war, die in seinen Anschauungen jedenfalls der Möglichkeit nach angelegt waren. Sie versteht als das gedoppelte Grundmotiv, als Punkt der Einheit für Lenz' Anschauung die „Entdeckung des Menschen, in seiner Absolutheit wie in seiner Naturwahrheit, in der Lösung von allen vorgegebenen – gerade auch ständischen – Bindungen und der Steigerung zur Höhe eines freien Schöpfertums des Genies auf der einen Seite – auf der andern in seiner Begrenztheit, Besonderheit, Gedrücktheit auch, die ihn nicht weniger achtenswert erscheinen läßt“ (S. 70).

findet darin ihren Grund, daß Lenz bald an den Typus des großen Menschen denkt, wie er zum Ideal des Sturm und Drang und in Goethes *Götz von Berlichingen* zur mythisierten Figur wurde, bald aber an den Menschen in seiner konkreten Erfahrungs- und Gesellschaftswelt, den er in seinem eigenen dramatischen Schaffen vorstellte. Jedoch handelt es sich nur um einen scheinbaren Widerspruch. Die damals sich vollziehende radikale Emanzipation des individuellen Menschen rückte ihn einerseits überhöht in die Dimensionen titanisch-heldenhafter Größe, als das Ebenbild des unendlich frei handelnden höchsten Wesens, andrerseits, in dieser faktischen gesellschaftlichen Wirklichkeit, in eine Vereinzelung und Vereinsamung, in der sich die nackte Wahrheit seiner Kreatürlichkeit mit allen Schwächen, Kümmerlichkeiten und Leiden aufnötigte. Von ihr wollte Lenz sprechen, wenn er seine Zuhörer provokativ fragte: „Oder scheuen Sie sich, meine Herren, einen Menschen zu sehen?"[32] Das hieß nichts anderes als einen Menschen in seiner unverstellten Wirklichkeit – „nach meiner Empfindung schätz ich den Charakteristischen, selbst den Karikaturmaler zehnmal höher als den Idealischen, hyperbolisch gesprochen, denn es gehört zehnmal mehr dazu, eine Figur mit eben der Genauigkeit und Wahrheit darzustellen, mit der das Genie sie erkennt, als zehn Jahre an einem Ideal der Schönheit zu zirkeln, das endlich doch nur in dem Hirn des Künstlers, der es hervorgebracht, ein solches ist".[33] Das subjektiv „Charakteristische" ist ein Stichwort der Kunstauffassung des jungen Goethe[34]; Lenz radikalisiert und objektiviert es zur ‚Karikatur', die sich jedoch in seiner Deutung nicht von der Realität entfernt, vielmehr dem nahe ist, was man in ihr gern verbirgt. Beide Vokabeln deuten jedoch auf gleiche Weise auf jene Emanzipation, die freisetzt zur Wertung des heroisch-individuellen Menschen, freisetzt aber auch zur Wertung des kleinen einzelnen Menschen in seiner noch so bescheidenen Individualität und armseligen Wirklichkeit. Wie nahe Lenz sich ihm fühlte, belegen viele Zeugnisse. Aber die Entscheidung, die in dem Fragment *Die Kleinen* „große Männer, Genies, Ideale, euren hohen Flug" hinter sich läßt und sich den „unberühmten Tugenden" zuwendet, „die jedermann mit Füßen tritt"[35], ist hier in den *Anmerkungen* noch offen. Lenz ist noch fern von jener bitter-selbstironischen Resignation, die ihn 1775 sagen läßt: „man … glaubt sich einen Gott und ist ein Tor." Aber

[32] WS Bd. 1, S. 345.

[33] Ebd., S. 342.

[34] *Der junge Goethe*, Bd. 3, S. 106; dazu B. Titel, S. 27 f., und Eudo C. Mason, *Schönheit, Ausdruck und Charakter im ästhetischen Denken des 18. Jhs.*, in: *Geschichte. Deutung. Kritik. Literaturwissenschaftl. Beiträge*, dargebr. zum 65. Geburtstag Werner Kohlschmidts, hrsg. von Maria Bindschedler und Paul Zinsli, Bern 1969, S. 91 ff., besonders S. 99.

[35] WS Bd. 2, S. 489.

auch dieser kleine Mann hat teil an dem Leiden und den Leidenschaften, die dem großen Mann das Feuer des Handelns geben. In dem dramatischen Fragment *Catharina von Siena* erzählt das Bauernmädchen Aurilla von dem Maler, dem sie während des Dorfbrandes begegnete: „Er zeichnete die Gesichter einiger Abgebrannten, denen er Geld ausgeteilt hatte; wie er dabei bleich und blaß ward...und die Tränen ihm aufs Blatt fielen! Er sagte mir nachher, in seinem Leben hätte er nicht geglaubt, daß die unbedeutenden Gesichter der Bauern eines solchen Ausdrucks des Schmerzens fähig wären. Diese Leidenschaften hätte er noch auf keinem Theater in der Stärke gesehen, da er doch die halbe Welt durchreist hat."[36] Die Wirklichkeit der „kleinen" Leute widerlegt die Bühne; diese Wirklichkeit ist der wahre Schauplatz der Leidenschaften.

Doch Lenz entnahm in den *Anmerkungen* nicht dieser Wirklichkeit den Charakter, den handelnden Menschen, den er als Hauptgegenstand des neuzeitlichen ernsten Dramas dem Aristoteles und der Reduktion der griechischen Tragödie auf die Darstellung des „eisernen Schicksals" entgegenstellte. Dies griechische Schicksal regiert mit blinder, gnadenloser Gewalt, ohne einen Grund für das, was es verhängt, in der menschlichen Seele aufzusuchen und sichtbar zu machen. Ein sich nicht verantwortendes Schicksal nimmt aber auch dem Menschen seine Verantwortlichkeit; es verschließt sich der Frage nach Grund und Sinn des Leidens. Solcher Despotie stellte Lenz den großen, frei handelnden Menschen gegenüber – „es ist die Rede von Charakteren, die sich ihre Begebenheiten erschaffen, die selbständig und unveränderlich die ganze große Maschine selbst drehen, ohne die Gottheiten in den Wolken anders nötig zu haben, als wenn sie wollen zu Zuschauern, nicht von Bildern, von Marionettenpuppen – von Menschen."[37] Dieser zu seiner moralischen Freiheit entschiedene, autonome Mensch stellt sich in einer titanischen Unabhängigkeit über das Schicksal, über die Götter, und er wird selbst zum Abbild Gottes. „Ha! aber freilich dazu gehört Gesichtspunkt, Blick der Gottheit in die Welt, den die Alten nicht haben konnten, und wir zu unserer Schande nicht haben wollen." Nicht haben wollen – wir werden später zu diesem Satz zurückkehren müssen. Lenz potenziert hier den Charakter, diesen Hauptgegenstand des neuen Dramas, zu einer mythischen Größe, man möchte meinen, zu einer schicksallosen Größe, derart ohne einen Widerstand, ohne eine

[36] Ebd., S. 473.

[37] WS Bd. 1, S. 343. In dieser Ablehnung des dramatischen Schicksalsbegriffs entfernt sich Lenz entschieden von Herders Anerkennung des Schicksals im griechischen und shakespeareschen Drama; er steht hingegen Beaumarchais und Mercier nahe, die ähnlich den Widerspruch zwischen der Schicksalsbindung der griechischen Tragödie und dem neuzeitlichen Bewußtsein der moralischen Freiheit betonten. Lenz geht hier, im Gegensatz zu Herder, auf den Wegen der Aufklärung weiter.

Gegenmacht. Denn der Mensch, der sich gänzlich unabhängig seine Begebenheiten schafft, seine ganze große Maschine selbst dreht, kann nur noch soweit dramatische Figur sein, als auch sein Sturz oder Scheitern allein sich aus ihm selbst heraus begründet und vollzieht. Größe und Leiden sind derart ausschließlich in die Kraft und Innerlichkeit des einzelnen emanzipierten Menschen gelegt. Er ist das Gegenbild zur griechischen Tragödie, zu der sich Lenz im letzten Abschnitt der *Anmerkungen* nochmals zurückwendet. Er folgt dort Herder in der Darlegung ihrer Genese, aber er entfernt sich entschieden von ihm in ihrer Deutung. Lenz spricht von dem religiösen Grund der Schauspiele der Alten. „Da nun fatum bei ihnen alles war, so glaubten sie eine Ruchlosigkeit zu begehen, wenn sie Begebenheiten aus den Charakteren berechneten, sie bebten vor dem Gedanken zurück."[38] Sie wagten nicht, das Göttliche vom Menschlichen her zu befragen und auf seine Verantwortlichkeit zu untersuchen. „Es war Gottesdienst, die furchtbare Gewalt des Schicksals anzuerkennen, vor seinem blinden Despotismus hinzuzittern... Die Hauptempfindung, welche erregt werden sollte, war nicht Hochachtung für den Helden, sondern blinde und knechtische Furcht vor den Göttern." Das Schicksal ist blind, und blind unterwerfen sich ihm die Menschen. Sie bringen sich ihm selbst zum Opfer dar, gefangen in dem Mechanismus des unentrinnbar verhängten Kreislaufes der Begebenheit. Ödipus blendet sich selbst in sklavischer Ergebenheit, er bestätigt damit die Götter, er fragt nicht nach ihrem Recht, und er lehnt sich nicht gegen das über ihn Verhängte auf. Lenz stellt ihm den Diomed gegenüber, der es gewagt hat, seinen Pfeil gegen den Gott zu schießen. Und er schnellt Voltaire, dem Nachdichter des Ödipus-Dramas, selbst einen Pfeil entgegen: „Ich fordere Rechenschaft von dir, du sollst mir keinen Menschen auf die Folter bringen ohne zu sagen warum."[39]

Geht es hier nur um das griechische Theater und nur um Aristoteles? Blinder Despotismus, knechtische Furcht, das Erzittern vor der Gewalt und ihrer Willkür – sind solche Vokabeln nicht auch Vokabeln der Anklage in dieser Zeit gegen das gesellschaftlich-politische System des Absolutismus, Vokabeln der politisch-sozialen Erbitterung und der Rebellion? Liegt in dem Satz, man habe Oedip in seiner Selbstunterwerfung, dieser Potenzierung der blinden Gewalt über ihm durch die eigene Blendung, für ein sehr schickliches Sujet fürs Theater gehalten, während man den Diomed nicht auf der Bühne sehen ließ, auch eine verdeckte Anspielung auf die Gegenwart, auf das zeitgenössische deutsche Theater? Man versteht dann genauer das schon angeführte Wort von den großen freien Helden, die „wir zu unsrer Schande nicht haben wollen". War also der Widerspruch von Lenz gegen Aristoteles nicht

[38] WS Bd. 1, S. 357.
[39] Ebd., S. 359.

nur dramaturgisch und künstlerisch, sondern letztlich durch seine Gesellschaftskritik, seine Rebellion gegen die physische, moralische und politische Einrichtung der zeitgenössischen Wirklichkeit begründet? Sein Urteil über das Fatum der Alten wäre dann zugleich ein Urteil über diese gegenwärtige Gesellschaft. Wir erinnern an die Einleitung des Aufsatzes über *Götz von Berlichingen:* „Wir werden geboren – unsere Eltern geben uns Brot und Kleid – unsere Lehrer drücken in unser Hirn Worte, Sprachen, Wissenschaften – irgendein artiges Mädchen drückt in unser Herz den Wunsch, es eigen zu besitzen ... – es entsteht eine Lücke in der Republik, wo wir hineinpassen – unsere Freunde, Verwandte, Gönner setzen an und stoßen uns glücklich hinein – wir drehen uns eine Zeitlang in diesem Platz herum, wie die andern Räder, und stoßen und treiben – bis wir, wenn's noch so ordentlich geht, abgestumpft sind und zuletzt wieder einem neuen Rade Platz machen müssen – das ist, meine Herren! ohne Ruhm zu melden unsere Biographie – und was bleibt nun der Mensch noch anders als eine vorzüglich-künstliche kleine Maschine, die in die große Maschine, die wir Welt, Weltbegebenheiten, Weltläufte nennen, besser oder schlimmer hineinpaßt?"[40] Der Kreislauf des Fatums bei den Griechen, der Kreislauf des Menschen in der gegenwärtigen Gesellschaft, die ihn zum Sklaven statt zum Herrn der „Maschine" macht – wo ist ein Unterschied? Die Kritik an der griechischen Tragödie und an Aristoteles und an deren grotesken Imitationen – „da erscheinen die fürchterlichsten Helden des Altertums, der rasende Oedip, in jeder Hand ein Auge"[41] – beruht auf der Basis von Lenz' aktueller Gesellschaftskritik. Dem widerspricht nicht seine Bezugnahme auf die veränderten neuzeitlichen Religionsbegriffe, um die Veränderung des Dramas zum Charakterdrama zu begründen. Sie bestätigt es vielmehr. Denn diese Religiosität, die von dem „unendlich freihandelnden" höchsten Wesen sprach, setzte den Menschen auf die „erste Sprosse auf der Leiter der frei handelnden selbständigen Geschöpfe".[42] Das Postulat der dramatischen Charaktere, die selbständig und unveränderlich die ganze große Maschine selbst drehen, war, in Poetik und Dramaturgie übersetzt, die Manifestation von Lenz' Auflehnung gegen die Gesellschaft und seiner Utopie einer Überwindung von deren Despotie. Das Religiöse, das Politische und das Poetologische wirken derart als eine Einheit zusammen. Ihr Resultat ist die Forderung nach dem großen handelnden Menschen als dem Mittelpunkt des erwarteten Dramas und des neuen anderen Zeitalters. „Bei uns ist's die Reihe von Handlungen, die wie Donnerschläge auf einander folgen, eine die andere stützen und heben, in ein großes Ganze zu-

[40] Ebd., S. 378.
[41] Ebd., S. 330.
[42] Ebd., S. 333.

sammenfließen müssen, das hernach nichts mehr und nichts minder ausmacht, als die Hauptperson, wie sie in der ganzen Gruppe ihrer Mithändler hervorsticht."[43]

Aber das Charakterdrama des großen handelnden Menschen war nicht das Drama, das Lenz geschrieben hat und zu schreiben vermochte. Es war für ihn unerreichbar, es war aber auch unerreichbar in den Stoffen, in der Umwelt und unter den Menschen dieser zeitgenössischen Lebensverfassung. Goethe hatte in seinem *Götz von Berlichingen* seinen Helden, einen bei aller naturhaft-heroischen Selbständigkeit gescheiterten Helden, in einer geschichtlichen Vorzeit suchen müssen. Der Zustand war noch nicht erreicht, in dem der Mensch zum selbständigen, frei handelnden Menschen werden konnte, damit auch nicht die Voraussetzung für das Charakterdrama, die Charaktertragödie, die, nach Lenz' Selbstrezension des *Neuen Menoza*, „nur in dem höchsten und allgemeinen Bildungszustand" der Gesellschaft entstehen kann.[44] Denn nur er bietet die Vorbedingungen für eine Existenz im freien Handeln. Im *Pandämonium Germanicum* macht Lenz sich zum Propheten dieses Dramas: „Das hohe Tragische von heut, ahndet ihr's nicht? Geht in die Geschichte, seht einen emporsteigenden Halbgott auf der letzten Staffel seiner Größe gleiten oder einen wohltätigen Gott schimpflich sterben. Die Leiden griechischer Helden sind für uns bürgerlich, die Leiden unserer sollten sich einer verkannten und duldenden Gottheit nähern. Oder führtet ihr Leiden der Alten auf, so wären es biblische, wie dieser tat (Klopstock ansehend), Leiden wie der Götter, wenn eine höhere Macht ihnen entgegenwirkt."[45] Lenz spricht von einer Tragödie mit mythischen Dimensionen; sie selbst wird zu einem Mythos, damit weit ab von seinem eigenen Werk. Denn während dies Werk, zwei historische Schauspiele bzw. Fragmente ausgenommen, mit der Gebrochenheit der gegenwärtigen zeitgenössischen Gesellschafts- und Bewußtseinszustände konfrontiert und sie bis zur ‚Karikatur', die einen puren ‚Naturalismus' hinter sich läßt, pointiert, wird das Ideal der Tragödie des frei handelnden Menschen in eine bis zum Alten Testament zurückreichende „Geschichte" transponiert, derart in eine Utopie verwandelt, die nur noch mittels der Stoffe und Gestalten der Vergangenheit zu verwirklichen ist und sich derart selbst in die Geschichte zurückverweist. Hier klafft der Widerspruch auf, aus dem sich Lenz in seiner Theorie und dramatischen Praxis nicht herauszulösen vermochte. Wie so oft auch in den *Anmerkungen* bricht das Pathos des Hochschwungs in jähem Tonwechsel ab zu Resignation und Selbstironie. „Wär' ich alles dessen würdig! Laßt mich in meinen Winkel."

[43] Ebd., S. 345.
[44] Ebd., S. 419.
[45] WS Bd. 2, S. 276.

Man denkt an die Worte im *Götz von Berlichingen*-Aufsatz: „Wir sind alle, meine Herren! in gewissem Verstand noch stumme Personen auf dem großen Theater der Welt, bis es den Direkteurs gefallen wird, uns eine Rolle zu geben. Welche sie aber auch sei, so müssen wir uns doch alle bereithalten, in derselben zu handeln, und jenachdem wir besser oder schlimmer, schwächer oder stärker handeln, jenachdem haben wir hernach besser oder schlimmer gespielt, jenachdem verbessern wir auch unser äußerliches und innerliches Glück."[46] Auf der „entarteten europäischen" Weltbühne wurde schlecht gespielt, so schlecht wie „Europens Ästhetik" es vorzeichnete. „Ich habe die Sitten der Großen unerträglich gefunden, und sie gemieden; ich habe meine Zeitgenossen unmännlich, klein, übertüncht, groß in Sittensprüchen und unendlich klein in Handlungen gefunden, ich maßte mich des Menschenrechts an, und lebte für mich und die Meinen."[47]

Warum müssen heute die griechischen Helden, gerade diese im Mythos beheimateten Helden, als nur noch „bürgerlich" erscheinen? War dies als ein sarkastischer Ausfall gemeint, der gegen ihre falschen und schwachen Imitationen im klassizistischen Theater der Franzosen und der Deutschen bis hin zu ihrer empfindsamen Modernisierung durch Wieland zielte? Ein Sarkasmus, der sich gegen ihre Einarbeitung in den schlechten Stil der herrschenden Gesellschaft auflehnte? Oder ist es nicht vielmehr so, daß diese Helden-Opfer des eisern-einförmigen Fatums so bürgerlich erscheinen müssen wie die zeitgenössischen Bürger, die in den versklavenden, einförmigen Mechanismus der Gesellschaft hineingestoßen sind und, „zu unsrer Schande", sich nicht wehren? Lenz läßt die französische, in ihren Stoffen, ihrem Geschmack und Stil völlig vergesellschaftete Bühne in den *Anmerkungen* in Scharen diese Opfer vorführen. „Ihre Helden, Heldinnen, Bürger, Bürgerinnen, alle ein Gesicht, eine Art zu denken, also auch eine große Einförmigkeit in den Handlungen"[48] – auch dort noch, wo man glauben sollte, am ehesten Charaktere aufzuspüren. „Ich suchte Trost in den sogenannten Charakterstücken, allein ich fand so viel Ähnlichkeit mit der Natur (und noch weniger) als bei den Charaktermasken auf dem Ball." Das „schöne Spielwerk" eines solchen Balles hatte Lenz bereits im Eingang der *Anmerkungen* geschildert, und er führt ihn jetzt nochmals mit sprühender Ironie vor, bis zuletzt „Tänzer und Zuschauer" die Geduld verlieren. Es gibt nur noch Charaktere dort, wohin die Fatalität der Gesellschaft nicht eingedrungen ist, unter den unverbildeten, einfachen Menschen – im „Volksgeschmack der Vorzeit und unseres Va-

[46] WS Bd. 1, S. 381.

[47] Prinz Tandi, *An den Verfasser des neuen Menoza*, Naumburg, im August 1775, in: Gesammelte Schriften, hrsg. von Franz Blei, Bd. 2, S. 463.

[48] WS Bd. 1, S. 351.

terlandes..., der noch heutzutage Volksgeschmack bleibt und bleiben wird".[49] So wie Lenz im unbedeutenden Volk der „Kleinen" die Wahrheit von Leiden und Leidenschaften vorfand, so suchte er in dem Volk, verstanden als das ganze Volk ungeachtet seiner gesellschaftlichen Aufspaltungen, seine Bühne und sein Publikum wie seine ästhetischen Richter. „Mein Theater ist wie ich Ihnen sage unter freyem Himmel vor der ganzen deutschen Nation, in der mir die untern Stände mit den obern gleich gelten die pedites wie die equites ehrwürdig sind. Findt sich niemand in meinen Stücken wieder so bedaure ich Öl und Mühe – ob sie übrigens spielbar sind, bekümmert mich nicht, so hoch ich ein spielbares Stück schätze, wenn es gut gerathen ist."[50] Diese Wendung an die ganze Nation war, angesichts der gesellschaftlichen Realität, eine Utopie und konkret nicht vollziehbar. So nahe nun Lenz in den *Anmerkungen* mit der Berufung auf den „Volksgeschmack" seinen eigenen dichterischen Intentionen zu kommen scheint – es ist bisher nur von dem Charakterdrama als dem Drama der großen handelnden Menschen die Rede, mögen sie nun als ins Biblisch-Mythische erhöht oder, im Volksgeschmack an Trauerspiel und Staatsaktion, als die drauflosstürmenden Kerls erscheinen.

Erst am Ende der *Anmerkungen*, zeitlich also erst während der Bearbeitung zum Druck der Schrift, nähert Lenz sich der dramatischen Form, die zwar auch nicht seine Form geworden ist, aber ihr anders als das Charakterdrama strukturell zugrunde liegt. Er hat den Hauptakzent auf die provokative Umkehr der seit Aristoteles geltenden und eben noch von Lessing bekräftigten Theorie des Trauerspiels, der Tragödie, gelegt. Was er jetzt von der Komödie sagt, und wie er es sagt, möchte als etwas beiläufig erscheinen. Es ist gesagt worden, Lenz habe, anders als Herder und Goethe, die von Shakespeares Komödien sehr wenig Notiz nahmen, die konventionelle Gattungswertung, welche die Tragödie im Ensemble der dramatischen Formen auf Kosten der Komödie mit Abstand auf den höchsten Wertplatz stellte, aufgehoben. Herder und Goethe sahen, obwohl sie um Klassifikationen unbekümmert und für die Vielfalt der Mischungen des Gegensätzlichen bei Shakespeare sehr offen waren, in ihm in der Tat nur den Dichter der Tragödie, des Tragischen. Lenz verfährt jedoch in den *Anmerkungen* nicht anders. Wenn er endlich auf die Komödie zu sprechen kommt, erweckt er den Eindruck, es gehe nur um eine Komplettierung, nicht aber um einen dringlichen Anlaß zu ausholendem Nachdenken. Ebenso zeigt die Selbstrezension zum *Neuen Menoza*, auf die wir jetzt zwecks Ergänzung der *Anmerkungen* mehrfach zurückgreifen müssen, daß Lenz theoretisch-poetologisch die Komödie

[49] Ebd., S. 359.

[50] *An Gotter*, 10. V. 1775. Briefe von und an J. M. R. Lenz, gesammelt u. hrsg. von Karl Freye und Wolfgang Stammler, Leipzig 1918, Bd. 1, S. 105.

im Rahmen der allgemeinen Kunst- und Bildungszustände nur als eine Stufe auf dem Weg zur Tragödie betrachtet hat. Erst sie war Resultat und Ziel der von ihm verlangten höchsten Bildungszustände, nämlich einer zum Bewußtsein der Freiheit gelangten Gesellschaft. Auf andere Weise legt Lenz die Komödie in die Zustände der Gesellschaft ein, aus denen sich ihre Form ergibt und auf die sie antwortet. Er versteht sie als den Spiegel des jeweils gegebenen Bildungsstandes der Gesellschaft. Er löst die nur inhaltsbezogene Gattungstheorie der „späteren Kunstrichter, die nicht einsahen, warum der gröbere Teil des Volkes geneigter zum Lachen als zum Weinen" ist[51], durch eine bildungssoziologische Gliederung des Publikums ab. Die Tragödie ist danach nur für dessen ernsthafteren Teil zugänglich; bei den Griechen, wie es jetzt mit einer Akzentverlagerung heißt, als „Verewigung merkwürdiger Personen ihres Vaterlandes in auszeichnenden Handlungen oder Schicksalen", bei Shakespeare als „wahre Darstellungen aus den Geschichten älterer und neuerer Nationen". Hingegen wurden die Komödien von jeher für das Volk bestimmt. Je näher es sich dem Zustand der „Wildheit" befand, um so mehr mußte sich die Komödie an das Komische und Niedrig-Possenhafte halten. Je mehr der Bildungsstand des Publikums zunahm, um so mehr mußte sie sich in ihren Stoffen und Wirkungsmitteln der Gesellschaft, damit dem Problematischen nähern, das, so darf man hinzusetzen, zunehmend das Komische durchsetzte und veränderte. „Komödie ist Gemälde der Gesellschaft, und wenn die ernsthaft wird, kann das Gemälde nicht lachend werden. Daher schrieb Plautus komischer als Terenz, und Molière komischer als Destouches und Beaumarchais." Das Bewußtsein des Publikums wird zum Ernsthaften gebildet, wo und wenn es zu einem Bewußtsein des Ernsthaften in der gesellschaftlichen Wirklichkeit gelangt. „Daher müssen unsere deutschen Komödienschreiber komisch und tragisch zugleich schreiben, weil das Volk, für das sie schreiben, oder doch wenigstens schreiben sollten, ein solcher Mischmasch von Kultur und Rohigkeit, Sittigkeit und Wildheit ist."[52] Der Zustand der Ungleichheit in der Gesellschaft, die Lenz als das ganze Volk mit seinem Drama erreichen wollte, ist also eine Begründung der tragikomischen Mischform. Nicht zufällig leitet er die zitierte Autorenreihe mit Plautus ein. Seine Bearbeitungen der Spiele des Römers in den Jahren 1772 und 1773, diese Bemühungen um einen „deutschen Plautus", die er doch im Eingang der *Anmerkungen* selbst ironisierte, legten sie zwar in die zeitgenössische deutsche Gesellschaft ein, doch gewann deren Problematisches in den witzigen Kombinationen der Intrigen und Täuschungen keinen Raum. Es überwiegt durchaus das Possenhaft-Komische, das sich aus der Fabel, der Konstellation

[51] WS Bd. 1, S. 419.
[52] Ebd., S. 419.

der Begebenheiten und Situationen, also aus der „Sache“ ergibt. Plautus war offenbar eine Stütze von Lenz' These, daß in der Komödie die Handlung, die Begebenheit der Hauptgegenstand sei, in welchen dann die Personen beliebig von dem Autor eingesetzt werden. Die Begebenheit konnte hier alle Rechte behaupten, denn sie bedeutete nicht ein Fatum, sondern sie setzt sich aus veränderbaren Zufällen zusammen. Das Vergnügen der Komödie lag darin, zuzuschauen, wie der Mensch die Begebenheiten nutzte und umkehrte. Hier war ein Raum der Spielfreiheit gesichert. Ebensowenig zufällig beendet Lenz seinen Autorenkatalog mit Beaumarchais, denn dieser Name bezeichnet in der Tat eine nahe Situation in der zunehmenden Problematisierung der Komödie. Beaumarchais legte, an der Schwelle zur großen Revolution, deutlich sozialkritische Tendenzen in die Komödie ein. Er war der Zeuge, daß ein Ernsthaftes in der Gesellschaft der Komödie den Raum des Lachens beschneiden mußte. Lenz vollzog, indem er, was er der Tragödie nahm, im erneuten Widerspruch zu Aristoteles der Komödie gab, eine entschiedene Abwendung von der herrschenden Typen- bzw. Charakterkomödie im 17. und 18. Jahrhundert, die, konfrontierend mit dem abweichenden Menschen, seinen Lastern, Fehlern oder Schwächen und Verirrungen, gerade eine Bestätigung der festen Normen und Werte der Gesellschaft gewesen war. In ihr wurde die komische Mittelpunktsfigur, um die sich die Handlung oder Begebenheit drehte, entlarvt, verlacht oder in eine Harmonie mit der Gesellschaft zurückgeführt. Lenz dreht hingegen das Verhältnis zwischen Tragödie und Komödie völlig um. „Die Hauptempfindung in der Komödie ist immer die Begebenheit, die Hauptempfindung in der Tragödie ist die Person, die Schöpfer ihrer Begebenheiten.“[53] In der Komödie geht es um eine „Sache“; dazu kann auch „irgendeine Grille eines seltsamen Kopfes“[54], gleichsam eines Kopfes ohne eine ganze, volle Person, werden. Die Komödie kann die Charaktere nicht als handelnde Menschen in sich aufnehmen, da das Handeln immer einen Ernst des Handelns bedeuten muß. „Die Personen sind für die Handlungen da – für die artigen Erfolge, Wirkungen, Gegenwirkungen, ein Kreis herumgezogen, der sich um eine Hauptidee dreht – und es ist eine Komödie.“[55] Ihr Schauplatz ist die Gesellschaft – jene Gesellschaft, die den Helden und Charakter ausschließt, der „allein der Schlüssel ist zu seinen Schicksalen“. Der Autor der Komödie gewinnt „jene halbe Authentizität *eines Geschichtsschreibers*“, die Lenz in der Selbstrezension des *Neuen Menoza* sich zuspricht.[56] Die Begebenheiten in der Komödie sind, da sie das „Ge-

[53] Ebd., S. 359.
[54] Ebd., S. 361.
[55] Ebd., S. 361.
[56] Ebd., S. 416.

mälde der menschlichen Gesellschaft" ist, naturgemäß Begebenheiten in dieser Gesellschaft, für welche die Personen als Glieder, Räder oder Teile eingesetzt werden; in sie eingebunden, ihnen untergeordnet, nicht also handelnde Menschen, sondern, wie es an einer früheren Stelle in den *Anmerkungen* hieß, Charaktermasken, Marionettenpuppen, im besten Falle mit geeinzelten Karikaturzügen. Lenz hat es betont, daß in der Komödie nicht verlangt würde, die ganze Person zu kennen.[57] Das Gemälde der menschlichen Gesellschaft forderte gewiß „Alltagscharaktere", die treffend ähnlich dem gewöhnlichen Leben entnommen waren, aber das Gesetz ihrer theatralischen Darstellung verlangte zusätzlich deren Verstärkung und Aufhöhung, eine eigene Qualität des Ausdruckshaften bis hin zu dem, was Lenz eine Karikatur nannte. Die authentische Abbildung der Gesellschaft erhielt dort eine Grenze, wo die Personen der komischen oder tragischen Spielsituation unterzuordnen waren.[58]

Die Gesellschaft ist der Ring, der diese Personen in der Komödie umschließt – „ein Kreis herumgezogen" –, und sie ist an den Platz des eisernen Schicksals in der griechischen Tragödie getreten. Man hat gesagt, in dem Drama von Lenz sei das Schicksal stets in einer geschlossenen Gruppe von Menschen verkörpert, die als ein gegebenes Ganzes dem Helden gegenübersteht.[59] Man muß dies konkreter formulieren: in seinen Dramen stellt sich ein Gegenüber von Einzelnen und Gesellschaft ein, wobei fast jeder, der ihr zugehört, seinerseits in solche Vereinzelung geraten kann. Niemand kann aus ihr heraustreten, seine Abhängigkeit von ihr auflösen; jeder ist ihr ausgesetzt. Zwar setzt Lenz dem Gottesdienst der alten Tragödie, der „nur blinde und knechtische Furcht" erzeugte, die Komödie als ein „artiges" Spiel, „eine Mißheirat, ein Fündling" gegenüber.[60] Das war wohl von Plautus her gedacht. Eine andere Ernsthaftigkeit, die aus ihr das Lachen vertreibt, fordert hingegen die Komödie, die in der gegenwärtigen menschlichen Gesellschaft spielt. Es ist die Gesellschaft, die Lenz in dem Aufsatz über *Götz von Berlichingen* beschrieben hat. „Ein Ball anderer zu sein, ist ein trauriger, niederdrückender Gedanke, eine ewige Sklaverei, eine nur künstlichere, eine vernünftige, aber um dessentwillen desto elendere Tierschaft."[61] Es bedarf hier keiner Darlegung, in welchem Umfange die von Lenz geschilderte dramati-

[57] Zum Marionettenhaften der Figuren im „*Hofmeister*" s. Schöne, S. 97.

[58] Dazu Walter Hinck, *Das Lustspiel des 17. u. 18. Jhs. und die italienische Komödie. Commedia dell'Arte und Théâtre italien*, Stuttgart 1965, S. 328.

[59] G. Hausdorff, *Die Einheitlichkeit des dramatischen Problems bei J. M. R. Lenz*, Diss. Würzburg 1913, S. 55 u.ö.

[60] WS Bd. 1, S. 361.

[61] Ebd., S. 378.

sche Welt im *Hofmeister*, im *Neuen Menoza* und in den *Soldaten* eine Gesellschaftswelt der Unfreiheit und des Zwanges ist und wie diese Unfreiheit die Situation des Menschen in das Tragische trübt, auch wenn er, dem Gewöhnlichen in treffender Ähnlichkeit entnommen, jene dem Spiel- und Bühneninteresse gemäße Verstärkung und Überhöhung erhält, die ihn eben mitunter der Karikatur nähert. Denn sie spricht die Sprache der unverfälschten Wahrheit. „Ohne Freiheit geht das Leben bergab rückwärts, Freiheit ist das Element des Menschen wie das Wasser des Fisches, und ein Mensch, der sich der Freiheit begibt, vergiftet die edelsten Geister seines Bluts, erstickt seine süßesten Freuden des Lebens in der Blüte und ermordet sich selbst."[62] Karl S. Guthke hat zu Recht davon gesprochen, daß in Lenz' Tragikomödie das Tragische in der Situation, in einer Begebenheit, die in eine Zwangslage versetzt, liege, in der das Geschick der Figuren, auch wenn sie auf das Komische angelegt sind, tragisch werden muß.[63] Während im Lustspiel der Aufklärung der Charakter die Ursache seiner Verirrungen und Verwirrungen war, ist hier die Situation in der Gesellschaft potentiell tragisch. Die Tragödie der Griechen wurde durch das neuzeitliche Bewußtsein kritisch demaskiert; ihr blindes Fatum ist zur abscheulichen Groteske geworden, die sich in dem rasenden Oedip, der in jeder Hand ein Auge mit sich trägt, verbildlicht. Das durchschaute Schreckliche schlägt in das Groteske um. „Was ehmals auf dem Kothurn ging sollte doch heutzutag mit unsern (Leuten) im Soccus reichen. Soviel Trauerspiele sind doch nicht umsonst gespielt worden, was ehemals grausen machte, das soll uns lächeln machen."[64] Wie der Mensch frei wurde von dem blinden Despotismus des archaischen Fatums und es nur noch als eine Groteske bürgerlicher Helden und als ein Vergehen gegen die Freiheit und Selbstverantwortung des Menschen, im Widerspruch zum höchsten Wesen als eine Gotteslästerung[65] erkennen kann, so muß jetzt das Komische, als Spiegel der ernsthaft gewordenen Gesellschaft, in der Vereinigung des Tragischen und Komischen, des Ernsten und des Satirischen, des Schrecklichen und des Grotesken den Weg frei machen zu einem neuen ernsten Drama, in dem sich der frei handelnde Mensch zu seiner Größe und hohen Tragik entfalten kann. In diesem Drama würde, in einer anderen Gesellschaft, der Schritt zur erneuerten Tragödie vollzogen sein. Wir sind damit an dem Punkt angelangt, in dem sich die Tragikomödie von Lenz aus seinen poetologischen Reflexionen herauslöst.

[62] Der Hofmeister, II, 1, WS Bd. 2, S. 25.
[63] Karl S. Guthke, *Geschichte und Poetik der Tragikomödie*, Göttingen 1961, S. 69.
[64] WS Bd. 2, S. 275.
[65] WS Bd. 1, S. 358.

In ihr hat sich die Form des gesellschaftskritischen und „offenen" Dramas zuerst im neuzeitlich weiterwirkenden Sinne verwirklicht. Sie hat die dramatische Sprache für die Problematik des Menschlichen innerhalb der Problematik der Gesellschaft geschaffen. Es ist hier nicht mehr der Ort, auszuführen, daß nur in ihr solche Problematik adäquat eingefangen und ausgedrückt werden kann. Es darf jedoch auch nicht vergessen werden, daß Lenz diesen Typus des in der Mischung von Tragischem und Komischem offenen Dramas nur als eine Zwischenform, als etwas Vorbereitendes und Überleitendes gewertet hat – als die Widerspiegelung der Zerspaltenheit der deutschen zeitgenössischen Gesellschaft im „Mischmasch von Kultur und Rohigkeit, von Sittigkeit und Wildheit". Die Tragikomödie ist das Abbild einer durchaus dissonanten Gesellschaft: in dem wahren Porträt von deren „Fratzengesichtern"[66] wie in ihrer Form. Sie deckt diese Gesellschaft in den Bildern des Schrecklichen und Grotesken, des Bösartigen und des Lächerlichen auf, so jedoch, daß beides gegenseitig durchschaubar und derart auch überwindbar wird: mit dem Aspekt zum Drama der frei handelnden, selbständigen Geschöpfe im erhöhten Bildungszustande des ganzen Volkes, das nichts als die große Charaktertragödie sein soll. „So erschafft der komische Dichter dem tragischen sein Publikum."[67] Wir gehen damit weiter als Karl S. Guthke, der, sich zu eng an Lenz' eigene, nicht eben präzise Formulierung haltend, vorwiegend von einer Erziehung des Publikums spricht, die von der Mischung des Komischen und Tragischen ausgehen soll; von einer Erziehung, die die Ungebildeten vorerst mit dem Komischen befriedigt, aber, indem so mit ihm das Tragische in verschiedenen Schattierungen verknüpft wird, sie für es bereits aufnahmefähig macht. Dies würde eine Zwiespältigkeit in der Wirkung bedeuten, die, nach Guthke, nur in der Sicht des Dichters aufgehoben sei. „Er selbst sieht in seiner historischen Übergangstellung mit seinen ‚idealen' Zuschauern das Tragische und das Komische in eins: sieht die Tragikomik dessen, was dem einen im Publikum noch als Komik, dem andern schon als Tragik erscheint."[68] Die Tragikomödie zielt jedoch weiter – auf eine Bildung des Publikums, aus der sich eine freie und ungeschiedene Gesellschaft endlich entwickeln soll. In dieser Gesellschaft würde es mit dem frei handelnden Charakter erneut die Tragödie und, weil das Ernsthafte, das jetzt dem problematischen Zustand der Gesellschaft entspringt, überwunden wäre, auch wieder die Komödie der artigen, heiteren Begebenheiten geben. Beides setzt den Zustand der gesellschaftlichen Freiheit voraus. „Der Dichter weiset anschauend und sinnlich, wie es ist, aufs höchste, wie es nach gewissen gegebe-

[66] Gesammelte Schriften, hrsg. von Franz Blei, Bd. 3, S. 26.
[67] WS Bd. 1, S. 419.
[68] K. S. Guthke, a. a. O., S. 54.

nen Umständen sein kann", schrieb Lenz in der *Verteidigung des Herrn W. gegen die Wolken.*[69] Aus dieser Vorausschau auf eine Gesellschaft, wie sie sein kann, läßt sich die Tragweite von Lenz' Satz verstehen: „Ich nenne durchaus Komödie nicht eine Vorstellung, die bloß Lachen erregt, sondern eine Vorstellung, die für jedermann ist."[70] Sie ist nicht lediglich eine Erziehung der Ungebildeten, sondern eine Aufklärung für alle über den Zustand der Gesellschaft um einer neuen, anderen Gesellschaft willen.[71] Überblickt man von diesem Resultat her die *Anmerkungen übers Theater* und die übrigen theoretisch-kritischen Äußerungen von Lenz, so wird deren Einheit ungeachtet vieler einzelner Unklarheiten und Unstimmigkeiten deutlich; zugleich auch die Einheit der Grundkonzeption, die dem *Hofmeister*, dem *Neuen Menoza* und den *Soldaten* zugrunde liegt.

[69] WS Bd. 1, S. 348.

[70] Ebd., S. 418.

[71] Wie auch hier die Bestimmung des Dramas mit Lenz' eigenem Religionsbegriff zusammenhängt, verdeutlicht seine Erklärung in *Stimmen des Laien auf dem letzten theologischen Reichstage im Jahre 1773*, wo es heißt: „die weltliche Theologie oder der Naturalismus, den ich Ihnen predige, beschäftigt sich mit unserer Bestimmung in dieser Zeitlichkeit", WS Bd. 1, S. 569. Lenz nannte diese Schrift den „Grundstein meiner ganzen Poesie, aller meiner Wahrheit, all meines Gefühls".

Goethes *Götz von Berlichingen*

Charakterdrama und Gesellschaftsdrama

Goethes *Götz von Berlichingen* belegt noch immer einen gesicherten Platz im populären literarischen Bildungsbewußtsein wie in der Literaturgeschichte – bei jenen, die sie lehren, wie bei jenen, die sie lernen sollen. Allerdings schrumpft seine lebendige literarische Geltung mehr und mehr ein; seine Lektüre ist weitgehend zur historischen Pflichtübung geworden. Es ist etwas anderes, wenn Kritik sich übt, als wenn ein Desinteresse, das endgültig in die Särge der Geschichte vergräbt, sich nicht einmal mehr zu irgendeinem kritischen Engagement provoziert sieht. Ronald Peacocks Urteil: „Götz von Berlichingen has always seemed to me... rather a tedious play for non-Germans“[1], ist weitgehend auch ein Urteil der deutschen Leser geworden, und sie dürften nachdrücklich zustimmen, würden sie bei Peacock weiter lesen: „The real trouble is that we do not feel involved at all in the life of the play. Finally, if we are to be moved by a work, we have to be able to identify ourselves with some of the characters in some of their situations, we have to see them involved humanly in problems related to our own, or potentially so.“[2] Solche Kritik richtet sich nicht gegen wirkliche oder supponierte Mängel eines Dramas, sie hebt es vielmehr in seiner literarischen Relevanz und seiner gesellschaftlichen Funktion, seiner Aktualisierbarkeit auf. Dies bestätigt ein Umblick auf den Spielplänen der deutschen Bühnen. Es ist still um den *Götz von Berlichingen* auf dem zeitgenössischen Theater schon seit längerem geworden. Dies Drama, das die Ruhmeswellen hochgetragen hatten, ist mehr und mehr in einen Winkel gedrängt worden; in den Winkel der historisch-patriotisch-provinziellen Freilichtaufführung, die es mit Pietät und Volkstümlichkeit alljährlich zur touristisch-heimatlichen Attraktion auffrisiert. Es bietet solchem folkloristischen Verbrauch genug an Reizen an; aber dies trägt nicht eben zu seiner zeitgenössischen Geltung bei. Unterlag also der junge Goethe einer Selbsttäuschung, als er nach dem Abschluß der Zweiten Fassung Mitte August 1773 schöpfungsfroh an Kestner schrieb: „Und nun zu meinem lieben Götz! Auf seine gute Natur verlaß ich mich, er wird fortkommen und dauern. Er ist ein Menschenkind mit vielen Gebrechen und doch

[1] Ronald Peacock, *Goethe's Major Plays*, Manchester 1959, S. 12.
[2] Ebd. S. 22.

immer der besten einer."[3] Sprach Goethe hier von seinem Drama oder von seinem Helden? Offenbar wurden beide seinem dichterischen Bedürfnis nach einer sinnlichen Illusion des Lebens auf der Bühne identisch. Man dankte es ihm im 19. Jahrhundert, in der Epoche eines potenzierten Illusionstheaters, bis hin zum Naturalismus, der den *Götz von Berlichingen* noch einmal in einem „Ritterdrama", nun allerdings mit starken Akzentverschiebungen zum historisch-sozialen Drama, in G. Hauptmanns *Florian Geyer* literarisch produktiv werden ließ. Seither hat sich das Theater entschieden von solchem Realismus in Milieu und Genre distanziert; ihm ist nur abseits der Bühne, in der an sich schon realistischen Freilichtnatur, eine triviale Nebenexistenz gestattet. Der *Götz von Berlichingen* ist aus jener Tradition ausgeschlossen worden, von der man heute noch eine lebendige und produktive Einwirkung auf das Drama und Theater erwartet. Dies ist um so bemerkenswerter, da er doch einige Modernität anzubieten hätte: als das erste deutsche erzählerisch angelegte Drama, das sich aus allen Einschnürungen durch den Klassizismus befreite; als eine Auflösung des rational gesteuerten Dialogs zu dessen aus dem lebendigen Gesprächsaugenblick aufsteigender und assoziativer Handhabung, die unterhalb der Rede auf vegetative und psychische Tiefendimensionen, auf mitwirkende Schichten des Unterbewußten hinweist; als ein reich kolorierter szenischer Bilderbogen oder „Raritätenkasten", der in der Abfolge von Stationen und im Panorama der Episoden ein totales Gesellschaftsbild vorführt: vom Kaiser bis zu den aufrührerischen Bauern und dem Lumpenproletariat der Zigeuner; als ein Drama, das die dramatischen Ausdrucks- und Darstellungsmittel erheblich, bis zum Lied- und Opernhaften einerseits, in den Kurzszenen bis zum vortechnisch-Filmischen hin, erweiterte; und endlich auch als ein Einsatz zum kritischen politischen Drama. Man ist leicht geneigt, zu vergessen, daß auch der *Götz von Berlichingen* zu den deutschen Revolutionsdramen gehört und deren Geschichte einige kräftige Anstöße gegeben hat: über Ferdinand Lassalles *Franz von Sickingen,* der durch die kritische Diskussion von Karl Marx und Friedrich Engels im Gedächtnis geblieben ist[4], über den *Florian Geyer* bis zu *Der arme Conrad* und *Thomas Münzer* von Friedrich Wolf.

Allerdings müssen hier bereits Einschränkungen einsetzen. Die Bauernszenen aus dem Aufstand von 1525 erhalten nur eine Randstellung und wer-

[3] An J.C. Kestner, Mitte August 1773. *Der junge Goethe,* hrsg. von Hanna Fischer-Lamberg, Bd. 3, Berlin 1966, S. 43 (künftig zitiert *DjG.*)

[4] Jetzt leicht zugänglich in: K. Marx – F. Engels, *Über Literatur,* hrsg. von Cornelius Sommer, Stuttgart 1971 (Reclam Nr. 7942/43), S. 83 ff. Zur Darstellung des Bauernaufstandes im *Götz:* Edith Braemer, *Goethes Prometheus und die Grundpositionen des Sturm und Drang,* Beiträge zur Deutschen Klassik. Abhandlungen Bd. 8, Weimar 1959, S. 100 ff.

den zudem in der Zweiten Fassung stark beschnitten. Sie fungieren, abgesehen von ihrer Faktizität in der Biographie des Helden, nur als seine letzte Station, sein letzter, schon in sich selbst vergeblicher Ausbruch zu einem tätig freien Handeln, als ein Kontrast- und Spiegelungsmotiv für ihn und als szenische Vergegenwärtigung seines inneren Konflikts zwischen Freiheit und „Treu und Dienst" gegenüber dem Kaiser. Der Bauernkrieg wird als ein ins Chaotische treibendes Elementarereignis, das zum historischen Zeitpanorama gehört, von der einen Seite, und als eine Bestätigung und Problematisierung von Götz' Kampf gegen die stabilisierte Herrschafts- und Landfriedensordnung von der anderen Seite her geschildert; er wird hingegen nicht als eine eigengewichtige politisch-soziale Bewegung dargestellt und reflektiert. Zwar ist Götz, der Freund der Bedrängten und Ausgebeuteten, auch ein Rebell – aber er ist ein Rebell um einer alten, vergangenen, ihm gerechter und freier dünkenden Ordnung willen, ein Rebell aus Konservativismus, wie er ständisch dem Reichsritter ansteht. Und wenn Götz, während der letzten Tafelrunde in der belagerten Burg, in die Zukunft schaut, verklärt sie sich zum Traum einer patriarchalischen Idylle, die die alte Ständeordnung zu einer harmonischen Friedensgemeinschaft humanisiert. „Wenn die Diener der Fürsten so edel und frey dienen wie ihr mir, wenn die Fürsten dem Kayser dienen wie ich ihm dienen mögte."[5]

Dieser rauflustige Ritter vom alten Schlage, ein patriarchalisch-feudaler Nachzügler der spätmittelalterlichen Ständegesellschaft, der sich gegen den Prozeß der Geschichte wehrt, hat keinen soziologischen Ort mehr in unserer zeitgenössischen Gesellschaft. Er hatte ihn bereits nicht mehr, als der junge Goethe sein Drama schrieb.[6] Er mußte, um diesen Mann in seiner Raub- und Reichsritterherrlichkeit, der wie die Sonne die Mitte seines Kreises bildet, in seiner vitalen Kraft und selbstbewußten Naivität glaubhaft zu machen, bereits einen Ausweg zurück zur Geschichte wählen. Er mußte, um seiner Größe und um seines Geschicks willen, ihn unablösbar in ihr Milieu und ihre Zustände einbetten. Das Geschichtsdrama aber ist in unseren Zeiten in einen schlechten Ruf gekommen. Drama und Theater können sich auf die Geschichte nur einlassen, wenn sie eben als Geschichte aufgehoben ist und als Parabel oder Modell einer progressiven und aktuellen Idee oder Tendenz

[5] *DjG.* Bd. 3, S. 256f.

[6] Daß der unabhängige landbesitzende Adlige, der ein Vakuum zwischen dem absolutistischen Hof und den machtlosen Untertanen ausfüllen sollte, nur noch ein gesellschaftliches Wunschbild war, zeigen die Schriften von Friedrich Carl von Moser, auf deren vermutlichen Einfluß auf den jungen Goethe Detlev W. Schumann, *Goethe and Friedrich Carl von Moser. A Contribution to the Study of Götz von Berlichingen*, in: *The Journal of English and German Philology*, LIII, 1954, S. 1ff., aufmerksam gemacht hat.

gelten kann. Daß dem *Götz von Berlichingen* es aber an solcher Idee, an ihrer symbolischen oder parabolischen Allgemeinheit, bis hin zur „Geistlosigkeit" ermangelt[7], ist dem Drama oft vorgehalten worden. Dazu kommt eine eigene Problematik des historischen Dramas, die einer Dauer seiner Wirkung schädlich ist. Der Abstand der Geschichtszeit, den der Verfasser vielleicht noch erfolgreich zu überwinden oder zu verdecken vermochte, hat sich für den späteren Rezipienten, für den auch dieser Verfasser bereits der Geschichte angehört, potenziert. Der Rezipient muß die Geschichtlichkeit, aus der die Aktion und die Figuren entwickelt und begründet werden, nachvollziehen. Er muß die ihrerseits historisch gewordene Perspektive des Verfassers auf die Geschichte sich aneignen, und er muß sie kritisch an seiner eigenen, zeitgenössischen Geschichtsperspektive messen. Das Geschichtliche hat sich in solchem Prozeß gleichsam verdreifacht – mit ihm natürlich die Distanz zwischen der dargestellten historischen Welt und dem Bewußtsein des Rezipienten. Solche Entfremdung gegenüber dem *Götz von Berlichingen* wird um so deutlicher, wenn man sie unter der Perspektive auf einen anderen Dramatiker der gleichen Generation, Jakob Michael Reinhold Lenz, erwägt. Lenz ist aus dem Schatten, in den er lange hineingedrängt wurde und in den er sich selbst oft gegenüber dem jungen Goethe gestellt hat, in ein geradezu strahlendes Licht getreten. *Der Hofmeister, Die Soldaten* – beide Spiele sind erst heute als eine lange verschollene und jetzt endlich erkannte Tradition zu intensiver Verständnisreife gelangt. Dazu verhalfen ihnen Georg Büchner und Bertolt Brecht; beide haben durch ihre eigene Leistung die dramatische Leistung von Lenz voll wahrnehmbar gemacht. Solche zurückwirkende Bestätigung ist dem *Götz von Berlichingen* nicht zuteil geworden. Er hatte eher unter dem geringen Niveau jener Flut von „Ritterdramen" zu leiden, die er erweckt hatte und die ihn gerade in dem ausplünderten, was in ihm von seinem ersten Erscheinen an zwar wirkungsvoll, doch zeitgebunden und dichterisch problematisch war. Wer heute nach dem künstlerisch und geschichtlich wirkungskräftigsten Drama aus der Generation des Sturm und Drang fragt, wird nicht auf den *Götz von Berlichingen,* sondern auf *Die Soldaten* treffen. Lenz hat entwickelt, was bis zum zeitgenössischen Drama produktive Folgen hatte. Der *Götz von Berlichingen* erscheint hingegen unter aktueller Perspektive als geschichtlich folgenlos: eingeschlossen in eine längst abgestorbene Stände- und Gesellschaftskonzeption, in ein längst weit entferntes, zudem in seiner geschichtlichen Tragweite zu eng gefaßtes historisches Milieu, beschränkt auf ein nationalprovinzlerisches Interesse und auf eine Ideologie, die zur Erscheinungszeit des Dramas progressiv und emanzipatorisch war, aber unter den gegenwärtigen Aspekten eher als brüchig, wenn nicht sogar suspekt er-

[7] Emil Staiger, *Goethe,* Bd. 1, Zürich 1957, S. 95.

scheint. Man muß sich solche Gründe der Entfremdung sehr deutlich machen, wenn man die Frage stellen will, ob nicht auch heute noch ein Zugang zu diesem in seiner Entstehungszeit geschichtlich so wirksamen, heute so fern gerückten Drama geöffnet werden kann. Die Diskussionen und Kontroversen um den *Götz von Berlichingen* in der nationalen und internationalen Literaturwissenschaft zeigen, daß so zu fragen auch unter ihren Aspekten nicht abwegig ist. Die Geschichte des *Götz von Berlichingen*-Verständnisses ist zudem ein nicht ganz belangloser Teil der Geschichte der Germanistik.

Mehrere Grundperspektiven sind für diese Interpretation charakteristisch. Herder hat die eine eingeleitet, wenn er das erste Drama des jungen Goethe als dessen „süßen und deiner würdigen Traum" feierte, das Denkmal des heiligen Shakespeare „aus unseren Ritterzeiten in unsrer Sprache, unserm so weit abgearteten Vaterlande herzustellen".[8] Herder deutete damit nicht nur an, daß mit dem *Götz von Berlichingen* die deutsche produktive Aneignung Shakespeares einsetzte, sondern auch, daß sie sich als ein „Traum" von der Wirklichkeit von dessen Historiendrama unterschied. Shakespeares Historiendrama erwuchs nach Herders Überzeugung aus einer noch gegenwärtig wirksamen dynastisch-nationalen Geschichte und Gesellschaft, und es zeigte, wie in ihr die Entscheidungen über die gegenwärtige Geschichte und Gesellschaft fielen. Das Historiendrama war derart mit großen Stoffen und großen Entscheidungen in die eigene Zeit, in ihr Bewußtsein eingelagert. Der deutsche Dramatiker mußte sich hingegen in eine bereits abgelöste Vergangenheit begeben, er mußte sie mit neuen Inhalten und Tendenzen in seine Gegenwart herüberholen. Dies hat gegenüber Shakespeare für den jungen Goethe die Voraussetzungen des historischen Dramas verändert. Er schrieb es als Kritik seiner Gegenwart und jener Vergangenheit, die verschuldet hatte, daß das Gegenwärtige geworden war, was es nun war.

Damit war für die Interpretation vorgezeichnet, das Drama in seinen Vorzügen und seinen Mängeln als eine Manifestation der Impulse und Tendenzen des Sturm und Drang zu verstehen. Seine Wirkung unter den Zeitgenossen zeigt, mit welchem Enthusiasmus es als deren Ausdruck verstanden wurde.[9] Es wurde durch sie historisch ebenso gerechtfertigt wie durch die Figur seines Helden als das kritische Gegenbild der eigenen zeitgenössischen Gesellschaft. So begriff man den *Götz von Berlichingen* als das erste große Charakterdrama, zentriert auf die Figur des Helden, das ihm eigene vital-indivi-

[8] J. G. Herder, *Shakespeare, Sämtliche Werke*, hrsg. von Bernhard Suphan, Ndr. Hildesheim 1967, Bd. 5, S. 231.

[9] Hermann Blumenthal, *Zeitgenössische Rezensionen und Urteile über Goethes „Götz" und „Werther"*. Literarhistorische Bibliothek Bd. XIV, Berlin 1935; Peter Müller, *Der junge Goethe im zeitgenössischen Urteil*, Deutsche Bibliothek, Berlin 1969.

duell und historisch-realistisch Charakteristische.[10] Seine Biographie hatte den jungen Goethe fasziniert, seiner Gestalt und Natur wandte er seinen „nisus vorwärts" und eine „ganz unerwartete Leidenschafft"[11] zu. Dies führte weiterhin dazu, daß man das Drama als einen Erlebnis- und Persönlichkeitsausdruck des jungen Goethe, als den ersten Einsatz seiner neuartigen Gestaltungsweise las, die an diesem großen Wurf und auf dem Weg von seiner Ersten Niederschrift zu einer „radikalen Wiedergeburt"[12] in der Zweiten Fassung ihrer selbst bewußt wurde. Man fand in Götz den Dichter ausgedrückt, der, „traurig an einem Ort zu leben, wo unsre ganze Wircksamkeit in sich selbst summen muß"[13], seinem Helden gab, was ihm selbst verweigert erschien: den Lebens- und Tatenraum des großen, stark und frei handelnden Charakters. Man erkannte in ihm die Opposition des jungen Goethe und seiner Generationsgefährten gegen die Lebenszuständlichkeit in den „polirten Nationen", also in der eigenen zeitgenössischen Gesellschaft. „Die Verhältnisse der Religion, die mit ihnen auf das engste verbundenen bürgerlichen Beziehungen, der Druck der Gesetze, der noch größere Druck gesellschaftlicher Verbindungen und tausend andere Dinge lassen den polirten Menschen und die polirte Nation nie ein eigenes Geschöpf seyn; betäuben den Wink der Natur, und verwischen jeden Zug, aus dem ein charakteristisches Bild gemacht werden könnte."[14] Man las das Drama als erstes Beispiel einer sich im späteren Schaffen Goethes voll entfaltenden „organischen" Gestaltgebung und als die erste in der langen Reihe seiner künstlerischen Konfessionen. Durch den „biedern deutschen Altvater"[15] drückte sich das Lebensverlangen einer neuen, selbstbewußt kampffrohen Jugend aus. Der „Mann der heilen Völkerfrühe", eine „kraftvoll jugendalterliche deutsche Natur"[16], wurde, vor allem in der Ersten Fassung, gegen eine gealterte Gesellschaft als deren Anklage und Gericht gestellt. Zwar ging Wolfgang Kayser nicht so weit wie Günther Müller, der von einer „biologischen Tragödie" sprach, in der ein Naturvorgang „in einen ursprungsnahen geschichtlichen Raum" eingelagert und derart auch dem Tod als einem sanften Naturablauf der Stachel genommen sei – doch auch er betonte an dem Drama und in dem Reichsritter selbst das Naturhafte, Naturbestimmte, und er fand darin die Substanz und Wahr-

[10] Aus dieser Sicht legt G. H. Haile, *Herr, er will uns fressen: The Spirit of Götz,* in: *The Journal of English and German Philology,* LXIV, 1965, S. 610ff., seine Verteidigung des Dramas gegen R. Peacock an.

[11] An Salzmann, 28. Nov. 1771. *DjG.* Bd. 2, S. 69.

[12] An Herder, Ende 1771. *DjG.* Bd. 2, S. 71.

[13] An Salzmann, 28. Nov. 1771. *DjG.* Bd. 2, S. 69.

[14] Frankfurter Gelehrte Anzeigen, 27. Oct. 1772. *DjG.* Bd. 3, S. 87.

[15] *Dichtung und Wahrheit,* Tl. 3, Buch 12; Weimarer Ausgabe 28, 136.

[16] Günther Müller, *Kleine Goethebiographie,* Bonn 1948, S. 56f.

heit seiner echt und voll menschlichen Existenz.[17] Der Ritter Götz war für ihn, in Goethes späterem Wortgebrauch, eine Entelechie, die, in sich selbst ruhend und aus ihrer Mitte heraus tätig, so einig mit dem Selbst, wie es nur ein Naturwesen zu sein vermag, zu starkem und vollem Wuchs sich entfaltet. Indem Götz zu einer „großen Natur" wurde und der Dichter in ihm nach eigenem Wort einen „großen Mann" dargestellt hatte, ging in diesen Selbsthelfer in wilder anarchischer Zeit, in diesen trotzig rauflustigen Recken jene Vision des Titanischen ein, die Friedrich Gundolf in die Mitte seiner Deutung des jungen Goethe gestellt hat.[18] Das Titanische gewinnt in dieser Sicht zugleich ein heroisches und ein tragisches Pathos: heroisch in Stolz und Kraft des zu sich selbst entschiedenen Ich, das nur in Freiheit zu leben vermag, tragisch, weil solche Autonomie den Konflikt mit der Welt beschwören muß, deren Übermacht – das „Übergewicht der Nichtswürdigkeit"[19] – den Vereinzelten zur Strecke bringt. In diesem tragischen Titanismus sah Gundolf das „Urerlebnis" des jungen Goethe, das jedoch durch ein „Bildungserlebnis", das er Herder, Justus Möser und Straßburg verdankte, abgelenkt und verdeckt worden ist. Es entstammte der ästhetisch-vaterländischen, volkshaften Herderschen Freude am individuellen deutschen Volkstum, am biederkernigen, mannhaften Wesen der Lutherzeit. Zum Pathos des Titanischen gesellt sich so ein kriegerisch-vaterländisches Pathos. Kampf und Waffentat sind für den „Streiter" Götz, der sich zur Partei der Wölfe stellt[20], und seine Mannen nicht nur Zwang und Notwehr um der Selbsthilfe und sozialen Gerechtigkeit willen, sie sind auf robust-primitive Weise, wie aus einem Naturdrang heraus und bis über die Grenze des Anarchischen hinaus, „der einzig wünschenswerte, einzig mögliche Lebensinhalt, Sinn und Wert des Daseins".[21] Kriegerisches und Vaterländisches verbindet sich derart auf eine heute nicht mehr nachvollziehbare Weise unter ausgesprochenem Wertakzent. Der junge Goethe nannte die Historie des fränkischen Raubritters die „Geschichte eines der edelsten Deutschen"[22], des letzten „freien Rittersmannes". Er verknüpfte derart eine Idealität des Nationalen mit einer Idealität des Ritterlichen – eine Verbindung, die in die deutsche nationale Mythologie und deren Bilderwelt eingegangen ist. Solche Ritterlichkeit ist jedoch bereits in der hi-

[17] Wolfgang Kayser, in: *Goethes Werke,* Hamburger Ausgabe Bd. 4, Hamburg 1953, S. 484 f.

[18] Friedrich Gundolf, *Goethe,* Berlin 1920, S. 123 ff.

[19] An Herder, Anfang 1772. *DjG.* Bd. 2, S. 71.

[20] Auf den Bezug zum Wappen der Familie von Berlichingen hat Ekkehard Gerstenberg, *Recht und Unrecht in Goethes „Götz von Berlichingen",* in: *Goethe N.F. 16,* 1954, S. 265 ff., aufmerksam gemacht.

[21] Heinrich Meyer-Benfey, *Goethes Dramen,* I, *2. Goethes Götz von Berlichingen,* Weimar 1929, S. 99.

[22] An Salzmann, 28. Nov. 1771. *DjG.* Bd. 2, S. 69.

storischen Realität als eine Standes- und Interessengruppe recht fragwürdig und als eine Wertvorstellung mit nationaler und sozialer Verbindlichkeit alles andere als akzeptabel. R. Peacock hat mit allem Recht gefragt: „Was the order of Faustrecht he stood for really a social ideal to be enthousiastic about?"[23]

Immerhin: der junge Goethe hat, so enthusiastisch er über die Zeit und die Institution des Faustrechts unter dem Einfluß von Justus Mösers Geschichtsauffassung denken mochte, seinen Götz aus den Egoismen einer Standesideologie herausgenommen, indem er ihn seine Ritterschaft nicht nur aus deren Rechten, sondern ebenso aus deren sozialen Pflichten verstehen läßt. Der feudale Ritter, den in einer der jüngsten Götz-Interpretationen Frank Ryder selbst als einen „little man" charakterisieren möchte[24], ist ein Freund und Beschützer der kleinen Leute, deren Lebensraum von den Mächtigen und Großen so eingeschnürt wird wie der seine, bis ihr Leiden in die Anarchie des bäuerlichen Aufruhrs umschlägt. Und dieser Ritter bindet seine Freiheit noch an eine andere Pflichtenordnung, zu „Treu und Dienst" dem Kaiser als dem obersten Hüter der nationalen und sozialen Gemeinschaft des Reichs. Dies verallgemeinerte das Bild des Ritters und aktualisierte es auch. Der junge Goethe steckte in den Harnisch des derben Haudegens vom Anfang des 16. Jahrhunderts zugleich einen rechtlich-wackeren, anspruchslosen, „getreuherzigen" Biedermann der spätaufklärerischen Bürgerlichkeit, dem es in seiner Hausväterlichkeit sogar nicht an empfindsamen Zügen fehlt. Offenbar hat er die Selbstbiographie des Götz von Berlichingen auch in diesem Sinne gelesen; hält er doch 1809 dem historischen Götz entgegen, daß er als ein echter Deutscher noch zuviel vom „Bürger und Philister" in sich habe[25], was nun aber doch mehr für die von ihm selbst gebildete Figur als für deren historisches Vorbild zutrifft. Für den jungen Goethe aber widersprach offenbar dies bürgerliche Element im Götz nicht dem Rebell gegen die obrigkeitliche Ordnung, „den die Fürsten hassen und zu dem die Bedrängten sich wenden".[26] Der biblische Anklang ist in diesen Worten nicht zu überhören. Mit dem Kriegerischen, Ritterlichen und Nationalen verband sich ein ethisch-sozialer Aspekt, der in den Jahren um 1770 zwar nicht als revolutionär, aber doch als progressiv wirkte und den Impulsen der jungen Generation entsprach, welche Tendenzen der gesellschaftskritischen Aufklärung radikalisierten. Der Dichter stiftete zwischen dem feudalen Ritter und den armen

[23] R. Peacock, S. 21.

[24] Frank Ryder, *Towards a Revaluation of Goethe's Götz: The Protagonist*, in: *PMLA LXXVII*, 1, 1962, S. 58ff.

[25] Zu Riemer, 5. März 1809, *Gespräche*, hrsg. von Wolfgang Herwig, Zürich/Stuttgart 1969, Bd. 2, S. 429.

[26] *DjG*. Bd. 3, S. 184.

Leuten ein humanes Bündnis, das jedoch auch politisch wirksam wird, wenn er sich von den Bauern als ihr Hauptmann anwerben läßt. „Mich dauert der Herr und der Untertahn", sagt Götz in der Ersten Fassung. „Wehe wehe denen grosen die sich auf's Übergewicht ihres Ansehens verlassen. Die menschliche seele wird stärcker durch den Druck. Aber sie hören nicht und fühlen nicht... So sind unsre Herren ein verzehrendes Feuer das sich mit untertahnen Glück Habe Blut und Schweis, nährt ohne gesättigt zu werden."[27] Der von Goethe geschilderte Götz überschreitet seine historische Klassengebundenheit und wird zum Partisan der gesellschaftlichen Tendenzen der Stürmer und Dränger – in seiner Opposition gegen den absolutistischen Obrigkeitsstaat der Fürsten wie in seiner Feindschaft gegen die Wirtschaftsbürger der Städte als einer neuen ökonomischen Macht, die ihrerseits die Tendenz hat, ihre Ansprüche absolut zu setzen. Götz wird aber zugleich an eine bestimmte historische Gesellschaftssituation zurückgebunden, die dem Ritter erlaubt, Freiheit und „Treu und Dienst" zum Kaiser als seine komplementäre Lebensnotwendigkeit zu behaupten. „Bist du nicht eben so frey, so edel gebohren als einer in Teutschland, unabhängig, nur dem Kayser unterthan, und du schmiegst dich unter Vasallen...", fragt Götz Weislingen.[28]

Adlige Geburt und Freiheit werden hier identisch. Mit anderen Worten: die aristokratische Geburt ist die Bedingung der souveränen Unabhängigkeit der Individualität; sie ist nicht möglich dem ins Enge, in die geteilte Arbeitswelt eingeklemmten Bürger. So hat Goethe bekanntlich noch in *Wilhelm Meisters Lehrjahren* die gesellschaftliche Situation beschrieben. Soviel also einerseits in jenem Götz, mit dem der junge Goethe „das Andencken eines braven Mannes"[29] fast im Stil der aufklärerischen „Rettungen" aus Dunkel und Irrtum der Geschichte ans Licht bringen wollte, vom Bild des Bürgers der Jahre um 1770 steckt – er ist zugleich auch ein Gegenbild dieser Bürgerlichkeit. Der von Goethe gestaltete Götz läßt sich auf keine gesellschaftliche Formel bringen; er ist zwar einerseits in seine biographische Geschichtszeit und die Geschichtszeit seines Autors tief eingebettet, aber er gerät zugleich zu beiden in einen Widerspruch. Goethe zielte nicht auf die Darstellung einer bestimmten Geschichts- und Gesellschaftsproblematik, sondern auf eine dramatisch-kritische Erfahrung der „Welt" überhaupt. Man darf Frank Ryder zustimmen: „It would seem that not even Marxist criticism could successfully reduce this play to a neatly arranged class struggle – on either side or both. It is widely generalized human treachery and lack of conscience that bring Götz low, if indeed any external forces do; in the last scene (with its du-

[27] *DjG.* Bd. 2, S. 190.
[28] *DjG.* Bd. 3, S. 195.
[29] An Salzmann, 28. Nov. 1771. *DjG.* Bd. 2, S. 69.

bious overtones of self-pity) he refers specifically to the ‚verderbte Welt‘ und ‚Betrug‘.“[30] Das um eine historische Figur zentrierte, von konkreter Geschichte des damaligen Hof- und Ritterlebens fast überfüllte Drama wird zum moralischen Drama von der Verfassung der Welt, wie sie sich im Medium dieses Helden und der ihn umgebenden Geschichtswelt darstellt. Aber was sich mit diesem Helden verbindet und ihn zu spezifischer Individualität macht – das Naturhafte, Titanische, Kriegerisch-Ritterliche, das National-Volkliche wie das Sittlich-Bürgerliche und Biedermännische und schließlich das Aristokratisch-Rebellenhafte –, ist heute schlecht geeignet, dem *Götz von Berlichingen* noch eine wirkungskräftige Position zu gewähren. Was im 19. Jahrhundert noch hochgeschätzt und gewürdigt werden konnte, ist jetzt verbraucht.

So scheint denn nur der Weg eines historischen Verstehens der Bedingungen, unter denen dies Drama sich inhaltlich und formal entwickelt hat, und der Wirkungen, die es zu seiner Zeit in der deutschen Literaturgeschichte und im deutschen kulturellen und nationalen Bewußtsein ausgeübt hat, übrigzubleiben, eines historischen Verstehens, das seiner zeitgenössischen Aktualisierbarkeit eine scharfe Grenze zieht. Oder läßt sich, ohne nun blind einer ihrerseits historisch kurzatmigen zeitgenössischen Subjektivität oder einer Versuchung, es gewaltsam zu aktualisieren, zu verfallen, noch ein Zugang zu dem Drama des jungen Goethe finden, der die Fremdheit zwischen ihm und dem gegenwärtigen Leser überbrückt? Daß der Möglichkeit einer Überbrückbarkeit zum Zuschauer vor der Bühne niemand mehr traut, verrät die eisige Zurückhaltung der Theater. Gibt es gleichwohl noch eine Möglichkeit, den *Götz von Berlichingen* „mit anderen Augen“ zu lesen? Vielleicht liegt ein Ansatz dazu darin, daß man auf die Tradition verzichtet, das Drama als einen Erlebnisausdruck des jungen Goethe oder als einleitende Stufe zu seiner „organischen Gestaltgebung“[31] aufzunehmen; daß man darauf verzichtet, es nur als eine Frühstufe, wie es der spätere Goethe in *Dichtung und Wahrheit* und an anderen Stellen getan hat, zu betrachten, der die reichere artistische, „klassische“ Entwicklung der Kunst des Dramas in einer Periode der menschlichen und ästhetischen Reife weit überlegen ist. Man kommt dem *Götz von Berlichingen* vielleicht näher, wenn man ihn primär auf jene neuen Einsätze und Experimente des Dramas bezieht, für die die Verabschiedung des Klassizismus im Sturm und Drang einen reich genutzten freien Raum eröffnete. Friedrich Sengle hat den *Götz* als das erste große deutsche dichterische Geschichtsdrama, als die erste dramatische „totale“ Geschichtsdarstel-

[30] F. Ryder, S. 60.
[31] G. Müller, S. 56.

lung gewürdigt.[32] Goethe bringt einen politisch-gesellschaftlichen Gesamtzustand durch alle ihn zusammensetzenden Stände hindurch und in einem überschaubaren Zeitraum in Dialog und Szene auf die Bühne. Sengle korrigiert derart eine Interpretationstradition, die sich zu isoliert nur an dem Helden orientierte. Denn sie mußte unvermeidlich, wie Wolfgang Kayser[33], auf einen Widerspruch zwischen einem Charakterdrama der „großen Natur" und einem Raumdrama stoßen, das einen vielfigurigen Zeitzustand erzählerisch vorführt und in ihm zeitweilig die Figur des Helden vergessen läßt. Der Vorwurf mangelnder Einheit des Gefüges ist oft genug gegen die Erste Fassung und lange auch gegen die Zweite Fassung erhoben worden.

Der *Götz von Berlichingen* war, in der Ersten Fassung noch kühner als in dessen Bearbeitung unter dem Einfluß von Herders Kritik, das Experiment einer Vereinigung von Charakterdrama und Gesellschaftsdrama, also des Dramas eines großen Menschen und des Dramas, das in die Gesellschaft eingelegt ist. Der junge Goethe nahm damit die Impulse auf, die wesentlich eine Erneuerung des Dramas im Sturm und Drang bestimmten. Das Charakterdrama entsprach der Bewußtwerdung und Wertung der Subjektivität und Autonomie des großen individuellen Menschen. Er galt als von allen äußeren Mächten unabhängig, als nur in sich und durch sich selbst begründet: als ein frei, selbständig und ruhelos Handelnder, und er drückte derart, in einer Analogie zu dem unendlich frei handelnden höchsten Wesen, wie es Lenz in seinen *Anmerkungen übers Theater* formuliert hat[34], die Beschaffenheit des Menschen überhaupt aus. Das Handeln bedeutet ein Schaffen und Wirken für eine ihm gemäße Welt, also eine Welt der Freiheit. Indem man ihr den höchsten Wert zusprach, stieß man aber notwendig auf die Grenzen, die dem freien Handeln in dem einzelnen Menschen und in der Beschaffenheit der realen Welt, also der sich als Geschichte und Gesellschaft darstellenden Welt, gezogen waren. Je radikaler einerseits das Bedürfnis nach Freiheit und Handeln wurde, um so bedrückender wurde die Erfahrung, wie unfrei der Mensch wirklich war und wie schwach gegenüber dem „Übergewicht der Nichtswürdigkeit" – kein autonomes Subjekt, sondern ein getriebenes, gedrücktes, von allen Seiten eingeschnürtes Objekt der in ihrer Menge übermächtigen Gesellschaft. Je mehr einerseits der dramatische Held auf Größe angelegt war, um so mehr mußte andrerseits die Menge und Macht der Gesellschaft vergegenwärtigt werden, spiegelte doch ihre massierte Gegengewalt auf die Größe dieses dramatischen Helden zurück. Götz konnte nur so groß erscheinen,

[32] Friedrich Sengle, *Das deutsche Geschichtsdrama. Geschichte eines literarischen Mythos,* Stuttgart 1952, S. 27.

[33] Hamburger Ausgabe Bd. 4, S. 487.

[34] Dazu Fritz Martini, *Die Einheit der Konzeption in J. M. R. Lenz' „Anmerkungen übers Theater"*, S. 80ff.

wenn er im Kampf mit einer ganzen, vielköpfigen Gesellschaft vorgeführt wurde; sein Sturz ins Elend und in die Tiefe erhielt angesichts dieser Gesellschaft – ihn bestätigend, sie entlarvend – die tragische Dignität. Charakterdrama und Gesellschaftsdrama waren derart kein Widerspruch: sie bedingten notwendig einander.

Wieder und wieder begegnet während des Dramas das Signalwort Freiheit. Ihm begegnet kaum minder häufig der Wortkreis „fangen, Gefangenschaft, Gefängnis". Zu Beginn des Dramas ist Götz ausgezogen, Weislingen zu fangen, um ihm im Gefängnis seiner Burg zu seiner eigentlichen, ritterlichen Freiheit zurückzuführen. Am Ende des Dramas ist Götz, nicht ohne Weislingens Mitwirkung, im Gefängnis, und das Wort Freiheit wird zum Sehnsuchtsruf des Sterbenden. Die Opposition von Freiheit und Gefangenschaft durchzieht in vielen Variationen – auf das Politische, Gesellschaftliche wie die Bereiche des Erotischen und Vital-Menschlichen bezogen – leitmotivisch das ganze Drama.[35] Sie zieht sich in der letzten Szene mit bitterer Ironie zusammen. Denn Götz wird diese „Lufft der Freyheit", wie es in der Ersten Fassung heißt, nur im „Gärtgen am Gefängniss"[36] zuteil. „Und unter allem Elend geht keins über das Gefängnis", heißt es zu Beginn des zweiten Aufzuges in der gleichen Fassung.[37] Nur der Tod läßt zu der Freiheit transzendieren – die irdische Welt hat keinen Raum für sie. Jedenfalls nicht in dem von Götz erstrebten und verteidigten Sinne: als eine Freiheit, die sich nicht anarchisch zu sich selbst emanzipiert, sondern die sich eingefügt weiß in eine übergreifende und bindende Ordnung, die für den Ritter sein Kaiser bedeutet. Mag die konkrete politische Situation Götz auch aus dem Rahmen der Gesetze hinauszwingen – ist man deshalb schon zu sagen berechtigt, daß seine Freiheit praktisch zur Anarchie würde?[38] Gewiß nicht in seiner Vorstellung: in ihr ist die von ihm behauptete, erst den Menschen zum vollen und ganzen Menschen machende Freiheit zugleich ein Dienst im Gehorsam zur höchsten Ordnung. „Verkennst den Werth eines freyen Rittersmanns, der nur abhängt von Gott, seinem Kayser und sich selbst...", sagt Götz zu Weislingen im ersten Aufzug.[39] Und kurz danach spricht er von seiner und seiner Freunde Entschlossenheit, „zu sterben eh, als die Luft jemanden zu verdanken, außer Gott, und unsere Treu und Dienst zu leisten, als dem Kayser".[40] Es ist einer

[35] Auf eine beträchtliche Zahl von motivlichen und sprachlichen Verklammerungen, die eine innere Einheit des Dramas bewirken, hat bereits verwiesen Frank Ryder, *Towards a Revaluation of Goethe's Götz: Features of Recurrence*, in: *PMLA* LXXIX, 1964, S. 58 ff.

[36] *DjG.* Bd. 2, S. 226.

[37] Ebd., S. 128.

[38] Walter Muschg, *Tragische Literaturgeschichte*, Bern, 3. Aufl. 1957, S. 212.

[39] *DjG.* Bd. 3, S. 195.

[40] Ebd., S. 197.

der Gründe des äußeren und inneren Zusammenbruchs des Götz, daß er diese Einheit von Freiheit und Treuedienst gegenüber dem Kaiser nicht in seiner konkreten äußeren und inneren Situation verwirklichen kann; daß er durch sich selbst wie durch die äußeren Umstände in einen Widerspruch getrieben wird, der nicht mehr auflösbar ist und an dem er zugrunde gehen muß. Der Götz, der dem Kaiser im Gehorsam die Urfehde zugeschworen hat, fühlt sich auf seiner Burg Jaxthausen wie ein Gefangener: „Sie haben mir alles genommen, Gut, Freyheit"[41] – ohne sie aber vermag er nicht zu leben. Noch weiß er sich im Recht: „Sie sollen mir einen stellen dem ich mein Wort gebrochen."[42] Er bricht es kurz danach gegenüber dem Kaiser, indem er sich von den Bauern zum Hauptmann wählen läßt: nochmals auf ein freies, auf wakkere Weise den Bauern zu ihrem Recht verhelfendes Wirken hoffend – eine Hoffnung, die sich als blinde Selbsttäuschung erweist und ihn endgültig in eine Unfreiheit stürzt. Für den Götz, der sich in diesen Widerspruch verstrickt, gilt in der Tat das Wort: „Wir sind aus unserm Kraise geruckt."[43] Aus jenem Kreise, in dem er Freiheit und Diensttreue zum Kaiser vereinigen zu können glaubte. Der Götz im fünften Aufzug hat beide verloren: mit dem sterbenden Kaiser, der für ihn den anderen Teil seiner Existenz bedeutet hat, geht auch seine Bahn zu Ende. Freiheit gibt es für ihn nur noch jenseits dieser Welt – ihre irdische Wirklichkeit hat keinen Raum mehr für sie und damit für Götz selbst; sie verurteilt ihn zu Gefängnis und Tod. Freiheit läßt sie nur dem, gegen das Götz seinen Kampf geführt und verloren hat. „Es kommen die Zeiten des Betrugs, es ist ihm Freyheit gegeben."[44] Nicht auf seiten des Götz sollte man das Anarchische suchen: vielmehr ist diese Freiheit der Nichtswürdigen zum Nichtswürdigen eine gesellschaftliche und sittliche Anarchie. Elisabeth, nüchtern-illusionslos und zu Märchen unfähig wie seit ihrem ersten Auftritt, kommentiert in der Ersten Fassung des Götz Ruf „Himmliche Lufft – Freyheit. Freyheit!" mit dem bitteren Satz: „Nur droben droben bey dir. Die Welt ist Gefängniss."[45] Die Welt – das ist diese konkrete politisch-gesellschaftliche Wirklichkeit, wie sie Götz erfahren hat und wie sie jetzt allbeherrschend sein wird. „Der Tapfre wird in die Netze fallen womit die Feigheit die Pfade verwebt." So wie die Wortbereiche Freiheit und Gefangenschaft durchziehen die Wort- und Vorstellungsfelder des Jagens, Köderns, Angelns, Netze-Stellens u.ä. mit signalisierender leitmotivischer Funktion das ganze Drama und geben ihm eine innere Beziehungseinheit. Wenn aber

[41] Ebd., S. 272.
[42] Ebd., S. 273.
[43] Ebd., S. 273.
[44] Ebd., S. 297.
[45] *DjG.* Bd. 2, S. 227. Dazu auch Hilde Emmel, *Weltklage und Bild der Welt in der Dichtung Goethes*, Weimar 1957, S. 22f.

die Welt nichts als Gefängnis ist, muß dann nicht alles Pathos der Freiheit zu einer Selbsttäuschung und einem tragischen Wahn werden?

Der junge Goethe ist in der Zweiten Fassung solchem Pessimismus ausgewichen. Ihr Schluß deutet, gleichsam unter dem Gesetz des Prinzips Hoffnung, im Zukünftigen eine Ankunft der Freiheit an. Sie wird versprochen von der sich immer wieder im Jahresrhythmus erneuernden Natur. Über das Elend der Gesellschaft legt sich deren höherer Trost. „Allmächtiger Gott. Wie wohl ist's einem unter deinem Himmel. Wie frey! Die Bäume treiben Knoßpen und alle Welt hofft."[46] Davon weiß die Erste Fassung noch nichts. In ihr heißt es nur zu Beginn der Szene: „Tragt mich hier unter diesen Baum, dass ich noch einmal die Lufft der Freyheit aus voller Brust in mich sauge, und sterbe."[47]

Die Geschichte des Götz von Berlichingen in der Ersten Fassung ist die Geschichte eines sich immer wieder aufbäumenden, mehr und mehr in Netz und Falle gejagten und endlich zur Strecke gebrachten Menschen. Es befriedigt nicht, will man diesen Pessimismus nur als eine Einwirkung von Herder verstehen. Gewiß hatte Herder Shakespeare nur als Tragiker der Geschichte gedeutet und Drama und Geschichte unter dem Aspekt des Tragischen in eins gesetzt. Die Geschichte, als Schauplatz der Schicksale, denen die Menschen, „alle die verschiedenartigsten und abgetrenntest handelnden Maschinen, alle – was wir in der Hand des Menschenschöpfers sind – unwißende, blinde Werkzeuge zum Ganzen Eines theatralischen Bildes, Einer Grösse habenden Begebenheit"[48] ausgesetzt sind, war für Herder der „Zufluchtsort der Tragischen Genies".[49] Die Geschichte konnte nur als Tragödie dargestellt werden. „Tragische Vorfälle – bloß für die gährende Zeiten: daher bloß Historie ist Quelle."[50] Gewiß ist zutreffender, wenn man diesen Pessimismus als individuelle Gestimmtheit des jungen Goethe, die „tief in der dichterischen Konzeption verwurzelt"[51] ist, begreift. Aber es geht doch um mehr als nur eine individuelle, subjektive Gestimmtheit: in dem Drama von Götz von Berlichingen spricht sich jene zentrale Konfliktsituation aus, die der Emanzipation des autonomen Menschen in der Generation des Sturm und Drang

[46] *DjG.* Bd. 3, S. 296.
[47] *DjG.* Bd. 2, S. 226.
[48] J. G. Herder, *Werke,* Bd. 5, S. 219f.
[49] Ebd., Bd. 2, S. 231.
[50] Ebd., Bd. 32, S. 144.
[51] Ilse Appelbaum-Graham, *Vom Urgötz zum Götz: Neufassung oder Neuschöpfung? Ein Versuch morphologischer Kunst,* in: *Jahrbuch der Deutschen Schillergesellschaft IX,* 1965, S. 247. H. Meyer-Benfey sucht ähnlich den Grund für diesen Pessimismus in „Goethes eigener Seele", seiner „Biographie", wie er denn das ganze Zeitbild als Ausdruck der „souveränen ungezügelten Subjektivität" und als „ungeheuerlichste und frechste Geschichtsfälschung" beurteilt (S. 95ff.).

eingelegt war. Der nach freiem Handeln verlangende Mensch mußte, je unbedingter er aus Kraft und Anspruch seiner Individualität frei handeln wollte, zu dem scheiternden Menschen werden, dessen Geschick aufdeckt, daß diese seine Welt, die Welt der Gesellschaft, nichts als ein Gefängnis bedeutete. Er mußte, je intensiver er seiner Gefangenschaft innerhalb der zeitgenössischen Gesellschaftsverhältnisse bewußt war, das Ideal befreienden Handelns um so höher ansetzen, ohne doch dessen Vergeblichkeit verhehlen zu können.

Was hier gemeint ist, reicht weiter als jener „Konflikt des starken Individuums mit der Gesellschaft", den Hermann August Korff zum tragischen Zentralthema des Dramas erklärt hat.[52] Er versteht es als einen Konflikt zwischen dem inneren subjektiven Recht des raubritterlichen Selbsthelfers, der, obwohl ein Rebell gegen die im Landfrieden angelegte staatliche Ordnung, für die Gerechtigkeit streitet, und dieser objektiv legitimierten, aber als Instrument des Unrechts ausgenutzten und verkehrten Ordnung. Das äußere staatliche Recht, gegen das dieser Feind der Fürsten und Freund der Bedrängten verstößt, ist ein System des Machtmißbrauchs und der Entrechtung der Schwachen – handle es sich um die kleinen freien Ritter oder die ausgebeuteten Bauern. So geht nach H. A. Korff Götz am Gesetz zugrunde – nicht aber wie die Tugendhelden der Aufklärung für das Gesetz. Die Tragödie des Götz wird zu dessen Apotheose; sie widerlegt die schlechte Gesetzlichkeit durch die sittlich-menschliche Größe des Helden, der, dem Kollektiv erlegen, ihm seine höhere Menschlichkeit entgegenstellt. Die sittliche Kraft des großen Einzelnen triumphiert in der geistigen Dimension über das Nichtswürdige, das sich hinter der Maske der staatlichen Gesetze versteckt.

Gewiß ist damit ein Aspekt des Dramas getroffen, aber nicht die Vielschichtigkeit seines ganzen Gefüges, das einer nur idealistischen Konfliktauflösung widerspricht. Ilse Appelbaum-Graham hat unlängst in einer scharfsinnigen, wenn auch nicht von Überspitzungen freien Analyse[53] die Aufmerksamkeit auf die mehrdeutige Symbolik der eisernen Hand gelenkt, die leitmotivisch das Drama durchzieht und so ein „Angelpunkt für Aufbau und Thematik der ganzen dichterischen Konzeption" geworden ist. Der junge Goethe las gewiß, was der historische Götz in seiner Autobiographie recht nüchtern und knapp von seiner ersten Selbsthilfe nach seiner Verkrüppelung berichtet hat[54], zuerst als das Symbol eines unbeugsamen Mutes und Willens, der im Heillosen nicht verzagte, sondern sich in diesem rauhen, har-

[52] Hermann August Korff, *Geist der Goethezeit*, Leipzig 1923, S. 229f.

[53] Ilse Appelbaum-Graham, *Götz von Berlichingen's Right Hand*, in: *German Life and Letters* N.S. XVI, 1963, S. 212ff.; ferner *Jahrbuch*, S. 250.

[54] *Lebensbeschreibung Herrn Götzens von Berlichingen.* Nach der Ausgabe von 1731 hrsg. von Albert Leitzmann, Halle 1916. Quellenschriften zur neueren deutschen Literatur, Nr. 2, S. 61ff.

ten, männlich-heroischen Werkzeug noch potenzierte. Wie dies Symbol jedoch in dem dramatischen Ablauf eingesetzt wird, läßt zusätzlich eine andere Bedeutung erkennen. Das Motiv der abgeschlagenen rechten Kampf- und Tathand weitet sich zum Symbol dafür, daß Götz bereits, bevor sich der Vorhang über seinem Leben öffnet, zu einem Verkrüppelten gemacht wurde: zuerst durch ein Unglück im Kampfe, dann aber zum zweiten Male durch Menschen, gerade durch jenen Menschen, der ihm seit seiner Kindheit nahe und lieb war wie ein Bruder, wie ein Castor seinem Pollux. Der Charakter des Götz und die ihm auferlegte physische Situation geraten derart in einen Widerspruch zueinander. Zwar erscheint Götz in der Art, wie er sich äußert, und mehr noch in der Perspektive, aus der die anderen um ihn herum ihn sehen, als eine in ihrer kraftvollen Vitalität und Energie ganze, gleichgewichtig in sich ruhende Natur. An ihr läßt sich ermessen, wie alle jene anderen in ihrem Menschlichen geschwächt, nur einhälftig oder auf irgendeine Weise verzerrt sind. Wohin man immer blickt – man trifft auf Menschen mit Brüchen und unaufgelösten Widersprüchen. Der Klosterbruder muß auf seine natürlichen Triebe und Ansprüche verzichten, dem Sohn des Götz fehlt, was sein Vater – mit oder ohne eigene pädagogische[55] Schuld – von ihm vergeblich erwartet, der Bischof von Bamberg ist so ränkesüchtig wie schwächlich, dem Kaiser mangelt es an Macht und Konsequenz des Handelns, seinen Söldnern an Mut, die Heilbronner Ratsherrn sind kümmerliche Spießbürger. Der Machtwille der Adelheid verzehrt die sie umschwebende „Atmosphäre von Leben, Mut, tätiges Glück" im ehrgeizig und skrupellos kalkulierenden Intrigantentum, Weislingen, ihr gegenüber schwach und blind, ist so unfähig zur Treue gegenüber sich selbst wie gegenüber anderen. Ihnen allen fehlt Freiheit, da ihnen jene innere Festigkeit und Unabhängigkeit abgeht, die Götz auszeichnet, solange er noch nicht aus seinem Kreise geworfen wurde und er selbst aus ihm hinausgetreten ist. Aber Freiheit bedarf noch mehr als dieser inneren Unabhängigkeit und Geschlossenheit: sie bedarf des zugreifenden Handelns, eines Taten- und Wirkungsraumes in der Wirklichkeit. Sie bedarf der Tathand – sie aber ist Götz genommen, und der Taten- und Wirkungsraum wird ihm im Laufe des Dramas mehr und mehr zugeschnürt, bis er endlich im Gefängnis endet. Dies ist das Werk Weislingens: er läßt sich dazu treiben, und er treibt es selbst voran. Er nahm Götz die Hand zum zweiten Male, als er ihn, noch in der Vorgeschichte des Dramas, um der Fürstendienste willen verriet. „Freylich, wenn ich wieder so bedenke, wie wir Liebs und Leids zusammen trugen, einander alles waren, und wie ich damals wähnte, so sollts unser ganzes Leben seyn. War das nicht all mein Trost wie mir diese Hand weggeschossen ward

[55] Dazu kritisch F. Ryder, *PLMA* LXXIX, 1964, S. 63.

vor Landshut, und du mein pflegtest, und mehr als Bruder für mich sorgtest, ich hofte Adelbert wird künftig meine rechte Hand seyn."[56] Weislingen verrät und verstümmelt Götz zum zweiten Male, als er sein Bündnis mit ihm und sein Verlöbnis bricht. Es liegt eine schneidende Ironie in dem Widerspruch zwischen dem, was sein Traum voraussagt und wie Götz ihn in treuherzigem Selbstbetrug auslegt. „Mir wars heute Nacht, ich gäb dir meine rechte Eiserne Hand, und du hieltest mich so fest, daß sie aus den Armschienen gieng wie abgebrochen. Ich erschrak und wachte drüber auf. Ich hätte nur fort träumen sollen, da würd ich gesehen haben, wie du mir eine neue lebendige Hand ansetztest."[57] Der Selbstbetrug dieser Traumauslegung ist ein Zeichen der Ohnmacht jenes Mannes, der seine innere Vorstellungswelt, fast möchte man sagen, sein glaubensbereites Träumen einer Wirklichkeit entgegensetzt, die sich zu allem, was er ist und was er will, in Widerspruch befindet. Weislingen wird als die „rechte Hand des Bischofs" die böse Voraussage des Traumes erfüllen. Denn er ist unfähig zu dem Selbstbewußtsein und der Größe dessen, „der weder zu herrschen noch zu gehorchen braucht um etwas zu seyn".[58] Der politisch-gesellschaftliche Konflikt zwischen der vergehenden Welt, die dem einzelnen das Recht und die Freiheit zu seiner vollen individuellen Natur gab, und einer neuen Welt, die diesen einzelnen mehr und mehr verstümmelt und in der man nur noch ein Herr oder ein Knecht sein kann, verknüpft sich dicht mit dem moralisch-psychologischen Konflikt der feindlichen Brüder, die einander zum Verhängnis werden und, auch darin noch verbunden, zur gleichen Stunde sterben. So bedeutsam die Interpretation des Symbols der eisernen Hand durch Ilse Appelbaum-Graham für ein genaueres Erfassen der inneren Vielschichtigkeit des Dramas ist – man zögert, sich den Konsequenzen anzuschließen, die sie aus dieser Interpretation entwickelt. Denn sie besagen, daß in dieser inneren Gespaltenheit des Götz der Grund seiner Tragödie zu finden ist. Gespaltenheit – dies meint den Widerspruch zwischen einer kraftstrotzenden Vitalität und gleichwohl tragischer Lebensunfähigkeit, zwischen einem Tatendrang und der Abgeschnittenheit eines Kontaktes mit der Außenwelt, zwischen einem sozialen Gemeinschaftstrieb und der erzwungenen Ablösung von der Gesellschaft. Denn Götz wird nach dieser Interpretation, da er der Tathand und der Liebeshand beraubt ist, zu einer immer größeren Isolierung zurückgetrieben – „ebenso unnatürlich und verderblich wie die Loslösung eines Gewächses aus seinem mütterlichen Lebensboden".[59] Frank Ryder sah als den Grund der Tragik des Götz und als Zentrum seines Charakterdramas den inneren Widerspruch zwischen seinem lebensnotwen-

[56] *DjG.* Bd. 3, S. 195.
[57] Ebd., S. 206.
[58] Ebd., S. 207.
[59] I. Appelbaum-Graham, *Jahrbuch,* S. 248.

digen Bedürfnis nach Freiheit und seinem ihm ebenso lebensnotwendigen Willen an, dem Kaiser seinen Dienst und seine Treue zu bewahren. Ilse Appelbaum-Graham sieht den eben beschriebenen Widerspruch, als einen in seine Existenz gelegten Widerspruch, als den Grund der Tragik und des Charakterdramas an. Götz scheitert also demnach nicht an Mächten, die von außen auf ihn eindringen; er scheitert an Widersprüchen, die unauflösbar in ihn selbst eingelegt sind. An ihnen zerbricht sein Leben.

Aber scheint der Grund des Tragischen hier nicht zu einseitig in den Helden des *Götz von Berlichingen* und der Akzent nicht zu ausschließlich auf das Charakterdrama gelegt zu sein? Es ist doch Weislingen, zusammen mit jenen, auf deren Seite er steht, der sich zwischen Götz und den Kaiser stellt und den zögernden, schwankenden, für den Ritter eher verständnisbereiten Maximilian zu Entschlüssen treibt, deren verhängnisvolle Wirkung bekannt ist. Es ist Weislingen, der zum zweiten Male und zum dritten Male durch seinen Verrat Götz verstümmelt hat. In seiner Person repräsentiert sich die ganze Götz jagende und verfolgende und dennoch zugleich in sich jämmerlich brüchige Welt. So liegt denn doch der Grund seines Scheiterns auch in den Menschen, gegen die zu streiten und sich zu wehren Götz wieder und wieder herausgefordert ist. Aus diesen Menschen setzt sich die herrschende staatlich-gesellschaftliche Wirklichkeit zusammen. Was aber sind die Signaturen der „wilden anarchischen Zeit"? Egoismus des Machtwillens, Rechtlosigkeit, Lüge, List und Verrat, Meineid und Schwäche – ein Kampf aller gegen alle –, und dies im Schutz der staatlich-gesellschaftlichen Ordnung des Landfriedens, der als eine Waffe gegen den Ritter ausgespielt wird. Das doppelte Gesicht dieses Landfriedens wird während der kurzen Dialogstrecke im ersten Aufzug vergegenwärtigt, in der sich – als einziger Stelle in dem Drama – eine politische Argumentation zwischen Götz und Weislingen über ihre konträren Positionen anspinnt. Weislingen schildert den Landfrieden als einen Akt der Fürsorge der Mächtigen für ihre Untertanen und als eine Stabilisierung der Staatsverhältnisse zwecks Sicherung des allen notwendigen Friedens. Götz bringt die Kehrseite ans Licht: er sieht in dem Landfrieden ein Instrument der Mächtigen, ihre Macht zu stabilisieren und auszunutzen, das also nicht der Gerechtigkeit und Ordnung dient, vielmehr den Zwecken einer egoistischen Willkür den Spielraum sichert, „... und was den Fürsten in ihren Kram dient, da sind sie hinter her, und gloriiren von Ruh und Sicherheit des Staats, bis sie die Kleinen unterm Fuß haben".[60] Götz bricht die ihm im Grunde unangemessene Diskussion rasch ab. Der Relativität der Standpunkte stellt er eine überlegene moralische Wertperspektive entgegen. „Es ist die Frage auf welcher Licht und Recht ist, und eure Gänge scheuen wenigstens den Tag." Er

[60] *DjG*. Bd. 3, S. 196.

überläßt derart die Antwort auf diese Frage dem sich einleitenden Verlauf des Dramas, der sie unter der moralischen Wertperspektive in der Tat eindeutig genug entscheidet.

Bereits an so früher Stelle im Verlauf des Dramas zeichnet sich ab, was die Kritik des zeitgenössischen Zuschauers oder Lesers provozieren muß. Das sich einleitende politische Drama, angeschlossen an die Doppeldeutigkeit des Landfriedens, was die Doppeldeutigkeit, die mit der Institution jeder staatlichen Gesetzlichkeit verbunden ist, impliziert, wird umgebildet zu einem moralischen Drama, in dem Recht und Unrecht primär unter menschlich-moralischem Aspekt konfrontiert werden. Das leitende Thema des *Götz von Berlichingen* wird derart zur Leidensgeschichte des „wahren" und freien, damit unpolitischen Menschen wie später im *Egmont* und auch in der Eugenie der *Natürlichen Tochter*. Götz' sittlich-humane Rechtlichkeit hat auch eine andere Seite: sie liegt in seiner politischen Naivität, wenn nicht sogar Blindheit, die ihn in die Netze laufen läßt, die ihm gestellt werden, und die ihn unfähig macht, sich erfolgreich zu wehren. Die gleiche bittere Ironie, die seine trügerische Traumausdeutung begleitet, bildet den Hintergrund seiner utopischen Vision der Zukunft, diese alle Wirklichkeit überfliegende Vorstellung eines allgemeinen sozialen Friedens, die so völlig seiner realen Situation, der Situation des bereits in seiner Burg Gefangenen, widerspricht und die durch den Ausgang des Aufzuges geradezu verhöhnt wird. Götz beschwört während des Tischgesprächs[61] die Utopie einer Gesellschaft, in der sich – gegensätzlich zu dem im Landfrieden stabilisierten und legitimierten Verhältnis zwischen Herrn und Knecht – Fürst und Untertan, Ordnung und Freiheit verschwistern. Der *Götz von Berlichingen* wird zur Tragödie eines sittlich-humanen und sittlich-sozialen Wollens und Hoffens in einer Gesellschaft, die ihre Existenz auf der Aufteilung zwischen Herrn und Knecht begründet. Allerdings hat Goethe die Jagd dieser Gesellschaft hinter dem, der sich ihr widersetzt, im Verlauf des Dramas, vom Ende des zweiten Aufzuges an, mehr und mehr zu einer Jagd Weislingens hinter Götz her verschoben und somit den prinzipiellen gesellschaftspolitischen Kampf zu einem Personenkonflikt reduziert, der zwar die Rechtlichkeit des Götz in ein um so helleres Licht bringt, aber eben auch die geschichtlich-gesellschaftliche Dimension des Konfliktes schmälert, gleichsam privatisiert. Das politische Thema wird überwuchert von dem Thema der feindlichen „Brüder". Es bedarf hier keiner ausführlichen Beschreibung, wie Götz von Phase zu Phase des dramatischen Vorganges immer mehr in die Isolierung, die Enge, die Gefangenschaft getrieben wird. Immer deutlicher wird ihm bewußt, daß weder seine kriegerischen noch seine moralischen Qualitäten ihm etwas nützen und daß sie viel-

[61] Ebd., S. 256f.

mehr nur seinen Verfolgern neue Argumente zu seiner Vernichtung liefern. „Ich arbeite mich ab und fruchte mir nichts"[62] – diese verzweifelte Erkenntnis leitet den vierten Aufzug ein. Der Götz an seinem Ende, der Urfehde geschworen hat, ist ein gebrochener Mann, in der Tat so aus seinem Kreis gerückt, daß ihm nur übrigbleibt, „als ein Comet durch viele andre seinen schröcklichen, unsteten Zug"[63] zu führen. Aus seiner Bahn geworfen, hat er die Kraft verloren, aus seiner eigenen Mitte heraus zu wollen und zu handeln. Der Mann der freien Tat läßt sich zum Werkzeug der aufrührerischen Bauern machen, und er muß sich eingestehen, daß auch sein sittlich-soziales Wollen, zu einem Frieden in der Gesellschaft zu helfen, gescheitert, er damit ganz in die Ohnmächtigkeit geworfen ist. Es bleibt ihm endlich, nachdem er aus allen Schichten der Gesellschaft ausgewiesen ist, nur noch die Flucht zu den Untersten in ihr, zu dem Lumpenproletariat der Zigeuner. „Meine Wunden verbluten, die Feinde hinter her. Heiliger Gott, du endigst gräßlich mit mir."[64] Und kurz vorher Weislingen: „Es ist noch Gnade wenn wir heimlich im Gefängniß dein Todesurtheil vollstrecken."[65] Der verräterische „Bruder" ist zum Mord bereit, die Menschenjagd hat ihr Opfer erreicht. „Da ist's nun wie mir alles ahndete" – so Elisabeth – „gefangen, als Meuter Missethäter in den tiefsten Thurn geworfen" – in „die Finsterniß seiner Seelen".[66] Das Wild ist innen und außen zur Strecke gebracht, und es hilft ihm nichts, daß sich auch seine Jäger in Netzen verfangen, die sie sich selbst gestrickt haben: Weislingen wie Adelheid. Jeder von beiden hat sich selbst sein Verhängnis bereitet, und beide sterben einen Tod der furchtbaren Einsamkeit, der Götz erspart bleibt, so einsam es auch um ihn geworden ist. So liegt denn in der Tat „ein finsterer, trost- und hoffnungsloser Pessimismus"[67] über dem Ende der Ersten Fassung des Dramas, über den das Heldengedicht des großen und wackeren Mannes nicht hinwegtäuschen kann. Er wird nicht primär durch das Charakterdrama, die in Götz selbst aufgebrochenen und von I. Appelbaum-Graham und F. Ryder verschieden interpretierten Widersprüche, sondern durch das Gesellschaftsdrama begründet, das die Verfassung dieser geschichtlich-gesellschaftlichen und politischen Welt, und damit der „Welt" überhaupt, enthüllt. Es ist die Welt des „Übergewichts der Nichtswürdigkeit". So wird das Drama des großen, naturhaften, frei handelnden Charakters zu der Tragödie des seiner Kraft und Freiheit beraubten, verstümmelten, in sich selbst verglühenden Menschen.

[62] Ebd., S. 259.
[63] *DjG.* Bd. 2, S. 175.
[64] *DjG.* Bd. 3, S. 285.
[65] Ebd., S. 283.
[66] Ebd., S. 289.
[67] Meyer-Benfey, S. 66.

Das Ende des Dramas hat seinen Interpreten einige Verlegenheit bereitet. Man hat sich in eine „Schicksalstragik"[68] gerettet, in der sich alles Feindliche – die äußeren Umstände, die Fügung der Geschehnisse, das Walten einer feindlichen Macht – vereinigen soll, ohne sich allerdings zu zwingenden Umständen und unentrinnbaren Situationen im Sinne des traditionellen Schicksalsdramas zu verhärten. Man hat einerseits gemeint, in dem Tod des Götz vollziehe sich kein seelisches Geschick, er käme, wie sein ganzes Schicksal, nur von außen – man hat andererseits argumentiert, weder eine Handlung noch ein Geschehen mache den Untergang des Götz notwendig[69] und er ginge, davon wurde bereits gesprochen, nur am inneren Widerspruch, dem Typus des Charakterdramas entsprechend, zugrunde; er zerfalle gleichsam in sich selbst. Unumstreitbar ist, daß der junge Goethe den Tod des Götz nicht nur als einen individuellen, also quasi privaten Tod verstanden wissen wollte. Er hat ihm eine generelle geschichtliche und geschichtskritische Dimension gegeben: In ihm besiegelt sich das Ende einer ganzen historischen Zeit, das sich auch noch über die Zukunft erstreckt – jene Zukunft, in der die Schwachen mit List regieren werden und der Tapfere in die Netze fallen wird, womit die Feigheit die Pfade verwebt. Mit dieser Geschichtsdimension läßt sich nun aber schwer vereinbaren, daß man den Tod des Götz analog einem Naturvorgange deutet, der sich vollziehen muß, wenn eben die Zeit des Endes gekommen ist. „Im Herbst fragen wir nicht, warum der einzelne Baum sein Laub verliert; die Zeit des allgemeinen Sterbens ist gekommen."[70] Dies würde bedeuten, das ganze Drama aus seiner spezifischen und eben doch zumindest in seiner Entstehungszeit geltenden Geschichtsbezogenheit herauszulösen. Allerdings hat die Zweite Fassung solche Analogie zu einem naturhaften Lebensprozeß nahegelegt. I. Appelbaum-Graham hat als deren dichterische Leistung beschrieben, daß Goethe das Hinsinken des Götz in die wintermitternächtlichste Stunde nicht zu seinem bloßen Enden werden läßt, sondern über diese Sterbeszenen „eine herbstliche Heiterkeit und Transparenz", eine „Reife und Abgeklärtheit"[71], eine Verklärung und Versöhnlichkeit gelegt hat, die überhaupt daran zweifeln lasse, ob ein solcher Tod ein Tod in der Tragödie sei und für das Tragische einen Raum lasse. Der Schluß der Zweiten Fassung läßt sich so deuten; doch sollte nicht verschwiegen werden, daß der junge Goethe in ihm das verdeckt und von dem ablenkt, was zu ihm geführt hat. Er hat in die innere Vorstellung des Götz, in sein Todesgefühl eine harmonisierende Verklärung eingelegt, die in der konkreten Situation

[68] Ebd., S. 91.
[69] Ebd., S. 75; W. Kayser, S. 489.
[70] Ebd., S. 92.
[71] I. Appelbaum-Graham, *Jahrbuch*, S. 271.

der historisch-gesellschaftlichen Wirklichkeit, die ihn in den Tod hineingejagt hat, nicht begründet ist. Es geht in diesem Ende nicht um ein das ganze Drama durchziehendes langsames Verbluten, wie I. Appelbaum-Graham aus dem Symbol der abgebrochenen rechten Tat- und Liebeshand schließen will; für sie ist die Götz-Tragödie seines von früh an verwundeten Lebens[72], der Tod des Götz sein persönlichst begründeter Tod; er stirbt, weil er gegen den Druck der Liebe unempfindlich gemacht wurde. Doch nicht daran stirbt Götz, sondern an der Gesellschaft, die ihn umstellte, trotz aller Gegenwehr mehr und mehr seine Kräfte brach, ihn zum Schuldigen erklärte und es, wir zitierten Weislingens böses Wort, noch als eine Gnade betrachtete, ihn heimlich im Gefängnis umzubringen.

Wie sagte Götz im ersten Aufzug zu Weislingen? „Es ist die Frage auf welcher Licht und Recht ist, und eure Gänge scheuen wenigstens den Tag." Diese Gesellschaft hat ihn jetzt in eine mutlos-verzweifelnde Finsternis getrieben, in der er sich selbst verliert. „Suchtest du den Götz? Der ist lang hin. Sie haben mich nach und nach verstümmelt, meine Hand, meine Freyheit, Güter und guten Namen. Mein Kopf was ist an dem?"[73] Und kurz danach: „Und jetzt ist's nicht Weislingen allein, nicht die Bauern allein, nicht der Todt des Kaysers und meine Wunden. – Es ist alles zusammen."[74] Alles zusammen – was heißt dies anders als die ganze Wirklichkeit, in der er leben mußte und die dem rechtlich und unabhängig wirkenden Mann den für ihn notwendigen Lebensraum, die für ihn unentbehrliche Lebensluft so abgeschnürt hat, daß er einen Erstickungstod erleiden müßte, ließe ihm nicht das Einatmen im Freien der Natur noch eine letzte innere Befreiung.

Wenn dies zutrifft, dann gehören Götz-Drama und Gesellschaftsdrama notwendig zusammen; es ist dann verfehlt, den *Götz von Berlichingen* unter dem Aspekt eines Widerspruchs von Charakterdrama hier und selbstherrlich gewordenem Raumdrama dort einer mangelnden Einheit zu bezichtigen. Es ist irrig, zu meinen, das Zeitbild sei nur der Rahmen um die Gestalt des Helden, vielmehr wird die politisch-staatliche Gesellschaft, welche das Zeitbild vorführt, Götz zum Schicksal; in ihr liegt der Grund seines Zusammenbruchs und Todes. Deshalb wurde die nur scheinbare zentrifugale Komposition des Dramas nötig, die sich im fünften Aufzug zu einer präzisen Symmetrie zusammenfügt. Es bedeutet doch wohl, die dramatische Konstellation gänzlich umzukehren, wenn die Krankheit der Gesellschaft und Zeit zur Krankheit des Götz erklärt wird, wie es in der Interpretation von I. Appelbaum-Graham geschieht. „The time of the drama is his time and the sickness of the time his

[72] I. Appelbaum-Graham, *German Life and Letters*, S. 225.
[73] *DjG*. Bd. 3, S. 295.
[74] Ebd., S. 295.

sickness. The times are out of joint because Götz is out of joint, not vice versa."[75] Götz ist nur insofern der Grund seiner Tragödie, als er kraft seines Charakters der Mann ist, den die Gesellschaft als einen ihr Ungemäßen und Unerträglichen ausstößt und verurteilt. Die eigentümliche Zeitbehandlung in dem Drama, von der schon oft gesprochen worden ist und die sich in dem Alterungsprozeß dokumentiert, dem Götz – nur er – unterworfen wird, hebt ihn aus einer nur individuellen, privaten Existenz heraus und macht ihn zum Repräsentanten einer vergehenden Gesellschaft und Epoche, die ihn als den Letzten mit sich fortnimmt. Was nun nach ihr triumphiert, ist die „Mördergrube". Lerse berichtet es der Elisabeth: „Das Land umher gleicht einer Metzge wo Menschenfleisch wohlfeil ist."[76] Diese Gesellschaft jagt nicht nur jene, die gegen sie streiten oder sich zum Aufruhr erheben, in den Tod; vielmehr auch jene, die ihr dienen und sie repräsentieren wie Adelheid und Weislingen. Goethe hat beider Sterben mit allem Entsetzlichen umgeben und so kontrastierend ein versöhnendes und erhöhendes Licht auf das Abscheiden des Götz gelenkt. Es legt um ihn die Aura des Märtyrers, dessen Größe sein Leiden bekundet.

Hugo von Hofmannsthal hat einmal von der Bedeutung des letzten Aktes gesprochen, die erst dem ganzen Drama seine Notwendigkeit verleihe. Die Problematik des fünften Aufzuges in der Zweiten Fassung des *Götz von Berlichingen* wirkt in der Tat auf das ganze Drama zurück und wirkt erheblich an jener Entfremdung mit, in die das Drama für das zeitgenössische Bewußtsein gerückt ist. Diese Problematik kündigte sich bereits an, als im ersten Aufzug die politische Diskussion zwischen Götz und Weislingen zur moralischen Argumentation, zur Frage nach dem „reinen Gewissen" umgebogen wurde. Der ungleiche Kampf zwischen Götz und der herrschenden Gesellschaft wurde zunehmend zum Kampf zwischen den ungleichen Partnern Götz und Weislingen. Dies bedeutete nicht nur eine Konfliktbegrenzung zum moralisch-psychologischen Kontrast; die Reduktion wurde noch gesteigert durch das menschlich geringe Format von Weislingen, des schwachen Charakters, der sich mehr und mehr als Intrigant und abhängiges Werkzeug persönlicher Zwecke und Ränke herausstellt, derart nicht die Dimension der Gesellschaft erreicht, die er zu repräsentieren bestimmt ist. Das Geschichtsdrama veränderte sich zum moralischen Drama; es verändert sich nun an seinem Schluß zu einem Naturvorgang, in dem auf der Natur analoge Weise der Tod sich als ein herbstliches Hinsinken „in Reife und Abgeklärtheit" vollzieht, so daß Verklärung aus ihm aufsteigt. Die geschichtlich-gesellschaftlich begründete Realität dieses Todes wird entrückt in eine poetische Mythisierung, die

[75] I. Appelbaum-Graham, *German Life and Letters*, S. 225.
[76] *DjG*. Bd. 3, S. 289.

ihn als einen gesetzlichen Vorgang wie in der Natur erscheinen läßt. Sie enthebt mit „Heiterkeit und Transparenz" jener Härte der Realität, in der Götz' Ende seinen Grund hat. Eine andere Problematik liegt darin, daß der junge Goethe in die humane Subjektivität des Götz, diese zutiefst in seinem Naturhaften verwurzelte Subjektivität, ein so frageloses Vertrauen setzt, daß sie, so tief auch Götz verwundet ist, als eine höhere humane Instanz den Mächten der Zeit überlegen bleibt. Seine humane Innerlichkeit ist stärker als jene, die ihn zur Strecke gebracht haben. Bereits im *Götz von Berlichingen* zeichnet sich derart eine idealistische Lösung des Widerspruchs zwischen der prätendierten Freiheit des einzelnen und dem notwendigen Gang des Ganzen ab; diese Freiheit bleibt „droben", d.h. oberhalb und damit auch außerhalb dieser Wirklichkeit unzerstörbar. Aber damit gerät in einen Widerspruch, was der Verlauf dieses Dramas bis zu seinem Ende vorgeführt hat: daß nämlich in der konkreten Situation solche Freiheit einer derart beschaffenen politisch-gesellschaftlichen Wirklichkeit erliegen muß. Dieser Verlauf zeigt deutlich genug: es gibt keine Möglichkeit der Verständigung und Versöhnung zwischen dieser Humanität und dieser Gesellschaft. Das Vertrauen des „getreuherzigen" Götz erhält von ihr keine Antwort, es wird von ihr mißbraucht und verraten. Und die andere Seite dieses Vertrauens ist eine naiv-blinde Arglosigkeit, die ihn diese politisch-gesellschaftliche Wirklichkeit nicht verstehen läßt, so daß er ihr gegenüber auch nicht wirksam zu handeln vermag. Seine innere Vorstellung kann sich nicht vereinigen mit seiner konkreten Situation. Wenn Goethe nun in der Zweiten Fassung seines Dramas jene Aura der Verklärung und Versöhnung über den Tod des Götz legt, hat er diesen Widerspruch doppelt auf eine uns heute problematisch erscheinende Weise abgebogen und verdeckt: dadurch, daß er den Geschichtsvorgang zu einem Naturvorgang mythisierte und den sterbenden Götz ganz in seine unantastbare subjektive Innerlichkeit entrückte. Er hat das Schreckliche in der Wirklichkeit der Gesellschaft verdeckt durch eine innere Harmonie in den letzten Lebensaugenblicken des Götz. Er hat derart das Ende seines Dramas auf eine poetische Weise dem Konflikt zwischen der Humanität und der Gesellschaft entzogen, der doch dem Drama zugrunde liegt; er hat dessen Konsequenz zugedeckt durch eine Mythisierung der Geschichte zum Naturvorgang und dadurch, daß er den Tod in die innere subjektive Verklärung und Erlösung übergehen ließ. Er hat das Menschliche gerettet, indem er ihm einen Platz jenseits der Gesellschaft anwies.

Hier liegen die Grenzen dieses Dramas, die, wie uns erscheinen möchte, es für das zeitgenössische Bewußtsein nur noch kaum aktualisierbar machen. Hier liegen aber auch die Möglichkeiten eines veränderten kritischen Verstehens. Sie weisen über dies eine Drama hinaus, denn die Problematik seines Schlusses ist im Grunde die Problematik von allen dramatischen Schlüssen im

Werk Goethes. Sie werfen die ganze Frage nach dem komplexen Verhältnis zwischen gesellschaftlicher Wirklichkeit und deren poetischer Darstellung in diesem Werk auf. Im *Götz von Berlichingen* ist vorgezeichnet, was man heute mit kritisch verschärfter Sicht als die Problematik der „Weimarer Klassik" erkennt. Der *Götz von Berlichingen* ist nicht nur der Einsatz von Goethes „organischer" Gestaltung, er ist auch der Einsatz jener Schwierigkeiten, die sich im Versuch der Vermittlung zwischen gesellschaftlicher Wirklichkeit und poetisch-humaner Darstellung aufzwingen mußten.

Die feindlichen Brüder

Zum Problem des gesellschaftskritischen Dramas von J. A. Leisewitz, F. M. Klinger und F. Schiller

I

Vergegenwärtigt man sich die Stoffe, die in der literarischen Bewegung des sogenannten Sturm und Drang bevorzugt wurden, so drängt sich sogleich das Thema der Feindlichen Brüder in den Vordergrund[1]; mit ihm verbunden, was damals als schwerste Verbrechen galt: der Brudermord und der Vatermord. Nur der Kindesmord kam ihnen gleich – ein nicht weniger konstantes Motiv, das wie die Feindlichen Brüder vorzugsweise eine dramatische Gestaltung nahelegte. Denn beide brachten für eine gewandelte Auffassung des Dramas, eine gewandelte Bestimmung seiner Funktionen und Wirkungen, günstige Voraussetzungen mit. Drei Dramen rücken unter diesem Aspekt nahe zusammen: *Julius von Tarent* von Johann Anton Leisewitz, *Die Zwillinge* von Friedrich Maximilian Klinger und *Die Räuber* von Friedrich Schiller. Sie sind gewiß nicht die einzigen Autoren in dieser Zeit, für die dies Thema eine produktive Faszination gewann[2], die sich auch nicht mit einer

[1] Dies ist um so auffälliger, als es bisher, trotz seiner großen Verbreitung in der europäischen Literatur seit der Antike, in der deutschen Literatur nicht dramatisch aufgenommen wurde. Vorformen finden sich, soweit ich sehe, nur bei Christian Felix Weiße, *Atreus und Thyest* 1766 (mit seit der Antike oft dramatisiertem Stoff) und *Sophie oder die Brüder* 1770, ferner bei Joachim Wilhelm von Brawe, *Brutus* (veröffentlicht 1768). Zur Verbreitung in der Weltliteratur: Marcus Landau, *Die feindlichen Brüder auf der Bühne*, in: Bühne und Welt. Zeitschr. f. Theaterwesen, Literatur u. Musik. Amtl. Blatt d. Dt. Bühnenvereins, Jg. IX, II. Halbjahr, 1907, S. 189 ff., 236 ff. H. Landsberg, *Die feindlichen Brüder*, in: Das literarische Echo, Jg. 6, Heft 12, S. 819 ff. Auch Jacob Minor, *Schiller*, Berlin 1890, S. 136 ff. Eine Motivgeschichte in der Weltliteratur unter dem variationsreichen Aspekt des Gegensatzes von „Fortitudo" und „Sapientia" bietet Michael Mann, *Die Feindlichen Brüder*, Germanisch-Romanische Monatsschrift N.F. Bd. XVIII, 1968, S. 225 ff.

[2] Mit den Dramen von Leisewitz und Klinger wurde bei dem Schröder-Ackermannschen Preisausschreiben noch ein drittes Bruderkonflikt-Drama eingereicht, als dessen Verfasser T. Berger, und das unter verändertem Titel als *Galora von Venedig* vermutet wird. J. M. R. Lenz nahm das Thema in *Der Tugendhafte Taugenichts* 1775/76 und *Die beiden Alten* 1776 auf; in lyrischer Gestaltung Chr. F. D. Schubart in *Flucht des Vatermörders* und *Selmar an seinen Bruder*, in: Sämtliche Gedichte. Von ihm selbst hrsg., Frankfurt a. M. 1787, Bd. 2, S. 107; 60. In Goethes *Götz von Berlichingen* spiegelt sich das Bruderverhältnis in dem Konflikt zwischen Götz und Weislingen.

einzigen Ausformung befriedigte. Klinger und Schiller haben es mehrfach abgewandelt.[3] Welches Gewicht ihm zukam, wird jedoch an diesen drei Dramen, auf die sich das Interesse der folgenden Abhandlung begrenzen will, prägnant: *Julius von Tarent* blieb das einzige größere Werk von Leisewitz, als habe er sich in ihm schon ganz ausgegeben, *Die Zwillinge* wurden Klingers hervorragende dramatische Leistung, der man eine idealtypische Repräsentanz für das Drama des Sturm und Drang zusprechen wollte[4], den *Räubern* kam die Intensität des ersten dramatischen Einsatzes zu, und Schiller hat mehrfach geplant, ihm eine Fortsetzung hinzuzufügen.[5] Sieht man sich jedoch in der Forschung nach einer Antwort auf die Frage um, was denn dem Thema der Feindlichen Brüder, diesem in der Tat revolutionärsten Thema im Rahmen der literarischen Revolution des Sturm und Drang[6], diesen auffälligen Rang, diese provozierende dramatische Brisanz gegeben hat, wird man wenig befriedigt.

Es genügt nicht, die Konkurrenz zwischen dem *Julius von Tarent* und den *Zwillingen* anläßlich des Schröder-Ackermannschen Preisausschreibens zwecks Erlangung spielbarer neuer Stücke daraus abzuleiten, daß Klinger durch Johann Martin Miller anläßlich eines Besuches über seinen Rivalen orientiert wurde und auf der Basis der gleichen Quelle den Wettkampf aufnahm. Es genügt ebensowenig, aus dem Anstoß durch Christian Friedrich Daniel Schubarts bescheidene Erzählung *Zur Geschichte des menschlichen Herzens* im *Schwäbischen Magazin*, im gleichen Jahre 1775 wie diese beiden Dramen publiziert, den „ersten Impuls" für Schillers „gärenden Gestaltungswillen"[7] abzuleiten, der sich in einem früheren Entwurf bereits dem Thema und der gleichen Quelle wie Leisewitz und Klinger nahe zeigt.[8] Würde man sich bei solchen Abhängigkeiten beruhigen, so hätte sich nur Literatur aus Literatur erzeugt, auch wenn eingeschlossen würde, es handle sich hier um faktische Vorkommnisse, wie Schubart es für sein „Geschichtgen,

[3] Klinger in *Otto*, *Stilpo und seine Kinder*, *Die falschen Spieler*; Schiller neben der *Braut von Messina*, im *Geisterseher*, in den Plänen *Die Braut in Trauer* und *Die Kinder des Hauses*.

[4] Kurt May, *Die Struktur des Dramas im Sturm und Drang, an Klingers Zwillingen*, in: *Form und Bedeutung*. Interpretationen deutscher Dichtung des 18. u. 19. Jh.s, Stuttgart 1957, S. 42ff.

[5] Helmut Koopmann, *Schiller*. Kommentar zu den Dichtungen, München 1969, Bd. I, S. 153.

[6] Ladislao Mittner, *Freundschaft und Liebe in der deutschen Literatur des 18. Jh.s*, in: *Stoffe, Formen, Strukturen*. Studien zur dt. Literatur. H. H. Borcherdt zum 75. Geburtstag, hrsg. von A. Fuchs und H. Motekat, München 1962, S. 114f.

[7] Herbert Stubenrauch [Hrsg.], *Die Räuber*. Schillers Werke, Nationalausg., Bd. 3, Weimar 1953, S. 267ff. (künftig NA zitiert).

[8] Das von Schiller vernichtete frühe Drama *Cosmus von Medici*, 1776.

das sich mitten unter uns zugetragen hat", nach „glaubwürdigstem Zeugnisse"[9] behauptete und wie man es auch dem Historiker des Hauses Medici glaubte. Es dürfte auch nicht genügen, auf eine noch nahe literarische Vorgeschichte des Themas vom Bruderhaß und -mord in den Kain-und-Abel-Dichtungen hinzuweisen, die sich um die Mitte des Jahrhunderts auffällig häufen.[10] Sie zeichneten, im mannigfaltig variierten und ausgestaltenden Nachvollzug der biblischen Tradition, in der religiösen Urfabel ein Grundmuster vor. Mit ihm verknüpften sich andere biblische Traditionsstränge: die Geschichte vom Betrug Esaus durch Jakob um den väterlichen Segen, die Geschichte von Joseph und seinen Brüdern und das Gleichnis vom verlorenen Sohn. Aber die Kain-und-Abel-Dichtungen blieben zurückgebunden an die biblische Überlieferung; sie gossen sie, mit ausdeutenden Veränderungen und Zusätzen, in andere literarische Darbietungsweisen, in andere Sprach- und Tonlagen um, wie es in dieser Zeit der Übergänge von theologisch-erbaulicher zu ästhetisch bestimmter Literatur geläufig war. Anders sieht es im Drama des Sturm und Drang aus: die Urfabel wird aus ihren theologischen Zusammenhängen gelöst, sie wird radikal säkularisiert und auf psychologische und gesellschaftliche Zusammenhänge übertragen. Sie erhält dadurch den Charakter hochgradiger ‚Modernität' und ‚Aktualität' – auch dort, wo, wie bei Leisewitz und Klinger, das Geschehen in eine distanzierende räumliche und zeitliche Ferne verlegt wird. Der in sich abgeschlossene Vorgangskreis der biblischen Fabel wird geöffnet und derart dem zeitgenössischen Bewußtsein fruchtbar gemacht. Fruchtbar auch im Sinne einer eingreifenden Veränderung des Dramas in seiner Form und seinen intendierten Wirkungen. Solche Veränderungen nehmen zwischen dem *Julius von Tarent* und den *Räubern* beständig zu. Aber mit den drei genannten Dramen scheinen die treibenden Gestaltungsimpulse, die Gewichte, die dem Thema innelagen, erschöpft zu sein. Als Schiller es in der *Braut von Messina* nochmals aufnahm, geschah dies unter wesentlich anderen Voraussetzungen und Aspekten. Klinger gab ihm in *Stilpo und seine Kinder* nur eine Randstellung, und er löste es in *Die falschen Spieler*, wie dann noch mehr August von Kotzebue in *Die Versöhnung oder Bruderzwist*, ins lustspielhaft Versöhnliche auf. Ähnlich ließ August Wilhelm Iffland in *Die Mündel* es in einen Frieden

[9] Konrad Gaiser [Hrsg.], *Chr. F. D. Schubart, Schicksal, Zeitbild. Ausgew. Schriften*, Stuttgart 1929, S. 314 ff.

[10] Genannt seien nur Friedrich Gottlieb Klopstocks Trauerspiel *Der Tod Adams* 1757, Salomon Gessners *Der Tod Abels* 1758, Meta Klopstocks *Der Tod Abels* 1759, Maler Müllers *Der geschlagene Abel* 1775 als Anhang zu der Idylle *Adams erstes Erwachen und erste seelige Nächte* 1778. Dazu Auguste Brieger, *Kain und Abel in der deutschen Dichtung*, Berlin/Leipzig 1934 (Stoff- und Motivgeschichte der deutschen Literatur, Bd. 14), S. 49 ff.

der wiederhergestellten Familieneinheit münden. Und wo es nochmals ernsthaft wie in Ludwig Tiecks *Karl von Berneck* aufgegriffen wird, sind ihm andere Aspekte aus Psychologie und Schicksalsdramatik eingelegt worden.

Man hat diese auffällige Konzentration auf das Thema der Feindlichen Brüder – wenn man sich nicht damit begnügte, es habe nun einmal in der Luft gelegen[11], es sei, mehr oder weniger zufällig, im Sturm und Drang zum „unentbehrlichen Bestand eines guten Dramas" um seiner eklatanten stofflichen Reizwirkungen willen geworden[12], ein „Lieblingsmotiv der mit scharfen Contrasten arbeitenden Dramatiker"[13] dieser Generation, die selbst im Widerstreit mit ihrer nächsten Umgebung lag und an einem „konfliktreichen Zeitgeist"[14] teilhatte – vor allem aus dem Bedürfnis nach Gestaltung großer, triebhafter und zerstörerischer Leidenschaftsnaturen abgeleitet.[15] Es entsprach dem Verlangen nach der pathetischen Charaktertragödie, einem neuen Interesse an extremen psychologischen Zuständen und Konflikten. Der Zusammenstoß zwischen den Brüdern und dessen vernichtende Auswirkungen gegenüber den Herrschaftsansprüchen des sittlichen Willens sicherte eine hohe dramatische Effektivität.[16] Sie steigerte sich um so mehr, weil der mörderische Konflikt aus einer Entzweiung im engsten, durch Natur, Moral und Gesellschaft zur harmonischen Einheit verpflichteten Familienkreis ausbrach und, was nach allen Ordnungen in einer Bruderschaft der Charaktere, Neigungen und Interessen zusammenleben sollte, mit tödlichen Folgen zersetzte. In dem Bruderkampf war gleichsam eine Grundform dramatischer Höchstspannung angelegt. Im Aufreißen eines bisher als unverbrüchlich gel-

[11] So M. Landau, S. 238; August Sauer, *Klinger und Leisewitz, Stürmer und Dränger*, Teil 1, in: *Deutsche National-Literatur*, hrsg. von J. Kürschner, Bd. 79, S. 44. Sauer setzt hinzu, man habe „das verfeinerte Gefühl auch auf das Verhältnis der Familienmitglieder untereinander übertragen und daher die Möglichkeit eines Konfliktes zwischen ihnen erleichtert".

[12] Jacob Minor, *Schiller*. Sein Leben und seine Werke, Berlin 1890, Bd. 1, S. 304 f.

[13] Erich Schmidt, *Lenz und Klinger*. Zwei Dichter der Geniezeit, Berlin 1878, S. 85.

[14] Karl Berger, *Schiller*. Sein Leben und seine Werke, München 1905, S. 147.

[15] A. Sauer stellt *Die Zwillinge* als „die erste große deutsche Charaktertragödie" vor, a. a. O., S. IX. Ebenso Hans Winterholer, *Eltern und Kinder in der deutschen Literatur des 18. Jh.s*, Gießen 1924 (Gießener Beiträge zur Dt. Philologie, Bd. XI), S. 62 u. ö. Als Kuriosität sei Johannes Eyberg, *Die Zwillinge Kain und Abel in der Goethezeit*, Stuttgart 1947, angeführt. „Eine Verbindung von Mars- und Venusimpulsen auf sinnlicher Stufe, das und nichts anderes ist der ganze Sturm und Drang. Daher die Liebe der Sturm- und Drangdichter zu Kindermord-, Vatermord- und Brudermord-Motiven und daher die unbeherrschte glühende Liebe der von ihnen geschilderten Kainssöhne zum Weibe" (S. 78).

[16] Ferdinand Josef Schneider, *Deutsche Dichtung der Geniezeit*, Stuttgart 1952, S. 225.

tenden Ordnungsgefüges werden anarchische Kräfte frei, welche die durch Religion, Natur und Gesellschaft gesetzten Bindungen zerstören. Sosehr dies einem im Sturm und Drang aufbrechenden Impuls zum Pathos des Dramatischen entsprach und auch durch das zeitgenössische Verständnis Shakespeares, insbesondere des *König Lear,* unterstützt wurde – es wäre einseitig, diese Stoffwahl nur aus der inneren literarischen Geschichte der Motive und Formen des Dramas, aus dem Bedürfnis nach dessen neuer, explosiver Reizaufladung verstehen zu wollen.

Ladislao Mittner hat, soweit ich sehe, zuerst, mit kurzen Worten, auf das Revolutionäre dieser Bruderkonflikt-Dramen verwiesen. Sie befinden sich in der Tat im äußersten Gegensatz zu dem in der ihnen vorausgehenden Zeit entwickelten Grundsatz der „Philadelphie“, im Gegensatz zu deren Freundschafts- und Bruderschaftskult wie zu deren Wertung der natürlichen, moralischen und gesellschaftlichen Institution der Familie, deren Autoritäts-, Sitten- und Liebesprinzip. Sie befinden sich im gleichen Gegensatz zu den Normen der sozialen Einordnung des einzelnen in die seinem Eigenwillen und Eigenanspruch übergeordnete Bindung an Familie, Gesellschaft und Staat. Mittner hat weiterhin auf einen politischen Aspekt aufmerksam gemacht. „Die feindlichen Brüder sind immer Söhne eines regierenden Fürsten; die Rebellion des jüngeren Bruders gegen den älteren enthielt also implizit die Polemik gegen das in den Fürsten- und Adelsfamilien geltende Majorat: die Stürmer wagten es nicht, den Vater, das Prinzip des patriarchalischen Herrschertums, direkt anzugreifen; sie wandten sich gegen dieses Prinzip, indem sie dem älteren Bruder das Recht auf die volle und legitime Nachfolge streitig machten... Die Stürmer hatten die Forderung der auch politisch wirksamen Tat begriffen, aber sie waren noch zu sehr an die Ideale des Zeitalters der inneren Einkehr gebunden, um die Tat anders als einen schicksalhaften Weg zum Verbrechen darzustellen.“[17] Ein Generationskonflikt, der sich, nach Mittner, an einer politisch-gesellschaftlichen Institution, dem feudalen Majorat, konkretisiert, wird infolge einer traditionellen Pietät, gleichsam eines Tabus gegenüber dem Vater, auf den Bruder umgelenkt[18] – die folgenden Interpretationen der Dramen von Leisewitz, Klinger und Schiller werden zu überprüfen haben, wieweit diese These zutrifft, welche Erweiterungen oder Veränderungen sich ihr gegenüber als erforderlich einstellen.

[17] L. Mittner, S. 114f.

[18] Solcher Übertragung des Vaterkonflikts auf den Bruderkonflikt aus moralisch-gesellschaftlichen Gründen entspricht die psychoanalytische These einer Affektverschiebung auf der Basis einer zwiespältigen Einstellung gegenüber dem Vater, die sich z.B in den *Räubern* auf die Brüder Karl und Franz verteilt. Vgl. Otto Rank, *Das Inzest-Motiv in Dichtung und Sage.* Grundzüge einer Psychologie des dichterischen Schaffens, Leipzig/Wien 1912, S. 562ff.

Bruderkonflikt und Vaterkonflikt stellen sich in der Tat als ein unablösbarer Zusammenhang dar. Der Kampf zwischen Vater und Sohn bzw. zwischen einem Vater und seinen Kindern war bereits in den vorausgegangenen Jahrzehnten ein geläufiges dramatisches Thema – sowohl im ‚heroisch'-geschichtlichen wie im bürgerlichen Milieu, in der Verstragödie wie im bürgerlichen Trauerspiel. In ihm spiegelte sich ein Konflikt der Generationen, ihrer verschiedenen moralischen und gesellschaftlichen Lebensauffassungen und -erwartungen. Das Verhältnis zwischen Eltern und Kindern unter den Familienmitgliedern komplizierte sich mit der im 18. Jahrhundert zunehmenden Differenzierung der Gefühls- und Bewußtseinslagen. Wolfdietrich Rasch hat gezeigt, wie sich mehr und mehr eine Verlagerung aus den zunächst für selbstverständlich geltenden Gemeinschaftsbindungen, eine Lösung aus der gesellschaftlichen Einordnung mit stärkerer Bewußtwerdung des Einzelmenschen, mit seinem wachsenden Impuls zur individuellen Emanzipation vollzogen hat.[19] Der Selbstbewußtwerdung des Bürgertums innerhalb der Gesellschaft entsprach eine Konflikte auslösende Selbstbewußtwerdung des Einzelmenschen innerhalb dieses Bürgertums. Indem sich die Verpflichtung an eine übergeordnete Gesellschaftsordnung, wie sie sich im Vater, in der Familie, im Staat darstellte, lockerte oder zersetzte, wurde ein sozialer Raum für den Gedanken frei, daß der Mensch zuerst und zuletzt, aus seiner Natur und seiner Vernunft heraus dazu legitimiert, eine individuelle Person sei und daß ihr Wert und Ziel eben darin läge, sich als solche zu bestimmen und zu behaupten. Kinder treten kritisch, mit Protesten ihren Vätern gegenüber; sie suchen, sich ihrer Autorität zu erwehren.[20] Im bürgerlichen Schauspiel bilden die Konfliktzentren die Probleme der Berufs- und Ehepartnerwahl – ein Schema, das noch in der Situation des Julius im *Julius von Tarent* deutlich wird, wenn dieser auf die Krone verzichten und auf seine Geliebte nicht verzichten will. Aber zwischen diesen Eltern-Kinder-Konfliktdramen und dem Drama des Sturm und Drang liegt eine deutliche Grenze. Es ist charakteristisch für die ihm voraufgehenden Dramen, daß sie katastrophale Zuspitzungen vermeiden. Sie werden auf Möglichkeiten des Ausgleichs und der Versöhnung angelegt, so daß letzthin die Autorität des Vaters und die Gemeinsamkeit der Familie, mithin die Gesellschafts-, Moral- und Herrschaftsordnung unangetastet bleibt. Das Sturm-und-Drang-Drama zielt hingegen von Beginn an auf die radikale Katastrophe, einen unüberbrückbaren Riß im Ge-

[19] Wolfdietrich Rasch, *Freundschaftskult und Freundschaftsdichtung im deutschen Schrifttum des 18. Jh.s.* Vom Ausgang des Barock bis zu Klopstock, in: Dt. Vierteljahresschr. f. Literaturwissensch. u. Geistesgesch., Buchreihe, Bd. 21, Halle 1936, S. 81 ff.

[20] Kurt T. Wais, *Das Vater-Sohn-Motiv in der Dichtung bis 1880*, Berlin 1931 (Stoff- und Motivgeschichte der deutschen Literatur, Bd. 10), S. 14 ff.

sellschaftsgefüge der Familie. Es begrenzt sich nicht auf die Darstellung einzelner emanzipierter großer und dynamischer Leidenschaftsnaturen, sondern es wählt sie, weil sich mittels ihrer eine Dynamik in den gesellschaftlichen Zuständen darstellen ließ. Das Drama ging über die Vorführung vorausbestimmter moralisch-gesellschaftlicher Normen, denen sich das Individuum nach überwundenen Krisen wieder einzuordnen hatte, hinaus. Es richtete sich vielmehr darauf, solche Normen aufzubrechen, ihren Zusammenbruch zu vergegenwärtigen. Das Thema der Feindlichen Brüder, als Darstellung der Entzweiung zwischen dem Vater und dem Sohn, der Entfremdung und Entzweiung zudem innerhalb der gleichen Brudergeneration, war, verstärkt durch die Möglichkeit dynamischer Darbietung äußerer und innerer Handlungsabläufe, vorzugsweise geeignet, diesen Zerfall der gesellschaftlichen Ordnungsnormen sichtbar zu machen. Dabei stellt sich jedoch eine Veränderung im Verhältnis der Generationen zueinander ein, die man schon mehrfach mit etwas ratloser Verwunderung zur Kenntnis genommen hat.[21] Diese Veränderung erscheint als Ausdruck einer Parteinahme für den Vater und gegen die Söhne, als eine Umkehr der Erwartungen, die sich mit dem Generationskonflikt zu verbinden pflegen und die angesichts des Selbstbewußtseins der revolutionären jungen Generation des Sturm und Drang insbesondere berechtigt wären. Der Vater ist nicht mehr das Ziel der Aggression, er wird vielmehr zum Opfer durch die Schuld der Söhne. Man hat dies aus einer empfindsamen Zeitrichtung verstehen wollen, die den Vater nicht primär als eine aktive Familienautorität, sondern als den zu Liebe und Ehrfurcht verpflichtenden Greis auffaßt, den das weißlockige Haupt fast zum Heiligen malt.[22] Die folgenden Interpretationen werden die Gründe dieser Veränderung der Vaterfigur zu überprüfen haben. Nur soviel sei hier vorausgenommen: diese Väter sind nicht nur physisch, sondern auch historisch-gesellschaftlich älter geworden; die Welt der Söhne ist nicht mehr eine von ihnen beherrschte und gelenkte Welt, sondern eine ihnen ferngerückte, sich ihnen entziehende Welt. Die Wertung des Alters ist kein Rückfall hinter den Kampf gegen die Vaterautorität in den vorangegangenen Jahrzehnten, sondern Resultat eines geschichtlich weitergetriebenen Prozesses: Die Möglichkeit der Pietät gegenüber dem alten Vater zeigt, wie man vom unmittelbaren Druck der Vaterübermacht frei wurde, die Emanzipation der Söhne fortgeschritten ist. Nicht sie werben mehr um die Alten, um etwas von ihnen zu er-

[21] Otto Brahm, *Das deutsche Ritterdrama*, Straßburg 1880 (Quellen und Forschungen, Bd. 40), S. 55. August Sauer, *Joachim Wilhelm von Brawe.* Der Schüler Lessings, Straßburg 1878, S. 111 ff.

[22] K. T. Wais nennt als erstes Beispiel dieser „Pro-Vater-Bewegung" J. C. Brandes' *Miß Fanny* (aufgef. 1766) und verweist, wie vor ihm bereits A. Sauer (s. o.), auf frappante wörtliche Berührungen mit Schillers *Räubern*.

langen, und sie bedürfen nicht mehr des Kampfes, um etwas gegen sie durchzusetzen; vielmehr sind es die Alten, die, im Bewußtsein der entglittenen Autorität, in den Bruderkonflikt-Dramen um die Jungen werben. Die Verantwortung für die Erhaltung von Familie und Gesellschaft ist nicht ihnen mehr, sondern den Söhnen auferlegt. Und je radikaler die Konsequenzen der Emanzipation der Söhne von der Vater-, Familien- und Gesellschaftsautorität werden, je unheilbarer der diese Ordnungen zerstörende Riß wird, um so mehr tritt gegenwendig ein Bewußtsein der gesellschaftlichen wie moralischen Bedeutung dieser Bindungen auf. Daß das Thema des Brudermordes bzw. Vatermordes jetzt eine so vielfach belegte Verbreitung und ein so gehäuftes dramatisches Gewicht erhielt, zeigt an, daß diese Konfliktkonstellation potentiell, in der generellen Generations- wie Gesellschaftssituation, in den psychologischen wie in den gesellschaftlichen Voraussetzungen, der Schwelle zur Verwirklichung nahegekommen war und daß es sich in ihr nicht nur um überhöhte und akkumulierte dramatische Reizeffekte, sondern um eine vorstellbare Wirklichkeit handelte. Der Brudermord und der Vatermord erhalten im Drama eine Präponderanz, weil sie im Bereich außerhalb seiner denkbar geworden sind, und die rebellierenden Söhne haben eine Pietät fordernde Erhöhung der Vaterfigur erzeugt, auch wenn diese nur eben die Kehrseite von deren Ohnmacht ist.

Der Aspekt der eingangs gestellten Frage muß das Verfahren unserer Untersuchung bestimmen. Es fordert eine Interpretation der dramatischen Texte, die im *Julius von Tarent*, in den *Zwillingen* und in den *Räubern* vorliegen, ohne jedoch eine Gesamtinterpretation der drei Dramen anstreben zu wollen. Sie sind nicht als ganzes, komplexes Gefüge unser Gegenstand, vielmehr nur soweit, als sie dieser Frage eine Antwort versprechen. Eine gewisse Einseitigkeit des Blickwinkels ist derart unvermeidbar; sie kann und muß in Kauf genommen werden, da die Forschung Interpretationen zu diesen Dramen bereitgestellt hat, zu denen das Folgende nur ergänzend, erweiternd, vielleicht auch anders akzentuierend beitragen kann und will; so allerdings, daß, was hier herausgearbeitet wird, seine Verbindlichkeit an der Angemessenheit zu den bereits von der Forschung erarbeiteten Resultaten kontrollieren und verantworten muß. Dies fordert eine Auseinandersetzung mit ihnen; nicht in allen Dimensionen, aber in jenen, die für unsere Fragestellung relevant sind.

II

Der *Julius von Tarent*[23] baut, als eine Konfliktskonstellation im eng gezogenen Zirkel einer Familie, der nur wenige Figuren außerhalb ihrer zugeordnet werden, thematisch auf der Basis des bürgerlichen Dramas auf. Im Ausbruch der Konflikte innerhalb dieser Familie liegt das treibende Moment des Spiels, nicht lediglich in der „Tiefe der Individualitäten“ beider Brüder Julius und Guido, in der Dialektik ihrer Empfindungen und Entschlüsse, wie man, den Blick nur auf die Charaktergestaltung heftend, lange gemeint hat.[24] Zugleich macht sich die Entfernung vom ‚realistischen‘ Darstellungsstil des bürgerlichen Dramas bemerkbar; G. Mattenklott hat die allegorische Struktur des Dramas überzeugend aufgezeigt.[25] Mit ihr hängt die Architektur des klassizistischen Dramas zusammen: in der streng durchgeführten Einheit von Zeit, Ort und Handlung, in der Parallel- und Kontrastsymmetrie der das Geschehen konstituierenden Figuren. Der Kreis, der sie zu einer „geschlossenen Adelswelt“[26] zusammenfaßt, ist fest bestimmt und klein gehalten. Dem folgt die Struktur der dramatischen Komposition. Es geht im *Julius von Tarent* in der Tat nicht um ein aktives dramatisches Handeln, in dem eine Welt sich aufbaut und verändert[27], es geht vielmehr um die dramatische Darstellung einer Zuständlichkeit, die, von Beginn an krisenhaft, in vorwärtstreibenden und zurückweisenden Schüben, in Durchbrüchen und Retardationen zu einer Katastrophe hinleitet, die im Zuständlichen, von der Vorgeschichte an, eingelegt ist. Die Katastrophe macht die Beschaffenheit des Zustands bewußt; er endet in einer ihn entlarvenden Vernichtung. Was für die geschlossene Adelswelt gilt, potenziert sich in den Figuren: Der Fürst ist fixiert durch sein Alter, seine Söhne, seine Herrschaftsposition. Dies nimmt ihm fast völlig die Möglichkeit wählenden Handelns. Julius und Guido sind fixiert durch ihr „Selbst“; der eine durch die unbedingte Innerlichkeit seiner besitzverlangenden Liebe, der andere durch die nicht weniger unbedingte Innerlichkeit seiner besitzverlangenden Ehre. Es fehlt ihnen die Chance der Wahl; beide sind Gefangene der Situation und ihres Selbst. „,...du kannst nichts thun,

[23] Zur Entstehungsgeschichte: Vgl. R.M. Werners Abdruck des Orginalmanuskripts in: *Julius von Tarent und die Dramatischen Fragmente von Johann Anton Leisewitz*, Heilbronn 1889 (Deutsche Litteraturdenkmale des 18. u. 19. Jh.s, Neudrucke, hrsg. von Bernhard Seuffert, Bd. 32); ferner Peter Spycher, *Die Entstehungs- und Textgeschichte von J.A. Leisewitz' „Julius von Tarent“*, Diss. Zürich 1951. Dort auch ein kritisches Referat über die Umstände des Ackermann-Schröderschen Ausschreibens vom 28. 2. 1775 und über die Stoffquellen S. 81 ff. Zum Verhältnis zwischen Lessing und Leisewitz: Otto Brahm, *Zu Julius von Tarent*, Leipzig 1881 (Archiv für Litteraturgeschichte, Bd. X), S. 209 ff.

[24] A. Schubert, *Über „Julius von Tarent“, Trauerspiel von J.A. Leisewitz*. Ein Beispiel zur dramatischen Literaturhistorie, in: Rötschers Jahrbücher für dramat. Kunst u. Literatur, Jg. 3, Berlin/Leipzig 1849, S. 378.

[25] Gert Mattenklott, *Melancholie in der Dramatik des Sturm und Drang*, Stuttgart 1968 (Studien zur Allgem. u. Vergl. Literaturwissensch., Bd. 1), S. 91 ff.

[26] Johann Anton Leisewitz, *Julius von Tarent*, hrsg. von Werner Keller, Stuttgart 1965 (Reclam Univ.-Bibl. Nr. 111/112), Nachwort, S. 90.

[27] Keller, S. 86.

ohne die Liebe zu fragen, ich nichts ohne die Ehre: – wir können also beide für uns selbst nichts, das, denk' ich, ist doch wohl ein Fall" (III, 3)[28] – so Guido zu seinem Bruder im alles entscheidenden Augenblick. Der alte Fürst und sein erzbischöflicher Bruder repräsentieren die Vätergeneration; sie sind zugleich die Repräsentanten der auf Bewahrung angewiesenen Familie, der staatlichen Gesellschaft und deren Autoritätssystems. Ihre harmonische Brüderlichkeit ist die Kontrastfolie zu den Söhnen, die bei aller Differenz der charakterlichen Tendenzen in Lebenstemperament und -gesinnung, in der Monomanie des subjektiv Leidenschaftlichen eine Generationsgemeinsamkeit verbindet. Ihnen entspricht in Blanca und Cäcilia eine neue Töchtergeneration. Die Parallelstellung wiederholt sich in dem aufklärerisch besonnenen Aspermonte hier, der Freund und abwägend mäßigende Gegenstimme zu Julius ist, in der Äbtissin dort, die in leidgereifter Resignation einen ähnlichen Part gegenüber Blanca übernimmt. Nur Guido ist kontaktlos allein[29], bereits durch diese Position als der Abgetrennte, auf sich Zurückgeworfene gekennzeichnet – „und noch dazu lassen sie mich alle da stehen, wie einen Wahnwitzigen, dem man nicht durch den Sinn fahren darf" (I, 5). Er erfährt diese Isolierung mit dem Trotz des Abgewiesenen als Negation und zugleich als Selbstbestätigung, als Frustration und als Herausforderung einer Kraft, die sich in radikaler Subjektivität nur in sich selbst begründen will – so total, daß er sich noch über das erheben zu können glaubt, was ihm das Schicksal zuteilen oder rauben kann. „Macht, Stärke, Leben, lauter Schalen, die das Schicksal abschält, wenn es will; – aber mein eigentliches Selbst sind meine festen Entschließungen – und da bricht sich seine Kraft, warum sollte ich meine Entwürfe nicht ausführen?" (I, 5). Mit gleicher Unbedingtheit setzt Julius, weder Opfer noch Gewalt scheuend, sich ein, um die Geliebte zu gewinnen. Eine Subjektivität, die sich noch über das Schicksal erhebt – wie sollte sie sich in Bande einfesseln lassen, die die Natur, die Moral, die Gesellschaft gewoben haben? Die dialektische Anlage ist deutlich: je mehr diese Bande beide einschnüren, um so stärker wird ihr Impuls, sich über alle Grenzen hinauszuschwingen. W. Keller hat treffend diese Gemeinsamkeit bezeichnet: „Überdeckt Julius die Wirklichkeit mit Traumgesichten, so überstiegerte Guido sie mit hybriden Entschlüssen. Beide verkennen auf eigentümliche Weise die Welt."[30] Solcher Subjektivismus sprengt die Grenzen der klassizistischen und des bürgerlichen Dramas. Beide waren auf Bändigung und Dämpfung der Leidenschaften innerhalb einer gesellschaftlichen und formalen Normobjektivität angelegt; hier lehnt sich die Leidenschaft gegen

[28] Zitiert wird nach A. Sauer, *Klinger und Leisewitz* (s. Anm. 11), S. 917ff.
[29] Keller, S. 90.
[30] Ebd., S. 96.

beides auf, um dann an der eigenen Gewaltsamkeit zusammenzubrechen. Die tektonisch geschlossene Form des Dramas entspricht nicht allein der aristokratischen Welt, sie stellt sich nicht nur als ästhetisches Maß dem Übermaß der Leidenschaften entgegen[31], sie ist offenbar zu einer spannungsträchtigen Antinomie von Sujet und Form problematisiert.

Drama und erhöhte Gesellschaft treten im *Julius von Tarent* in einen gegenüber dem klassizistischen Drama veränderten Wechselbezug; die Ausgangssituation in dieser Gesellschaft ist bereits von Spannungen durchsetzt und gebrochen. Nicht allein der Konflikt der feindlichen Brüder wirft diese Familie in die Katastrophe, sondern ihre Verfassung selbst. Und diese Katastrophe gewinnt eine größere Dimension über die Geschichte einer Familie hinaus. Es geht nicht um ein Drama allein aus der „Fatalität der Leidenschaften"[32], nicht lediglich um die immer wieder angeführte neue Form der Charaktertragödie, nicht um die Allgemeinheit eines Konfliktes zwischen Individuum und Gesellschaft, der „von den positiven Pflichten des Einzelnen gegenüber der Gesellschaft her beleuchtet" wird[33] und so in den Kampf zwischen „Liebesleidenschaft und Fürstenpflicht" mündet, wobei dann das Motiv der Feindlichen Brüder ganz unter den Tisch fällt. Diese Familie läßt in sich den Grundriß von Staat und Gesellschaft erkennen; sie gewinnt für beides exemplarischen Modellcharakter. Dies veranlaßte Leisewitz wohl, sein Drama stofflich von einer konkreten historischen Faktizität fernzuhalten, wie seine Quelle sie anbot.[34] Die Neutralisierung des Schauplatzes in eine unbestimmte Ferne enthob der Eingrenzung durch das Historisch-Einmalige und ließ sein Trauerspiel zur deutschen Gegenwart offen. Die Katastrophe im Fürstentum von Tarent konnte auch der Untergang eines deutschen zeitgenössischen Fürstentums sein.

Das Leben dieser Familie bestimmt nicht mehr der alte Fürst und Vater; er weiß, daß keine Zukunft auf ihn wartet. Dies ist kein Vater mehr, gegen den man zu kämpfen hat. Der Augenblick ist nahe, in dem seine schwach und müde gewordene Herrschaft an den Erben Julius übergehen soll. Der Zeitpunkt ist somit dramatisch aufgeladen; als äußerster Augenblick, in dem die Würfel über den Fortbestand dieser Familie und des von ihr beherrschten Staates fallen. Die Söhne stehen dicht vor der Schwelle der Nachfolge ihres Vaters; in ihrer Unbedingtheit verrät sich der von ihm ererbte, in diesem Standesmilieu vorausgesetzte Herrschafts- und Besitzanspruch. Er manife-

[31] Dazu Keller, S. 90. Doch kann er nicht umhin, S. 91 f. auf eine formale „Gegenstrebigkeit" zu verweisen.

[32] Hermann August Korff, *Geist der Goethezeit*, Leipzig 1923, Bd. I, S. 235 f.

[33] Ebd., S. 236.

[34] Abdruck der Quelle bei W. Keller, S. 71 ff.

stiert sich bei Julius wie bei Guido in ihrem Verhalten gegenüber Blanca.[35] „Mein Vater ist heute sechsundsiebzig Jahre alt, und ich bin sein Erbprinz", droht Julius der Äbtissin, die ihm den Zugang zu der Geliebten verweigert (II, 1). Otto Brahm hat bereits darauf verwiesen[36], daß das Alter, das die Väter bei Leisewitz, Klinger und Schiller so hartnäckig demonstrieren, von dem sie wieder und wieder melancholisch sprechen und auf das hin sie von ihren Partnern ebenso oft angesprochen werden, eine doppelte Rolle spielt: es fordert Pietät, Ehrfurcht, es wird aber ebenso von den Vätern als Instrument eingesetzt, um etwas zu erreichen. Es dient zum Ersatz anderer Kräfte, als Mittel, ihre Autorität zu behaupten (vgl. im *Julius von Tarent* z.B. I, 7; II, 2; III, 2). Die Ehrfurcht gegenüber dem Alter soll dessen Herrschaftsstellung in der Familie und der Gesellschaft stabilisieren und sanktionieren. Wird die Familie nicht mehr durch Liebe zusammengehalten, zersetzt sie sich vielmehr gerade unter diesem Aspekt, so muß die Ehrfurcht als Anerkennung der historisch-gesellschaftlichen und moralischen wie naturgegebenen Autorität des Alters, d.h. des Vaters, zusammenbinden, was auseinanderstrebt. Die Ehrfurcht soll erzwingen, was auf natürliche Weise nicht mehr gegeben ist. Ihr Postulat wird zum Signal der Schwäche des noch bestehenden Herrschaftssystems, das sich durch den Anruf von Gefühlsbastionen zu behaupten sucht. Es geht in diesen Väterfiguren nicht, wie O. Brahm meinte, um ein kurioses, vermutlich von Lessing verschuldetes Phänomen eines wunderlichen Enthusiasmus der Geniezeit für den Greis[37], nicht nur um ein Echo der Empfindsamkeit, sondern um die Spiegelung des gebrochenen Verhältnisses zu der noch bestehenden Autoritätsgesellschaft und ihren durch den Pietismus aktualisierten religiösen Implikationen. Die Auflehnung gegen das Gealterte, Erstarrte und Verbrauchte, das noch in der Herrschaft ist, stößt in dieser Generation mit einer Bindung an das Alte zusammen, das sich in der Vaterfigur, Vaterwelt manifestiert. Der rebellierende Sohn fühlt sich zugleich als der verlorene Sohn.[38] Das Verlangen nach dem Selbst-Sein treibt oft bis an die Schwelle des Vatermordes – auch hier im *Julius von Tarent,* aber sie wird nicht überschritten[39], weil er, Aufstand des Geschöpfs gegen seinen Schöpfer, religiös die Todsünde schlechthin, sozial aber die totale Zerstörung aller Bindungen von Familie, Gesellschaft und Staat bedeuten würde.

[35] Dazu auch G. Mattenklott, S. 95.

[36] Otto Brahm, *Das deutsche Ritterdrama des 18. Jh.s* (s. Anm. 21).

[37] Ebd., S. 198.

[38] Dazu Albert Schöne, *Säkularisation als sprachbildende Kraft.* Studien zur Dichtung deutscher Pfarrersöhne, Göttingen 1958 (Palästra 286), S. 76ff.

[39] Zahlreiche Belege bei O. Brahm, S. 77, Anm. 2; ferner August Sauer, *Joachim Wilhelm von Brawe,* bes. S. 53ff. zu Brawes *Brutus* und S. 111ff. zum Motiv des Vatermordes.

Der Bruderkampf im *Julius von Tarent* sollte mehr als bisher unter diesem Aspekt gesehen werden, um im Charakterdrama das Gesellschaftsdrama erkennen zu lassen. Zwei junge Menschen treten, auf ihr einmaliges subjektives Ich, auf ihr im Unbedingten der Affekte so gleichartiges wie unterschiedliches Selbst sich berufend, aus den Klammern heraus, mit denen die Vater- und Familienordnung, die staatliche und kirchliche Ordnung sie festzuhalten bemüht ist. Der Gemeinsamkeit von Fürst und Erzbischof, die Staat und Kirche brüderlich vereinigen und so eine sich gegenseitig stützende Doppelautorität bilden, steht das Brüderpaar gegenüber: Guido in der Auflehnung gegen den Vater und den Bruder, Julius im Entschluß, seine Erbrechte, die Krone und den Staat fortzuwerfen und die Geliebte gewaltsam aus dem Heiligtum des Klosters zu rauben. Dem „äußeren Haus" und dem „inneren Haus" entziehen sich die Stützen, die beide zu tragen bestimmt sind.

Zwar liegt über dem Regime des alten Fürsten das idyllische Licht einer patriarchalischen Humanität (III, 1). Die Generation eines brutal ausbeutenden Despotismus ist abgelöst. Daß sie nicht vergessen bleiben sollte, deutet die von Leisewitz unterdrückte shakespearisierende Szene an, die ursprünglich den 5. Akt einleitete.[40] Sie beschwört das Bild des schrecklichen Tyrannen, des Vaters des Fürsten, als dessen Kontrastspiegel. „Wir können Ihnen nichts bessers schenken, denn wir sind so arm, daß wir verhungert wären, wenn Sie es gemacht hätten, wie Ihr Vater" – mit diesen Worten überreicht der Bauer, dankbar für das geringste Menschenrecht, nämlich leben zu dürfen, dem Greis die Geburtstagsblumen, der sie mit befriedigter Rührung entgegennimmt.[41] Aber trügt nicht diese patriarchalische Güte? Handelt der Fürst gegenüber Julius wirklich nur mit gut gemeinter, klüglich sorgender Hilfe des verständigen Sinnes[42], und sind patriarchalische Idylle und absolutistische Willkürherrschaft wirklich Gegensätze?[43] Sind sie nicht nur zwei Erscheinungsformen des gleichen politischen Autoritätssystems? Dieser Fürst handelt rücksichtslos, wenn es darauf ankommt, Familie und Staat zu erhalten. Er verurteilt Blanca, das Streitobjekt der Brüder, wegen mangelnder Ebenbürtigkeit wie einen wehrlosen Besitzgegenstand, über den er nach Belieben verfügen kann, ins Kloster, zum lebendigen Tod der Nonne. Er be-

[40] Abgedruckt bei W. Keller, S. 69f.

[41] Irrig ist, zudem im Widerspruch zu Leisewitz' Szenen ‚*Die Pfändung*' und ‚*Der Besuch um Mitternacht*', wenn Clara Stockmeyer, *Soziale Probleme im Drama des Sturm und Dranges*, Frankfurt a. M. 1922 (Deutsche Forschungen, Heft 5), S. 177, den „Julius von Tarent" als „fürstenfreundlich" und deshalb „gänzlich unsoziales Stück" bezeichnet.

[42] A. Schubert, S. 374. Auch Karl Freye faßt das Drama nur „als Leidenschaftsdrama, mit Zurückdrängung politischer Elemente" auf; *Sturm und Drang*, Bd. 1, Berlin/Leipzig o. J., S. XXIV.

[43] W. Keller, S. 88.

raubt sie, mit Hilfe des Erzbischofs, des Naturrechts der Liebe und verhängt derart das Leiden um der Liebe willen über seinen älteren Sohn. Indem der Fürst den Graben zwischen den Söhnen zuschütten will, reißt er ihn weiter auf, und er büßt seitens Julius ein, was die Basis einer Familie ist, das Vertrauen. „Sein Vertrauen, in Absicht der Liebe, hast du verloren, und verliert man das einmal, gewinnt man's nie wieder" (II, 6). Der Fürst versucht mit rasch scheiternder List und mit einem Egoismus, der an der Standesfamilie festhält und zudem eine ihm liebe Tochter an sich ketten will, Cäcilia zur Ehe mit seinem Erbsohn zu überreden. Sie soll als Ersatzmittel an die Seite des derart zum zweitenmal betrogenen Julius dirigiert werden. Doch er lenkt ihn damit erst recht zu Blanca zurück (II, 7). Cäcilia lehnt ab. Ihre Emanzipation von den Konventionen ihres Geschlechts, die sie zu Mittel und Objekt der Familienpolitik bestimmen, entspricht der Emanzipation des Julius von den Interessen und Pflichten, die Familie und Staat von ihm erwarten. „Ich habe der Liebe auf ewig entsagt; frei geboren, will ich auch frei sterben; ich kann den Gedanken nicht ausstehn, die Sklavin eines Mannes zu werden, das Wort Heirat klingt mir wie ein Gerassel von Ketten, und der Brautkranz kömmt mir vor, wie der Kranz der Opfertiere" (II, 6). Die Familien- und Staatsraison des alten Fürsten glaubt, durch Machtmittel einen Bestand und Frieden zu sichern; er wird so selbst an deren mörderischem Bruch mitschuldig. Der Vater hat an dem Verhängnis mitgewirkt, dem die Brüder erliegen. Die „androgyne" Figur der Cäcilia ist kein blindes Motiv[44] – sie ist als Retardation und akzentuierende Bestätigung in das Geschehnisnetz verknüpft, außerdem die Kontrast- und Komplementärfigur zu Blanca.

Die Intrige des Fürsten signalisiert seine Schwäche. Oft genug läßt er erkennen, wie sich das traditionelle Verhältnis zwischem dem Vater und seinen Söhnen, das bisher Gesetz des Familienstaates war, umgekehrt hat. Zu kraftlos, sie zu lenken, muß er sich wieder und wieder aufs fast klägliche Bitten verlegen, um ihr Herz zu rühren, wenn sich ihr Wille nicht beugen will. Seine Figur ist das Zeichen, wie sich die institutionelle Festigkeit der Familie, mit ihr deren moralisch-gesellschaftliche Normen im Zusammenbrechen befinden. Sie ist nicht mehr jene objektiv legitimierte und geheiligte Institution, deren Autorität sich jeder einzelne nach göttlicher und natürlicher Weltordnung und nach gesellschaftlichem Consensus unterzuordnen hat. Sie ist abhängig geworden von der Subjektivität ihrer Angehörigen; deren Lebensanspruch meldet eigene Rechte an und verweigert ihr die Zustimmung. Ihr Widerspruch erscheint gleichsam naturgesetzlich. Leisewitz akzentuiert dies, indem er den beiden Brüdern die Vernunftsprache der alten Generation, Julius zusätzlich die Vernunftsprache Aspermontes, diese Sprache objektiver

[44] Ebd., S. 89.

gesellschaftlicher und politischer, durch die Vernunftmoral normierter Pflichten entgegensetzt. Aber diese Sprache wird nicht mehr vernommen, sie wird durch die Affektsprache völlig übertäubt. Der Unterschied der Sprachen markiert den Unterschied der Generationen. Der Konflikt zwischen Vernunft, Tugend hier, Leidenschaft dort ist von vornherein entschieden – obwohl er noch im Horizont des Spiels bleibt. Die banale Hoffnung des Erzbischofs, das wilde Feuer der Jugend werde verlodern (I, 6), ist eine Weisheit von gestern, nicht von heute. Sie wird widerlegt durch die Katastrophe einer Familie, die unfähig wurde, den neuen Lebensenergien freien Spielraum zu geben.

Die innere Gemeinsamkeit der Brüder bei aller ihrer Dissonanz ist die Voraussetzung ihres dramatischen Agons. Beide sind egozentrische Leidenschaftsnaturen. Julius ist fixiert auf sein sentimental-erotisches Fühlen und Begehren – Guido ist fixiert auf eine ehr- und ruhmsüchtige Männlichkeit, die, zum „Gesetz der Natur" proklamiert, „alle andere Verdienste, Resultate menschlicher Einrichtungen" (1, 3) als belanglos fortfegt. Aber Julius liebt: dies legt ihm, unterschiedlich zu Guido, eine Offenheit zum Mitmenschlichen, zum Mitfühlen mit dem Vater und dem „Vaterland" ein; Aspermonte versucht, dies Mitfühlen zum Bewußtsein seiner sozialen Verantwortung gegenüber seiner nahen Aufgabe als Herr dieses Staates und des von ihm abhängigen Volkes zu erweitern. Dem widerspricht das Unbedingte seiner Liebe. Sie trennt ihn nicht so sehr vom Vater als von dem Fürsten in seinem Vater, der ein Staats- und Gesellschaftssystem vertritt, das – Fürsten hier, Nonnen dort – zwischen beide eine unüberbrückbare Kluft setzt (II, 5). Angesichts dieses Systems schweigt selbst die Stimme des Blutes, wird eine „Pflicht für das Ganze" (I, 1) nichtig und muß der Fürst im Vater vergessen werden, um diesen noch ehren zu können und nicht in Gedanken und Wünschen zu seinem potentiellen Mörder zu werden. „Gott, ich kann die Idee nicht ausstehen, mein Glück von dem Tode meines Vaters zu erwarten. – Und wenn es mir einfällt; – ach, Sie wissen es, ich habe die Saite niemals berührt – daß mein Vater Blancan ins Kloster bringen ließ: – Ich muß von hier, ich muß von hier, um meinen Vater zu ehren!" (III, 5). Es bleibt Julius nur die Wahl zwischen der Geliebten und dem Vater. Dies heißt, entweder auf den Tod des Vaters zu hoffen – oder alles preiszugeben, was dieser von ihm verlangt: seine Zukunft als Fürst und Vater dieses Volkes. Guidos Haß durchschaut die innere Zwangslage seines Bruders: „Die Furcht vor deinem Nebenbuhler soll dich immer verfolgen – ich will dir eine Erinnerung in die Seele setzen, die dir stets Guido zurufen soll, heller Guido rufen soll, als das Gewissen eines Vatermörders: Mörder" (III, 4). Nicht nur um der Geliebten, auch um des eigenen Gewissens willen entäußert sich Julius der Ansprüche auf Herrschaft und Fürstlichkeit. Ihm bleibt als Ausweg nur die Flucht aus dieser Familie, diesem

Staat, die ihn zwingen, entweder sein Selbst, damit das aufzugeben, wozu er sich von Natur geschaffen und bestimmt glaubt – „Der Mensch wird nur einmal geboren und liebt nur einmal" (II, 2) –, oder ein Vatermörder zu werden. Es geht um mehr als eine Kollision von Pflicht und Neigung, die Julius schuldig und zum „Deserteur" macht.[45] Wie auch Aspermonte sich anstrengt, ihn an den Vater und die Untertanen, an die Autorität, die ihn binden soll, und an jene, die er zukünftig auszuüben hat, zu fesseln, sosehr er das Prinzip Vaterschaft zur ganzen Gesellschaft erweitert – auch Aspermonte läßt die eigenen Argumente im Stich, indem er als Freund mit dem Freunde dessen Flucht vorbereitet (III, 5). Fraglich erscheint deshalb, ob beschwert von einer Schuld des Julius, der sich „mit der anarchistischen Willkür des Sturm-und-Drang-Genies ... seinen Pflichten" entzieht, gesprochen werden kann[46]; fraglich ist auch, ob sich diese Abwendung vom Staat als „Fluch über die säkulare Gestalt der Liebe" legt. Es geht Leisewitz darum, das problematisch Mehrdeutige aller ins Spiel gebrachten Kontrastpositionen, der Komplexe Vater und Staat, Liebe und Ehre bewußt zu machen, sodaß keiner ein fragloses Recht anzumelden hat: nicht der Staat auf den zukünftigen Fürsten, nicht der alte Fürst und Vater auf seine Söhne, nicht Guido auf seine Ehre und nicht Julius auf die Freiheit seiner Liebe. In diesem Trauerspiel ist alles mit sich uneins – nicht nur das „Haus", um das der alte Fürst klagt (III, 2), nicht nur diese Familie. Am Schluß bezieht er noch seine eigene Vaterschaft in diese Dissonanz ein (V, 6).

Der Fluchtort, den Julius sich erträumt, liegt jenseits aller Staatlichkeit und Gesellschaft, in der Utopie eines Irgendwo – „wo, das weiß ich nicht, und es ist mir eins" (III, 3). Mag es eine ländliche Hütte mit Feld und rauschendem Bach (II, 5), mag es eine Welt sein, die nicht mehr verschiedene Völker und Sprachen, deshalb keine Staaten kennt und die ganze Menschheit zu einer universalen Familie vereinigt. Es gibt für Julius nur die Alternative zwischen dem den Menschen versklavenden Gefängnis des Staates (II, 5) oder der Expansion zur unbestimmbaren Utopie einer freien Menschheitswelt, die alle Realitäten der Gesellschaft überspringt und auflöst. Sie ist der Traum- und Fluchtraum seiner „weltlosen Innerlichkeit"[47], gleichsam die andere Seite seines egozentrischen Subjektivismus.

Bis jetzt hat sich uns *Julius von Tarent* wesentlich als ein Drama zwischen dem Vater und dem Sohn dargestellt; nicht im Sinne einer sich zwischen ihnen entfaltenden Aktion, sondern als ein inneres Ringen in einer Konfliktzuständlichkeit, die der Vater von vornherein durch die Verbannung Blancas ins Kloster geschaffen hat. Er hat in der Tat „im Glauben, sich dem

[45] Ebd., S. 113.
[46] G. Mattenklott, S. 115.
[47] W. Keller, S. 95.

Geschehen auf seiner abschüssigen Bahn entgegenzustemmen"[48], dessen Lauf nur beschleunigt. Dramatisch ist hier eine der Katastrophe entgegenreifende Zuständlichkeit, die in dieser Familie und Gesellschaft längst vorbereitet war. Das Drama enthüllt, was bisher versteckt und verschwiegen worden war. Guido lehnt sich zu Beginn des Spiels gegen das Ausweichen und Verdecken, das alle diese Personen voneinander isoliert, auf. „Sie fürchten immer im Gespräch zusammen auf den streitigen Punkt zu kommen, gehen immer hundert Meilen um ihn herum, reden eher von ostindischen Wundertieren, als von sich. Aber ich will lieber einen frischen Schnitt durch das Geschwür, als daß es unter sich eitere" (I, 2). Es geht nicht, den Frieden aufrechtzuerhalten, indem man sich selbst und den anderen verdrängt und unterdrückt. Wie der alte Fürst gleichsam antidramatisch versucht, im emotionalen Bereich der Vater-Sohn-Bindung aufzuheben, was er im gesellschaftlichen Bereich mitverschuldet hat, so versucht auch Julius, dem Riß auszuweichen, bis er endlich entschlossen ist, mit Blanca von Vater und „Vaterland", aus seiner ganzen Vaterwelt zu flüchten (IV, 1).

Was der Vater-Sohn-Konstellation bei aller emotionalen und sprachlichen Spannungsaufgeladenheit an dramatischer Energie ermangelte, sucht Leisewitz durch den Konflikt zwischen den Brüdern zu ersetzen. Sein innerer Grund ist, daß bei gleicher psychologischer Grundanlage ihre Impulse und Affekte in entgegengesetzte Richtung zielen; der äußere Grund ist, daß beider Begehren sich auf das gleiche Objekt, Blanca, richtet. Der Antagonismus ist in der Zelle angesiedelt, die im Familien- und Freundschaftskult der vorausgegangenen Jahrzehnte als Prototyp der Seelengemeinschaft zwischen Brüdern, Schwestern, Geliebten und Freunden, einer philanthropischen Brüderlichkeit galt: im Kleinen, familienhaft Engen doch das Abbild einer Brüderlichkeit und Liebesgemeinschaft aller Menschen. Julius zwang sich, unter dem Druck der Familien- und Sohnespietät, den Vater, der ihm die Geliebte fortnahm, zu schonen. Er bereitet die Flucht vor, um nicht sein Mörder zu werden. An den antipodischen Bruder bindet ihn keine so beschaffene Pietät – sowenig wie Guido an ihn. Der Riß ist dorthin gelegt, wo engste Gemeinsamkeit nach aller Tradition der Empfindsamkeit und nach dem Naturgesetz der Geburt zu erwarten wäre. „Ihre Kinder zusammen genommen, sind beinahe ein Ideal der männlichen Vollkommenheit", sagt Cäcilia dem alten Fürsten (I, 7). Er selbst spricht kurz danach von der paradiesischen Harmonie der Liebe bei den Ureltern als mythischem Grundmuster der Familie und erinnert damit versteckt an die Geschichte von Kain und Abel, die solche Harmonie auf immer zerriß. Dies Grundmuster zersplittert, wenn eine andere menschliche Selbsterfahrung, eine andere Naturerfahrung das einma-

[48] G. Mattenklott, S. 118.

lig und einzigartig Subjektive verselbständigt, sich Natur und Menschheit in die Mannigfaltigkeiten der individuellen Vielfalt entzweit haben. „Aber darin liegt das Schlimme, daß Guidos Ehrgeiz mit Julius' Liebe zusammenstößt, Riese gegen Riese, von denen keiner ein Quentin Kraft mehr oder weniger hat als der andere; und das giebt hartnäckige, gefährliche Gefechte" (I, 6). Guido tritt dem Bruder mit einer zunächst fast ins Leere geratenden, deshalb um so mehr gereizten Provokation gegenüber. Es ist weniger, was Julius tut, als was er ist, das ihn zu Haß, Hohn und Verachtung gegen ihn treibt. Der Bruder erscheint ihm als die Negation dessen, aus dem sich sein hypertrophes Selbstbewußtsein nähert. Es kann sich nur erhalten, indem es herausfordert; er bedarf einer Selbstbestätigung, die er sich erzwingen muß, je mehr man sie ihm verweigert. Jeder Widerstand jagt Guido noch mehr in seine monomane Starrheit. Sie schneidet ihn von allen Sympathiebezügen ab; sein so totaler wie leerer Begriff der Ehre bringt gegenüber dem Bruder wie auch dem Vater „die Stimme des Bluts" (III, 2) zum Verstummen und macht seine Liebe zu Blanca zur Perversion der Liebe.[49] Sein Trotzen auf heroische Männlichkeit, seine Sucht nach Anerkennung und Bestätigung ist nicht Signal der Kraft, sondern der Schwäche. Sie bindet ihn in diese Familie ein, wenn er auch sich gegen ihren „Käfig" auflehnt (I, 4). Die in ihr erfahrene Repression läßt seine Ehr- und Ruhmsucht in die Aggression, seinen Tatentrieb zum Zerstörungstrieb umschlagen. Dieser Tatentrieb hat kein würdiges Ziel, er ist ohne eigentlichen Inhalt und trägt so „den Tod der Abstraktion" in sich.[50] Er wendet sich gegen den Bruder, der ihm das einzige fortnimmt, was vermeintlich seinem Besitz- und Ehrebegehren ein befriedigendes Ziel anbietet: den Gewinn der Blanca. Gemeinsamkeit und Zwiespalt der Brüder verdichten, ja identifizieren sich in diesem gemeinsamen erotischen Verlangen. Was nahe läge, tritt nicht ein und darf nicht eintreten: eine Rivalität mit Julius um die Fürstenkrone und -erbschaft. Sie würde Guidos Unbedingtheit zu zwei Zielen zersplittern und zudem den Konflikt beseitigen, zumindest abschwächen, da Julius bereit ist, mit leichter Hand seine Erbschaft zu verschenken. Damit tritt für Guido der Konflikt mit dem Vater weiter zurück. Er ist sich seiner Fürstlichkeit bewußt, aber einer Fürstlichkeit ohne Fähigkeit der Liebe, zum Erbarmen, ohne ein soziales Gewissen. Aspermonte warnt Julius: „Wenn Sie bloß das Glück Ihres Volkes nicht machten, so wären Sie zu entschuldigen, aber Sie machen sein Unglück. Ihrem Entschluß zufolge ist Guido sein künftiger Beherrscher" (IV, 3). Mit ihm wird die Despotie zurückkehren und die Zeit patriarchalisch-absolutistischer Väterlichkeit enden. Der erotischen

[49] A. Schubert sagt treffend: „Er liebt aber so, daß er einmal an dem Gegenstand der Liebe gar keinen Genuß hat, und zweitens sich selber aufgäbe, wenn er ihn fahren lassen wollte" (S. 373).

[50] A. Schubert, S. 375.

Egozentrik des älteren Bruders fällt so noch eine Verantwortung an dem Leiden zu, das das Volk zu erwarten hat. Der Zwist der Brüder wird nicht nur zu ihrer gegenseitigen Selbstzerstörung, da der Bruder sich im erschlagenen Bruder selbst mordet, nicht nur zum Unglück des Vaters, auch zum Unglück der Volksfamilie. Den Despoten verrät bereits die Art, wie Guido Blanca begehrt: es geht ihm nicht um ein Du, dem sich sein Ich schenkt, es geht ihm nur um sein Ich, dessen Bestätigung durch den „Besitz der Schönheit" (I, 2). Blanca wird, ohne Wahl und eigene Stimme, zum verdinglichten Objekt, das, Lohn des Tapferen, seine Ehre sichert. Aus solchem Verlangen spricht mehr Verachtung als Liebe (I, 6). Die Ehre kann dem anderen nicht einen Besitz zulassen, auf den Guido das primäre Recht behauptet. Die menschlich ‚bürgerlich' noch zu rechtfertigende egozentrische Leidenschaft des liebenden Julius trifft auf eine bis zur Perversion monomane feudale Leidenschaft der Ehre bei Guido.[51] Sie zeigt, durchaus der Anerkennung von außen bedürftig, wie eng Guidos Bewußtsein an die feudale Gesellschaft gebunden ist, der er entstammt – im genauen Unterschied zu dem empfindsam-innerlich denkenden und fühlenden Julius. Der Besitz der Blanca ist für Guido eine Sache der gesellschaftlichen Geltung (I, 2). Damit wird sein bereits zitiertes hypertrophes Wort von der Begründung seiner Existenz in seinem eigensten Selbst (I, 5) recht problematisch. Guido zeigt sich in der Versteifung und Verkrampfung zu diesem totalisierten Ehrbegriff als gänzlich von der Gesellschaft abhängig, zu der er gehört und in der er gilt. Dennoch liegt hier kein Widerspruch vor. Denn diese Totalisierung entspricht einem radikalen und abstrakten Subjektivismus, der nicht mehr durch konkret gelebte, gesellschaftliche Beziehungen eingegrenzt wird. Die feudale Gesellschaft, auf die sich Guido beruft (I, 2), ist in dem Drama bereits zum Anachronismus geworden.[52]

Den „Thränen des Vaters" gelingt es für einen Augenblick (III, 3), Guido zu erweichen. Genau in der Mitte verharrt das Trauerspiel vor einer möglichen Wendung zu glücklicher Lösung. Guido schlägt dem Bruder einen Verzichtsausgleich vor[53]; Blanca soll der Preis sein, den beide zahlen. „Ich glaube

[51] Dazu, insbesondere unter dem Aspekt der allegorischen Struktur des Dramas, die die Figuren zu allegorischer Personifikation von Liebe und Ehre macht, die nicht psychologische Eigenschaften sind, sondern erst die Person konstituieren, vgl. G. Mattenklott, S. 109f.

[52] Dazu auch G. Mattenklott, S. 111.

[53] A. Schubert: „Diese beabsichtigte Versöhnung ist aber durchaus keine der Gegensätze, um die es sich eigentlich handelt; sie beruht auf einer Selbsttäuschung Guido's; er entäußert sich in diesem Antrage seines Wesens von keiner Seite, vielmehr es kommt durch denselben zu offenerer Darlegung. Es ist darum eine ungerechte Zumutung, Julius glauben machen zu wollen, daß es nun auch an ihm sei, seine Liebeswünsche aufzugeben" (S. 376).

meiner Ehre genug gethan zu haben, wenn sie niemand anders besitzt, wenn sie bleibt, was sie ist – denn wer kann auf den Himmel eifersüchtig sein? Aber du siehst, wenn ich meine Ansprüche aufgebe, so mußt du auch die deinigen, mit alle den Entwürfen, sie jemals in Freiheit zu setzen, aufgeben." Auf Kosten der Ohnmächtigen, ihrer lebenslangen Klosterkerkerschaft, soll der Frieden zwischen den Söhnen, zwischen ihnen und dem Vater erkauft, die Zukunft von Familie und Staat gesichert werden. Guido verlangt, Julius solle anerkennen, was der Fürst gewaltsam Blanca antat. Und er schiebt, als Julius diesen falschen Pakt verweigert, ihm die Schuld an dem zu, was er um seiner Ehre willen zu tun entschieden ist. „Dein ist die ganze Erbschaft von Thränen und Flüchen!" Der Agon zwischen den Brüdern bringt den Konflikt zwischen ihnen auf die letzte Formel: Liebe gegen Ehre – der Wert einer Leidenschaft, die die Natur als „erste Triebfeder" dem Menschen einlegte, gegen einen Wert, der nur in der Abhängigkeit von der Gesellschaft, dieser feudal-aristokratischen, bereits vergehenden Gesellschaft als „Grille einiger Thoren" seinen Grund hat. Schwerlich läßt sich W. Keller zustimmen, wenn er hier von einem Konflikt gleichberechtigter Werte, Liebe und Ehre, und davon spricht, daß die Kollision der Charaktere zur Antithese von Gut und Böse verflacht werde.[54] Es geht hier nicht um eine Wertgleichheit, und es geht nicht um einen moralischen Antagonismus; es geht um zwei verschiedene, gesellschaftlich begründete Grundhaltungen des Menschen. Die Liebe bleibt bei Julius immer noch ‚bürgerlich' bezogen auf einen mitmenschlichen Kontakt; die Ehre Guidos bleibt in lediglich egozentrischer Besitzbezogenheit und bedarf der feudalen Gesellschaft als eines Spiegels, um sich zu genießen. So, wie ihm Blanca nur als Spiegel zur Selbstbestätigung dienen soll: „Nichts sollt' ich bei Blancan sein? – nicht einmal ein Nebenbuhler, nicht einmal eine Folie, um seinen Glanz zu erheben!" (IV, 5). Der Bruder tötet den Bruder.

Nicht Reue, kein Ansturm des Gewissens, nur die Erkenntnis, als Brudermörder seine Ehre vertan zu haben, läßt Guido seinen Vater um seinen Tod anflehen (V, 6). Die absolut gesetzte Ehre schlägt, mit Gewalt verwirklicht, in die absolute Schande um. Guido kann sich auch jetzt nicht von seiner Abhängigkeit von der Gesellschaft lösen. „Man hat mich auf ewig aus dem Tempel des Ruhms ausgeschlossen, und vielleicht bin ich es auch aus den Wohnungen der Seligen" (V, 6). Der Akzent liegt deutlich auf dem Vordersatz. Der Riß gegenüber dem Bruder wird auch zum Riß gegenüber dem Vater. Guido klagt ihn als Mitschuldigen an – „ich hasse das Leben, und ich werde mich an Sie halten; Sie haben es mir gegeben". Aber er unterwirft sich ihm als dem Haupt der Familie und Richter über sein Verbrechen, das auch die Familie um ihre Ehre und in die Schande gebracht hat. Der Vater nimmt

[54] W. Keller, S. 103.

das Richteramt an – er läßt den Vater im Fürsten, in dessen Verantwortung, aufgehen: „Du sollst sterben! – Als der Vater meiner Unterthanen darf ich es nicht leiden, daß unschuldig Blut auf dem Lande klebe und Krieg und Pest und alle Landplagen herbei rufe“ (V, 6). Er läßt durch seine Hand den Sohn als „ein Fürst“ sterben. So hätte sich denn doch die Autorität, die sich mit dem Vater als Familienhaupt und dem Fürsten als Staatshaupt verbindet, als die letzte oberste Instanz bewahrt. Sie erscheint als höhere und notwendige Ordnung gegenüber dem Chaotischen, in das die Söhne ihre Emanzipation zum bedingungslosen Selbstwillen hineingerissen hat. Die Klammer der gesellschaftlichen Institution Familie und Staat, gegen die sie sich auflehnten, hat sich nicht gelöst. Die Unterwerfung Guidos unter den alten Fürsten als seinen Richter wäre die Besiegelung ihrer unerschütterlichen Geltung und Guidos Brudermord eine Bestätigung ihrer Notwendigkeit. Aber dem ist nicht so. Der Schluß des Trauerspiels zeigt, wie brüchig diese Klammer wurde. Der Fürst, der sie während des ganzen Spiels zu erhalten bemüht war, zerbricht sie jetzt selbst. Er erkennt in sich den Schuldigen – fast den Sohnesmörder. Er, der Vater, war die Ursache aller Folgen. „Guidon straf ich? Und wer ließ Blanca ins Kloster bringen?“ (V, 7). Er ist für einen Augenblick bereit, nicht den Sohn, vielmehr sich selbst zu richten. Schuld verkettet sich mit Schuld – der Söhne gegen den Vater, des Vaters gegen die Söhne. Nicht nur die junge Generation geht zugrunde[55], mit ihr der Vater und in ihm der Fürst und der Staat. Die Vereinigung, die sich V, 8 zu spät vollzieht, ist eine Vereinigung von Schuldigen und Toten. Auch die Söhne haben den Vater vor das Gericht gefordert, und er spricht sich das Urteil, indem er sich seiner Fürstlichkeit begibt und dem memento mori der schwersten Bußaskese entgegengeht. Der Fürst und Vater, der Familie und Staat bewahren wollte, gibt sie, ein Gebrochener, im Bewußtsein seiner Mitschuld preis. Er kann nicht mehr Fürst sein, wenn die Autoritätseinheit von Vater und Fürst, jene Einheit, von der IV, 4 der Erzbischof gesprochen hat, als die sittliche und gesellschaftliche Voraussetzung der Staatsordnung sich auflöst und die Schuld des Vaters auch den Fürsten schuldig macht. Da er die Autorität in der Familie einbüßte, kann er sie auch als Fürst nicht mehr ausüben. Julius empörte sich gegen den Staat, weil er dem Menschlichen keinen freien Raum ließ; sein Vater muß sich seines Fürstentums entkleiden, weil er sich im Menschlichen um seinetwillen schuldig machte. Er läßt in seinem Verzicht noch eine Schuld ungelöst zurück: seine Untertanen werden, gleich verlassenen und verstoßenen Kindern, die Last und Verschuldung jener, die für sie zu sorgen hatten, weiterschleppen. Die Mahnung des Erzbischofs an seinen Bruder bleibt so ungehört wie vorher die Mahnungen Aspermontes an Julius: „... bedenke, was du deinem Lande schuldig bist, und die harte neapolitanische Regierung!“ (V, 9).

[55] Ebd., S. 108.

III

Wurde der *Julius von Tarent* lange, bis zur Wende durch W. Keller und G. Mattenklott, von der Forschung vernachlässigt – um F. M. Klingers *Zwillinge*[56] hat sich ein dichter, in seinen Widersprüchen verwirrender Kranz von Deutungen gelegt. Man las das Trauerspiel als die erste große deutsche Charaktertragödie des genialischen Kraft- und Tatmenschen[57], der, ein monomaner und überreizter Subjektivist, im Extremismus seines Verbrechens den ihm eigenen Zug zur Größe erweist. Klinger hatte selbst die Erinnerungen an Kain und Abel in sein Drama eingelegt; er löste die Urfabel aus ihren religiösen Zusammenhängen, und er schien in ihrer Umformung den Akzent auf den bis zum Pathologischen gesteigerten psychologisch-emotionalen Ablauf gelegt zu haben. Kain, ein anderer Prometheus, wurde ein Urbild der im Sturm und Drang dominanten Figur des Selbsthelfers, dessen Handeln ins Zerstören umschlägt.[58] Man las die *Zwillinge* weiterhin aus den Erlebnissen dieser Generation heraus als Drama eines dynamischen Rausches der Leidenschaft, und man fand in dem Trauerspiel eine für diese Bewegung stiltypisch repräsentative Form, angesichts deren ältere Kategorien des Dramas wie Handlung, Charakter, geistiger Gehalt, Idee hinfällig wurden.[59] Aus anderer Perspektive fand man jedoch eine „Idee" auf: sie wurde auf die simple Formel eines Konflikts zwischen der Naturordnung, die Guelfo vertritt, und der Rechtsordnung, die sich in Ferdinando darstellt, zusammengezogen. „Und Kain erschlägt seinen Bruder Abel, der dem naturrechtlichen Herrscherrechte des Starken, des Zweitgeborenen überall kraft seiner Erstgeburt im Wege ist"[60] – wobei nicht beirrte, daß nach der Bibel Kain der Erstgeborene ist. Doch meldete sich gegen die lange traditionelle Auffassung Guelfos als leidenschaftsgetriebenen Macht- und Tatmenschen auch Widerspruch an, der ihm genau dies absprach: so daß er nun, von Grimaldi als Werkzeug mißbraucht, ohne Willensstärke, wie ein vom Dämon Besessener, von einem fatalistischen Schicksalsgefühl getrieben und sein Gewissen betäubend, seinem Verhängnis entgegentaumelte: dumpf, triebhaft, launisch und kaum seiner selbst mächtig. „Der düstere, zerquälte Guelfo ist kein Mann, der aus echter Kraft handelt, sondern der Enterbte und Verarmte, der sich aus dumpfem

[56] Zur Entstehungsgeschichte Max Rieger, *Klinger in der Sturm- und Drangperiode*, Darmstadt 1880, S. 86, ferner Christoph Hering, *F. M. Klinger, Der Weltmann als Dichter*, Berlin 1966, S. 61 ff.

[57] August, Sauer, *Klinger und Leisewitz* (s. Anm. 11).

[58] Dazu Edith Braemer, *Goethes Prometheus und die Grundpositionen des Sturm und Drang*, Weimar 1959 (Beiträge zur Deutschen Klassik, Abhandlungen, Bd. 8).

[59] Kurt May, *Die Struktur des Dramas im Sturm und Drang, an Klingers Zwillingen* (s. Anm. 4), S. 42 ff.

[60] H. A. Korff, *Geist der Goethezeit*, Bd. I, S. 235.

Groll erst zur Auflehnung gegen sein Schicksal antreiben lassen muß."[61] Das Drama erschien als eine pathologische Parodie der Kainsgestalt[62], mehr eine Naturkatastrophe als eine moralische Auseinandersetzung, es wird zum „Seelengemälde des Neides".[63] Eine andere Interpretation verstand die *Zwillinge* von Klingers vermuteter Kenntnis des *Système de la nature* des Barons Holbach her und sah in dem Trauerspiel eine Vorform der romantischen Schicksalstragödie.[64] Weit entfernt davon, begriff man es als gesellschaftskritisches Drama, als „eine konkret gegen das Feudalsystem gerichtete Dichtung", in der allerdings nur Charaktere auftreten, die lediglich im Feudalismus vorkommen können. „Ferdinando ist ein ebenso typisches Produkt der herrschenden Gesellschaftsordnung wie Guelfo." So sollen denn auch trotz ähnlicher Fabel die *Zwillinge* mit der Kain-und-Abel-Geschichte keine thematische Ähnlichkeit zeigen.[65] Die jüngste Interpretation verfolgte, bestimmt vom Aspekt auf die Melancholie und auf die Poetik des Trauerspiels im Sturm und Drang, darin Walter Benjamins Anregungen fortentwikkelnd[66], einen anderen Weg. „Nicht die Konfrontation der Brüder aber, denen das Stück seinen Titel verdankt, sondern die von Guelfo und Grimaldi bestimmt das Drama. Nicht Ferdinando und Guelfo, sondern dieser und Grimaldi sind die eigentlichen Zwillinge."[67] Diese Mannigfaltigkeit der Auffassungen kommt nicht von ungefähr; sie bezeugt die innere Mehrschichtigkeit dieses Dramas.

Wie im *Julius von Tarent* mündet der Bruderzwist in den Mord, vollzieht ein gebrochener, greiser Vater das Gericht über den Mörder; hier wie dort lieben die Brüder das gleiche Mädchen. Aber Klinger legt dem Geschehen eine emotionale Vielheit ein, die die Spannung zwischen Sujet und Form,

[61] Chr. Hering, S. 61. Bereits vor ihm sprach Hans Ruppert, *Die Darstellung der Leidenschaften und Affekte im Drama des Sturmes und Dranges*, Berlin 1941 (Neue Dt. Forschungen, Abt. Neuere Dt. Literaturgesch., Bd. 34), S. 77 ff., generell von einer Passivität der „echten Sturm- und Dranggestalten". „Aktive Haltung dagegen bewähren sie gegen die Hemmnisse, die von außen kommen, von dem Ewig-Gestrigen etwa, das sie hindern will, sich auszuleben ... es ist ein ausbruchartiges, abfallartiges Aufbegehren zwiespältiger Natur und enthüllt nur wieder die wesentlich passive Grundhaltung, die selbst den Täternaturen dieser Dramen eigen ist." Heinz Steinberg, *Studien zu Schicksal und Ethos bei F. M. Klinger*, Berlin 1941 (Germanische Studien, Heft 234), S. 25, faßt Guelfos „Schicksal" als Ausbruch einer dämonischen Triebnatur auf.

[62] Hering, S. 71.

[63] Ebd., S. 74.

[64] Hans M. Wolff, *Fatalism in Klingers Zwillinge*, in: The Germanic Review, XV, 1940, S. 181 ff.

[65] Olga Smoljan, *F. M. Klinger, Leben und Werk*, Weimar 1962, S. 64 ff.

[66] Walter Benjamin, *Ursprung des deutschen Trauerspiels*, 3. Aufl., hrsg. von Rolf Tiedemann, Frankfurt a. M. 1963.

[67] G. Mattenklott, S. 64.

zwischen der streng konzentrierten Komposition des Gefüges einerseits, dem Vorgang und den Affekten andrerseits noch weit kräftiger akzentuiert. Aspermonte, der Erzbischof, die Äbtissin waren bei Leisewitz rational argumentierende und zugleich retardierende Begleitfiguren, die kritisch kommentierten, was in den Hauptpersonen vorging. Sie legten zwischen diese und die Zuschauer eine Distanz. Und unter den Brüdern wurde jener hervorgehoben, von dem Leisewitz gewiß war, ein bürgerlich empfindsames Publikum würde ihm Sympathie schenken und etwas von der Gloriole des Märtyrers zugeben.[68] Klinger verändert gründlich die Position der Brüder. Er drängt Ferdinando, dessen sentimentale Wohlanständigkeit diesem Publikum entspricht, an den Rand und macht provozierend Guelfo zur Zentralfigur, die derart nicht nur gegen Bruder und Eltern, sondern auch gegen dies Publikum streitet. Die radikale Zerstörung der menschlichen Beziehungen in der Familie, die Wendung von der ‚positiven' Moral, wie sie der Bruder, die Eltern, Kamilla zu vertreten scheinen, zur aktiven Amoralität des Guelfo – dies ließ, trotz der Ansiedlung in einem noch enger gezogenen Familienkreis, dies Trauerspiel den Typus des bürgerlichen Dramas von innen her sprengen. Eine retardierende Funktion kommt der Mutter, weiterhin Ferdinando zu, der in eine erhebliche Passivität zurückgeschoben wird. So meinte man denn auch, weniger der Bruderkonflikt als der Kampf um die Erstgeburt sei das Thema des Trauerspiels.[69] Weit mehr als im *Julius von Tarent* konzentrieren sich Spielaufbau und -ablauf auf die Auseinandersetzung des *einen* Sohns mit dem Vater. Grimaldi, in vieldeutigem Spiel und dialektischer Funktion die Verdoppelungs-, Kontrast- und Spiegelfigur zu Guelfo, profiliert noch mehr dessen zentrale Position.[70] Zwischen Julius und Guido ergab sich ein immerhin relatives Gleichgewicht. Obwohl sie Zwillinge sind, gibt es nichts, was Guelfo und Ferdinando als Brüder erkennen ließe. Die junge Generation hat sich hier in sich selbst noch weit radikaler aufgespalten; es ist schwer, in den Brüdern eine Gemeinsamkeit wenigstens unter diesem Aspekt zu entdecken. Sie sind weniger verschiedene Typen in der gleichen Generation als in der bestehenden Gesellschaft.

Leisewitz ging vom naturhaften und gesellschaftlichen Gefüge der Familie aus, und er ordnete es in einen staatlichen Zusammenhang ein, so daß mit seiner Problematik auch die der gesellschaftlichen Herrschaftsordnung vergegenwärtigt wurde. Klinger geht mehr von der dominierenden Einzelfigur aus; Guelfo ist der Motor des Geschehens, die Familie wird ihm nur als Zustand und Widerstand konfrontiert, kaum jedoch als ein fordernder, größer

[68] Zum Problem des Märtyrers im ‚Julius von Tarent', ebd. S. 113f.

[69] Erich Schmidt, *Lenz und Klinger,* S. 83.

[70] Zu seiner Figur jetzt G. Mattenklott, S. 65ff.

dimensionierter staatlich-gesellschaftlicher Pflichtenkreis. Was seine Eltern von ihm familienpolitisch erwarten, bleibt am Rande (I, 4). Das tätige Selbstbewußtsein, zu dem Grimaldi ihn antreibt, ist anderer Art: es soll seiner subjektiven Anlage zu Tat und Größe aufhelfen, die sich selbst, nicht objektive Einordnungen wollen soll. „Guelfo, dir fehlt nichts, als Glauben an dich, und du bist ein gemachter Mann, der alles mit Gewalt nach sich zieht" (I, 1). Die staatlich-gesellschaftliche Reichweite dieser Familie ist reduziert.[71] Zwar ist auch hier das grandseigneurale Ambiente nötig, und der Reichtum, die Privilegien, über die diese feudale Familie verfügt, unterstreichen das Gefälle zwischen den beiden Brüdern. Aber dieser italienische Aristokrat regiert kein Fürstentum, und Ferdinando erwartet keine Krone. Sie sind ihrerseits abhängig, Teil der feudalen Gesellschaft, nicht deren Spitze. Ihr Ehrgeiz zielt auf Anpassung an die herzogliche Obrigkeitssphäre, auf den Aufstieg in ihr. Guelfo nimmt sich davon nicht aus (I, 2). Der Familienkreis ist noch enger. Der Druck der Eingrenzung wird für den Widerstrebenden größer. Die Situation ist konkreter, atmosphärisch spannungsdichter: in den *Zwillingen* ist alles schon vollzogen, wogegen sich Guelfo auflehnt: Ferdinando genießt bereits sein Erbe, Kamilla ist unter dem gleichen Dach, die Hochzeit ist gerüstet, die zum Fest des Todes wird. Es geht um konkret Nächstes: Kamilla, das Erstgeburtsrecht, die Hofkarriere, das Geld und die Apfelschimmel. Es gibt keine Möglichkeit des Paktes unter diesen Brüdern, wie ihn Guido trügerisch dem Julius offeriert.

Für Guelfo ist der Bruder definitiv und total der Räuber aller seiner Lebensansprüche; zugleich ist Ferdinando ihm als Gegner noch weniger ebenbürtig, als Guido von dem verachteten Julius behauptete. Guelfo zielt über seinen Bruder hinaus: gegen ein objektives gesellschaftliches System, das ihn in der Familie zum Depossedierten, zum Ohnmächtigen verurteilt und das keine Versöhnung mit den Eltern, dem Bruder aufheben kann, da es vielmehr nur durch sie bekräftigt würde. Bei Leisewitz ging es in dialektischer Sicht um das Problem der Vermittlung zwischen den überpersönlichen Ordnungen, die sich in der Herrschaftsposition der Familie in Tarent darstellte, und der sich emanzipierenden Subjektivität, die bei Julius eine ‚bürgerlich' empfindsame Gefühls- und Sprachlage erhielt. Diese Subjektivität war nicht willig, eine Verantwortung für die bestehende politisch-gesellschaftliche Ordnung zu übernehmen. Julius desertierte aus Familie und Staat, Guido zerstörte die Familie und den Staat, der alte Fürst konnte Herrschertum und

[71] Zwar ist auch hier ein grandseigneurales Ambiente nötig: Reichtum und Würden, über die die Familie verfügt. G. Mattenklott sieht im Palast als Schauplatz eine Abhängigkeit vom barocken Trauerspiel, von den sozialhistorischen Wertungsnormen des 17. Jh.s, S. 79.

Schuld nicht vereinigen. So wurden sie alle an dem schuldig, wozu die Gesellschaft sie verpflichtete. Zugleich jedoch ging es Leisewitz um die Verantwortung von Familie und Staat gegenüber dem zu seiner Subjektivität und Freiheit berechtigten Menschen. Daß Familie und Staat für die Menschlichkeit des Julius keinen Raum ließen, beendete beider Autorität und tiefere Legitimität.

Die Darstellung des Guelfo in den *Zwillingen* rückt der Zeichnung der Kainsfigur in den voraufgegangenen Kain-Abel-Darstellungen nahe.[72] Klinger hat zudem viele Allusionen auf die biblische Urfabel, die sich zum Schluß des Dramas häufen, eingelegt. Guelfo ist wie Kain in die Einsamkeit verstoßen, und er verstößt sich trotzend selbst in sie; auch er ist schwermütig-unglücklich, erniedrigt, in sich gefangen und zerrissen, liebesbedürftig und doch ein Fremder unter denen, zu denen er gehört. „Ich war kein Knabe für euch, bin kein Mann für euch!" (I, 3). Er ist „rauh", wie es immer wieder auch von Kain heißt; hingegen zeigt der süße, empfindsame, kluge Ferdinando die Abel-Züge. Wie Kain empört sich Guelfo dagegen, daß dem Bruder mühelos die Güter und Freuden der Welt zufließen, während ihm alles entzogen wurde: die Geliebte, die Eltern, die Privilegien der Herkunft, der Besitz. „... ich bin nichts, nichts! schlag auf mein Herz – und nichts! Wenn ich seine Titel hinschreibe, schmier ich einen Bogen voll. Schreib' ich mich gegen über, heißt's Ritter Guelfo, mit einem Einkommen von 500 Dukaten ... Nicht so viel Land ist mein, als ich mit meinem Degen übermessen kann" (I, 1). Kain hadert mit Gott und muß sich dessen Fluch beugen, der sich wie ein stummes Fatum nicht verantwortet. Guelfos Frage nach dem ihm geschehenen Unrecht ist hingegen an Menschen, die ihm nächsten Menschen, gerichtet, denn seine Erniedrigung ist ihr Werk. „Und warum denn nun? Grimaldi, warum hab' ich nichts, und er alles?" Klinger transponiert die religiöse Urfabel in die gesellschaftliche Zuständlichkeit seiner Zeit, mag sie auch „an der Tiber" spielen. Menschen müssen sich, anders als Gott, verantworten; sie können zur Rede gezwungen, zur Rechenschaft gefordert werden.

Guelfo stellt seine Frage dreimal an die Zeugen des Augenblicks, der über ihn entschied: an den Arzt und an die Mutter. Er wird jedesmal in Ungewißheit gelassen und leitet gerade daraus seine eigene Gewißheit ab. „Man wußte nicht, welcher es wäre, weil man nicht wissen wollte!" (I, 2). Die etablierte Ordnung gilt als gerechtfertigt, weil sie ist, wie sie ist; sie bedarf keiner weiteren Legitimierung. Sie sanktioniert das Bestehende als Bestehendes, sie vermehrt und befestigt es. Sie stellt dem Lebenstrieb, der Lebenskraft des

[72] Auguste Brieger, *Kain und Abel in der deutschen Dichtung* (s. Anm. 10), S. 49ff. Wenn hier die Kain-Abel-Darstellungen in Empfindsamkeit und Sturm und Drang zusammengefaßt werden, deutet dies auf einen Zusammenhang, der näherer Analyse bedürfte.

Beraubten ihre starre Ordnung und Form entgegen. Sie provoziert Guelfos Auflehnung und nimmt ihm, als Ordnung der Eltern, zugleich das Recht dazu. „Sie machten, was sie wollten", sagt Guelfo III, 2 zu seiner Mutter. Der Vater entschied, nach Guelfos Überzeugung, mit einer gegen alle Naturrechte verstoßenden Willkür. Damit bedeutet die Erstgeburt hier nicht einen Naturvorgang, sondern sie wurde zu einer Auslegung, vielleicht zwar „aus sichern Zeichen", wie der Arzt (I, 2) behauptet. Aber eine Auslegung durch Menschen muß von ihnen verantwortet werden. Eben dies wird Guelfo verweigert. Er soll als Natur- und Gesellschaftsgesetz akzeptieren, was zumindest der Willkür verdächtig ist. Der Vater hat damit seine natürliche Autorität an eine künstlich erzwungene Autorität verraten. Ihr sich zu unterwerfen, erkennt Guelfo sich nicht verpflichtet. Die Rechts- und Besitzordnung in dieser Familie ist mit der gesellschaftlichen Rechtsinstitution, dem Erbrecht des Erstgeborenen, so total identifiziert worden, daß, entgegen dem natürlichen Recht auf Gleichheit aller, dem einen alles zufällt, dem andern alles genommen wird. Dies pervertiert die natürliche und sittliche Liebesordnung der Familie, jene Gerechtigkeit und Gleichheit der Liebe, welche, analog dem Schöpfergott gegenüber der Menschheit, die Eltern allen ihren Kindern schuldig sind. Sie versündigen sich gegen beides, indem sie einen Mechanismus zum Prinzip von Erhaltung und Aufstieg der Familie machen, der den lebendigen Menschen, ungeachtet seiner individuellen Lebensrechte, zur Sache – als Erst- oder Zweitgeburt – verdinglicht. Gleichheit, wie die Natur sie in Zwillinge eingelegt hat, wird verkehrt zur totalen und permanenten Ungleichheit. Die Gesellschaft usurpiert die Macht, wie ein unwiderrufliches Schicksal zu gelten. Dies aber heißt, jegliche Ordnung der Familie in die Negation umzukehren. Das Erstgeburtsrecht, Grundmodell der sozialen Ungerechtigkeit in der menschlichen Gesellschaft, zerreißt die Familie als natürliche Liebesgemeinschaft und die Menschheit als eine große Gemeinsamkeit brüderlich Geeinter. So weitet sich das Konfliktthema in den *Zwillingen* über den einzelnen Familienfall hinaus zu umfassender politisch-gesellschaftlicher Dimension.

Klinger hat viel getan, den Problem- und Konfliktfall zuzuspitzen. Denn was ist das für eine Rechtsordnung, die auf einem biologischen Zufall, auf dem Unterschied nur weniger Minuten, auf einer von keinem Zeugen geleugneten Ungewißheit aufbaut, die zumindest einen Irrtumsverdacht, wenn nicht eine Willkürentscheidung nahelegt. Der Vater entnahm das Recht zu ihr einer feudal-aristokratischen Gesellschaft, die bis zur höchsten Spitze auf dem gleichen Prinzip beruht. Rechenschaft zu fordern – das heißt hier, sich gegen diese gesamte bestehende Gesellschaft in ihrer Repräsentation durch den Vater aufzulehnen. So war denn aus dem Motiv des Erstgeburtsrechts und dessen Implikationen ein Drama des Kampfes des Sohnes gegen den Vater zu erwarten. Doch Klinger schrieb ein Trauerspiel vom Brudermord. Der Vaterkonflikt wird, obwohl in wechselnden Phasen, im Anschwellen und Abdämpfen, in Schüben und Retardationen bis zum definitiven Riß in III, 1, beständig gegenwärtig gehalten. Aber er wird nicht zum Aktionszentrum. Auch Klinger wagte nicht, die Schwelle zum Vatermord zu überschreiten; der Brudermord tritt an dessen Stelle. Auf diesen Aspekt wird sich das Folgende begrenzen. Es geht also nicht um eine Analyse des komplexen dramatischen Gesamtgefüges, nicht um die hier entwickelte vielschichtige Leidenschaftspsychologie, sondern nur um den Versuch, genauer zu verstehen, in welcher Form Klinger sich des Themas von den Feindlichen Brüdern bemächtigte und zu welchen Konsequenzen er es führte.

Guelfos auflodernde, spannungsüberladene und in beständiger monologischer Selbstreflexion kreisende Aggression zielt, nach dem Gespräch mit dem Arzt, vorzugsweise gegen die Eltern. „Vater! Vater! Mutter! Ich will euch ausstreichen! will euch ausstreichen, auch bis aufs letzte Fäserchen aus dem Herzen reißen!" (I, 2). Den Signalmotiven der ersten Szene – Guelfos Spiegelung in dem leidenschaftlich-gewalttätigen Cassius, nicht in dem besonnen gerechten Brutus, die Namen von Ferdinando und Kamilla, die Beraubung durch den erstgeborenen Erben – folgt in diesen drohenden Ausrufen ein neues zentrales Signalmotiv. Es kündigt Guelfos mehrschichtiges Verhältnis zu den Eltern, das zwischen ihnen und ihm ablaufende innere Drama an. Grimaldi versucht aufstachelnd, begleitend, zugleich jedoch warnend, vorauszunehmen, was sich in Guelfo in qualvoller Widersprüchlichkeit der Affekte und Stimmungen während der nächsten Akte vollziehen wird; er versucht, Guelfo eine Unabhängigkeit von den Blutsbanden, die ihn von Natur her an die Eltern und den Bruder heften, zu suggerieren, um ihn, als Werkzeug seiner Rache, aus den Klammern dieser Familie herauszulösen. „Du bist Ferdinandos Bruder nicht... Wie kamst du unter das Geschlecht dieser Schwachen? Du bist vertauscht! O du bist so nicht geboren!" (I, 2). Er wiederholt es andrängend mehrfach: „...Sieh dich an, Guelfo, ob du sein Sohn bist? Halt's zusammen, ob ihr Zwillinge seid?" (I, 2). Guelfo wehrt zunächst ab: „Mein Vater? meine Mutter? Sind sie's? Laßt das nur..." Seine Gedanken fixieren sich auf den Bruder. Was eben noch den Eltern von ihm zur Schuld angerechnet wurde, wird jetzt dessen Schuld, die Folge seiner heuchlerisch sanften Ränke, die Guelfo vermeintlich das Herz der Eltern fortnahmen, das ihm ursprünglich so wie jenem gehörte. „Herausgeben sollst du mir die Erstgeburt, herausgeben sollst du mir Vater und Mutter, herausgeben sollst du mir alles; oder ich will dich würgen, wie Kain, und verflucht, den Mord auf der Stirne, herumirren" (I, 2). Ferdinando hat, ein anderer Jakob, mit ihm die Geschichte des Esau von neuem gespielt. Guelfo überhöht und verbirgt sich seine eigene Wirklichkeit mit mythisierenden Präfigurationen. Er bedient sich der biblischen Parallelen als Legitimation. Der Bruder stahl ihm diebisch „des Vaters Gunst, Herz und Güter“, die Geliebte, die Aussicht auf ein ruhmvoll tätiges Leben. Er nahm ihm, woran er hängt: gerade auch den Vater und in diesem, was er an Besitz und Rang repräsentiert. Denn Guelfo will nicht nur der erste Sohn, er will auch der erste Sohn dieses Vaters sein. „Guelfos erster ich! Hörst du, wie die Wahrheit aus dem Echo zingelt: Guelfos erster du! Grimaldi, wie wär's möglich?“ (I, 2).

Klinger hat dafür gesorgt, daß in Temperament und Leidenschaftlichkeit wie Stolz der Vater und der Sohn, der natürlich nicht zufällig dessen Namen trägt, eng zusammenrücken – auf Kosten des allzu sanftmütigen Ferdinando. Vaterhaß und Vaterbindung sind in Guelfo dicht verknüpft. Zwar gibt diese innere Verwandtschaft der Figur des alten Guelfo etwas Zwiespältiges. Er ist einerseits, ähnlich dem Fürsten von Tarent, ein um Frieden bittender, lebensmüder Greis (I, 4), er zeigt sich aber auch rasch aufbrausend und willenskräftig in der Behauptung seiner Autorität, „heiß wie Feuer“ (I, 4) gleich seinem Sohn, als habe er in solchen Momenten sein eigenes Alter vergessen. Erst diese Vater-Sohn-Beziehung legt dem Konflikt um die Erstgeburt das spezifisch dramatische Element und Guelfo die innere dramatische Spannung und Widersprüchlichkeit ein. Sie ist dialektischer Artung: je mehr er nach dem Vater verlangt, um so mehr muß er sich gegen ihn empören.

Unter der Herrschaft des Erstgeburtsrechtes, das den einen zum unbeschränkten Herrn, den andern zum Knecht macht, ist die väterliche Familie eine Institution des Unrechts geworden. Sie zerstört die natürlichen und moralischen Beziehungen ihrer Mitglieder zueinander und zerstört damit die innere Existenz von jedem, der ihr angehört. Die Familie gerät in einen Widerspruch in sich selbst, wenn sie trotz des Unrechts, auf dem ihr Bestand basiert, den Charakter einer Liebesgemeinsamkeit bewahren und als solche anerkannt werden und verpflichten will. Die weiblichen Mitglieder, doch auch Ferdinando und der Vater versuchen immer wieder, den „ungebärdigen“ Bruder in sie zurückzuholen: mit Bitten, mit Besänftigungen und Nachgiebigkeit, sogar mit väterlichem Segen (I, 4). Guelfo stößt den Bruder zurück; ein Ausgleich mit dem Vater scheitert wiederholt bis hin zu jenem in III, 1 nur erzählten Auftritt, in dem der Vater, sich bedroht glaubend, zur Waffe greift – „der alte Guelfo stieß mich wirklich hinaus“. Guelfos maßlose Reaktion zeigt, wie tief ihn dies traf. Er glaubt sich jetzt endgültig verstoßen. „Ich schwieg, blickt' ihn an und sah den Augenblick, daß er mein Vater nicht ist“ (III, 1). Er glaubt sich von ihm gelöst. Alle Gemeinsamkeit der „Menschlichkeit“ ist für ihn jetzt zerrissen; er fühlt sich frei zu jeder Rachetat. „In diesem Augenblick überfällt mich Menschenhaß, daß meinem Gaumen nach ihnen gelüstet. Laß uns die Menschen anfallen, wenn das Eltern thun! Laß sie uns zerreißen!“ (III, 1). Es bedarf kaum des Hinweises auf I, 2 der *Räuber*. Aber während für Karl Moor sich die Menschen zu Bestien verändern, glaubt Guelfo hier die Legitimation zu eigener Bestialität erhalten zu haben. Aus dem verfluchten verlorenen Sohn (I, 4), der das Elternhaus verlassen wollte, um einer Gewalttat auszuweichen, ist jetzt der verstoßene Sohn geworden, der Brudermörder des folgenden Morgens. Die sich kontrastierend anschließende Szene III, 2 mit der Mutter scheint Guelfo retardierend nochmals an die Familie zurückzubinden; er ist, auch wenn er nur eine halbe Antwort auf seine Frage nach der Erstgeburt erhält, der Sohn dieser Eltern und Ferdinandos Bruder. Er kommt innerlich nicht frei. Die Liebessprache der Mutter sucht den Widerstrebenden, der sich für „ein Abscheu" für alle hält, in die Familiengemeinschaft zurückzurufen. „Guelfo! gieb uns Frieden! gieb dir Frieden" (III, 2). Ihr Flehen scheitert an dem Namen Ferdinando. Der Verstoßene stößt die Mutter von sich, den letzten Ring in der Kette, die ihm die Freiheit zu seiner Rache nehmen will. „Deine Mutter rief sich mit dem Namen aus deinem Herzen. Es ist deine Mutter nicht. Ich straf' meine Mutter keiner Lüge; Guelfos Weib log! – Weg, was Mutter heißt! Du bist Guelfos Weib!" (III, 2). Gleichwohl vermag das Pathos dieser Anklage, zu der sich der Ankläger auf eigentümliche Weise selbst überredet, nicht die überquellende Weichheit des Gefühls zu verdrängen, die ihn noch immer an die Mutter bindet. Das Naturgesetz der Liebesverbundenheit hält ihn durch die Mutter fest, sosehr er diese Familie sich gegenüber schuldig meint und sosehr er, in seiner Liebessehnsucht enttäuscht und verletzt, sich aus ihr selbst verstoßen hat. Guelfos leidenschaftliches Hassen ist mehr als die Empörung des Depossedierten, mehr als eine Auflehnung gegen das eklatante Unrecht, mehr als Neid, Eifersucht und Bitterkeit gegenüber dem Bruder. Es ist das Aufbegehren dessen, der zu jener fast paradiesischen Liebesgemeinschaft, die sich der Vater und die Mutter, Ferdinando und Kamilla für einen kurzen Augenblick in II, 2 erhoffen, keinen Zutritt findet. Die Klage dessen, dem mit dem Erbe die Liebe verweigert wurde und der nun allen ihren Versicherungen nicht mehr trauen kann, durchzieht das ganze Stück. Bittertrostlos schon am Ende der ersten Szene mit der Mutter (I, 3): „Und wer erbarmt sich meiner, der ich gefoltert werde von bösen Geistern innig? Wer erbarmte sich meiner von je?"; in rasender Verzweiflung gegenüber Kamilla, der Geliebten, die sich dem Bruder verlobt hat: „Vernichtet habt ihr mich doch alle!" (II, 5). Der Haß dieser in sich selbst verstrickten, ausweglosen Verzweiflung flüchtet sich zur Entladung in Grausamkeit gegenüber jenen, die sich nicht wehren können: wenn Guelfo die Hände im Blut der armen erjagten Tiere badet (II, 2), wenn er Untertanen zu Tode peitscht (I, 4; IV, 2). Er flüchtet sich endlich in den Brudermord.

Aber kann denn Guelfo einer Familie vertrauen, von der er glaubt, sie habe „schon bei deiner Geburt gearbeitet, dich zu ersticken!" (I, 2)? „Und es rief mir eine Stimme zu: Habe Glauben! und es rief mir abermals eine Stimme zu: Habe keinen Glauben! Denn wenn du das glaubst – Guelfo, wo bist du?" (II, 5). Wie soll er einer Familiengemeinschaft vertrauen, in der gesellschaftliche Praxis und Gefühlsversicherungen, Repression einerseits, Sentimentalität andrerseits im beständigen Widerspruch zueinander liegen? Spricht nicht aus diesen Liebeswerbungen der Mutter, den Liebesbezeugungen Ferdinandos, Kamillas, des Vaters nur eine andere Äußerung von deren Disziplinierungsinteresse gegenüber dem „wilden" Sohn; bedeuten sie nicht auch eine Gefangennahme, die an seiner objektiven Situation in der Familie und in der durch sie repräsentierten Gesellschaft nichts ändern würde, und sind sie nicht lediglich ein demütigendes Mittel, ihn dem Kalkül der anderen gefügig zu machen und ihn Ferdinando zeitlebens, wie den Knecht dem Herrn, zu unterwerfen? „Wenn du edel bist, Guelfo, deine Wildheit zum Guten lenkst, deine Tapferkeit von Ferdinandos Klugheit leiten läßt, soll unser Haus bald ein Herzogtum blühen" – so der Vater (I, 4). Solche Freundlichkeit ist nichts als eine Verstärkung der Angel, an der sich der Fisch zu Tode zappelt. „Und wie ich zapple! Mit den Küssen angeln sie meine Seele, und ich blute. Kamilla! Kamilla! Ich häng' an der Angel, zucke mich zu Tode!" (II, 2). Der Weg Guelfos bis zum Mord ist die Geschichte seiner qualvollen Bemühungen, frei von den Bindungen an die Familie zu werden, von denen er sich nicht zu lösen vermag und die er endlich mit Gewalt zerreißt. Sein Drama ist nicht die Geschichte eines außerordentlichen Kraft- und Tatmenschen, sondern eines getriebenen, sich immer wieder aufbäumenden und in sich selbst zurückschrekkenden Menschen, der einer Fesselung entkommen möchte, die in sein eigenes Innere eingelegt ist.

Guelfo glaubt sich endlich von Pflichten gegenüber seiner Familie gelöst, nachdem er dessen gewiß zu sein vermeint, daß ihre Angehörigen sich auch ihm gegenüber an keine Verpflichtung gebunden hatten – selbst die Mutter nicht. „Ob du mich schon halfst zu Grunde richten und klein machen, da ich unvermögend war" (III, 2). Er vermeint, in anarchischer Selbsthilfe um des Rechtes willen zu handeln. „Er hat mir die Erstgeburt gestohlen, hat mich verdorben und ihr! Er hat mir diese gestohlen, die bleich da liegt. Ich erschlug ihn, da er mir das Meinige nicht geben wollte" (V, 2). Doch die totale Freiheit zum Selbst schlägt in eine ebenso totale Unfreiheit um. Dieser Selbstverlust bereitet sich schon vor der Tat vor, in die Guelfo zuletzt wie im ekstatischen Zwang, ein Getriebener, der kaum noch seiner selbst bewußt ist, hineinjagt (III, 1). In dem Augenblick, der zum Triumph seines Selbst werden sollte, schaudert er vor diesem Selbst, aus dem ihn das Gesicht des Brudermörders anblickt, zurück. Aber er vermag nicht, aus diesem durch sich selbst zerstörten Selbst zu flüchten. „Ha! ich kann mich nicht ansehen! Reiß dich aus dir, Guelfo! *Zerschlägt den Spiegel.* Zerschlage dich, Guelfo! – Guelfo! Guelfo!

geh aus dir! Schaff dich um!" (IV, 4). Der Riß, den seine Tat für die Familie bedeutete, geht schneidend durch ihn selbst hindurch. Seine Worte klingen wie ein zu spätes Echo jener Bitten und Mahnungen, die er immer wieder hatte hören müssen. Der Mörder hat sich mehr denn je zuvor in die Familie hineingefesselt. Denn er hat, indem er den „Feind" (IV, 5), den „Dieb der Erstgeburt" tötete, den Bruder ermordet und in ihm auch „Vater, Mutter Braut" erschlagen (V, 2). Die Klammer, aus der er sich herausgekämpft zu haben meinte, hat sich nur um so fester um ihn geschlossen. Sein Recht zur Auflehnung ist untergegangen in der Schuld am Bruder. Der alte Guelfo, zugleich Kläger und Richter, vollzieht, indem er den Sohn ersticht, in schrecklicher Paradoxie an ihm die letzte Vatertat. Guelfo beugt sich ihm ohne Widerstreben, so als erkenne er jetzt aus dem eigenen Selbst heraus die immanente richterliche Autorität des Vaters an. Man kann G. Mattenklott nur zustimmen: „Nicht durch den Vater, der ihn ersticht, geht Guelfo zugrunde, sondern durch sich selbst... Er entzieht sich nicht den Folgen seines Mordes und wählt damit sein Schicksal als sein eigenes."[73] Der Guelfo, der aufbegehrend nach seinem Selbst verlangte, mußte durch den Brudermord gehen, um es im letzten Lebensaugenblick zu finden. Mattenklott weist darauf hin, daß die Geste des Sich-Verhüllens, nach seinem letzten Wort „Ich hab' ausgered't" (V, 2), wie das Symbol eines Suicid gesetzt ist. „In ihm fällt indessen nicht das Selbst, sondern dieses bietet seinen Leib als Opfer."

Ähnlich wie beim *Julius von Tarent* muß gefragt werden: hat eine objektive Autorität von Familie und Gesellschaft den anarchischen Selbsthelfer zwar nicht zu einer Unterwerfung, aber doch zu der Opferung seines Lebens genötigt und derart über ihn gesiegt? Ist er zum Ende der Verurteilte, weil er zum Aufrührer wurde? Oder ist der Mord des Vaters an seinem Sohn eine letzte Liebestat, die den Verlorenen jetzt in die Gemeinschaft der Familie zurückholt? Der Dolchstoß des alten Guelfo ist zugleich eine Tat der Rache und des Erbarmens. „Rächen will ich Vater Guelfos Sohn! erretten von der Schande Guelfos Sohn!" (V, 2). In diesen Worten stellt sich eine Gleichheit beider Söhne her. Sie werden im Tod vereinigt, Zwillinge im Tod. In der Fassung der *Zwillinge* von 1792, in der Klinger den Vater dem Guelfo gestehen läßt, er selbst wisse nicht, wer von beiden der Erstgeborene sei, ist den letzten Worten des alten Guelfo eine verstärkende Deutlichkeit eingelegt. „Rächen will ich den ermordeten Sohn! Erretten von der Schande, von der Verzweiflung den Mörder." Er fügt einen Gebetsanruf hinzu: „Erbarme dich seiner" – es ist gleichsam ein letzter Segen. Klinger arrangierte den Schluß zum Tableau, zur sprechenden Gruppe. „Er ersticht ihn. Wie er sinkt empfängt Amalie sein Haupt in ihren Schooß, indem sie neben ihn hinsinkt. Der alte

[73] G. Mattenklott, S. 70.

Guelfo den Dolch empor hebend, kniet nieder und breitet seine Arme gen Himmel aus. Kamilla unbeweglich bey dem Leichnam." Das irdisch Böse wird in schöner Vereinigung der himmlischen Gerechtigkeit anheimgegeben.[74]

Kurt May sprach davon, es gäbe hier keine „triumphierende Sinn- und Wertverkündigung"; schwerlich aber handelt es sich um eine „biologische Tragik", die „in der Erschöpfung des Expansionsdranges des großen Einzelnen" liegen soll.[75] Auch wird der Gehalt des Trauerspiels zu oberflächlich gekennzeichnet, wenn man ihn in der Gegenüberstellung einer großen und wilden Natur mit Vater, Mutter und Bruder als „den Vertretern einer zivilisierten Gesellschaft, die teils in Empfindsamkeit verweichlicht, teils in Berechnung ernüchtert" ist, zu finden meint.[76] Es wird hier alles ins Widersprüchliche gebrochen. Die Familie ist zugleich eine Institution des Unrechts und eine durch die Natur, durch das Blut geschaffene und derart unauflösbare Gemeinsamkeit. Sie vergeht sich gegen das Gesetz der Gleichheit, der Bruderschaft aller und hat doch eben diese Bruderschaft erzeugt und soll ihr Hort sein. Sie ist eine gesellschaftliche Interesseninstitution, die sich um derentwillen mit Gewaltsamkeit gegenüber den ihr Zugehörigen durchsetzt, und sie ist gleichwohl durch Natur und Moral verpflichtet, eine Liebesgemeinschaft zu sein. Über Charakter und Gesinnung ihrer einzelnen Mitglieder hinaus manifestiert diese Familie einen objektiven, ihr als gesellschaftliche Institution eingelegten und sie zerstörenden Widerspruch. Er wiederholt sich in Guelfo auf andere Weise. Der Mensch hat das natürliche Recht zu seinem unbedingten Selbst, und er ist zugleich in die Ordnung der Familie eingebunden. Er hat das moralische Recht, sich gegen sie aufzulehnen, wenn sie sich als gesellschaftliche Unrechtsinstitution entlarvt. Er vergeht sich damit aber gegen das andere natürliche und moralische Gesetz, ein Sohn und ein Bruder zu sein. Es geht in den *Zwillingen* nicht lediglich um die dramatische Darstellung von Phasen eines Expansionsdranges und der Erschöpfung einer so totalen Leidenschaft, daß sie nicht der Besitz begehrter Güter, der politischen Macht und nicht die Lust der Liebe befriedigen könnte; es geht vielmehr um die Selbstzerstörung einer Familie, die das Modell einer schlechten Gesellschaft ist, und sie reißt noch ihren stärksten Sohn, den Aufrührer, in diese Selbstzerstörung hinein.

[74] *Auswahl von Friedrich Maximilian Klingers dramatischen Werken.* Erster Theil, Leipzig 1794. S. 94. Ebenso in der Fassung, vermutlich von 1796, die Wilhelm Wiget unter dem Titel *Eine unbekannte Fassung von Klingers Zwillingen*, Tartu 1932 (Acta et Commentationes Universitatis Tartuensis [Dorpatensis] B Humaniora, XXVII), herausgegeben hat. Auf die erheblichen Änderungen in beiden Fassungen soll hier nicht eingegangen werden.

[75] Kurt May, S. 47.

[76] Ebd., S. 46.

IV

So nahe *Die Räuber* im allgemeinen thematischen Grundriß dem Stoff der Feindlichen Brüder bei Leisewitz und Klinger zu sein scheinen – der junge Schiller hat ihn eingreifend verändert und ihm in seinem „dramatischen Roman", wie es in der unterdrückten Vorrede heißt, ungleich größere, weitere Dimensionen eingelegt: unter psychologischem, gesellschaftlichem, ethischem und religiösem Aspekt. Die Mehrzahl dieser Aspekte hat die Forschung, in den Akzentsetzungen gewiß nicht einheitlich, doch in den großen Zügen übereinstimmend, herausgearbeitet. Es bedarf hier keiner Rekapitulation ihrer Einsichten. Nur angesichts der Frage nach dem gesellschaftlichen Problemgehalt der *Räuber* haben sich erhebliche Differenzen eingestellt, die wohl nicht nutzlos machen, sich hier genauer auf sie einzulassen. Auffällig ist zunächst: der Brudermord in actu findet in diesem doch wahrhaft von spannungsgeladenen Situationen und Terrorszenen überfüllten Drama nicht statt; obwohl von Franz mehr als einmal indirekt vollzogen, wird er als Tathandlung ausgespart. Keiner der Brüder legt Hand an den anderen; sie müssen sich beide selbst das Todesurteil sprechen. Franz schreckt vor der Tat zurück, sich hinter Daniel versteckend, als ihn alles dazu herausfordert (IV, 2); Karl frohlockt, obwohl er das feierlichste Recht dazu zu haben überzeugt ist, des Brudermordes enthoben zu sein (V, 2). Bei Leisewitz und Klinger verschob der Brudermord jeweils das nur relative Gleichgewicht zwischen den Brüdern zu dem Verhältnis von Täter und Opfer; Schiller hält dies Gleichgewicht in einem dichten Parallel- und Kontrastbeziehungsgewebe bis nahe dem Spielschluß durch. Damit fällt der von Leisewitz und Klinger rührend-pathetisch ausgeformte Schlußakt des rächenden, strafenden und versöhnenden Vaters fort; Karl wird zum Ohrenzeugen jener Totenklage auf seine beiden Söhne, die allerdings auch der alte Moor anstimmt. Der Vater wird hier zum Opfer beider Söhne. Franz vollzieht an ihm ein permanentes physisches und psychisches Morden; Karl wird, indem er sich als sein Sohn und als der Räuberhauptmann zu erkennen gibt, an seinem Tod schuldig. Schiller scheint den Bruderkonflikt, indem er, wie schon oft erörtert wurde, die beiden Brüder im szenischen Vorgang voneinander entfernt hält und sie je in eine selbständige, abgetrennte Handlung einbaut, als dramatisches Zentralmotiv erheblich zu reduzieren. Er löst jene statische Fixierung auf, mit der die Brüder bei Leisewitz und Klinger gegeneinander auf engem Raum, in kurzem Zeitverlauf gezwungen werden. Aber anders sieht es auf der inneren Bühne aus: es ist nachgewiesen worden, wie dicht und genau Schiller die beiden Brüder aufeinander bezieht und in einer Vielfalt von Spiegelungen bis in die sprachlichen Verknüpfungen, in die parallelen und antagonistischen Wortfelder hinein konfrontiert. Gleichwohl scheint Benno von Wieses Satz berechtigt zu sein: „Nicht der Konflikt der Brüder ist das dramatische Thema, sondern die gestörte Vaterordnung."[77] Hans Schwerte hat den Hauptakzent seiner *Räuber*-Interpretation gerade auf diesen Aspekt gelegt.[78] Doch läßt sich fragen, ob in ihr nicht eine Dimension zu sehr verkürzt wird, in die der Agon der beiden Brüder mit sehr wesentlichen Folgen transponiert ist: die Dimension eines gesellschaftlichen Zusammenhanges, in dem sie sich nicht nur selbst, sondern äußerste soziale Extreme repräsentieren; und zwar durchaus auch im historisch-aktuellen Sinne.[79] In den Brüdern radikalisiert sich bis zum Extremen ein damals voll bewußt gewordener Konflikt zwischen der absterbenden höfischen Welt eines Feudalismus, zu dem die Despotie, die Intrige und eine extrem egozentrisch materialistische Aufklärung gehören[80], und einer anderen Welt, die sich mit abstrakter Idealität auf dem ethisch-sozialen Fundament der bürgerlichen Aufklärung, ihren Postulaten der Freiheit, Gerechtigkeit und Bruderschaft aufzubauen sucht. Es geht hier nicht nur um eine Entzweiung von durch das gleiche „Außerordentliche", durch die gleiche Maßlosigkeit des unbedingten Selbstwillens verbundenen Brüdern, nicht nur um eine Entzweiung im engen Zirkel der Familie, sondern es geht um einen Riß, der die zeitgenössische gesellschaftliche Welt durchschneidet und sie mit der Anarchie von beiden Seiten bedroht: hier der despotische Absolutismus, dort die revolutionäre Räuberbande. Zwischen ihnen eine durch eigenes Versagen zusammengebrochene Vater- und Familienwelt. So berechtigt es ist, dies Versagen als auslösenden Faktor des dramatischen Prozesses herauszuarbeiten – den Grund zu allem Geschehen legt der Brüderkonflikt. Franz stößt Karl aus dem Vaterhaus, um die Macht an sich zu reißen, und mit Karls Rückkehr beginnt die abfallende Kurve in Franz' Geschick, die ihn endlich als durch sich selbst Zerstörten in den Suicid hineintreibt. Die Intrige des Franz legt den Grund zur äußeren und inneren Zerstörung des Bruders; und umgekehrt genügt Karls Anwesenheit, den

[77] Benno von Wiese, *Friedrich Schiller*, Stuttgart 1959, S. 145.

[78] Hans Schwerte, *Schillers Räuber*, in: Der Deutschunterricht, 12, 1960, 2, S. 18 ff.

[79] Dies erkennt auch Ursula Wertheim, *Zeitstück und historisches Drama in Schillers Werken* – Ein aktuelles Problem für den Dichter unserer Zeit, in: Edith Braemer/Ursula Wertheim, *Studien zur Deutschen Klassik*, Berlin 1960. „Im Bruderkonflikt wird, ungleich eindrucksvoller und schärfer konturiert als bei Leisewitz und Klinger, der Familienkonflikt zum Gesellschaftskonflikt erhoben" (S. 175).

[80] Hans Mayer, *Schillers „Räuber" 1968*, in: Theater heute, Heft 10, Oktober 1968, S. 1 ff., hat im Zusammenhang eines Entwurfs gegenwärtiger Aufführung mit Nachdruck entwickelt, wie sich in des Franz' elitär-aufklärerischer Verbindung von extremem Materialismus und Atheismus einerseits und von Aristokratismus andererseits, also von Freigeist und Despot, sich die Dialektik der bürgerlichen Aufklärung in Deutschland radikalisiert; konfrontiert mit der demokratischen Moralität und Religiosität.

Bruder von aller Höhe seiner Selbstsicherheit in den Abgrund zu stürzen. Der Konflikt der Brüder umgibt das Doppeldrama mit einem weiten Rahmen; in ihn ist zu Beginn, in den Szenen mit Franz, und am Ende, in den Szenen mit Karl, der Vater eingeflochten, dieser von seinen Söhnen um seine Söhne betrogene Vater. Schiller gab die dramatische Hochspannung nicht preis, die sich daraus ergibt, daß der Konflikt im engsten Familienkreis ausbricht, der nach allen Erwartungen der Gesellschaft, nach allen Ordnungen der Bluts-, Geistes- und Gefühlsverwandtschaft auf eine harmonische Gemeinsamkeit angelegt sein sollte. Indem er aber den Bruderkonflikt zum Gesellschaftskonflikt ausweitete, gab er der dramatischen Komposition eine geradezu erzählerische Weiträumigkeit. Der Rahmen des Bruderkonflikts umfaßt derart eine Mannigfaltigkeit von äußerer und innerer Welt, deren Entzweiung sich je in der von Franz und von Karl repräsentierten Welthälfte darstellt. Die dramatische Radikalität geht daraus hervor, daß sie eine Entzweiung unter Brüdern ist. Sie wird derart stellvertretend für die Gesellschaft, die eine mitmenschliche Gemeinsamkeit sein sollte und auf die gleiche Weise auseinanderbricht. Das Drama in der Familie, das zu ihrer Selbstzerstörung führt, ist zugleich ein Drama in der Gesellschaft, das ihre Selbstzerstörung anzeigt. Es läßt sich, wird dies anerkannt, nicht von einer Reduktion des Bruderkonflikts, sondern von dessen erheblicher Erweiterung über Leisewitz und Klinger hinaus sprechen. Die Absonderung der beiden Brüder voneinander war nicht nur nötig, um jedem den Spielraum zu seiner unbeschränkten Selbstentfaltung in der von ihm selbst für sich geschaffenen Welt zu geben, sondern ebenso, um dem Konflikt diese größere, allgemeinere Dimension mitzuteilen.

Leisewitz und Klinger mußten, um das dramatische Einheitsgefüge nicht zu zersplittern, jeweils einen der Brüder zum Protagonisten wählen. Sie mußten weiterhin die Vaterfiguren in solches Verhältnis zu den Söhnen bringen, daß der abschließende Akt der strafenden und versöhnenden Gerechtigkeit glaubwürdig wurde. Die Väter blieben, wenn auch in den Bruderstreit mitverwickelt, an ihm mitschuldig, noch in einer bei aller Brüchigkeit relativen Autoritätsposition. Schiller gewann durch die Separierung der Brüder zusätzlich eine Verdoppelung des Vater-Sohn-Verhältnisses unter gegensätzlichstem Aspekt. Der eisige Zynismus, mit dem sich Franz von jeglicher Vaterbindung lossagt, die sich bis zum Religiösen steigernde Vaterbindung Karls, die gerade auch da wirksam ist, wo er sich von ihm lossagt, sind, sich gegenseitig akzentuierend, radikalste Ausformungen des damaligen Vater-Sohn-Problems, das nicht nur ein ethisches Bewußtseinsproblem, sondern zugleich ein gesellschaftliches Problem war.

Schiller verfährt von Beginn der *Räuber* an anders als seine beiden Vorgänger. Ihre Stücke führen einen sich in Retardationen und Schüben entwikkelnden Prozeß vor, der in die Katastrophe hineintreibt. In den *Räubern* bringt gleich zu Anfang Franz die Situation in dieser Familie zu einer Zuspitzung, die zwar nicht de facto, aber moralisch einem Brudermord gleich ist. Er macht den eigenen Vater zum Komplizen; er jagt ihn in einen inneren Zustand hinein, sich selbst als Sohnesmörder bezichtigen zu müssen. Schiller häuft die Anlässe zum Bruderhaß des Franz, und er macht es ihm leicht, den Bruder so gründlich zu beseitigen, daß er nach der Szene II, 2 sicher zu sein glaubt, ihn für immer aus seiner Welt geschafft und für sich selbst einen unbeschränkten Herrschaftsraum gewonnen zu haben. Was ihm durch die Briefintrige und die Intrige mit Hilfe des verkappten Hermann auf der äußeren Bühne, innerhalb der szenischen Aktion, gelungen zu sein scheint, mißlingt ihm jedoch auf der inneren Bühne. Es glückt ihm nicht, Karl in dem Herzen des Vaters und Amalias zu töten. Es erweist die Überlegenheit des jungen Schiller über Leisewitz und Klinger, wie er über der äußeren Bühne diese „pathetische Innenbühne", wie H. Schwerte es glücklich formuliert hat[81], aufbaut, in der sich, in dramatischer Gegenspannung zur szenischen Aktion, in der Tat allein die Auseinandersetzung zwischen diesen Menschen und das ihr eingelegte Täuschungsspiel, dies Spiel von gegenseitigen Täuschungen und von Selbsttäuschungen, vollzieht. Auf dieser Innenbühne wird gerade durch die Intrigen von Franz, durch die Verschuldung, die er dem alten Moor aufbürdet, der Vater, wie denn auf andere Weise auch Amalia, nur noch fester an den verstoßenen und verfluchten Sohn gebunden. Im äußeren Triumph von Franz ist bereits von Beginn an seine innere Niederlage und sein ganzer Machtbesitz als eine Täuschung vorgezeichnet; er wird zum Schlusse an ihr zusammenbrechen, ohne daß es einer Rache- und Straftat durch den Vater oder Bruder bedarf. Die Schuld, mit der Franz den Vater belastet und unter der dieser sich windet und aufschreit, dessen bewußt, wie er sich gegen das natürliche und sittliche Gesetz der Vaterschaft vergangen hat, schafft eine innere Bindung des Vaters an den verlorenen Sohn, deren Gefühlstiefe weit über das patriarchalische Vater- und Familienbewußtsein des Fürsten von Tarent und des alten Guelfo hinausweist. Im *Julius von Tarent* und in den *Zwillingen* hält, wenn auch mit schwacher Hand, der Vater die Familiengesellschaft zusammen, bis sie durch die Söhne zugrunde gerichtet ist. In den *Räubern* hilft, wenn auch wider seinen innersten Willen, gleich in der ersten Szene der Vater mit, sie zu zerstören. Die krisenhafte Zuständlichkeit in dieser Familie wird bereits zu Beginn des Dramas zu völliger Zerstörung aufgebrochen. Dies geschieht, worauf B. von Wiese aufmerksam machte[82], allein schon durch den Einbruch der Intrige in die Familienordnung, die eines im Sittlichen begründeten Vertrauens bedarf. Die Intrige vergeht sich gegen dies

[81] H. Schwerte, S. 19.

Vertrauen; sie emanzipiert sich als naturwidrig von jenen Naturgesetzen, die Vater und Sohn, Bruder und Bruder vereinigen. Franz sagt sich von jeglicher Verpflichtung gegenüber dem Vater und dem Bruder los, er trennt sich von jeder mitmenschlichen Gemeinsamkeit, den gemeinschaftlichen Pakta, heißen sie nun ehrlicher Name, Gewissen oder Blutliebe. Das menschliche Zusammenleben wird ihm zum Kampffeld von jedem gegen jeden, ein anarchischer Freiheitsraum für den Stärksten. „Jeder hat gleiches Recht zum Grösten und Kleinsten. Anspruch wird an Anspruch, Trieb an Trieb, und Kraft an Kraft zernichtet. Das Recht wohnet beym Überwältiger, und die Schranken unserer Kraft sind unsere Gesetze" (I, 1). Die humane Gesellschaft wird in dieser Sicht zur Raubgesellschaft – wenig anders als Spiegelberg, den man eine plebejische Karikatur des Franz nennen konnte[83], und manche seiner Räubergefährten sie sehen. Wo das Ich sich zum einzigen Gesetz macht, ist alle Norm und Gesetzlichkeit negiert, ohne die menschlich-gesellschaftliches Zusammenleben nicht möglich ist.

Es ist das Amt des Vaters, es zu bewahren. Aber der alte Moor versagt, indem er sich in irreleitendem Vertrauen von der Intrige einfangen, sich blindtöricht, in willenloser Schwäche, in die schwerste Versündigung des Vaters an seinem Kind hineinreißen läßt. Er versagt am Gebot des liebenden Vertrauens. Dieser Vater hat sich seiner Autorität als Haupt der Familie berauben lassen; er repräsentiert auch keine gesellschaftliche Macht mehr wie der alte Fürst von Tarent und noch der alte Guelfo. Er ist hilflos seinen Söhnen ausgeliefert. Franz verfügt über ihn mit Intrige und Gewalt. Aber vermeint nicht auch Karl, einer Herrschaft über seinen Vater sicher zu sein, der dem „Vatersöhnchen" seit je und immer in allem nachgab? So sicher, daß er mit einem einzigen Brief der Liebe und Reue seiner Verzeihung völlig gewiß zu sein glaubt. Hat nicht auch Karl, der in der Ferne sein leichtsinnig-jugendliches Selbst auslebte, ohne Rücksicht auf „den alten Filzen" (I, 2) Anteil an der Zerstörung der Familie? „Er soll nur drauf los schaben und scharren, du wollest dir dafür die Gurgel absauffen", zitiert Spiegelberg seinen Kumpan. Karls Reaktion zeigt, diese Worte sind nicht gefälscht. Er flucht sich als ungetreuem Sohn, wenn auch das Herz nicht hörte, was die Zunge prahlte, so wie ihm kurz vorher der Vater geflucht hatte. Adolf Beck hat davon gesprochen, wie beschränkt doch eigentlich Karls Vertrauen und Reue sind, wie leichtfertig und deshalb täuschungsanfällig sein Glaube an den Vater ist, wie besin-

[82] B. v. Wiese, S. 146.

[83] Reinhard Buchwald, *Schiller*. Bd. 1: *Der junge Schiller*. Neu bearb. Ausg., Wiesbaden 1953, S. 290.

nungslos er sich zur Absage gegen ihn treiben läßt.[84] Der Vater und der Sohn machen sich „des versagenden Glaubens und der Bedingtheit der inneren Haltung im entscheidenden Augenblicke" schuldig. Was Karl eben als schöne Idylle der Geborgenheit erschien, wird ihm im nächsten Augenblick, wie dem Julius von Tarent, zum „Kefìcht".[85] Bereits vor dem Empfang des Absagebriefes hatte Karl sich aus seiner Vaterwelt entfernt – nur so wird verständlich, wie rasch er bereit ist, sie mit allen ihren Gesetzen und Bindungen hinter sich zu lassen. Beide Brüder zerstören die Familie. Franz' Worte „...Ich will alles um mich her ausrotten, was mich einschränkt, daß ich nicht *Herr* bin" (I, 1) entsprechen ähnlichen Sätzen Karls.

Der Zerfall der Familie, zu dem *Julius von Tarent* und die *Zwillinge* als Endkatastrophe hinführen, ist hier bereits zu Beginn des Dramas vollzogen. Beide Brüder sind daran schuldig sowie der Vater, ein versagender, seinen Söhnen verlorener Vater, der „unfähig ist zur Ordnung seiner Welt".[86] H. Schwerte hat bereits die Kennzeichnung seiner Figur im sogenannten *Avertissement* für den Theaterzettel der Mannheimer Aufführung zitiert. Schiller führt den alten Moor als „Einen allzuschwachen, nachgiebigen Verzärtler und Vater" ein. Er bezeichnet damit, kritisch gegenüber der Figur, dessen Rolle. Der Text auf dem Theaterzettel vom 13. 1. 1782 sagt mehr: „Der alte Moor, ein allzu schwacher nachgebender Vater, Verzärtler und Stifter vom Verderben und Elend seiner Kinder." Hier geht es um eine Interpretation der Figur, ja, wenn nicht sogar des ganzen Dramas. Wollte der Autor dieser Erweiterung – war es nun Dalberg oder Schiller, was unbekannt ist – dieser einen Figur als individuelle Schuld anlasten, was doch in dem Stück selbst gewiß mehr, nicht nur einen Familienkonflikt, sondern eine umfassendere gesellschaftliche Situation bedeutet? Sie wird aufgedeckt im Zustand einer zeitgenössischen aristokratischen, reichsunmittelbar über ihre Untertanen regierenden Familie, in der sich die Ordnungen und Bindungen so aufgelöst haben, daß sie den einen Sohn als einen Despoten, den anderen als einen Räuberhauptmann aus sich entläßt. Sie ist stellvertretend für eine zerfallene Gesellschaft, die diese Extreme aus sich erzeugt. Der Vater ist zu alt, zu schwach, um seine Familie, dies kleine Abbild der größeren Gesellschaft, zusammenzuhalten. Der Fürst von Tarent, der alte Guelfo versuchten es noch, und um

[84] Adolf Beck, *Die Krisis des Menschen im Drama des jungen Schiller*, in: Forschung und Deutung. Ausgew. Aufsätze zur Literatur, hrsg. von Ulrich Fülleborn, Frankfurt a.M./Bonn 1966, S. 129.

[85] Otto Brahm, *Schiller*, Bd. 1, Berlin 1888, S. 119, erkannte bereits Karls „Sehnsucht nach dem Frieden des Landes, nach idyllischer Weltflucht" als „Kehrseite jener herben Auflehnung gegen das Bestehende", als Ausdruck einer in ihm eingelegten Spaltung zwischen Empfindsamkeit und Leidenschaft, Gefühl und Tatverlangen.

[86] H. Schwerte, S. 29.

sie herum gab es eine Gemeinsamkeit. Der alte Moor ist völlig allein, getrennt von den Söhnen, ohne brüderlichen Freund, wie es der Erzbischof war, ohne Gattin, die der alte Guelfo zur Seite hatte. Amalia vertieft nur sein Bewußtsein der Schuld, ohne ihm im geringsten helfen zu können; läßt sie sich doch sogar über seinen Tod täuschen. Klimax dieser ohnmächtigen Einsamkeit ist sein Dasein in der Höhle des Turms. Er hat sich selbst in diese Einsamkeit verstoßen, als er den älteren Sohn verstieß, und der jüngere hat ihn immer tiefer in sie hineingetrieben. Und auch die Rückkehr Karls löst ihn nicht aus ihr heraus. Das Erkennen seines Sohnes ist zugleich sein Tod. An die Stelle des Vater muß, als Karl „freywillig", im Verlangen nach der verspielten Vaterwelt zurückkehrt, ein Knecht (IV, 3) treten, der seinem Zögling und Herrn treuer blieb als dessen Vater und der, mit Gefahr der eigenen Existenz, ihm die Augen über den Bruder öffnet. „Oh ich sage euch, es gibt garstige Menschen, garstige Brüder, garstige Herren – aber ich möcht um alles Gold meines Herrn willen kein garstiger Knecht seyn" (IV, 3). Der Knecht bewahrt ein Ethos des menschlichen Verhaltens, das sich weder durch die Intrige noch die Drohung irreleiten läßt. Der Knecht tut, was dem Vater und Herrn obliegen müßte.

Der alte Moor, der dem älteren Sohn alles vergab und den jüngeren Sohn ohne Liebe ließ, war ein schlechter Erzieher; so kann er auch nicht zum Richter über sie werden. Das Leiden, mit dem ihn Franz und sein eigenes Gewissen für seine Schuld zahlen lassen, diese Buße „ohne Erbarmen", gibt ihm nicht eine Würde zurück, die er seit dem Beginn des Dramas verspielt hat. Es liegt noch über seiner letzten Bitte an seinen unerkannten Retter und ihrem Bezug auf einen alliebenden, allversöhnenden Gottvater ironische Zwiespältigkeit. Sie kommt viel zu spät und bedeutet noch immer ein schwächliches Verkennen der wahren Situation. „Siehe die Gottheit ermüdet nicht im Erbarmen, und wir armseligen Würmer gehen schlafen mit unserem Groll... Wie köstlich ists wenn Brüder einträchtig beysammen wohnen, wie der Thau der vom Hermon fällt auf die Berge Zion – Lern diese Wollust verdienen junger Mann" (V, 2). Der „blinde Verzärtler" (IV, 17) bleibt blind gegenüber einem Zustand, den er mitverschuldet hat. So kläglich sich diese Vaterfigur, nach Schillers eigenem Zugeständnis, neben dem „Außerordentlichen" der Söhne ausnimmt, dieser Vater trägt eine Verantwortung am Geschick seiner Söhne, wie jede voraufgegangene Generation eine Verantwortung für die folgende mitträgt. H. Schwerte hat richtig gesagt: „Da er in seinem Vateramt versagte, zerstörte er die Familie, löste er die Söhne aus diesem Band. Er machte sie zu verlorenen, weil sie den rechten Vater nicht kannten."[87]

[87] Ebd., S. 28.

Das Vateramt bedeutet in den *Räubern* mehr als eine Position in einer in sich abgeschlossenen Familienzelle; es erhält in ungleich weiterer Dimension einen religiösen Charakter. Diese theologischen Aspekte der *Räuber* sind von der Forschung wiederholt herausgearbeitet worden. Kurt May leitete, nach dem Vorgang von Gerhard Fricke[88], seine Interpretation mit dem lapidaren Satz ein: „Die ‚Räuber' sind uns heute als religiöse Dichtung vertraut"[89], und er ordnete sie ganz solcher Perspektive ein. Behutsam wies erst Benno von Wiese auf die Koinzidenz von gesellschaftlicher Bezogenheit des Menschen und theologischer Problemstellung in dem Drama hin.[90] H. Schwerte verfährt mit ähnlicher Akzentsetzung. Er sieht die „Flächigkeit einer bloßen Familientragödie" durch „die Tiefendimension des theologischen Konflikts" aufgehoben. „Hinter Wort und Dasein des Vaters tauchen Wort und Dasein Gottes auf, hinter der Tragödie des verlorenen Vaters entfaltet sich die Tragödie der bezweifelten Allmacht, ja der Anwesenheit Gottes, d.h. der Vaterschaft Gottes. Hinter der Frage nach der mißbrauchten Gerechtigkeit in der familiären, sozialen und politischen Welt steht die Frage nach der unerkennbaren, schließlich bezweifelten Gerechtigkeit Gottes. Die unversehrte oder zerstörte Familie, einst religiöse und soziale Urzelle, aus der beide Brüder aber herausgetreten sind, weitet sich in den Rundhorizont der göttlichen Schöpfung."[91] Über die dichten theologischen Implikationen ist sich die Forschung, mit Ausnahme kritischer Skepsis von Emil Staiger[92], durchweg einig; nicht aber über die gesellschaftlich-politischen Implikationen der *Räuber*. Die ältere Forschung hat sie als fraglos anerkannt. Richard Weltrich nannte das Drama den ersten großen Fehdebrief Schillers gegen die Zustände der sozialen und politischen Welt, wie er sie in seiner Nähe fand[93], Jacob Minor bezeichnete es als eine soziale Revolution[94], Otto Harnack als ein gewaltiges Revolutionswerk[95], Karl Berger als flammende Kriegserklärung gegen die Mißstände in Staat und Gesellschaft.[96] Dagegen meldet sich in neuer Forschung zunehmend Widerstand an. Reinhard Buchwald erklärte

[88] Gerhard Fricke, *Der religiöse Sinn der Klassik Schillers.* Zum Verhältnis von Idealismus und Christentum, München 1927 (Forschungen zur Geschichte und Lehre des Protestantismus, Bd. 2), S. 79ff.

[89] Kurt May, *Friedrich Schiller.* Idee und Wirklichkeit im Drama, Göttingen 1928, S. 23.

[90] B. v. Wiese, S. 143.

[91] H. Schwerte, S. 24.

[92] Emil Staiger, *Friedrich Schiller,* Zürich 1967, S. 244.

[93] Richard Weltrich, *Friedrich Schiller.* Geschichte seines Lebens und Charakteristik seiner Werke, Stuttgart 1885, S. 363.

[94] Jacob Minor, *Schiller,* Bd. 1, S. 300.

[95] Otto Harnack, *Schiller,* 3. Aufl., Berlin 1905, S. 83.

[96] Karl Berger, *Friedrich Schiller,* Bd. 1, S. 151.

die politische Wirkung der *Räuber* für ein großartiges Mißverständnis[97]; Ernst L. Stahl bestritt ein primär politisches Interesse Schillers. Denn er „was not concerned with specifically political problems ... his presentation of social conditions even in the early plays has an intensely individualist flavour, suggesting that he did not mean their political theme to be the real center ot interest".[98] Für Gerhard Storz war „die Rede vom revolutionären Freiheitsdrama" nur eine gewaltsam-unzulängliche Deutung[99]; er kehrte die geläufige Ansicht um, indem er Franz zum eigentlichen Revolutionär erklärte, denn sein Wollen und Weg bedeuten einen Aufruhr gegen Gewissen, Sittengesetz und göttliche Weltordnung, während Karls Rache zur Schaffung neuer Gerechtigkeit nur seinem „Überschwang des Herzens" entstammt. Emil Staiger ging noch weiter: wenn man annehme, Schiller verfolge revolutionäre Ziele, finde man sich nicht mehr zurecht und stelle sich der Plan des ganzen Dramas als unzweckmäßig heraus. So heißt es bei ihm denn von Karl: „Nur nebenbei und notgedrungen, um sich selbst nicht ganz verachten zu müssen, treibt er auf den Straßen Deutschlands das Gewerbe der Rache. Soziale Einrichtungen stehen nirgends zur Diskussion."[100] Die Einseitigkeit solcher Interpretation liegt auf der Hand. Doch auch wo eine sozialpolitisch interessierte und engagierte Forschung die revolutionäre Thematik in den *Räubern* erkannte, gelangte sie zu anderen Resultaten als die ihr darin vorangehende ältere Forschung. Sosehr Georg Lukács revolutionäre Inhalte bei dem jungen Schiller bestätigte, er faßte sie als eine ‚bürgerliche' Negation des Revolutionären auf.[101] Auch Hans Mayer vollzog eine Eingrenzung: „Schillers ‚Räuber' demonstrieren wieder einmal, wie so oft in der deutschen Geschichte, eine autoritäre Revolte, eine Rebellion von oben."[102] Hans Günther Thalheim endlich

[97] R. Buchwald, Bd. 1, S. 304.

[98] Ernest L. Stahl, *Friedrich Schiller's Drama.* Theory and Practice, Oxford 1954, S. 10.

[99] Gerhard Storz, *Der Dichter Friedrich Schiller,* Stuttgart 1959, S. 46.

[100] E. Staiger, *Schiller,* S. 246 ff.

[101] Georg Lukács, *Deutsche Literatur in zwei Jahrhunderten,* Werke, Bd. 7, Neuwied 1964, S. 171: „Der junge Schiller schrickt nicht bloß vor der Härte der revolutionären Methoden zurück, sondern zugleich vor dem radikalen Inhalt der Revolution selbst. Er fürchtet, daß die sittlichen Grundlagen der Welt – der bürgerlichen Gesellschaft – in einer Revolution zusammenstürzen könnten." Aber gilt dies für Karl Moor? Den Inhalt seiner Revolte, Gerechtigkeit in einer Unrechtsgesellschaft durchzusetzen, gibt Karl nirgends auf; auch nicht in der zweiten Fassung und nicht in dem Plan einer Fortsetzung „Die Braut in Trauer", in dem es von dem überlebenden Karl heißt: „Ein zwanzigjähriges Glück läßt ihn keinen Umschlag mehr fürchten. Er hat in dieser Zeit Gutes gestiftet, er hat Unglückliche getröstet, er hat eine wohltätige Rolle gespielt." Was Karl verurteilt und sühnt, sind die Methoden, die ihn dazu verführten, Gerechtigkeit auf dem Umweg von Gesetzlosigkeit und Unrechtstaten verwirklichen zu wollen.

[102] Hans Mayer, *Schillers „Räuber" 1968,* S. 4.

interpretiert die *Räuber* als Schillers Kritik an der revolutionären Unreife der zeitgenössischen deutschen Menschen und Volksmassen, auch wenn sein Drama in Thema und Motiven entscheidend bestimmt wird „von der Notwendigkeit der Überwindung der historisch längst fällig gewordenen Feudalgesellschaft, der Bildung einer „menschlichen", das heißt bürgerlich-harmonischen, von gesellschaftlichen und menschlichen Widersprüchen freien Ordnung auf deutschem Boden und eines Nationalstaates als notwendiges Glied einer idealen Menschheitsgesellschaft".[103] Solche Divergenzen erscheinen als unüberbrückbar; nicht zuletzt deshalb, weil hier verschiedene Vorstellungen vom politisch-gesellschaftlichen Drama miteinander in Widerstreit gelangen.

In dem unterschiedlichen Verhältnis zu dem Vater, damit zu allem, was dem Menschen an ethischer Verantwortung gegenüber den Mitmenschen, der Gesellschaft und Gott eingelegt ist, erweitert sich die psychologische und moralische Differenz zwischen den Brüdern zu einer Dimension, in der zwei Welten aufeinanderstoßen. Der materialistisch-atheistische Anarchismus von Franz, der ihn zum Rebellen gegen alle Instinkte der Menschheit (IV, 2), gegen jegliche Bindung an den Mitmenschen, zum Verneiner aller sittlichen und sozialen Bezüge, selbst der Naturbindung an die „Blutsliebe" macht und der ihn aus dem Zufallsmechanismus einer „viehischen Anwandlung" (IV, 27) das Recht zum ebenso belanglos-zufälligen Mord ableiten läßt, praktiziert, im Besitz der Regierung über das väterliche Erbe, die Herrschaft in ihrem brutalsten Autoritätsmodus. Der Anarchismus schlägt, als dessen andere Seite, um in den totalisierten Despotismus. Die verzärtelnde Humanität des alten Moor erstreckte sich über seine Familie hinaus auch auf seine Untertanen; er machte, nach Daniels dankbaren Worten (V, 1), sein Haus zum „Obdach der Waysen" und zum „Port der Verlassenen". Sie hatte gleichwohl gerade an seinen Söhnen versagt. Eine Humanität, die kraftlos und blind wird, läßt den Raum für das Anarchische frei. Aus ihm erwächst der Terror. Auf dessen Macht baut Franz seine Gewalt- und Unterdrückungsherrschaft auf. Sie ist sein Aufstand gegen die von ihm verachtete Humanität des Vaters. Denn dieser wurde, nach Franz' Worten, auch nicht Herr seiner Untertanen. „Mein Vater überzuckerte seine Forderungen, schuf sein Gebiet zu einem Familienzirkel um, sas liebreich lächelnd am Thor, und grüßte sie Brüder und Kinder... Er streichelte und küßte den Naken, der gegen ihn störrig zurükschlug. Ich will euch die zakichte Sporen ins Fleisch hauen, und die scharfe Geisel versuchen. – ... Blässe der Armuth und sclavischen Furcht sind meine Leibfarbe: in diese Liverey will ich euch kleiden" (II, 2). Eine feudale Herrschaftsstruktur liegt dem kleinen Staat des alten wie nun des neuen „regie-

[103] Hans Günther Thalheim, *Zur Literatur der Goethezeit,* Berlin 1969, S. 91.

renden Grafen" zugrunde; ob sie nun patriarchalisch-sanft oder despotisch gehandhabt wird, sie trägt in beiden Fällen die Gründe ihres Zusammenbruchs in sich selbst. Diese Gewaltsdespotie des Franz, die jene, die ihm anvertraut sind, nur als Puppen zu satanischem Spiel mißbraucht (V, 1), gestaltet jene Gesellschaft zum Extremen aus, gegen die sich Karl empört und um derentwillen er sich zum Handwerk des Räubers und Mörders entscheidet. Er stellt ihr seinen Willen zur „Neugründung einer sozialen Ordnung"[104] entgegen. Der Karl, der einer durch und durch ungerechten und lügnerischen Gesellschaft den erbarmungslosen Haß und Kampf ansagt, sagt ihn damit, ohne sich dessen bewußt zu sein, auch und gerade dem Bruder an. Gewiß klingt es im Text des unterdrückten Druckbogens reichlich abstrakt – aber den Zeitgenossen wäre diese Anklage recht verständlich und wohl auch konkret erschienen: „Warum sind Despoten da? Warum sollen sich tausende, und wieder tausende unter die Laune Eines Magens krümmen, und von seinen Blähungen abhängen? – Das Gesetz bringt es so mit sich – Fluch über das Gesetz, das zum Schneckengang verderbt was Adlerflug worden wäre!"[105]

Natürlich wäre abwegig, den Karl Moor dieser Szene zu einem sozialen Revolutionär umzustilisieren, der seines Willens, seiner Ziele bewußt ist. Es steckt in ihm zuviel an prahlerischer Großmannssucht, an ungezügelt schwärmendem Ehrgeiz, an einer sich in Kolossen und Extremen spiegelnden Subjektivität. Aber verengt man nicht zu sehr ins nur Psychologische, wenn man Karls Ausbruch aus der Welt der falschen Gesetze lediglich als „Trotzgebärde verschmähter, zutiefst verwundeter Kindesliebe" und als „Rachedurst aus Zurücksetzung" interpretiert?[106] Ist sein Bewußtsein des falschen Gesellschaftszustandes nur ein Resultat und nicht auch ein Grund seines Rebellentums?

Adolf Beck, der aus dem Aspekt psychologisch-dichterischer Darstellung dieser Szene I, 2 eine eindringliche Studie widmete, hat die Diskrepanz zwischen dem „vulkanistischen" Ausbruch von Karls Rache- und Vergeltungsbegier und seiner in II, 3 sich darstellenden sittlichen Rechtfertigung der Räuberexistenz als Richteramt um einer höchsten Gerechtigkeit willen stark akzentuiert. Er vermutete als Grund einen aus verschiedenen Arbeitsstufen sich ergebenden Bruch der Komposition. Er warnt davor, den Karl von I, 2 zu idealisieren und zu harmonisieren. „Was hier sich aufwirft, ist kein Richter über soziale Mißstände, kein Sozialhelfer Gottes, kein Reformator und Förderer der menschlichen Gesellschaft, kein Reiniger der Welt wie einst Herakles; was hier sich aufwirft, ist viel unheimlicher: ein Werwolf, ein grandioser

[104] B. v. Wiese, S. 152.
[105] NA, Bd. 3, S. 248.
[106] H. Stubenrauch, in: NA, Bd. 3, S. XXII.

Einzelgänger, ein Feind der Menschheit und Rächer schlechthin, der in einem Rausche von ‚Blut und Tod' sein Selbst und sein Einst vergessen, wohl aber sein Ich behaupten will."[107] Beck hat weiterhin auf den „auffälligen Sprung" Karls „über die unmittelbare Auseinandersetzung mit dem Vater hinweg in die Feindschaft gegen die Menschheit an sich hinein" verwiesen und in solcher Verabsolutierung des Vaters zum Inbegriff der Menschheit „eine verhängnisvolle Verfremdung und Verflüchtigung des Vaters als Person" gesehen.[108] So mache „ein rigoroser, gewalttätig gespannter, abstrahierender und simplifizierender Idealismus" den Bestand der Weltordnung und den Glauben an den Weltsinn vom Einzelfall abhängig. Hier wird ein Aspekt zu sehr isoliert. Denn ist nicht in Karls Ekel an dem ihn einschnürenden „Sekulum" und dessen falschen Gesetzen, mag er sich zu Beginn der Szene noch so pauschal und tiradenhaft äußern, doch schon diese Empörung gegen alle Gesetze, dieser Durst nach alles verändernden Taten und schrankenloser Freiheit vorausgenommen?

Die kleine Familiengemeinschaft, von der er jetzt sich in seinem Vertrauen betrogen findet, das ihn eben noch zum Glücklichsten unter der Sonne machte, verstößt ihn in diese andere große, schlechte Gesellschaft, die bereits seinen jugendlich-unbesonnenen Leichtsinn mit Feindschaft und Erbarmungslosigkeit beantwortet und ihn aus sich hinaus in die Flucht an die Grenzen von Sachsen verjagt hatte. „Ins Loch mit dem Hund!" war ihre Antwort gewesen (I, 2). Der Brief von Franz enthielt keine andere Antwort. Vor dieser Gesellschaft, in der das Menschliche – „Bitte, Schwüre, Thränen" – verfälscht war und unvernommen blieb, hatte er sich in seiner Vaterwelt sicher geglaubt. Sie dünkte ihm ein Ort humaner Idylle zu sein. Jetzt sieht er sich von ihr in diese Gesellschaft hineingestoßen, ja, sie erweist sich als nicht anders denn diese. Die Negation der ihn umgebenden Gesellschaft schlägt mit radikalem Affekt um zur totalen Negation aller Gesellschaft und Gesetze, da hinter der Enttäuschung die betrogene Sehnsucht nach einer anderen, besseren, nun gänzlich verlorenen Gesellschaft anwesend ist. So übereilt und gewalttätig Karl seine Gesellen aufhetzt – „Glück zu dem Meister unter euch, der am wildesten sengt, am gräßlichsten mordet, denn ich sage euch, er soll königlich belohnet werden" (I, 2) –, dies anarchistische Anti-Evangelium ist anderer Art als bei Franz. Dieser will nur sein Ich zum unbeschränkten Herrn machen – Karls Rache bleibt auf eine zu rächende Menschheit bezogen. Die Diskrepanz zwischen dem „anarchischen Revolutionär" und dem „Helfer des leidenden Teils der Menschheit" erscheint unter solchem Aspekt nicht so groß, wie sie A. Beck darstellt. B. von Wiese hat richtig gesehen, daß der Va-

[107] A. Beck, S. 133.
[108] Ebd., S. 131.

ter hier für alle Väter steht und jede Ordnung des Zusammenlebens gestört ist, wenn selbst in der Familie nicht auf Vertrauen mehr ein Erbarmen antwortet.[109] Wenn jetzt Gerechtigkeit durch Gewalttätigkeit wiederhergestellt werden soll, so spiegelt dieser Widerspruch die väterliche Gesellschaftsfamilie, aus der Karl sich verstoßen wähnt, und die despotische Gesellschaftsanarchie des Franz, die ihn wirklich verstoßen hat. Karl kämpft indirekt gegen Franz, das von ihm extrem repräsentierte Prinzip, indem er die Gesellschaft der Privilegierten in Staat und Kirche, die ruchlos und unbehindert ihren Egoismus auf Kosten der Wehrlosen und Ausgebeuteten durchsetzt, zum Objekt seiner Rache macht. Wenn er sich gegen diese Klasse um der Unterdrückten willen empört, zielt er auf die Gründung einer größeren gesellschaftlichen Vaterwelt, in der, gegensätzlich zu seiner eigenen Vaterfamilie, Sanftmut, Duldung und Liebe praktiziert werden sollen. Der Agon zwischen Karl und Franz stellt sich auf der gesellschaftlichen Innenbühne als der Agon Karls gegen die Despoten in der Gesellschaft und in deren Feldzug gegen ihn und die Räuberbande dar. Daß sich in ihm die Räuber trotz ihrer Minderheit als überlegen zeigen, erweist Karls Überlegenheit über den mit Machtmitteln reichlich ausgestatteten Bruder. Schiller hat den Bruderkampf erweitert und objektiviert zu der ihn umgreifenden und überschreitenden Dimension des Kampfes in einer Gesellschaft, die für die Zeitgenossen ihre konkrete gegenwärtige Gesellschaft war. Mochte sie in der Herrschaftswelt des Franz auch bis zum äußersten Extrem getrieben sein – das Extrem signalisierte, was in diesem Gesellschaftszustand potentiell angelegt war.

Schiller hat derart den sozialkritisch-politischen Aspekt, der im Motiv der Feindlichen Brüder angelegt war, über Leisewitz und Klinger hinausgehend erweitert, aktualisiert und radikalisiert. Karl ist nicht lediglich das Opfer eines „satanischen" Bruders, wie es Emil Staiger, entschlossen, alle gesellschaftspolitischen Bezüge dieses Dramas zu negieren, darstellt.[110] Der Satanismus von Franz wurde nötig, um die theologischen Implikationen der *Räuber* zu voller Wirksamkeit zu bringen. Doch sein Denk- und Handlungssystem entspricht prinzipiell den Möglichkeiten einer gesellschaftlichen Praxis, in der sich eine radikal materialistische Aufklärung mit einem nicht minder radikalen Despotismus verknüpfen konnte. Beide hoben eine ethisch-soziale Gemeinsamkeit in der Familie wie in der staatlichen Gesellschaft auf, in der wenn nicht mehr der Glaube, so doch eine ethisch-humane Vernunft für sie verantwortlich sein sollte. Karl wird auch nicht lediglich zum Opfer eines tö-

[109] B. v. Wiese, S. 148.

[110] E. Staiger, S. 246. Auch kann von einer Beziehungslosigkeit der beiden Handlungsstränge Karl und Franz (S. 259) nicht gesprochen werden; vielmehr zeigen sich Parallel- und Kontrastzüge in dichter Häufung.

richt-übereilten und schwachen Vaters, der mit Blindheit geschlagen ist wie Isaak, als Jakob den Bruder Esau um seine Rechte betrog. Seine Schwäche wird zu einer ihm allerdings unbewußten Tyrannis gegenüber seinem Sohn, indem er sich verführen läßt, die Macht, die ihm als Vater und als Haupt der Familie eigen ist, an Franz zu delegieren. Er handelt wie ein schwächlicher Fürst, der seinem Ratgeber, ohne ihn zu durchschauen, die Vollmacht übergibt und es versäumt, deren Grenzen zu bestimmen, obwohl er ihren Mißbrauch ahnt. „Aber bring meinen Sohn nicht zur Verzweiflung" (I, 1). Eben dies glückt Franz in der für Karl nicht durchschaubaren Trugrolle, die der Vater dem Bruder zuschiebt. Franz beseitigt den Bruder, indem er sich des Vaters bedient; der Vater stürzt in die Schuld, die ihn in seinem Gewissen zum Sohnesmörder macht, indem er sich des Bruders bedient. Bis zum Ende seines jämmerlichen Lebens liegt auf dem alten Moor die Last seiner Versündigung – „Ja ich hab einen Sohn gequält, und ein Sohn mußte mich wieder quälen, das ist Gottes Finger" (V, 2). Doch die eigentliche Schuld liegt auf Franz: der Despot treibt den Bruder in die Anarchie des blutigen Rebellentums. Damit ist nicht nur etwas über die Position der beiden Brüder zueinander, sondern auch etwas über die generelle Verfassung der zeitgenössischen Gesellschaft ausgesagt.

Eine neue, andersgeartete Familie scheint sich Karl anzubieten. Daß sie einem Gedanken Spiegelbergs entstammt, der die Rolle des Franz, auch seine „innere" Mörderrolle, in Karls kleiner Republik spielen wird, legt ihr von vornherein einen rasch wuchernden Widerspruch ein. Karl wird in diese Männerfamilie hineingerissen, und er reißt sie in sein leidenschaftliches Aufbegehren hinein. In ihr lodert das Gefühl einer längst ersehnten Befreiung auf: zum Kampf gegen eine schlechte Gesellschaft, der man bisher nur durch prahlerische Reden, durch Liederlichkeit und „Stinkereien" getrotzt hatte. Das Räuberleben in der Wildnis der Wälder aktiviert sich zum Angriff gegen alle Institutionen in Familie, Gesellschaft und Staat. „Mörder, Räuber! – mit diesem Wort war das Gesetz unter meine Füsse gerollt" (I, 2). Kurz vorher hört man den Franz: „... wozu ich mich machen will, das ist nun meine Sache" (I, 1). Beide Brüder sind in aller Gegensätzlichkeit einander sehr nahe. Schiller hat dies kunstvoll und präzis durch ein bis in die Wortbrücken hineinreichendes gegenseitiges Spieglungssystem verdeutlicht. Beide lösen sich von jenen gemeinschaftlichen Pakta, die man geschlossen hat, um die Pulse des Weltzirkels zu treiben; beide sprechen sich von der Rücksicht auf die bestehenden Ordnungen und Normen der Gesellschaft frei. Doch mit einem wesentlichen Unterschied: Franz entscheidet sich mit vollem Bewußtsein zu seinem anarchischen Despotismus; Karl wird, ohne Bewußtsein der Konsequenzen, die ihn erwarten, in sein anarchisches Rebellentum hineingetrieben. Es ist die Kehrseite jener Herrschaftsstruktur, die sich in Franz repräsentiert. Die Anarchie des Despotismus muß die Anarchie der Rache provozieren. Beide aber sind zugleich die Extrempositionen, die, verwirklicht durch das „Außerordentliche“ dieser beiden Brüder, jegliche Ordnung der Gesellschaft, ja, „den ganzen Bau der sittlichen Welt“ zugrunde richten müssen.

Doch legt sich nicht diesem räuberischen Männerbund von innen eine eigene sittliche Ordnung ein, und ist er nicht mit einer Art von Naturnotwendigkeit auf deren zusammenschmiedende Festigkeit angewiesen? „Auch die Freyheit muß ihren Herrn haben“ (I, 2). Mit der Wahl Karls zum Oberhaupt gründet sich ein kleiner Staat, jene Republik, von der Karl zu Beginn der Szene geschwärmt hatte. „Stelle mich vor ein Heer Kerls wie ich, und aus Deutschland soll eine Republik werden.“ Geschaffen von einander Gleichen, mit der Wahl des Besten als ihr Regent, der dies nur sich selbst, nicht Privilegien und Gesetzen verdankt – dies wäre in der Tat eine Gegengründung gegen die Korruption von Staat und Gesellschaft. Aber geht es in ihr um eine bessere Art der Freiheit, oder ist sie nicht vielmehr, als Selbsthilfe der in die Illegalität Ausgestoßenen, ein Produkt des Zwanges und der Not? Diese Räubergesellschaft setzt sich aus sich selbst, am Rande der Verlumpung, Ausstoßenden zusammen. Die Gesetze, die sie sich gibt, sind Naturgesetze des Räuberlebens, und der Eid macht sie unverbrüchlich: gegenseitige Treuepflicht bis in den Tod hinein, das Einstehen aller für jeden von ihnen, Verzicht auf den Selbstwillen um der Gemeinsamkeit willen. An die Stelle der natürlichen und sittlichen Blutsbindung tritt die Bindung durch das Blut jener, die es im Kampf, in Akten der Gewalt vergießen mußten. Wer sich gegen diese Gesetze vergeht, ist ein zum zweitenmal und nun definitiv ins Nichts Verstoßener, auf den nur ein Tod mit Schanden wartet. Der Hauptmann Karl wächst mehr und mehr in dieser Männerfamilie in eine Vaterrolle hinein; seine Gesellen werden seine „Brüder“ (z. B. III, 2), sie werden seine „Kinder“ (II, 3; III, 2). Er ist hier auf andere Weise Vater als in der gesellschaftlichen und Blutsfamilie. Dort ernennen der Zufall der Zeugung und das gesellschaftliche Gesetz zum Haupt und Vater, unangesehen dessen, ob er dies Amt zu erfüllen fähig ist. Karl hat sich seine Vaterschaft durch das, was er ist, erworben, und er kann es wagen, sie wiederholt auf die Probe zu stellen und sie sich neu bestätigen zu lassen, wie er sich selbst auch ihr wiederholt mit Eid verpflichtet. Aber indem Karl in dieser Vaterrolle die Verantwortung für diese Räuberfamilie, den rasch anwachsenden kleinen Räuberstaat zufällt, wird er zu dessen Verantwortung vor der „Menschheit“, um derentwillen er gegen die Menschen ausgezogen war, genötigt. Die bestehende Gesellschaft hat zwar kein Recht, ihn anzuklagen. Das zeigt mit aller Deutlichkeit die Waldszene II, 3. Karl muß sich vor seinem eigenen Entwurf einer sittlichen Gesellschaft, vor seinen eigenen „enthousiastischen Träumen von Größe und

Wirksamkeit" (NA S. 6), verantworten. Der verstoßene Sohn hat das Sehnsuchtsbild der Familie auf die Gesellschaft projiziert, um sie zu einer von Gerechtigkeit durchwalteten Menschheitsfamilie umzubilden. Er projiziert dies Sehnsuchtsbild noch über die irdisch-soziale Welt hinaus auf die Schöpfung und ihren Schöpfer. Und er muß erkennen, wie weit der Weg, auf dem er mit seiner Kampftruppe von Räubern und Banditen diesem Sehnsuchtsbild entgegenstürmte, ihn von ihm entfernt hat. Der Weg des Richters um der Rache und Wiedervergeltung willen ist gekennzeichnet durch die blutigen Spuren ihrer Verbrechen, die zu verantworten Karl obliegt – gegenüber der Gesellschaft wie in seinem Gewissen. Er hat, um der Gerechtigkeit für die „Menschheit" willen, seine Gesellen zum Mord an ihren Brüdern, den Menschen, getrieben, und er ist an der größeren Menschheitsfamilie, nach Gerechtigkeit in ihr verlangend, schuldig geworden. Denn auf jede Tat gerechter Wiedervergeltung legen sich Taten, in denen jegliche Menschlichkeit zerstört wurde: „Kinder-Mord", „Weiber-Mord", „Kranken-Mord" (II, 3). Eine Räuberbande läßt sich nicht zum Instrument der Gerechtigkeit machen. Denn diesem Männerbund fehlt die Liebe – mit ihr Sympathie, Schonung, Duldung, Erbarmen. Wo dies mangelt, wird das Richteramt verletzt, das ihrer so bedarf wie der Strenge. Karl hat sich selbst betrogen, wenn er im hybriden Willen zu „Größe und Wirksamkeit" sich als Vater dieser Männerfamilie, zum Vater einer besseren, der „Menschheit" würdigen Gesellschaft machen wollte – so wie er im ersten Akt, im Wahn des Vaterhasses und der Vaterverfluchung, der durch sich selbst betrogene Sohn geworden war. Bereits kurz vor der Waldszene mit dem Pater (II, 3) beginnt seine Wandlung vom Katilina, der er durch „unglückliche Konjunkturen" geworden war, zum Brutus; nicht erst mit jenem schwermütigen Todeslied (IV, 5), das den Vollzug seiner inneren Trennung von der Räuberexistenz bestätigt.

Karl wird nicht zum Mörder seines eigenen Bruders, obwohl dessen Verschuldung an ihm und dem Vater ihm ein weit größeres Recht dazu gegeben hätte, als je ein Guido von Tarent oder Guelfo behaupten konnten. Er wird, um des in ihr herrschenden Unrechts willen, zum Mörder in der größeren Menschheitsfamilie. Schiller hat die Entscheidung in der Dichotomie von Gewalt als Zwang des Handelns, das eine Gesellschaft verändern will, und Gewaltabsage um der ethischen Humanität willen, die in dieser Gesellschaft wiederhergestellt werden soll, in die „pathetische Innenbühne" Karls gelegt. Er hat ihr dort eine theologische Dimension gegeben. Karl hat die Rolle des rächenden und strafenden Gottvaters usurpiert (II, 3), und er hat sich damit aus dessen Reich der Liebe selbst verstoßen – „daß alles so glücklich ist, durch den Geist des Friedens alles so verschwistert! – die ganze Welt *Eine* Familie und ein Vater dort oben – *Mein* Vater nicht – Ich allein der Verstosene, ich allein ausgemustert aus den Reihen der Reinen" (III, 2). Die Tragödie des Widerspruchs zwischen sittlichem Wollen und dem Anheimfall an die Willkür der Gewalt, bezogen auf das gesellschaftliche Kampffeld[111], wandelt sich jetzt zur Tragödie des verstoßenen und verlorenen Sohnes, der zu spät, vergeblich, den Rückweg in die verlorene Vaterwelt sucht. Was längst als Besonderheit der dramatischen Kompositionsmethode Schillers erkannt wurde, daß nämlich jeweils in der zweiten Hälfte des Spiels sich eine Akzentverlagerung von der äußeren zur inneren Szene, vom äußeren Aktionskonflikt zum inneren Konflikt einstellt[112], wird an den *Räubern* besonders deutlich. Das soziale Bezugssystem, in das die dramatischen Figuren bisher hineingestellt waren, wird abgelöst durch ein ethisch-religiöses Bezugssystem. Obwohl sich Karl in III, 2 mit zweitem feierlichem Eid angesichts des Blutsopfers Rollers der Bande gleichsam für Ewigkeit zuschwört – er hat sich innerlich, wie die folgende Kosinsky-Szene zeigt, von ihr und seinem Handwerk der Rache und der Wiedervergeltung gegenüber der Gesellschaft entfernt. Das Kampffeld, in das ihn die beiden letzten Akte hineinnötigen, ist nicht mehr die Gesellschaft, sondern seine Innenwelt. Kosinskys Rühmung läßt die Existenz und die Taten Karls und seiner Gesellen nochmals in der Gloriole heldenhafter sozialer Gerechtigkeit aufglänzen: „Männer such ich ..., die Freyheit höher schäzen als Ehre und Leben, deren bloser Name, willkommen den Armen und Unterdrükten, die Beherztesten feig und Tyrannen bleich macht." Aber Karl stellt ihr die bittere Verurteilung entgegen, die ihn und seine Bande in der Gesellschaft erwartet und die nun auch zu seinem Urteil über das eigene Leben geworden ist. „Für Mordbrenner grünet kein Lorbeer! Auf Banditensiege ist kein Triumf gesezt – aber Fluch, Gefahr, Tod, Schande" (III, 2). Zwar bestätigt Kosinskys Erzählung von dem, was ihm widerfuhr und das so nahe an die Intrigen- und Verbrechenssphäre heranführt, die in Franz inkarniert ist, das ethische und soziale Recht solchen Aufstandes gegen die bestehende Gesellschaft. Aber Karl vernimmt nur noch den Namen Amalia. Er ist taub geworden gegenüber dem Unrecht, das diesem Mann angetan wurde. Mit seinem Aufbruch zu dem Schloß des Vaters am Ende des 3. Aktes beginnt, nach Schillers eigenem Wort, die „zweite Epoche der Geschichte".

Sie setzt unserer Fragestellung eine Grenze. Denn das gesellschaftliche Thema, das wir in den drei ersten Akten aufzeigen konnten, wird in den beiden letzten Akten zugunsten der Dominanz der innermenschlichen Konflikt-

[111] Man kann nicht H. G. Thalheim zustimmen, wenn er S. 123 unterstreicht, Schiller habe „den revolutionären Terror" nicht abgelehnt. „Nicht die aus republikanisch-patriotischem Denken entspringenden Terrortaten gegen die Angehörigen der Adelsklasse und des Hofes werden verurteilt, sondern allein die aus privat-egoistischen Motiven geborenen Greueltaten, die im Falle der Spiegelberggruppe zudem dem Privatvorteil einzelner dienen."

[112] E. L. Stahl, *Schiller*, S. 14.

abläufe aufgegeben. Wir brauchen, angesichts der reich vorliegenden Forschungs- und Interpretationsliteratur, auf diese beiden Akte nicht erneut einzugehen. Es genügt, mehr als – soweit ich sehe – bisher geschehen ist, diese Wendung in dem Drama zu akzentuieren. Es war in den drei ersten Akten thematisch zu einer gesellschaftlichen Dimension geweitet worden; jetzt, mit entsprechender formaler Konzentration, wird es in die Innerlichkeit der Figuren und ganz in die Innenbühne verlegt. Der dominante Bezugspunkt dessen, was in den beiden letzten Akten geschieht, liegt nicht mehr im Gesellschaftlichen, sondern im sittlich-religiösen Bereich, in den Gewissensvorgängen der Mitglieder dieser durch sich selbst zerstörten Familie, vor allem in den inneren Kämpfen Karls. Wo jeder sich selbst das Urteil sprechen muß, bedarf es nicht mehr des Brudermordes und auch nicht der Gerichtstat durch den Vater – durch diesen Vater, der hilflos unter der Last dessen, was er getan hat und was ihm angetan wurde, zusammenbricht. Er beschwört noch einmal die Erinnerung an eine Zeit der Familienharmonie, die jetzt vernichtet ist: „Ein gepriesener Vater gieng ich einher unter den Vätern der Menschen. Schön um mich blühten meine Kinder voll Hofnung ... verloren meine Kinder beyde" (V, 2). Es gibt hier keinen freien Raum mehr für Liebe und für Erbarmen. Die letzte Tat Karls ist, eben um dieser Liebe, dieses Erbarmens willen, der Mord an Amalia.

In dem Schluß des Dramas überlagern sich mehrere Aspekt- und Bedeutungsschichten; keine von ihnen darf als die ausschließlich bestimmende angesehen, keine aber auch darf ausgelassen werden. Karl erkennt seine Verblendung, das zerstörerisch Maßlose seines Selbsthelfertums, er bekennt sich zu einer Schuld, die seinem Leben längst jeglichen Wert genommen hat und nur eine Wahl läßt – den Tod, der, aus eigenem Willen und Erkennen entschieden, zum Akt der Freiheit wird. Was derart als psychologischer Bewußtseinsakt erscheint, gewinnt zugleich eine ethisch-religiöse Dimension: die Bereitschaft zum Tode wird Anerkenntnis der Herrschaft eines höchsten sittlichen Gesetzes, der Macht Gottes. Der Tod wird zum Selbstopfer um der Buße und Sühne willen, eine Tat der in ihm erreichten, weil sittlichen Freiheit, die einstimmt in die Weltordnung und derart hilft, „die Harmonie der Welt" wiederherzustellen. Der Schuldige unterwirft sich dem Gericht Gottes in dem Gericht der Gesellschaft. In der Einsicht, daß es Verblendung und Versündigung war, die Gesetze durch Gesetzlosigkeit aufrechterhalten zu wollen, um ihres Mißbrauchs willen der Gesetzlichkeit abzusagen, liefert er sich in die „Hände der Justiz", damit jener Gesellschaft, deren Unrechtsstruktur er bekämpft hatte. Karl nimmt für sich diesen Kampf zurück: mit „Scham und Grauen" in der Absage gegen die Räuberbande, in deren Worten die letzte Zeile des Caesar-Brutus-Liedes nachklingt, in der Anheimgabe an Gott – „*Dein* eigen allein ist die Rache. *Du* bedarfst nicht des Menschen

Hand" – und in der Selbstauslieferung an diese Gesellschaft, die längst einen Preis auf seinen Kopf setzte.

Hat damit doch, nicht auf der psychologischen und ethisch-religiösen Innenbühne, aber dort, wo es um das Drama in der Gesellschaft geht, die schlechte Gesellschaft über den Rebellen um einer besseren Gesellschaft willen gesiegt? Was in der Innerlichkeit des Helden, in seinem Privat-Menschlichen ein höchster Akt der Selbsterkenntnis und Selbstbefreiung ist, ist es nicht zugleich angesichts der Realitäten der Gesellschaft eine Zurücknahme und eine Niederlage? Schiller hat diese Mehrschichtigkeit des Schlusses dadurch überdeckt, daß er auf der die beiden letzten Akte beherrschenden Innenbühne die Abläufe mit mächtigen Steigerungen der inneren Konfliktsituationen Karls zu diesem Schluß geführt hat. Aber läßt er sich so verinnerlichen und transzendieren, daß man behaupten kann, Karls Selbstauslieferung an die Justiz habe überhaupt nichts mit einer Anerkennung der bestehenden staatlichen Ordnung zu tun?[113] Spricht Karl nicht vielmehr den Gesetzen, die er beleidigte, der Ordnung, die er mißhandelte, eine „unverletzbare Majestät vor der ganzen Menschheit" zu, die er durch sein Opfer an die Justiz bestätigt, die sie zu verwalten hat? Hans Mayer hat, seinerseits die politisch-soziologische Perspektive isolierend, die Problematik dieses Schlusses akzentuiert, in dem die Passionshaltung dessen, der sich zum Opfer bringt, die Existenz einer schlechten und unwürdigen Obrigkeit nur bestätige. „Die moralische Individuallösung des Opfers … bildet keinen Abschluß; sondern eine empörende Wirrnis: eine schändliche Obrigkeit obsiegt über den, der auszog, mit unangemessenen Mitteln, fragwürdiger Anhängerschaft und wirren Absichten, sie zu bekämpfen. Das revolutionäre Stück eines echten Stürmers und Drängers endet als Apologetik schlechter und unwürdiger Zustände."[114] Aber ist es denn wirklich so? Die konkrete Unrechtsverfassung der bestehenden Gesellschaft, die das Drama von Akt zu Akt demonstrierte, kann durch „Passion, Opfer, Sühne" Karls nicht aus dem Gedächtnis der Zuschauer verdrängt werden. Doch ebensowenig kann sich der Zuschauer der Demonstration des Unrechtsweges entziehen, den Karl beschritten hat. Indem er ihm die eigene Unterwerfung unter eine von ihm anerkannte Gerechtigkeit der Strafe und Sühne entgegenstellt, appelliert er moralisch auch an die Gesellschaft, sich auf eine Gerechtigkeit zu besinnen; mag dies auch noch so utopisch anmuten – so utopisch wie der Schluß der zweiten Fassung: „Gehet hin, und opfert eure Gaben dem Staate. Dienet einem Könige, der für die Rechte der Menschheit streitet."[115] Einem „aufgeklärten" König also, dem es wie Karl

[113] R. Buchwald, *Schiller*, Bd. 1, S. 297.
[114] Hans Mayer, *Schillers „Räuber" 1968*, S. 6.
[115] NA 3, S. 235.

Moor um die Gerechtigkeit in der Gesellschaft geht. Wie immer man angesichts der Mehrdeutigkeit des Schlusses der *Räuber* die Akzente setzt, es darf nicht unterdrückt werden, daß zumindest für den jungen Schiller das Ethisch-Religiöse und das Politisch-Gesellschaftliche untrennbar waren. In dieser Mehrdeutigkeit drückt sich eine generelle Bewußtseins- und Gesellschaftssituation aus, die zu der Eingangsfrage dieser Überlegungen über die Bedeutung der dramatischen Gestaltung des Themas von den Feindlichen Brüdern in dieser Zeit zurückführt.

V

Sie wird nicht erschlossen, wenn man sie nur auf das Interesse an außerordentlichen Leidenschaftsfiguren und darauf zurückführt, daß man entdeckte, welche dramatischen Möglichkeiten sie für einen neuen Typus der Charaktertragödie hergaben. Die Dynamik dieser Leidenschaftsnaturen erscheint vielmehr als das Signal einer nur dramatisch voll erfaßbaren Dynamisierung der gesellschaftlichen Verhältnisse, die, in der Familie als der kleinsten und geschlossensten sozialen Zelle ausbrechend, auf den Staat, auf die ganze Gesellschaft ausgriff und in ihnen alle sozialen Bindungen angriff und zerstörte. Diese Dynamisierung erhielt dort den explosivsten dramatischen Charakter, wo, wie in der Institution der Feudalgesellschaft, der größte, weil seit langem als unerschütterbar geltende Widerstand gegen sie zu erwarten war. Der *Julius von Tarent, Die Zwillinge* und *Die Räuber* konnten nur in diesem Milieu ihre dramatische Brisanz entfalten, die über die Bühne hinaus auf eine latente oder antizipierte Dynamisierung in der gesellschaftlichen Realität verwies. Wenn derart die These aufgestellt wird, das Thema von den Feindlichen Brüdern sei, wie das Thema des verführten Mädchens und der Kindesmörderin[116], in dieser Zeit – und zwar gerade in dieser Zeit und für diese Generation – ein eminent gesellschaftsbezogenes, gesellschaftskritisches Thema, gerät man mit den vorliegenden Interpretationen allerdings in einen Widerspruch. W. Keller lehnt solchen Bezug für den *Julius von Tarent* ab; Leisewitz habe um der kompositionellen Einheit willen das Motiv der Mesalliance wie des Tyrannenmordes, also Probleme, welche die „engagierte Literatur jener Tage erfüllten", unterdrückt. „Die ständische Gliederung der Gesellschaft und die sozialen Gegensätze stellten sich dem damaligen Dramatiker nicht als

[116] Alessandro Pellegrini, *„Sturm und Drang" und politische Revolution;* in: German Life & Letters, XVIII, 2 January 1965, S. 126, will „eine wahre Sozialkritik" im Theater des Sturm und Drang lediglich dem Thema des verführten Mädchens und der Kindesmörderin zusprechen.

Problem".[117] G. Mattenklott negiert für Klingers *Zwillinge* eine „revolutionäre" Intention. Ein schwaches bürgerliches Selbstgefühl wage, um seiner Selbsterhaltung willen, nur unter dem Purpur dieser feudalen Familie eine Rebellion, und es unterwerfe sich, im Milieu ihres Palastes, dessen Gesetzen. Um keinen Deut werde hier die feudale Ordnung transzendiert. Guelfos Besitzanspruch, seine Berufung auf das Naturrecht, bestätigen nur die Ordnung des Feudalstaates, die, in ihrer Geltung unbestritten, zum Schicksal verzaubert werde. „Die Treue zum eigenen Anspruch ist so zugleich die zu den geschichtlichen Konfigurationen, gegen die die Helden des Sturm und Drang sich kehren, denn beide sind durch das schicksalhaft erfahrene Naturgeschehen determiniert. Die Institutionen des absolutistischen Staates erscheinen in liebenswerten alten Fürsten verkörpert, und die Erhebung gegen sie würde Vatermord bedeuten."[118] Guelfo, der verbürgerlichte Sohn, der für sein gekränktes Selbstgefühl kämpft, gerät in ein hohles Pathos, dessen Inhalte noch ausstehen.[119] Auf die Distanzierungen gegenüber einer Tendenz, die *Räuber* als ein auch gesellschaftlich-politisch intendiertes Drama aufzufassen, war bereits verwiesen worden. Wo aber, wie von H. G. Thalheim diese Intention anerkannt, das ganze Stück sogar auf sie reduziert wird, werden *Die Räuber* als Zeugnis der „Unmöglichkeit" einer Revolution unter den historisch gegebenen und dramatisch gezeichneten Verhältnissen verstanden: unmöglich wegen der gesellschaftlichen Isolierung ihres Anführers, der, ein verbürgerlichter, die Ideale der Aufklärung repräsentierender Jüngling, einen moralisch-politischen Privatkrieg gegen die bestehende Gesellschaft unternimmt, unmöglich weiterhin wegen einer objektiv und subjektiv unreifen Situation, wegen des Mangels einer moralisch-weltanschaulich reifen Massenbasis, sind doch selbst Karls Räubergesellen in feudaler Unnatur befangen. Zwar lehne Schiller eine revolutionäre Selbsthilfe nicht ab. Er hielt sie aber in seinem zeitgenössischen Deutschland für unmöglich aus Gründen, die „vor allem in der fehlenden moralischen, republikanischen und patriotischen Gesinnung der Räuber und ihres Anführers, dessen Abhängigkeit von der Moral der Feudalgesellschaft in dem privaten Anlaß seiner Rebellion ihren Ausdruck finden".[120] Die in den *Räubern* dargestellte deutsche Gesellschaft war nicht fähig, eine Revolution aus sich zu entlassen.

Es wäre nicht sinnvoll, hier weitläufig auf die verschiedenen Konzeptionen des gesellschaftskritischen, derart im weiteren Sinne politischen Dramas einzugehen, die solchen Urteilen zugrunde liegen. Sie verstellen jedoch den

[117] W. Keller, S. 114.
[118] G. Mattenklott, S. 81.
[119] Ebd., S. 82.
[120] H. G. Thalheim, S. 90f.

Zugang zu dem, was am Ende der vorrevolutionären Epoche, im Deutschland nach 1770, als ein solches Drama möglich war. Es wird zu eng bestimmt, wenn man von ihm die Darstellung standes- oder klassenbezogener Konflikte und Gegensätze, wie also der Mesalliance, heroischer Revolutionsaktionen wie den Tyrannenmord erwartet; es wird wiederum zu viel gefordert, wenn man ihm den Ausdruck eines starken bürgerlichen, gesellschaftlich-politischen Selbstgefühls, vermittelt durch Figuren und Konflikte im bürgerlichen Lebensmilieu, zur Aufgabe macht. Voraussetzungen für ein Transzendieren der bestehenden Gesellschaftsverfassung zu konkreten Vorstellungen einer veränderten Gesellschaft und jener Prozesse, die zu ihr hinführen können, waren nicht gegeben; wo man sich von der gesellschaftlichen Zuständlichkeit emanzipierte, geriet man in ein „Irgendwo" der abstrakten Idealität, in dem, wie Julius von Tarent meinte, das Menschliche zur unbeschränkten Freiheit für sich selbst und für alle gelangen sollte, oder aber – was nur die andere Seite dieser Idealität ist – in den Raum des Anarchischen, das zur Selbstzerstörung wird. Ein gesellschaftskritisches Drama konnte sich in diesen Jahren nicht als eine in Handlungen und Figuren inkorporierte Diskussion konkreter und spezifischer gesellschaftlicher Veränderungsziele darstellen; daß aber diese Einschränkung nicht ein gesellschaftskritisches Drama mit stärkster Brisanz und Aktualität für seine Autoren und sein zeitgenössisches Publikum aufhob, bezeugen die eben interpretierten Stücke von Leisewitz, Klinger und Schiller. Der Kampf der Brüder gegeneinander, der stets zugleich eine Auflehnung der Söhne gegen die Väter impliziert, bleibt in keinem dieser Dramen nur ein Kampf innerhalb des engen, privaten Zirkels der Familie; er erhält einen allgemein-gesellschaftlich bedeutsamen Charakter, da die Familie, ihr Bindungs-, Ordnungs- und Wertsystem, jeweils als ein Abbild der staatlich-gesellschaftlichen Zuständlichkeit dargestellt wird, für die das gleiche System gilt. Die Familie stellte als gesellschaftliche Institution, die sich in langer Geschichte, theologisch fundiert seit der Weltschöpfung, stabilisiert hat, ein als unverrückbar und geheiligt geltendes Gesetz dar; sie erschien zugleich als ein Naturgesetz. Die Auflehnungs-, Widerstands- und Zerstörungskräfte, die in ihr jetzt, im Drama zu bisher ungewohnter Dynamik getrieben, aufbrechen, treffen derart die ganze Gesellschaft. Sie zeigen den Zusammenbruch dessen, was bisher im privaten, religiös-ethischen wie gesellschaftlichen und staatlichen Leben als der sicherste, durch alle geltenden Werte gefestigte Kern galt. Die Entzweiung und Zerstörung in der Familie riß alle diese Werte in den Zusammenbruch hinein; sie ließ sie zumindest als durchaus fragwürdig erscheinen.

Damit wurde das gesamte gesellschaftliche Gefüge erschüttert, das von ihnen zusammengehalten wurde. In der Auseinandersetzung zwischen den Vätern und den Söhnen geht es nicht lediglich um einen Generationskonflikt;

er hätte nicht die dramatische und gesellschaftliche Explosivwirkung ausstrahlen können, die in den besprochenen Dramen dem Thema der Feindlichen Brüder eigen ist. Vielmehr: indem der Bruder den Bruder mordet, entzweit sich eine auf Lebensgemeinsamkeit angewiesene Generation selbst, der Riß geht mitten durch sie hindurch; er stellt jene, die einander zu gleichem verbunden sein sollten und die in der Tat auch gemeinsame Züge erkennen lassen, in mörderischer Feindschaft gegeneinander. Bruderschaft in der Familie ist aber zugleich Abbild der Bruderschaft, die alle Menschen gemäß den Ordnungen der Natur, der Sittlichkeit, der Liebe und der Religion miteinander verbinden soll. Wenn die leiblichen Brüder sich morden, dann sind Bestand und Geltung auch aller dieser Werte und Ordnungen in den Zusammenbruch mitgerissen. Es geht darin, daß sich der Bruder gegen den Bruder wendet, nicht, wie es eine psychoanalytische Analyse nahelegt, nur um eine Verschiebung bzw. Verdrängung des generationsgemäßen, also gleichsam normalen Vaterkonflikts zum Konflikt mit dem Bruder. Es liegt vielmehr in der Wahl des Bruderkonflikts historisch, also gemessen an Bewußtseinslage und Gesellschaftslage dieser Zeit, noch eine dramatische Potenzierung des Themas. Denn in dem Kampf der Brüder und Söhne wird der Vatermord mitvollzogen, auch wenn er als Aktion in jedem der drei Dramen ausgespart wird. Der Vater stirbt in ihnen an und mit seinen Söhnen. Ginge es nur um einen Generationskonflikt, so müßte sich ein Agon entfalten, in dem Wille gegen Wille, Kraft gegen Kraft kämpft. Die gealterten, geschwächten Väter, die Leisewitz, Klinger und Schiller auf die Bühne bringen, sind zu solchem Agon nicht fähig. Zwar rafft sich der in den *Zwillingen* gestaltete Vater zu einer solchen momentanen Aktion gegen Guelfo auf; aber es ist bezeichnend, daß Klinger diese Szene nur durch Guelfo erzählen ließ, sie nicht auf die Bühne bringt, wäre sie doch in ein Mißverhältnis zu der auf ihr vorgeführten Vaterfigur geraten. Die Hinfälligkeit der Väter zielt auf mehr als eine typisierte Charakterzeichnung. Indem sie die Macht über ihre Söhne eingebüßt haben, ihnen die Herrschaft entgleitet, sie nur noch ohnmächtig zuschauen und nichts verhindern können, vergegenwärtigt sich in ihnen die Hinfälligkeit des von ihnen repräsentierten Herrschafts- und Gesellschaftssystems. Diese versagenden Väter haben sich gegenüber ihren Söhnen schuldig gemacht, und sie werden sich in der Katastrophe, in der Totenklage, die sie anstimmen, dessen durchdringend bewußt. Sie haben selbst die Werte und Ordnungen, an denen sie festhalten wollten und welche die Grundlage ihrer Familie und der durch sie repräsentierten Gesellschaft sein mußten, korrumpiert, und sie waren nicht fähig, die Söhne in deren Bindungen zu erhalten. In diesen Entfremdungen, in denen keiner, Bruder zu Bruder, Söhne zu Vätern und Väter zu Söhnen, mehr eine Brücke zum anderen findet, es sei denn im Tode, zeichnen sich mehr als Tragödien in der Familie ab: nämlich der Zusammenbruch eines ganzen gesellschaftlichen Systems, derer, die ihm als die Alten oder als die Jungen zugehören und an es gebunden sind, und aller jener Normen und Werte, die es zu erhalten bestimmt war. Dieses gesellschaftliche System zerstört sich in den beiden Generationen, die es zu verantworten und zu verwirklichen haben, selbst. Der Brudermord wird zu seinem Selbstmord. An der Wahl des Feudalmilieus in allen drei Dramen, das als höchste Repräsentation dieser Gesellschaft zugleich eine politische, die Untertanen einbeziehende Verantwortung trug, wird dies zur dramatischen Sinnfälligkeit und Prägnanz gebracht. Die Wahl des Themas von den Feindlichen Brüdern führt also nicht lediglich das Ende von drei grandseigneuralen Familien, sondern das Ende eines ganzen Gesellschaftssystems vor, ein Ende nicht durch revolutionäre Aktionen, in denen neue Klassen und Kräfte an die Macht gelangen und eine neue, andere Gesellschaft sich abzeichnet, sondern durch die Selbstzerstörung, an der alle schuldig sind, die dieser Gesellschaft angehören. Damit erweist sich das Drama von den Feindlichen Brüdern als ein durchaus und entschieden gesellschaftskritisches, im weiteren Sinne politisches Drama.

Und auch noch unter einem anderen Aspekt. Was alle drei Dramen darstellen und jeweils am Schluß angesichts der Majestät des Todes und seiner Versöhnungskraft in Strafe, Sühne und Buße zur Umkehr bringen, ist, daß im Zusammenbruch aller Gesetze, Normen oder Werte, auf welche die Familie wie das staatlich-gesellschaftliche Ganze angewiesen ist, sich das Anarchische freisetzt. Es bricht in einem sich radikal von allen Verpflichtungen und Übereinkünften frei erklärenden Subjektivismus auf, der mit den gesellschaftlichen Bindungen auch alle naturgeschaffenen Bindungen durchschneidet und so zum Bruder- und Vatermord fähig wird. Dieser bis zur Weltlosigkeit in sich verfangene und verblendete Subjektivismus in allen seinen verschiedenen Spielarten bei Julius und bei Guido von Tarent, bei Guelfo, bei Franz und Karl Moor löst jegliche Möglichkeit eines sozial und sittlich durchbildeten Zusammenlebens in der Familie, der Gesellschaft, dem Staat und endlich in der Menschheit auf. Indem sie sich von allen Ordnungen lossagen, schlägt ihr Handeln in das Chaotische der Selbstzerstörung um; indem sie ihre Familie zerstören, zerstören sie sich selbst, und ihr Ausbruch in die Willkür der Freiheit fesselt sie, die Zerstörten, unlösbar an diese zerstörte Familie zurück. Sie sind unfähig, ihr eine andere, bessere Ordnung des menschlichen Zusammenlebens entgegenzustellen. Das Thema von den Feindlichen Brüdern wird so auch ein Signal der Selbstkritik in der jungen Generation des Sturm und Drang, zu einem Notzeichen, nicht über die Exzesse der Negation, über die Annihilierung jeglichen sozialen Zusammenhangs in Familie und Gesellschaft hinauskommen zu können. Das Ende der drei Dramen setzt solche Selbstkritik in die szenische Aktion und in das szenische Bild um. In ihnen wird bewußtgemacht, was zerstört und verloren wurde. Es gewinnt eine Dignität, die im *Julius von Tarent* und in den *Zwillingen* die Figur des rächenden und strafenden, versöhnenden und reuigen Vaters erhöht, der Totenklage des alten Moor in den *Räubern* den biblischen Prophetenton einlegt und die endlich es seinem Sohn Karl möglich macht, sich den Händen der Justiz auszuliefern. Denn sie kann trotz der Unrechtsstruktur der Gesellschaft, deren Organ sie ist, auch stellvertretend als Gottes Organ gelten, die „unverletzbare Majestät" der beleidigten Gesetze und der mißhandelten Ordnung „vor der ganzen Menschheit" wiederherzustellen. Das Drama von den Feindlichen Brüdern, als, wir wiederholen es, ein entschieden gesellschaftliches und im weiten Sinne politisches Drama, deckt nicht nur den Zusammenbruch der Gesellschaft, vielmehr in ihm zugleich deren Notwendigkeit auf; ohne Aussage freilich darüber, wie sie sich nach der zerstörerischen Negation der alten Gesellschaft und der auf die Zerstörer zurückschlagenden Negativität dieser Negation neu und konkret darzustellen habe. Auch dies ist eine historische und sozialpolitische Aussage des Themas von den Feindlichen Brüdern.

Die treuen Diener ihrer Herrn

Zu F. M. Klinger und F. Grillparzer

I

Der junge Friedrich Maximilian Klinger ist der Dramatiker der Zerstörungen der Familie. In ihnen stellten sich ihm die Dissonanz, der Riß dar, die nach seiner Erfahrung in die Welt eingelegt waren. Die Dissonanz, die dem aufklärerischen Harmonieglauben so nachdrücklich widersprach, wurde dort am grellsten und empfindlichsten, wo die dichtesten natürlichen, sittlichen und sozialen Bindungen, eine Verpflichtung zur innigen Gemeinsamkeit, vorausgesetzt wurden. Dort also, wo das bürgerliche Denken und die bürgerliche Moral im 18. Jahrhundert ihre gesicherte Schutzinsel zu besitzen meinten. Das Verhältnis zwischen Vätern und Söhnen, zwischen den ungleichartigen Brüdern, zwischen Mann und Frau wird in seinen Trauerspielen von innen her aufgerissen und zertrümmert. Subjektivistische Leidenschaften, Triebe und Begehrungen lehnen sich gegen Bindungen auf, welche sie als Hemmungen und Widerstände, als Unrecht und Gewalt empfinden; jene aber, die eine Autorität und Sicherheit der Ordnungsinstitution der Familie zu bewahren haben, sind zu alt und zu schwach geworden, jenen, die sie sprengen, eine wirksame Kraft entgegenzusetzen.[1] So stellen sich in *Otto* die Söhne gegen den herzoglichen Vater, der Vater löst sich von den Söhnen, sie werden untereinander zu erbitterten Feinden, und der getreueste Gefolgsmann, der dem Drama den Titel gibt, wird zum Verräter seines Freundes und Herrn und geht an solchem Verrat zugrunde. Haß, Neid, Mißverstehen und Verblendung in der Familie; Treulosigkeit dort, wo ein enges Band verknüpfte. Sie wendet sich gegen den an ihr Schuldigen, er wird zum Opfer seiner eigenen Tat. Ein Ehebruch, verschuldet durch die erotische Verkettung der Frau mit dem früheren Geliebten, vernichtet in *Das leidende Weib* eine Familie und läßt nur Trümmer von ihr in der weltflüchtigen Melancholie ländlicher Selbstbescheidung zurück. In den *Zwillingen* lehnt sich Guelfo gegen seinen Vater auf, er verschließt sich, obwohl nach ihrer Liebe verlangend, seiner Mutter, er wird zum Mörder seines Bruders und tötet in dieser Tat sich selbst. In *Die neue Arria,* in der sich das Thema der Familie zuerst zum Staatlichen erweitert, triumphiert der Usurpator, der die Herrschaft gewaltsam-tückisch

[1] Vgl. dazu *Die feindlichen Brüder. Zum Problem des gesellschaftskritischen Dramas von J. A. Leisewitz, F. M. Klinger und F. Schiller,* S. 129 ff.

an sich reißt, über deren rechtmäßige Erbin und jene, die ihr helfen wollen. Die Trennung der Söhne von den Eltern wiederholt sich in *Stilpo und seine Kinder* – der zugleich heldenhafte und altersschwache Stilpo und seine noch heldenhaftere Frau scheitern an denen, die sie vergeblich festzuhalten suchen. Und auch in *Simsone Grisaldo* ist der Vater-Sohn-Konflikt als ein Randthema festgehalten: Bastiano wendet sich mit Hohn und Verachtung gegen seinen Vater Fernando, der aus Schwäche und um der Weiber willen auf die Krone von Kastilien verzichtete und damit den Sohn um deren Erbe brachte. Vergeblich bettelt der Alte um die Zuneigung seines Sohnes: „um nur einen Tag zu fühlen, daß ich einen Sohn hab'".[2]

Daß der junge Klinger mit solcher Konstanz an dieser Konfliktsituation festhielt, hat mehr als einen Grund. Es war eine dramaturgische Einsicht, daß dramatische Konflikte sich dort am radikalsten steigern lassen, wo sie im dichtesten Mit- und Beieinander der zusammengehörenden Figuren ausbrechen. Es wurde ihm wohl bewußt, daß die Emanzipation der individuellen Subjektivität, des sich selbst wollenden Ich, die sein Generationserlebnis war, zuerst gegen die nächsten umklammernden Widerstände, eben die Familienbindungen, anstürmen mußte – mit einer zerstörerischen Konsequenz für jene, die ihre Autorität und Einheit bewahren wollten, wie für jene, die sich gegen sie vergingen. Über die Katastrophen dieser Trauerspiele führt kein Ausblick auf eine Regeneration, in welchem Sinne auch immer, hinaus, kein Ausblick auf eine andere gesellschaftliche Ordnung. Denn diese Risse sind nicht heilbar – dies gibt ihnen den Charakter eines metaphysischen Verhängnisses.

Sie wirken um so unheilbarer, weil andrerseits F. M. Klinger wieder und wieder in seinen Trauerspielen erkennen läßt, welche Bedeutung für ihn die Integrität, die Gefühls- und Lebenseinheit der Familie hatte. Wir erinnern an die gefühlvollen Szenen, in denen in *Otto* die ohnmächtigen Leiden der ritterlichen Familie von Hungen, dieser einträchtigen Gemeinschaft der Eltern und Kinder, ausgemalt werden, weiterhin an die harmonisch-glücklichen Familien- und Kinderszenen in *Das leidende Weib*, an die Beschwörungen und Bitten, mit denen in den *Zwillingen* versucht wird, Guelfo in einen Frieden mit seinen Eltern, seinem Bruder und dessen zukünftiger Gattin zurückzuholen. Wir denken weiterhin an die bitteren Klagen des alten Stilpo und seiner Frau und das vergebliche Werben des alten Fernando im *Simsone Grisaldo*. Treulosigkeit, wie sie der Ritter Otto begeht, der von seinem herzoglichen Freund angesichts des Kriegszuges mit höchstem Vertrauen zum Hüter

[2] Friedrich Maximilian Klinger, *Simsone Grisaldo.* Ein Schauspiel in fünf Akten, in: *Sturm und Drang,* Dramatische Schriften II, Plan und Auswahl von Erich Loewenthal und Lambert Schneider, Heidelberg, 3. Aufl. 1972, S. 203 ff. Zitat S. 224 (künftig zitiert SG).

von Weib und Burg eingesetzt wird, wendet sich rächend gegen den Ungetreuen. Die Reue und innere Verzweiflung der Ehebrecherin, der Gesandtin in *Das leidende Weib* bezeugen, wie hoch der Wert der ungestörten Familiengemeinsamkeit angesetzt ist.

Treulosigkeit ist vor allem jedoch Kennzeichen der Welt der Antifamilie, der fürstlichen Höfe, ihrer Intriganten und der schwächlichen Machthaber, die in die Familien eingreifen und den Staat in die Anarchie sinken lassen. Denn die Treulosigkeit ist die andere Seite eines egozentrischen und amoralischen Subjektivismus, der sich oft genug mit der Schwäche paart. Schwäche zeigt sich bei aller Tat- und Tollkraft in dem Ritter Otto, in dem Liebhaber in *Das leidende Weib* und im Guelfo der *Zwillinge*, trotz seiner Kraft- und Empörergestik in der Brutus-Rolle. Es gilt auch für den Usurpator der fürstlichen Herrschaft in *Die neue Arria*, der sowenig Herr seiner eigenen Triebe und Begehrungen wie seiner Hofleute ist, weiterhin für den Tyrannen in *Stilpo und seine Kinder* und endlich für den Melancholiker auf dem Königsthron und die nach seiner Macht und Krone lüsternen Ratgeber in *Simsone Grisaldo*, diesen an Geist und Körper kränkelnden König, dem, ungeachtet alles dessen, was ihn gegen ihn empören müßte, der Held dieses Dramas die Treue bewahrt. In diesem Schauspiel und, ungefähr ein Jahrzehnt später, in dem Trauerspiel *Der Günstling*[3], das bestimmt war, das „phantastische" und „poetische" Jugendwerk zu übertreffen, hat Klinger das Thema vom treuen Diener seines Herrn ausgeführt.

Das pauschale Verständnis des sogenannten Sturm und Drang und insbesondere F.M. Klingers, der lange als dessen geradezu idealtypischer Repräsentant angesehen wurde[4], faßt die dramatische Produktion dieser Generation auf als den Ausdruck von gesellschaftspolitisch zielender Opposition, sei es nun gegen die Tyrannei des Feudalismus oder gegen die Tyrannei der bürgerlichen Konventionen, um der Freiheit des Volkes und der Gleichheit der Bürger im Staat willen. Auf dies Verständnis kann das Schauspiel *Simsone Grisaldo* nur einigermaßen verwirrend wirken. Es wird durch es in Verlegenheit gebracht. H.J. Geerdts[5] umgeht das unwillkommene Treue-Verhältnis von Diener und König in dem Spiel. Er interpretiert dessen Helden unter

[3] *Auswahl aus Friedrich Maximilian Klingers dramatischen Werken.* Erster Theil Leipzig 1794, S. 365 ff. (künftig zitiert G). Das Trauerspiel erschien zuerst in: *Theater Teil IV*, Riga 1787. Es wurde entgegen den Gepflogenheiten Klingers in den späteren Ausgaben 1794 und Werke 1815 nicht verändert.

[4] Kurt May, *Die Struktur des Dramas im Sturm und Drang, an Klingers ‚Zwillingen'*, in: *Form und Bedeutung.* Interpretationen deutscher Dichter des 18. und 19. Jahrhunderts, Stuttgart 1957, S. 42 ff. Ferner *Kurt May, F.M. Klingers Sturm und Drang,* in: DVjs 11, 1933, S. 398 ff.

[5] Hans Jürgen Geerdts, *Klingers Werke in zwei Bänden,* Weimar 1958, Einleitung, Bd. 1, S. 14.

dem Aspekt eines extremen Subjektivismus des Selbsthelfers, ohne sich zu fragen, ob dieser Begriff hier überhaupt anwendbar ist, da sich der Held als seine Bestimmung gewählt hat, anderen zu helfen. Als Selbsthelfer wird Simsone Grisaldo für Geerdts unfähig, Repräsentant für die gesamte bürgerliche Klasse zu werden. Er versteht ihn vor allem als einen sexuell sich hemmungslos austobenden Helden, dem die geschlechtliche Untreue zum Prinzip geworden ist.[6] Indem das Drama als „ein zwar problematischer, aber dennoch zielsicherer Angriff sowohl gegen sexuelle Ausschweifungen der Feudalgesellschaft wie gegen den überkommenen bürgerlichen Moralbegriff" ausgelegt wird, kann es sich immerhin in die These revolutionärer Gesellschaftskritik bei Klinger einordnen lassen. O. Smoljan[7] schenkt dem Drama wenig Beachtung – gegensätzlich zu sonst ausführlichen Erörterungen von Klingers Jugenddramen. Denn auch sie hatte Schwierigkeiten, es in ihre These vom leidenschaftlichen Protest Klingers gegen die damalige Gesellschaftsordnung, gegen alles Beharrende, Erstarrte, Zurückgebliebene und Ungerechte einzupassen. Das Spiel wird als mißlungen beiseite geschoben; Simsone wird simpel zum Glückskind erklärt, dessen Konflikt mit der Hofgesellschaft günstig ausgeht und das, so wie offenbar auch sein Autor, den „Geist des Protestierens" aufgegeben hat.[8] Dies hätte auffallen müssen, denn im *Simsone Grisaldo* legt Klinger zum ersten Male eine breitere „politische" Vorgangsfläche an. Das Staatsdrama blieb in dem eben zurückliegenden Schauspiel *Die neue Arria* nur Hintergrund des Spiels um Leidenschafts- und Willenskonflikte. Hier jedoch schreibt er in sehr lockerer, von epischen und lyrischen Elementen durchzogener Szenenfolge, im reichen Wechsel der Tönungen zwischen Ernst und Groteske ein politisches Drama, soweit die in ihm entfaltete politisch-humane Utopie diese Bezeichnung zuläßt. Er entfernt es in eine wie eine exotische Märchenwelt erscheinende spanisch-sarazenische Geschichtswelt, die ihn nicht mit Verpflichtungen zu konkretem Detail einengte. In ihr konnte Klinger darstellen, was ihm in seiner Gegenwart verwerflich erschien und was ihm als Ideal ihrer Verwandlung vorschwebte.

Das negative Urteil von O. Smoljan war von der älteren Forschung vorbestimmt. Das Drama galt als Mißprodukt der Überhastung, als Zeugnis mangelnder dramatischer Gestaltungskraft.[9] Interesse erweckte es jedoch als ein

[6] Ähnlich bereits H. A. Korff, *Geist der Goethezeit*, Versuch einer ideellen Entwicklung der klassisch-romantischen Literaturgeschichte, Leipzig 1923, Teil 1, S. 249 ff. Korff interpretiert *Simsone Grisaldo* unter dem Oberbegriff „Freigeisterei der Leidenschaft".

[7] Olga Smoljan, *Friedrich Maximilian Klinger, Leben und Werk*, Weimar 1962.

[8] Ebd., S. 79.

[9] Z. B. Erich Schmidt, *Lenz und Klinger, zwei Dichter der Geniezeit*, Berlin 1878, S. 96.

Lebens- und Entwicklungsdokument, wie denn überhaupt die Tendenz überwog, Klingers Dramen vor allem als „Dokumente für die Arbeit an der eigenen Persönlichkeit“ und „sich klärender gedanklicher Prozesse“ anzusehen.[10] Man fand im *Simsone Grisaldo* eine Abwendung von seinem jugendlichen zerstörerischen und zerrissenen Willens- und Leidenschaftspathos und von der Grundstimmung der Auflehnung und der Melancholie, die seine bisherigen Trauerspiele durchzog. Eine übermütig-spielerische Heiterkeit, die Lust am Komischen, Possenhaften und Grotesken füllt eine Reihe der Szenen und deutet auf den Verfasser des *Prinz Seidenwurm* und von *Der Derwisch*. Sie weist weiterhin auf das romantische Lustspiel voraus, wie denn auch die Form F. Schlegels Konzeption des romantischen Dramas vorzeichnet[11] und Klingers Sprache in manchen Szenen einen beseelten Stimmungston vernehmen läßt, der zum Signal einer „nun völlig verwandelten Auffassung der Poesie und damit des Menschen“ wird.[12] Besonders schien aber der Ausdruck eines sittlichen Bewußtseins, einer Selbstbescheidung und eines Ordnungswillens ein Ungenügen an der bisher vorwaltenden Selbstbezogenheit anzukündigen und damit die Gestimmtheit des Sturm und Drang hinter sich zu lassen. Man erkannte darin Anzeichen der späteren Entwicklung Klingers.[13]

Das Drama galt und gilt derart als ein Wendepunkt in Klingers Biographie und Schaffen.

Briefliche Zeugnisse bestätigen diese Auffassung. Ende Juni 1776 schrieb er seinem Freunde Schleiermacher aus Weimar:

> „Denn weil die Menschen gut sind [gemeint ist die Weimarer Gesellschaft, F. M.], liegt man ihnen nicht schwer, wie sie einem nicht, und da würkt jeder für sich und in sich, und alles würkt hier. Und Bruder, das wär ia eben eine von den großen Weltgeister Eigenschaften, in seinem Herzen die unendliche Morgenröthe zu haben, den ewigen Sang und Klang, rein und treu, daß man nur brauche anzuschlagen, um Antwort zu hören die fortfährt. Und noch dazu all das dazu, was ich in meinem Grisaldo sagte und sagen wollte.“[14]

Weimar erschien ihm zeitweilig wie eine Verwirklichung solcher humanen Utopie, einer Welt der Harmonie, in der zu sich selbst findet, wer bisher in „disharmonirender Bewegung“ wie er selbst und dieser Freund leben mußte.

[10] Christoph Hering, Friedrich Maximilian Klinger, Der Weltmann als Dichter, Berlin 1966, S. 160.

[11] Christian Schwinger, *Transindividueller Lebensbezug in Dramen Friedrich Maximilian Klingers*, Diss. Bochum 1969.

[12] Emil Staiger, *Stilwandel*, Zürich/Freiburg 1963, S. 69.

[13] May, *F. M. Klingers Sturm und Drang*, S. 399, 495; Hering, S. 89.

[14] Max Rieger, *Klinger in der Sturm- und Drangperiode*, Darmstadt 1880, S. 388 (Brief Nr. 14).

„Biß er anfängt sich und seinem Herzen treu zu werden, als dann umfängt ihn die Fülle, und er tritt außer sich und um sich, bekleidet mit dem seeligen Licht."[15]

Mit anderen Worten: wer in sich Harmonie findet, vermag auch eine harmonische soziale Gemeinsamkeit zu bewirken. Als solche Lichtgestalten mochten ihm – allerdings nur zeitweilig – Goethe, der Herzog, dessen Bruder Constantin erscheinen. Klinger suchte, sich dieser Atmosphäre einzupassen.

„Ich retirir mich so viel als möglich, resignir so viel als Möglich, leb in der Grisaldischen Demuth und Liebe, die mir eigener ist als du glaubst, und das erwirbt mir viele Seelen."[16]

Daß solche Selbstbändigung und Einpassung die Widerstände, welche die Wirklichkeit bedeuteten, dennoch nicht überwinden konnten, klingt wenig später in einem Brief vom 30. Juni an den gleichen Empfänger an:

„Und in all der Resignation und Bescheidenheit kriegt man doch Neider genug – aber die Sache ist sich wenige zu machen. Überhaupt gehört schreckliche Feinheit und Klugheit in meine Lage, und so viel hab' ich doch bisher erhalten in dem großen Leben worin ich war daß sich niemand über mich beschwert, im Gegentheil."[17]

Nach den inneren Stürmen der Studienjahre, nach dem wilden Trotzen und Leiden, dem Sich-Widersetzen und der Schwermut der vorangegangenen Zeit verlangt Klinger nach der „Weltüberlegenheit und inneren Harmonie" der großen Weltgeister, jener also, die in der Welt wirken, ohne sie zerstören zu wollen oder an ihr zu zerbrechen. Größe lag für ihn jetzt in der inneren Festigkeit und Selbstgewißheit, die das Leiden an einer widrigen Wirklichkeit abnahm. Klinger legte dem Grisaldo ein, was er für sich ersehnte und erarbeiten wollte. Man kann den Helden des Dramas in der Tat ein „Wunschbild" seines jungen Dichters[18] nennen. Das große Gespräch zwischen Grisaldo und seinem Offizier Malvizio im Kriegslager (III, 2) enthält Klingers Reflexion auf sein eigenes Ich.

„Ich hab's genug, sag' ich dir, in der Beständigkeit meines Herzens. In der Wenigkeit meines Begehrens. In der Gewißheit meiner immer wachsenden Stärke des Leibes und des Geistes. Ich verschoß in meiner Jugend Zeit und Kräfte blindlings hin, meistens ganz ohne Zweck und Absicht, wie das so ist, ohne Gewinn für mich und andre. Verschleuderte Mut und Stärke gedanken- und sorgenlos, das mir all dem Anschein nach nicht abwarf."[19]

[15] Ebd., S. 388.
[16] Ebd., S. 389.
[17] Ebd., S. 393 (Brief Nr. 17).
[18] Hering, S. 82.
[19] SG, S. 251.

Verachtung schwingt im Bewußtsein seiner Überlegenheit, seines höheren Wollens mit – „Die Leute sind mir meistens auf alle Fälle zu schlecht, mich mit ihnen abzugeben, wegen ihren unersättlichen Herzen, ihren schändlichen Prätensionen"[20], – aber mehr noch eine Duldsamkeit – „Sie können nicht anders, ihre Herzen und Wünsche sind unersättlich. Je mehr du gibst, je mehr sie wollen"[21], – doch alles überwächst in Grisaldo seine Güte, seine Liebe zu den Menschen. Denn sie ist für ihn die ethische Gegenkraft gegen das Dissonante in der Wirklichkeit, welche der Mensch aufzubringen hat. Wo diese Fähigkeit und Bereitschaft zur Liebe – und zwar Liebe in allen ihren Äußerungsformen – fehlt, wird das Dissonante im einzelnen Menschen wie in ihrem Zusammenleben übermächtig, es reißt ins Chaotische hinein. Dies ist die Welterfahrung der Gegenfigur zu Grisaldo, des Höflings Bastiano, der weder sich selbst noch andere zu lieben vermag. „Ein wildes, garstiges, wirr gehässig und gefräßig Ungeheuer gouvernirt diese Welt hier"[22] – und Bastiano entnimmt ihr die Legitimation, alle seine Begehrungen und Triebe freizulassen, soweit er dafür die Kraft aufbringt. Die Maßlosigkeit seines Ehr- und Machtgeizes und die Skrupellosigkeit, mit der er alles zum Instrument seiner selbstbezogenen Zwecke macht einerseits, seine hinter wildem Gebaren sich versteckende Schwäche andrerseits, diese verzerrte Leidenschaftlichkeit als Maske seiner Ohnmacht – dies alles läßt die vitale Willensstärke und Liebeskraft des Grisaldo um so mehr aufleuchten. Und seinen Willen, zu versöhnen, wo die Dissonanzen herrschen. Er will die Menschen, sich selbst und die anderen, zu ihrem besseren Ich hingeleiten. Er will sie zu ihrem Humanen retten.

> „Es hält schwer, sein Herz durchzubringen, und Liebe beizubehalten. Und ich weiß nicht, ich möchte noch immer so die ganze Welt mit Liebe umfassen. Ihr einhauchen Liebe, Dulden, Teilnehmung aneinander und treue wechselseitige Hilfe in den vielen Elenden, die uns bedrücken."[23]

Grisaldo, der Kriegsheld, ist zugleich der große Liebende – einer Liebe, die vom Sexuellen gegenüber den vielen Frauen bis zum Politisch-Humanen gegenüber seinem König reicht: sie strahlt auf alle aus, die ihm begegnen, soweit sie nicht bösen Willens sind, sie gewinnt ihm alle mit Ausnahme jener Liebesunfähigen, die nur mit Neid und Haß antworten, und sie gefährdet ihn immer wieder, sie wird mißachtet und gekränkt. Der unbesiegbare Kriegs- und Frauenheld, Kraftgenie wie nur eines, ist durch die Liebe nahe daran, zum Märtyrer zu werden.

[20] SG, S. 251.
[21] SG, S. 252.
[22] SG, S. 228.
[23] SG, S. 253.

Man muß zustimmen, wenn Christian Schwinger, der in gründlicher Analyse die Vorurteile gegen Klingers dichterische Leistung in diesem Schauspiel beseitigt hat und eindringlich seine Eigenform zum Verständnis brachte, den Simsone Grisaldo eine „säkularisierte Heilandsgestalt" nennt.[24] Schwinger hat zudem aufgezeigt, wie wenig seine Figur unter Prämissen einer psychologischen Individualgestaltung faßbar wird. Aber die richtige Erkenntnis, daß Klingers Figuren in diesem Drama sich nur aus transindividuellen Lebensbezügen verstehen lassen, nicht als Charaktere, sondern als Figurationen und Symbole transindividueller Lebensstrebungen, scheint mir einen wesentlichen Aspekt zu vernachlässigen, der damit zusammenhängt, daß der *Simsone Grisaldo* auch ein politisch zielendes Drama ist, wenn auch das Politische im engeren Sinne im Ethischen aufgeht. Schwinger sieht, nicht ohne Anregung durch F. Schlegels romantische Konzeption des Dramas, in der Figur des Grisaldo die Vergöttlichung der Lebensfülle, einen säkularisierten Jesu, in dem das Leben als eine Totalität bejaht und gerechtfertigt wird. In der Synthese von Jesu und Simson des Alten Testaments zeichne Klinger das Vollkommene, die „göttliche Lebensfülle" selbst.[25] „Grisaldo symbolisiert das Leben selbst."[26] Und weiterhin: „Das Leben als Liebe, Machttrieb, Aggression und Sexualität wird zum absoluten Wert erhoben."[27] Aber sind der Machttrieb, die Aggression, die Sexualität nicht gerade jene Strebungen und Begehrungen transindividueller Artung, welche das Dasein in alle jene Dissonanzen hineinjagen, denen Simsone Grisaldo seinen Versöhnungs- und Harmoniewillen entgegenstellt? Grisaldo will nicht die Macht als absoluten Wert, er will die Ordnung für Staat und König wiederherstellen. Er ist nicht die Vergöttlichung der Natur, des unbändigen, ins Grenzenlose strebenden Lebensdranges.[28] Grenzenlos mag sein Liebesdrang zu den Frauen erscheinen – aber sein Lieben, man denke an die Almerina-Szenen, ist mehr und anderes als die Sexualität des Curio und des Prinzen Zifaldo. Er ist vor allem aber der Held der Selbstmäßigung und Selbstbescheidung, der Demut, Geduld und Güte, einer Ethik also, die sich allem Grenzenlosen entgegenrichtet, da in ihm das Zerstörende wartet und die Dissonanzen ins Anarchische hineinreißen. Was ist es, was Grisaldo nach eigenem Wort „durch beständiges Arbeiten, Kämpfen, Ringen und Kultivierung meiner innern und äußern Kräfte"[29] anstrebt? – doch, alle seine Kräfte an eine harmonische Selbstgewißheit in sich zu binden und sie nicht ins Grenzenlose verfluten zu lassen.

[24] Schwinger, S. 102, vgl. SG, S. 209.
[25] Ebd., S. 102.
[26] Ebd., S. 101.
[27] Ebd., S. 109.
[28] Ebd., S. 102.
[29] SG, S. 252.

Wenn Schwinger zugleich fragt und antwortet: „Ist Grisaldo deshalb der ‚Heiland des Landes' geworden, weil er seine ursprünglichen Triebkräfte überwunden hat? Diese Frage muß in aller Entschiedenheit verneint werden, denn sein Kämpfen für Gerechtigkeit ebenso wie seine für edle Zwecke eingesetzte kriegerische Aktivität sind nur ‚sublimierte' Formen eines urhaften Aggressionsdranges"[30] – dann muß mit der gleichen Entschiedenheit widersprochen werden. Schwinger stützt sich auf Grisaldos Reaktion angesichts des Versuches des Sarazenenkönigs, ihn von seinem undankbaren König fortzulocken (I, 1). „Ich lieb' ihn und dien' ihm aus Eigennutz, müßte sonst mit wilden Tieren kämpfen, des Bluts halben."[31] Gewiß wird hier nichts von „Überwindung der Triebhaftigkeit durch den Geist" gesagt[32], doch um so mehr in dem schon zitierten Gespräch zwischen Grisaldo und Malvizio in III, 2.

Es handelt sich bei Grisaldo nicht um eine beliebige Verschiebbarkeit der Objekte dieses aggressiven Willens an sich, einer Verschiebbarkeit zwischen blutdürstigem Tierkampf und Kampf für Gerechtigkeit, Staat und König. Vielmehr – und er spricht zu Malvizio genug davon – hat sich Grisaldo zu diesem Ethos in langer innerer Selbsterziehung entschieden. Er hat sich aus jugendlich ziellosem Kraft- und Gefühlsüberstrom zu einem humanen, duldenden und liebenden Verhalten gegenüber den Mitmenschen und einer Festigkeit in sich selbst durchgerungen. Sie bleibt unverstörbar trotz aller Demütigungen, die man ihm zumutet und die zu ertragen fast ans Übermenschliche rührt; trotz der Verlockungen, sich gegen diesen erbärmlichen König aufzulehnen, dem er gerade um seiner Schwäche und Hilflosigkeit willen seine Liebe zuwendet. Grisaldo gelingt am Schluß des Spiels, was er gegenüber Malvizio in Frage stellte, fast verzweifelt in seiner Resignation:

„Was soll ich nun? Kann ich die Welt umdrehen? Die Menschen besser machen? Ihre Schöpfung umdrehen? Ihre Herzen umschaffen?"[33]

Er dreht ohne Aggression, ohne Gewalt den Staat um, in dem sich drei verräterische Verschwörer und der Landesfeind um die Krone streiten, die der ohnmächtige König, bereit, sich in ein Kloster zu flüchten, fast schon hat fallenlassen, und er macht den Menschen, diesen König, zu einem anderen Menschen. Grisaldo ist nicht Symbol des aus Liebe, Machttrieb, Aggression und Sexualität zusammengesetzten „Lebens", und nicht dieses ist der absolute Wert, sondern seine ethische Humanität, die auch die „Barbaren" ihm zu

[30] Schwinger, S. 112f.
[31] SG, S. 206.
[32] Schwinger, S. 113.
[33] SG, S. 251.

Freunden macht, wird zum absoluten Wert und wird zur Gegenmacht gegen das hoffnungslos Disparate der Lebensphänomene, einer zerstückelten, auseinandergebrochenen Welt.[34] Dieser absolute Wert stellt sich im staatlichen Bereich des Dramas als die Treue zu seinem König dar.

Diese Treue und Liebe, nicht als Pflicht zum Gehorsam ihm auferlegt, sondern aus eigener Unabhängigkeit von ihm als bindender Zweck, Sinn seiner sonst ziellosen Kräfte gewählt, ist das Regulativ seines Verhaltens. Auch dort, wo die „Liebesketten" ihn umstrickt zu halten scheinen (I, 3) und er, fast ihr Gefangener, sich losreißt: „Grisaldo liegt in stärkeren Ketten. O mein Vaterland! o mein König!"[35]

So berechtigt Schwingers Ablehnung einer „realistischen" Auffassung des Dramas ist, schwerlich konnten Klinger und seine Zeitgenossen in diesem Thema von der Königstreue im absolutistischen Staat, mochte er in eine noch so ferne und recht unkonkrete Geschichtlichkeit verlagert sein, jeglichen Realitätsbezug übersehen. Es ist kein Paradox, daß die gleiche Figur einerseits der getreueste Diener, andrerseits gegenüber den Frauen der Treuloseste der Liebhaber ist, wie die literaturwissenschaftliche Rezeption häufig urteilte. Dies Liebesbedürfnis, leitmotivisch bei fast allen Figuren des Spiels variiert, analog und kontrastiv gespiegelt im Gebaren des Sarazenenprinzen, in der Sexualgroteske des Rates Curio, in dem Liebesverlangen des einsamen Königs, dazu in den vielen, je nach Liebesgeschick und Liebesverlangen abgestuften weiblichen Figuren, ist ein Ausdruck jener Unerschöpflichkeit der Liebe, die Simsone in anderer Form seinem Vaterland und dessen König widmet. In der Abschiedsszene in der Grotte des Bergschlosses Xeneralifa (I, 3) antwortet Grisaldo auf den Ausruf der Sarazenenprinzessin Almerine:

„Überall ewige dauernde erhaltende Liebe. Ist's nicht so?" „Almerine, es ist so, und ich bin so, insofern ich kann. Ich hab' dir eröffnet, wie ich bin, sein muß, es gnügte dir, und ich war dir lieber."[36]

Solches Lieben braucht Unabhängigkeit – gegenüber den Frauen wie auch gegenüber dem König. Simsone Grisaldos Untreue in der Frauenliebe, die ihm lebensbedrohend gefährlich ist und deren Gefahren er gleichwohl stets entkommt (vgl. I, 3; III, 4; V, 1), ist Treue zu sich selbst – und sie ist zugleich die Kraft, die ihn geduldig, fortschauend, als träfen sie ihn nicht, jene Kränkungen ertragen läßt, die ihm der König und mehr noch seine Ratgeber zufügen. Wir sagten es schon: Simsone Grisaldos Treue hat nichts mit Pflicht und Gehorsam des Untertanen zu tun, sie bedeutet keine Unterwerfung unter

[34] Schwinger, S. 119.
[35] SG, S. 221.
[36] SG, S. 218.

eine versachlichte politische Institution. Er dient als ein in sich selbst freier Mensch dem König und dient ihm aus einer Liebe heraus, die in ihm nicht primär den Herrscher, sondern den Hilfsbedürftigen und Schwachen sieht, der leidet – mehr aus Schuld anderer, die ihn umkettet haben, als aus eigener –, er dient ihm mit der inneren ethischen Verpflichtung des Starken gegenüber dem Schwachen, der dem Bösartigen und Erbärmlichen in dieser Welt wehrlos zu erliegen droht. Es geht in dem Drama nicht, wie oft behauptet wurde, um eine Spaltung zwischen zügellosem, moralfreiem Genietum einerseits, unbeirrbarem Moralismus andrerseits, sondern es geht um eine vielstimmige Einheit der Liebe. Wie diese Vielstimmigkeit sich in der vielfältigen Variation der Leitmotive, der Analogie- und Kontrastbildungen, der Figuren, der Szenen und der Metaphern als für die Struktur des Dramas konstitutiv zeigt, hat Schwinger beschrieben. „Ich hab' nie einen demütigeren und größeren Menschen gesehen. In seinem Wesen ist kein Stolz und Übermut: Liebe, Güte und Einfachheit"[37] – so erklärt der besiegte Sarazenenkönig, der wilde Sohn der Natur, von ihm zur Freundschaft überwunden. Der „Barbar" würdigt, was in der korrupten höfischen Kulturwelt nur Neid, Haß, Mordlust erweckt oder mit Kälte verletzt wird. Vorwurfsvoll und doch mit Zärtlichkeit sagen es Simsones kriegerische Freunde.

„Er, der ganz Güte, ganz Liebe für jeden ist, muß auf Erwiderung Verzicht tun. Muß sein Herz der Beleidigung und Kränkung jedes Schurkens und Bösewichts aussetzen und demohngeachtet immer das Rad herumdrehen, bis die Maschine steht, wie sie soll."[38]

Mit solcher Liebe führt Simsone endlich, nachdem er wie ein kurzes Gewitter die Verschwörer auseinanderjagte, seinen reuigen König ins tätige Leben, zu seinem Herrscheramt zurück. Er erlöst den Ohnmächtigen aus seiner kranken, schwermütigen Einsamkeit.

„Edler Mensch! Dein Anblick würde mich erniedrigen, wenn nicht neues Leben mir zuströmte. Ich war tot, du weckst. Wie lohn' ich dir? Du hast mich errettet, von neuem errettet."[39]

Wie Grisaldo ihm die Beschämung darüber erspart, wie schlecht er an seinem Freund, dem Schützer des Staates, gehandelt hatte, so erspart er auch dessen tückisch-erbärmlichen Höflingen die ihnen gebührende Strafe. „Die Erinnerung ist ihnen Strafe genug."[40] Diese Treue hat einen ins Chaos getriebenen Staat und einen gebrochenen König zu besserer Ordnung wiederhergestellt.

[37] SG, S. 213.
[38] SG, S. 210.
[39] SG, S. 287.
[40] SG, S. 287.

„Ihr liebtet mich und liebt mich. Eure Wünsche waren ewig die meinen. Kommt, ich will Euch zu neuen Szenen führen, die Eurem liebenden Herzen Nahrung sind."[41]

Mit diesen Worten hilft Grisaldo dem König aus seiner Verirrung heraus.

Aber bedeutet dies Drama so fraglos eine Verherrlichung der Dienertreue zu Staat und König, zu einem absolutistisch regierten Staat und einem absolutistisch regierenden König? Wird hier ein Geist des gesellschaftspolitischen Protestes gänzlich aufgezehrt und an die Utopie einer versöhnten Welt preisgegeben? An eine Utopie, welche die fragwürdige Wirklichkeit durch Titanismus und Liebe, Güte und Selbstmäßigung eines einzelnen annulliert? Die fragwürdige Wirklichkeit des absolutistischen, d.h. zeitgenössischen Staates, in dem mit Listen und Tücken wenige Höflinge die Macht an sich ziehen und den König entmündigen – dies für den Dramatiker und Erzähler Klinger unerschöpfliche Thema –, wird grell vorgeführt. Eine Triebwelt von niederträchtig-treulosen Intrigen – von Neid, Machtgier, Haß einerseits, von Schwäche, Erbärmlichkeit andrerseits –, das ist die Welt des Monarchenhofes. Bastiano, Curio, Truffaldino, der durch sein Narrengehabe ein wenig von seinen beiden Genossen distanziert wird – sie sind in der Tat Variationen einer Lebenslage, Repräsentanten des schlechten höfischen Systems. Es erzeugt Günstlinge und Verschwörer.

„Was ihr für Menschen seid, die ihre Begierden nicht halten können, in ihrer Blindheit den Besten des Landes aufopfern, sich mit liefern und immer gegen ihr eignes Eingeweid wüten. Mich ekelt hier alles an."[42]

Der Sarazenenprinz fällt das Urteil der „gesunden" Natur über die Dekadenz der „europäischen" Hofwelt der Christenheit. Deren radikalste Entlarvung bedeutet jedoch die weltversöhnende Humanität des Simsone Grisaldo, vor der sich diese Entstellungen des Menschlichen so verzerren, daß sie in die Grimassen des Närrischen und Grotesken übergehen. Der eigentliche König dieses Staates ist Grisaldo – dies wußten die Verschwörer in ihrer Angst und in ihrem Haß, als sie den König gegen ihn aufhetzten und ihn mittels der Blendung beiseite schaffen wollten. Er ist es auch dann, als er mit sprechender Geste ihm Szepter und Krone zuträgt, die die Verschwörer an sich gerissen hatten (V, 2). Indem der König reuig wie ein Schüler sich Grisaldo zur Hilfe zum besseren Leben anvertraut, wird dieser ohne Machtverlangen, ohne Unrecht oder Gewalt zur eigentlichen Mitte des Staates. Er vereinigt in sich, was diesem König und seinen schlechten Ratgebern ermangelte: die löwenhafte Kraft zum Handeln in Kampf und Liebe und die Selbstbescheidung und Treue, die, beseelt durch Güte und Menschenliebe, dem Widermenschli-

[41] SG, S. 287.
[42] SG, S. 285.

chen das ideale Menschliche entgegenhält – in ihm vereinigen sich die vitalen, geistigen und sittlichen Kräfte zu einer so festen wie gelassenen Harmonie und werden die Dissonanzen im Leben wie in diesem Staat aufgelöst. Daß dieser Staat der Harmonie so wie die Figur des Grisaldo eine Utopie war, ein poetisches Wunschbild sozialer Humanität, dies war Klinger selbst gewiß nicht verborgen. Aber dichterisches Schaffen bedeutet ihm ja damals eine Zuflucht in das Poetische der Phantasie gegenüber einer als dissonant erfahrenen Wirklichkeit in ihm und um ihn herum. Dies Drama ist nicht das Zeugnis eines politischen Denkens, aber es ist doch ein Zeugnis des Widerstandes. Er liegt in dem Glauben, daß ein Mensch, der diese Idealität tendenziell in sich zu tragen fähig ist, eine schlechte Wirklichkeit zu einer guten zu verwandeln vermag. Den Helden der Zerstörung und Selbstzerstörung, die er bisher in seinen Trauerspielen gezeichnet hatte und die von der Gewaltsamkeit der Triebkräfte und Strebungen beherrscht werden, in denen die Dissonanzen des Lebens ausbrechen, stellte er in Simsone Grisaldo den Titanen einer Humanität entgegen, der die staatliche Menschenfamilie bewahrte, die in den anderen Dramen aus den Fugen geriet und in die Katastrophen stürzte.

Das letzte Wort, im scharfen Kontrast zu der verknappten Versöhnungsszene zwischen Grisaldo und dem König, erhält Truffaldino, der Narr und Abkömmling der Commedia dell'arte. Er tritt im Epilog vor die Zuschauer. Der Bastard und Hofastrologe, der sich gerühmt hatte, „des Königs Rechte, des Königs Linke, des Königs Aug', des Königs Ohr, des Königs All"[43] zu sein, und sich auf ein eisernes Schicksal berufen hatte, das ihn zum König krönen wolle[44], tritt jetzt als Bettler mit Kittel und Weißdorn an die Rampe. Das große Welttheater der Helden-, Staats- und Liebesaktion verwandelt sich in seinem Mund zum Puppen- und Narrenspiel.

„Das ist das Leben! Berg auf, Berg ab, und immer noch Zeit, ins Tal zu stürzen und an der Klippe zu zerschmettern. Was das Schreien, Winseln und Freude gegen einander ist."[45]

Wird hier „jede ernsthafte Tendenz" des Dramas „relativiert", und handelt es sich um eine Selbstpersiflage des Dichters?[46] Oder wird der Utopie der Humanität, die so hoch gestiegen ist, die Weisheit des Narren zur Seite gestellt, dessen, der das Spiel verloren hat, weil er den Stoff dazu nicht in sich trug? Truffaldino verkündigt, ironisch, parodistisch, die Weisheit der Geschlagenen, der Kleinen.

[43] SG, S. 229.
[44] SG, S. 283.
[45] SG, S. 288.
[46] Hering, S. 88 f.

„Ich meine, es wär' doch gut in der Welt, wenn jeder so an seinem Plätzchen blieb', lieben lernte und hübsch um sich bebaute; sich nicht Begierden wachsen ließ', wo's Herz nicht hinreichte, außer in Phantasie... Mensch, baue dein Gärtchen und bleib in der gezogenen Linie, außerhalb ist Sturm und Wind."[47]

Auch dies gibt treue Diener, aber nur als gehorsame Untertanen. So sitzen sie dort als die Zuschauer, als die Kleinen. Und wird nicht durch diese schon quietistisch-biedermeierliche Moral nochmals die Figur des übermenschlichen Helden profiliert, der zu allem andern eine übermenschliche Kraft der Selbstbescheidung hinzufügte und so Staat und König das Heil brachte – wenn auch nur in der Phantasie des Dichters?

II

Klinger hielt an dem Thema fest; er gab ihm 1785 in dem Trauerspiel *Der Günstling* eine neue Fassung. Dieses Thema bedeutete ihm offenbar mehr als nur ein zurück- und vorausblickendes Experiment in einem bestimmten Entwicklungsstadium. Klinger hatte sich von dem „Poetischen" und „Phantastischen" seiner Jugendproduktion distanziert. Dies führte in dem zweiten Drama zur Einbuße der dichterischen Dimension, der Originalität der dramatisch-episch-lyrischen Mischform, zum Verlust der Symbolgestaltung in Figuren, Szenen, der leitmotivischen Durchbildung und der nicht weniger originären, beseelten Sprache. Klingers dichterische Imagination, die sich im *Simsone Grisaldo* so glücklich zu neuen Möglichkeiten der Form und der Sprache entfaltete, ist in *Der Günstling* zu einem rational organisierten Klassizismus eingefroren. Er verbietet ihm das Spielhafte des früheren Stücks und die in ihm aufquellende Vielheit der Tönungen und Stimmlagen. Ein gleichmäßiger deklamatorischer Ernst bestimmt jetzt Szenengestaltung und Dialog. Das neue Programm Klingers, das „Einfachheit, Ordnung und Wahrheit"[48] zum dramaturgischen Gesetz machte, war zugleich Grund wie Resultat einer Ausnüchterung des Autors. Er verzichtete jetzt auf die produktive Freizügigkeit seiner Jugendwerke; er blickte auf sie ablehnend als „individuelle Gemählde einer jugendlichen Phantasie, eines nach Thätigkeit und Bestimmung strebenden Geistes" zurück, „die in das Reich der Träume gehören".[49] Sie waren „Contrebande in der Gesellschaft"[50] gewesen. Jetzt ging es ihm um die Darstellung der „würklichen Welt", um den „Punct wo wir im

[47] SG, S. 288.
[48] *Friedrich Maximilian Klingers dramatische Jugendwerke.* In drei Bänden hrsg. von Hans Berendt und Kurt Wolff, Leipzig 1913, S. 350.
[49] Dramatische Jugendwerke, Bd. 3, S. 349.
[50] Ebd., S. 350.

bürgerlichen Leben stehen sollen".[51] Dies änderte jedoch nur wenig an Klingers Neigung zum Unkonkreten – eher umgekehrt: das Gedanklich-Allgemeine und Abstrakt-Sentenziöse verdrängt, was seine früheren Dramen an Sinnlichkeit und Atmosphäre in Szenen- und Dialogführung besaßen. *Der Günstling* wird als ein Exempel geschrieben, denn er soll nach des Autors Anspruch zeigen, was überall möglich ist[52], solange nämlich das absolutistische Regierungssystem besteht. Konfliktsituation und Figuren sollen der realen Erfahrung entsprechen; der Schluß des Dramas allerdings wendet sich wiederum ins Utopische. „Die Wendung vielleicht niemals" – sie sprengt, was in der Wirklichkeit dieses Systems möglich und denkbar ist. Diese Wendung ist als ein moralischer Appell gedacht, denn Klinger hält daran fest, daß Dichtung die Funktion hat, wenigstens mittels der Imagination die Wirklichkeit zu überspielen. Darin hat sich gegenüber seinem Jugendwerk nichts geändert.

„Mir ists bey allen Schreibereyen um nichts anders zu thun, als in einer vorgestellten Welt zu leben, wenn ich's nicht thätig in der wirklichen kann, und meine Bestimmung ließ mir bisher viele Stunden übrig, die ich froh war, so wegträumen zu können."[53]

Dichtung soll über den Druck der Wirklichkeit hinausführen, sie soll, als Widerstand gegen sie, Muster des Besseren vorführen. Klingers Wendung zur klassizistischen Dramenform ist identisch mit seiner Wendung zum idealistischen Moralismus der Aufklärung. Er stellt sich in die Reihe „so glücklich organisirte[r] Geister, die trotz aller Erfahrung eine gewisse idealische Erhebung, wenn sie sich so nennen läßt, beybehalten, die ihre Besitzer durchs Leben gegen den Druck des Schicksals stählt und sie in Umständen über das gewöhnliche hebt".[54]

Gegensätzlich zu *Simsone Grisaldo* wird *Der Günstling* auf ein einziges Konfliktzentrum konzentriert. Dem entspricht der geschlossene Aktionsbau, die kausale und finale Szenenführung, die Reduktion des Personals.

Da Klingers spätere Dramen wenig bekannt sind, sei erlaubt, genauer auf das Inhaltliche einzugehen. Der vom Krieg siegreich heimkehrende General Brankas erfährt, sein ehemaliger Freund, der König Fernandez, habe seine Braut Donna Gabriele verführt, deren Onkel Alviero durch trügerisches Eheversprechen getäuscht und sie nach kurzem sexuellem Genuß zurückgestoßen. Brankas, durch diesen Betrug tief getroffen, will Rache um Gabriele und der eigenen Ehre willen. Der alte Alviero, ein wilder Republikaner[55] und darin eine Verrina-Reminiszenz, will zudem das Volk von diesem Tyrannen

[51] Ebd., S. 350.
[52] Theater Bd. IV. Vgl. Hering, S. 194.
[53] Dramatische Jugendwerke, Bd. 3, S. 352.
[54] Ebd., S. 350.
[55] G, S. 402.

befreien. Wie hinter Simsone der Simson aus dem *Buch der Richter*, so ist hier die Lucretia-Fabel gegenwärtig. Gegenspieler des Brankas ist Diego, der allmächtige Günstling des Königs – er zielt darauf, selbst in den Besitz der Krone zu gelangen. Er hatte den König zur Vergewaltigung der Gabriele verführt, zugleich dessen Ehe mit ihr verhindert und so Alviero auf seine Seite gebracht. Er hatte den König schuldig werden lassen, um Brankas für seine Verschwörung gegen das schwache Staatshaupt zu gewinnen. Mit der Hilfe von Brankas kann er alles erreichen, ohne ihn muß er sein Spiel verlieren. Die Situation an diesem Hof ist ähnlich der im *Simsone Grisaldo*. Ein schwacher König, edel angelegt, doch ohne Willens- und Widerstandskraft, hat sich und seine Macht an den Günstling ausgeliefert, der unter der Maske der Treue und Ergebenheit an seinem Sturz arbeitet, bereit, den Staat ins Chaos zu stürzen, um sein neuer Tyrann zu werden. So raffiniert seine Intrige berechnet ist – auch eine Konspiration mit dem Landesfeind soll zu ihrem Erfolg verhelfen –, Diego verstrickt sich in ihr selbst. Zwar durchschaut ihn Brankas, erfüllt von Schmerz um die dahinsiechende Braut und vom Racheverlangen an ihrem Schänder, zunächst nicht. Anders seine Mutter – dieser bei Klinger oft wiederkehrende Typus der heroischen Heldengattin oder -mutter, begabt mit männlich-starkem sittlichem und politischem Bewußtsein, Hüterin von Ehre und Ruhm. Sie erkennt die Ziele des ihr so verhaßten wie von ihr verachteten Günstlings und stellt ihren Sohn vor die Entscheidung. Die Rache wird zu seinem Recht, wenn der König seine Schuld nicht bekennt und bereut, doch niemals darf er sich der verräterischen Verschwörung zugesellen, die mit dem König zugleich den Staat vernichten wird. Brankas stellt den König auf die Probe; er findet einen von seinem Gewissen schwer bedrückten Melancholiker, bereit, seine Rache zu erwarten. Damit hat Diego sein Spiel verloren. In schwerem innerem Ringen auf sein Racherecht verzichtend, stellt sich Brankas, um die Ordnung des Staates zu schützen, an des reuigen Königs Seite. Er gewinnt ihm das Gelöbnis ab, künftig ein wahrer König zu sein, der Krone würdiger als bisher. Wiederum wird der Diener zum Gewissen und zum Erzieher seines Herrn.

Das Drama ist eine Art „Fürstenspiegel"; seine Lehre heißt Selbstbezwingung um des sozialen Ganzen willen. Klinger ändert nichts an seiner radikalen Entlarvung einer korrupten Günstlingswirtschaft als Produkt des absolutistischen Systems, auch nichts an seiner Kritik gegenüber Königen, die sich wehrlos zum Instrument machen lassen, auf dem, wie es im *Simsone Grisaldo* heißt, „andre spielen; und muß ein Instrument nicht die Töne annehmen von dem, der drüberkommt, er sei Kind oder Verständiger"[56] oder, wie in diesem Fall, ein Bösewicht. Zwar greift Klinger die absolutistische Monar-

[56] SG, S. 250.

chie nicht als politische Institution an; er zielt gegen die unwürdigen Träger der Krone, die schwachen Herrscher, die sich als Menschen versündigen. Und er rettet den König zugleich, indem er ihm aus ursprünglicher Anlage eine Chance zu Umkehr und Wandlung einlegt. Nicht er ist der letzthin Schuldige, sondern es ist der Günstling, der falsche Diener, der, mit Hilfe der Kirche, den Staat an den Rand des Chaos treibt. Der Absolutismus korrumpiert alle.

„Niedrige Armuth, unverdienter Reichthum, Furcht und Verzweiflung, Selbstliebe, Eigennuz, Sclaverey und Tyranney bewegen alle Herzen, und zerreissen die Bande, die das Ganze halten sollen."[57]

Klingers Held Brankas stellt nicht die politische Institution in Frage, er zwingt nur den König vor sein moralisches Gericht. In ihm erspart er ihm nichts (IV, 2). Vergeblich beruft sich der König auf Gott als seinen Richter – „Lästerung, die Tyranney erfand, und Sclaven glauben. Ist's dieser Unsinn, den ihr von euren Günstlingen zum Mißbrauch eurer Gewalt gelernt habt, so ist's Zeit euch den falschen Wahn zu nehmen".[58] Vorwurf auf Vorwurf jagt den Träger der Krone in äußerste Zerknirschung. Aber Brankas zielt auf den Menschen, nicht auf die Krone – er rettet sie um der Erhaltung des Staates willen.

„Die Rache, die ich an euch nähme, träfe euer Volk, und ich will denken, ich habe für euer Volk gearbeitet, und nicht für euch."[59]

Zwar taucht im *Günstling* im Unterschied zu *Simsone Grisaldo* der Aspekt auf eine Ablösung der Monarchie durch die republikanische Staatsform im Munde des alten Alviero auf. Er beruft sich auf die „Freyheit" für Staat und Volk, „worinnen edle Männer leben und wiederum gedeihen können"[60], und zitiert das Urmuster solcher Republik.

„Brutus zog den Dolch aus dem Busen der Entehrten, und die entflammten Römer schwuren den Eid zur Freyheit, den Eid zur künftigen Größe."[61]

Er nimmt die Versöhnungsbitte des Königs nicht an. „Ich gehe dahin, wo keine Könige herrschen."[62] Offenbar war für Klinger, in diesem Drama und in dieser Zeit, die Republik nur eine abstrakte Möglichkeit, noch abstrakter

[57] G, S. 373.
[58] G, S. 423.
[59] G, S. 426.
[60] G, S. 396.
[61] G, S. 397.
[62] G, S. 450.

als die niemals vorkommende Wendung, die er dem Konflikt gab, als er Brankas auf seine Racherechte verzichten und einem gedemütigten, reuigen und unglücklichen König verzeihen läßt. Er legt ihm die Treue zu seinem Herrn als ein ethisches Heldentum ein. Brankas: „Wenn ich mich unter einer Schaar Verschworner denke, so beugt sich meine Kraft und alles weicht von mir, was mich bisher über mich, das Schicksal und die Welt erhoben hat.“[63] Und an anderer Stelle: „Verrath stöhrt gleich einem Mißlaut die Eintracht meines Wesens.“[64] Dies rechtlich-bürgerliche Ethos – „grad und bieder“[65] nennt Brankas das Verhalten, das ihm gemäß ist – gibt ihm die Überlegenheit über die schurkischen Günstlinge und den sich verfehlenden König; aus dem gleichen Ethos heraus rettet und bewahrt er aber auch den König und seinen Staat, aus ihm heraus bleibt er der treue Diener seines Herrn, in dem sich für ihn die Ordnung des Staates verkörpert.

Die Doppelkonsequenz des bürgerlichen Postulats der sittlichen Integrität, der sittlichen und sozialen Humanität kommt in Klingers beiden Dramen zum Ausdruck. Dies Postulat entlarvt das falsche, korrumpierende Günstlingssystem der absolutistischen Hof- und Staatswelt und dessen Wirkungen auf das Staatsoberhaupt selbst; es fordert aber zugleich, die bestehende Ordnung von Staat und Königtum zu bewahren und sich ihr als der getreueste Diener einzufügen. Klinger hat in beiden Dramen die Helden als heroische Figuren angelegt; sie hätten beide die Kraft, den Zustand des Staates umzuwerfen und die soziale Gemeinsamkeit neu zu konstituieren. Ihre sittliche Humanität macht sie jedoch zu Heroen der Selbstbescheidung und des Dienens, zu den vorbildlichsten Bürgern ihres Königs und Staates.

III

Etwas mehr als vierzig Jahre später nimmt erneut Grillparzer das Thema vom treuen Diener seines Herrn auf. Die zeitgeschichtlichen Voraussetzungen haben sich gründlich verändert: die Französische Revolution, die ihr folgenden Zusammenbrüche von Staaten und Thronen, nicht weniger die Staatsneugründungen und Neukrönungen, die sich an sie anschlossen, haben das absolutistische Legitimitäts- und Loyalitätsprinzip zerfallen lassen. Die Restauration versuchte, solche Wandlungen rückgängig zu machen; sie konnte sie jedoch im politischen Bewußtsein der europäischen Völker nicht in Vergessenheit begraben. Zwar waren die äußeren Voraussetzungen bei der Aufnahme dieses Themas gleich – aber seine politisch-geistige Aktualität hatte

[63] G, S. 399.
[64] G, S. 412.
[65] G, S. 396.

sich verschoben. Klinger schrieb seine beiden Dramen vor dem Ausbruch der Revolution: seinen *Simsone Grisaldo* im kleinstaatlich-absolutistischen Deutschland, seinen *Günstling* im großstaatlich-absolutistischen Rußland. Grillparzer schrieb sein Drama unter dem Absolutismus einer Monarchie, die sich anstrengte, die europäische Restauration zu stabilisieren. Er wie Klinger waren der Zensur ausgesetzt, und beide konnten sich der Aktualität des potentiellen Zündstoffs nicht verschließen, der in ihrer Themenwahl lag. Klinger entging der Zensur. Er blieb während seiner Zeit in Deutschland außerhalb eines begrenzten literarischen Kreises eine Randfigur; in St. Petersburg schätzte man den Offizier und Hofbeamten, doch blieb, was er in deutscher Sprache schrieb, unbeachtet. Grillparzer war hingegen der Zensur durch die Aufführung im Burgtheater unter mehrfacher Anwesenheit des Kaisers voll ausgesetzt. Er geriet zwischen die Fronten. Sein Drama wurde der Öffentlichkeit entzogen, und gegenüber den Liberalen mußte er sich des Vorwurfs einer „Apologie der knechtischen Unterwürfigkeit" erwehren. Die zeitgenössische Rezeptionsgeschichte seines Trauerspiels ist zu bekannt, um hier rekapituliert zu werden. Hingegen ist bisher die Frage nicht berührt worden, ob Grillparzer sich einer thematischen Parallelität zu F. M. Klinger bewußt war. Hat er sich mit ihm beschäftigt, hat er ihn überhaupt zur Kenntnis genommen? Seine Aufzeichnungen geben darüber keine Auskunft, doch ist die Möglichkeit seiner Lektüre nicht ausgeschlossen. Nichts besagt, daß er die Cottasche Ausgabe der sämtlichen Werke Klingers aus dem Jahr 1842 unter seinen Büchern besaß[66] – es sei denn, man bewerte dies als ein Indiz für ein schon früher gegenwärtiges Interesse. Für *Der Traum ein Leben* (1829–1831) konnte immerhin eine Anregung durch Klingers Roman *Die Geschichte Giafars des Barmeciden* von 1792–1794 angenommen werden.[67]

Wie es damit auch beschaffen sei – es handelt sich hier nicht um einen Nachweis von Einflüssen und Abhängigkeiten; mehr um den Anreiz zur Aufmerksamkeit auf die Kontinuität eines dramatischen Themas unter zugleich analogen wie unterschiedlichen realhistorischen Verhältnissen. – Nachdenklich macht weiterhin die Frage, wieweit ein literarisches Thema gewisse Gestaltungszwänge mit sich bringt, die nicht einer gemeinsamen

[66] *F. M. Klinger's sämmtliche Werke in 12 Bänden.* Stuttgart/Tübingen: J. G. Cotta'scher Verlag 1842. Vgl. HKA, Tagebücher Bd. VI, Abt. II/12 S. 168. Für diesen und den folgenden Hinweis bin ich Herrn Dr. Robert Pichl, Wien, sehr zu Dank verpflichtet. Bemerkenswert auch der Hinweis von Herbert Seidler, *Grillparzers Bild von der deutschen Literatur der Goethezeit*, in: Grillparzer-Forum, Forchtenstein 1974, daß sich Grillparzer gerade über Lieblingsschriftsteller (wie Horaz, Lichtenberg, Wieland) in seinen Tagebüchern oft ausschwieg (S. 64).

[67] Franz Grillparzer, *Sämtliche Werke*, hrsg. von Peter Frank und Karl Pörnbacher. München: Hanser, o. J. Bd. 2, S. 1247 (künftig zitiert als HA).

Quellen-, Stoff- oder Literaturvorlage entstammen, sondern aus ihm selbst heraus sich entwickeln können – mit einer vielleicht dem Autor unbewußten Konsequenz selbst dann, wenn so beträchtliche Differenzen gegeben sind wie zwischen Klinger und Grillparzer. Und schließlich läßt sich die Wahrscheinlichkeit erwägen, daß, wenn zwei Autoren bei zeitlichem Abstand dennoch einem gemeinsamen Zeitraum in der Geschichte des Dramas angehören, sich bei der Behandlung des gleichen Themas Parallelen und Analogien einstellen müssen. Es geht im folgenden mehr um eine Anregung zu solchen Fragen als um deren Beantwortung. Es ist möglich, daß ein Weg von Grillparzer zu Klinger zurückführte – es ist jedoch auch möglich, daß Grillparzer sein Drama ohne Kenntnis Klingers verfaßt hat. Wir wissen es nicht. Und noch eine Grenze dieses Versuchs muß abgesteckt werden: wir wollen hier nicht die Zahl der teils übereinstimmenden, teils kontroversen Interpretationen von Grillparzers Trauerspiel weiterhin vermehren und auch nicht mit ihnen in Wettbewerb treten. Unsere Frage ist bescheidener; es geht uns, unter den eben genannten Voraussetzungen, um einen Analogiezusammenhang zwischen Klingers *Simsone Grisaldo* und *Der Günstling* einerseits, Grillparzers *Ein treuer Diener seines Herrn* andrerseits. Wieweit er berechtigt angenommen wird, mag der Leser entscheiden.

Alle drei Dramen erinnern an den Typus des Fürstenspiegels, an eine Art dramatisierter Fürstenerziehung, so pauschal und vereinfacht dies sich auch ausnehmen mag.[68] Dieser Typus, in dem sich die Stimme der Untertanen meldete, die anders die Ohren der Fürsten nicht erreichen konnte, hatte seine große Zeit im 18. Jahrhundert, in der Aufklärung bis in die Spätaufklärung hinein. Daß Grillparzer in ihr eine der Wurzeln seiner Bildung hatte, deutet auf einen gemeinsamen geistigen Raum, in dem auch Klinger beheimatet war – trotz aller Generationsdifferenzen. Ein Lehrender, der zu seinem Herrn von den Pflichten seines Königsamtes spricht, begegnet am Schluß von jedem der Dramen: knapp gefaßt im *Simsone Grisaldo*, schon etwas ausführlicher, zusammen mit dem Aufruf zu neuen Kriegstaten, in *Der Günstling*, mit didaktischer Breite in der testamenthaften Ansprache von Bancbanus an das Königskind. Eine glücklichere Zeit wird versprochen, Herr und Diener verbinden sich in nun immerwährender Treue und gegenseitiger friedlicher Gerechtigkeit. Sie finden zu einer im Sittlich-Menschlichen beruhenden Gemeinsamkeit zusammen. Was Heinz Politzer für Bancbanus betont[69], gilt auch für Klingers Dramen: der Staat ist kein Abstraktum, die Treue beruht

[68] Friedrich Sengle, *Das deutsche Geschichtsdrama*, Stuttgart 1952, S. 104ff. Zu den neueren Interpretationen von *Ein treuer Diener seines Herrn* vgl. Herbert Seidler, *Die Entwicklung des wissenschaftlichen Grillparzer-Bildes im deutschen Sprachraum*, in: Österreichische Akademie der Wissenschaften, Grillparzer-Festschrift, Sitzungsberichte der Phil.-Hist. Klasse, Band 275, Wien 1972, S. 93ff.

auf einer personalisierten Verbundenheit zwischen Herr und Diener, Freund und Freund, Mensch und Mensch. Der Versöhnung ist die Gerichtsszene vorausgegangen – als Voraussetzung der wiederhergestellten Ordnung.[70] Unterschiedlich zu Grillparzer sind in Klingers Dramen die Diener die Richter ihrer Herrn, und die Könige haben sich zu verantworten, besonders nachdrücklich in *Der Günstling*. Die Diener stellen die Könige auf ihre Plätze zurück, sie werden zu den Schöpfern ihres künftigen Geschicks.

Bei Grillparzer rücken hingegen König und Diener im gleichen Geschick zusammen zu einem „schicksalgebotenen Einverständnis"[71]; sie haben beide das ihnen Nächste verloren. Bancbanus, der nach dem Wort des Königs der Erste nach ihm in seinem Reich werden soll, zieht sich, auf alle „Würden, Ämter und Gewalt"[72] verzichtend, zu seinem nahenden Tod zurück. Dem König wird die volle ererbte und erkämpfte Autorität bewahrt; des Bancbanus Lehre und Mahnung wendet sich an das Kind, den kommenden König. Was im *Simsone Grisaldo* als Liebesbündnis, in *Der Günstling* als Freundschaftsbündnis zwischen General und König Ausdruck findet, gelangt zur Sprache in der liebevoll mahnenden Anrede des alten Mannes an das gerettete Fürstenkind. „Laß dir den Menschen Mensch sein, und den Diener Acht als ein Spargut für die Zeit der Not."[73] Eintracht schließt eine Zeit der Entfremdung und der Anarchie ab. Jedes der drei Dramen mündet in eine moralische Utopie ein, die hoffnungsvolle Zukunft aufleuchten läßt. Keiner dieser Schlüsse bringt Rache oder harte Strafen für die Schuldigen – darin erweist sich das neue Regiment. Grisaldo verfährt so milde mit ihnen wie König Fernandez und der ungarische König Andreas. Kein Mißlaut soll die Heilung der Welt stören.

Anders hingegen ist bei Klinger und bei Grillparzer die Ausgangssituation des dramatischen Geschehens gestaltet. Bei Klinger wird jeweils der zurückkehrende Heerführer, der im Feldzug außerhalb des Landes Anspruch auf Ehren und Dankbarkeit erwarb, mit der Undankbarkeit, ja Feindlichkeit von Hof und König, die nichts zum Wohl ihres Landes taten, und mit der Zerrüt-

[69] Heinz Politzer, *Franz Grillparzer, Ein treuer Diener seines Herrn*, in: DVjs 39 (1965), S. 58 ff.; neu gedruckt in: Heinz Politzer, *Franz Grillparzer oder Das abgründige Biedermeier*, Wien/München/Zürich 1972, S. 185 ff.

[70] Zum Typus der Gerichtsszene vgl.: Robert Pichl, *Dualismus und Ambivalenz*. Die Dramenschlüsse Schillers und Grillparzers als Indizien individueller Vorgangsgestaltung (Wiener Arbeiten zur deutschen Literatur 4) Wien/Stuttgart 1972, S. 153 ff.

[71] Gerhart Baumann, *Ein Treuer Diener seines Herrn*, in: Grillparzer-Forum, Forchtenstein 1965, S. 32. Wiederholt als Nachwort der Reclam-Ausgabe Nr. 4383 und in Gerhart Baumann, *Zu Franz Grillparzer*, Versuche zur Erkenntnis, Heidelberg 1969, S. 30 ff.

[72] HA Bd. 1, S. 1165.

[73] Ebd., S. 1166.

tung des Staates durch die Günstlinge konfrontiert. Seine Abwesenheit nutzten jene, die ihn fürchten, beneiden und hassen, den König gegen ihn aufzuhetzen und an ihm schuldig zu machen. Der König ist als die ordnende Mitte des Staates ausgeschaltet, er ist die Beute, die Verachtung und das Gelächter seiner Höf- und Günstlinge geworden. Und aus ihnen wurden Verschwörer – es zeichnet sich darin gleichsam zwangsmäßig die Konsequenz des absolutistischen Systems ab. Wer in der Gunst seines Herrn so hoch steigt, muß, um sie zu erwerben, aufhören „Ich selbst zu seyn". Diego in *Der Günstling* begründet, wie Furcht und Haß, erzeugt aus Mißtrauen, zum Verschwörer prägen. Unterwerfung schlägt um zum Aufstand.

„Wer liebt den Mann, der ihn um die ersten Vorrechte der Menschheit bringt; um die Freyheit des Geistes und des Herzens? Der ihn nur dann liebt, wenn er aufgegeben hat, was uns allein der Achtung würdig macht!"[74]

In *Ein treuer Diener seines Herrn* verläßt hingegen der ungarische König zum Feldzug sein von ihm kraftvoll in Frieden und Ruhe beherrschtes Land. Er ist Held, Schützer und Vater des Landes, seine Mitte, da er die Pflichten des Kronenträgers voll erfüllt. Er übergibt dem alten, zögernden und gehorchenden Bancbanus, seinem gerechtesten und treuesten Gefolgsmann, im vollen Vertrauen die Macht als „Reichsgehilfe", die er selbst bisher als Haupt und Geist der Eintracht in seinem Lande ausübte. Vertrauen kann zur bestimmenden Macht werden, wo der Staat, das Verhältnis seiner Glieder zueinander, in harmonischer Ordnung lebt. Es bedarf der Rückkehr des Königs, daß sich die inzwischen ausgebrochene Anarchie, die seine Frau tötete, seinen Sohn in Lebensgefahr brachte, den Adel und das Volk in Streit und Aufruhr jagte, zum Frieden zurückverwandelt. Grillparzer stellt den König, das Königtum nicht in Frage; er bestätigt beides als die Ordnungsmacht für Staat und Volk – er erhöht sie zu Symbolen einer göttlichen Ordnung. „Sei ganz wie Gott, o König"[75] – so bittet Bancbanus seinen Herrn um Gerechtigkeit und Gnade, und er meint damit, was den Träger der Krone zugleich menschlich und göttlich macht. Klinger sah in seinen schwachen Königen die wehrlosen, wenn auch mitschuldigen Opfer eines falschen, von Menschen geschaffenen und verschuldeten Systems; sie werden zu dem, was man in böser Absicht mit dessen Mitteln aus ihnen machen kann. Bei Grillparzer wird hingegen die Krone zur Inkarnation des Bandes, das alle Teile der Nation zu einem Ganzen zusammenhält.[76] Zwar läßt Grillparzer seinen König sich einer Schuld bezichtigen: „Wie gräbt Erinnerung mit blut'gen Zügen und zeigt,

[74] G, S. 372. Sehr ähnlich der Günstling Culi in *Der Derwisch* II, 1 (Dramatische Jugendwerke, Bd. 3, S. 244 ff.).

[75] HA Bd. 1, S. 1162.

was ich versehn, wie ich gefehlt.“[77] Diese Selbstanklage zielt auf sein Übermaß an Vertrauen, das Otto von Meran auf Bitten der Königin an ihrer Seite ließ. Nur sehr verhalten klingt bei Bancbanus einmal Bitterkeit ob dessen, was er erlitten hat, an[78] – doch wer vermag den anzuklagen, der das gleiche erfahren mußte? Wenn dieser König sich irrte, so deshalb, weil ihm nicht bewußt wurde, welchen Keim der Zwietracht er mit des Bancbanus Ernennung legte. Seine Verfehlung, gemessen an dem Mißtrauen, in das Klingers Könige sich gegenüber ihren treuen Dienern verstricken lassen, ist ein Zuviel an Vertrauen. Grillparzer rüttelt nicht an der Würdigkeit des Königs – nicht an seinem gottähnlichen Richteramt, nicht am Vater des Volkes, nicht an dem getreuen Herrn seines Dieners. Denn über ihm liegt ein Abglanz der göttlichen Ordnung. Klinger hingegen sah in seinen Königen nur die Produkte einer schlechten Menschenordnung. Dies trennt den Dramatiker kurz vor der Revolution von dem Dramatiker in der Restaurationszeit.

Simsone Grisaldo und Brankas sind Unabhängige, frei in ihrem Wollen und Handeln, wie es heroischen Figuren angemessen ist. Ihre Macht ist ihr Kriegsruhm; auch wenn der König es nicht eingestehen will, er ist von ihnen so wie sein Staat abhängig. Sie schaffen seine Sicherheit nach außen. Sie sind auch deshalb unabhängig, weil sie von Begehrungen nicht gefesselt werden. Sie sind sich in sich selbst genug, und es kann nichts diese innere Sicherheit verstören, auch wenn Brankas mit sich selbst zwischen Rachebegehren und Pflicht gegenüber dem Staat in Konflikt gerät. Grillparzer, der Dichter im 19. Jahrhundert, gestaltet keine Heroen mehr, die durch das, was sie sind, ihrer Umwelt ihr Gesetz aufprägen. Bancbanus ist alles andere als ein Kriegsheld, sein Säbel ist nur ein nationales Attribut.

> „Der Säbel an der Hüfte soll nur kunden,
> Daß Ungarn und Gefahr wie Mann und Frau verbunden.“[79]

Sein Alter, sein Aussehen machen ihn zum Heros der Frauenliebe untauglich. Grillparzer erhöht nicht mehr den Bürger zum Heroen wie Klinger; er macht umgekehrt seinen Helden zu einem bürgerlichen Menschen. Denn der „Heroismus der Pflichttreue“, den er seinem ziemlich bornierten alten Mann zuspricht[80], ist eine staatsbürgerliche Tugend. Aber wie geht dies zusammen?

[76] So Ulrich Fülleborn, *Das dramatische Geschehen im Werk Franz Grillparzers. Ein Beitrag zur Epochenbestimmung der deutschen Dichtung im 19. Jahrhundert*, München 1966, S. 183. Im gleichen Sinne bereits Walter Naumann, *Grillparzer, Das dichterische Werk* (= Urban-Bücher 17), Stuttgart o. J., S. 77.

[77] HA Bd. 1, S. 1159.

[78] HA Bd. 1, S. 1161. Vgl. Politzer (DVjs), S. 83.

[79] HA Bd. 1, S. 1088.

[80] Selbstbiographie (HA Bd. 4, S. 153).

Relativiert der bornierte alte Mann diese Staatsbürgertugend, die in sich schon mehrdeutig ist? Oder wird durch sie der alte Mann über sich hinausgehoben? Oder liegt hier kein Widerspruch vor, derart, daß nur ein bornierter alter Mann zum Heroen der Pflichttreue werden kann? Seine Treue – als Walter des Rechts, als Hüter von Ruhe und Frieden – ist Zeichen bürgerlicher Mentalität, in deren Verinnerlichung ihre Rechtfertigung und Schwäche liegt. Bancbanus nimmt, zögernd, den königlichen Auftrag an, als Dienst und Amt, fast wie eine Beamtung. Dies ist eine schlechte Voraussetzung für das „Herrschen"[81], zu dem ihn der König ermächtigt. Denn wie ist ein „Herrschen" möglich, wenn der „Kreis" zugleich so eng vorgezeichnet wird?

> „Wie vorwärts nicht, so rückwärts nicht gefußt!
> Denn was du darfst, ist dem gleich, was du mußt."[82]

Fordert der König hier nicht einen Stillstand, eine Verleugnung dessen, was Geschichte und Leben heißt? Bancbanus nimmt, wozu ihn der König bestellt, als eine unbedingte Verpflichtung auf sich, zu unbedingt, um sie so zu erfüllen, wie die Bewegtheit von Geschichte und Leben es erfordert. Simsone Grisaldo und Brankas lassen sich von ihren eigenen inneren Antrieben und Entscheidungen leiten, Bancbanus dient mit einer sich selbst verleugnenden Pflichtbesessenheit, er unterwirft und opfert ihr selbst seine Frau, sein „Kind".[83]

Durch Klingers mittelalterliches Spanien scheint noch die Feudalgesellschaft hindurch, in welcher der Edle dem König gleich ist und sein Dienstverhältnis zu ihm aus unabhängiger Entscheidung bestimmt. Durch dies Ungarn scheint der hierarchisch festgelegte Beamtenstaat des 19. Jahrhunderts hindurch. Bancbanus ist in seiner starren, fast gefühllos anmutenden Amtspedanterie, in seiner Verschlossenheit gegenüber allem, was ihn zum Handeln zwingen müßte, gegenüber auch einem vielleicht friedenstiftenden Handeln um Erny und seiner Ehre willen in der Tat „ein negativer Held"[84], der zeitweilig sogar im Lächerlichen steckenbleibt. Er kann wie eine Karikatur der Klingerschen Heldenfiguren erscheinen und teilt doch wieder, was sie zu getreuen Dienern macht: den Mangel an egoistischem Machtwillen, die Tugend der Selbstbescheidung, das Streben nach Frieden im inneren Haus des Staates und das Ethos der Gerechtigkeit.

> „Nur eine Schmach weiß ich auf dieser Erde,
> Und die heißt: Unrecht tun."[85]

[81] HA Bd. 1, S. 1101.
[82] Ebenda.
[83] Dazu Politzer (DVjs), S. 65ff.
[84] Fülleborn, S. 186.
[85] HA Bd. 1, S. 1090.

Er sieht seine Grenze – die Frage, die Simsone Grisaldo dem Malvizio entgegenhält, ob er denn etwa die Welt umkehren könne[86], ist auch die resignative Einsicht des Bancbanus:

> „Ich kann's nicht ändern:
> Kann ihn nicht ändern, wollt' ich's noch so gern."[87]

Und dennoch, im fünften Akt weiß Bancbanus, wie er Otto von Meran ändern kann, so wie Simsone Grisaldo Staat und König verwandelt.

Beide nähern sich einander in ihrer duldenden Gelassenheit: Bancbanus bleibt unberührt von der zornigen Erregung seiner Diener, vom Spotten und Reizen der Hofleute, von Hohn und Mißachtung durch die Königin und ihren Bruder und noch gegenüber der Empörung und Verachtung durch Bruder und Schwager – so wie Simsone Grisaldo von den Kränkungen durch König und Hof und von den Aufforderungen seiner Freunde, sich zu widersetzen, unberührt bleibt. Beide blicken fort, sie übersehen mit unverstörbarer Geduld. Und beide hüten den Ruf ihrer Herren – Grisaldo gegenüber dem Sarazenenkönig und den unwilligen Kriegsgefährten, Bancbanus gegenüber Dienern und Volk.

> „Weit eher glaubt ich, daß ich wachend träume,
> Als Übles von dem Schwager meines Herrn."[88]

Ähnlich gegenüber einem Supplikanten:

> „Wo bleibt die Achtung,
> Verwünschtes Volk! für eurer Fürstin Bruder?"[89]

Was jedoch bei Simsone Grisaldo eine Selbstbezwingung über dem Feuerbrand löwenhafter Stärke ist, wird bei dem alten „Reichsverweser" zur Schwäche und Selbstverblendung. Er will sich gegen die Wirklichkeit verschließen und wird um so mehr in ihren Sturm hineingerissen. Ruhe ist nicht draußen, wenn sich Ruhe im Innern verpanzert: „Wenn's ruhig hier [auf seine eigene Brust], ist hier auch alles Ruh"[90]. Solche Bürgerweisheit – zu ihr gehört auch das „Ein jeder treibe, was ihm selber obliegt"[91], was an Truffaldinos Weisheit von dem Plätzchen, an dem jeder bleiben solle, erinnert[92] –

[86] Siehe oben S. 195.
[87] HA Bd. 1, S. 1109.
[88] HA Bd. 1, S. 1088.
[89] HA Bd. 1, S. 1108.
[90] HA Bd. 1, S. 1091.
[91] HA Bd. 1, S. 1087.
[92] Siehe oben S. 200.

wird von der wirklichen Welt der Leidenschaften und Begehrungen widerlegt. Und schließlich erinnert an Simsone Grisaldo, wie diese unverstörbare Gelassenheit die Gegner fast quälend reizt: so Simsone Grisaldo den Bastiano, so Bancbanus den Herzog Otto.

> „Er ist nicht aufzubringen, nicht zu ärgern!
> Was ich beginn, er spottet meiner Wut!
> ...
> Ich zupf' ihn an dem Bart, er merkt es nicht;
> Ich ras' und tob' – er aber frägt, was nun?"[93]

Wie Simsone Grisaldo für Bastiano und Brankas für Diego die Schranke ist, die ihr Herrschaftsbegehren hindert, so ist Bancbanus für die Königin und ihren Bruder die Schranke, ihre Wünsche zu erfüllen. „Ihn, der die Jagd mir hemmt, die Lust verdirbt"[94], so lehnt sich Otto bereits gegen ihn auf, als die Entscheidung des Königs noch nicht gefallen ist, die ihm nicht einmal die „erborgte Herrschaft, geteilte Herrschaft"[95] gibt, obwohl er müßig, ehrbegierig, achtungshungrig die ganze Herrschaft für sich ersehnt.

Dem von Grillparzer gezeichneten König hätte ein Günstling nicht angestanden. Dessen Position hat sich in *Ein treuer Diener seines Herrn* verschoben. Er findet sich jetzt an der Seite der Königin, als Bruder der Schwester, die in ihm mit Selbstvergessenheit ihre Puppe, ihre jugendliche Traumwelt, ihr anderes und eigentlich ersehntes Ich-Selbst liebt; bis zur Abhängigkeit und Blindheit. An ihrer Seite sollte er nicht „Reichsgehilfe", sondern der stellvertretende Reichsherr werden, sie verschafft ihm, auch als ihr sein rasend-leidenschaftliches Andrängen an die Frau des Bancbanus nicht mehr verborgen ist, die Zugänge zu Erny, sie lockt sie in sein Schlafgemach, das Ernys Todeskammer wird. Sie schützt ihn noch, als ihr das Verwerfliche ihrer eigenen Mitschuld bewußt wird, sie gibt ihm vor sich selbst im Boot die letzte Rettungschance. So komplex Grillparzer dies Geschwisterverhältnis psychologisch differenziert[96], die Grundfigur des Günstlings und des Intriganten scheint noch in der Figur des Otto von Meran durch. Gleiches gilt für die Verbindung von Liebes- und Treuethema, von Liebes- und Staatsproblematik. Was der König in Klingers *Der Günstling* gegenüber Brankas verschuldet, verschuldet, wenn auch aus anderen Antrieben, Otto gegenüber Bancbanus: Brankas muß zusehen, wie die geschändete Donna Gabriele dem Tod verfällt, Bancbanus sieht zu, wie Erny zu dem Prinzen hingelockt und hingefordert wird. Brankas kann nicht mehr helfen, Bancbanus merkt nicht, wie sehr

[93] HA Bd. 1, S. 1092.
[94] HA Bd. 1, S. 1093.
[95] HA Bd. 1, S. 1095.
[96] Dazu vor allem Politzer (DVjs), S. 59f.

Erny seine Hilfe erwartet. In beiden Stücken geschieht ein Einbruch in den Bereich der innersten Treuebeziehungen in der Familie: Braut und Bräutigam, Frau und Mann oder, um wie Heinz Politzer zu sprechen, „Kind" und Vater. Was für Brankas Gewalt gegen seine Geliebte und seine Ehre ist, persönliche Verletzung, die die persönliche Rache legitimiert, bedeutet für Bancbanus noch mehr: Ausbruch des Chaos in der innersten menschlichen Ordnung.[97] H. Politzer hat Erny eine „ungarische Lucrezia" genannt[98]; das Lucretia-Muster war dem *Günstling* deutlich eingelegt. Ihm gesellt sich eine nicht minder deutliche Emilia-Galotti-Reminiszenz. Sie klingt in Diegos Worten an:

> „Blut, Sinne, Tanz, Musik, Vergötterung, Lust, etwas von Gewalt, wozu die Fürsten immer Helfer finden, vollendeten das Übrige."[99]

Das ist die Geschichte ihrer Verführung, erzählt als eine typische und geläufige Geschichte. In einem Schwebezustand zwischen Nachgiebigkeit und gewaltsamem Zugriff wurde Donna Gabriele unschuldig-schuldig die Beute des Königs, und ihr Onkel Alviero, der sie und seine Ehre zu schützen hätte, ließ sich blenden, bis es zu spät war. Jetzt bleibt ihm nichts als ein Racheverlangen, das er nicht zu erfüllen vermag. Was hier flach und pauschal in wenige Stichworte zusammengedrängt ist, entfaltet sich als ein tief ins Halb- und Unbewußte gelegter Vorgang bei Grillparzer. Er verfügt in Dialog, in Szene und Gestik über ein ungleich reicheres psychologisches Instrumentarium. Es bedarf kaum des Hinweises, wie weit seine vielschichtige, ungemein differenzierte Ausgestaltung der Beziehungen zwischen Erny und dem Herzog von Meran und der inneren verdeckten Vorgänge in Erny selbst Klingers Möglichkeiten überlegen ist. Hingezogenheit, Verweigerung, verletzter Stolz und verletzte Scham, Angst vor sich selbst und dem anderen, Liebe aus Achtung, Sitte für ihren Mann und das Gefühl, von ihm nicht verstanden, ja zurückgestoßen zu sein, Anlockung durch den werbenden Jüngling und Zweifel an der Wahrheit seines Gefühls, Empörung gegen ihn, die vielleicht auch den Gatten mitmeint, das Bewußtsein, ganz allein zu sein, und schließlich Verzweiflung mischen sich in ihrem Verhalten und treiben sie in ihren Tod. Erny ist nicht so leicht verführbar wie Donna Gabriele, sie hat auch nichts von ihrer sterbeseligen Sentimentalität. Dennoch scheint uns, bei aller Differenz, ein gemeinsames Grundmodell durchzuscheinen. Es scheint darin wiederzukehren, daß Brankas die Verschwörer so wie Bancbanus den Aufruhr und das Racheverlangen der Grafen Simon und Peter als eine falsche Hilfe ablehnt,

[97] Urs Helmensdorfer, *Grillparzers Bühnenkunst,* Bern 1960, S. 60.
[98] Politzer (DVjs), S. 70.
[99] G, S. 375.

da sie die Reinheit ihrer Absichten in eine Anarchie umkehren. Es wiederholt sich, bei aller Variation der Ausgestaltung, darin, daß Brankas wie Bancbanus, aus einer sie quälenden Ungewißheit heraus, die Frage nach der Schuld, Mitschuld oder Unschuld der geopferten Geliebten stellen. Brankas fordert und erhält die Antwort von seinem König; Bancbanus fordert und erhält das Einbekenntnis von Ernys Schuldlosigkeit von Herzog Otto. Und wie Brankas zögernd dem König vergibt, so verzichtet Bancbanus, ohne Schmerz und Abscheu zu verbergen, auf Rache und Strafe des „Mörders" Otto.

Und führt nicht von Otto von Meran eine Spur zu jenen Leidenschaftsfiguren zurück, die aus Klingers Jugenddrama bekannt sind – etwa zu dem Guelfo in den *Zwillingen* oder dem Bastiano im *Simsone Grisaldo*, zumal in seinen ersten Auftritten? Wir fragen behutsam, denn es ist bekannt, welche Schwierigkeiten Grillparzer bei der Ausgestaltung dieser Figur hatte, so daß gewiß nicht von einer Anlehnung oder gar Abhängigkeit gesprochen werden darf. Als der Störer von Straßen-, Haus- und Ehefrieden tritt Otto auf, er stört mit verächtlicher Unbekümmertheit die Pläne seiner Schwester und die feierliche Abschiedsversammlung beim König, er stört das Fest und Bancbanus in seinen Amtsgeschäften, er bricht in seine Ehe ein, er verstört Erny, bis sie in den Tod flüchtet, und wird, nun selbst ein völlig Zerstörter, der Zerstörer von Frieden und Ordnung in Staat und Königtum. Er ist der Fremde in jeglichem Sinn, nicht „der Bösewicht oder der Unedle"[100], auch kein zuchtloser „Libertin", kein sexueller Verführer. Ist sein Werben um Erny, seine Gewaltsamkeit ihr gegenüber denn nur Liebeswerben und erotische Gewaltsamkeit? Vielleicht etwas von letzterem, das erstere gewiß nicht. Er will nicht Erny, er will sich selbst, sein Selbst durch sie erhalten. Otto von Meran ist unwillig und unfähig, sich in die Gemeinsamkeit einzugesellen, mit diesem Land Ungarn, mit dessen König und Hof, selbst mit seiner Schwester, deren beste Absichten er nichtsachtend durchkreuzt. Er ist halt-, ruhe- und geschäftslos; – wo Trieb und Wille, das Aufbegehren und das Trotzen nur sich selbst wollen, nur das Ich zum Inhalt und Ziel haben, kann es keine Bindungen an ein außerhalb des Ich Objektives geben. Damit ist der Steigerungsraum ins Maßlose und letzthin Vergebliche weit geöffnet. Die Zerstörung muß in Selbstzerstörung umschlagen – ähnlich wie bei den Leidenschaftsfiguren Klingers. Leidenschaft, durch nichts gehemmt und gebunden, ist die Kehrseite der Schwäche, die sich vergeblich gegen die Widerstände der Wirklichkeit auflehnt. Was fordert Otto heraus zu der aufsässigen Nonchalance gegenüber dem König, zur Nichtbeachtung der Wünsche seiner königlichen Schwester,

[100] Max Kommerell, *Grillparzer*. Ein Dichter der Treue, in: *Dichterische Welterfahrung*, Essays, Frankfurt a.M. 1952, S. 7ff.

zur Verhöhnung und Beschimpfung und zur Werbung um Bancbanus[101], zu seinem hartnäckigen und endlich tödlichen Ansturm auf Erny? Er verlangt nach einer Anerkennung seines Ich in dieser Gemeinsamkeit, er provoziert sie durch Aufsässigkeit, Wildheit, Verachtung und schließt sich damit aus ihr selbst aus. Er verlangt, um seines Selbst gewiß zu werden, nach einer Achtung, die ihm der König, Bancbanus und, am tiefsten verwundend, Erny versagen. Seine Aggressivität im Werben ist darauf gerichtet, gewaltsam ihnen diese versagte Achtung abzuringen, um sich selbst von ihnen zu empfangen. Die „Schwesterliebe, lästig schon als Liebe“[102], kann ihm nicht geben, was er bedarf. Sie demütigt ihn, der ungebunden frei sein will, sich alles selbst verdanken will, zum Günstling, zur „Puppe“ und zum Spielzeug hinab:

> „Wie einem Vogel man die Flügel schneidet,
> Nun hüpft er frei und dünkt sich frei, und ists nicht:
> So will ich halten ihn, mit Liebe füttern,
> Und er soll Dank mir zwitschern und gedeihn.“[103]

Solche schwesterliche Zärtlichkeit ist die Hilfe nicht, deren Otto bedarf – sie ist eher eine Erniedrigung. Zurückgewiesen, mißachtet, ja verachtet –, er verliert im Verlangen, durch die anderen aus seiner eigenen Unsicherheit heraus und zu seinem Selbst zu gelangen, mehr und mehr dies Selbst bis hin zum sich wiederholenden physischen und psychischen Zusammenbrechen. Erst daß Bancbanus ihm das königliche Kind, als ein Objektives, von ihm viel Forderndes, anvertraut, löst ihn aus seiner bis zur Raserei und Verzerrung gesteigerten Selbstbezogenheit und gibt ihm die Möglichkeit zu einer Wandlung ein – das Kind ist ein Zeichen des Vertrauens von jenem Mann, der in ihm den Mörder seiner Frau sehen muß. Es geht hier nicht um einen neuen Versuch der psychologischen Deskription dieser komplexen Figur; nur um den Hinweis, daß ihre Anlage an die Leidenschaftsfiguren bei Klinger erinnert. Auch bei ihnen werden diese Kontakte von Physischem und Psychischem herausgearbeitet und derart Emotionen, innere Vorgänge in ihrer Intensität, ja Maßlosigkeit physisch artikuliert. Sie ähneln in mancher Hinsicht diesem Herzog Otto: geschäftslos, ehrbegierig und unbefriedigt, ruhelos von jeglicher Gemeinsamkeit abgespalten, da sie sich von ihr losgesagt haben und dennoch nach ihr verlangen. Ihre Aufsässigkeit, ihr Trotzen und Rebellieren, bei allem Gestus der Kraftgeisterei, sind die Masken von Melancholie und Schwäche. Auch sie werden durch Triebe, Begehrungen, Emotionen und

[101] Dazu Politzer (DVjs), S. 74ff. Zur Figur des Otto vgl. auch Baumann.
[102] HA Bd. 1, S. 1094.
[103] HA Bd. 1, S. 1098.

Wallungen bestimmt, die kein konkretes Objekt außerhalb ihrer selbst haben und deshalb sich ins Maßlose steigern können.

Walter Naumann hat das Singuläre, das Otto von Meran innerhalb der langen dramatischen Figurenreihe von Grillparzer heraushebt, trefflich gekennzeichnet. Was Otto „tut und wie er sich verhält, ist gegen keinen Hintergrund der Wahrheit und des Bewußtseins abgesetzt. Es ist weder von ihm selbst durchschaut, noch dient es einer andern Person zum Handeln. Es ist reine Tatsache, das unbewußte Tun eines Lebenszustandes".[104] Heinz Politzer hat daran den Satz vom „Charakter ohne Charakter"[105] angeschlossen. Daß auch Klingers Leidenschaftsfiguren nicht als Charaktere gebildet sind, sondern als Bündelungen von Lebenszuständen, Seelenkräften, Temperamentslagen, Emotionen und Wallungen, hat die neuere Klinger-Analyse und -Interpretation deutlich gemacht.[106]

Die vorliegende Studie zielt darauf, die Möglichkeit von Bezügen zwischen Klinger und Grillparzer wahrscheinlich zu machen. Nochmals sei wiederholt: es geht nicht um einen Nachweis von Einflüssen und Abhängigkeiten. Eher läßt sich, bei aller offensichtlichen Unterschiedlichkeit, von immanenten Konsequenzen, die im gleichen literarischen Grundthema gegeben sind, und von einer literarischen Kontinuität sprechen. Grillparzers Drama ist, sie wandelnd, erneuernd, in wechselnden Kombinationen zu anderen Wirkungen bringend, in vielen Traditionszusammenhängen beheimatet. Sie reichen bei diesem poeta doctus und sinnlichen Theatraliker vom antiken Drama über das Mysterienspiel bis zum spanischen und österreichischen Barock, von Shakespeare, der Commedia dell'arte und dem Wiener Volkstheater bis zum europäischen Klassizismus, der deutschen Klassik und dem romantischen Schauspiel. Vielleicht überzeugen diese Ausführungen davon, daß künftig auch der deutsche Sturm und Drang Klingerscher Prägung in diesen Traditionsraum von Grillparzers dramatischem Werk einbezogen werden sollte: mehr jedenfalls, als bisher geschehen ist.

[104] Naumann, S. 160.

[105] Politzer (DVjs), S. 73.

[106] Dazu vor allem Gert Mattenklott, *Melancholie in der Dramatik des Sturm und Drang*, Stuttgart 1968; ferner Schwinger.

Erzählte Szene, stummes Spiel

Zum Siebenten Brief des Baron von F... in Schillers *Der Geisterseher*

Benno von Wiese – füglich leitet sein Name diese ihm gewidmete kleine Studie ein – läßt in seiner voluminösen Schiller-Monographie einen knappen Satz fallen, der seit langem zum Widerspruch verlockte. „Gesetzt der Fall, man vergleiche Schillers Prosa mit seinen Dramen, ohne den Autor zu kennen, so dürfte es schwer sein, auf den gleichen Verfasser zu schließen."[1] Zwar verweist er auf Gemeinsamkeiten zwischen dem Dramatiker und dem Erzähler in dem Sinn für Spannung, kriminalistische Situationen, in dem beide auszeichnenden detektivischen Scharfsinn und in den virtuos-raffinierten Verkettungen von Verrätselung und Enträtselung; er erkennt weiterhin eine Verwandtschaft in Motiven und Figuren zwischen dem *Geisterseher* und dem fast gleichzeitig abgeschlossenen *Don Carlos* wie zu dem Plan des *Friedrich Imhof,* der später in den Plan *Die Polizei* einging.[2] Auch geht es ihm nicht um eine Abwertung des Erzählers zugunsten des Dramatikers; er hat vielmehr dazu beigetragen, jene Mauer an Geringschätzung abzubrechen, die vom Dichter selbst mit übertriebener Selbstkritik und Mißachtung erzählender Formen aufgebaut wurde und die durch mehr als ein Jahrhundert diesen Erzähler, vor allem aber den *Geisterseher*, dem unbefangenen Blick entzog. Es bedurfte einer Veränderung des Verständnisses der Formmöglichkeiten des Romans überhaupt, um mit neuer Schätzung und Wertung den *Geisterseher* in das Gesamtwerk Schillers einzufügen; es bedurfte einer Ablösung der Bindungen an den von Goethe geschaffenen symbolischen Roman, der lange kanonisch die Kriterien gesetzt hatte. Gerhard Storz hob angesichts des *Verbrecher aus verlorener Ehre* und des *Geisterseher* hervor, wie „durchaus schillerisch" sie in den Motiven und Erzählinteressen, in den Strukturen und in der Kunst der Gestaltung geprägt sind.[3] E. Staiger sah in der Figur des Armeniers in dem Roman eine Steigerung der Fiesko-Figur an „Undurchdringlichkeit und rätselhafter Verwandlungskunst".[4] Hans Mayer zeigte, wie eng, was der

[1] Benno von Wiese, *Friedrich Schiller.* Stuttgart 1959, S. 301.

[2] Ebd., S. 242.

[3] Gerhard Storz, *Der Dichter Friedrich Schiller*. Stuttgart 1959, S. 174ff., weiterhin Fritz Martini, *Der Erzähler Friedrich Schiller.* In: *Schiller. Reden im Gedenkjahr 1959.* Stuttgart 1959, S. 124ff.

[4] Emil Staiger, *Friedrich Schiller.* Zürich 1967, S. 135.

Erzähler Schiller geleistet hat, mit dem großen Werkbereich des Historikers und des Philosophen zusammenhängt, so eng, daß sich der Epiker, der Historiker und der philosophische Essayist kaum voneinander scheiden lassen. Der Erzähler Schiller erscheint ihm mit gutem Recht als ein „authentischer" Schiller.[5]

Was also veranlaßte Benno von Wiese, eine so beträchtliche Fremdheit zwischen den Dramatiker und den Erzähler einzulegen? Offenbar geht es ihm, unabhängig von Motivverwandtschaften, um einige grundsätzliche Unterschiede; unter dem Aspekt eines verschiedenartigen Verhältnisses zum Gegenstande, eines verschiedenen Verhältnisses zum Rezipienten und eines unterschiedlichen Verfahrens der Darstellung. Hier möchte der Widerspruch einhaken; um ihn zu begründen, wurde ein Textausschnitt aus dem Zweiten Buch des *Geisterseher* gewählt, der den Vorteil hat, daß er sich in relativ geschlossener Selbständigkeit aus dem Romangefüge herausschneiden läßt. Eine genaue Detailanalyse ist allerdings unerläßlich; der kritische Leser möge selbst entscheiden, ob sie sich in einer angemessenen Proportion zu den Resultaten verhält.

Für Benno von Wieses Bemerkung spricht, daß der junge Schiller selbst, den *Verbrecher aus verlorener Ehre* einleitend[6], sehr entschieden die Wirkungsfunktionen und damit die gesamte Anlage von Drama und Erzählung voneinander gesondert hat. Was Schiller seinem Drama einlegte, den „hinreißenden Vortrag", der den Rezipienten „warm" werden läßt, wie es der „Held" ist, so daß er sich mit ihm zu identifizieren genötigt wird und der Autor ihn von der Bühne her fast gewaltsam in seinen Bann zwingt, dies eben spricht er um der Intensität einer anderen Wirkung willen dem Erzähler ab. Er will und soll das eigene und kritische Denken des Lesers erreichen, jene „republikanische Freiheit des lesenden Publikums, dem es zukömmt, selbst zu Gericht zu sitzen". Der Erzähler soll seinen Leser nicht überreden, wie es „dem Redner und Dichter" eigen ist, er soll ihn zu selbstständiger Überlegung dessen, was erzählt wird, veranlassen.[7] Damit ist eine deutliche Grenze zwischen einem dramatischen und einem erzählenden Verfahren, welch letzteres sich nicht nur in diesen Sätzen mit der Geschichtsschreibung gleichsetzte, programmatisch gezogen. Jedoch ist diese Grenze nicht so entschieden, daß nicht gleichwohl ein Austausch zwischen dramatischer und erzähleri-

[5] Hans Mayer, *Schiller. Die Erzählungen*. In: *Zur deutschen Klassik und Romantik*. Pfullingen 1963, S. 147ff.

[6] *Schillers Werke*. Nationalausgabe (künftig NA), Bd. 16. *Erzählungen*. Hrsg. von Hans Heinrich Borcherdt. Weimar 1954, S. 8.

[7] Dazu jetzt Klaus Oettinger, *Schillers Erzählung „Der Verbrecher aus Infamie"*. Ein Beitrag zur Rechtsaufklärung der Zeit. In: Jahrbuch d. Dt. Schillergesellschaft XVI, 1972, S. 266ff.

scher Gestaltung, zwischen der Bühne und dem Roman möglich und, mehr noch, statthaft würde. Entgegen diesem Programm, entgegen den späteren klassischen Kunstprinzipien ist der junge Schiller, bis in die Schaffenszeit am *Don Carlos* und am *Geisterseher* hinein, geneigt, die Gattungsgrenzen abzubauen. Er führte *Die Räuber* bekanntlich als eine „dramatische Geschichte" ein[8], mit gleichen Tendenzen im Sturm und Drang übereinstimmend; und auch im *Fiesko* und in der Thaliafassung des *Don Carlos* erweitert sich das Dramatisch-Theatralische zu romanhaft breiter Form. „Die dramatische Einkleidung ist von einem weit allgemeineren Umfang als die theatralische Dichtkunst", heißt es zum *Don Carlos.*[9] Umgekehrt auf „Meisterstücke dichterischer Prosa" in den *Räubern* hat bereits Gerhard Storz verwiesen[10], ebenso darauf, daß in Kern- und Höhepunkten des *Geisterseher* im Erzählgang Raum für Vergegenwärtigungen dramatischer Art geschaffen wird.[11] Wenn derart das Drama am Erzählerischen – wie auch am Lyrischen – teilhatte, drängt sich umgekehrt die Aufmerksamkeit auf jene Abschnitte im Roman auf, in denen der Dramatiker am Werk war, die Erzählung zur erzählten Szene wurde – im vollen Sinne einer von Schiller gestalteten, seine ihm eigentümlichen Ausdrucksmittel darbietenden Bühnenszene.

In dem Siebenten Brief des Baron von F... an den Grafen von O...[12] wird von einem durch den Marchese von Civitella erzählten Ereignis berichtet, das wie so oft im *Geisterseher* geschieht, ein Aufhellen eines Geheimnisses verspricht, auch sehr nahe daran heranführt und dennoch das Unenträtselbare noch potenziert hinterläßt. Dies Ereignis – so läßt sich vermuten – stellt ein wesentliches Glied in der Kette der undurchschaubaren Begebenheiten und Planungen dar, die mit einer ständig zunehmenden Engführung den Prinzen umgarnen und endlich unter die Gewalt des geheimnisvollen Armeniers und die Macht der katholischen Kirche bringen sollen. Der Leser wird, in dreifacher Vermittlung, durch Civitellas Erzählung, den Bericht des Barons über diese Erzählung, endlich durch die Publikation dieses Berichtes in den Memoiren des Grafen von O... über einen Vorgang orientiert, der glauben macht, es handle sich in ihm um einen bedeutenden Schritt zu dem Resultat des Romans hin, ohne daß jedoch, was hier geschieht und zur Finalität des Romans beiträgt, auch nur annähernd deutlich würde. Vier für den Fortgang des Romans bedeutende Figuren sind anwesend: als Akteure auf der erzählten Bühne der Armenier und die unbekannte Schöne, als Zuschauer Civitella, der gegen Schluß der Szene zum verborgenen Mitspieler, derart zum Mit-

[8] NA, Bd. 3. *Die Räuber* Hrsg. von H. Stubenrauch. Weimar 1953, S. 5.
[9] Fußnote in der *Thalia* nach II, 16 des Thalia-Fragments des *Don Carlos.*
[10] G. Storz, S. 171.
[11] Ebd., S. 184.
[12] NA, Bd. 16, S. 141 ff.

wisser eines auch für ihn wesentlichen Geheimnisses wird, endlich, als Empfänger des nachträglichen Berichts, der Prinz, der allerdings während Civitellas Erzählung verwunderlich passiv im Hintergrund bleibt. Angesichts seiner Leidenschaft für die bisher sich ihm verbergende ‚Griechin' sollte doch wohl sein Erkennen ihrer Person in dem von Civitella enthusiastisch gezeichneten Bilde und seine heftige Reaktion zu erwarten sein, zumal sich ihm in dem Marchese ein vor nichts zurückscheuender Rivale ankündigt. Doch hätte dies von der Szene auf der Gartenbühne abgelenkt; auf sie wollte der Erzähler die ungeteilte Aufmerksamkeit seiner Leser konzentrieren. Schiller hat es vermieden, neben sie noch, in zusätzlich zeitlichem Abstande, eine zweite erzählte Spielbühne zu stellen, die das „vor einiger Zeit" Erlebte mit dem Jetzt synchronisiert hätte, in dem Civitella von seinem Abenteuer erzählt. So muß der Prinz während dieses ganzen Abschnitts an der Peripherie des Interesses bleiben, nicht ahnend, daß wahrscheinlich er selbst der Zielpunkt dieses Vorgangs ist, wie ihn denn auch der Marchese erzählt, als sei ihm irgendein Zusammenhang mit seinem Zuhörer unbekannt. Der aufmerksame Leser muß sich mit unbefriedigter Wißbegierde fragen, ob dies wirklich zutrifft. Sollte der Brief, den der Marchese dechiffriert und gelesen hat, wie er zumindest behauptet, keine Hinweise auf die Pläne und Absichten, die den Prinzen umspinnen, enthalten haben? Mit raffinierter Pointe, die alles offenläßt, den Vorgang in dieser Szene wie den Fortgang des Romans, bricht der Brief des Barons dort ab, wo Civitella ansetzt, über den Inhalt des für einen kurzen Augenblick erbeuteten Briefes zu berichten. Das Geheimnis, das der Brief aufzudecken verspricht, ein Verräter wider die Absichten seines Senders, Überbringers und Empfängers, bleibt dem Leser verschlossen[13], und nichts vom Rätsel des Armeniers und seiner schönen Partnerin, nichts über ihr so ungewöhnliches wie vertrautes, wenn nicht inniges Verhältnis zueinander wird aufgedeckt.

Ist zuviel gesagt, wenn man meint, der Brief des Barons muß hier abbrechen? Denn die Enthüllung, so gespannt ihr der Leser entgegensieht, würde dieser kurzen Szenenfolge viel von ihrem erzählerischen Reiz nehmen: als eine in sich geheimnisvolle Szenenfolge, als Aufführung eines enigmatischen stummen Spiels, das, unabhängig von seiner nur vermutbaren Funktion innerhalb des Romans, eine künstlerische Eigenwirkung behaupten kann, die über das nur Stoffliche der Romanspannung hinausgeht. Es handelt sich hier um eines der darstellerischen Bravourstücke des Erzählers des *Geisterseher*, ebenbürtig der Szene beim Hochzeitsmahl am Finale der Geschichte von den

[13] Zur Bedeutung des Briefes in Schillers dramatischer Dichtung: Oskar Seidlin, *Schillers „Trügerische Zeichen":* Die Funktion der Briefe in seinen frühen Dramen. In: *Von Goethe zu Thomas Mann.* Göttingen 1963, S. 94ff. Ferner Volker Klotz, *Bühnen-Briefe.* Frankfurt a. M. 1972.

feindlichen Brüdern im Ersten Buch, die bisher fast ausschließlich ein hohes Lob auf sich zog.[14] Die Behauptung der älteren Forschung ist heute obsolet: daß nämlich, was Civitella erzählt und der Baron treuherzig, wenn auch weniger sprachbegabt, seinem Freunde berichtet, „gewiß ganz entbehrlich" und „in dieser Breite...sicherlich mehr deshalb eingefügt worden" sei, „um die drängende Neugierde der Fortsetzung heischenden Leser wieder für eine Zeitlang zu befriedigen, als weil künstlerische Absichten sie notwendig erscheinen ließen".[15] Wir wissen kaum etwas über die Einbettung dieser Geschichte in das Romangefüge; aber wir sind dessen gewiß, hier einem Hochpunkt der Erzählkunst Schillers zu begegnen. Zugleich aber ist der Dramatiker und Theatraliker Schiller in der Civitella-Erzählung am Werk: im Aufbau eines stummen Spiels, das, aus dem Bilderwechsel von Situationen und Pantomime zusammengesetzt, in variierenden Steigerungen eine erhebliche dramatische Beredsamkeit gewinnt und gleichwohl nichts von dem, was hier verhüllt ist und verhüllt bleiben soll, seinem Zuschauer und in ihm dem Leser preisgibt. Der Dramatiker und Theatraliker verbündet sich mit dem Erzähler; beide tauschen zu beiderseitiger höherer Kunstfertigkeit ihre Mittel aus.

Zwar scheint die Einschaltung eines berichtenden Erzählers in dem seinerseits berichtenden Brief des Barons den Bedingungen, aus denen Schiller das Drama verstand, zu widerstreben und durchaus auf das Erzählerische angelegt zu sein. „In Tragödien werden die einzelnen Begebenheiten im Augenblick ihres Geschehens, als gegenwärtig, vor die Einbildungskraft oder vor die Sinne gestellt, unmittelbar, ohne die Einmischung eines dritten. Die Epopoe, der Roman, die einfache Erzählung rücken die Handlung, schon ihrer Form nach, in die Ferne, weil sie zwischen den Leser und die handelnden Personen den Erzähler einschieben."[16] Zudem liegt, was Civitella erzählt, auch zeitlich zurück: „vor einiger Zeit", was einen beträchtlichen Unbestimmtheitsgrad zuläßt. Sollte das Ereignis nicht einige Folgen für ihn gehabt haben? Darüber fällt kein Wort, vielmehr wird das Beobachtete so gegenwärtig und ‚offen' erzählt, als habe es sich soeben vor seinen Augen und mit noch ungewissem Ausgang abgespielt. Der Erzähler verhält sich wie ein Beobachter eines präsenten Ablaufs, dessen Resultat er nicht kennt – oder verschweigt. Der Dramatiker verlangte nach unmittelbarer lebendiger Gegenwart und Versinnlichung[17]; derart, daß das bewegte Innere zum Außen wird

[14] Carl J. Burckhardt, *Schillers Mut*. In: *Schiller. Reden im Gedenkjahr 1955*. Stuttgart 1955, S. 32.

[15] Friedrich Varney: *Schiller als Erzähler*. Diss. Münster/Unna 1915, S. 63.

[16] NA, Bd. 20. *Philosophische Schriften*. Bd. 1. Hrsg. von B. v. Wiese und Helmut Koopmann. Weimar 1962, S. 164.

[17] NA, Bd. 20, S. 159. „Ungleich stärker affizieren uns Leiden, von denen wir Zeugen sind, als solche, die wir erst durch Erzählung oder Beschreibung erfahren."

und sich als eine bewegte Gegenstandswelt sinnlich darbietet. Nur so, durch diese Unmittelbarkeit zum ästhetischen Objekt, werden die Empfindungen entzündet und wird jener Eindruck erzeugt, auf den das Drama angewiesen ist und dem die erzählende Form notwendig viel von seiner Stärke entzieht. Schiller suggeriert diese sinnliche Gegenwärtigkeit, indem er den Erzähler zum Zuschauer macht, zum geheimen Zeugen, der mit Neugierde, Spannung, Erstaunen und Rührung, schließlich auch mit erotischem Affekt auf die Szene schaut. Er bedarf seiner auch aus weiterem Grunde: der Zeuge bestätigt die Faktizität des Vorgangs, er bekräftigt dessen Authentizität, wie es der generellen Erzählintention Schillers entsprach. Er schaltet noch eine zweite Bestätigung ein; der Baron von F. bekräftigt den Wahrheitsanspruch dieser Geschichte, indem er sie dem Grafen von O. und damit dem Leser weitererzählt. Wie Civitella soll sich dieser Leser mit der Illusion der Unmittelbarkeit als Zuschauer und Zeuge am Fenster befinden, wie er mit Ungewißheit und Spannung den Vorgang zu enträtseln suchen. Dies wird nicht aufgehoben durch eine potenzierte Distanzierung; der Leser wird ja nur durch den vermittelnden Bericht des Barons zum Zuhörer des Marchese. Zwar geht ihm damit „der muntre Geist, womit er alles, was er spricht, zu beleben weiß", verloren – doch nimmt er an jener Verwunderung teil, die die Zuhörer Civitellas, den Prinzen und seine Begleiter angesichts dieses merkwürdigen Ereignisses bewegen muß.

Und weiterhin: die Pantomime auf der Gartenbühne bliebe dem Leser unverständlich, käme ihm nicht der kommentierende Beobachter Civitella zu Hilfe. Was nach Schillers Dramaturgie im Drama erkältend wirken muß, gewinnt derart im Erzählen eine zusätzlich spannungsweckende und -steigernde Funktion: daß nämlich der Erzähler in eigener Person sich vordrängt, die Handlung und damit auch den unmittelbar teilnehmenden Affekt des Lesers zum Stillstand bringt, und Betrachtungen eingeschaltet werden, die nur ein Zuschauer anstellen kann. Die Vergegenwärtigung ist sinnlich-unmittelbar genug, um die Affekte erregter Teilhabe und vorwärtsdrängender Spannung auszulösen; die Berichtsituation wirkt zugleich so distanzierend, daß eine „republikanische Freiheit" des Lesers gegenüber dem Vorgang gesichert ist. Indem der beobachtete Vorgang einerseits fast greifbar naherückt, wird er andererseits in eine um so spannendere Ungewißheit entrückt. Der Dramatiker scheint die beobachtete Szenenfolge, in Civitellas Munde, als dessen privates Erlebnis ganz auf ihre Eigenwirksamkeit zu isolieren; der Erzähler, durch den Mund des Barons von F..., flicht sie in die Geschichte des Prinzen ein und teilt ihr so eine Spannung mit, die dem Marchese nicht bewußt ist oder nicht bewußt zu sein scheint, soll er doch nichts von jener „Farce" gehört haben, die dem Prinzen mit dem Armenier begegnete – gegensätzlich zu dem Leser, diesem „ungeduldig schauenden und hörenden" Leser[18], der mehr als er über die Bedeutsamkeit dieser erzählten Szenenfolge vermutet. Der verdoppelten Fiktion der Authentizität durch die Rolle des Marchese und den Bericht des Barons steht die verdoppelte Distanzierung durch beider Einschaltungen gegenüber; was also dem Dramatiker dient, dient zugleich dem Erzähler, der, was er erzählt, nach dem bekannten Aufsatz „Über epische und dramatische Dichtung" von 1797 „gleichsam darstellend vor die Augen"[19] bringen muß. Was dem Marchese als eine ungewöhnliche Episode erscheint, legt der Briefbericht des Baron von F... in das Kontinuum der von dem Grafen mitgeteilten Geschichte des Prinzen ein. Die Spannung, in die den Leser die von Civitella beobachteten Szenen auf der Gartenbühne versetzen, verbindet sich für ihn mit der Spannung, in der ihn die bisherige Lektüre des ganzen Romans gehalten hat. Allerdings verzichtet der Dramatiker auf das bestimmende Medium seiner Kunst, den Dialog; er gibt seine Figuren als stumme Personen an den Erzähler ab, der seinem Beobachter auferlegt, alles an ihnen selbst zu enträtseln. Denn mit dem Dialog entziehen sich ihm jegliche Einsichten in die Charaktere dieser Personen, in die Voraussetzungen und Umstände wie die Folgen dessen, was sich da vor ihm abspielt. Er weiß nur, was er sehen und, vielleicht richtig, vielleicht unrichtig, erraten kann.

Eine Bühne bietet sich in der Tat dem zu früher Morgenstunde aus dem Fenster schauenden Civitella dar. Sie wird durch dessen Rahmen als ein genau abgegrenzter Ausschnitt bestimmt. Der Fensterblick faßt zusammen, er filtriert und verkürzt; er gliedert zu Binnen- und Außenraum, zu einem Hier und Dort.[20] Bühne und Gemälde kommen zu einer Deckung: als Formen der stilisierenden Wirklichkeitsspiegelung, die ein ästhetisches Anschauen bewirken. Die Faszination durch ein sie vorkündigendes Gemälde war im Fünften Brief, der ersten Begegnung des Prinzen mit der schönen ‚Griechin' vorangegangen[21], und die Frage des Barons an den Prinzen: „Und diese Gestalt, gnädigster Herr – wissen Sie auch gewiß, daß sie etwas Lebendiges war, etwas Wirkliches, kein bloßes Gemälde, kein Gesicht Ihrer Phantasie?", klingt in Civitellas Überraschung und Faszination nach. Der Bühnenraum ist nach Osten weit zur Lagune, zum Golf hin ins Unbestimmte geöffnet, gegen Westen durch die Klostermauer begrenzt. Solche Kombination von Nah- und

[18] NA, Bd. 21. *Philosophische Schriften.* Bd. 2. Hrsg. von B. v. Wiese und Helmut Koopmann. Weimar 1963, S. 57.

[19] NA, Bd. 21, S. 59.

[20] Dazu, allerdings ohne Erwähnung des *Geisterseher,* August Langen, *Anschauungsformen in der deutschen Dichtung des 18. Jahrhunderts.* Rahmenschau und Rationalismus. Neudruck Darmstadt 1965, S. 45 ff.

[21] NA, Bd. 16, S. 130 f.

Fernsicht, Nahraum und Fernraum, begrenztem Vordergrund und weit offenem Hintergrund kehrt in den Szenenbildern des Dramatikers Schiller mehrfach wieder[22]; sie entsprach, unter Anregung durch die zeitgenössische Landschaftsmalerei, einer von ihm bevorzugten Bildvorstellung, wie sie auch in dem Aufsatz „An den Herausgeber der Propyläen" begegnet. Er bespricht da ebenfalls eine Abschiedsszene, ein Gemälde des Abschieds Hektors von Nahl:

„Der vorige Künstler hatte uns das trojanische Lager gezeigt und uns mit einem engen Raum umschränkt, indem er die Szene durch die Mauern von Troja begrenzte. Ein glücklicher Gedanke des gegenwärtigen hingegen war es, die griechischen Zelte und Schiffe in die Tiefe des Bildes zu setzen, aus dem wir dadurch gleichsam herausgetrieben werden. Er öffnet mit einem kühnen Griff seinen Schauplatz, und wir übersehen zugleich die Szene der Handlung und das Ziel der Flucht."[23]

Auch diese Abschiedsszene endet mit einer Flucht in die Weite des Meeres. Ebenso ist der Garten ein von dem Dramatiker Schiller bevorzugter Schauplatz. Das Fenster erhält ihm gegenüber die Funktion des Gemälde- und Bühnenrahmens; es verbirgt zugleich den Beobachter und legt seinen perspektivischen Beobachtungspunkt, seinen „Standort" fest; es konzentriert den Blick auf das ausgeschnittene Beobachtungsfeld und zieht zwischen dem Beobachter und dem, was sich ihm darbietet, eine Grenze, die Abstand bewirkt. Allerdings sorgt Schiller für eine Variation der Perspektive: das Bild läßt sich bis zu einer Art „Großaufnahme" verändern, wenn Civitella sich mit neugieriger Indiskretion des Tubus bedient, und der Abstand wird aufgehoben, wenn er sich, mit nicht geringerer Indiskretion, für kurze Augenblicke vom Zuschauer zum Akteur verwandelt und selbst die Bühne betritt. Doch nicht nur der stille, nach außen abgeschirmte Garten – der toposhafte Ort der verborgen-intimen Begegnung – kann als die Bühne bezeichnet werden, hinter der sich das Meer als Hinterbühne öffnet.

Zur Bühne wird auch die morgendliche Frühe als Raum und Augenblick eines majestätischen „Schauspiels", das den Nachtschwärmer Civitella wieder und wieder zu empfindsamem Genuß des Sonnenaufgangs an das Fenster zieht. „Eine purpurne Nacht liegt über der Tiefe, und ein goldner Rauch verkündigt sie von fern am Saum der Lagune. Erwartungsvoll ruhen Himmel und Meer." Dieser stumme, die Zeit gleichsam zum Stillstehen bringende Augenblick vor dem Ausbruch des Geschehens ist ein oft in Szene und Dialog eingesetztes Kunstmittel des Dramatikers Schiller. „Zwei Winke, so steht sie

[22] Zum Beispiel *Fiesko* I, 1; III, 2; V, 1. *Wallensteins Tod* V, 3. *Maria Stuart* III, 1. *Jungfrau von Orleans* III, 9; V, 1. *Braut von Messina* V. 981 ff. *Wilhelm Tell* I, 1; I, 3; II, 2; V, 1. *Demetrius* II, 2.

[23] NA, Bd. 22. *Vermischte Schriften.* Hrsg. von H. Meyer. Weimar 1958, S. 301.

da, ganz und vollkommen, und alle Welten brennen – es ist ein entzückendes Schauspiel." Der Naturvorgang stellt sich als eine grandiose optische Inszenierung dar, die nicht allein dem Pathos des Sonnenaufgangs gilt, vielmehr bald als Hintergrund dem Auftritt und der Erscheinung der schönen Unbekannten dient. „Die Sonne ist nun ganz aufgegangen... Welche himmlische Gestalt erblicke ich! War es das Spiel meiner Einbildung, war es die Magie der Beleuchtung? Ich glaubte ein überirdisches Wesen zu sehen, und mein Auge floh zurück, geschlagen von dem blendenden Licht." Eine ähnliche Illumination findet sich im *Geisterseher* schon an früherer Stelle, als der Prinz der gleichen Schönen zum erstenmal in der Kirche ansichtig wird. „Aber wo finde ich Worte, Ihnen das himmlisch schöne Angesicht zu beschreiben, wo eine Engelseele, wie auf ihrem Thronensitz, die ganze Fülle ihrer Reize ausbreitete? Die Abendsonne spielte darauf, und ihr luftiges Gold schien es mit einer künstlichen Glorie zu umgeben."[24] Hier, in dieser Szene, wird das Pathos der Lichtinszenierung zu Präludium und Spiegel der „Majestät" und „Anmut" der Schönen, deren Auftritt sich so unerwartet vollzieht wie der Wechsel von der purpurnen Nacht zum strahlenden Licht. Doch beläßt Schiller es nicht bei diesem optischen Effekt. Er inszeniert auch akustische Stimmungsreize hinzu. Der Beobachter am Fenster lauscht, während die von ihm entdeckten beiden Figuren sich bei noch alles verschleiernder Dämmerung in den Laubgängen des Gartens verlieren, den Melodien singender Gondolieri, die eine Stimme mehr in der Nähe, die andere wie ein Echo aus der Ferne antwortend. „Es waren Stanzen aus dem Tasso." Es bedarf hier nicht einer Aufzählung der bekannten Licht- und Musikeinsätze auf den Szenen des Dramatikers Schiller. Auch diese musikalische Kulisse enthält einen Bezug auf die „romantische Erscheinung" der unbekannten Frau. War sie doch im Sechsten Brief dem von solcher Schönheit geblendeten Prinzen eher als eine im Ariost und Tasso gedichtete Figur denn als eine leibhafte Bewohnerin einer venezianischen Insel erschienen.[25] Indem Schiller ihre Gestalt lediglich in dem faszinierenden Eindruck „malt", den sie auf diese beiden jungen Männer ausstrahlt, teilt er ihr eine idealische Erhöhung mit, hinter der sich, wer und wie sie wirklich ist, verbergen kann. Sie scheint sich in dem allegorisch-theatralischen Bezug ihres Erscheinens zu dem Aufgang der plötzlich erstrahlenden Sonne, in der Bezüglichkeit der zum Romantisch-Märchenhaften hinschwingenden melodischen Klangkulisse und endlich in der gesellschaftlichen Metaphorik von „Majestät" und „Adel" zu vergegenständlichen, die zusammen mit den ebenso rhetorisch allgemeinen Attributen „Anmut", „Geist", „blühende Jugend" ausreichen müssen, das Erschei-

[24] NA, Bd. 16, S. 130f.
[25] NA, Bd. 16, S. 137.

nungs- und Wesensbild zu kennzeichnen. Die idealische Licht- und Klangbühne wird für es zum adäquaten und potenzierenden Rahmen.

Der Dramatiker Schiller akzentuiert und steigert präzise die einzelnen Spannungsphasen des stummen Spiels, das sich dem mehr und mehr gefesselten Civitella darbietet. Man kann von zwei Kurzakten sprechen; symmetrisch steht dem ersten am Morgen der zweite, nach einigen unfreundlichen Tagen, die dazwischen liegen, am Abend gegenüber. Sie wieder sind in Kurzszenen gegliedert; der erste Akt zählt sieben, markiert durch Positions- und Personenwechsel, der zweite Akt, der nach der Flucht des Armeniers rascher dem Ende zueilt, drei Szenen bzw. Auftritte, wenn man die Aktion Civitellas auf der Gartenbühne einbezieht. Die beiden Unbekannten in dem ersten Kurzakt verschwinden wiederholt aus dem Blickfeld ihres Beobachters. Schiller vermeidet damit die Schwierigkeiten einer breit ausgemalten Pantomime. Der knappe Ausschnitt zu transitorischen Momentbildern ermöglicht die spannungshaltende Konzentration zu wesentlichen Augenblicken; die immer wieder eingelegten, retardierenden Unterbrechungen intensivieren das Rätselhafte des Vorgangs. Es erweist sich auch im kleinen Erzählgefüge, was Gerhard Storz als „kunstvolle, höchst bewundernswerte Gliederung" im ganzen *Geisterseher* gerühmt hat.[26] Wie nun läuft dies stumme Spiel ab?

Was Civitella „eines Morgens" entdeckt, sind, sonderbar genug in dem einsamen Garten auf der Insel Murano, zu nachmitternächtlicher Stunde, Menschenstimmen, zwei Menschen, die, im Dämmerlicht nur als „Mannsperson" und „Frauenzimmer" erkennbar, rasch wieder seinem Blick entschwinden. Diese simple Exposition, ausgestattet mit wenig Komparserie – die Gondel, der kleine Neger als gesellschaftliches Statussymbol – ist geeignet, die Erwartung ins banale Gleis zu schieben. Denn um was anderes kann es sich handeln als um ein in diesem Venedig übliches Rendezvous, einen heimlichen Liebesroman, wie ihn Civitella selbst schon oft durchgespielt hat? Schillers Kunstgriff liegt auf der Hand; er lenkt die Erwartung von Beobachter und Leser zunächst in die falsche Richtung, er akzentuiert durch deren Enttäuschung bzw. Korrektur das Ungewöhnlich-Rätselhafte dessen, was nun wirklich geschieht. Der sich selbst irreführende Marchese führt auch den Leser irre, und seine eigene Neugierde wird dessen Neugierde. Ihre Befriedigung erscheint als naheliegend: diese beiden Menschen wähnen, unbeobachtet mit sich allein zu sein, sie werden im Schutz des Gartens ihre Gefühle, ihr Verhältnis zueinander unverdeckt offenbaren, hier in der Natur jene Masken abtun, die Signale venezianischer Gesellschaftlichkeit sind. Doch auch bei ihrem zweiten Auftritt – „mittlerweile war der Tag angebrochen", er macht sie erkennbar in Gang und Wuchs, mit unterscheidbaren Stimmen – läßt sich

[26] G. Storz, S. 185.

wenig entnehmen. Im gleichen Augenblick, in dem die beiden Unbekannten sich deutlicher im Blickfeld ihres Beobachters abzeichnen, entziehen sie sich wieder. Ihr „Hand in Hand" ist immerhin das gestische Zeichen vertraulicher Nähe und Gemeinsamkeit. Typisch für Schillers dramaturgisches Verfahren ist der Auftritt zweier Personen im Gespräch[27], als typisch für seine Form der Personenbeschreibung kann auch die Aufmerksamkeit auf Wuchs und Gang gelten, die hier zunächst jedoch mehr etwas über die gesellschaftliche Zugehörigkeit der beiden Beobachteten als über ihr psychologisch Individuelles aussagt. Die Bewegung beider muß übernehmen, was im Drama der Dialog zu leisten hat: Situationen und Beziehungen anzudeuten, die zugleich aber im ungewissen belassen werden. So kurz dieser zweite Auftritt ist, er deutet von der Banalität des amourösen Rendezvous fort zu einem gewissen Ernst des Gesprächs, der beide gegenüber dem, was um sie herum geschieht, achtlos macht – selbst gegenüber der Pracht des Sonnenaufgangs, den sonst empfindungsvoll liebende Seelen – zumindest unter den Zeitgenossen Schillers – als Stimmungskulisse zu genießen pflegten. Das „Schauspiel" des Sonnenaufgangs, das der Erzähler so eng im folgenden mit der Erscheinung der schönen Dame verbindet, bleibt von ihnen unbeachtet.

Erst der dritte Auftritt nimmt mehr an erzählter Zeit und Erzählzeit ein. Denn im Licht der jetzt prachtvoll entfalteten Sonne, also im vollen Bühnenlicht, werden die beiden Menschen zur Gänze ihrem Zuschauer sichtbar, zumal dieser zu dem sie näher und größer heranführenden Tubus greift. „Die Sonne ist nun ganz aufgegangen, sie kommen dicht unter mir vor und sehen mir gerade entgegen." Man kann von einer gänzlichen en face Wendung auf der Vorderbühne sprechen. Die Geduld des Zuschauers – „und eine lange Zeit vergeht, ehe ich sie wieder erblicke" – macht sich bezahlt. Hatte in der Wartepause vor dem zweiten Auftritt der Gesang ihm die Zeit verkürzt, gleichsam als präludierende Zwischenszenenmusik – „Zeit und Ort stimmten harmonisch dazu, und die Melodie verklang lieblich in der allgemeinen Stille" –, so war es nun der optische Genuß des Sonnenaufgangs gewesen. Das Verweilen beider Unbekannten ermöglicht jetzt ihrem Beobachter, sie mit Muße zu beschreiben, was jedoch, bei aller Faszination durch die Schönheit der Frau – „ich kannte keine Schönheit vor diesem Augenblick" –, gegensätzlich zu dem, was man von dem Frauenheld Civitella erwartet, weniger ihr als ihrem Begleiter zugute kommt. Der Eindruck, den er in dem Marchese erregt, ist so mächtig, daß dieser Mann jetzt, wie eine Heldenfigur, den ganzen erzählten Bühnenraum ausfüllt. Die Beschreibung heftet sich vornehmlich an die Statur, an Stirn, Auge und Blick. Sie sind, wie der Wuchs, die Haltung und

[27] Zum Beispiel *Räuber* IV; *Fiesko* I und III; *Kabale und Liebe* III; *Don Carlos* I; *Piccolomini* I und V; *Maria Stuart* III u.a.m.

der Gang, die von Schiller immer wieder eingesetzten physiognomischen Signale, von ihm bevorzugte Ausdruckszeichen bei der Schilderung und Charakterisierung seiner Personen.[28] Vor allem bezeichnet das sprechende, beseelte Auge den inneren Vorgang, also das, was sich auf der Innenbühne der dargestellten Person abspielt. Das konkret Individuelle tritt zurück[29] – in unserem Text um so mehr, da die individualisierende Dialogsprache ausfällt und die Personen, um ihrer Verrätselung willen unbestimmt, gleichsam nur „Möglichkeiten" bleiben sollen. Wesentlicher ist hingegen die Verdeutlichung einer ihnen inneliegenden Geistigkeit und der Intensität der von ihnen ausstrahlenden Wirkung. Denn wenn die Gestalt des bald als der Armenier erkannten Mannes in der Beschreibung des Civitella superlativisch zur ‚Größe' stilisiert wird – „aber von keiner Menschenstirne strahlte mir noch so viel Geist, so viel Hohes, so viel Göttliches entgegen" –, wird nicht mit analytischem psychologischem Realismus der immerhin fragwürdige Charakter dieses Betrügers angezielt, mit Abzug jener fast beiläufigen Bemerkung, „etwas Irres in seinem Blick konnte einen Schwärmer vermuten lassen", sondern soll vergegenwärtigt werden, welche übermächtige Wirkung dieser Mann einsetzen und ausüben kann. Er ist darin eine durch und durch Schillersche Gestalt, Beweis der Größe im Verbrechen, der willenskräftigen Hoheit im Betrugsspiel, nicht nur ein „Scharlatan", wie man gesagt hat[30], sondern ein Mann, der mit fast magischer Gewalt Menschen in seinen Bann zwingen kann. Was der Marchese an ihm erkennt, nötigt allerdings zu allgemeinen, ja abstrakten Kennzeichnungen und zu Überhöhungen, die akzentuiert auf Gegensätzliches angelegt sind und so bereits das Antlitz zu einem Felde verwirrender dramatischer Widersprüchlichkeiten machen. Und insbesondere Auge und Blick werden zu Brennpunkten, in denen sich das Innere physiognomisch manifestiert. Man ist versucht, von einer Montage antinomischer Charakterzüge zu sprechen; dies deutet auf ein konstruktives Verfahren der Persongestaltung, das weniger von einer psychologischen Einheit, mehr von den Rollen und Funktionen der Figur ausgeht, die ihr im Zusammenhang des Romans zuerteilt werden. Mit anderen Worten: in der erzählten Figur steckt eine dramatische konzipierte Figur. Unter diesem Aspekt wird allerdings die Zeichnung der schönen ‚Griechin' fragwürdig. Denn wie Civitella sie schildert, entspricht sie jener Schönen, in der der Prinz das Modell des ihn faszinierenden Madonnabildes erkannte – als eine „himmlische Gestalt", als „ein überirdisches Wesen". Dies kann nicht nur als eine subjektive Täuschung, als

[28] Julius Petersen, *Schiller und die Bühne*. Ein Beitrag zur Literatur- und Theatergeschichte der klassischen Zeit. Palästra 32. Berlin 1904, S. 293 ff.; 388 ff.

[29] Dazu auch Heinrich Keller: *Schillers Prosa*. Diss. Zürich – Winterthur 1965, S. 50.

[30] H. Mayer, S. 159.

eine Irrung des Auges, „geschlagen von dem blendenden Licht", gemeint sein. Wie ließ sich dies „recht romantische Ideal von einer liebenswürdigen Schönheit" damit vereinen, daß „es – eine eingelernte Rolle ist, denn meine liebenswürdige Griechin ist eine abgefeimte Betrügerin".[31] Und erliegt der Baron von F... und mit ihm die Liebesleidenschaft des Prinzen einem Betrug, wenn er, kurz vor dem Fragmentabbruch, dem Grafen von O... schreibt: „Wie eine Heilige schied sie dahin, und ihre letzte sterbende Beredsamkeit erschöpfte sich, ihren Geliebten auf den Weg zu leiten, den sie zum Himmel wandelte." Die in dieser Szenenfolge geschilderte, anmutig-seelenvolle Schöne, die „fromme Schwärmerin" nach den Worten des Barons, die „abgefeimte Betrügerin" nach Schillers brieflicher Bestimmung – wie stimmen sie zusammen? Oder gehört sie in die Reihe jener Schillerschen Frauengestalten, die wehrlos als schöne Seelen zum Opfer der bösen Welt, zu Verlassenen und Märtyrerinnen werden – in die Reihe also der Amalia, Leonore, Elisabeth von Spanien, Thekla, Agnes Sorel und anderer mehr? Bereits Lotte von Lengefeldt und ihre Schwester Karoline bezweifelten die Möglichkeit, solche Gegensätze auf glaubhafte Weise zu vereinigen. Sie gaben eine erotische Täuschbarkeit des Prinzen zu, nicht aber solchen Widerspruch in der Gestalt der schönen ‚Griechin' selbst, nicht eine solche Irreführung des Publikums, wie Lotte schreibt, also der Leser des Romans.[32] Karoline greift tiefer: „Ich kann mir eine liebenswürdigere Schönheit nicht recht denken ohn' alle moralische Grazie. Mich dünkt, die schlimmen Falten des Innern müßten auch der äußeren Gestalt etwas Verschobenes geben, das mit der Liebenswürdigkeit streitet... In Miene, Ton, Bewegung und Wendung der Gedanken nimmt man Freiheit und Zwang wahr, und Zwang und Grazie sind wohl streitende Dinge! Imposant, blendend durch ungewöhnliche Regelmäßigkeit der Gesichtszüge und der Figur kann ich mir die Griechin wohl denken. Einschmeichelnd durch überlegene Gewandtheit des Geistes, aber liebenswürdig nicht, ohn' innre Wahrheit und Güte."[33] Schiller wich in seiner Antwort mit jenen im Zusammenhang mit dem *Geisterseher* wieder und wieder zitierten Sätzen aus, die die von den beiden Schwestern zu Recht geltend gemachten Einwände großzügig beiseite schieben und lange für die literarische Geltung des Romans verhängnisvoll wurden.

„Übrigens ist davon gar keine Frage, daß Sie nicht recht haben sollten – ein andres aber ist das Interesse einer *Farce*, wie der Geisterseher doch eigentlich nur ist, ein anderes das Interesse eines Romans oder einer Erzählung, wo man jedem Schritt, den der Dichter im menschlichen Herzen tut, ruhig und aufmerksam nachgeht. Der Leser des Gei-

[31] Schiller an Lotte 26.1.1789. In: *Schiller und Lotte*. Ein Briefwechsel. Hrsg. von A. von Gleichen-Rußwurm. Jena 1908, Bd. 1, S. 156f.

[32] Ebd., Bd. 1, S. 170.

[33] Ebd., Bd. 1, S. 173.

stersehers muß gleichsam einen stillschweigenden Vertrag mit dem Verfasser machen, wodurch der letztere sich anheischig macht, seine Imagination wunderbar in Bewegung zu setzen, der Leser aber wechselseitig verspricht, es in der Delikatesse und Wahrheit nicht so genau zu nehmen."[34]

Dies hieß, hinter den Anspruch zurückzufallen, zu dem sich der deutsche Roman seit Gellert und Wieland entwickelt hatte. Es hieß aber auch, mit den Personen im Roman so zu verfahren, wie es der junge Schiller in seinem Drama getan hat, bei dem der Akzent auf ihrer Aufladung mit dramatisch explosiver Widersprüchlichkeit, auf der Heftigkeit mitreißender Überwältigung des Zuschauers lag; nicht jedoch auf einer Einheit der Charaktergestaltung. G. Storz hat treffend von der „Diskontinuität der Figuren" beim jungen Schiller gesprochen. Die Imagination wunderbar in Bewegung zu setzen – dies war nicht das Ziel des Erzählers, das Schiller in der Einleitung zum *Verbrecher aus verlorener Ehre* programmiert hatte. Der Dramatiker kam hier im *Geisterseher* dem Erzähler in die Quere – vielleicht liegt auch darin ein Grund, daß der Roman zum Fragment verurteilt wurde.

In diesem Auftritt ist die Bühne zum „Gemälde" der Figuren geworden; sie sind aus dem Schatten ins volle Licht getreten, sie zeigen sich wie lebende Bilder. Die Neugierde scheint zunächst befriedigt zu sein; doch nur insoweit, als sich ihr sogleich eine noch größere Kette von Rätseln aufdrängt. Schiller läßt die Erzählung Civitellas für einen kurzen Augenblick, der aus der Beobachtungssituation des Marchese zu einer späteren Erzählsituation vor seinen Zuhörern zurückführt, unterbrechen. Er nimmt dem Leser die eigene Entdeckung, die Überraschung des Erkennens bzw. Wiedererkennens des Armeniers ab. Sie fügt Civitellas Abenteuer in den Zusammenhang der Geschichte des Prinzen ein. Zugleich spannt diese Unterbrechung als Retardation um so mehr dem Kommenden, dem Rätsel solcher Gemeinsamkeit zwischen dem geheimnisvollen Mann und dieser schönen Frau entgegen. Ein erster Abschluß in dem Gartengeschehen ist erreicht: der Identifizierung des Armeniers folgt jetzt der sich zwischen den beiden Figuren unvernehmbar vollziehende Vorgang. Der Marchese kehrt in seine Zuschauerposition zurück, die fragmentarisch ist, da er das Paar immer wieder aus den Augen verliert. Er weiß nur, was sie in den von ihm beobachtbaren Augenblicken ihm durch ihre Gruppierung und ihre Gestik anzeigen, die also nicht einen Dialog begleiten, sondern ihn gleichsam in sich enthalten müssen. Die bisher undeutlich zerstreuten Bruchstücke der von Schiller erzählten Pantomime fügen sich jetzt zu einem virtuos inszenierten ‚prägnanten Moment' zusammen. Es ist bekannt genug, was dieser in Schillers dramaturgischer Terminologie so wesentliche Formbegriff bedeutet; es geht um jene Geschehensverdichtung,

[34] Ebd., Bd. 1, S. 175.

die einerseits auf eine Vorgeschichte zurückweist und aus der sich andererseits das Kommende, sein Ende bereits antizipierend, entwickelt. Das Fließen des Geschehens erscheint gestaut, und alle Voraussetzungen für den Ablauf der Handlung sind zusammengeschlossen. Die stumme Szene an dem Bassin bildet derart die Gipfelsituation der erzählten Pantomime. Denn es setzt hier offenbar jener von Schiller nicht mehr erzählte, nur in seinen Resultaten flüchtig und unklar skizzierte Vorgang ein, an dessen Ende die Schöne wie eine Heilige stirbt und der Armenier die Macht über den Prinzen gewonnen hat. Wenn dem so ist, läßt sich die Formulierung des prägnanten Moments einsetzen, die sich in den Überlegungen zum Plan der *Prinzessin von Celle* findet. „Vor allen Dingen muß die Handlung prägnant und so beschaffen sein, daß die Erwartung in hohem Grade gespannt und bis ans Ende immer in Atem gehalten wird. Es muß eine aufbrechende Knospe sein, und alles, was geschieht, muß sich aus dem Gegebenen notwendig und ungezwungen entwickeln."[35]

Wie oft in Schillers Drama leitet eine Pause – „ich wartete lange, lange, sie wieder hervorkommen zu sehen, aber vergebens" – mit verstärkter Erwartungserregung die neue Szene ein. Sie wird weiterhin dadurch markiert, daß der Zuschauer seinen Standort wechselt und sich damit das Bühnenbild des Gartens etwas verändert. Es erhält zusätzliche Requisiten – das Bassin, die Delphinfontäne – derart das Gepräge eines lebenden Bildes, eines Gemäldes, in dessen Mittelpunkt sich die erstarrte Gruppierung des Paares befindet. Sie lockert sich erst durch die Gebärde der ihren Partner umarmenden Frau. Es bleibt ein stummes Spiel; doch nicht nur, weil der Beobachter den Dialog nicht wahrnehmen kann, sondern vor allem, weil dieser Dialog offensichtlich zu einem Abschluß gelangt ist. Das entscheidende Wort scheint ausgesprochen zu sein, und es gilt jetzt für beide, dessen Folgen auf sich zu nehmen. „Vor einem Bassin standen sie, in einer gewissen Entfernung von einander, beide in tiefes Schweigen verloren." Es läßt sich eine Bemerkung Schillers gegenüber F.L. Schröder anläßlich der Einstudierung des *Don Carlos* in Hamburg aus dem Jahr 1787 einfügen: „Ich schließe mit einer Bemerkung, die ich in den Gesetzen unsrer Seele gegründet und durch die Erfahrung bestätigt finde. Stücke, worin große, heftige Affekte spielen, endigen sich schöner – ruhig und stille als rasch und hinreißend."[36] Eine innere Anspannung macht beide wortlos und äußert sich nur im Gestischen. Civitella erkannte im vorangegangenen Auftritt „Leidenschaft" im Blick des Mannes;

[35] Lieselotte Blumenthal, *Schillers Dramenplan „Die Prinzessin von Zelle"*. Abhandlungen der Sächs. Akademie d. Wiss. zu Leipzig. Philolog. hist. Klasse, Bd. 56, Heft 2. Berlin 1963, S. 9. Vgl. dort auch zum ‚prägnanten Moment', S. 53.

[36] Schiller an F.L. Schröder, 4.7.1787. *Schillers Briefe.* Hrsg. von Fritz Jonas, Bd. 1, S. 349.

sie sieht jetzt, wie er ihrem offenen, seelenvollen Blick ausweicht, ihr Bild nur „verstohlen" im Spiegel des Wassers sucht. Entfernung und Bindung werden derart ineinander verschränkt. Von ihm scheint die Abwendung auszugehen, und er muß offenbar sie sich selbst aufzwingen. An die Stelle des deutlichen, situationsbestimmenden und -verändernden Wortes tritt eine Mehrbezüglichkeit des Gestischen, die einen Hinweis auf die mehrdeutige Situation dieser beiden Menschen zwischen Zusammengehörigkeit und Trennung einschließt. Es entspricht der szenisch-mimischen Usance des Dramatikers Schiller, daß er das stumme Spiel zunächst in den Blick legt und erst dann in die Gebärdung überführt.[37] Die stumme innere Spannung zwischen beiden, deren lange Dauer zweimal betont wird, gelangt zu einem Grenzpunkt, an dem „das schöne Geschöpf" sie nicht mehr „aushalten" kann. Ihre liebevolle Gebärde, welche dies schweigende Gegenüber zu einer innigen Vereinigung aufzulösen sucht, bewirkt eine neue bildhafte Gruppierung. Deutlich ist eine Stilisierung der gestischen Bewegung; sie setzt sich in der sich anschließenden Bewegung des Mannes fort, der wiederum vornehmlich die Aufmerksamkeit des Marchese anzieht. „Der Mann war es, was mich rührte." Die Pantomime führt jetzt vom Bewegungsbild zu einer mehr auf den inneren Vorgang in diesen beiden Menschen gerichteten Visualität. Das schöne Bild vertieft sich zu einem „rührenden" Auftritt.

Diderot, mit dessen erzählender Prosa, wie mit Romanen anderer französischer Schriftsteller, Schiller sich in den Jahren der Niederschrift des *Geisterseher* intensiv beschäftigt hatte und von dem er, wie Roland Mortier[38] und vor ihm bereits Edmond Eggli[39] nachgewiesen haben, „ein gut Teil seines Erzählhandwerks" gelernt hat, wies in seinem „Traité de la poésie dramatique", den Schiller wahrscheinlich gekannt haben wird[40], nachdrücklich auf den Zusammenhang von Pantomime und malerischer Komposition. Die Pantomime, als ein Gemälde der Bewegung, verknüpfte ihm das Drama mit dem Roman, wie er es vor allem an den „häuslichen" Romanen von Richardson exemplifizierte. Das Bild gewann für ihn noch mehr an Ausdruckswirkung als die Rede. „Ich sehe die Person; ich sehe sie, sie mag reden oder schweigen: und ihre Aktion rührt mich mehr als ihre Rede."[41] Der Roman hat gegenüber dem Drama den Vorzug, daß er die Gebärden, die Pantomime, bis tief ins nu-

[37] J. Petersen, S. 406.

[38] Roland Mortier, *Diderot in Deutschland 1750–1850*. Stuttgart 1967, S. 196; 389.

[39] Edmond Eggli, *Diderot et Schiller*. In: Revue de Littérature Comparée, Bd. 1, 1921, S. 68 ff.; S. 86 f. Gonthier Louis Fink, *Schiller et Jacques Le Fataliste* de Diderot. Institut M. Marache. Études Allemandes et Autrichiennes, Nice 1972, S. 231–253.

[40] E. Eggli, S. 113.

[41] Denis Diderot, *Ästhetische Schriften*. 2 Bde. Hrsg. von H. Bassenge. Berlin/Weimar 1967, Bd. 1, S. 319 ff.

ancierte Detail zu zeichnen vermag, daß in ihm Bewegungen und Eindrücke gemalt werden können, während sie der Dramatiker nur flüchtig mit einem Wort berührt. Da weiterhin die Pantomime nur bestimmte Bewegungen wahrnehmen läßt, fesselt, beeindruckt und wühlt sie mehr die Einbildungskraft auf als eine vollständig dargestellte Handlung. Diderot hatte, geradezu dieser Szene in Schillers *Geisterseher* vorgreifend, eine besondere Wirksamkeit der Pantomime darin gefunden, daß „sie in einem feinen Spiele besteht, das sich noch nicht erraten läßt".[42] Auf diesem von Diderot bestimmten Hintergrund muß das stumme Spiel in dem Roman gesehen werden. Mit großer Wahrscheinlichkeit kann zudem die Bildvorstellung bezeichnet werden, die bei der Gruppierung der schönen ‚Griechin' mit dem Armenier als Vorbild Schiller vorgeschwebt hat. Es handelt sich um jene Beschreibung eines Bildes von Angelika Kauffmann, Hektors Abschied darstellend, die er in den *Briefen, im Jahre 1786 auf einer Reise im Gefolge des Königs von Dänemark geschrieben,* von Helfrich Peter Sturz, im Vierten Brief, London, 15. Sept. 1768[43], gefunden hatte und die sich bereits in dem bekannten Lied in den *Räubern* auswirkte.[44] In dieser Abschiedsszene war wie in einem Modell der prägnante Moment, der Augenblick der noch offen auf der Waage schwebenden Entscheidung, ein Augenblick der Ungewißheit, wie die Würfel fallen werden, also ein eminent dramatischer Augenblick vorgezeichnet. Seine bildhafte Darstellung muß sich Schiller so eingeprägt haben, daß sich die Reminiszenzen an deren Wiedergabe durch Sturz bis ins Wörtliche wiederfinden lassen. Andromache bei Sturz: „,... forschet furchtsam, mitleidfordernd, mit dem trüben keuschen Auge – ob sie nicht ahnden darf – daß er sich erbarme." Bei Schiller die ‚Griechin': „Ihr offnes seelenvolles Auge ruhte forschend auf ihm und schien jeden aufkeimenden Gedanken von seiner Stirne zu nehmen." Und kurz darauf Sturz: „,... nach dem gebeugten Weibe, welches hinschmachtet auf seine Schulter, ihren rechten Arm um seinen Nacken schlingt, und die andere bebende Hand dem Gatten überläßt ...", daneben Schiller: „Mit der liebenswürdigsten Holdseligkeit ging das schöne Geschöpf auf ihn zu, faßte, den Arm um seinen Nacken flechtend, eine seiner Hände und führte sie zum Munde." Die Bildparallele ist offensichtlich, zugleich aber auch ein sprachlicher Unterschied. Sturz interpretiert,

[42] Ebd., Bd. 1, S. 318.

[43] Helfrich Peter Sturz, *Schriften. Erste Sammlung.* Leipzig 1786. Neue Verb. Auflage, S. 165ff. Sturz fährt fort: „,... für den Betrachter ist der gerührte Hektor nicht ganz entschlossen: wird er bleiben? oder reißt er sich los? Diese Ungewißheit erschüttert die Seele, und ist der Grundsatz aller Malerei für das Herz – Lessing hat ihn im Laokoon scharfsinnig ausgeführt."

[44] R. Ballof, *Zu Schillers Gedicht „Hektors Abschied".* In: Euphorion, Bd. 21, 1914, S. 298; neuerdings Dieter Borchmeyer, *„Hektors Abschied".* Schillers Aneignung einer homerischen Szene. Jahrbuch d. Dt. Schillergesellschaft 16, 1972, S. 277ff.

was er gesehen hat, in Stil und Ton der Empfindsamkeit – Schiller verfährt mehr deskriptiv, auf die Harmonie des „schönen" Bildes bedacht, er schaltet das Pathos der Empfindsamkeit aus – eine Folge seiner Bildung des Erzählers an dem französischen Roman und vor allem an Diderot. Aber noch ein anderer Grund mag diese Veränderung mitbestimmt haben.

Der Dramatiker Schiller hatte, wie vorbereitend bereits Lessing, wie die Dramatiker des Sturm und Drang, in seinen Jugenddramen dem Pantomimischen einen breiten Spielraum gegönnt. Es ging mitunter aus der Spielanweisung in das Erzählerische, in eine Innencharakteristik der Aktion oder der agierenden Figuren über.[45] Des jungen Schillers Leidenschaftspantomimik steigerte die expressiven Funktionen des Gestischen und Mimischen in einem höchst bewegten Spielstil; er vergegenwärtigte bildsinnlich die Dynamik und die Explosionen der Affekte durch eine heftige körperliche Beredsamkeit.[46] Damit verband sich, allgemein im Drama des Sturm und Drang[47] und angeregt durch Diderot, eine Analogie von Szenenbild und malerischer Komposition, der Anstoß zum „Tableau"[48] in hervorgehobenen Momenten der Spannung und der Rührung. Ging es in der Akzentuierung des Mimisch-Gestischen um die mitreißende Ausgestaltung der Affekte und psychischen Zustände der agierenden Figuren – im Tableau ging es um bildhafte Vergegenwärtigungen von Situationen, die sich, für einen Augenblick gleichsam verselbständigt, aus dem dramatischen Vorgang herauslösten und die Aktion stillstehen ließen. Dies bestimmte die Placierung im dramatischen Ablauf: vornehmlich als ein Ruhepunkt zwischen zwei Bewegungen, der zugleich zurück- und vorausweist. Darum geht es hier in dieser Szene: die Umarmung der schönen Frau, ihr Handkuß wollen noch etwas aufhalten, was gleichwohl bereits als entschieden erscheint. Ihre Gebärde gestaltet sich als ein beseelt-harmonisch schönes Bild. Es soll zu Auge, Empfindung und Einbildungskraft sprechen. Anders das Verhalten des Mannes; in seiner Erscheinung drückt sich die dramatische Angespanntheit eines Widerspruchs aus. Wir müssen Civitellas Worte wiederholen: „Der Mann war es, was mich rührte." Rührung – dies meint in der dramaturgischen Sprache Schillers, mitleidende Affekte zu erwecken. Wenn also die Tragödie als die „poetische Nachahmung einer mitleidenswürdigen Handlung" definiert wird[49], so wird hier der Ar-

[45] Vgl. Jacob Steiner, *Die Bühnenanweisung*. Göttingen 1969, S. 27 ff.

[46] Dazu Gert Ueding, *Schillers Rhetorik*. Idealistische Wirkungsästhetik und rhetorische Tradition. Studien zur deutschen Literatur. Bd. 27, Tübingen 1971, S. 146.

[47] Vgl. Peter Küp, *Bühnenanweisungen im Drama des Sturm und Drang*. Ein Beitrag zur speziellen Dramaturgie und Theatergeschichte. Diss. (masch.) München 1956.

[48] August Langen, *Attitude und Tableau in der Goethezeit*. In: Jahrbuch d. Dt. Schillergesellschaft 12, 1968, S. 194 ff.; J. Petersen, S. 230 ff.

[49] *Über die tragische Kunst*. NA, Bd. 20, S. 166.

menier zur tragischen Figur, zum tragischen Helden. Er muß es, als ein Entscheidender und zugleich offensichtlich unter dieser Entscheidung selbst Leidender, in der Situation der Abschiedsszene werden, die für den Dramatiker Schiller eine der tragischen Fundamentalsituationen gewesen ist.[50] Die Haltung dieses Mannes in kalter Gelassenheit gegenüber der Liebesgebärde der Schönen kontrastiert auffällig genug zu der „Leidenschaft" seines Blicks, von der Civitella eben gesprochen hatte. Ihm fällt, als der dramatischen Mittelpunktsfigur, der „Kampf", der „heftige Affekt" in dem stummen Spiel zu. Mißt man, wie Schiller diesen inneren Vorgang in dem Armenier hier ausgestaltet, an seinem Verfahren in den Jugenddramen, wird eine Veränderung erkennbar, die – vielleicht zugespitzt formuliert – von der expressiven Affektdarstellung im Sturm und Drang zugleich zurück- und vorausführt zu Winckelmanns Schönheitslehre. Was der junge Schiller mit Winckelmanns Augen und in Kenntnis der Schrift von Lessing am Laokoon ablas, wie sehr nämlich der Ausdruck des Affekts gemildert werde und der Geist des Leidenden den körperlichen Schmerz zu überwinden trachte, scheint ähnlich in dieser Szene wiederzukehren.[51] „Ein heftiger Affekt schien in seiner Brust zu arbeiten, eine unwiderstehliche Gewalt ihn zu ihr hinzuziehen, ein verborgener Arm ihn zurückzureißen. Still, aber schmerzhaft war dieser Kampf, und die Gefahr so schön an seiner Seite."[52] Es ist gewiß ein Gebot der erzählenden Form, das, zum schönen und rührenden Bild konzentrierend, den bewegten mimisch-gestischen Stil des jungen Dramatikers zurückdrängt. Doch läßt sich diese Veränderung ebenso unter dem Aspekt einer Wandlung seiner Kunstauffassung während der Jahre der Abfassung des Romans verstehen, zumal die Ausgestaltung dieser Szene erst in den Anfang des Jahres 1789 fällt. Findet man in ihr schon Spuren der Entwicklung Schillers, die an dem Unterschied zwischen der ersten und der zweiten Fassung des *Don Carlos* deutlich wird? Die Leidenschaftspantomimik, die sich in der ersten Fassung analog den anderen Jugenddramen zeigt, ist in der zweiten Fassung, die 1787 gedruckt wurde, gemildert. Nahm die Zahl der Bühnenanweisungen von den *Räubern* bis zu *Kabale und Liebe* beständig zu, vom *Don Carlos* an bis zur *Braut von Messina* läßt sich eine beträchtliche Abnahme verzeichnen.[53] Dies bedeutet nicht, daß Schiller auf eine gestisch-mimische Ausstattung seiner dramatischen Szenen verzichtete; Julius Petersen hat nachgewiesen, daß in

[50] Zum Typus der Gartenszene sei hier nachgetragen: *Räuber* III, 1; IV, 4. *Don Carlos* I, 1/2; 3/9. *Maria Stuart* III, 1. *Braut von Messina* v. 981 ff. und v. 1706 ff. *Der versöhnte Menschenfeind* I, 1; I, 7.

[51] Oskar Walzel, *Schiller und die bildende Kunst.* In: *Vom Geistesleben alter und neuer Zeit.* Leipzig 1922, S. 316 ff.

[52] *Brief eines reisenden Dänen.* NA, Bd. 20, S. 103.

[53] J. Petersen, S. 326.

den Bühnenfassungen sich die szenisch-pantomimischen Anweisungen mehr erhalten haben als in den Druckfassungen, die zur stillen Lektüre bestimmt waren und in denen der Versfluß durch solche Unterbrechungen gestört worden wäre. Zur stillen Lektüre war natürlich auch der Roman bestimmt: so treffen hier denn verschiedene Tendenzen zusammen: einerseits die Einbettung der Pantomime in den Erzählduktus, weiterhin eine Tendenz zur Dämpfung des Expressiv-Dynamischen unter dem Einfluß jener Hinwendung zum klassizistischen Stil, die der zweiten Fassung des *Don Carlos* mehr Zurückhaltung einlegte, endlich die Bemühung um das schöne Bild, das nicht durch eine starke Darstellung der Affekte aufgerissen werden durfte. Das veräußerlicht Mimisch-Gestische, das die Bühne forderte, wird hier, im Erzählen, durch eine Verinnerlichung abgelöst, die der Stille entspricht, in welche diese beiden Menschen eingebettet sind. Die erzählte Pantomime führt die dramatische Szene in den Roman über; sie führt zugleich aber den Roman zu dramatischer Szenenwirkung, die das, was der Erzähler von den Innenvorgängen der dargestellten Personen wissen müßte, nur optisch entziffern läßt. Der Stille entspricht die Rührung, von der sich Civitella angesichts dieses Auftritts und des Mannes bewegt fühlt. Gelassenheit ist dessen Gestus, aber der Ausdruck eines starken inneren Kampfes läßt sich nicht verbergen. Es schien – die Wiederholung sei erlaubt – „eine unwiderstehliche Gewalt ihn zu ihr hinzuziehen, ein verborgener Arm ihn zurückzureißen". Der Widerspruch zwischen einer Neigung und einer Notwendigkeit, die ihn zurückzwingt, geht mitten durch ihn hindurch – die tragische Grundsituation Schillers zeichnet sich ab; und mit ihr zugleich die Möglichkeit ihrer Überwindung. Es dürfte schwerlich eine Übertreibung sein, wenn wir hier die beiden von Schiller aufgestellten „Fundamentalgesetze aller tragischen Kunst" zu erkennen vermeinen: die „lebhafte Vorstellung des *Leidens*, um den mitleidenden Affekt in der gehörigen Stärke zu erregen" und „eine Vorstellung des Widerstandes gegen das Leiden, um die innere Gemütsfreiheit ins Bewußtsein zu rufen". Neben die „Darstellung der leidenden Natur" tritt die „Darstellung der moralischen Selbständigkeit im Leiden".[54]

Es drängt sich auf, Schillers Traktat *Über Anmut und Würde* ins Spiel zu bringen, der, zwar erst vier Jahre später beendet, Bezüge zu dieser Szenenfolge nicht verkennen läßt. Der Traktat bestätigt in Fülle seines Autors blickscharfes Interesse an der Sprache des Physiognomisch-Gestischen; er bestätigt, daß er in ihr ein wesentliches Mittel sinnlicher Vergegenwärtigung menschlicher Typen und Charaktere und der Analyse ihrer inneren Zuständlichkeit ausgebildet hat. Das Gewicht verlagert sich von der Sprache zum Mimischen. „Indem eine Person spricht, sehen wir zugleich ihre Blicke, ihre Ge-

[54] *Vom Erhabenen.* NA, Bd. 20, S. 195.

sichtszüge, ihre Hände, ja oft den ganzen Körper *mitsprechen*, und der *mimische* Teil der Unterhaltung wird nicht selten für den beredsten geachtet."[55] Ja, Schiller schiebt überhaupt eine Aussageverbindlichkeit des Dialogs beiseite und rechtfertigt damit den Verzicht auf ihn zugunsten des stummen Spiels. Denn die Sprache, „das konventionelle Sprachzeichen", Ausdruck des Gedankens, bleibt als „Darstellung des Geistes" nur in dem Bereich der „willkürlichen" Äußerungen des Menschen, die mit der „*Materie des Willens* (den Zweck)" zu tun haben.[56] Die Sprache wird derart zur Selbstdarstellung in willkürlich gewählten Rollen. Wenn wir unseren Text aus dem *Geisterseher* und die Ausführungen in *Anmut und Würde* aufeinander beziehen, so ist hier, in der von beiden Partnern unbeobachtet geglaubten Gartenszene, eine Wirklichkeit und Wahrhaftigkeit jenseits der Rollen, eine Wirklichkeit ihrer „*Form des Willens* (die Gesinnung)" erreicht. Diese beiden Menschen werden sich, vermeinend, in ihrem Geheimnis gegen Zuschauer abgeschirmt zu sein, als das darstellen, was sie wirklich in ihren Gesinnungen sind. „Daher wird man aus den Reden eines Menschen zwar abnehmen können, für *was er will gehalten sein,* aber das, was er wirklich ist, muß man aus dem mimischen Vortrag seiner Worte und aus seinen Gebärden, also Bewegungen, *die er nicht will,* zu erraten suchen."[57] Zwar räumt Schiller ein: „Nun mag zwar ein Mensch durch Kunst und Studium es zuletzt wirklich dahin bringen, daß er auch die begleitenden Bewegungen seinem Willen unterwirft und gleich einem geschickten Taschenspieler, welche Gestalt er will, auf den mimischen Spiegel seiner Seele fallen lassen kann. Aber an einem solchen Menschen ist dann auch alles Lüge, und alle Natur wird von der Kunst verschlungen."[58] Nichts spricht dafür, daß in der intimen Begegnung – ich erinnere an die Geste der engen, vertrauensvollen Zusammengehörigkeit in dem von Civitella bemerkten „Hand in Hand" – des Armeniers und der ‚Griechin' solche Situation angelegt ist. Es gibt keinen Grund für den Verdacht, daß beide voreinander in künstlich-willkürlicher Gebärdung betrügerische Rollen spielen. Was sich hier darstellt, erscheint vielmehr als eine geradezu modellhafte Paarung von Anmut und Würde, wie sie Schillers Traktat analysiert hat. Es treffen für beide die Attribute und Qualitäten zu, die er diesen beiden vornehmlich „sprechenden" Erscheinungsformen des Menschen, als dem „Ausdruck ihrer Seele", zugeschrieben hat. „Sprechend im *engern* Sinn ist nur die menschliche Bildung, und dies auch nur in denjenigen ihrer Erscheinungen, die seinen moralischen Empfindungszustand begleiten und demselben zum Aus-

[55] *Über Anmuth und Würde.* NA, Bd. 20, S. 266.
[56] Ebd., S. 268.
[57] Ebd., S. 268.
[58] Ebd., S. 269.

druck dienen."[59] In ihren Gebärden, ihrer „Schönheit der Bewegung", zeigt die ‚Griechin' die Merkmale der Anmut, der „schönen Seele". „Alle Bewegungen, die von ihr ausgehen, werden leicht, sanft und dennoch belebt sein. Heiter und frei wird das Auge strahlen, und Empfindung wird in demselben glänzen ... Keine Spannung wird in den Mienen, kein Zwang in den willkürlichen Bewegungen zu bemerken sein."[60] Man ist versucht, die Skala der Faszination Civitellas vom ersten Anblick der Schönen bis zu seinem ersten Versuch, ihr näher zu gelangen, in Schillers Satz wiederzufinden: „Die architektonische Schönheit kann Wohlgefallen, kann Bewunderung, kann Erstaunen erregen, aber nur die Anmut wird hinreißen." Ähnlich wie die zitierte Beschreibung spricht unser Text von dem offnen seelenvollen Auge der ‚Griechin'. Wie also Schiller die liebende weibliche Anmut schildert und von der männlichen Würde abhebt, läßt sich auf das sich Civitella darbietende Bild dieser beiden Menschen übertragen. Beide befinden sich in der schmerzhaften Situation eines Abschieds, so wenig auch über seine Gründe und Folgen erratbar wird. Die stoffliche Spannung wird in dieser Szenenfolge verdrängt; es geht in ihr vielmehr um eine innere, poetische Grundsituation, um die ästhetische Darstellung von Menschen in einem einfachen, aber viel enthaltenden und somit prägnanten Moment. „Was in einem weiblichen Gesicht noch schöne Empfindsamkeit ist, würde in einem männlichen schon Leiden ausdrücken."[61] So ist es hier. Den heftigen Affekt, dies Leiden liest der Beobachter im Antlitz des Armeniers; er ist offenbar in einem Zustand, der „keine Zusammenstimmung zwischen Neigung und Pflicht, zwischen Vernunft und Sinnlichkeit" möglich macht[62], er muß diesen Konflikt durch Willen und Vernunft bewältigen, und er erreicht so, was Schiller der „Würde" als moralischer Größe, als Erhabenheit der Seele, als Heroisches zugeschrieben hat. Wie Civitella, selbst kaum zum Verständnis eines solchen Kampfes fähig und deshalb dessen Erliegen zugunsten der schönen Gefahr vorauserwartend, diesen Mann sieht, läßt sich durchaus, in der Umwendung, auf Schillers Satz beziehen: „Beherrschung der Triebe durch die moralische Kraft ist *Geistesfreiheit*, und *Würde* heißt ihr Ausdruck in der Erscheinung."[63] Im Spiegel der falschen Erwartung des Marchese akzentuiert sich noch das Ungewöhnliche solcher Erscheinung, die ihr eingelegte Größe. Sie wird dadurch bestätigt, wie der Armenier seinen inneren Kampf austrägt: „still, aber schmerzhaft war dieser Kampf." Auch dies weist ihm die Personifikation der Würde zu.

[59] Ebd., S. 272.
[60] Ebd., S. 288.
[61] Ebd., S. 288.
[62] Ebd., S. 293.
[63] Ebd., S. 294.

„Da aber Züge der Ruhe unter die Züge des Schmerzes gemischt sind, einerlei Ursache aber nicht entgegengesetzte Wirkungen haben kann, so beweist dieser Widerspruch der Züge das Dasein und den Einfluß einer Kraft, die von dem Leiden unabhängig und den Eindrücken überlegen ist, unter denen wir das Sinnliche erliegen sehen. Und auf diese Art nun wird die *Ruhe* im *Leiden*, als worin die Würde eigentlich besteht ... Darstellung der Intelligenz im Menschen und Ausdruck seiner moralischen Freiheit."[64]

Wir kommen auf eine schon aufgeworfene Frage zurück. Wie läßt sich solche Darstellung der schönen ‚Griechin' und des Armeniers in unserer Szenenfolge mit den Rollen und Funktionen vereinigen, die beiden in dem Roman zugeschrieben werden? Hat Schiller, als er sie schrieb, deren Einbettung, also Integration in die Gesamtkomposition aus den Augen verloren, nur in den Eigenreiz dieser Darstellung vertieft? Wie soll sich das Bild der Anmut mit dem Charakter der „abgefeimten Betrügerin" verbinden lassen? Die Schwestern Lengefeldt hatten mit ihrem Einwand, die Anmut sei untrennbar von moralischer Grazie, richtig getroffen, und sie hatten bereits einen Kernsatz von Schillers Traktat vorausgenommen: „die Anmut der Ausdruck einer schönen Seele".[65] Das Fragment verweigert die Aufhellung dieser Unstimmigkeit. Hingegen bietet der Traktat selbst die Möglichkeit einer Auflösung des in den Armenier scheinbar gelegten Widerspruchs an, die nochmals daran erinnert, daß in Schillers Menschenbild Größe und Verbrechen einander nicht ausschließen, sie vielmehr eng zusammenhängen. „Die Würde bezieht sich auf die *Form* und nicht auf den *Inhalt* des Affekts, daher es geschehen kann, daß oft dem Inhalt nach lobenswürdige Affekte, wenn der Mensch sich ihnen blindlings überläßt, aus Mangel der Würde ins Gemeine und Niedrige fallen; daß hingegen nicht selten verwerfliche Affekte sich sogar dem Erhabenen nähern, sobald sie nur in ihrer Form Herrschaft des Geistes über seine Empfindungen zeigen."[66]

Die Klimax der Szenenfolge ist erreicht; was folgt, ist nur der Vollzug der in ihr gefallenen Entscheidung: mit beschleunigtem Ablauf zum vorläufigen Ende hin. Die Erwartung des nur an die sinnlichen Triebe und ihre Macht glaubenden Civitella, jetzt endlich, nachdem der kleine Neger abgetreten ist, den er so wie der Leser längst aus den Augen verloren hatte, werde sich ein amourös-empfindsames Reue- und Verzeihungs-Abbitteritual vollziehen, ist fehlgegangen. Die Diskretion des völligen Miteinander-Alleinseins bezieht sich nicht auf die erotische Vereinigung, sondern auf die Besiegelung des Abschieds, dessen Signal die Übergabe des geheimnisvollen Pakets ist. Die

[64] Ebd., S. 296.
[65] Ebd., S. 289.
[66] Ebd., S. 296.

Schöne hat vergeblich um den Mann geworben: „Trauer überzieht ihr Gesicht, da sie es ansieht, und eine Träne schimmert in ihrem Auge." Das jetzt folgende stumme Spiel, wiederum durch ein retardierendes und vorwärtsspannendes kurzes Stillschweigen eingeleitet, verkürzt sich in rasch wechselnden Auftritten. Sie werden markiert durch das Auftreten der bejahrten Dame, die jetzt die ‚Griechin' von ihrem Partner trennt, und durch das Verschwinden des Armeniers, dem die Pantomime seines inneren Kampfes zwischen Bindung und Trennung vorangeht: „steht er und geht und steht wieder". Bis die jähe Flucht diese zögernde Ungewißheit beendet, in pfeilschneller Gondelfahrt auf der Hinterbühne des weiten Meeres. Dies rätselhafte, plötzliche Sich-Entziehen, Verschwinden – der Prinz hatte es in seinen Begegnungen mit dem Armenier schon mehrfach erlebt. Die ‚Griechin' hatte offenbar noch immer nicht an so jähe Trennung geglaubt; so wird möglich, dem Abschluß des ersten Kurzaktes eine Steigerung der mimischen und derart dokumentierten inneren Bewegung einzulegen. Der Beobachter erhält für einen kurzen Augenblick eine orientierte Überlegenheit über die vergeblich suchende Frau, mit der er sich gleichsam identifiziert hat – „Sie schien zu ahnden, was ich wußte". Solche Überlegenheit gönnt oft auch Schillers Bühne dem Zuschauer; zugleich handelt es sich um einen Kunstgriff, um aus dem stummen Spiel zu seinem Erzähler zurückzuführen, zu dessen Erzählsituation. Der Vorgang scheint mit dem bis zum letzten Augenblick hingehaltenen Stichwort – „Es war eine Abschiedsszene" – seine Aufklärung und seinen Abschluß gefunden zu haben; er scheint ins Verständliche eingeordnet zu sein, und er entläßt dennoch nur zu neuer Verrätselung, zu neuem Spannungseinsatz. Dem Erzähler verwirren sich, nachdem die Bühne leer wurde und der Vorgang nur noch Erinnerung ist, da das Verständliche doch ganz ins Ungewöhnliche eingehüllt bleibt und sich mit seinen gesellschaftlich-erotischen Normerwartungen nicht übereinstimmen läßt, Wirklichkeit und Traum, Beobachtung und Phantasie. Er wiederholt damit, worauf der ganze Roman im bisherigen Verlauf angelegt war: Sein und Schein gehen ineinander über, Rolle, Maske, Täuschung einerseits, Wirklichkeit und Wahrheit andererseits werden austauschbar, beider Grenzen sind unentwirrbar geworden. Wie in dem ganzen Roman sich die Wirklichkeit immer wieder in das Phantastische verändert, so auch hier; und umgekehrt bestätigt die Wirklichkeit wiederum, was nur als eine „Komposition" der Phantasie, des Traums erscheinen möchte. Galt die erste kurze Unterbrechung der Erzählung Civitellas durch den Begleiter des Prinzen, der, wie so mancher vorwitzige Leser, „alles heraussagen muß, was er denkt", zu ungeduldig, die Lüftung des Geheimnisses abzuwarten, der partiellen Erhellung des Vorgangs – diese zweite Unterbrechung durch den Erzähler hat die Funktion zum Leser hin, den Eindruck des Ungewöhnlichen noch zu potenzieren, die Spannung, die mit dem

Stichwort „Abschiedsszene" befriedigt erscheint, von neuem aufzuladen.

Nach der Pause einiger unfreundlicher Tage setzt auf der gleichen Bühne das stumme Spiel von neuem ein – jetzt als eine Solopantomime der schönen Frau, begleitet von der Statisterie, die schon bekannt ist und zu der sich noch der Karmelitermönch in kurzem Auftritt gesellt. Es scheint sich für die Schöne um eine empfindsame Wiederkehr zu handeln; der Garten ist für sie zum beseelten Raum geworden, zum Ort einer vielleicht verlorenen Liebe, und das Bassin wird zum Denkmal, in dem „das geliebte Bild" gesucht wird. Wiederum wird das Auge zum sprechenden Zeichen, ebenso die Gruppierung, die sie als Hauptfigur von ihrer Begleitung isoliert. „Sie selbst aber ging in sich gekehrt und seitwärts." Aber Civitella sieht sie jetzt aus einer anderen Perspektive: nicht mehr in jener idealischen Vergeistigung, die sie zu einer „romantischen Erscheinung" machte, sondern mehr körperlich, als einen erotischen Reiz – „nichts mehr als das schönste aller Weiber, das meine Sinne in Glut setzt". Er holt sie gleichsam in die Wirklichkeit der Menschen zurück, zwischen denen der Roman spielt. Bereits im ersten Teil der Erzählung fällt ein flüchtiger Übergang vom epischen Präteritum in die präsentische Verbverwendung auf – insbesondere, wo ein szenischer Auftritt einsetzt: der Aufgang der Sonne, die Entdeckung der Menschenstimmen im Garten, beim mehrfachen Auftritt der beiden Unbekannten. Aber ohne erkennbaren Grund kehrt der Erzähltext zum epischen Präteritum oft zurück. Man sträubt sich, darin nur eine zeitübliche Nachlässigkeit Schillers zu sehen; wahrscheinlicher ist, daß er derart darauf zielte, Vergegenwärtigung und Distanzierung, Szene und Bericht, also Drama und Roman ineinanderzufügen. Der Tempuswechsel wird im zweiten Teil unserer Szenenfolge noch auffälliger als im ersten.

Das Tempo der jetzt rasch vorüberlaufenden Bildszenen wird durch die retardierenden Unterbrechungen pointiert, besonders in der durch unliebsamen Besuch Civitella aufgenötigten Beobachtungspause, die zeigt, wie er, was ihm sein Guckkastenausschnitt zu sehen erlaubt, wie einen privaten Besitz hütet. Der „Roman" mit dem Armenier scheint abgeschlossen zu sein; ein neuer „Roman", durch Civitella geplant, scheint sich einzuleiten. Eben noch war er versucht, der Schönen den Fluchtweg dieses Mannes mitleidig zu verraten; jetzt ist er bereits seinerseits zu erotischem Besitzanspruch entschieden. Er lenkt in die Bahn ein, die, wenn man die flüchtigen Schlußworte des Romanfragments richtig deutet, ihn zum Zweikampf mit dem Prinzen, zu einer fast tödlichen Verwundung und den Prinzen ins Kloster führen wird. Schiller schaltet fast simultan mit dieser Absicht des Marchese die Übergabe des Briefes durch den Mönch. Die Reaktion der Unbekannten verrät, daß er von niemand als ihrem entschwundenen Partner sein kann, beider gegenseitige Bindung also noch nicht gelöst ist. Die sich neu ankündigende Phase des stummen Spiels – der Brief, der durch Überbringer und Inhalt neue Rätsel aufgibt, neue Verwicklungen einleitet, zumal er den Gartenbesuch in eine bisher unbekannte Beziehung zu dem nahen Kloster bringt – bricht rasch ab; es bleibt bei transitorischen Momentbildern, bei isolierten Spannungspunkten des Vorgangs, die, weil ihr Zusammenhang undurchschaubar ist, um so kräftiger auf den Beobachter wie auf den Leser wirken. Wieder und wieder wird er dem Wechselbad von Enttäuschung und Spannungserregung ausgesetzt. Das Erzählte zersplittert sich in dramatisierten Bildsituationen. Civitellas Neugier ist so erregt, daß er – wozu es auch wohl den Leser gelüsten würde – seine Rolle wechselt, zum detektivischen Mitakteur wird, der, indem er mit gewagter Tat sich des Briefes bemächtigt, unzweifelhaft läßt, daß er sich der Schönen bemächtigen will. Er ist ein glücklicher Detektiv; zu den Intrigenkünsten des venezianischen Weltmanns gehört die Kunst des Dechiffrierens. Der Streich gelingt. In der Freude der zurückgekehrt ängstlich Suchenden, die den Brief unberührt vermeint, zeichnet sich dessen Wichtigkeit für sie und indirekt der Gewinn ab, den Civitella durch seinen Raub geerntet hat. Denn sie, so muß es dem Leser erscheinen, ist jetzt ihres Geheimnisses beraubt, und die Heimlichkeit des Gartens hat getrogen. Ironisch endet des Marchese Beschreibung des letzten Auftritts der Schönen: „Sie ging, und ein zurückfallender Blick ihres Auges nahm einen dankbaren Abschied von den Schutzgöttern des Gartens, die das Geheimnis ihres Herzens so treu gehütet hatten." Zwar wäre zu hoch gegriffen, hier von „tragischer Ironie" zu sprechen. Der Garten hat getrogen, dies Geheimnis, handle es sich nun um eine Liebesverstrickung zwischen ihr und dem Armenier oder was sonst auch immer, ist in dem Besitz einer wenig zuverlässigen Hand. Aber es bleibt dem Leser vorenthalten; mit provokativer Knappheit bricht der Baron von F... seinen Brief an den Grafen ab, als handle es sich um irgendeine gleichgültige Geschichte, nicht aber um etwas, was für das Geschick des Prinzen, um das dieser Briefwechsel mit großer Sorge kreist, bedeutsam sein kann. Auch die Ahnungslosigkeit dieses Korrespondenten muß, in die scheinbar arglose Erzählung des Marchese, dieses nur episodische stumme Spiel innerhalb des weitergreifenden rätselvollen Spiels, das den Prinzen einzufangen sucht, einbezogen werden. Diese Ahnungslosigkeit ist der zweite Rahmen, der um Civitellas Erzählung gezogen ist – nicht Rahmen- und Guckkastenstandort eines Beobachters, sondern eines Mannes, der weder zu beobachten noch gar zu erraten versteht; ist er doch nur ein wenig welterfahrener, braver Deutscher.

Der Bedeutungszusammenhang dieser Szenenfolge im Ganzen des Romans bleibt unterschlagen und dem Leser verweigert. Damit wird über diese mit künstlerischem Raffinement ausgearbeiteten Szenen hinaus die Spannung und Ungewißheit im vollen Umfang erhalten. Ihr funktionaler Sinn für das Romanfinale wird nicht aufgedeckt. Der Zufall machte Civitella zum

Zeugen, er legte ihm die Chance zu einem Experiment der Enträtselung dieses „merkwürdigen", nicht nur für ihn, sondern vermutlich auch für den Prinzen merkwürdigen Vorgangs in die Hand. Der Zufall – „Ich werde unterbrochen" – verschließt sie wieder für den Leser. Das Labyrinth des Romans ist durch den Siebenten Brief des Baron von F... noch verwirrender geworden. Schiller hat es im rasch hingeworfenen Schluß des Fragments nur sehr summarisch und ungenau entwirrt. Mochte der *Geisterseher* ihm nur als eine „Farce" erschienen sein – es konnte mittels unserer Textanalyse gezeigt werden, wie diesen Roman, diese erzählten Szenen bis ins kleinste Detail die unverwechselbare Handschrift Schillers, nur sie, zu schreiben vermochte.

Schillers Abschiedsszenen

Schiller als einen Dramatiker des Abschieds vorzustellen, wie es kaum einen sonst in der dramatischen Weltliteratur gibt – dies soll gewiß keinen Anspruch anmelden, es solle die Vielfalt der Schiller-,Bilder', welche die Forschung angeboten hat und noch immer vermehrt, durch ein anderes ergänzt werden. Dies würde heißen, die Vieldimensionalität des dramatischen Kräftespiels, die seiner szenischen Dichtung eingelegt ist, unangemessen zu einem begrenzten Blickpunkt zu vereinfachen. Dennoch ist nicht abwegig, auf das Motiv des Abschieds, als eine bisher kaum beachtete Eigenheit seines Werkes, aufmerksam zu machen. Denn es führt in der Häufigkeit, mit der es sich vom Frühwerk bis zum Spätwerk behauptet, in der Bedeutsamkeit, die es in seinen dramatischen Kompositionen erhält, in der Kunst seiner an Variationen reichen Ausgestaltung, zu einer Kernschicht in Schillers dramatischem Verfahren. Diese kleine Studie kann allerdings das sich abzeichnende Thema in Breite und Fülle nicht erschöpfen. Sie ist nicht mehr als ein fragmentarischer Einsatz. Zudem ist sie sich der Schwierigkeiten des methodischen Zugriffs bewußt. Die Abschiedsszene läßt sich nicht auf eine lediglich dramaturgisch-technische Formal-Struktur des Dialogs reduzieren[1], wogegen auch ihre zumeist reiche akustische und gestisch-pantomimische Ausformung, ihre stumme Zeichensprache neben der Rede sich zur Wehr setzt – sie geht ebensowenig in nur stofflichen und inhaltlichen Bezügen auf. Denn sie ist, nach Schillers Worten in „Über die tragische Kunst", als „Nachahmung einer rührenden Handlung" und damit „Inbegriff aller Bedingungen", „unter welchen der mitleidige Affekt am stärksten erregt wird", zugleich Form und Zweck der Tragödie.[2] Dies meint nichts anderes als deren größtmögliche Wirkung unter dem Einsatz der Verbindung ihrer Mittel, also dieser Form. Ihr muß die Qualität der poetischen Wirkung zukommen, was bedeutet , das Innere und das Äußere durch die tragische Form zur vollen Einheit zu bringen.[3] Und noch anderes erschwert den Zugriff: die Abschiedsszene ist einer-

[1] Die Formalstruktur des Dialogs hat Klaus L. Berghahn, *Formen der Dialogführung in Schillers klassischen Dramen.* Ein Beitrag zur Poetik des Dramas. Münsterische Beiträge zur deutschen Literaturwissenschaft Bd. 5 Münster 1970, einer ergiebigen Analyse unterzogen.

[2] *Über die tragische Kunst. Schillers Werke,* Nationalausgabe Bd. 20, Philosophische Schriften, Erster Teil, hrsg. von B. v. Wiese, H. Koopmann, Weimar 1962, S. 168f. (künftig zitiert NA).

[3] Zu diesem Zusammenhang Herbert Singer, *Dem Fürsten Piccolomini,* Euphorion 3. Folge 53, 1959, S. 281ff.

seits eine Einzelszene mit eigener Detailspannung und -wirkung, sie ist andrerseits in Bezug und Funktion in das ganze dramatische Gefüge eingelagert, nur von ihm her zu erfassen. Dies hier auszubreiten wäre ein so weitschweifiges wie überflüssiges Geschäft; es hieße, die Interpretationen des Dramas Schillers zu rekapitulieren. Selbstbescheidung ist eine Notwendigkeit dieses Versuchs.

Die Vielzahl der Abschiedsszenen im dramatischen Kosmos Schillers, dieser Szenen der Abkehr, Trennung, Entzweiung, des Verlassens und Verlassen-Werdens zeigt an, daß er unter dem Aspekt des Tragischen wie des Dramatischen und Theatralischen in ihnen eine Grundkonstellation erkannte und ausgestaltet hat. Der Abschied, als Scheidung zwischen Partnern, die einander durch Zusammengehörigkeit verbunden sind, war geeignet, jene Affekte des Mitleidens, des Rührenden, das auch das Erhabene in sich einschließt, auszulösen, die Schiller zum Inhalt der tragischen Kunst erklärte. Der Abschied, ein Brennpunkt des Affekts mit der Möglichkeit zur Vielheit von dessen Gradationen, also von spezifischer dramatischer und tragischer Qualität, bindet zwei Menschen aneinander, und er löst sie von einander; er wäre kein Abschied, bekundete sich in ihm nicht dialektisch eine Gemeinsamkeit, die aufzulösen Leiden bedeutet – Leiden der dramatischen Personen und Leiden als Affekterregung der Zuschauer, das um so größer wird, je mehr sich der Abschied unter dem Gebot einer Notwendigkeit vollzieht. Die Abkehr geschieht weniger aus äußerem Zwang, vielmehr als eine Entscheidung, als ein Handeln; dies muß von einem der Partner vollzogen werden, auch wenn er dem andern und sich selbst Leiden zufügt. Die Gemeinsamkeit des Leidens und gegenseitigen Mitleidens bleibt derart im Abschied als Bindung erhalten. „Zu einem weit höhern Grad steigt das Mitleid, wenn sowohl derjenige, welcher leidet, als derjenige, welcher Leiden verursacht, Gegenstände desselben werden. Dies kann nur dann geschehen, wenn der letztere weder unsern Haß noch unsere Verachtung erregt, sondern wider seine Neigung dahin gebracht wird, Urheber des Unglücks zu werden."[4] Indem der Abschied, in der Dialektik von Zusammengehörigkeit und Entzweiung, eine Situation des Leidens und des von ihm ausstrahlenden Rührenden ist – um so mehr, da er sich als eine elementare Situation, derart als eine das Menschliche schlechthin ergreifende und das Poetische herstellende Naturwahrheit darbietet[5] –, erfüllt er das eine von Schillers Fundamentalgesetzen der tragischen

[4] *Über die tragische Kunst,* NA Bd. 20, S. 156.

[5] „Es müssen, wenn wir den Affekt eines andern nachempfinden sollen, alle inneren Bedingungen zu diesem Affekt in uns selbst vorhanden sein... Wir müssen, ohne uns Zwang anzutun, die Person mit ihm zu wechseln, unser eigenes Ich seinem Zustande augenblicklich unterzuschieben fähig sein..." *Über die tragische Kunst* NA Bd. 20, S. 161 u. 167.

Kunst: „Darstellung der leidenden Natur".[6] Er erfüllt auch das andere: „Darstellung der moralischen Selbständigkeit im Leiden". Denn der Abschied bedeutet ein Sich-Entscheiden; er verwandelt Gemeinsamkeit zu Entzweiung, die sich in dem Handelnden potenziert, da er in diese Gemeinsamkeit eingeschlossen ist und sie gleichwohl sprengen muß. Er muß, unter dem Gebot einer Notwendigkeit, die er erleidet und gleichwohl in seinen Willen aufnimmt, komme sie von außen oder mehr noch aus seiner Innerlichkeit, eine Wahl gegen seine Neigung treffen. Der dramatische Konflikt verinnerlicht sich im Abschied zu Leiden und Kampf des Handelnden, der sich mit sich selbst entzweien, sich gegen sich selbst entscheiden muß; er wächst zum Erhabenen auf, indem er im Akt des Leidens und Handelns die Freiheit der Willensstärke bewährt. Das Rührende geht in das Erhabene als Ausdruck und Darstellung des intelligiblen Selbst, der moralischen Freiheit des Menschen über. Der Gipfel des Rührenden wird erreicht, „wo die Ursache des Unglücks nicht allein nicht der Moralität widersprechend, sondern sogar durch Moralität allein möglich ist".[7] Der Abschied ist derart nicht nur Nachahmung einer Handlung, in der sich „das unbedingt Wahre, das bloß Menschliche in menschlichen Verhältnissen"[8] als ergiebigster Stoff der tragischen Kunst darstellt. Er wird vielmehr, über das Stoffliche und das von Schiller stets abgewiesene stoffartige Interesse hinaus zu einer „tragischen Form"[9] – er wird eines der Formelemente, welche die Möglichkeit der Vollkommenheit, des Ideals der Tragödie enthalten.

Die Häufigkeit der Abschiedsszene wird aber nicht nur durch Schillers Auffassung des Tragischen und der Tragödie begründet, sie liegt ebenso in ihrer dramatischen Wirksamkeit und theatralischen Qualität. Sie sind allerdings genereller, gattungsspezifischer Natur und nicht nur an Schillers Dramaturgie gebunden. Wiederum müssen wir uns auf einfachste Skizzierung beschränken. Der Abschied ist ein dramatischer Punkt der Wende. Er weist zurück und er weist voraus. Er schließt eben Vergehendes ab, er spannt zu ungewiß anderem und Neuem voraus. Was bisher war und galt, löst sich zu noch undurchschaubarer Fülle anderer Möglichkeiten auf. Was als gesichert und gegen die Zeitlichkeit geschützt erschien, erfährt den Einbruch der reißenden Zeit; Zuständliches wird aufgehoben zu alles verändernder Präzipitation. Der Abschied erzeugt Entzweiung zwischen den Partnern und in jedem von ihnen; in ihn münden Konflikte, und sie werden sein Erzeugnis. Er wird derart zu einer Grundform dramatischer Bewegtheit und Spannung –

[6] *Vom Erhabenen,* NA Bd. 20, S. 195.
[7] *Über die Tragische Kunst*, NA Bd. 20, S. 156.
[8] Ebd., S. 162.
[9] Ebd., S. 169.

um so mehr, wenn er sich zum Augenblick oder zu einer Kette von Augenblicken konzentriert. Der Abschied wird zum Schnittpunkt zwischen Vergangenem und Zukünftigem im Gegenwärtigen, er verflicht im Erleiden, Sich-Entscheiden und Handeln die stofflich äußere mit der poetisch-inneren Aktion, er spitzt Gegensätze auf dem Grund einer Gemeinsamkeit bis zum Punkt des Zerreißens zu. Der Abschied enthält in sich einen Neubeginn des Lebens und den Tod. Das Abschiedsmotiv wird derart oberhalb des Inhaltlichen zu einem wesentlichen poetischen Organisationselement des dramatisch Rührenden und seiner Wirkung. Es soll bei diesen Hinweisen belassen bleiben; sie werden im Durchgang durch Schillers Drama sich konkretisieren und vermannigfaltigen, ohne jedoch ein längst fälliges Desiderat erfüllen zu können: eine Analyse aller jener inhaltlichen und formalen Möglichkeiten, die in Motiv und Szene des Abschieds angelegt sind. Denn diese Analyse würde als Materialbasis eine Untersuchung der dramatischen Weltliteratur erfordern. Vielleicht kann dieser fragmentarische Versuch an Schillers Drama dazu anregen.[10]

Es zeigt eine Vielzahl von Szenen des Abschieds, der Abkehr, der Trennung und Entzweiung, des Verlassens und Verlassen-Werdens – als Detailphasen innerhalb eines Auftritts, als in sich geschlossene Auftritte, als Auftrittsfolgen, die mit weitem Spannungsbogen eine größere Strecke des Spielablaufs und selbst einen ganzen Akt oder auch, in *Die Räuber* von IV, 21 an, zwei Akte umfassen können. Man kann den Abschied sogar als inhaltliches und formales Strukturprinzip der Gesamtanlage eines Dramas wie etwa *Kabale und Liebe* oder *Maria Stuart* zugespitzt, doch nicht unangemessen bezeichnen. Die Konstanz solcher Szenen in Schillers Werk seit den *Räubern*, die reiche Variation ihrer Ausgestaltungen, in denen sich nicht zuletzt die Entwicklung seines künstlerischen Vermögens manifestiert, bezeugen, daß er ihnen eine besondere Substantialität und Effektivität zuerkannt hat. Diese Variationen sind einerseits jeweils konkret durch das einzelne Drama, dessen Fabel, Bauart, Tonlagen, und die ihnen zugewiesenen Funktionen vorge-

[10] Nach Abschluß des Aufsatzes verwies mich Prof. Gerhard Kaiser, wofür ihm gedankt sei, auf Peter Szondi, *Versuch über das Tragische*. Frankfurt a.M. 1961. Szondi interpretiert S. 32 einen Satz aus Goethes Schrift über Wilhelm Tischbeins Idyllen und schließt aus ihm: „Die Bedeutung des Abschieds für Goethe läßt sich ermessen aus der Stellung, welche die Gegenwart und der Augenblick in seiner Dichtung einnehmen, zu schweigen von den Werken, deren Thema der Abschied ist. Das Grundmotiv aller tragischen Situationen aber konnte er das Abscheiden nennen, weil er dessen dialektischer Struktur inne wurde. Abschied ist Einssein, dessen einziges Thema die Entzweiung ist; Nähe, die nur noch die Ferne vor Augen hat, die darauf zustrebt, wie verhaßt sie ihr auch sei; Verbundenheit, welche die Trennung, ihren Tod, indem sie Abschied ist, selbst vollzieht."

zeichnet; sie werden weiterhin dadurch bestimmt, daß Schiller mit beständig zunehmendem Kunstverstand sich dieses Mittels zum Zweck einer tragischen, dramatischen und theatralischen Wirkungsform zu bedienen wußte.

Sondernde Gruppierungen sind nötig; daß sie gegen andere Szenentypen nicht hermetisch abgeschlossen sind, sondern zu ihnen gleichsam offene Ränder haben, versteht sich von selbst, ebenso daß Schiller auch dort, wo eine gewisse Konstanz durchblickt, kein szenisches Baumodell wiederholt. Kombinationen und Überkreuzungen stellen sich vor allem dort ein, wo die Abschiedsszene sich zu einer Szenenkette ausweitet.

Wir setzen mit einer einfachen Grundsituation ein, die längst als für Schillers dramatisch-dialogisches Verfahren charakteristisch erkannt wurde; sie stellt sich in Szenen dar, in denen es mit epigrammatischer Kürze um eine Abkehr, ein Verlassen und Verlassen-Werden, ein Sich-Entziehen und Sich-Verweigern geht. Die Abkehr bedeutet hier ein Urteil, eine Verurteilung, sie ist deren definitive Exekution. Der dramatische Vorgang und mit ihm die Rede verkürzen sich zu einer spannungsvoll aufgeladenen und zugleich diese Spannung kurz abschneidenden Ereignisdrängung. Vorgang und Sprache schrumpfen gleichsam zu dem bloßen Faktum zusammen, das beidem irreversibel ein Ende setzt.[11] Die versachlichte Wortkargheit dieser szenischen Augenblicke nimmt sie aus einem dialogisch-dramatischen Prozeß, einem Agon, der sich in der Aktivität von Rede und Gegenrede vollzieht, heraus. Sie signalisiert Stationen, hinter denen es keinen Fortgang mehr gibt, vielmehr ein Zustand des Sich-Verschließens eintritt.[12] Solche Abkehrszenen finden sich in Schillers Drama vor allem im pragmatischen Feld des politischen Entscheidens und Handelns, auch wenn das darin vollzogene Urteil das Menschliche einbezieht. In *Don Carlos* IV, 20 erhält die Szene der Entlassung der scheinbar gedemütigt sich unterwerfenden Prinzessin Eboli eine relativ breite Ausgestaltung. Sie ist mehr als eine Episode um der Vollständigkeit der Handlungsabwicklung willen; sie bereitet kontrastiv auf die um so überraschendere Szene IV, 24, der Prinzessin Verrat und Rache an ihrer Königin, vor. Sie ist ebenso kontrastiv, als Verstoßung der Intrigantin, der großen Abschiedsszene zwischen ihr und Posa vorangestellt. Die Prinzessin ist des Wortes und der Gegenwart der Königin nicht mehr würdig; um so mehr demonstriert sich das völlig andere Verhalten Elisabeths gegenüber dem „Intriganten" Posa in der sich anschließenden Szene. Zwar fällt sie ein negatives Urteil über des Marquis Verhalten – „O, jetzt – jetzt lern ich Sie verstehen!

[11] K.L. Berghahn hat diese Auftritte als Meldedialoge S. 30ff. erörtert.

[12] Vgl. dazu H. Singer, S. 291: „Warum gerade am Schluß des Trauerspiels das Mimische sich häufig vordrängt, während das Wort ermattet oder verstummt, ist leicht einzusehen: wenn das Drama mit der Katastrophe endet, mit Tod oder Vernichtung, dann ist das Wort entbehrlich oder gar störend."

Sie haben Nur um Bewunderung gebuhlt." –, aber es wird schnell durch ihren Ausdruck höchster Achtung am Szenenende aufgehoben. Bereits in IV, 20 arbeitet Schiller mit einer stichwortartig zum Nötigsten verknappten Sprache. Die Dialogformung selbst wirkt gestisch, und sie wird, wie meist in den Abschiedsszenen, durch eine pantomimisch illustrative Spielführung ergänzt.

Zur vollen dramatischen Wirkung gelangen solche Dialogverkürzungen erst in *Wallensteins Tod* und *Maria Stuart*. Ein Augenblick beendet den lange fein gesponnenen Ehe- und Friedensplan der englischen Königin mit Frankreich in *Maria Stuart* IV, 2; das schlagartig Momenthafte erhöht das Gewicht des Geschehens. In knapper Rede IV, 5 schlägt Elisabeths Verhältnis zu Leicester von „Liebe" zu „Rache", von „Schwäche" zu „Strenge" um. „Verstoßen hab ich ihn aus meinem Herzen." Zwar scheint es Leicester zu glücken, dank seiner verführerisch-trügerischen Eloquenz das schon Irreversible nochmals auf schmalem Grenzpfad zwischen Vertrauen und Mißtrauen der Königin abzuwenden: „... ich glaub Euch. Und glaub Euch nicht." Es setzt derart der spannungserregende Dialog vor der definitiven Entzweiung wiederum ein, aber er enthält, im Befehl der Königin an Leicester, die Exekution an Maria zu vollstrecken, bereits die Entscheidung über sie. Der Dialog entläßt aus sich zwei Abschiede Leicesters: von Maria und Elisabeth. Auf den Schluß von V, 9 kommen wir später zurück; hier soll es nur um V, 15 gehen. Die Königin stößt, gestützt auf ihre keine Einrede duldende Autorität, Burleigh und Davison von sich, um sie vor den Augen der Welt zu Schuldigen zu machen. Indem sie Burleigh seiner Rechtfertigung beraubt und sich selbst der Tat entzieht, die sie gewollt hat, macht sie Herrschaft zur Willkür, die das folgende Wort von der Gerechtigkeit des Urteils und der Milde ihres Herzens zum heuchlerischen Trug stempelt. Ihr Verlassen zweier getreuer Diener schlägt um in eigene Verlassenheit. Shrewsbury, der sich ihren jetzt fast flehentlichen Bitten entzieht, verurteilt sie, gleichsam als die Stimme der Geschichte, zu dieser Verlassenheit als Königin wie als Mensch: „Ich habe deinen edlern Teil nicht retten können." Leicesters wortlose Entfernung, nur durch die dürr-zeremoniöse Meldung Kents vermittelt, trifft in ihr zudem die liebende Frau. Der Abschied wird zur Verstoßung in die Tiefe der Einsamkeit, mit der Schiller so oft seine Hauptfiguren umgibt. Herbert Singer hat in seiner Analyse dieser Szene schon auf deren konzentrierte Dramatik im Gegeneinander von Tondämpfung und „ungeheurer Spannung", von Meldung und Gebärde, von vernichtender Nachricht und ruhiger Fassung und darauf gewiesen, wie wirksam sie „im formalen Ausgleich" zu den Maria-Szenen im gleichen Akt ist.[13] Denn Marias Abschied vom Leben – bereits in V, 1 in der Wechselrede der Nebenfiguren darauf eingestimmt: „Ihr seid es! Euch er-

[13] Zum Schluß der *Maria Stuart* vgl. H. Singer (= Anm. 3), S. 299.

blick ich wieder!" – wird in immer umfassenderen Stationen zur Heimkehr in die Mitte ihrer Getreuen, zu ihrem Glauben und zu ihrem Gott.[14]

Wie Schlag auf Schlag treffen in *Wallensteins Tod* III, 4 bis 23 die sich drängenden und überhäufenden Meldungen vom Abfall der Generale und der Truppen ein. Das beschleunigte Tempo akzentuiert die dramatische Anspannung des Geschehens. Wortarme Nachrichten und Meldungen genügen, um die jähe Wendung von der Allmacht des Feldherrn zu seiner Entmächtigung mit einer in ihren Wiederholungen immer zwanghafteren Engführung zu vergegenwärtigen: Verrat, Meuterei, Täuschung und Selbsttäuschung des Vertrauens, die Befehlsübernahme durch Octavio, das verlorene Prag, die Ächtung durch den Kaiser – die Trennung von Wallenstein und die Frontstellungen gegen ihn kumulieren sich in nicht enden wollender Reihe. Die in kurze Szenen gepreßte Geschehniskette läßt gegenüber den Fakten dem Dialog kaum Raum. Denn angesichts der Fakten wird ein Widerstand der Rede ohnmächtig; das Wort büßt ihnen gegenüber seine Kraft ein. Das Gespräch wird abgelöst von der Meldung.[15] In ihrer Kürze ballt sich das Geschehene zu voller Wucht. Die Fakten sind die Antworten, die die geschichtliche Realität Wallenstein gibt. Gerhard Storz hat bereits auf Entsprechung und Abstand zwischen der englischen Königin und Wallenstein aufmerksam gemacht.[16] Man kann dies noch ergänzen: bei beiden wird die Einsamkeit, in die sie der jeweilige Verlauf des Dramas stellt, zu völliger Verlassenheit. Beide suchen sich ihr gegenüber mit einer Fassung zu behaupten, in der sich Schillers Auffassung des Erhabenen abzeichnet. Verlassenheit bedeutet aber zugleich Freiheit. Elisabeths Freiheit heißt, nichts mehr zu fürchten und zu achten. Sie ist herausgelöst aus der Ungewißheit des Zögerns und Schwankens, des Zwiespalts zwischen Handeln und Nicht-Handeln, gelte es auch nur den Augen der Welt. Ähnlich Wallenstein: auch er ist in seiner Verlassenheit befreit von „Zweifelsqualen", von der Notwendigkeit der Wahl mit „zögerndem Entschluß, mit wankendem Gemüt", befreit von Zwängen der Furcht und Achtung und des Urteils der Welt. Aber hinter der Starrheit ihrer Fassung bleibt Elisabeth nichts als Verurteilung und Einsamkeit. Hingegen gewinnt Wallenstein die innere Kraft zum Handeln, er empfängt eine Befreiung zu einer ‚Größe' – nur er, nicht Elisabeth, hat teil am Erhabenen.[17] Damit wird auch der dramatische Sinn der Position dieser Abkehr- und Abfallszenen im

[14] Diese Gegenbildlichkeit ist natürlich längst von der Schiller-Interpretation bemerkt worden. Vgl. u. a. E. Staiger, *Friedrich Schiller*. Zürich 1967, S. 320: „Je klarer die englische Königin sich vor unseren Augen auf der Bühne ins Unrecht setzt, desto höher erhebt die Gefangene sich und streift zuletzt sogar, in einem wunderbaren Aufschwung vor dem Tod, die Fesseln des Irdischen ab."

[15] Vgl. dazu K. L. Berghahn, S. 38.

[16] Gerhard Storz, *Der Dichter Friedrich Schiller*. Stuttgart 1959, S. 335.

[17] Dazu E. Staiger (= Anm. 14), S. 309.

jeweils ganzen dramatischen Gefüge augenfällig. Was Elisabeth am nicht umkehrbaren Spiel-Ende trifft, ist für Wallenstein nur eine Stufe in der Entfaltung seiner tragisch-heroisch auf sich selbst beharrenden Existenz und deshalb in den Akt III von *Wallensteins Tod* vorgezogen. Dies unterstreichen die Abschiedsszenen von Max im gleichen Akt. Und indem Schiller beider Ende von einander entfernt hält, vermeidet er die im *Don Carlos* mit zu gedrängten Effekten arbeitende Häufung der Abschiedsszenen; er gewinnt zugleich Raum, sie in *Wallensteins Tod* mit künstlerisch erheblich überlegener Variation der Gradationen auszugestalten. Doch davon später.

In der *Jungfrau von Orleans* ist die Situation umgekehrt, was auch die andere Bauart der ganz auf Entwicklung angelegten „romantischen Tragödie" kennzeichnet. Die Katastrophe der königlichen Herrschaft scheint vorweggenommen zu sein, bevor es zu ihr kommt. Die Szenen I, 1 bis 7 zeigen das französische Königtum dicht am Rand endgültiger Vernichtung. Der König ist entschlossen, Amt, Herrschertum, Land und Volk zu verlassen, „aus des Vaters Hause" in eine träumerisch und künstlich weltabgewandte Idylle der leichtren Lüfte, der Gesänge und Liebe zu desertieren. Es drängen sich die Auftritte der Abkehr oder der Drohung mit ihr. Der Kampf scheint zu Ende, bevor er eingesetzt hat. „Wo keine Ehre mehr zu holen ist" – dies galt auch für Shrewsburys Absage an Elisabeth, für der Generale und Truppen Abkehr von Wallenstein –, häufen sich Abfall und Entzweiung. Der Connetable kündigt den Dienst auf, die Schotten drohen mit Abzug, der Herzog von Burgund zeigt sich als unversöhnlich, die Stadt Orleans ist dicht vor der Auslieferung, Dunois setzt an, sich loszusagen, das Parlament hat den König der Krone verlustig erklärt, seine eigene Mutter hat den Fremden gekrönt. Die Tiefe dieses Sturzes in die Verlassenheit pointiert um so mehr den Umschwung zum Aufstieg durch die Unbedingtheit des heroischen Einsatzes von Johanna. Die stoffliche Situation wird derart zugleich formales Kunstmittel. Und was sich in *Maria Stuart* und *Wallensteins Tod* wortkarg, schlagartig, mit knappstem Zeitanspruch drängte, wird in der *Jungfrau von Orleans* zum Gegenstand sich breit entfaltender expositorischer Redeszenen. In *Wallensteins Tod* (III, 15/16) wurde das Wort durch das Faktum entmächtigt; das *eine* Wort, das alles widerlegt hätte, konnte Wallenstein III, 15 bei aller Eloquenz seiner bestrickenden, mit vielen Registern spielenden Überredungskunst nicht sagen. „Braucht nicht viel Worte. Sprich ja oder nein, so sind wir schon zufrieden" – so der Gefreite. Und beschwörender Max Piccolomini: „Sprich nur ein Wort, dein Wort soll uns genügen, Daß es Verrat nicht sei, worauf du sinnst." Das Faktische hat vorausgenommen, was die Rede nicht mehr einholen oder umwenden kann. Die Ohnmacht der Eloquenz markiert das entscheidungsschwere Befehlswort des Gefreiten: „Rechts um!" (III, 16). Hingegen behält der Dialog in der *Jungfrau von Orleans* Akt I den vollen Spielraum. Denn es geht in ihm um die Einleitung zum Prozeß der Aktion, in der zwischen Hoffnungslosigkeit und Hoffnung, zwischen Kampfverzicht und Kampfwille alles zum ungewiß Zukünftigen offen ist. Absage und Treueversicherung sind in ihm dicht verflochten, und in der Situation schlimmster Entzweiung im politisch-kriegerischen Bereich gelangt dennoch auch der vereinigende Innenbereich des Poetisch-Menschlichen zur Sprache. Er legt den Szenen, in der opferbereiten Treue und Liebe der Agnes Sorel, das Rührende ein, das nicht ganz ohne Anflug des Erhabenen ist. Die Figur der Agnes bereitet auf Johanna vor und setzt sich zugleich kontrastiv von ihr ab, zu ihr vermittelnd und dennoch von ihr geschieden. Die Absageszenen I, 1 bis 7 heben sich derart als dramatisch bewegte Entfaltung des politischen und menschlichen Zustandes im „Haus" des Königs mit anderer Detailgestaltung und Funktion für das Gefüge des Dramas von den bisher besprochenen Szenen ab.

Eine andere Gruppe von Abschiedsszenen setzt zuerst in dem Lied von ‚Hektors Abschied' in II, 2 der *Räuber* ein.[18] Sie hat eine Konstanz bis zum *Wilhelm Tell* bewahrt. Es geht in ihr um ein poetisches Fundamentalmotiv, das eine Reihe von nicht nur stofflich, mehr noch künstlerisch begründeten Variationen ausgelöst hat. Diese poetische Qualität lag in seiner Offenheit zur Innerlichkeit des Menschlichen, in der sich das Rührende mit dem Erhabenen, mit anderen Worten, Anmut und Würde zu einer komplexen Simultaneität vereinigen. Hier erst läßt sich im genaueren Sinne von einem Abschied sprechen: als ein Augenblick der Entscheidung zwischen Gemeinsamkeit und Trennung zweier Partner, in dem die Sprache des Herzens und die Notwendigkeit des Handelns sich entzweien und vereinigen. Der Abschied wird ein Hinaustritt aus der zeitlos erscheinenden Glücksidylle gesicherter Gemeinsamkeit, er stößt den Sich-Abwendenden in die Einsamkeit des heroischen Handelns hinaus. Er schließt den Rückweg zu, er löst aus dem umfangend Bedingenden in das Unbedingte. Der Abschied wird damit zum Weg aus der Geborgenheit in eine Offenheit, an deren Ende der Tod wartet. „Das Handeln des Unbedingten ist das Sterben. Der Untergang erscheint als höchste Form der Tat" – so Max Kommerell.[19] Schon in Amalias Lied wird deutlich, wie eng das Abschiedsthema bei Schiller mit dessen Ernst der Todesthematik zusammenhängt, von dem Gerhard Kaiser gesprochen hat.[20]

[18] Nach Homer, *Ilias VI,* 390f., bzw. Plutarch, *Vita des Brutus*. Dazu jetzt Dieter Borchmeyer, *Hektors Abschied*. Schillers Aneignung einer homerischen Szene. Zu den „eminent affekthaltigen Abschiedsszenen in Schillers Trauerspielen" ein kurzer Hinweis S. 284. Jahrbuch der Deutschen Schillergesellschaft XVI, 1972, S. 278ff.

[19] Max Kommerell, *Schiller als Gestalter des handelnden Menschen*. Frankfurt a. M. 1934, S. 15.

[20] Gerhard Kaiser, *Vergötterung und Tod.* Die thematische Einheit von Schillers Werk. Dichtung und Erkenntnis. Stuttgart 1967.

Aber diese Trennung zum Tode hin, dieser scheinbare Akt der Entzweiung, der dem Sieg über die Neigung durch die Entscheidung zu einer höheren Notwendigkeit abgerungen ist, ist zugleich ein Bekenntnis zur unzerstörbaren Gemeinsamkeit. „Hektors Liebe stirbt im Lethe nicht." Das Heroisch-Unbedingte, das Hektor veranlaßt, Gattin und Sohn einsam-schutzlos zurückzulassen, um das Vaterland zu retten, stimmt überein mit der Unbedingtheit seiner das Irdische transzendierenden Liebe. Im Abschied ist zugleich paradox die ewige Vereintheit von Hektor und Andromache bewahrt. Für Hektor gilt, was Schiller in „Über das Pathetische" schreibt: „Aus aller Freiheit des Gemüts muß immer der leidende Mensch, aus allem Leiden der Menschheit muß immer der selbständige oder der zur Selbständigkeit fähige Geist durchscheinen."[21] Indem Amalia ‚Hektors Abschied' zum „schönen" Lied geformt, am Klavier singt, taucht sie ihn in das melodisch Empfindungsvolle des lyrischen Ausdrucks ein. Das legt den Hauptton auf die empfindsam-heroische, zum gesteigerten Affekt poetisierte Vereinigung im Abschied. „Karl und ich habens oft zusammen zu der Laute gesungen." Das ist zugleich wehmütige Erinnerung und vertrauende Hoffnung. Amalia versichert sich im Lied mit schwermütig-schwärmerischer Imagination der unverbrüchlichen Verbundenheit mit dem fernen Geliebten. „Und wir sehn uns wieder in Elysium", in irgendwelcher schöneren, erlösenden Zukunft. Der Zuschauer weiß, wie sich hier Amalia täuscht, wenn sie im Traum ihrer Liebe den Räuber Karl Moor mit dem Vaterlandserretter Hektor gleichsetzt, der seine Neigung der höheren Notwendigkeit unterwarf. Das Lied bleibt damit nicht ein aus der Aktion herausgelöster, lyrischer Stimmungsaugenblick; es bedeutet einen zweifachen Vorgriff auf den folgenden Auftritt und auf die Szene IV,4 im Doppelsinn von Bestätigung und Umkehr.[22] Der Heldentod auf dem Kriegsfeld, von dem in der nächsten Szene Hermann trügerisch berichtet, scheint das Lied und Amalias Täuschung zu bestätigen. Aber in dem innersten Wertbereich ihrer Liebe wird sie um so mehr durch die Karl lügnerisch in den Mund gelegte Weiterempfehlung ihrer Person an Franz getroffen. Der im Lied erhöhte Augenblick des Menschlich-Schönen, zugleich Liebes-, Abschieds-, Todes- und Ewigkeitsgesang, wird derart hineingerissen in eine zerstörende Wirklichkeit. Er wird ihr IV,4 noch widersprüchlicher konfrontiert. Denn indem in dieser gewiß sonderbar konstruierten Liebesszene Karl ihr das Lied antwortend zurückgibt, der imaginäre Dialog zwischen Hektor und Andromache zum bruchstückhaft realen Dialog zwischen Karl

[21] *Über das Pathetische,* NA Bd. 20, S. 211.

[22] Zur dramatischen Funktion des Vorgriffs als Bestätigung und Umkehr vgl. Peter Pütz, *Die Zeit im Drama.* Zur Technik dramatischer Spannung. Göttingen 1970, S. 141.

und Amalia wird, stellt sich eine Gemeinsamkeit her, die um so schroffer Karl zum Abschied zwingt. Es ist kein heroischer Abschied, sondern die Flucht des Räubers und Mörders, die den Einsatz des lyrischen Dialogs abreißt. Sie bricht Sprache und Melodie des Liedes auseinander; Karls Einsatz wird zum Stammeln, die lyrische Harmonie schlägt in Dissonanz um. Sie bezeugt paradox Karls Liebe in der verzweifelten Trennung. Der Abschied, ein moralischer Willensakt Karls entgegen seiner Neigung, verinnerlicht und verzerrt mit gewaltsamer Dramatik, was bei Hektor in heroisch-schöner Simplizität blieb. Diese Flucht Karls in Umkehr des Liedes erhält ein hochgespanntes tragisches und theatralisches Pathos, in dem vorausgenommen wird, was mit dem Ungeheuerlichen des Liebesmordes Karls an Amalia V, 2 endet.

Variiert kehrt die in Hektors Abschied angelegte Grundsituation in *Fiesko* IV, 4 wieder. Das Hektorlied wurde als Spiegelung und Kontrast, Bestätigung und Umkehr den *Räubern* auf eine weite Vorgangsstrecke hin integriert. Die Abschiedsszene wird im *Fiesko* retardierend einer rasant vorwärtsdrängenden und zum Final-Äußersten gespannten Aktion eingelegt. Die harmonische Melodie des Liedes wird, als akustische Zeichensprache für die Szenenstimmung, durch „kriegerisches Getöse", am Szenenende durch den „Kanonenschuß" ersetzt. Damit wird das politische Kampffeld präsent, aus dem Leonore mit Aufgebot aller liebenden Überredungskraft ihren Gatten bei sich zurückzuhalten sucht. Sie beschwört die Friedens- und Glücksidylle poetisch-schöner, zeitentrückter Gemeinsamkeit. „Unser Leben rinnt dann melodisch wie die flötende Quelle zum Schöpfer." Fast schon „erschüttert", „kraftlos" reißt sich Fiesko frei, der Kanonenschuß zerstört den Traum der Idylle. Fiesko, kein „Vaterlandserretter", wird dessen neuer Tyrann und der Mörder seines Weibes.

Den *Räubern* wie *Fiesko* ist die dramatische Gewaltsamkeit gemeinsam, mit der die archetypische Abschiedssituation aufgeladen ist; bei Karl Moor durch den Zwang seines Gewissens, bei Fiesko durch die leidenschaftliche Ehr- und Ruhmsucht, die sich als anderer Zwang um ihn legt. Gewaltsamkeit, nicht Heroisches, liegt darin, wie Karl gegen sich ankämpft und von der Geliebten, um der Reinheit seiner Liebe willen, sich losreißt, und darin, wie Fiesko sich von der Gattin trennt, um wider Willen ihr Mörder zu werden. Das Terrorhafte solcher Entzweiung in beiden Dramen ist dem homerischen Grundmuster fremd; ebenso der Widerspruch zwischen der Sprache des Herzens und dem Gebot der kriegerisch-politischen Handlungswelt. Hingegen kehrt Schiller in der *Jungfrau von Orleans* III, 5 zu dem Grundmuster mit gegensätzlicher Umakzentuierung zurück. König Karl vereinigt sich vor dem Kriegsaufbruch mit Agnes Sorel zu kurzem Gespräch und zur Umarmung. Wieder kennzeichnet kriegerische Musik die Hintergrundsstimmung, die szenische Atmosphäre. Der Klang ist jedoch anders: „Trompeten erschallen mit mutigem Ton"; er geht erst nach Ablauf der Szene in „wildes Kriegsgetümmel" über. Ein Augenblick der Liebesgemeinschaft wird im vorwärtstreibenden politischen Geschehen ausgespart. Trennung vollzieht sich in der Einheit der Herzen, im Zeichen hoffenden Vertrauens, als Schritt zum „Weg des Ruhms". Im Abschied erweist sich die Verbundenheit zweier Menschen, die fraglos einschließt, wozu der König sich trennt: für Pflicht und Ehre zu kämpfen. Der bruchlosen Gemeinsamkeit entspricht die Kürze des Dialogs. Er erhöht sich zur lyrischen Tönung und nähert sich einem harmonisch zusammenstimmenden Wechselgesang. Hier gibt es keinen Zwiespalt zwischen der poetischen Idylle der Liebe und dem kriegerischen Handeln; bereits I,4 und I,5 zeigten, wie Agnes, bei aller Anmut, dem Heroischen nicht gänzlich fremd ist.

In *Wilhelm Tell* ergeben sich andere Variationen. In der Szene I,2 zwischen Stauffacher und Gertrud geht von der Frau der heroische Impuls zu Trennung, Aufbruch und Kampf aus. Das Verhältnis der Geschlechter hat sich umgekehrt. Gertrud gehört, wenn auch zum Schlicht-Lebenskräftigen gedämpft, in die Reihe jener Schillerschen „Überweiber", von denen Max Kommerell gesagt hat, daß in ihnen „der Geist der Tat sich beinah ungeschlechtlich verkörpert, und vor denen der handelnde Mann immer noch etwas Zweifelndes, der Anstachelung Bedürftiges behält".[23] Das Heroisch-Unbedingte, bereit, auch „das eigene Leben" höherer Notwendigkeit zu opfern, ist zu ihr übergewechselt. Die Szene führt von Dialogstufe zu Dialogstufe, zunächst in breiter Redeführung, dann in stichomythischer Wechselrede, schließlich theatralisch-bildhaft im Gestus der Umarmung, zur Einung im gleichen Ziel. Der Abschied verliert bei solcher von Beginn der Szene an sich abzeichnende Einstimmung an dramatischer Spannung, soweit es um das personale Verhältnis beider Partner zueinander geht. Sie ist überpersonaler, expositorisch auf das ganze Drama zielender Art: der Abschied wird repräsentativ für das gesamte Schweizer Volk, seinen Aufbruch aus dem idyllisch-arkadischen Frieden zu dem „furchtbar wütend Schrecknis" des Krieges, und die Gemeinsamkeit von Mann und Frau wird Zeichen der Gemeinsamkeit aller in diesem Volke. Dem entspricht die Aussparung des Rührenden, des menschlich Poetischen. Es gibt hier keine akustische Begleitstimme, die Gestik beschränkt sich, nach der Einleitung durch eine vorwärtsspannende Stille, aufs Notwendigste, der Überredungs- und Argumentationsdialog ist sprachlich versachlicht. Er bekommt in der zurückgreifend informierenden Deskription von Zustand und Lage des Volkes eine zum Zuschauer gewandte erzählerische Ausweitung, die der dramatischen Spannungslage

[23] Max Kommerell, *Schiller als Psychologe*. In: Dame Dichter und andere Essays, dtv. 1967, S. 94.

eines Abschieds ungünstig ist. Aber es geht eben nicht um personales Leiden und Entscheiden; die Szene zielt über das Persönliche hinaus zum Allgemeinen. Dies wiederholt sich III,2; Bertha übernimmt gegenüber Rudenz den heroischen Part, Kampf- und Liebesbündnis fallen auch hier zusammen. Der Freiheitskampf wird sogar zur Bedingung der Liebe. „Kämpfe fürs Vaterland, du kämpfst um deine Liebe." Der Klang ferner Jagdhörner markiert das Szenenfinale, das von der Rede zur nahen Tat in Rudenz' Verhalten in der Apfelschuß-Szene überleitet, mit dem er sich von Geßler trennt. Wo, gemäß Schillers Intention, das Persönliche hinter das für alle geltende politisch Notwendige, das real Besondere hinter das Allgemeine zurücktritt, verliert die Abschiedsszene an dramatischer und lyrisch-poetischer Durchbildung. Daß dies der Liebesverflechtung zwischen Bertha und Rudenz nicht guttut, hat schon Gerhard Storz bemerkt.[24]

Anders jedoch die Szene III,1 zwischen Tell und Hedwig, die sich der archetypischen Konstellation in Hektors Abschied überraschend – und dennoch nicht überraschend – nahe zeigt. Es wurde auf die Briefstelle aufmerksam gemacht, nach der Schiller in Tschudis *Chronicon Helvetiorum* einen „so treuherzigen, herodotischen, ja fast homerischen Geist" fand, „daß er einen poetisch zu stimmen imstande ist".[25] Dieser homerische Geist wird ihn an Hektors Abschied erinnert haben – wohl im von Storz bestimmten Sinne: als das Poetisch-Zeitlose im Wirklichen.[26] Hier finden sich die soeben vermißte dramatische Spannung, die lyrische Durchstimmung, die lebhafte gestisch-pantomimische Ausgestaltung, was alles wohl auch aus Gründen der dramatischen Ökonomie in I,2 und III,2 beiseite blieb. Einsichtig ist der Kontrastbezug zu dem folgenden Auftritt. Der in sich selbst und in seinem Volk nicht standfeste Edelmann bedarf der stärkeren Partnerin – Tell, der kraftvoll unabhängige Einzelgänger, kann, um der Profilierung seiner Figur willen, nur eine schwächere Gefährtin haben. Das Gespräch zwischen Bertha und Rudenz endet mit festem Kampfentschluß; die Tell-Hedwig-Szene mündet mit ungleich erhöhter Spannung ins drohend Ungewisse. Sie wird zum Träger der vorausgreifenden dramatischen Bewegung. Wie bedeutsam sie für Schiller als gerundete Einzelszene wie im ganzen dramatischen Gefüge der Tell-Handlung war, zeigt ihre sorgfältige Ausgestaltung. So, wie sie als Ganzes ein Augenblick der Ruhe vor erneutem, spannungsgehäuftem Anhub der Aktion ist, so leitet auch die Stille eines idyllischen Bildes – häusliche Arbeit, spielende Kinder – sie ein. Solche Ruhe bietet Augenblicke der Einkehr ins Menschlich-Poetische, in dessen Innerlichkeit. Zugleich aber ist die Szene,

[24] G. Storz (= Anm. 16), S. 416.
[25] An Ch. G. Körner, 9. September 1802. Dazu G. Storz (= Anm. 16), S. 424 f.
[26] Ebd., S. 424 f.

vom einstimmenden Auftakt des Schützenliedes an, mit einer Vielzahl von Motiv- und Situationsassoziationen eine Antizipation der Apfelschuß-Szenen. Sie umschließt sie mit der Heimkehrszene V,2 zusammen in weit gelagertem Rahmen. „Ein rechter Schütze hilft sich selbst" – mit einfachem Wort wird auf anderer Stilebene die lyrisch hochgestimmte Entbundenheit des einleitenden Liedes ins Begrenzte des häuslich-täglichen Lebens zurückgeführt. Weite, Freiheit, das Heroische der Alpenwelt sind die notwendige Ergänzung dieses Begrenzten, seiner Geborgenheit. Sie grundiert Tells Figur mit einer gegen das Stauffachermilieu abstechenden Schlichtheit, die dem Idyllischen gemäß ist. Objektive Naturformen des Lebens zeichnen sich ab: im Verhältnis von Vater, Mutter und Söhnen, im Beruf des Alpenjägers neben Hirten, Bauern und Fischern. Sache, Stimmung und Wort scheinen in einer sich selbst genügenden Rundung übereinzustimmen. Es ist hier in der Tat alles auf das Poetische abgestimmt. Dennoch wird das Zuständliche, im fließenden Übergang vom Allgemeinen zum Konkreten und Nahen[27], in zunehmende dramatische Bewegtheit übergeleitet. So ergibt sich ein Gefälle von der mutig-unbekümmerten Lebensfreiheit des Schützenliedes bis zu der angstvollen Sorge Hedwigs, die am Szenenschluß um so bedrückender wird, weil sie ins Ungewisse vorgreift – „weils keine Ursach" hat. In die Einfachheit der Szene ist derart eine in den Untertönen vielschichtige innere Dimension eingelegt, die die simple Alternative von Empfindsamkeit und Heroismus in Hektors Abschied in Substantialität und Fülle weit hinter sich läßt. Denn hier ist der Idylle zugleich ein permanenter Zustand des Wagnisses, des Kampfes um Leben und Tod eingelegt[28]; sie wird, was sie ist, nur auf dem Grund eines Handelns, das sich beständig dem Ungesicherten aussetzt und ihm gegenüber behauptet: in täglicher Todesnähe des Jägers wie im häuslichen Tun des Vaters zu „Schutz und Trutz". Die Idylle bedarf der sichernden Hand. „Jetzt mein ich, hält das Tor auf Jahr und Tag." Das Tor schließt gegen die Außenwelt ab und öffnet zu ihr. Die Idylle und das Wagnis auf Tod oder Leben bedingen sich gegenseitig; Fühlen und Handeln sind eine Einheit. Liebe und heldisches Tun bedeuten nicht Entzweiung. „Lieb Weib, ich dacht an euch, Drum rettet ich den Vater seinen Kindern." Tell wird dies im Apfelschuß an sich selbst und seiner Familie bewähren. Er schießt auf den Sohn, um ihm den Vater zu erhalten. Es ist eine bedeutende künstlerische Leistung Schillers, wie er dieser Szene, die in Deskription und Illustration einen Aktionsstillstand zu bedeuten scheint, mit dramatischer Präzipitation dem Kommenden

[27] Ebd., S. 402.

[28] Zum Ineinander von Todesgefahr und Idylle, das letztere aus der Beschränktheit hebt, vgl. G. Kaiser, *Vergötterung und Tod*, S. 36f.

entgegenlaufen läßt; wie er in der Verflechtung von Todesgefahr und Idylle deren statische Beschränktheit aufhebt.

Es wurde oben darauf hingezeigt, wie Schiller in den *Räubern* und im *Fiesko* das Grundmuster von Hektors Abschied ins Gewaltsame dramatisiert hat. Hier, in der Tell-Hedwig-Szene, gibt er ihm eine homerische ‚Einfachheit' zurück, die auch alle jene empfindsam transzendierenden Tönungen vermeidet, die in Amalias Lied vorherrschten. „Elysium" erfüllt sich für Tell und seine Familie hier, im häuslich-praktisch Irdischen, und er hat es schließlich für sich und sein Volk erkämpft. „Uns trennt kein Tyrann mehr" (V,2). Im 4. Auftritt des Prologes der *Jungfrau von Orleans* wird die Alternative von Idylle und kriegerischem Handeln, der Übertritt von dem einen zum andern zur Zwiesprache im eigenen Ich der Jungfrau zusammengezogen. Die hymnisch erhöhten Stanzen ihres Abschieds- und Aufbruchsmonologes, dieses Abschieds von der arkadisch schönen Kindheits-, Unschulds- und Friedenswelt, dieses Aufbruchs zur Vaterlandserrettung, zum „Kriegsgewühl", zu „kriegerischen Ehren" vereinigen im strömenden Fluß und Schwung der Verse, was, als eine dramatische Antithese zwischen schäferlicher zarter Jungfräulichkeit und männermordendem Amazonentum, zwischen Hirtin und Kriegsheldin, eine Einheit der Person hätte sprengen müssen. Das Medium der lyrischen Sprache hält zusammen, was in der dramatischen Aktion Johanna in einen Widerspruch stürzt, der sich erst löst, als sie im Durchgang durch das tragische Bewußtwerden ihres Selbst zur „Einstimmung in sich und das Schicksal" gefunden hat, zu einer Harmonie, die sich bis zur Vergöttlichung erhöht. „Ist die tötende Jungfrau kühnstes und dabei angemessenstes Sinnbild für die von der Menschheit zu durchschreitende Dissonanz, so ist die Jungfrau auch angemessenstes Bild für die Vollendung der Menschheit."[29] Der Monolog hat die Funktion, nach Schillers dramaturgischer Terminologie, des ‚prägnanten Momentes', ‚der aufbrechenden Knospe', aus der sich die Tragödie und die Apotheose der Jungfrau entwickeln wird. Horst Rüdiger[30], neuerdings wieder Gert Sautermeister[31] haben gezeigt, daß in die Entgegensetzung von Menschennatur und göttlichem Auftrag durch diesen Monolog eine höhere Einheit eingelegt ist. Johannas Abschied aus der naiven schäferlich-arkadischen Idylle ist der Aufbruch zu „einem zukünftigen Paradies, das schöne Menschlichkeit einem Schutz gewährenden, Glück und Se-

[29] Gerhard Kaiser, *Johannas Sendung*, in: Jahrbuch der Deutschen Schillergesellschaft. X, 1966, S. 233.

[30] Horst Rüdiger, *Schiller und das Pastorale*. Euphorion 3. Folge 53, 1959, S. 243 ff.

[31] Gert Sautermeister, *Idyllik und Dramatik im Werk Friedrich Schillers*. Zum geschichtlichen Ort seiner klassischen Dramen. Studien zur Poetik und Geschichte der Literatur Bd. 17, Stuttgart 1971.

gen stiftenden König verdankt"[32], zu einer zukünftigen politischen Idylle eines buchstäblich zu verstehenden „Vater"landes. Ähnlich Gerhard Kaiser: „Sie entwirft in der Vision ein königliches Friedensreich, das an die messianische Königsherrschaft alttestamentlicher Prophetie anklingt (Jes. 11): wenn der Gerechte mit dem Löwen um den Thron scherzen soll" (V.359).[33] In dieser Vision kehrt erhöht und für alle wieder, was sie, als eine nur begrenzte, ruhende Idylle im Bewußtsein der irreversiblen Trennung – „Euch laß ich hinter mir auf immerdar!" – schmerzlich und doch ekstatisch vorwärtsgetrieben verläßt. Damit relativiert sich die Kennzeichnung des Monologs als Abschied – er ist mehr ein Aufbruch, der auf tragischem Weg zur Erfüllung führen wird. Sie relativiert sich auch unter dem Aspekt der Sendung. Jedoch Abschied und Aufbruch bedeutet oft genug bei Schiller eine dramatische Einheit. Was von außen den Ihrigen, vor allem ihrem Vater, als Abfall, Abkehr, Trennung erscheint, ist eine Johanna innerlich durch die himmlische Macht auferlegte Berufung, es ist eine „Fremdbestimmung", nicht „Selbstbestimmung". Es gibt für sie keine Wahl oder freie Entscheidung, nur ein allerdings frei erfülltes Müssen unter einem sie fortreißenden göttlichen Zwang. Dem entspricht die lyrisch-hymnische Sprache des Monologs, die bei aller dramatischen Antizipation das Dramatische als dialektische Widersprüchlichkeit noch überdeckt. Im Aufbruch zu ihrer Sendung zeichnet der Monolog jedoch auch die Einsamkeit voraus, in die Johanna in diesem Augenblick hinübertritt und die sie in dem nun einsetzenden Drama in der Spannung zwischen dem Übermenschlichen und dem Unmenschlichen auszuhalten haben wird.

In *Wilhelm Tell* begegnet weiterhin eine andere Gruppe von Abschiedsszenen: die Abschiedsrede eines Sterbenden. Ihr kommt die Würde und Feierlichkeit des letzten Wortes als Mahnung, Bekenntnis, Botschaft zu. In der eben besprochenen Abschiedskonstellation ging es zumeist um die verinnerlichte Trennung und Vereinigung von zwei Partnern – hier hingegen zielt die Abschiedsrede nach außen, und sie verlangt oft nach einem größeren Partnerpersonal als einem Rahmen, in dem sich das Wort des Sterbenden zu stärkerer Wirkung potenziert. Solche Abschiedsrede wird gedoppelt dem alten Attinghausen in den Mund gelegt. Sie begegnet II,1, in der Trennung von Rudenz, als ein Abschied des Alters, dessen „Zeit" im Vergehen ist, derart als schwermütige, zurückblickende Klage um eine zusammenbrechende bessere Welt. Sie begegnet IV,2 als die verkündende und segnende Vision einer neuen, das Alte mit dem Sieg der Freiheit überwindenden Welt, in der sich eine glückliche Zukunft erfüllen und, was untergehen mußte, auf höherer, durch den Einsatz des kämpferischen Willens errungener Stufe wiederkehren

[32] Ebd., S. 88.
[33] G. Kaiser, *Johannas Sendung* (= Anm. 29), S. 214.

wird. Beide Szenen enthalten in ihrer Umschläglichkeit den inneren und äußeren Prozeß des ganzen Dramas. Die Dignität, die der Abschiedsrede eines Sterbenden zukommt, pointiert den ruchlosen Mißbrauch, mit dem Franz Moor in *Die Räuber* II,2 sie zum Mittel der Intrige macht. Sie ist darauf angelegt, durch die Anklage des greisen Vaters und die Preisgabe Amalias das wahre Verhältnis Karls zu beiden völlig zu verfälschen. Um so größere Dignität in Anklage, Bitterkeit, Verachtung und in ihrem Schmerz gewinnt im Mund des alten Kammerdieners in *Kabale und Liebe* II,2 die Erzählung vom verzweifelt aufbegehrenden und ohnmächtigen Abschied der zum Schlachtentod verkauften Soldaten, seiner und seines Landes Söhne. Franz deckte Lüge über die Wahrheit; hier wird die Welt des Scheins und des Trugs zur Wahrheit aufgerissen, die Wirklichkeit aus ihrer Stummheit hinter sie verdeckenden, trügerischen Schirmwänden herausgeholt. Im Abschied der Soldaten kündigt sich ihre andere Wiederkehr an: „Es leb unser Landesvater – am Jüngsten Gericht sind wir wieder da!" Die Rückkehr der zum zeitlichen Tod Verurteilten wird zur Endgültigkeit des ewigen Todes jenes, der dies Urteil verschuldet. Hohn, Verdammung und Rache ballen sich in der Treffkraft weniger Worte.

Mit trotzender Verzweiflung flüchtet Mortimer in *Maria Stuart* IV,4 in den Tod, „frei im letzten Augenblick". Frei – dies meint eine Befreiung von den Verstellungen, die das Handeln im Leben aufnötigt, nicht jedoch jene innere Freiheit, zu der Maria in dem Drama aufwächst und sich verklärt. Der Tod wird für Mortimer zum Versprechen einer Vereinigung mit Maria, die im Irdischen seiner besitzverlangenden erotischen Leidenschaft versagt blieb. In der Mischung von erotischer und religiöser Ekstase wird sein gewaltsames Ende zum Gegenbild des Todes der schottischen Königin. Er maßt sich noch im Sterben eine Gewalt an, diesen Tod mit „männlichem Beispiel" vorauszunehmen und sie zu dieser imaginierten Vereinigung mitzureißen. Dieser fassungslose Augenblick zwischen Leben und Sterben vergegenwärtigt in äußerster Gedrängtheit nochmals das Problematische seiner Intention, seines Charakters, und er weist kontrastiv auf Marias Sterben voraus. Knapp, ungemein dicht, mit stärkst konzentrierter sprachlicher und gestischer Verschränkung des Gegensätzlichen, damit der tragischen Dialektik, der dramatischen Spannung und der theatralischen Wirkung ist der Schluß von V,9 – Marias Begegnung mit Leicester während ihres Todesganges – gestaltet. In ihm gipfelt der auf Maria bezogene Ablauf des fünften Akts. Ihn durchzieht bis zu diesem Punkt als Thema ihr letzter, ewiger Abschied im unglückselig schmerzvollen Wiedersehen (V,1); was Hanna Kennedy und Melvil derart formulieren, gelangt in dem Schluß von V,9 zur situationellen Kulmination. Das Abschiedsthema entfaltet sich in den vorangehenden Szenen in wechselnden Gradationen und Kontrastierungen der Affekte zwischen den ihr zu-

und untergeordneten Personen und der edlen Fassung der „Königin und Heldin". Es bedarf hier keiner Erörterung, wie in diesen Szenen von Phase zu Phase dem Thema eine immer weitere Dimension eingelegt wird. In der umfangreichen Beichtszene V,7, die Gerhard Storz als ersten Höhepunkt im Aktaufbau bezeichnet hat[34], die aber die dramatische Spannungsführung beträchtlich retardiert, vollzieht sich jene Reinigung Marias zu gläubiger Selbst- und Lebensüberwindung, die sie bereits im Irdischen mit dem Göttlichen vereint erscheinen läßt. Die ätherische Hingabe Marias an ihren Glauben droht jedoch den Kampf zu überdecken, den sie um ihretwillen in sich selbst zu vollziehen hat. Schiller hat deshalb um die Beichtszene eine Art Rahmen gelegt, der doppelt, entsprechend den beiden Marias Rettung versprechenden Handlungssträngen, auf ihre Bindung an das Weiblich-Irdische, das „eitle" Herz zurückverweist. Die Szene V,1 erinnert zurück an Mortimers verheißenden und zugleich bedrohenden Rettungsplan, in dem es um die Königin und das erotische Verlangen nach dem Weib ging und der noch einmal, wenn auch unter zögernder Furcht, in ihr den süßen Trieb des Lebens weckte – der Auftritt V,9 ruft im Anblick Leicesters noch einmal das Bewußtsein der lange vergeblich gehegten Hoffnung auf Liebe, Glück und Leben zurück. Marias Verklärung in der Beichte wird eingefügt zwischen die täuschende Hoffnung, die durch Mortimer geweckt wurde, und die täuschende Hoffnung, die Maria an Leicester gebunden hat. Mortimer und Leicester versprachen die Rettung – beide haben, auf verschiedene Weise ihren Tod beschleunigt. „Da jeder irdsche Retter mich getäuscht" (V,7). Die Begegnung mit Leicester wird im jäh sie überfallenden Schmerz der Erschütterung zu Marias letzter Prüfung, zum Zeichen dessen, was sie in sich selbst überwinden muß und was sie in sich selbst zu überwinden vermag, bis zur Erhöhung über das Weiblich-Irdische hinaus. Der Auftritt wird pantomimisch breit eingeleitet – ähnlich wie in anderen Abschiedsszenen in Schillers Drama. Die Dialogpause ist Vorzeichen eines stark gefüllten Vorgangs. In Marias Gestik wird eine plötzliche Überwältigung und Schwäche eingelegt, die zum umgekehrten Ausdruck der Anstrengung wird, mit der sie kurz danach ihre Fassung wiedergewinnt. Dieser Innenvorgang darf nicht mehr zur Sprache werden; artikuliert würde er aufheben, wozu der innere Läuterungsprozeß Maria geführt hat. Was das Leben verweigerte, gewährt der nahe Tod: die umarmende Vereinigung für einen letzten Augenblick. Sie wird für Maria zur tragischen, für Leicester zur vernichtenden Ironie. In ihr verbildlicht sich die für Schillers Abschiedsszenen typische Dialektik von Vereinigung und Trennung. Sie wiederholt sich in Marias Worten: der Augenblick vor dem Tod wird zum Augenblick ihres Geständnisses der Liebe, ihrer besiegten „Schwachheit",

[34] G. Storz (= Anm. 16), S. 343.

des enttäuschten Sehnens und Hoffens ihrer Weiblichkeit. Indem sie sie eingesteht, hat sie sie hinter sich gelassen. Dies gibt ihr die Kraft, in Härte und Stolz ihrer Verurteilung Leicesters noch ein sanftes Wort des Abschieds einzulegen. „Sanft" sind Klang und Gestus ihrer Worte, so vernichtend sie Leicesters Schwäche und Versagen bloßstellen. Verurteilung als Abkehr und Abschied als Sprache des Herzens gehen hier ineinander über.

Talbots Sterbeszene in der *Jungfrau von Orleans* III,6 zeigt hingegen eine beträchtliche rednerische Ausbreitung. Ihr kommt eine doppelte Gegenbildlichkeit zu: einerseits zu dem vorangehenden kurzen Auftritt zwischen König Karl und Agnes Sorel (III,2), der eingestimmt ist auf den Aufbruch zu Sieg und Ruhm und auf das Vertrauen zum schützenden Himmel, andrerseits zu Tod und Vergöttlichung der Jungfrau. Dies gibt der Szene kompositorisches Gewicht. Sie dient dem „formalen Ausgleich". Dies muß betont werden, denn zunächst drängt sich als gedankliches Element die Radikalität der Weltverachtung und -verzweiflung, eines „nihilistischen Agnostizismus" auf[35], wie er in Schillers Drama seit Franz Moors rationalistischem Zynismus nicht wieder begegnet ist. Talbot erkennt den Zusammenbruch seines Lebenswerkes; sein Tod enthält die Niederlage der englischen Armee, er bekommt eine mehr als persönliche Bedeutung. Ch. G. Körner sah dies, wenn er meinte, Talbot sei, wenn auch nur eine Einzelperson, schon so etwas wie ein griechischer Chor.[36] Talbots Überzeugung von der Weltherrschaft der rational planenden und handelnden Vernunft bricht zusammen.[37] Sie schlägt, infolge einseitiger Beschränktheit, um in die Negation jeglicher Weltvernunft. Der Einbruch des Inkalkulablen und Göttlichen hebt ein Weltverständnis auf, das sich in solcher Rationalität dem Tragischen verschlossen hat. Hingegen nimmt die Jungfrau das Tragische an, und sie vermag es zur überirdischen Verklärung zu transzendieren. Sie hält die Welt für das romantisch „Wunderbare" als ein rein Poetisches, als ästhetische Erlösung offen. Johannas Lebensabschied V,14 ist, in weitem Bogen, bezogen auf den Monolog in Prolog 4, den Abschied von der arkadischen Idylle. Prolog und Apotheose sind, nach einem Wort Horst Rüdigers, „wie Klammern um die eigentliche Handlung gelegt, die erst durch diese Einbettung ins Pastorale ihren Sinn empfängt".[38] Johannas Lebensabschied bedeutet erhöhte Heimkehr – zu Volk und König, Frankreichs Fahnen und zu einem himmlischen „Elysium".[39] Die Totenklage, mit der, im szenischen Tableau und im Sprachton ins Harmonisch-Milde eingestimmt, die Szene einsetzt, mündet in die Apotheose, und sie verstummt

[35] Ebd., S. 364.
[36] Ch. G. Körner an Schiller 9. Juli 1800.
[37] Dazu G. Kaiser, *Johannas Sendung* (=Anm. 29), S. 223.
[38] H. Rüdiger (= Anm. 30), S. 243.
[39] Ebd., S. 244.

angesichts des doppelten Wunders der Auferstehung, das sich auch in der gestischen Bildsprache ausdrückt. Johanna kehrt aus scheinbar schon vollzogenem Tode zurück – „ganz aufgerichtet". Und sie hebt sich dem Himmel entgegen, „ganz frei aufgerichtet, die Fahne in der Hand" – es vollzieht sich der „Übertritt des Menschen in den Gott", „die große Idylle der Vollendung".[40] Talbots verzweifeltes Sterben wurde begleitet von Ekel und Verachtung gegenüber einer entstellten Welt – Johannas Tod wird als „Vollendung der Menschheit auch Wiederherstellung der entstellten Menschheit"[41], Versöhnung zur höchsten Harmonie. Talbots alles verwerfender Tod, der Jungfrau alles erfüllender Tod messen Grenzen ab, zwischen denen sich die „romantische Tragödie" bewegt.

Bisher begegnete der Abschied als ein Szenenteil, wie zu erwarten, meist an ihrem Ende oder als eine ganze Szene, die sich, wie in *Wilhelm Tell* III,1 als mehrstufig ausgebaut darbieten kann. Doch kann sich der Abschied, wiederum fast selbstverständlich gegen Ende eines Dramas, zur Auftrittsfolge ausweiten. Er ist dann nicht ein Glied im vorwärtsdrängenden Ablauf, auch nicht ein Ruhepunkt, in dem sich Neues vorbereitet, sondern irreversibler Vollzug der letzten Entscheidung. Der Lebensabschied Don Cesars in der *Braut von Messina* umfaßt mehr als 300 Verse. Der breite Ausbau in Retardationen, Umschlägen und Steigerungen ermöglicht eine dramatisch wirksame Vermehrfachung der Abschiedssituationen. Sie entwickeln sich in Variationen, die deren innere Dimension durch eine Mehrzahl von kontrastiven Affekt- und Tonlagen erweitern; vom Abschied Cesars zum Tod in aufbegehrender Verzweiflung bis zu seinem Abschied zum Tod in Versöhnung, Liebe und Frieden. Die Szenenfolge führt vom Schrecklichen über das Rührende zum Erhabenen, zu einem ästhetischen Tod, in dem sich das ästhetische Gesetz des Dramas erfüllt. In welchem Umfange der Abschied zum Tode für Schiller ein poetisches Element bedeutet, wird am Schluß der *Braut von Messina* besonders deutlich.[42] Das äußere Geschehen des Enthüllungsdramas ist abgeschlossen; was noch folgt, vollzieht sich auf der affektbestimmten Innenbühne der Partner. Die Blutschuld am Bruder, der Fluch der Mutter, die Abkehr der Schwester, die in dem Ermordeten um den Geliebten weint, treiben Cesar ohne „der Wehmut letzter Trost" in die Einsamkeit seiner Schuld. Der aus ihrer Welt Verstoßene zerreißt in der Verzweiflung des enttäuschten Begehrens nach Mitgefühl und Liebe die Bande, die ihn mit der

[40] G. Kaiser, *Johannas Sendung* (= Anm. 29), S. 232.

[41] Ebd., S. 233.

[42] Auch G. Storz (= Anm. 16), S. 381, sieht in dem dramatisch-lyrischen Kunstwerk dieses Dramas vor allem ein „poetisches Formenspiel", hinter dem der „Sinn eines faktischen Geschehens" und faktisch-individuelle Verwirklichungen im Hintergrund bleiben.

Mutter und Schwester, in ihr der Geliebten, verknüpfen. Ihm scheint, ein anderer Kain, nur der Einsamkeitstod des verlorenen und verfluchten Sohns zu bleiben. Abschied wird hier zum Riß durch alle Bande der Neigung und der Natur. „Sieh nie mich wieder – niemals mehr – Nicht dich, Nicht deine Mutter will ich wiedersehen. Sie hat mich nie geliebt.“ Diese heftige Affektzuspitzung erinnert an die Brudermorddramen des Sturm und Drang.[43] Mit deren Protagonisten teilt Cesar jene subjektgerichtete Leidenschaftlichkeit, die den Partner kaum noch wahrnimmt. Denn die Brücke zu der Schwester ist nicht gänzlich abgebrochen. Dies zeigt, in für Schillers Abschiedsszenenregie typischer Gestik, die Szenenanweisung nach Cesars Abgang. Beatrice „steht unschlüssig, im Kampf widersprechender Gefühle, dann reißt sie sich los“. Sie wird ihm zu dem ‚sanften‘ Tod verhelfen. Die Gewaltsamkeit in der ersten Phase der Szenenfolge bereitet kontrastiv auf die Kehre zu diesem Tod vor. Man könnte fast in dieser Kehre eine Demonstration von Schillers Absage gegenüber dem Stil der Affektexpressivität seiner Jugenddramen um des poetisch-ästhetischen Stils seiner klassischen Tragödie willen sehen, von dem die folgenden Auftritte durchbildet werden – allerdings nicht ohne einen Einschuß von Empfindsamkeit, der wiederum historisch zurückweist, will man ihn nicht als Ingredienz im klassischen Stil anerkennen.[44] Die dramatische Folge entspricht zudem einem für Schiller typischen Verfahren: dem tiefsten Fall, in dem die Katastrophe erreicht scheint, folgt im inneren Vorgang ein neuer Anstieg zum Ende als Höhe. Er kehrt den Abschied zum Tod zu einer Heimkunft, die Entzweiung zur Versöhnung, die Trennung zur Vereinigung um. Doch muß vorher der Tod nochmals dem Ruf zum Leben abgerungen werden. Es wiederholt sich jene Versuchung zum Leben im vorletzten Augenblick, durch die auch Karl Moor in *Die Räuber* V,2, Posa im *Don Carlos* IV,21 gehen müssen. Wiederum stellt sich die Erinnerung an Hektors Abschied ein, wenn die Mutter, danach die Schwester den zum Tod Entschlossenen bittend umdrängen. Mit ihrer Rückkehr setzt die Wendung zum empfindsam Rührenden, zum Poetischen des Leidens, der werbenden Neigung ein. Jede der folgenden Dialogstufen führt vom Außen mehr zum Innerlichen, zum menschlichen Selbst Cesars. Solange er abgewiesen wurde, warf sich seine Not nach außen, ihnen entgegen; jetzt muß er seinen Tod gegen sie und sich selbst erkämpfen. Die Mahnung des Chors an das verwaiste Land wird rasch abgewiesen; die „Mutterbitte“ legt über ihn den ersten Schimmer

[43] Dazu, *Die Feindlichen Brüder*. Zum Problem des gesellschaftskritischen Dramas von J.A. Leisewitz, F.M. Klinger und F. Schiller, S. 129ff.

[44] Dazu Friedrich Sengle, *Die Braut von Messina*. In: *Arbeiten zur deutschen Literatur 1750–1850*. Stuttgart 1965, S. 109ff.; weiterhin Wolfgang Schadewaldt, *Antikes und Modernes in Schillers Braut von Messina*. Jahrbuch der Deutschen Schillergesellschaft. XIII, 1969, S. 286ff.

der Versöhnung, der milden Wehmut, des schönen Mitleids und führt ihn aus dem Haß zurück. Aber gerade angesichts der Mutter kommt „der alte Neid“ gegenüber dem Bruder, der ihm „erhaben“, „wie ein Gott“ jetzt im Tode voraus ist, nicht zum Schweigen. Nur die Verweigerung ihres Bittens kann den Bruderkampf beenden, in dem der Tod bereits den einen zum Sieger machte. Dennoch scheint in dritter Stufe das Flehen der Schwester, nach kurzem Auflodern der Eifersucht „mit tief verwundeter Seele“, ihn zu neuer Lebensbereitschaft festzuhalten. Die Liebe bereitet ihm die schwerste Prüfung. Man muß sich fragen: zu der Schwester, zu der Geliebten? Denn ist es wirklich nur die Schwester, der Cesars letzte Rede, letzter Gruß an das Leben gilt? „Ich halte in meinen Armen, was das irdische Leben zu einem Los der Götter machen kann.“ Schiller geht es, aus der szenischen Situation heraus, um die Steigerung zu einem höchsten Affekt, ohne Rücksicht auf die ‚Realität‘ der Figurenbezüge, um ihn dann in den entgegengesetzten Affekt umschlagen zu lassen. Das vorausgegangene Frohlocken des Chors pointiert den Umschlag; die von ihm eingelegte Dialogzäsur, danach das feierliche Sichtbarwerden des Sarges, in dem der tote Bruder auf der Szene präsent wird, erzeugen einen letzten Augenblick der höchsten, angehaltenen Spannung – es folgt der Tod. „Die Tränen sah ich, die auch mir geflossen, Befriedigt ist mein Herz, ich folge dir.“ Dieser Tod ist Sühne der Schuld, Befreiung vom Schicksalsfluch, er ist ein Tod der Vereinigung, der Versöhnung, des Friedens, der sanften Gnade, er ist ein Akt der inneren Freiheit, der bis zur Vergötterung erhebt und zugleich sich jener höchsten Weltordnung, die „der allgerechte Lenker unsrer Tage“ gesetzt hat, zum reinen Opfer bringt. Solche Sinnfülle und Festlichkeit des Todes mußte Schiller glaubhaft machen; dazu diente der lange, in seinen Wendungen und Differenzierungen durch unsere kurze Beschreibung gewiß nicht voll erfaßte Weg, der in dieser höchst kunstvoll gebauten Szenenfolge zu ihm führt. Dieser Weg mußte, vom Schrecklichen über das Rührende zum Erhabenen leitend, gemäß dem poetischen Anspruch dieses „Trauerspiels in Chören“, die ganze ästhetische Dimension des Todes als Form entfalten.

Vergleicht man den Schluß der *Braut von Messina* mit dem Ablauf der Abschiedsszenen im *Don Carlos*, wird deutlich, welche Kunstsicherheit Schiller in dem späteren Spiel gewonnen hatte. Gerhard Storz hat aufgezeigt, wie unzweckmäßig, gemessen am stofflichen Zusammenhang des Ablaufes, diese Szenen am Schluß des *Don Carlos* sind.[45] Es ist geläufig: der junge Schiller berücksichtigte wenig genaue Motivierungen bzw. Brüche im äußeren Vorgang, wenn er eine wirkungsstarke Pathetik der Einzelszene gewann. Sie hat im *Don Carlos* noch ein beträchtliches Eigengewicht. Eine allzu konstruktive

[45] G. Storz (=Anm. 16), S. 141.

Intention[46] konfrontiert zum Schluß die vier zentralen Figuren miteinander, um ihre verbindenden bzw. kontrastiven Beziehungen zueinander herauszuarbeiten und, was sich im Vorgangsverlauf verwirrt hatte, für die Zuschauer zu deutlicher Scheidung bzw. Entscheidung zu bringen. Die Impulse, die das Verwicklungsdrama vorantrieben, münden in diese Szenen. Auffällig ist die ungleiche Redeverteilung in IV,21, V,3 und V,4; sie gleicht sich relativ aus in V,11. Die Szene V,4 zwischen Carlos und dem König nimmt eine Sonderstellung ein, sie ist mehr eine Szene der Verurteilung, des Gerichts als ein Abschied. Denn es gibt hier keinen Raum mehr für eine Sprache des Herzens zwischen dem Sohn und dem Vater, wie Carlos sie in II,2 suchte und einsetzte. Dem entspricht die Vielzahl der Zeugen: der Sohn hält über den Vater ein öffentliches Gericht ab. Wie in dieser Szene fällt in IV,21 und V,3 dem einen Partner die Quantität der Rede zu: in IV,21 und V,3 dem Marquis, in V,4 und, relativ, V,11 dem Carlos. Der andere büßt jeweils an Eigengewicht der Rede ein, er wird auf verbale und gestische Interjektionen beschränkt, auf Dialogzäsuren. Carlos verharrt V,3 lange in toter Erstarrung, der König „in Totenstille“ V,4, Carlos muß V,11 seine verstummte Mutter zur Rede auffordern. Und V,4 nimmt Carlos nach Ausbruch seiner Empörung gegen den König „am Folgenden keinen Anteil mehr“. Verstummen, Schweigen wird zu einem wesentlichen kontrapunktischen Kompositionselement in diesen Szenen; seine Funktion läßt sich jedoch nicht auf eine einzige Formel bringen.[47] Die Wortkargheit Elisabeths deutet auf einen inneren sich in ihr vollziehenden Prozeß; zunächst gegenüber Posa höflich-distanziert, ist sie am Schluß völlig durch ihn gewonnen, bereit, seinen Auftrag zu verwirklichen. Das Schweigen Philipps gegenüber seinem Sohn bedeutet eine Betroffenheit bis zur momentan wehrlosen Unterwerfung; die Erstarrung von Carlos gegenüber Posa signalisiert eine innere Verzweiflung, die jäh zum raschen Tatentschluß umschlägt. In jeder Szene akzentuiert das Schweigen die Gewalt der auf den verstummenden Partner eindrängenden Rede. Sie wird umrahmt von bewegter Pantomime und rascher Wechselrede je an Szenenexposition und -finale. Die Einseitigkeit der Redeverteilung macht den sprechenden Szenenprotagonisten zum Träger der vorwärtsdrängenden Aktion; er spricht unter dem Druck der eilenden Zeit. Wie dramatisch wirksam der Wechsel zwischen Wortfülle und Wortkargheit ist, zeigt der Schluß von IV,21. Die mehrfache Wiederholung des einen, alle Hoffnung negierenden Wortes „keine“ schließt wie Hammerschläge das Tor des Lebens für Posa zu, nach-

[46] E. Staiger (= Anm. 14), S. 275.

[47] Walter Müller-Seidel, *Das stumme Drama der Luise Millerin.* Jetzt in: *Schiller.* Zur Theorie und Praxis der Dramen, hrsg. von K. L. Berghahn und R. Grimm. Darmstadt 1972, S. 131 ff.

dem er es eben für Carlos weit geöffnet hatte. Aber auch dramaturgische Mißhelligkeiten bleiben nicht aus. Daß zweimal, in IV,21 und V,3 rückblikkend, sich anklagend und rechtfertigend, Posa nicht ohne Umständlichkeit seine undurchsichtigen Aktionen rekapitulieren und erklären muß, um die Befremdungen aufzuheben, die Elisabeth und Carlos von ihm trennen, belastet und überdehnt beide Szenen und widerspricht dem Druck der hetzenden Zeit. Und noch anderes hindert dessen Perzeption: in den zwischen die Abschiedsszenen zahlreich gelegten Szenen verringert sich das Tempo merklich; sie zerstreuen die Spannung, legen sich ablenkend zwischen sie ein und stören derart die Wirkung ihres inneren Zusammenhanges. Die symmetrische Ordnung zeigt, daß es Schiller auf ihn ankam. Dreimal wird Carlos in die Situation des Abschieds bzw. der Absage gebracht: gegenüber dem Freund, dem Vater, der geliebten Mutter. Jede bedeutet, fast ruckhaft überstürzt, eine Stufe der inneren Entwicklung, die „frühzeitig mich zum Mann gereift". Er wird zum Schluß der Tragödie als die Hauptfigur herausgehoben, als die er in deren Verlauf, durch die ihm aufgenötigte Passivität und Abhängigkeit von Posa, verlustig zu gehen drohte. Indirekt ist zudem bereits die Szene IV,21 ein Abschied des Marquis von Carlos. Je zweimal werden die Königin und Posa in die Abschiedssituation gebracht.

Gerhard Storz hat die „Unstimmigkeit" dieser Szenen aus dem Zwang des historischen Stoffes und der Notwendigkeit der Tragödie abgeleitet, die von ihrem Autor verlangte, „den Posa rechtzeitig und auf die seiner Gestalt würdige Weise zu Tode zu bringen".[48] Dies läßt sich ergänzen. Schiller mußte die Grundkonflikte des Dramas, die sich in den vorangehenden Intrigenaktionen zu Detailspannungen zu zerstreuen drohten, in großer Finalsteigerung nochmals vergegenwärtigen und zu einer Lösung führen, in der sie zugleich als Konflikte voll präsent blieben: im Gericht über den König, im Opfertod der Freunde, in dessen Eingang in eine weit ins Zukünftige ausgreifende politisch-humane Verkündigung, in die ebenso die Königin einbezogen ist. Was in der Verkettung der komplizierten Intrigen auseinanderzufallen schien, die große Menschheitssache einerseits, die Welt des Herzens in Freundschaft und Liebe im konkret-einzelnen Menschen andererseits, wird seit IV,21, allerdings unter Opferung des Lebens, zur Übereinstimmung gebracht.[49] Resignation vor der Wirklichkeit schlägt um in die abstrakte futurische Verheißung. Angesichts des Todes gelangen Posa, Don Carlos und auch die Königin zu ihrem vollen Selbst. IV,21 führt Posa „mit zerstörtem Gesicht, bebender Stimme", mit Zügen und Sprache eines Sterbenden ein – der Schluß mündet in Posas so schwermütigen wie befreiten Abschiedsruf an das Leben. Posa

[48] G. Storz (= Anm. 16), S. 144.

[49] Dazu Benno von Wiese, *Schiller*. Stuttgart 1959, S. 268 ff.

reinigt sich in der Selbstanklage von seiner Hybris, er verzichtet auf seine Liebe zu Elisabeth, er opfert sich für den Freund und gibt an ihn das kühne Traumbild des neuen Staates weiter. Er gewinnt, indem er sich so entäußert, jene Fassung, die in Schillers Drama stets Zeichen der erhabenen Entscheidung ist. „Stolzer hebt sich deine Brust, und deine Blicke leuchten" – so empfängt Carlos ihn V,3. Es liegt auf der Hand, wie tief diese Erhabenheit die Figur des Königs in der folgenden Szene hinuntersetzt und wie sie Carlos zu sich selbst hinaufreißt: er gibt um des Freundes willen den Vater preis, er überwindet seine subjektiv-egozentrische erotische Leidenschaft und nimmt das Vermächtnis Posas als seine Bestimmung an. Abschied bedeutet derart eine ideelle Vereinigung – eine Gemeinsamkeit zwischen Carlos, Posa und Elisabeth, die, zu Beginn des Dramas angelegt, jetzt zum Bürgen einer zukünftigen Welterneuerung wird. Doch kann die ideelle Höhenlage dieser Szenen und die ihnen eingelegte Dramatik nicht eine dramaturgische Problematik überdecken. Sie zeigt sich im Blick auf das ganze Ablaufgefüge des Dramas, in der konstruierten Symmetrie und, durch Vorlagerung von IV,21, in der auseinandergezogenen Abfolge dieser Szenen, im Mißverhältnis des ihnen eingelegten Tempos gegenüber den sie umgebenden Auftritten und in der ablenkenden Überfüllung, die sie durch Posas wiederholte erzählerische Rückgriffe erhalten, ferner in der Forcierung der szenisch-theatralischen Effekte. Es rächte sich, daß Schiller in diesem Drama noch zu sehr, nach eigenem Wort, „das ganze Gewicht in die Mehrheit des Einzelnen" gelegt hatte. Erst in den Abschiedsszenen in *Wallensteins Tod* gelang ihm, „alles auf die Totalität" zu berechnen.[50]

Die Szene III, 3 der *Piccolomini* zeigt erneut die Ineinanderbildung von Vereinigung und Abschied, Abschied und Vereinigung, deren dramatische Dialektik uns bereits in einer Mehrzahl von Variationen begegnete. Max berichtet der Gräfin Terzky von der ersten Liebesbegegnung zwischen Thekla und ihm: im Augenblick der Trennung nach beider Reise durch die Idylle des Friedens, die „Wohnungen der ewgen Freude". Der Abschied wird zur Erwartung einer Zukunft, in der sich über ihr persönliches Glück hinaus die Vision einer schöneren Weltverfassung spiegelt. Aber schon die nächste Szene rückt solche Idyllik des poetisch-menschlich Schönen unter Zeichen der Gefährdung. Vom Beginn an lebt diese Liebe unter dem Zwang zur Trennung; er wird ihr von außen aufgenötigt, und er drängt sich in das Bewußtsein der Liebenden ein. Schiller hat die erste Liebesbegegnung von Thekla und Max nicht auf die Bühne gebracht; indem er Max diese Liebe arglos vertrauend der Gräfin gestehen läßt, legt er sie ganz in die schöne Innerlichkeit seines

[50] Schiller an W. v. Humboldt, 21. März 1796. *Der Briefwechsel zwischen F. Schiller und W. v. Humboldt,* hrsg. von S. Seidel. Berlin 1962, Bd. 2, S. 51.

Gefühls ein. Es ist ein virtuoser Kunstgriff, daß er Max auch von der ersten Begegnung mit Thekla und ihrem Vater zusammen nur erzählen läßt (III, 4); was in der Bühnenwirklichkeit bereits zum Konflikt gedrängt hätte, läßt sich in seiner hoffenden inneren Vorstellung noch verbinden. „Warum auch mußt er beim Empfange gleich Den Bann um Sie verbreiten, gleich zum Opfer Den Engel schmücken...", aber gegen diese dunkle, weit vorgreifende Vorahnung wendet sich die Zuversicht und Verehrung des Feldherrn: „Ein heitrer Mann mit einer Königsstirn..." Als Max und Thekla III, 6 einander umarmen, derart ihre Vereinigung sichtbar auf der Bühne geschieht, ist die Situation bereits mit dramatischer Spannung aufgeladen und diese Liebe in das politische Kräftespiel hineingerissen. Es bricht in des Max kurzes Glück zeugenloser Zwiesprache mit Thekla ein, und es scheint, da er sich dem Fordern der Gräfin nach Trennung nicht verweigern darf, ihn für einen Augenblick sogar der Geliebten zu entfremden. Die Erinnerung an Hektors Abschied stellt sich ein; aber die Pantomime vereinigt, was sich in der Rede zu entzweien droht. Hektor folgt frei der höheren Pflicht; hier legt sich der feindliche Zwang der politischen Welt zwischen das Menschlich-Schöne. Die Pantomime am Schluß der Szene – Umarmung und Trennung – löst, als in ihrer Wortlosigkeit um so unmittelbarerer Gefühlsausdruck, die flüchtige Konfliktspannung auf. Sie leitet, nach musikalisch einstimmender Pause, zur Schwermut von Theklas Lied III, 7 über. III, 7 scheint, als ein Stimmungsaugenblick, als lyrischer Augenblick die Handlung zum Stillstand zu bringen. Aber darin, wie Thekla sich dem Lied überläßt, liegt zugleich das dramatische Element des ahnungsschweren Vorgriffs. Das Klagelied des Mägdleins erscheint wie eine Hilfe für Thekla; sie flüchtet aus ihrer eigenen Schwermut in das im fremden Geschick objektivierende Lied. Doch indem sie aus der Stimmung des Augenblicks heraus gerade dies Lied wählt, bezieht sie es im unbewußten Zusammenstimmen mit ihm auf sich selbst. Die Klage um den Tod des Herzens wirft ihr Geschick voraus, und sie erhöht es, in lyrisch-melodischer Entfaltung der Empfindung, zum Poetisch-Schönen. Indem das Lied das persönlich Konkrete verallgemeinert, bewirkt es eine Entstofflichung zur rein poetischen Stimmung, der sich die folgende Szene um so kontrastiver entgegenstellt. Sie vergegenwärtigt zugleich, daß Thekla in der Figur des empfindsamen Mägdleins nicht aufgeht und ihr eine andere innere Dimension eigen ist. Sie macht sie fähig, in dem Monolog III, 9 der bösen Gewißheit nahen Untergangs ihres „Hauses" die unberührbare Festigkeit ihrer Liebe entgegenzusetzen – „wir haben Nichts als uns selbst". Solche Festigkeit gibt Thekla die Kraft, „das Spannungsverhältnis von Herz und Welt"[51], durchzuhalten und während des weiteren Verlaufs ihres Geschicks jene Größe der Fassung zu behaupten, die

[51] G. Kaiser, *Vergötterung und Tod,* S. 15.

sie vom Anflug der Empfindsamkeit frei hält und die sie noch in der so verhaltenen wie verdeckt sinnschweren Abschiedsszene von ihrer Mutter in *Wallensteins Tod* IV, 14 bewährt. Das Klagelied des Mägdleins, scheinbar ihrem Geschick analog, fungiert zugleich als pointiertes Kontrastbild zu Theklas Figur.

Mit *Wallensteins Tod* II, 7 setzt die Kette der Abschiedsszenen ein, in die, mit beständigen Steigerungen der Konflikte, die äußere und innere Aktion Max Piccolomini hineinzwingt. II, 7 schließt die Reihe der Max-Octavio-Szenen (*Piccolomini* I, 4; V, 1; V, 3) ab. Die Frage, mit der V, 3 endet und zu *Wallensteins Tod* hin verklammert – „Ob ich den Freund, ob ich den Vater soll entbehren" –, fordert seine Entscheidung. Aber es gibt jetzt für ihn diese Alternative nicht mehr. Die Trennung von Vater und Sohn, ihre Entzweiung läßt zurückdenken an *Don Carlos* V, 4, noch weiter zurück an *Die Räuber*, an das Caesar-Brutus-Lied IV, 5, das Karl in der Szene seiner Versuchung zu gewaltsamem Lebensabschied anstimmt. Wiederum vertritt der Sohn gegenüber dem Vater ein reineres, höheres Wollen und Denken. Aber II, 7 geht an dramatischer Vielschichtigkeit weit über die früheren Auftritte hinaus. Der Konflikt im Caesar-Brutus-Lied blieb im Bereich brückenlos dissonanter Entscheidung über Roms und, impliziert, Karls eigenes Geschick; er erweiterte sich in *Don Carlos* um die Schuld des Vaters am Mord des Freundes und vereinigte so die Empörung gegen den Tyrannen mit der Empörung des Herzens. Hier wie dort ist die Entzweiung bereits entschieden. In II, 7 von *Wallensteins Tod* wird die Abschiedsszene zum Ringen von Vater und Sohn für oder gegen die Abwendung. Eine höchst bewegte und bewegende Auseinandersetzung findet statt, nicht nur zwischen den Partnern, sondern vor allem in der Innerlichkeit von Max. Die Szene setzt, was typisch für Schillers Inszenierung solcher Auftritte ist, „in der heftigsten Gemütsbewegung" und mit einer ausgedehnten Pantomime ein; sie endet mit einem in seiner Dauer und Wortlosigkeit noch ausdrücklicheren Bild.[52] Der Beginn der Szene zeigt Vater und Sohn getrennt; Max „scheint den Vater nicht zu bemerken". Als die Trennung entschieden ist, halten sie „einander lange schweigend umfaßt". In der Entzweiung manifestiert sich ihre Zusammengehörigkeit.[53] Die Zeichensprache der Pantomime drückt aus, was sich im Dialog, in dem sich der Agon vollzieht, nur andeuten kann. Die Redeführung muß Max zufallen, denn der Kampf gegen den Vater ist sein innerer Kampf, er muß ihn in sich und gegen

[52] Es bewährt sich auch im Bau der einzelnen Szene, was Schiller am 4. 7. 1787 an F. L. Schröder schrieb: „Stücke, worin große, heftige Affekte spielen, endigen sich schöner – ruhig und stille als rasch und reißend." *Briefe*, hrsg. von F. Jonas. Stuttgart o. J., Bd. 1, S. 349.

[53] Zu dieser Szene, unter Aspekt des Aktschlusses und der sich in ihm darbietenden Sprache der Gebärden, H. Singer (= Anm. 3), S. 296.

alles, was ihn an den Vater bindet, entscheiden. Octavio unterbricht ihn nur, bis nahe gegen Seznenende, mit kurzen, sich wiederholenden Mahnungen und Bitten, ihm zu folgen. Es geht hier nicht mehr um eine Alternative zwischen dem Vater und dem Freund, Octavio und Wallenstein, an die Max am Schluß des *Piccolomini* noch glaubte. Was ihn von dem Vater trennt, wird ihn auf andere Weise auch von dem Herzog trennen müssen. Er kämpft gegen beide, um sein innerstes Selbst zu bewahren, und er weiß, daß er sich damit von der ganzen Welt, in der er bisher beheimatet war, scheidet. Max weiß, daß Trennung jetzt für ihn den Schritt in eine Einsamkeit bedeutet, in der ihm nichts bleibt als sein Selbst und seine Liebe. Er traut diesem Selbst – „Du hast des Herzens Stimme nicht bezwungen, So wenig wird der Herzog es vermögen" –, und er traut seiner Liebe. „Sie wird von gräßlich wütender Verzweiflung Die Seele retten, diesen Schmerz des Todes Mit sanften Trostesworten klagend lösen." Indem Max sich jetzt nur auf dies Selbst, diese Liebe als Halt seines Daseins stützt – „Denn alles log mir, was ich hochgeachtet" –, setzt er dies Selbst und diese Liebe in den folgenden Abschiedsszenen einer Prüfung aus, die ihn innerlich bis an den Rand des Zusammenbruchs und äußerlich in den kriegerischen Verzweiflungstod bringen wird. In dem Abschied vom Vater zeichnet sich derart sein kommendes Geschick vor. Eine so dichte Verzahnung in der Folge der Abschiedsszenen war dem Dramatiker Schiller bisher nicht gelungen. Diese Szenen *Wallensteins Tod* III, 18 bis 23 gehören, zusammen mit ihrer Grundierung in der Octavio-Max-Szene, zum Großartigsten, was Schiller unter tragischem, dramatischem und theatralischem Aspekt geschaffen hat.

Äußere und innere Aktion fallen in ihnen mit größter Ereignisdichte in eins zusammen; turbulenten Geschehnissen außerhalb der Bühne, die immer wieder auf sie eindringen, entspricht die Bewegtheit der Prozesse auf der Innenbühne der dramatischen Figuren. Das Tempo dessen, was außen geschieht, teilt sich den inneren Vorgängen mit, ohne ihnen die Weite der Entfaltung zu nehmen. Der typische Wechsel zwischen rednerisch flutendem dialogischem Ringen, wortknapper Geschehnisvielfalt und ‚sprechenden' Situationen des Verstummens und Schweigens gelangt hier zur vollen künstlerischen Wirksamkeit. Was außen geschieht, verläuft mit unaufhaltbar final bestimmter Konsequenz; es gibt für niemand, weder für Max noch für Wallenstein, eine Möglichkeit, es zu verändern oder umzuwenden. Dies akzentuiert um so mehr die Umschläge und Wendungen in der inneren Aktion, die, von dem Außen mitgerissen, gleichwohl ihm gegenüber die eigene Konsequenz bewahrt. Max tritt III, 18 auf, um den Abschied zu nehmen, von dem er II, 7 zu seinem Vater gesprochen hatte: „Sie soll mein Leiden sehen, meinen Schmerz, Die Klagen hören der zerrißnen Seele, Und Tränen um mich weinen – O! die Menschen Sind grausam, aber sie ist wie ein Engel." Es wiederholt sich zu Beginn von III, 18 in Variation und Steigerung die Situation in *Piccolomini* III, 3. Im Augenblick des Abschieds bekennt Max „frei vor allen" seine bisher geheimgehaltene Liebe. Konzentriert auf das Leiden, das er sich selbst mit dieser Abwendung zufügt, verlangt er Theklas „Mitleid", den sanften Abschied, der sein Bewußtsein, „recht und tadellos zu tun", bestätigt. Sein Herz, im Kampf zwischen der Neigung und der Gewissenspflicht – „Ich kann es nicht – kann diese Hand nicht lassen." Und dennoch: „ich kann nicht anders" – bedarf der verstehend-mitleidenden Zustimmung Theklas, um in der äußeren Entzweiung die Einheit seines Selbst und die innere Gemeinsamkeit mit der Geliebten bewahrt zu wissen. Aber Schiller erlaubt Max einen so empfindungsvoll leichten Abschied nicht. Wallenstein tritt zwischen ihn und Thekla. Max wollte in wortloser Abkehr sein über den Feldherrn entschiedenes Urteil vollstrecken, angesichts dessen es keinen Widerstand der Rede mehr geben sollte. Jetzt wird er, in voller Umkehr, von Wallenstein selbst als ein Schuldiger zur Rechtfertigung gezwungen. „Dich sollten meine Augen nicht mehr schauen. Ich hab es nur mit ihr allein. Hier will ich, Von diesem Herzen freigesprochen sein, An allem andern ist nichts mehr gelegen."

Das Verstummen Theklas entzieht ihm auf eine lange Strecke, bis III, 21, diesen Freispruch. Er muß allein aus seinem Selbst heraus vor Wallenstein seinen Entschluß zum Abfall verantworten. Er glaubte, dies allein im Bereich der Innerlichkeit, in der Zwiesprache der Herzen verwirklichen und sich „allem andern" entziehen zu können. Wallenstein zwingt ihn zur Verantwortung vor seiner ganzen bisherigen Lebenswelt, und des Max ‚sanfter' Abschied wird hineingerissen in die Gewaltsamkeit, die diese Welt jetzt überfüllt und zerreißt: zwischen dem eigenen Vater und dem Feldherrn, zwischen den sich empörenden Truppen, die seine eigenen Truppen sind, und Wallenstein. Er wird zum Bewußtsein der Schwere seiner Entscheidung genötigt, und er, der unbedingt sich entscheiden zu können glaubte, wird in die Bedingtheit der Wirklichkeit zurückgeholt. Was er als „Reinheit" und „Wahrhaftigkeit" in sich wußte, unterwirft ihn jetzt der Anklage des Verrats, des Mords an jeglichem Vertrauen. Die Phasen der Wechselrede zwischen Wallenstein und Max bedürfen keiner Rekapitulation. Brutale Drohung, die Haß und Rache ankündigt, leitet sie ein, ihr folgt Wallensteins Anklage Octavios; mit der Klage von Max ob „Der Väter Doppelschuld und Freveltat" fällt ein neues Stichwort für Wallenstein, das er sofort nutzt: mit fast zärtlicher Werbung, das „heiligste Gefühl" beschwörend, bietet er sich ihm als sein Vater an, und dem „Kind des Hauses" scheint er, die Tochter als Lockmittel nutzend, was sich in der mimisch-gestischen Zeichensprache andeutet, den Weg zu Thekla zu öffnen. Wallenstein, zunehmend die Redeführung beherrschend, treibt Max in eine unsicher und wortohnmächtig stammelnde Enge:

„Wie kann ich anders? Muß ich nicht? Mein Eid – die Pflicht.“ Er klammert sich mühsam an diese Worte, da ihm Wallenstein alle seine bisher so festen Begründungen und Argumente genommen zu haben scheint. Was dem Feldherrn gegenüber den Pappenheimern mißglückt, scheint seiner Aufrichtigkeit und Berechnung mischenden Rede gegenüber deren General zu gelingen. Er ist dicht daran, dies bisher sich so sicher vertrauende Selbst in Max seines Willens zu entmächtigen und ihn zu seinem Gefangenen zu machen. Wallenstein glaubt sein Spiel gewonnen; seine Werbung schlägt um in Befehl. „Auf *mich* bist du gepflanzt, ich bin dein Kaiser, Mir angehören, mir gehorchen, *das* Ist deine Ehre, dein Naturgesetz.“

Max' Gefährdung, Wallenstein zu erliegen, findet Bestätigung und Umkehr im Mißverständnis seiner Truppe, er sei faktisch dessen Gefangener. Was Max als sanften Abschied der Liebe suchte, droht jetzt, III,19, radikal verzerrt zu Empörung, Bruderkampf, zur Entfesselung der blinden Furie der Wut, zum Waffenkampf zwischen ihm und dem Feldherrn zu werden. Er scheint die Vernichtung für jene zu bringen, die er liebt. Damit fällt ihm die ganze Schwere der Entscheidung zu. Was ihm in der Abstraktion seiner Innerlichkeit bei allem Schmerz seiner Liebe, aber auch im Vertrauen auf diese Liebe noch leicht erschien, legt sich jetzt mit jenem lastenden Gewicht auf ihn, das der konkrete Vollzug innerhalb der konkreten Wirklichkeit bedeutet. Was er auch wählt, Absage gegen den Kaiser oder Absage gegen Wallenstein, beides bedeutet, schuldig zu werden und einen Teil seiner Existenz, sein Gewissen oder seine Liebe, die mit Thekla auch immer noch ihren Vater umfaßt, preiszugeben. Der Riß in seiner Welt geht durch ihn selbst hindurch; er scheint sein Selbst zu verlieren. „In mir ist Nacht, ich weiß das Rechte nicht zu wählen.“ Die Erinnerung an Octavios zweifelnde Frage II,7 bezeichnet seinen tiefen Sturz. In keiner anderen Abschiedsszene hat Schiller die Qual der Entscheidung ähnlich bis zum Rand des Zerbrechens zugespitzt. Auch nicht in der *Braut von Messina*, in der sich eine ähnliche Wendung vom tiefen Sturz zum neuen Anstieg zeigte. Es bedarf keiner weiteren Nachzeichnung, wie Thekla dem Geliebten iphigenienhaft zur Helferin wird. Sie gibt den „unglücklich Schuldigen“ seinem innersten Gefühl, seinem Selbst zurück, und sie verwandelt die Trennung, deren tödliches Ende ihr bewußt ist, zur Liebestat, die der überdauernden Gemeinsamkeit gewiß macht. „Uns trennt das Schicksal, unsre Herzen bleiben einig.“ Die akustische und pantomimische Zeichensprache am Szenenschluß versinnlicht geradezu choreographisch diese Gemeinsamkeit in der Trennung. Die Liebe überdauert „unbeweglich“ das Kriegsgeschrei. „Max faßt sie in die Arme, heftig bewegt. Man hört hinter der Szene ein lautes, wildes, langverhallendes Geschrei: ‚Vivat Ferdinandus!‘ von kriegerischen Instrumenten begleitet. Max und Thekla halten einander unbeweglich in den Armen.“ Diese Pantomime erhält poetisch-tragisch und theatralisch eine unüberbietbare Sprache. Die Trennung wird zum Gelöbnis unauflöslicher Verbundenheit.

So scheint die Erwartung von Max auf einen ‚sanften' Abschied in III,18 erfüllt zu sein. Doch dies hieße, Zwang und Not der Wirklichkeit ins weltlos Innerliche aufzulösen, es hieße, Max, wie dem Don Cesar in der *Braut von Messina*, zu schmerzlos einen ästhetischen Tod zu geben. Es wird Max auch das andere nicht erspart: die Trennung als ein Sich-Verstoßen und als ein Verstoßen-Werden in eine Verlassenheit, die nur der Tod aufheben kann. Wallenstein wird in III,23 der entscheidend Handelnde. Er ist es jetzt, der sich abkehrt, indem er Max freiläßt; er verweigert jetzt „das alte Band der Liebe", und er stößt Max schonungslos in den Schmerz der Trennung. Er vollzieht kalt abweisend den Riß, und er überläßt Max einer verzweifelten Hilflosigkeit, die ihm nochmals die Qual der Entzweiung auferlegt. Sie läßt ihn, dem auch nicht mehr ein Wort von Thekla zu Hilfe kommt, der vielmehr völlig in seine Einsamkeit verbannt ist, noch einmal, „unschlüssig, schmerzvoll" zwischen Bleiben und Gehen schwanken. Dies ist kein Abschied eines Helden, sondern eines im Innersten gebrochenen Menschen, der die Sicherheit seines Selbst verloren hat. So schlägt der Abschied um in eine Verurteilung, die den Getreuesten zum Verachteten und Verstoßenen macht und ihn in die „Wüste" seiner Verzweiflung, um alles beraubt, hinaustreibt – „und alles, was mir wert ist, alles Bleibt hier zurück". Wiederum setzt Schiller die ausdrucksvolle Zeichensprache der Klänge und der Pantomime ein. Wallenstein schneidet Max die letzte, um Hilfe bittende Wendung zu Thekla ab. Die kriegerischen Hörner reißen den Unschlüssigen „immer auffordernder und in immer kürzeren Pausen" mit sich fort. Was sich als seine Entscheidung aus der Reinheit seines innersten Selbst einleitete, ist jetzt zur Entscheidung der anderen geworden, die er nur zu erleiden hat. „Ihr habt gewählt zum eigenen Verderben." Sein Abschied endet im Verzweiflungstod; daß er gleichwohl zum Erfüllungstod[54] werden kann, ist in diesen Szenen durch die Liebestat Theklas vorgezeichnet.

Schiller hat in den Max-Szenen das Abschiedsthema zur weitesten Dimension seiner tragischen und dramatischen Möglichkeiten entwickelt. Die beiden späteren Abschiedsdialoge Wallensteins mit der Herzogin und der Gräfin Terzky, IV, 9 und V, 3, stimmen, weit schlichter ausgeformt, in beklemmender Vorahnung, im Vorgriff des Gefühls ein auf den nahenden Untergang. Wiederholung wird Steigerung in der Engführung zu gehäuften Vorstimmungen und Vorzeichen der Katastrophe. Sie profilieren zugleich Wallensteins Selbstbeharrung und Selbstverblendung. Wallenstein weist eine

[54] G. Kaiser, *Vergötterung und Tod*, S. 17.

Todesnähe zurück, und zum „Unvermeidlichen" bereit, verschließt er sich ihr dennoch nicht. „Und in dem Heute wandelt schon das Morgen" – er spricht aus, was der Tragiker und Dramaturg Schiller oft in der Dialektik von Abschied, Entzweiung und Tod einerseits, Abschied, Erfüllung und Vereinigung andererseits gestaltet hat. Zwischen beide Szenen ist die kurze, stille Szene des Abschieds Theklas von der Mutter IV, 14 gelegt.[55] Ein Augenblick tröstlichen Abendfriedens, ungefährdeter menschlicher Innigkeit scheint sich hier darzustellen, aber hinter ihm wartet der Tod, verhüllt und offenbar in der Mehrdeutigkeit der Worte Ruhe, Nacht, Schlaf, deren schlichter Gefaßtheit die Bewegtheit des Gestischen widerspricht, in der sich die innere Situation der zu ihrem Tode aufbrechenden Thekla anzeigt. Ihrer Gefaßtheit ist zugleich das menschlich Rührende, im liebevollen Schonen der Mutter, wie das Erhabene, in ihrer Todesbereitschaft, eingelegt. Denn dies setzt IV, 14 den Szenen IV, 9 und V, 3 kontrastiv entgegen. Dort legt sich der Vorgriff auf den Tod wie ein Anhauch aus dem Totenkeller, in düsteren Träumen und Weissagungen über die Herzogin und die Gräfin – denn es wird ein Tod durch Gewalt sein. Hier aber, über Theklas Lebensabschied liegt, bei aller Schmerzlichkeit, eine Sanftheit des Trostes – denn ihr Tod ist eine sich hingebende Liebeserfüllung. Angesichts solchen Todes zieht sich die Sprache in das schlichte Wort und endlich ins Verstummen zurück. Man darf über der oft geäußerten Kritik an dem Rhetor Schiller nicht seine Kunst der szenischen Situations-, Sprach- und Pantomimengestaltung vergessen, wie sie sich in solchem Auftritt darstellt.

Ein Abbruch dieser Studie zwingt sich auf; der zugestandene Raum ist bereits überschritten. Die beiden letzten Akte der *Räuber*, von der Heimkehr Karls in die verlorene Vater- und Jugendwelt an, die auch die Welt seiner Liebe ist, sind ein großes, wechselvolles Drama des Abschieds; und man kann *Kabale und Liebe* und *Maria Stuart* vom ersten Auftritt des ersten Aktes an als Abschiedsdramen analysieren und interpretieren. Man kann unser Thema weiterhin in Schillers dramatischen Fragmenten und Plänen und in seiner Prosa verfolgen.[56] Wie er selbst dieser Konstanz bewußt war, zeigt, wie er sich bei der Planung der breit und vieltonig entwickelten Abschiedsszenen des Zaren Boris im dritten Aufzug des *Demetrius* selbst an die Talbotszene erinnert.[57] Die schon beträchtlich dialogisierte Abschiedsszene zwischen

[55] Dazu auch H. Singer (= Anm. 3), S. 295.

[56] Zum *Geisterseher* vgl. *Erzählte Szene, stummes Spiel.* S. 217 ff.

[57] F. Schiller, *Sämtliche Werke,* Bd. 3, *Dramatische Fragmente, Übersetzungen, Bühnenbearbeitungen,* hrsg. von G. Fricke und Herbert G. Göpfert. München 1959, S. 55 f. Zum *Demetrius* hier S. 307 ff.

Demetrius und Lodoiska in Sambor hat er um der Kürzung des Dramas willen fallengelassen. In ihr wurde das Geschick des Usurpators in der Entscheidung zwischen seinem Herzen und der Krone, der Idylle der Liebe und dem Drang zur Größe vorausgedeutet – eine umkehrende Variation des Abschieds der Jungfrau von Orleans zu Beginn des Dramas. In der *Prinzessin von Celle* sollte der Abschied der Unglücklichen in höchster Verlassenheit und Einsamkeit, „die nun nichts mehr hat als das Bewußtsein ihrer Unschuld und die Würde der Tugend", groß ausgestaltet werden[58], und in dem Plan zu *Das Schiff* heißt es, charakteristisch in der Wiederholung und in der Variation: „Ein Wegsegeln und Dableiben muß zugleich vorkommen. Beides hat etwas Trauriges, aber das Freudige ist überwiegend".[59] Die Abschiedsszene war für Schiller eine in solchen Variationen unerschöpfliche tragische, dramatische und theatralische Formmöglichkeit, sie war ein szenisches Grundmuster in seinem Drama.

[58] Lieselotte Blumenthal, *Schillers Dramenplan. Die Prinzessin von Zelle*. Abhandlungen der Sächsischen Akademie der Wissenschaften zu Leipzig, Phil. histor. Klasse. Bd. 56, Heft 2, S. 59.

[59] *Sämtliche Werke*, Bd. 3 (= Anm. 57), S. 261.

F. Schiller: *Wilhelm Tell*, der ästhetische Staat und der ästhetische Mensch

Kein Drama Schillers ist so mühelos wie der *Wilhelm Tell* in das populäre Bewußtsein eingedrungen; keines seiner Dramen scheint sich so fraglos dem Verständnis zu öffnen – in seinem patriotisch-politischen Stoff, seinem sittlichen Gehalt wie in seiner gelockerten, anschaulichen, ja geradezu pantomimisch durchgebildeten Form, die sich wiederholt der erzählerischen Bilderreihe oder dem Opernhaften in lyrischer Stimmungsfülle zuneigt. Keines seiner Dramen bietet sich so fraglos einer nationalen oder pädagogischen „Verwertung" an: sei es als vaterländisches Festspiel, sei es als Sonnabend-nachmittag-Volks- und -Schüleraufführung mit verbilligten Preisen, sei es schließlich als Lektüre in den unteren Schulklassen, die in den Vorhof der Klassik eingeführt werden und hier die Tür finden sollen, die sich am leichtesten öffnet. Kein Drama Schillers scheint so geringe Schwierigkeiten der Deutung zu bereiten wie das Spiel vom Befreiungskampf des Schweizer Bauernvolkes und seines bieder-tapferen Helden. Überblickt man die Schiller-Literatur, so begegnet man, abgesehen von wechselnden aktualisierenden politischen Auslegungen, im Verständnis wie in der Kritik einer geradezu monotonen Übereinstimmung. Ihre Konvention schimmert noch durch die jüngsten wissenschaftlichen Darstellungen hindurch. Aus wenigstens einer Perspektive soll das Folgende diese Konvention aufbrechen, den Gehalt und die künstlerische Struktur dieses Dramas anders, begründeter sehen lassen und zeigen, daß auch Bekanntes recht unbekannt sein kann. Deshalb wurde der zunächst vielleicht befremdliche Titel: „*Wilhelm Tell*, der ästhetische Staat und der ästhetische Mensch" gewählt. Die folgenden Ausführungen sollen ihn legitimieren.

Es ist zwar bereits von der Forschung ausgesprochen worden, daß sich im *Wilhelm Tell* in der sinnlichen „Wirklichkeit" der dramatischen Dichtung, im Sinne des von Schiller intendierten „Poetischen", das politische Ideal des ästhetischen Staates, wie es die Briefe *Über die ästhetische Erziehung des Menschen* entwickelten, realisiert hat. Es muß kaum noch versichert werden, daß damit nicht bedeutet werden soll, daß ein Verständnis des *Wilhelm Tell* auf die Ideen der *Briefe* angewiesen sei und von ihren theoretischen Darlegungen abhängig gemacht werden müßte oder daß es sich gar in dem Drama um eine illustrative „Versinnlichung" solcher Ideen, um die Darstellung einer Erziehung zu ihnen handle. Jedoch ist richtig, daß die dichterischen Strukturen das poetische Analogon zu den philosophischen Ideen darstellen, der Philosoph und der Dichter eine gemeinsame Person sind. Und es erscheint gegenüber andersläufigen Tendenzen angebracht, daran zu erinnern, in welchem Umfange das Gestalten des Politischen bei Schiller ein Gestalten aus dem Ästhetischen einschließt und dessen Grundfigur, als die Grundfigur des Denkens des Künstlers, durch seine gesamte Thematik und Formensprache hindurchblickt. Das gilt auch, wo beide sich, wie im *Wilhelm Tell*, dem ersten Blick der Selbstgenügsamkeit des historisch und national Stofflichen, einer direkten politischen und sittlichen Meinungsverkündigung unterzuordnen scheinen. Was sich in der Ideensprache der *Briefe* zu einem Ideal abstrahieren mußte, war, um zu einer Erscheinung in der Anschauung zu gelangen, auf das Kunstwerk angewiesen. Die Bildung des vollkommenen Staates aus der harmonischen und damit ästhetischen Totalität des Menschen, der sich frei innerhalb der Gesetzlichkeit eines Ganzen bewegt und erfüllt, konnte, weil sie eine Vision des Künstlers war, nur durch die Dichtung sinnlich dargestellt werden. Denn es ist offensichtlich, daß dieser Staat selbst ein Kunstwerk ist und daß seine Realisation den gleichen Gesetzen gehorchen muß, die dem Kunstwerk, dem Tun des Künstlers immanent sind. Angesichts dieser bekannten Einsicht erhebt sich für uns die Frage, ob von ihr aus auf die Deutung nicht nur des Gehalts, sondern gerade auch des Formgefüges des *Wilhelm Tell* ein neues Licht fallen kann. Es geht uns darum, eine Perspektive herauszuarbeiten, die zum Verständnis der Struktur des Dramas einen in das Zentrale führenden Zugang nicht nur verspricht, sondern sichert.

Oft genug, seit Schiller dies Drama aus der Hand gab, ist der innere Zwiespalt der Doppelhandlung zwischen der Bauernverschwörung einerseits, die in der Rütli-Szene ihren ersten Gipfel findet und in der Zerstörung der Feste Zwing Uri ausläuft, und der Tell-Handlung andererseits als ein Mangel in Aufbau und Fügung kritisiert worden, der durch die Addition eines zusätzlichen dritten Handlungsstranges, der im Bereich des Adels ablaufenden Liebesgeschichte zwischen Rudenz und Berta, noch vergrößert wurde. Wir wollen hier nicht bei der Frage verweilen, ob es sich in diesem Nebeneinander nicht auch um eine Stufung von dramatischen Bedeutungsschichten handelt. Das Geschehen im Kreis Rudenz-Berta entwickelt sich in dem begrenzten Bereich des ständischen Sonderinteresses und des empfindsam Erotischen, um erst am Ende in der allgemeinen Sache ganz aufzugehen. Das Geschehen in der Bauernhandlung bewegt sich im politisch-gemeinschaftsbildenden, das nur Persönliche sich endgültig im Rütli-Schwur unterordnenden Bereich von Wort und Gedanke. In der Tell-Handlung hingegen weitet sich das Persönlich-Familienhafte, in dem Tell wurzelt, zu der die nationale Freiheit schaffenden Tat; in Tell erst wird Tat, was bei den Bauern in Absicht, Gedanke und Wort bleibt. Solche Stufung läßt, ohne damit schon alle Bedenken abzubauen, vom dramatischen Bau her sinnvoller erscheinen, was bisher immer wieder Kritik ausgelöst hat.

In der jüngsten Schiller-Forschung ist diese altbekannte, die Schiller-Literatur in vielen Variationen durchziehende Problematik erneut aufgegriffen und zum Anlaß einer politischen Interpretation gemacht worden.[1] Sie las aus ihr ein bewußt geplantes und durchgeführtes Bekenntnis des politischen Denkers Schiller zu den französischen revolutionären Forderungen von 1789 heraus, eine Bejahung des revolutionären Terrorismus, des Bürgerkriegs, „wenn er für die Sicherung und Verwirklichung der bürgerlichen Menschenrechte notwendig war".[2] Es ist, wie fragwürdig auch ein solches Ergebnis erscheint, ein Verdienst dieser mit vorgefaßter Tendenz von dem Text fort-interpretierenden und -folgernden Arbeit, das Problem der dramatischen Einzelstellung des „Tell", damit das Problem der thematischen und dramaturgischen Notwendigkeit des Monologs vor dem Geßler-Schuß und der Parricida-Szene erneut in die Diskussion geworfen zu haben, sowenig man sich auch bei dieser Antwort beruhigen kann. Hingegen besteht in den letzten Darstellungen, nicht ohne eine apologetische Tendenz, die Neigung, diese Formgefährdung, die mehr als eine nur dramaturgische Frage aufwirft, mehr als nur technische Besonderheiten der Komposition berührt, zu überdecken.

Gerhard Storz bezeichnet die Zweiheit oder Dreiheit der Handlungsstränge als von geringerer Bedeutung. „Tells Geschick und Tun münden ohne Umweg in die Sache der Eidgenossen, also in die Haupthandlung ein, allein die Einbeziehung des Bereichs Attinghausen – Rudenz verwickelt sich durch die Liebeshandlung."[3] Er versteht diese „dramaturgische Bedenklichkeit" aus der von Schiller in einem Brief an Körner[4] (9. 9. 1802) bezeichneten Kollektivität des Handlungsträgers, eines ganzen, lokalbedingten Volkes, eines ganzen und entfernten Zeitalters. Sie läßt die Bedeutsamkeit einer einzigen Hauptfigur als „Richt- und Fluchtpunkt aller dramatischen Kräfte und Bewegung"[5] zurücktreten, die Masse nicht mehr wie bisher nur als die Folie des Einzelnen, sondern die hervortretenden Einzelnen, selbst noch in ihrem Widerstreben – so Tell und Rudenz –, als die „Glieder einer Vielheit, eines

[1] H. G. Thalheim: *Notwendigkeit und Rechtlichkeit der Selbsthilfe in Schillers „Wilhelm Tell"*. N. F. d. Jahrbuchs d. Goethe-Gesellschaft 18, 1956, S. 216ff. Es ist charakteristisch, daß man aus der gleichen Perspektive geradezu sagte, die Figur störe das Drama, d. h. das gesellschaftlich-politische Freiheitsdrama, und deute auf eine Spaltung zwischen Gesellschaftsthematik und der Heldenfigur, die aus Schillers subjektivem Interesse an der individuellen Figur entstanden sei.

[2] Thalheim, S. 256.

[3] G. Storz, *Der Dichter Friedrich Schiller*. Stuttgart 1959, S. 409. Die Frage, ob nicht eine Bezeichnung des Kampfes der Eidgenossen als Haupthandlung, was das Tell-Geschehen zur Nebenhandlung machen würde, die Strukturganzheit des Dramas verfehlt, braucht hier nicht erörtert zu werden, da die folgende Darlegung sie beantwortet.

[4] F. Jonas, *Schillers Briefe*. Krit. Ges.-Ausg., Stuttgart 1892, Bd. 6, S. 414.

[5] Storz, S. 410.

Ganzen", also des „Volkes" erscheinen. Neben Tell tritt das Volk selbst als Träger einer Handlung, die zu einer für den reifen Schiller ungewohnten Auflockerung der dramatischen Strukturform geführt hat.

Deutlicher spricht Benno von Wiese von der Gefahr einer Verselbständigung der Tell-Handlung, durch die „die bis dahin so mächtig ansteigende Handlung der Eidgenossen" in den Hintergrund gedrängt wird[6], sich das Gewicht von der vorwiegend auf die theatralische Wirkung berechneten Rütli-Szene auf die Apfelschuß-Szene und die Tötung Geßlers als „Schlüssel zu diesem Drama" verlagert. „Tells mit so viel Nachdruck vom Dichter durchgeführte Absonderung von den Eidgenossen läßt sich nur daraus verstehen, daß die Konzeption der revolutionären Empörung eines an sich friedfertigen Volkes, das ‚selbst im Zorn die Menschlichkeit noch ehrt', sich mit der Konzeption eines Familiendramas verband, das der Situation eines Vaters galt, der in die Gefahr gerät, sein eigenes Kind töten zu müssen."[7] Zwei voneinander unabhängige Konzeptionen hätten demnach zu einer Kombination geführt, die nicht voll zu glücken vermochte. Aus dem Geschick des Familienhauptes und Vaters entwickelt sich nach dieser Darstellung Tells tragische Situation und das Recht zu seiner Selbsthilfe angesichts der Versündigung des Despoten gegenüber allen ursprünglichen, ewigen Ordnungen des Lebens, ja, der heiligen Natur. „Aber so sehr auch Tells Handeln gegen Geßler durchaus privaten und familiärrechtlichen Antrieben entspricht, es wird dennoch zur Rettung für das Land und zum Fanal des Volksaufstandes."[8] Denn im Schutz der Familie – „einer Ursituation der Natur, aber zugleich auch der sittlich verstandenen Gemeinschaft in der Geschichte"[9] – gewinnt „das nur scheinbar rein private Handeln eine überpersönliche und damit auch politische Bedeutung". Derart schlägt Wiese aus dem Gehaltlichen heraus die Brücke zwischen den auseinanderstrebenden Handlungssträngen, um eine thematische Einheit des Dramas nachzuweisen. So richtig es erscheint, daß er betont, Tell handle nicht aus einem primär politischen Antrieb, nicht primär und bewußt als der Retter von Freiheit, Volk und Vaterland, sondern als der Gatte und der Vater – es fragt sich dennoch, ob damit die innere Situation des Dramas und die Intention dieser Doppelhandlung, ob damit auch schon der Inhalt der Sätze Schillers erschöpft ist, mit denen er am 5. Dezember 1803 Iffland über das Drama orientierte. „So z. B. steht der Tell selbst ziemlich für

[6] B. v. Wiese, *Friedrich Schiller*. Stuttgart 1959, S. 767.

[7] Wiese, S. 771. Nach anderer Deutung wird geradezu Tells Liebe zu seinem Kind zum Kern des Dramas, die Schweizer Befreiung hingegen nur zum Rahmen des Familiendramas (Vortrag P. Stöcklein, Bericht in Mitteil. d. Deutschen Germanistenverbandes 6, 1959, Nr. 3. 4f.).

[8] Wiese, S. 773.

[9] Ebd., S. 775.

sich in dem Stück, seine Sache ist eine Privatsache, und bleibt es, bis sie am Schluß mit der öffentlichen Sache zusammengreift."[10] Dieser Satz schließt jedenfalls die These aus, es handle sich in der Zweiteilung nur um eine Folge der von der „großen Tragödie" zum „Schauspiel" übergewechselten Konzeption Schillers, deren inneren Widerspruch er nicht mehr aus dem Gefüge des Dramas beseitigen konnte.[11]

Eher nähert sich W. F. Mainland unserer Auslegung, wenn er die Einzelstellung Tells daraus ableitet, daß im Thema der Freiheit der radikal Freie als ihre Verifikation der Volksgemeinsamkeit gegenübergesetzt werden mußte.[12] Es erhebt sich die Frage, ob der Begriff der „Privatsache" hier nur, wie es Wiese will, auf den Bereich des Familienhaften bezogen werden darf oder ob er nicht zugleich weiter gemeint ist: als ein Begriff, der den Bereich des Menschlichen als ein eigenständiges Dasein in Wesen und Geschick bezeichnet. Denn Tell ist nicht nur der herausgehobene Repräsentant des ganzen Volkes, wie G. Storz meint, nicht nur die „Identität der Nation", wie es schon Gottfried Keller formuliert hat, sondern er ist vielmehr die eigene, in sich in ihrer autonomen Menschlichkeit bedeutungsvolle Mitte des Dramas, die die Darstellung des lokalen historisch-politischen Kampfgeschehens, dessen Übermacht an stofflichen und ideellen Erregungen erst in den eigentlichen Bereich des Dichterischen, nämlich des Poetisch-Humanen hebt. Damit erst kann das Drama den ästhetischen Forderungen genügen, die der „klassische" Schiller an es zu stellen gewohnt war. Wir schicken den folgenden Überlegungen als unsere These voraus, daß Tell nicht nur in seinem Geschick konzentriert und steigert, was alle diese Schweizer Bauern, dies ganze Volk zu der politischen Handlung treibt und was in der Volksrache und in dem Volksrecht gipfelt, sondern daß er sein eigenes Schicksal, seine eigene, in sich beschlossene Existenz besitzt, in deren tragisch bedrohter und das Tragische überwindender Humanität der eigentlich ‚poetische', d. h. ästhetische Gehalt des Dramas beruht. Dieser Gehalt greift über das Politische hinaus, und er erst begründet die eigentümliche Form des Dramas, soweit sie die Tell-Handlung betrifft. Unsere Erwägungen beziehen zugleich die Deutung der Gestalt des Tell und die Deutung der gehaltlichen und formalen Funktion des Monologs in der Hohlen Gasse (IV, 3) und der noch mehr gescholtenen Parricida-Szene ein, da beides ein dichtes, sich gegenseitig erhellendes Gewebe bildet.

„Das poetisch Große liegt überall nicht in der Masse, sondern in dem Gehalt der Situation und in der tragischen Dignität der Charaktere. Wenn Tell und seine Familie nicht

[10] Jonas 7, S. 98.
[11] E. L. Stahl, *Friedrich Schiller's Drama.* Oxford 1954, S. 142.
[12] W. F. Mainland, *Schiller and the Changing Past.* London 1957, S. 118.

der interessanteste Gegenstand im Stücke sind und bleiben, wenn man auf etwas anderes begieriger seyn könnte, als auf ihn, so wäre die Absicht des Werks sehr verfehlt worden.“[13]

Liegt in diesen Worten nicht auch eine Andeutung, daß die Bedeutsamkeit der Tell-Handlung noch den so andrängenden und zündenden, für die Zeitgenossen und seither immer wieder unmittelbar gegenwärtigen politischen Ideen- und Geschichtsgehalt übersteigt? Man muß dieser Äußerung jene anderen Sätze in dem Brief an Iffland vom 14. April 1804 hinzusetzen.

„Wegen des Übrigen, worin ich nicht nachgeben konnte, Tells Monolog und die Einführung des Parricida, berufe ich mich auf das, was ich Herrn Pauli mündlich sagte. Der Casus gehört vor das poetische Forum und darüber kann ich keinen höheren Richter als mein Gefühl erkennen.“[14]

Im Bereich des Politischen, dies lehrt der gleiche Brief und die vorgenommene Revision des Textes, war Schiller bereit, von Ifflands politischer Ängstlichkeit „bedenklich“ gefundene Stellen zu ändern oder zu streichen. Er war nicht dazu bereit im Bereich des Poetischen, in den die Gestalt des Tell hineingehört. Selbst wenn man einbezieht, daß solche Sätze in der Verteidigung gegen die Kritik Ifflands eine schärfere Pointierung empfingen – sie legen die Frage nahe, ob Schiller nicht mehr, als die eben genannten Interpretationen, in denen die Anschauungen der älteren Schiller-Literatur fortwirken, einzuräumen geneigt sind, Tell als eine Einzelgestalt, als ein eigenes, in sich selbst eigenmächtiges Dasein in der Komposition des Dramas – selbst auf Kosten seiner Struktur-Einheit – herausgehoben wissen wollte.

Damit verbindet sich eine andere Problematik seiner Gestaltung, die, nach mancherlei Vorläufern, Hermann Schneider mit einer geradezu unbarmherzigen Nüchternheit hervorgehoben hat, wenn er an der „Figur des Hauptheldem“ auf einen unheilvollen Zwiespalt hinwies, „der jedem Hörer aufgehen muß“ und „offenbart, wie unorganisch das Tell-Drama überhaupt gewachsen ist“.[15] Schneider glaubte einen Bruch in der psychologischen Charakterisierung aufzeigen zu können, einen Bruch zwischen dem kühnen, stolzen Freiheitsfreund des ersten Aktes und – in vielleicht unbewußter Nachfolge von Ludwig Börne – zwischen dem furchtsamen, kleinen Bauern am Beginn der Apfelschuß-Szene. Er fiel für ihn mit einem Bruch zwischen idealistischer Typik und einem „Realismus“ der Gestaltenzeichnung zusammen, der jeweils dort bei Schiller durchbrechen sollte, wo „ein besonderer Anlaß

[13] F. Schnapp, *Schiller über seinen „Wilhelm Tell“*. Deutsche Rundschau, 1926, S. 108.

[14] Jonas, 7, S. 138.

[15] H. Schneider, *Vom Wallenstein zum Demetrius*. Tüb. Germanist. Arb. 18, Stuttgart 1933, S. 82.

das unmittelbar Menschliche" entbindet.[16] Die Erzählung von der Begegnung Tells mit Geßler (III, 1) im Hochgebirge wurde von Schneider als ein Versuch ausgelegt, das allzu Plötzliche und Unorganische dieses psychologischen Widerspruchs vorausnehmend zu überbrücken. Es bedarf kaum einer Erörterung, daß diese psychologische Interpretation der dramatischen Gestaltenzeichnung Schillers nicht zulänglich ist; daß man ebensowenig berechtigt sein kann, von einer derart vereinfachenden Gegensätzlichkeit zwischen typischer Idealisierung und „Realismus" in seiner dichterischen Gestaltungsweise zu sprechen. Nach Schneider löste sich nicht nur die Einheit des Dramas in das Zersplitterte auf, was er schon aus der ungelösten Aufbauproblematik während seiner Planung zu begründen bemüht war, sondern auch die Gestaltzeichnung des Tell zerfiel in innere Widersprüche, die sie aus dem idealistischen Lager ins realistische überlaufen ließen. Diese Thesen Schneiders werden hier zitiert, weil sie zu den Harmonisierungstendenzen bei G. Storz und B. von Wiese in einen sehr pointierten Widerspruch treten, der darauf deutet, daß durch letztere ein hier angelegtes, für das Verhältnis und die Wertung des Dramas zentrales Problem noch nicht gelöst worden ist.

Unsere Überlegungen knüpfen an die Einsicht an, in welchem Umfange das Verständnis des Politischen bei Schiller von seinen Grundanschauungen über das Ästhetische durchdrungen ist und er die Welt des Politischen als Künstler aufgenommen und erfahren hat. Dies schließt nicht nur eine Gemeinsamkeit der ideellen Konzeption des Politischen und des Ästhetischen ein; es bedeutet auch, daß das Politische, indem es, wie im *Wilhelm Tell*, im Kunstwerk gestaltet wird, den Formgesetzen des Ästhetischen zugeordnet wird. In der Gestaltung des Politischen drückt sich die Bestimmung und Formung der mitmenschlichen Welt durch das ästhetische Bewußtsein aus. Der Staat wird von Schiller nicht nur in der Analogie zum Kunstwerk aufgefaßt; vielmehr ist der vollkommene Staat selbst ein Kunstwerk, und er läßt sich, als ein „unendliches" Versprechen, nur im Kunstwerk realisieren. Dies ist schon zutreffend gesehen worden: „*Wilhelm Tell* in a sense supplies the missing conclusion and exemplification of the Aesthetic Letters, which can indeed, be supplied by a work of art alone."[17] Was da noch auf den Ideengehalt bezogen bleibt, muß ebenfalls für die im Kunstwerk gestaltete Bildung dieses Staates und für die dramatische Erscheinung sowohl des ihm widersprechenden wie des ihn verwirklichenden Menschen gelten. In dem Kampf der Schweizer Bauern um ihre Freiheit als dem Recht des nationalen Volkes wie des einzelnen Bürgers steht die Tyrannei gegen jedes Recht der Natur, der Geschichte,

[16] Ebd., S. 83.

[17] H. S. Reiß, *The Concept of the Aesthetic State in the Work of Schiller and Novalis.* Publications of the English Goethe Society XXVI, 1956/57, S. 26.

des Menschen und selbst der ewigen, göttlichen Mächte. Diese Tyrannei bedeutet mehr als ein nur politisch-rechtliches, als ein nur psychologisches Phänomen; nicht als der große erbarmungslose Realist, wie H. Schneider es wollte[18], auch nicht nur, wie es vor ihm schon Otto Harnack sagte[19], als ein „Märchentyrann" oder, wie es auch heißt, als ein „Meisterstück ideologischer Propaganda" kann Geßler aufgefaßt werden. Vielmehr ist er der überindividuelle Typus des Staatsmanns, der genau und im ganzen Umfange verfehlt, was Schiller dem wahren Staatsmann als dem *Staatskünstler* zugesprochen hat. Sein Stoff, das Material des Herrschers, sind die ihm untergebenen und anvertrauten Menschen, die eine volkliche Gemeinsamkeit bilden. Diese Gemeinsamkeit besitzt ihre in ihrer Vernunft und in ihren Herzen unzerstörbar verbürgten Ordnungen, ihre nicht nur aus dem geschichtlichen Erbe angestammten, sondern ebenso in ihrer Natur, die sich in der sie umgebenden äußeren Naturwelt entwickelt und gefestigt hat, und in der ganzen Weltordnung begründeten Gesetze. Diese Gesetze sind zugleich ganz wirklich und ganz ideell, sie sind dem Einzelnen so natürlich, wie sie im Ewigen, Göttlichen beheimatet sind. Das Wesen der Despotie der österreichischen Landvögte, das in Geßler zur handelnden dramatischen Erscheinung kommt, liegt darin, daß sie die ihrer Herrschaft anheimgegebenen Menschen nicht nur mit einer subjektivistischen Willkür, sondern mit einer Verachtung ihrer eigenen Existenz behandeln; so als wären sie nichts als tote Objekte, ohne eigene Vernunft, ohne eigenes Recht und Gefühl. Geßler versündigt sich an der Pflicht des Staatsmannes, dem es aufgegeben ist, dem menschlichen Leben in seinem von ihm zu bildenden Staat jene Form zu verleihen, die den Gesetzen nicht nur analog, sondern sogar noch überlegen ist, die dem Künstler die Ordnungen der Form gegenüber seinem Stoff vorschreiben.

„Mit einer ganz anderen Achtung, als diejenige ist, die der schöne Künstler gegen seine Materie vorgibt, muß der Staatskünstler sich der seinigen nahen, und nicht bloß subjektiv und für einen täuschenden Effekt in den Sinnen, sondern objektiv und für das innere Wesen muß er ihrer Eigentümlichkeit und Persönlichkeit schonen."[20]

Allerdings setzt dieser Staatskünstler ein Volk voraus, das sich, als sein Objekt und als der Inhalt seines formenden Vermögens, selbst zu der „Idee des Ganzen" hinaufgestimmt hat.

„Weil der Staat der reinen und objektiven Menschheit in der Brust seiner Bürger zum Repräsentanten dient, so wird er gegen seine Bürger dasselbe Verhältnis zu beobachten haben, in welchem sie zu sich selber stehen, und ihre subjektive Menschheit auch

[18] Schneider, S. 81.

[19] O. Harnack, *Schiller*. Berlin [3]1905, S. 385. H. Cysarz, *Schiller*. Halle 1934, S. 381.

[20] 4. Ästhet. Brief.

nur in dem Grade ehren können, als sie zur objektiven veredelt ist. Ist der innere Mensch mit sich einig, so wird er auch bei der höchsten Universalierung seines Betragens seine Eigentümlichkeit retten, und der Staat wird bloß der Ausleger seines schönen Instinkts, die deutlichste Formel seiner inneren Gesetzgebung sein."[21]

Es braucht hier nicht näher ausgeführt zu werden, mit welchen Mitteln Schiller die Gestaltung des Schweizer Bauernvolkes vom nur Subjektiv-Individuellen, nur Lokalen und Historischen fort zu dieser objektivierten Universalisierung, zu einer höheren, eine humane Totalität repräsentierenden und damit „poetischen" Erscheinung geführt hat. Er fand die Ansätze dazu in dem ihn „poetisch" stimmenden, „treuherzigen herodotischen ja fast homerischen Geist"[22] des *Chronicon Helveticum* von Tschudi. Schon bei Gelegenheit des *Wallenstein* hatte Schiller an Goethe geschrieben, es komme ihm vor, „als ob mich ein gewisser epischer Geist angewandelt habe, ...doch glaube ich nicht, daß er dem dramatischen schadet, weil er vielleicht das einzige Mittel war, diesem prosaischen Stoff eine poetische Natur zu geben."[23] Ähnliches wiederholt der schon zitierte Brief an Körner. Das Epische identifizierte sich ihm mit dem Poetischen als der Darstellung des „Rein-Menschlichen"[24], das sich in der Darstellung des Schweizer Volks im *Wilhelm Tell* aus einer Vielfalt von Komponenten bildet, die sich als eine Verschmelzung sehr verschiedener geistesgeschichtlicher Elemente erweist. Dazu gehören die rousseauistisch gefärbte Mythik archaisch-patriarchalischer Urformen des Lebens, die Vermischung des Idyllischen mit dem Heroischen, die Begründung dieses volklichen Lebens aus dem innigsten Umgang mit der Naturlandschaft; weiterhin der noch an die Empfindsamkeit streifende Aufruf des Herzens als der Stimme des unverstörten Gefühls. Es vereinigt sich mit der großen Sache der Volksfreiheit, es durchdringt das politische Wollen und objektiviert sich so zum Ideellen. Dazu gehört ferner die immer wieder hervorgehobene religiöse Bindung dieses volklichen Rechts- und Freiheitsbewußtseins, das seinen Kampf nicht nur an eine rechtlich-soziale, geschichtliche und naturhafte, sondern an die göttliche Weltordnung anschließt. Es gehört dazu aber auch die auffällige Unterstreichung der bürgerlichen Ideale und Ordnungen, die dem Drama in der Gestaltung des Familienhaften, des Rechtsdenkens, von Maß und Bescheidung, von Frieden und Geduld, der ständischen und moralischen Ordnungsformen sowohl des gemeinschaftlichen wie auch des individuellen Lebens schon Züge des Biedermeierlichen

[21] Ebd.

[22] Jonas 6, S. 415.

[23] *Briefwechsel mit F. Schiller.* Goethe-Gedenkausgabe (Artemis-Ausgabe). Zürich 1950, Bd. 20, S. 458.

[24] Vgl. *Goethes Brief* 21. 8. 1799, ebd. S. 752. Dazu W. Paulsen, *Goethes Kritik an Wallenstein*. DVjs 28, 1954, S. 61 ff.

eingeprägt haben, die für das 19. Jahrhundert besonders attraktiv waren und dies Bauernvolk zum Idealbild einer bürgerlichen Lebenslandschaft wandelten. Wilhelm Tell faßt alle diese Elemente in seiner Gestalt zu einer Persönlichkeit geprägt zusammen. Aber er ist zugleich mehr als sie. Denn seine Existenz läßt jede Form der Beschränkung hinter sich, obwohl sie sich nach außen gerade zu beschränken scheint. Wie sich in Geßler die Despotie bis zur Verzerrung in das Unmenschliche und Widernatürliche vereinseitigt, so tritt Tell ihm, seinem Gegenspieler, als die Verkörperung der humanen, „poetischen" Totalität des in selbstverständlicher, „spielender" Gelassenheit in sich und im Ganzen ruhenden Menschen gegenüber. Er ist völlig in sich frei und zugleich an das aus ihm selbst gegebene und bejahte Gesetz gebunden.

Geßler vergeht sich gegen dieses Volk, das ihm als das Objekt seiner Herrschaft in die Hand gegeben ist, da er unwillens und unfähig ist, es in seinem Zustand der organisch und geschichtlich gewachsenen Ganzheit zu lassen, an der jeder Einzelne in Freiheit, aus sich heraus, aus seinem individuellen Bedürfnis und Recht und in der Harmonie mit allen dies Ganze bildenden Ordnungen teilnimmt. Dies Volk formt, frei in seinen aus „Vernunft" bejahten Gesetzen, eine in sich erfüllte und damit, bei aller Beschränkung, „ideale" Gemeinschaft. Sie bedeutet einen natürlichen, politischen und geistig-seelischen Zusammenhang, den ein gemeinsamer und freier Wille durchwaltet. Indem jeder dessen Gesetz erfüllt, das Subjektiv-Individuelle sich mit dem Objektiven in eins fügt, erfüllt er sein eigenes Gesetz, findet er sich im Objektiven mit Freiheit wieder. Es ist offensichtlich, daß dies Idealbild der politischen Volksgemeinschaft, die eine Gemeinschaft der Herzen, der Vernunft und Natur ist, aus Schillers Anschauung des Ästhetischen heraus geschaffen ist und in ihr den tragenden Grund fand. Es greift über das nur Politische, seine Doktrinen und seine Utopien hinaus. Denn diese geordnete Freiheit erscheint als das umfassende Wesen des Universums, an das auch das Gesetz der höchsten Kunst gebunden ist: als eine Sprache aus den Gesetzen der Natur. Die Idealität des Schweizer Bauernstaates erhält ihr Fundament aus der Idealität des ästhetischen Staates. Sie besitzt ihren konkreten und idealen Grund in dem „poetischen" Charakter dieses bäuerlichen Volkes. „Totalität des Charakters muß also bei dem Volke gefunden werden, welches fähig und würdig sein soll, den Staat der Not mit dem Staat der Freiheit zu vertauschen."[25] In ihm scheint der ideale griechische Staat in der „Einfalt der ersten Sitten und Verhältnisse" wiedergekehrt zu sein, „wo jedes Individuum eines unabhängigen Lebens genoß und, wenn es not tat, zum ganzen werden konnte."[26] Dieser Staat der Freiheit ist der ästhetische Staat.

[25] 4. Ästhet. Brief.
[26] 6. Ästhet. Brief.

„In dem ästhetischen Staate ist alles, auch das dienende Werkzeug, ein freier Bürger, der mit dem edelsten gleiche Rechte hat, und der Verstand, der die duldende Masse unter seine Zwecke gewalttätig beugt, muß sie hier um ihre Bestimmung fragen.“[27]

Diese Totalität des Charakters, die Schiller für das zu solcher Freiheit in der Ordnung geeinigte Volk postulierte, muß in jedem einzelnen der Glieder möglich werden können, aus deren Gemeinsamkeit sich der ideale Staat bildet. Schiller läßt jeden der Bauern, die er im *Wilhelm Tell* zeichnet, an ihr teilhaben. Aber er bedurfte um der dramatischen Individualisierung und Funktion der Figuren willen mehrfacher Stufungen. Voll und ganz ist diese Totalität in Tell verwirklicht. Dies ist der Grund seiner Einzelstellung, der Grund, warum, würde die „Begier“ von ihm abgelenkt, dem Dichter die Absicht des ganzen Werkes verfehlt erschien. Sie erschöpft sich nicht in einem politischen Bekenntnis, nicht, wie Thalheim meinte, in einer gegen Kant gerichteten Demonstration der republikanischen revolutionären Selbsthilfe. Sondern die Absicht des Werkes gipfelt in der dramatischen Darstellung des von den Mächten der Wirklichkeit zum zweckbestimmten Handeln gezwungenen und in dieser zerspaltenen Wirklichkeit sich wiederherstellenden, ästhetischen, totalen Menschen. Diese Wiederherstellung bedeutet die reine Selbstbehauptung des Geistes, aus dem heraus er lebt. In dieser Thematik liegt das „Poetische“ kristallisiert, das Schiller dem lange widerstrebenden, „verteufelt“ schwierigen, weil zunächst nur „historischen“ Stoff des Dramas einprägte.

Was hebt die Gestalt und das Schicksal des Tell von den anderen Bauern ab, obwohl er wie sie unter der gleichen Tyrannei leidet, mit ihnen in einer Schicksalsgemeinschaft lebt? Daß der Mord des Baumgarten an Wolfenschießen ohne weiteres hingenommen und als sein Recht bejaht wird, während Tells Tat einer so tief dringenden Begründung und Rechtfertigung unterzogen wird, muß, wenn es sich nicht um einen bedenklichen Widerspruch handelt, der bei dem sorgsam komponierenden Dichter höchst unwahrscheinlich ist, doch wohl einen tieferen Grund besitzen. Baumgarten handelt, gleichsam ohne Vorbedacht, in einem raschen Akt der Notwehr und der Rache, als Wolfenschießen in das Gehege seines Hauses, seiner Ehe einbricht und es, den Kern der Familie mißachtend, frevlerisch zerstören will. Baumgarten übt im Augenblick der Not sein „Hausrecht“. Es ist etwas von Natur Gegebenes. „Ihr tatet wohl, kein Mensch kann Euch drum schelten“, sagt ihm Werni. Und der alte Walter Fürst wiederholt es später ausdrücklich: „Oh, die Gerichte Gottes sind gerecht“ (I, 4). Was Baumgarten geschah und was er tat, kann sich für jeden wiederholen. „Es kann uns Gleiches ja begegnen.“ Er handelt und er flüchtet in einer Not, die ihn hilflos macht. In einer

[27] 27. Ästhet. Brief.

raschen Tat handelt auch der junge Melchthal, der sich „gleich einem Mörder" verbergen muß, „meiner selbst nicht Herr" (I, 4). Und wie Baumgarten reißt es ihn, als er die Nachricht vom Elend seines geblendeten und beraubten Vaters hört, zur Rache. „Auf nichts / Als blutige Vergeltung will ich denken. ... Nichts liegt mir am Leben, / wenn ich den heißen, ungeheuren Schmerz / In seinem Lebensblute kühle" (I, 4). Es ist eine Welt voll Not, Mord, Haß, Rache, die sich in dem ersten Akt abzeichnet. Aber es drückt die in dem Drama gestaltete Polarität aus, daß dieser Welt der Empörung in I, 2 die mit vielen Worten zögernd überlegende Besonnenheit Stauffachers entgegengestellt wird. Melchthal und Stauffacher, jeder auf seine Weise, sprechen aus, was die Bauern aufjagt und zu ihrem Bündnis zusammenführt: „Jedem Wesen wird / Ein Notgewehr in der Verzweiflungsangst" (I, 4). Rache und Besonnenheit vereinigen sich.

Diese Verzweiflungsangst läßt sie zu ihrem Bündnis des Rechtes und der Vernunft zusammenfinden. Sie weckt sie aus ihrem Beharren in Ordnung, Frieden und Geduld auf. Sie gibt ihnen den Mut, „ein schwaches Volk der Hirten / In Kampf zu gehen mit dem Herrn der Welt" (I, 2) und ihre Hilflosigkeit im Einzelnen zu dem Kraft- und Tatbündnis im Ganzen zu verwandeln. Aber eben dies Bündnis, in dem sich die Neigung dem Gemeinsamen einordnet und beugt, läßt die Impulse der Rache, die dem rasch erregten Gefühl des getroffenen Einzelnen entspringen, hinter sich. Das Bündnis festigt und legitimiert sich im besonnenen Gehorsam gegen die ältesten Gesetze und Bräuche zu einem Akt des Rechtes. Man weiß, mit welcher Betonung Schiller in der Rütli-Szene dieses moralische Recht hervorgehoben hat und bis in das umständliche Zeremoniell der Verschwörung seine Ordnungen einschärft. Gleich am Beginn wird vorausnehmend ausgesprochen: „Nicht Geschehnes rächen, / Gedrohtem Übel wollen wir begegnen" (II, 2). In diesem Bündnis hat der Eigenwille zu schweigen, verbietet sich selbst Melchthal die sich ihm anbietende Gelegenheit zur Rache an dem Blender seines Vaters. Es bedarf keiner Ausführung, wie Schiller in der Rütli-Szene diesen Gedanken des Rechtes – eines nicht nur von der Not, sondern eines aus dem Erbe, der Natur dieses Volkes und von der höchsten Macht, von Gott legitimierten Rechtes – zusammen mit der Paradoxie herausgearbeitet hat, daß dies Recht, um sich zu verwirklichen, sich des schwarzen Mantels der Nacht bedienen muß, in den sich die Mörder hüllen, die Verbrecher und sonnenscheuen Verschwörer. „Doch Gott, / Ist überall, wo man das Recht verwaltet, / Und unter seinem Himmel stehen wir" (II, 2). Dies Recht ist eine Wiederherstellung der gestörten Ordnung. Es ruht im geschichtlichen Grunde. Es fügt sich ein in die Ordnung des Reiches. Es ist begründet in dem alten Urstand der Natur, der zur Verteidigung der höchsten Güter gegen die Gewalt ermächtigt und dies in dem „ewigen" Recht begründet, das auf das Unbedingte verweist. In ausführlicher Entfaltung von Rede und Gegenrede, in immer neuen Wendungen prägt Schiller in dieser Szene ein, daß diese Bauern nur in dem äußersten Notstand zu einer Selbsthilfe getrieben werden, nur notgedrungen der „Ehrfurcht fromme Pflichten“ abwerfen, noch mit dem Schwert in der Faust auf Mäßigung bedacht sind. Denn „Schrecklich immer, / Auch in gerechter Sache, ist Gewalt“ (II, 2). Nicht auf der konkreten Planung der Befreiungstat, sondern auf ihrer ethischen Begründung liegt das thematische Gewicht der Szene. Sie arbeitet eine Rechtlichkeit heraus, die alles nur Persönliche und „Private“ in die Pflicht zum Ganzen eingliedert. Sie schließt mit Sätzen, die mit scharf pointierter Kontrastierung unmittelbar zu der Tell-Handlung überleiten. „Denn Raub begeht am allgemeinen Gut, / Wer selbst sich hilft in seiner eignen Sache.“

Wird durch diese Worte Tell nicht von vornherein in das Unrecht gesetzt, muß er nicht geradezu als der Verräter an der allgemeinen Sache erscheinen? Schon früher, in dem Gespräch mit Stauffacher (I, 3), hat Schiller ihn mit offensichtlich künstlicher Szenenbildung ad hoc sehr nachdrücklich von der allgemeinen Bewegung abgesetzt. „Die einzige Tat ist jetzt Geduld und Schweigen.“ Dieser Quietismus bleibt erheblich hinter dem Heldenmut zurück, der die Frau Stauffacher beseelt und den sie ihrem Manne mitteilt (I, 2). „Dem Friedlichen gewährt man gern den Frieden.“ Das ist ein christlicher Spruch, wie er zwar dem Pfarrer Rösselmann in der Rütli-Szene ansteht: „Ihr könnt es friedlich mit dem Kaiser schlichten.“ Ähnlich spricht ja auch der adlige, egoistische Abtrünnige Rudenz (II, 1). Doch schon Rösselmann bekommt die Antwort: „Das rät uns ein Verräter, / Ein Feind des Landes.“ Und schließlich wiederum Tell, im scharfen Widerspruch zu Brauch des Volkes und Gesetz der Stunde: „Der Starke ist am mächtigsten *allein*.“ Tritt mit solchen Worten nicht Tell in zwar freier, aber recht bedenklicher Entscheidung aus dem Verband seiner Landsleute und Leidensgefährten heraus? Stellt er sich nicht geradezu mit subjektivistischer Egozentrik gegen ihr gerechtes Planen und Wollen? Es ist nötig, zunächst diese Gegensätzlichkeit deutlich zu bezeichnen, die sich allem Anschein nach jener harmonisierenden Ansicht entgegensetzt, die in Tell die Inkarnation der Volkspersönlichkeit in der Einzelpersönlichkeit, die Spiegelung und Steigerung des allgemeinen Konflikts in dem privaten Konflikt, in ihm wie in einem Mikrokosmos das „Gesamtschicksal dieses Volkes vom friedlichen Ausgangszustand an über die Bedrohung der Menschenrechte bis zum Sturz des Tyrannen“[28] sieht und so an der dramatischen Spannung vorübergeht, die sich in diesem paradox erscheinenden Gegensatz darlegt. Unzureichend ist es, hier nur mit einer psychologischen Besonderheit des Tell zu rechnen, die ihn aus der Masse herausheben,

[28] Thalheim, S. 240.

ihm die individuellen Konturen geben würde. Denn es ist offenbar, daß vom Psychologischen her der Umschlag von dem friedseligen, ins Idyllisch-Inselhafte sich zurückziehenden bäuerlichen Familienvater und Jäger zu dem Mann der Tat nicht geklärt werden kann, zumal die erste Erscheinung (I, 1) des zum kühnsten Wagnis entschlossenen, alle Bindungen des Hausvaters an Weib und Kind hinter sich lassenden Helfers in der Not dieser quietistischen Neigung zum Gehorsam bereits durchaus widerspricht. Hier sind in *eine* Gestalt Pole des Verhaltens eingeformt, die, aus der Perspektive der Psychologie beurteilt, sie in der Tat auflösen würden. Aber sie bedeuten eben anderes, nämlich „Wesenheiten", die vom dramatischen Aufbau her ihren Sinn erhalten. Wir kommen darauf zurück. Eines wird aus dem Gespräch Tells mit Stauffacher sichtbar: dieser Mann will, auch gegenüber den Volksgefährten, auch gegenüber der Not der allgemeinen Lage, seine in sich eigenständige Freiheit bewahren, wie er auch bei der Rettung Baumgartens, einer „bestimmten Tat", aus spontaner Freiheit handelte. Er ordnet sich nicht unter, und er ordnet sich auch nicht ein; er entzieht sich der vorbedachten, „vorgewog'nen" Tat, damit dem Rütli-Bündnis. Dies läßt sich nicht psychologisch messen. Vielmehr erhält Tells Gestalt ihre Gesetzlichkeit und innere Einheit aus dem, was bereits im Blick auf das Ganze dieses Freiheitskampfes und des aus ihm resultierenden Freiheitsstaates als Wesen und Form des ästhetischen Staats und des ihn ermöglichenden Menschen begegnete.

Tell handelt nicht wie Baumgarten, wie Melchthal aus dem zur raschen Tat fortreißenden, zur Rache treibenden und in dem Recht zur gemeinsamen Selbsthilfe aufgefangenen Zwang der Not. Er plant und handelt auch nicht wie die Schwurgenossen mit einem festen, begrenzenden Ziel, sei es auch als Freiheit des Landes hoch gesteckt. Tell bedarf weder der großen noch der ihn festlegenden Worte und Schwüre. Das drückt sehr deutlich sein Gespräch mit Stauffacher aus (I, 3): „Das schwere Herz wird nicht durch Worte leicht." Vielmehr: was Tell ist und was er tun wird, soll und muß seinen Grund allein in ihm selbst finden, im Einsatz der totalen und autochthonen Persönlichkeit in der ganzen Spielbreite ihrer Möglichkeiten. Mit dieser Einigkeit in sich selbst gehört seine Wortkargheit zusammen. Denn das Wort entfaltet der Dramatiker Schiller dort, wo der Mensch, sei es in der Kollision, sei es in sich selbst, in den Zwiespalt geraten ist und sich entscheiden muß. Das Handeln, das Ziel, die Rechtfertigung von Tell müssen hingegen allein in ihm selbst ihre Begründung erhalten. Dieser Tell handelt nicht, wie die andern Bauern, nur in dem Augenblick der raschen Reaktion auf ihre Not. Er handelt nicht zielbestimmt auf ein vorgegebenes Objekt hin, das eine Einordnung und eine Begrenzung bedeuten würde, selbst wenn es Freiheit und Vaterland heißt. Er bindet sich nicht an noch so heilige Schwurworte, sondern sein Handeln erwächst, wie im ‚Spiel', wobei an den umfassenden Sinn gedacht werden muß, den Schiller diesem Begriff gegeben hat, aus der Einheit seiner eigenen, erfüllten, zur Totalität geweiteten Persönlichkeit. Denn eben das macht das Wesen des ‚Spiels' aus, daß sich in ihm alle Kräfte des Menschen, der physisch und moralisch in Freiheit gesetzt ist, harmonisch in ihrer Totalität vergegenwärtigen, sich damit gegen jede einschränkende Beziehung abschirmen. Um dies zu verwirklichen, stellt Tell sich abseits, behauptet er die Freiheit seiner selbst, die Freiheit aller seiner Möglichkeiten gegenüber der Verschwörung. Dies bedeutet nicht Willkür seiner Subjektivität, nicht eine kauzige Eigenbrötelei, wie man es psychologisch ausgelegt hat. Schiller meint vielmehr die höhere Stufe des ganzen Menschseins in der Idealität der ästhetischen Totalität, die jeder noch so große, bestimmte Zweck einschränken und damit vernichten würde. Dieser Tell will und muß – bis an die Grenze des Verstummens – allein sein, frei in allen Spielmöglichkeiten seiner Persönlichkeit, weil ein bestimmter Zweck, sei es selbst der Freiheitskampf gegen die widerrechtliche Despotie, ihn nur ‚speziell' machen, in das Partielle verengen würde. Mit anderen Worten: der bestimmte Zweck würde den ‚poetischen' Charakter zum historischen Charakter abmindern und ihn damit der Stofflichkeit der Geschichte und des Lokalen anheimgeben. Weil Tell stärker, in sich vielfältiger ist als die anderen, ihnen überlegen durch die Festigkeit und Wucht seines in sich ruhenden Daseins, bewahrt er sich die spontane, unbeschränkte Aktivität der ganzen Person in der Fülle ihrer Kräfte, also die Freiheit zu dem höchsten ‚Spiel'.

Daß in diesem freien, stets die ganze Person einsetzenden und das Äußerste kühn wagenden Tun sein Wesen liegt, hat, genial in ihrer knappen Entschiedenheit, bereits die erste Szene des ersten Aktes verbildlicht. Es braucht wohl kaum ausdrücklich gesagt zu werden, daß dies nicht als Bewußtseinsakt Tells erscheint, sondern daß es sein unbewußtes Dasein ausmacht. Mit anderen Worten: dies ‚Wesen' ist die Bestimmung, und das heißt zuerst auch und gerade die ästhetische Bestimmung, die Schiller seinem Helden im Zusammenhang- und Gegenspiel des Dramas gegeben hat.

Dieser dramatische Held ist in der ersten Szene des ersten Aktes mit der Fülle aller seiner Möglichkeiten zu Tat und Hilfe gegenwärtig. Aber gerade weil diese Fülle einer ‚Totalität' entsprechen muß, hat Schiller in den folgenden Tell-Szenen des ersten Aktes diesen frühen Eindruck von dem primär dramatischen, so rasch wie unbedingt handelnden Tatmenschen aufgelöst. Er ließ ihn zu jenem Kontemplativen überwechseln, das wiederholt seinen Interpreten und Kritikern wie eine kleinbürgerliche Untertanenfrömmigkeit, wie ein quietistischer Verzicht auf Wagen und Handeln erschienen ist. „Ein jeder lebe still bei sich daheim, / Dem Friedlichen gewährt man gern den Frieden" (I, 3). Diese Worte Tells möchten nach I, 1 fast unglaubhaft erscheinen. Wir erinnern uns: Schneider sprach anläßlich des Beginns der Apfelschuß-Szene von dem furchtsamen kleinen Bauern, in ihrem Verlauf von einem Umschlag aus der energisch-stolzen und gedankengeladenen Rede „zum angstvollen, demütigen Gestammel des kleinen Mannes".[29] Seine These vom Widerspruch des pathetisch Idealistischen und psychologisch Realistischen verdeckt jedoch – anstatt daß sie klärt. Es geht in Schillers Gestaltung des Tell um anderes: in seiner Zeichnung der ästhetischen Totalität der humanen Existenz gehört komplementär zur Tat das Element des Kontemplativen. Beides gehört zusammen und macht die gleichgewichtige Einheit des Menschlichen aus. Geßler nennt ihn in der Apfelschuß-Szene einen „Träumer"; er unterstreicht in den gleichen Sätzen das Besondere des Tell. Das Kontemplative, dies ruhig-feste, selbst noch von seiner Familie abgesetzte, stillversonnene In-sich- und Bei-sich-selbst-Sein kehrt bei dem Tell, der die Notwendigkeit von Geduld und Schweigen zu verteidigen wagt, immer wieder. Schiller hat diese innere Polarität seiner Figur zwischen Wagnis und Besonnenheit, kühnem Schweifen und träumerischer Versunkenheit, Tatbereitschaft in der Hingabe für die anderen und Abstand im festen Beruhen in sich selbst nicht nur in den Wechseln des ersten Aktes herausgearbeitet; ebenso in der ersten Szene des dritten Aktes, während der Apfelschuß-Szene, schließlich gipfelnd in dem großen Monolog vor der Tat und noch in der Parricida-Szene. Der gleiche Mann, von dessen Verwegenheit im Spiel des Jägers mit dem Tode, „das halsgefährlich führt am Abgrund hin", Hedwig spricht (III, 1), der gleiche Mann, der in diesem alle Kräfte frei entfaltenden, nur sich selbst und Gott vertrauenden Spiel oft sein Leben gefährdet, erweist sich zugleich „bescheidentlich", gelassen-hilfreich bei der Begegnung mit dem wehrlosen Landvogt auf dem engen Bergpfad. „Er ganz allein mit mir, der auch allein war, / Bloß Mensch zu Mensch." Tell nutzt diesen Augenblick der Überlegenheit nicht, der die sich durch Zufall anbietende Gewalttat zur Rache- und Befreiungstat verwandelt hätte. Er erscheint da als ein mitleidig und gütig Helfender, der nicht daran denkt, seine Überlegenheit auszunützen. Es ist diese Situation des „Bloß Mensch zu Mensch", die sich, unter völlig verwandelten Umständen, in der Hohlen Gasse wiederholen wird und zu ihr kontrastiert ist. Der Unterschied beider paralleler Situationen verdeutlicht, was sich inzwischen in Tell vollzogen hat.

Was ist es denn, das die Gewalt, der Tell in der Apfelschuß-Szene unterworfen wird, von der Gewalt unterscheidet, die Baumgarten und Melchthal zugefügt worden ist? Denn schwerlich kann man in ihr nur eine Steigerung sehen, die jetzt dramatisch-szenisch versinnlicht, was bisher im distanzierenden Bericht verdeckt und nur in der emotionalen Auswirkung bei den beiden Bauern vergegenwärtigt wurde. Ist Tell eine Einzelgestalt mit dem ihr allein

[29] Schneider, S. 89.

zugewiesenen Geschick und Wesen, so muß auch, worin er verstrickt wird und was er erleidet, eine eigene Prägung, nämlich „Größe" haben. Schiller hat sich des Mundes Geßlers bedient, um das zu verdeutlichen. „Du liebst das Seltsame – Drum hab' ich jetzt / Ein eigen Wagstück für dich ausgesucht" (III, 3). Nicht eine Gewalttat wird ihm, seiner Familie angetan, die, handgreiflich verbrecherisch, die Rache zum Recht werden läßt, wie es im Falle von Baumgarten und Melchthal geschieht. Bei beiden geht es um einen pragmatischen, „historischen" Fall, dessen grelle Stofflichkeit zwar durch die Distanz des Berichts gemildert wird, der aber eine subjektive Reaktion naturgemäß auslöst. Der Unterschied liegt darin, daß Tell *selbst* zu einer Gewalttat an seinem Kind gezwungen, daß er ganz dicht an den Rand der Gefahr gebracht wird, der Mörder seines Kindes zu werden. Daß der Landvogt diese Konsequenz seines Befehls erwartete, scheint sein Erstaunen nach dem gelungenen Schuß anzudeuten. Dies bezeugt das „Ungeheure" seiner Zumutung. Denn es ist ein Eingriff in Tells innerste Menschlichkeit, daß er selbst das Widernatürliche tun muß, das allen Ordnungen des Verhältnisses zwischen Vater und Kind, der Familie, der Natur, des Ewigen widerspricht und das ihn, den im tiefsten Wesen und in der Totalität seiner Persönlichkeit her Rechtlichen, mit der Last der äußersten Versündigung beladen würde: mit dem Mord des Vaters an seinem Kind.[30]

Hier geht es also nicht mehr nur um die allgemeine Knechtung von Freiheit und Vaterland, auch nicht nur um das Unerträgliche einer willkürlich zugefügten und bis zur Hilflosigkeit treibenden Gewalttat, sondern um einen Eingriff in den persönlichsten innersten Bezirk des eigenen Tuns, um eine Vergewaltigung der *inneren Freiheit*. Eine Überwindung der nur von außen zugefügten Gewalt durch den Sprung in die Freiheit zum Tode, der das Ich unverletzbar macht, war immer noch möglich. Dies sprach Gertrud Stauffacher aus: „Die letzte Wahl steht auch dem Schwächsten offen, / Ein Sprung von dieser Brücke macht mich frei" (I, 2). Jedoch für Tell bleibt keine Wahl, keine Freiheit, weil er selbst um beider Leben willen diese Gewalttat an seinem eigenen Kinde, an sich selbst vollziehen muß. Diese Tat kann durch nichts, auch in Tell selbst durch nichts gerechtfertigt werden; sie versklavt ihn, den Freiesten, in eine Verschuldung, deren drohende Folgen zwar durch den glücklichen Schuß vermieden werden, die gleichwohl aber schon in ihrer Möglichkeit allen Gesetzen der Natur widerspricht. Schiller hat dies – wenn auch im Affekt der subjektiven mütterlichen Erregung – als eine objektive

[30] Die Situation ist in Schillers Drama wiederholt angelegt. Wir erinnern an den alten Moor und seinen Sohn Karl, an den Präsidenten und seinen Sohn Ferdinand, an König Philipp und Don Carlos, an das Verhältnis zwischen Wallenstein einerseits, Octavio Piccolomini und Max andererseits, an den Ahnenfluch in der *Braut von Messina*.

Tatsache durch Hedwig aussprechen lassen. Diese Tat büßt nichts dadurch von ihrem Ernst ein, daß Tell, subjektiv schuldlos, gezwungen wurde, sie zu vollziehen, um seines Kindes und sein eignes Leben zu retten. Die furchtbare Paradoxie, die ihm Geßler mit unmenschlichem Spiel auferlegt, liegt nicht nur darin, daß er das Leben seines Kindes in die höchste Gefahr bringen muß, um es zu bewahren, sondern daß er, der auf die Freiheit seiner Persönlichkeit in der Harmonie ihrer Kräfte und ihres Fühlens eingestellt ist, jetzt in die engste Situation des ungeheuerlichen Verbrechens gezwungen, im Grunde seines Wesens – nicht nur in seiner Väterlichkeit, sondern in seiner Menschlichkeit – vergewaltigt wird.

Er war bisher der „Meister seines Schicksals" gewesen; daß Geßler ihn jetzt so nennt, schließt eine grausame Ironie ein. Er wird gezwungen, seine Harmonie in sich selbst, damit sein Wesen schlechthin zu verletzen; er wird gezwungen, seine Freiheit, die das Totale seines Menschentums in allen seinen Entfaltungen ausmacht, durch die eigene Tat preiszugeben. Mit diesem von Geßler ersonnenen „eigen Wagstück" für den „von anderer Menschen Weise" entfernten Tell ist wirklich die Klimax der Despotie erreicht – im radikalsten Gegensatz zu jenem Satz Schillers von dem „Staatskünstler" und seinem Verhalten gegenüber der Materie, das objektiv das innere Wesen ihrer Eigentümlichkeit und Persönlichkeit schonen muß. Dieser Despot kennt Tell gut genug, um ihn im Kern seiner Persönlichkeit zu treffen. Mit mörderischer Ironie nutzt er, was Tell auszeichnet, dazu, ihn in diese Vergewaltigung zu stoßen. Es geht in diesem Augenblick der größten dramatischen Konzentration nicht nur um ein subjektives und privates Geschick des Vaters, sondern es geht um das frevelhafte Spiel mit dem in seiner innersten Persönlichkeit vergewaltigten Menschen, um ein Vergehen gegen alle objektive Menschlichkeit und ihre heiligsten Rechte. Dies ist es, was das, was Tell auferlegt wird, von dem scheidet, was die andern Bauern bisher erlitten haben und was sein Geschick zum exemplarischen Fall der tiefsten Rechtszerstörung macht. Denn in ihm wird das objektiv Menschliche schlechthin vergewaltigt.

Noch im frühen Stadium der Planung schrieb Schiller an Körner:

> „Übrigens brauche ich dir nicht zu sagen, daß es eine verteufelte Aufgabe ist: denn wenn ich auch von allen Erwartungen, die das Publicum und das Zeitalter gerade zu diesem Stoff mitbringt, wie billig abstrahire, so bleibt mir doch eine sehr poetische Forderung zu erfüllen, weil hier ein ganzes localbedingtes Volk, ein ganzes entferntes Zeitalter, und was die Hauptsache ist, ein ganz örtliches, ja beinah individuelles und einziges Phänomen, mit dem Charakter der höchsten Notwendigkeit und Wahrheit soll zur Anschauung gebracht werden."[31]

[31] Jonas 6, S. 415.

Die Verwandlung des nur Historischen und Individuellen in das ‚Poetische', was solche höchste Notwendigkeit und Wahrheit meint – dieser Gang vom Geschichtlichen zum Humanen und Absoluten vollzieht sich in der Apfelschuß-Szene. Denn hier offenbart sich in dem historischen Vorgang, durch die tragische Negation, das absolute Gesetz der menschlichen Ordnung. Hier war durch seine Verletzung das absolute Recht als Gesetz des menschlichen Daseins sichtbar geworden. Hier also trat die Tell-Handlung, mit ihr das Drama, „aus dem historischen heraus und ins poetische" ein.[32] Tell ist in der Tat von diesem Augenblick an, um B. von Wiese zu zitieren, „das sittliche Recht zum politischen Mord" gegeben, aber nun nicht nur, „weil er nur so noch die Familie, die Urzelle alles gemeinschaftlichen Lebens, die ‚holde Unschuld' seiner lieben Kinder und das eigene Eheweib schützen kann"[33], sondern weil in ihm objektiv die Freiheit und die Harmonie des Menschen in sich selbst aufgerissen und geschändet wurde. Geßler selbst ruft ihm das Stichwort dessen zu, was nun zu geschehen hat: „Jetzt, Retter, hilf dir selbst – du rettest alle!" Was im Rütli-Eid der Bauern nur Wort und Gedanke blieb, wird durch Tell zur Tat. Aber was für die Bauern eine Bestätigung ihres Rechts, ihrer Sitte und ihrer Natur wurde, stellt sich für Tell gänzlich anders dar und steigert ihn in eine tragische Situation. Schiller hat die innere Spannung der Apfelschuß-Szene in einen sprachlichen Lakonismus gedrängt, diese Spannung weitgehend durch das szenische Geschehen und seine rasch wechselnden Phasen ausgedrückt. Man kann hier von pantomimischer Gestaltung sprechen.[34] Er hat in der ersten Szene des folgenden Aktes in der Rede des Fischers wie in einer Art Chorfigur das Ungeheuerliche, das geschehen war, im Rückblick mit einer um so mehr pathetischen Ausdrücklichkeit gespiegelt. Solche Stellen, bekanntlich auch die Rütli-Szene, erinnern an seine anfängliche Absicht, den *Wilhelm Tell* in „antiker" Form, ähnlich der *Braut von Messina*, zu gestalten.[35] Dies Griechische wird auch in der Zeichnung des Tell spürbar. Schiller schrieb am 4. April 1797 an Goethe:

> „Es ist mir aufgefallen, daß die Charaktere des griechischen Trauerspiels mehr oder weniger idealische Masken und keine eigentlichen Individuen sind, wie ich sie in Shakespeare und auch in Ihren Stücken finde... Man kommt mit solchen Charakteren in der Tragödie offenbar viel besser aus, sie exponieren sich geschwinder, und ihre Züge sind permanenter und fester. Die Wahrheit leidet dadurch nichts, weil sie bloßen logischen Wesen ebenso entgegengesetzt sind als bloßen Individuen."[36]

[32] Ebd.

[33] Wiese, S. 772.

[34] Stöcklein, Bericht S. 5.

[35] F. Prader, *Schiller und Sophokles.* Zürcher Beiträge zur dtsch. Lit.- und Geistesgesch. Bd. 7, Zürich 1954, S. 125ff.

[36] Artemis-Ausgabe S. 323. Vgl. auch: „Auch die tragischen Personen selbst be-

Von hier aus, nicht also psychologisch, nicht aus der politischen oder privaten Rechtsfrage, sondern aus dem Prinzip der ästhetischen Form, die das Dramatische in die poetisch-humane, ästhetische Dimension transformiert, muß nun auch der Monolog Tells verstanden werden.

Wenn die These, die B. von Wiese darlegt, als ausreichend betrachtet wird, drängt sich erneut die Frage auf, warum, trotz der schon sehr offenbaren Berechtigung Tells zu dem politischen Mord an Geßler, Schiller die dritte Szene des vierten Aktes mit jenem weit ausladenden Monolog eingeleitet hat, der seine Kritiker seit Iffland reizte und den er selbst mit einer großen Entschiedenheit verteidigt hat.

„Gerade in dieser Situation, welche der Monolog ausspricht, liegt das Rührende des Stücks, und es wäre gar nicht gemacht worden, wenn nicht diese Situation und dieser Empfindungszustand, worin Tell sich in diesem Monolog befindet, dazu bewogen hätte."[37]

Das „Rührende" – man hat gern diesen Begriff als „lyrisch" eingeengt und in dem Monolog eine strukturelle Analogie zur Opernarie gesehen. Unzweifelhaft sind der Form dieses Dramas zahlreiche Elemente des Opernhaften eingebildet. Aber sie haben weit mehr als eine nur theatralische Wirkungsfunktion. Der „dramatischen" Erregung der voraufgegangenen Szene folgt, breit angelegt, eine „epische" Ruhe der kontemplativen Entspannung.[38]

dürfen dieses Anhalts, dieser Ruhe, um sich zu sammeln; denn sie sind keine wirkliche Wesen, die bloß der Gewalt des Moments gehorchen und bloß ein Individuum darstellen, sondern ideale Personen und Repräsentanten ihrer Gattung, die das Tiefe der Menschheit aussprechen" („Über den Gebrauch des Chors").

[37] Schnapp, S. 107. Rechtens sagt W. F. Mainland: „Tell's now famous soliloquy indicates the intensity of this new inner experience. We are made aware of it by a change in the form of his words. This man, who has accepted, without heeding its constraint, the common habit of thought and speech, breaks free on this one occasion from proverbial maxims and makes his own vigorous and personal response to the challenge of tyranny." S. 120. Hingegen H. G. Thalheim: „Der Monolog hat zum Ausdruck zu bringen, daß Tell nicht als egoistische ‚rohe' Natur ... reagiert, sondern in Übereinstimmung mit der Vernunft und mit selbstverständlicher revolutionärer Bewußtheit und republikanischer Tugendhaftigkeit für ein nationales Gesamtinteresse." S. 224.

[38] Dazu Schillers Brief vom 26. 12. 1797 an Goethe, Artemis-Ausgabe S. 475 ff. „Die dramatische Handlung bewegt sich vor mir: um die epische bewege ich mich selbst, und sie scheint gleichsam still zu stehen ... Bewegt sich die Begebenheit vor mir, so bin ich streng an die sinnliche Gegenwart gefesselt, meine Phantasie verliert alle Freiheit, es entsteht und erhält sich eine fortwährende Unruhe in mir, ich muß immer beim Objekte bleiben, alles Zurücksehen, alles Nachdenken ist mir versagt, weil ich einer fremden Gewalt folge. Bewege ich mich um die Begebenheit, die mir nicht entlaufen kann, so kann ich einen ungleichen Schritt halten, ich kann nach meinem subjektiven Bedürfnis mich länger oder kürzer verweilen, kann Rückschritte machen oder

Tell ist mit sich allein; er steht allein vor der Entscheidung zu seiner Tat. Der eben noch übermächtige Tatmensch, der zum zweiten Male auf dem See die Dämonie der aufgejagten Elemente bezwang und der mit einer fast übermenschlichen Anstrengung bei dem Apfelschuß zum Herrn seiner Gefühle wurde, versinkt, ein „Träumer", wie ihn Geßler nannte, in die Kontemplation. Der Fortgang der dramatischen Bewegung wird aufgehalten; der Monolog läßt die Zeit stillstehen. Er wendet in das Innerliche und ruft das Versteckte aus der Tiefe der einsamen Seele hervor. Kein rachedurstiger Revolutionär steht auf der Bühne, und kein Wort deutet darauf, daß sich Tell als der Vollstrecker des Volkswillens so wie etwa Stauffacher fühlt, als dieser sich zu dem Entschluß zur Verschwörung und bewaffneten Tat durchringt und seinen bisherigen Frieden verläßt (I, 2). Auf der Höhe der dramatischen Spannung ruft Schiller seinen Helden, mit ihm den Zuschauer in die Stelle der Kontemplation zurück. „Hier vollend ichs."

Tell hat sich zu seiner Tat als seiner heiligen Pflicht entschieden. Es geht jetzt nicht mehr um eine Diskussion oder Demonstration ihrer objektiven Berechtigung, sondern es geht um das Verhältnis des Menschen zu seiner zweckbestimmten und unwiderruflichen Tat, dem Mord, der ihn aus seinem stillen und harmlosen Frieden, aus der Idylle seiner Existenz herausreißen muß. Er muß handeln – gegen den Protest seines Herzens. Sein Denken und Fühlen schweift zurück, es legt sich eine innere Rechenschaft ab. Die Mischung von Tathaftem und Kontemplation, nicht, wir wiederholen, eine nur psychologisch deutbare Mischung, sondern die Erscheinung der inneren Polarität des totalen und ästhetischen, damit im poetischen Sinne menschlichen Daseins, wird jetzt zur dramatischen Äußerung in der gespaltenen Seelenbewegung geführt. Eben dies hebt Tell von Baumgarten und Melchthal ab, daß er nicht im rasch reagierenden Ungestüm, sondern mit „Besonnenheit" handelt. Er weiß sich vor einer Verwandlung seiner ganzen Existenz durch diese mörderische Tat. Er weiß, daß er in ihre Gefangenschaft geht. Daß er dies weiß, bezeugt sein moralisches Empfinden und seine Redlichkeit. Er hat keine Wahl mehr. Nicht die Leidenschaft, der Haß, die Rache treiben ihn. Er

Vorgriffe tun und so fort. Es stimmt dies auch sehr gut mit dem Begriff des *Vergangenseins,* welches als stillstehend gedacht werden kann, und mit dem Begriff des *Erzählens,* denn der Erzähler weiß schon am Anfang und in der Mitte das Ende, und ihm ist folglich jeder Moment der Handlung gleichgeltend, und so behält er durchaus eine ruhige Freiheit ... Die Dichtkunst, als solche, machte alles Gegenwärtige vergangen und entfernt alles Nahe (durch Identität) und so nötigt sie den Dramatiker, die individuell auf uns eindringende Wirklichkeit von uns entfernt zu halten und dem Gemüt eine poetische Freiheit gegen den Stoff zu verschaffen. Die Tragödie in ihrem höchsten Begriffe wird also immer zu dem epischen Charakter *hinauf*streben und wird nur dadurch zur Dichtung."

fühlt, was er tun muß und zu tun entschlossen ist, als eine Pflicht des Vaters und mehr noch als eine „heilige Schuld" aus dem furchtbaren Eidschwur vor Gott, als den Vollzug einer von Gott selbst gesetzten Tat. Er weiß, daß er sich gerecht entscheidet, im eindeutigen Wissen um die Scheidung des Guten und des Bösen aus einer Ordnung heraus, die nicht nur von dieser Welt, schon gar nicht nur von dieser politischen Welt, sondern eine Gottesordnung ist. Aber er muß sich gegen sich selbst zu dem Mord entscheiden, vor dem er zurückscheut. Er muß aus der ästhetischen Sphäre seiner Harmonie mit sich selbst, aus seiner Welt des ‚Spiels' in eine Sphäre des Entscheidens und Handelns unter dem Zeichen der Gewalt übertreten.[39]

Die moralische Entscheidung, daß er den Mord auf sich nehmen muß, ist bereits durch alles, was geschah, gefallen. Es geht in dem Monolog darum, wieweit er über diesem Mord die Freiheit seines Geistes, die einen nicht nur sittlichen, sondern ästhetischen Zustand bedeutet, zu bewahren vermag. Er kann diese Entscheidung nur ganz allein, sich selbst verantwortlich, treffen. Es geht ihm in dem Monolog um die Freiheit und Verantwortung vor sich selbst, also um das Problem seiner eigenen Existenz im Verhältnis zu seiner Tat. Dies ist das dramatisch-ästhetische Thema des Monologs, hingegen nicht die Frage nach dem politischen Recht und nach dem Moralgesetz, die längst beantwortet wurde. Denn muß nicht dieser Mord ihn aus der Harmonie mit sich selbst in die zweckbestimmte Enge dieser Tat treiben? Was für die Rütli-Genossen eine Gemeinsamkeit der Kampfgenossenschaft um des allgemeinen Rechts, der allgemeinen Freiheit willen war, legitimiert in dieser Gemeinsamkeit von Recht und Brauch, das wird für Tell nicht nur zu der einsamen persönlichen Gewalttat an diesem einzelnen Mann Geßler – „er ganz allein mit mir, der auch allein war, / Bloß Mensch zu Mensch" –, sondern zu einer Gewalttat gegen sich selbst.

Muß der Mörder Tell nicht ein anderer werden, als er bisher gewesen war und sein konnte? Er hatte Harmonie und Freiheit in seiner ungetrübt in sich ruhenden Festigkeit besessen. Bisher sicher, leicht und still in sich selbst, wird er jetzt in den Wandel der Zeit gerissen. „Denn hier ist keine Heimat." Kurz darauf, im grellen Gegensatz von Hochzeitsjubel und Todesnähe: „Es steht nichts fest auf Erden." Unter den Bann der Zeit zu geraten heißt, in den Zwang der fortreißenden Wirklichkeit gestoßen zu werden. Wir erinnern an Schillers Sätze im Vierzehnten der *Ästhetischen Briefe*.

[39] Vgl. parallel *Wallensteins Tod* II, 2 die Lage von Max Piccolomini. „Sanft wiegte dich bis heute dein Geschick, / Du konntest spielend deine Pflichten üben. / Jedwedem schönen Trieb Genüge tun..." Ferner: *Piccolomini*, V, 1 Octavio zu Max: „Mein bester Sohn! Es ist nicht immer möglich, / Im Leben sich so kinderrein zu halten, / Wies uns die Stimme lehrt im Innersten..."

„Der sinnliche Trieb will, daß Veränderung sei, daß die Zeit einen Inhalt habe; der Formtrieb will, daß die Zeit aufgehoben, daß keine Veränderung sei. Derjenige Trieb also, in welchem beide verbunden wirken (es sei mir einstweilen, bis ich diese Benennung gerechtfertigt haben werde, vergönnt, ihn Spieltrieb zu nennen), der Spieltrieb also würde dahin gerichtet sein, die Zeit in der Zeit aufzuheben, Werden mit absolutem Sein, Veränderung mit Identität zu vereinbaren."

Dies scheint für Tell seit diesem Augenblick nicht mehr wie bisher möglich zu bleiben. In sein eigenes Schicksal versunken, verdämmert für ihn alles gewöhnliche und vertraute Leben in das Ferne und Fremde. „Sie alle ziehen ihres Weges fort / An ihr Geschäft – und *meines* ist der Mord!" Der Widerspruch zwischen der Ruhe und Freiheit, wir dürfen sagen, der ästhetischen Freiheit seiner bisherigen Existenz, und dem Mord, zwischen „der Freude Spielen" und dem „fürchterlichen Ernst" der nahenden Tat: dies ist das zentrale Thema des Monologs. Der Mord muß ihn aus der Einheit mit sich selbst, mit der Unschuld der Natur, mit der Unschuld seiner Kinder, aus seiner in sich selbst gestillten und schwebenden Freiheit, die bisher das Wesen seiner Persönlichkeit ausmachte, herausreißen. Sie hatte sein Glück, seine Kraft, seine Überlegenheit bedeutet. In diesem Monolog, der also alles andere als entbehrlich ist, konzentriert sich der entscheidende tragische Augenblick Tells. Denn dies meint doch das Tragische in Schillers Dichtung, daß der Mensch in einer unauflöslich erscheinenden Paradoxie dann, wenn er handelt, um seine Identität mit sich selbst zu bewahren und um seine Freiheit und Harmonie zu behaupten, diese verlieren muß. Indem er sich handelnd zweckgenötigt in diese Wirklichkeit verstrickt, gerät er in den Bann des Tragischen. Sie zwingt ihn aus seiner Freiheit heraus, die sich für Schillers tragischen Menschen als Selbstbehauptung seines Geistes nur in seinem Tode wiederherstellt. Jenes vielzitierte Wort, das Tell zu Stüssi spricht, zeigt die Wandlung an, die seit dem Stauffacher-Gespräch vorgegangen ist. „Es kann der Frömmste nicht in Frieden bleiben, / Wenn es dem bösen Nachbar nicht gefällt." Aber Tell – er allein in Schillers Drama – überwindet diese Tragik. Dies ist das zweite zentrale Thema des Monologs. Die Rechenschaft, die er in diesem Augenblick der inneren Entscheidung sich selbst ablegt, macht ihn innerlich frei; gerade weil er sich der Schwere und Verantwortung seiner Tat sich selbst, das heißt also: seiner Menschlichkeit gegenüber, vergewissert. Er wird den Mord, unverstört in der Einheit seines Wesens, hinter sich lassen. Er wird damit in die gelassene Ruhe des „Genius" zurückkehren können, wie sie Schiller in der gleichnamigen Elegie beschrieben hat:

„Hast du, Glücklicher, nie den schützenden Engel verloren,
Nie des frommen Instinkts liebende Warnung verwirkt,
Malt in dem keuschen Auge noch treu und rein sich die Wahrheit."

Was als stoffliche Erregung vor und unmittelbar nach dem Monolog den Zuschauer anspannt, findet in dessen kontemplativer Besonnenheit die Entspannung. Daraus erhält der Monolog seine ästhetische Funktion in der Komposition des dramatischen Gefüges. Denn indem Tell zu ihm fähig wurde, sich in seine entrückte Innenschau versenkte, hat er bereits seine kommende Tat überwunden, einen Abstand zu ihr gewonnen, der ihm seine Freiheit über der Tat, damit die Einheit seiner humanen Existenz sichert.[40] Diese Entspannung tritt dort ein, wo sich die Dynamik des Geschehens zur Besinnung auf das ‚Poetische', das heißt also das Rein-Menschliche, auf die Selbstbehauptung des Geistes, löst; wo, mit anderen Worten, im politischen Geschehen der ästhetische Zustand für den Helden wie für den Zuschauer eintritt. In dem Monolog des Tell stellt sich über dem Andrang des stofflichen Geschehens und der es begleitenden politisch-moralischen Ideen der ästhetische Zustand her, von dem aus Schiller seinen Tell gestaltet hat und in den er seine Zuschauer versetzen wollte. Deshalb durfte der Monolog trotz Ifflands Ansinnen nicht gestrichen werden. Denn in ihm lag die Mitte und Wendung des Dramas. Hier rechtfertigte sich, daß Tell dessen ‚poetischer' innerer Mittelpunkt trotz des politischen Befreiungskampfes der Schweizer Bauern war. Nicht als ein biederer Held der Tat, nicht als die heroische Repräsentation des Volkes tritt Tell in diesen Mittelpunkt, sondern als die Darstellung des totalen, das heißt ästhetischen Menschen in dem Kampf des politischen, aber zur Idealität des ästhetischen Staates führenden Geschehens; als eine Darstellung, die sich eben deshalb nicht in der politischen Moral der Tat und ihrer Rechtsideen erschöpfen durfte, sondern den Menschen zeigen mußte, der in sich den ästhetischen Zustand im Handeln in der Wirklichkeit erhält und der damit diesen Staat überhaupt erst ermöglicht.

Würde Tells Mord an Geßler lediglich eine Verteidigung seiner selbst oder seiner Familie, nur eine Tat für Volk, Freiheit und Vaterland, also eine Tat für einen bestimmten Zweck sein, wie hoch er auch erscheine, so wäre der Monolog entbehrlich, denn Tells Recht zu dem Mord ist genugsam sinnfällig geworden. Aber wir haben gesehen, daß es angesichts dieser ihm allein auferlegten Tat, zu der er sich in voller Freiheit und gegen sein bisheriges Leben entscheiden muß, um mehr geht: um die Bewahrung der inneren Freiheit und

[40] Es läßt sich mit Hilfe von Schillers Begriffsbildung auch formulieren: Der ‚naive' Tell bis zu dieser Szene gerät in ihr, die ihn in die Spaltung mit sich selbst bringt, in den reflektierenden Zustand des ‚Sentimentalischen', aus dem er jedoch ‚erhaben' in seine Grundverfassung des ‚Naiven' zurückzukehren vermag. Daß damit nichts Psychologisches, sondern fundamentale menschliche Seinsweisen gemeint sind, lehrt Schillers Entwicklung und Handhabung dieser Begriffe. Das Transpsychologische hebt jedoch nicht die individuelle Figur auf – im Sinne der Intention Schillers, im Ideellen ganz reell zu gestalten.

Harmonie im „fürchterlichen Ernst“ der Wirklichkeit, dem er als einer heiligen Schuld nicht ausweichen kann und darf. Daß ihm dies auferlegt ist und gelingt, macht Tell zu dem „Helden“ des Dramas.

Was im Geschehen als dramatischer Stoff zugemutet wird, verwandelt sich mittels des Kontemplativen des Monologs zur ‚poetischen‘ Form. Tell ist die ‚poetische‘ Figur des Dramas, die es aus dem nur lokal Historisch-Politischen, damit aus dem nur Pragmatischen herauslöst. Diese Erwägungen möge ein Zitat aus den *Ästhetischen Briefen* ergänzen. Der Trieb zur Form

„geht aus von dem absoluten Dasein des Menschen oder von seiner vernünftigen Natur und ist bestrebt, ihn in Freiheit zu setzen, Harmonie in die Verschiedenheit seines Erscheinens zu bringen und bei allem Wechsel des Zustandes seine Person zu behaupten. Da nun die letztere als absolute und unteilbare Einheit mit sich selbst nie im Widerspruch sein kann, da wir alle in Ewigkeit wir sind, so kann derjenige Trieb, der auf Behauptung der Persönlichkeit dringt, nie etwas anders fordern, als was er in alle Ewigkeit fordern muß; er entscheidet also für immer, wie er für jetzt entscheidet, und gebietet für jetzt, was er für immer gebietet. Er umfaßt mithin die ganze Folge der Zeit, das ist soviel als: er hebt die Zeit, er hebt die Veränderung auf; er will, daß das Wirkliche notwendig und ewig, und daß das Ewige und Notwendige wirklich sei; mit andern Worten: er dringt auf Wahrheit und Recht.“

„Die Neigung kann bloß sagen: das ist für dein Individuum und für dein jetziges Bedürfnis gut, aber dein Individuum und dein jetziges Bedürfnis wird die Veränderung mit sich fortreißen und, was du jetzt feurig begehrst, dereinst zum Gegenstand deines Abscheues machen. Wenn aber das moralische Gefühl sagt: das soll sein, so entscheidet es für immer und ewig – wenn du Wahrheit bekennst, weil sie Wahrheit ist und Gerechtigkeit ausübt, weil sie Gerechtigkeit ist, so hast du einen einzelnen Fall zum Gesetz für alle Fälle gemacht, einen Moment in deinem Leben als Ewigkeit behandelt. Wo also der Formtrieb die Herrschaft führt und das reine Objekt in uns handelt, da ist die höchste Erweiterung des Seins, da verschwinden alle Schranken, da hat sich der Mensch aus einer Größen-Einheit, auf welche der dürftige Sinn ihn beschränkte, zu einer Ideen-Einheit erhoben, die das ganze Reich der Erscheinungen unter sich faßt.“[41]

Dies ist es, was Tell zu der zentralen ‚poetischen‘ Figur des Dramas geprägt hat und was sich in dem Monolog konzentriert.

„Gewisse Charaktere ... können den Zustand der Bestimmungslosigkeit nicht lange ertragen, und dringen ungeduldig auf ein Resultat, welches sie in dem Zustand ästhetischer Unbegrenztheit nicht finden. Dahingegen breitet sich bey anderen, welche ihren Genuß mehr in das Gefühl des ganzen Vermögens als einer einzelnen Handlung desselben setzen, der ästhetische Zustand in eine weit größere Fläche aus. So sehr die ersten sich vor der Leerheit fürchten, so wenig können die letzten Beschränkung ertragen. Ich brauche kaum zu erinnern, daß die Ersten fürs Detail und für subalterne Geschäfte, die letzten, vorausgesetzt, daß sie mit diesem Vermögen zugleich Realität vereinen, fürs Ganze und zu großen Rollen geboren sind.“

In diesen Sätzen drückt Schiller aus, was Tell im Unterschied zu den anderen

[41] 12. Ästhet. Brief.

Schweizer Bauern zu seiner großen dramatischen Rolle legitimiert hat. Denn was bei ihnen nur im individuell und historisch Stofflichen bleibt, wenn auch durch ihre dichterische Gestaltung zum ‚Poetischen' stilisiert, wird in ihm aus dem Fundament der Figur heraus zur ästhetischen Erscheinung. Sie hebt über das stoffliche Interesse hinaus, sie bewirkt die Anschauung des Humanen und damit zugleich die notwendige ästhetische Distanz für die Zuschauer. Nochmals wird einsichtig, daß Tells Monolog eine für die gesamte Intention des Dramas unentbehrliche ästhetische Funktion besitzt. Er sichert die Erfahrung des Poetisch-Humanen als Substanz und Formgesetz des Dramas. Schiller hätte Iffland entgegenhalten können, was er bereits im August 1798 Goethe schrieb, als er auf die rhetorische Breitenrede seiner Personen zu sprechen kam, sich dabei auf das „Beispiel der Alten" berief und in ihm ein „höheres poetisches Gesetz" zu erkennen glaubte.

„Sobald man sich erinnert, daß alle poetischen Personen symbolische Wesen sind, daß sie, als poetische Gestalten, immer das Allgemeine der Menschheit darzustellen und auszusprechen haben, und sobald man ferner daran denkt, daß der Dichter sowie der Künstler überhaupt auf eine öffentliche und ehrliche Art von der Wirklichkeit sich entfernen und daran erinnern soll, daß ers tut, so ist gegen diesen Gebrauch nichts zu sagen."[42]

Wenn er im gleichen Brief von der gewissen Ruhe und Gemütlichkeit spricht, die eben diese Breite „auch in den gewaltsamsten Zuständen" hervorbringt, so wird das Element des Epischen, eingestaltet in die kontemplative Haltung des Helden, als balancierendes Gleichgewicht gegenüber der Gewalt des Dramatischen, und die Zusammenwirkung dieser beiden Elemente als Mittel der Herstellung des ästhetischen Zustandes, der ästhetischen Form im Drama selbst sichtbar. Es ist bekannt, daß sich hier ein rhythmisches Stilprinzip des klassischen Formverständnisses dartut. Von ihm ist die dramatische Formstruktur des *Wilhelm Tell* geführt worden.

Wenn diese Erwägungen zutreffen, legt sich die Frage nahe, ob von ihnen aus nicht auch auf die oft als ein Fehlgriff kritisierte Parricida-Szene ein bisher unbemerktes Licht fällt. Wäre der *Wilhelm Tell* lediglich als Familiendrama oder als politisches Freiheitsdrama aufzufassen, so wäre mit der Rache Tells und mit der Zerstörung der Feste Zwing Uri, also mit der ersten Szene des fünften Aktes, das Spiel beendet und nur noch die Vereinigung Tells mit seiner Familie und mit dem politischen Geschehen abzurunden. Offenbar erlag, was das politische Drama anbetrifft, bereits Iffland diesem Mißverständnis. In seinem an Schiller gerichteten Fragebogen heißt es:

„Als im 5. Act Stauffacher den Mord Kaiser Alberts erzählte, dachte ich, nun werden die Schweizer die That verabscheuen, den Schluß fassen, die Mörder nicht aufzuneh-

[42] Artemis-Ausgabe S. 614.

men, und dann wird alles zu Tell sich wenden und in der größten Einigung das Stück enden."[43]

Mit der ersten Hälfte der ersten Szene scheint die Handlung ausgelaufen zu sein. Denn was seit dem Auftritt von Rösselmann und Stauffacher vorgetragen wird, ist primär ein Geschichtsbericht, der das historische Panorama weitet und das Rechtsthema nochmals ausbreitet, aber zur Handlung des Dramas nichts mehr beiträgt. Die ausführliche Erzählung vom Mord Johanns von Schwaben an seinem Ohm und Kaiser, der Auftritt des Reichsboten entbehren der dramatischen Funktion und sind nur dadurch gerechtfertigt, daß sie zu der Parricida-Szene überleiten. Daß diese Verbindung künstlich geknüpft ist, erweisen auch die plötzlich an Tell erinnernden, „den Retter von uns allen", „unserer Freiheit Stifter" aufrufenden Worte am Ende der Szene. Diese Brücke wird sehr äußerlich, wie eine Notbrücke, geschlagen. Hedwig nimmt am Beginn der zweiten Szene, um die Klammer zu verstärken, diese Worte wie ein Echo auf. „Und euer Vater ist's, der's Land gerettet." Tell bestätigt später diese Konsequenz seiner Tat. „Hat euch verteidigt und das Land gerettet."[44] Der Mord erscheint als gerechte Tat für Freiheit und Vaterland. Der Mann, der das schrecklichste Opfer der politischen Situation zu werden drohte, erscheint nun als ihr Held.

Aber wir erinnern uns, daß in dem Monolog von diesen Gründen nicht die Rede war. Die Befreiung des Volkes ist eine Folge von Tells Tun, aber sie war nicht dessen Antrieb, der tiefer in seinem Innermenschlichen lag. Er handelte nicht nur als der Vater, um die „holde Unschuld" seiner „lieben Kinder" vor der „Rache des Tyrannen" zu schützen, sondern als dieser eigene, einzelne Mann. Richtig ist der Einwand gegen die Parricida-Szene, es bedürfe wahrhaftig nicht mehr einer nochmaligen Herausarbeitung von Tells moralischem Recht zu seiner Selbsthilfe. Hat Schiller nicht selbst die Grenzen zu eng gezogen, wenn er, Iffland antwortend, als „Hauptidee des ganzen Stücks" die Schuldlosigkeit Tells bezeichnete? „Das Notwendige und Rechtliche der Selbsthilfe in einem streng bestimmten Fall."[45] Das war eine Antwort auf Ifflands politische Bedenken und Rücksichten. Es geht in der Parricida-Szene, wie überall in der Figur des Tell, nicht nur um das Moralische.[46] Denn das moralische Recht bedurfte der wiederholenden Bestätigung nicht; aber in die

[43] Schnapp, S. 108.

[44] Auf die Typik dieser variierenden Wiederholungen in Schillers Dialoggestaltung hat W. F. Mainland, S. 112, aufmerksam gemacht. Sie sind im *Wilhelm Tell* als verzahnende Strukturelemente sehr zahlreich.

[45] Schnapp, S. 108.

[46] So faßt R. Buchwald, *Schiller*, Leipzig 1954, 2, S. 436, die Berechtigung der Parricida-Szene auf.

Szene ist zugleich die ‚poetische', das heißt humane und ästhetische Auflösung der innerseelischen Tragik eingeschlossen, in die Tell mit der Entscheidung zu dem Mord geraten war. Schiller hat dies an der gleichen Stelle selbst bezeichnet: „Parricidas Erscheinung ist der Schlußstein des Ganzen. Tells Mordtat wird durch ihn moralisch und poetisch aufgelöst." Das Moralische, das sich auf das Recht, und das Poetische, das sich auf die humane Existenz bezieht, sind nicht identisch. Iffland urteilte richtig und falsch, wenn er sich gegen die Szene wehrte und meinte: „Man wird aus dem Großen gleichsam ins Detail geführt." Auf die politische und theatralische Spannung der großen Massenszene (V, 1) folgt in der Tat die Wendung in den persönlich-intimen Bereich, rhythmisch also erneut eine Entspannung in das Kontemplative und Innerliche. Darin lag die schon erörterte ästhetische Ordnung der Struktur.

Die Parricida-Szene verlagert die Aufmerksamkeit der Zuschauer von dem politischen Volks- und Freiheitsthema, das die Zwing-Uri-Auftritte beherrscht und ein Stück Weltgeschichte der Zeit in sich hereinnimmt, zu dem menschlichen und damit poetischen Innenthema des Tell zurück. Die Spannung zwischen der persönlichen und der politischen Welt ist nicht nur die Voraussetzung des Freiheitsthemas des *Wilhelm Tell*. Sie begründet auch die Zweiteilung in die Volkshandlung und in die Tell-Handlung, die sich jenseits der Grenzen der ersteren bewegt. Mit dem Monolog und dem Mord ist in ihrem Bereich des Persönlich-Menschlichen die Tell-Handlung noch nicht zu Ende. Denn jenes humane Gleichgewicht, das Tell, des fürchterlichen Ernstes seiner Tat bewußt, vor dem Mord in Frage gestellt wußte und das er in dieser Kontemplation, in dieser Distanz von sich selbst rettete, muß sich jetzt nach der Tat, die für einen Augenblick selbst seine Gattin und gerade sie vor ihm zurückschaudern läßt („Diese Hand – O Gott!"), objektiv, nicht nur als ein Gefühl Tells, sondern als eine dramatische Realität für den Zuschauer beweisen. Diese dramatische Realität entfaltet sich in der pointierten Kontraststellung zwischen ihm und Johann von Schwaben, der sich neben ihn zu stellen wagt und damit einschärft, was ihn von Tell trennt. In schärfstem Gegensatz zu ihrem sozialen Rang unterscheidet zwischen beiden der Wertrang des Menschlichen. Der fürstliche Neffe und Mörder seines Kaisers, jetzt zur Maske des ärmsten Büßers verdammt, macht sinnfällig, was ein Mord aus menschlicher Schuld, der nur ein egoistisch ungeduldiger Rechtsanspruch, nur eine Gewalttat gegen die Pflichten der Natur, nur eine unbesonnene, wilde Wahnsinnstat war und nichts als seinen selbstischen Zweck kannte, bewirkt. Er verjagt den Täter aus jeder Harmonie und Gemeinschaft mit den Menschen, mit der Natur, mit den sittlichen und göttlichen Ordnungen; er bedeutet den Verlust von Heimat und Freiheit in gehetzter Angst, in der Flucht nicht nur vor den Verfolgern, sondern vor sich selbst und damit eine innere Zerstörung durch die Gefangenschaft in der eigenen Tat. An dem Gegenbild dessen, der der heftigsten Passion erlag, erweist sich, daß Tell jene Unverstörtheit der inneren Harmonie und Freiheit bewahrt hat, die dem ästhetischen Charakter zugehört.

Nochmals sei an die Elegie *Der Genius* erinnert. Tell hatte, vor das tief Zweideutige gestellt, das das Handeln in der Wirklichkeit einschließt, allein und besonnen sich entschieden, zur äußersten Gewalt zu greifen. Denn sosehr auch das Recht der Eidgenossen in der Rütli-Szene betont wurde: ihre Selbsthilfe bleibt unblutig, sie wird nicht zu dieser äußersten Gewalt getrieben. „Wohl Euch, daß Ihr den reinen Sieg / Mit Blute nicht geschändet." So faßt der alte Walter Fürst das Ergebnis ihres Aufstandes zusammen (V, 1). Denn vor der äußersten Tat, dem Mord, genügt das gemeinsame Recht nicht, wird selbst seine allgemeine Moralität zweifelhaft. Es ist allein seine eigene, freie und in ihrer Schwere voll verantwortliche Entscheidung, die Tell sein Recht zu seiner Tat gegeben hat. Das Moralische ist ein Gemeinsames: das freie Handeln, das damit auch eine Freiheit über der notwendigen Tat bereitet, kann nur vom Einzelnen allein entschieden werden. Dies unterscheidet Tell – man darf vielleicht sagen ‚existentiell' – von den Eidgenossen und ihrer moralischen Rechtlichkeit in der Volksgemeinschaft.[47] Es unterscheidet ihn von Parricida, daß er nicht beschloß, „da er Recht nicht konnte finden, / Sich Rach' zu holen mit der eigenen Hand" (V, 1), sondern daß er zu seinem Mord durch das Böse Geßlers gezwungen war. „Gerächt / Hab ich die heilige Natur, die du / Geschändet." Was er tat, tat er im Vollzug eines objektiven Amtes und gegen seine Neigung. Daß er den Mord verabscheute, der ihm gleichsam von der Weltordnung auferlegt war, daß dieser für ihn zu einer ethischen Pflicht wurde, der er sein ungetrübtes Dasein, seine innere Freiheit und seinen Frieden preiszugeben wußte, daß er damit frei über seiner Tat blieb, – dies gibt ihm jetzt das Recht, von seiner „Unschuld" zu sprechen, und läßt ihn in eine Harmonie mit sich und den Seinen zurückkehren. Der Tell in der Parricida-Szene ist aus dem Kampf- und Leidenschaftsfeld der geschichtlichen Welt in die Idylle heimgekehrt. Die Idylle hat sich im *Wilhelm Tell* im dramatischen Vorgang ganz entfaltet. Sie gipfelt im Schluß des Dramas, der symbolisch die Utopie des idealen Staates verwirklicht, die bewährt wird durch die Existenz des ästhetischen Menschen. In der Parricida-Szene vollendet sich, was in dem Monolog begann: die Überwindung des Zwiespältigen und Tragischen durch eine Freiheit in der gewaltsamen Pflicht. Sie läßt Tell in sich einig bleiben – in dem Augenblick, der ihn aus seiner ganzen Existenz zu reißen,

[47] Dazu L. W. Kahn, *Freedom:* An Existentialist and an Idealist View (Sartre's *Les Mouches* and Schiller's *Wilhelm Tell*), PMLA 1949 LXIV, I, S. 5 ff.; Käte Hamburger, *Schiller und Sartre.* Ein Versuch zum Idealismus-Problem Schillers. Jahrbuch der Deutschen Schillergesellschaft III, 1959, S. 34 ff.

ihn sich selbst zu entfremden, seine eigene Humanität zu beschädigen drohte. Diese Freiheit meint die Einheit des Menschen mit sich selbst; es ist die Freiheit, in der der Mensch das Menschliche rettet. Daß dies in Tell aus seinem Wesen heraus geschieht, „er durch die verwickeltsten Verhältnisse mit kühner Einfalt und ruhiger Unschuld geht“[48], macht ihn zur Repräsentation des Menschen, auf dem sich der ästhetische Staat aufzubauen vermag. Das Tragische löst sich in der Parricida-Szene in die ‚Idylle‘ auf – als

„der Begriff eines völlig aufgehörten Kampfes sowohl in dem einzelnen Menschen als in der Gesellschaft, einer freien Vereinigung der Neigungen mit dem Gesetz, einer zur höchsten sittlichen Würde hinaufgeläuterten Natur, kurz es ist kein anderer als das Ideal der Schönheit, auf das wirkliche Leben angewendet“.[49]

Schiller schrieb im Siebenundzwanzigsten der *Ästhetischen Briefe*:

„Der dynamische Staat kann die Gesellschaft bloß möglich machen, indem er die Natur durch die Natur bezähmt; der ethische Staat kann sie bloß (moralisch) notwendig machen, indem er den einzelnen Willen dem allgemeinen unterwirft; der ästhetische Staat allein kann sie wirklich machen, weil er den Willen des Ganzen durch die Natur des Individuums vollzieht.“[50]

[48] 27. Ästhet. Brief.
[49] *Über naive und sentimentalische Dichtung.*
[50] 27. Ästhet. Brief.

F. Schiller: *Demetrius*

Usurpation und Legalität

I

So faszinierend ein Versuch ist, Schillers letzte, nicht vollendete Tragödie der Analyse und Interpretation erneut zu unterziehen, so beklemmend häufen sich die Schwierigkeiten. Sie haben sich abgezeichnet in der Geschichte der kontroversen *Demetrius*-Deutungen, die wie ein Konzentrat der Geschichte des Schiller-Verständnisses und der Geschichte der literaturwissenschaftlichen Methoden erscheinen. Weder dies noch jenes soll hier rekapituliert werden[1]; der verfügbare Raum verbietet es ebenso wie eine Absicht, alle Aspekte dieses vielschichtigen, zudem durch seine Entstehungsgeschichte komplizierten Fragments aufzunehmen. Genug ist erreicht, wenn es gelingt, der *Demetrius*-Diskussion eine zusätzliche Einsicht hinzuzufügen. Daß an wesentlichen Erkenntnissen und auch Irrwegen der Forschung nicht vorübergegangen wird, ist eine Selbstverständlichkeit.

Unumstritten ist der außerordentliche dichterische Rang der Konzeption und der fast gänzlich ausgearbeiteten Szenen des ersten und zweiten Akts, die Höhenlage und Reichweite der in ihnen und den Entwürfen abgezeichneten Konfliktkonstellationen, die Komplexität der dramatischen Vorgänge und Figuren und die Meisterschaft der Komposition einer überbordenden Stoff- und Themenfülle.[2] Unumstritten ist die Gewalt der Sprache dort, wo die Versgestalt vorliegt. Schiller hatte sich in der Dramatisierung der *Bluthoch-*

[1] Zur Geschichte der *Demetrius*-Interpretationen: Eduard Lachmann, *Die Natur des Demetrius.* Frankfurter Quellen und Forschungen zur germanischen und romanischen Philologie, Heft 27, Frankfurt a.M. 1940; Kurt May, *Die realistische Wendung und Neue Tragik in Schillers Demetrius,* German. Roman. Monatsschrift N.F. 1 1950/51, S. 258–275; Hans Günther Thalheim, *Schillers Demetrius als klassische Tragödie,* Weimarer Beiträge 1955, S. 22–86; Wolfgang Binder, *Schillers Demetrius,* Euphorion 53, 1959, S. 252–280; Helmut Koopmann, *Friedrich Schiller,* Bd. 2, 1794–1805, Sammlung Metzler, Abt. Dt. Literaturgeschichte, Stuttgart 1964, S. 83–89; F. M. Fowler, *The Riddle of Schiller's Demetrius,* Modern Language Review 61, 1966, S. 448–454.

[2] Dazu, allerdings nur oberflächlich summierend, Julius Petersen, *Schillers Demetrius;* in: *Aus der Goethezeit,* Gesammelte Aufsätze zur Literatur des klassischen Zeitalters, Leipzig 1932, S. 165–180.

zeit zu Moskau, diesem „tollen Sujet“[3], zu seiner bisher größten Anstrengung und Leistung entschieden. Er wollte alles, was ihm bisher gelang, übertreffen: unter theatralischer, dramatischer wie tragischer Perspektive, in der innerpsychologischen wie politisch-geschichtlichen Ausformung der Rollenfiguren, in der Hochspannung ihrer Konfigurationen und in der szenischen und dialogischen Ausgestaltung. Jeder Aufzug, ob schon dialogisiert oder nur im Entwurfsmaterial skizziert, bezeugt die Größe der Intention. Die Nachlaßaufzeichnungen verweisen zugleich aber auf die Aufgabe, die noch zu bewältigen war und auf deren Nachzeichnung, so unsicher sie angesichts des fragmentarischen, in seiner Textqualität wechselnden Bestandes ist, eine Interpretation nicht verzichten kann, selbst wenn sie in Fragen einmündet, die keine definitive Antwort erlauben.

Die entstehungsgeschichtlichen Fakten lassen sich leicht berichten.[4] 1802 (oder 1803?) taucht in Schillers Plan künftiger Dramen der Titel *Bluthochzeit zu Moskau* auf.[5] Es ist sehr wahrscheinlich, daß ihm die Geschichte vom falschen Demetrius schon seit langem bekannt war. Das negative Resultat ausführlicher Überlegungen zu dem motivverwandten „Warbeck“-Plan seit 1799, der sich endlich als für eine Tragödie ungeeignet herausstellte[6], und die Weimarer Eheverhandlungen mit dem Hof der Romanow-Dynastie, bei denen Schillers Schwager Wilhelm von Wolzogen 1803 tätig war, haben 1804 am Entschluß zur Ausführung des *Demetrius* mitgewirkt. Entscheidend war wohl, Schiller erkannte in der Art, wie er den Stoff behandeln wollte, „volle tragische Größe“.[7] Er notierte am 10. März 1804: „Mich zum Demetrius entschlossen.“[8] Die Arbeit wurde von offenbar ausgedehnten Diskussionen mit Goethe begleitet[9]; sie wurde durch Erkrankungen aufgehalten. Schillers Briefwechsel enthält nur spärliche Hinweise über das entstehende Werk. Die vielzitierten Sätze gegenüber G. Körner vom 25. April 1805 kommen über etwas rätselhafte Andeutungen nicht hinaus. „Wenn ich Dir auch gleich meinen Gegenstand nennte, so würdest Du Dir noch keine Idee von meinem Stücke machen können, weil alles auf die Art ankommt, wie ich den Stoff nehme und nicht wie er wirklich ist. Der Stoff ist historisch und so wie ich ihn nehme, hat er volle tragische Größe und könnte in gewissem Sinn das Gegen-

[3] Brief vom 16. Juni 1804. *Schiller. Werke,* Nationalausgabe (künftig zitiert: Werke N. A.), Bd. 11, *Demetrius.* Hrsg. von Herbert Kraft, Weimar 1971, S. 420.

[4] Gesammelt in Werke N. A. 11, S. 420–436.

[5] Werke N. A., S. 420.

[6] Dazu Benno von Wiese, *Schiller*, Stuttgart 1959, S. 781 ff.; Max Kommerell, *Schiller als Psychologe*; in: Geist und Buchstabe der Dichtung, Frankfurt a. M., ³1944, S. 210 ff.; W. Binder, S. 260 f.

[7] Werke N. A. 11, S. 428.

[8] Ebd., S. 421.

[9] Ebd., S. 428.

stück zu der *Jungfrau von Orleans* heißen, ob er gleich in allen Theilen davon verschieden ist."[10] Mehrere Arbeitsphasen wurden erschlossen: im Jahr 1804 zwischen dem 10. März und 25. April, dem 22. Mai und 12. Juli, dann, nach Unterbrechung durch Krankheit und Zuwendung zum Plan der *Prinzessin von Celle*[11], zwischen Mitte November und Jahresende. Erneut nahm Schiller die Ausarbeitung vom 20. Januar bis 1. Mai 1805 auf. Sie bricht ab mit der dritten Szene des zweiten Aufzugs. Am 9. Mai starb Schiller, noch in den letzten Lebenstagen mit dem *Demetrius* beschäftigt.

Nicht wenige Interpreten lassen sich dazu verführen, von einem im wesentlichen gesicherten Werkaufbau auszugehen[12]; sie berücksichtigen zu wenig, daß ohne Abwägung der Textqualität und der Niederschriftszeit der Entwürfe, ohne Beachtung der Entwicklungsphasen und Planveränderungen während des Arbeitsprozesses deren Auswertung fragwürdig ist. Rekonstruktionen der Autorintentionen dürfen nicht vortäuschen, es sei in ihnen ein definitives Ausführungsprogramm vorgegeben. Zwar bietet die Vielzahl der „Demetrius"-Papiere in Schillers Nachlaß eine „Selbstinterpretation"[13] an – ein in seinem dramatischen Werk singulärer Fall. Doch auch sie bezieht sich auf Erwägungen, Entwürfe, nicht auf ein endgültig durchgestaltetes Werk. Es bleibt offen, wieweit sie in es eingegangen wären. Eine systematische und hypothesenfreie Nachkonstruktion des Entstehungsprozesses hat sich nur in Grenzen als möglich herausgestellt.[14] Schillers Selbstinterpretation gibt allerdings zahlreiche Hinweise auf sein theatralisches und dramatisches Verfahren, seine Kalkulation der szenischen Kontraste und Tonwirkungen. Er hat nicht zuletzt das Publikum als Partner im Blick, er überprüft mit dessen Augen die Klarheit des Handlungsganges, die Ausarbeitung der

[10] Ebd., S. 428.

[11] Lieselotte Blumenthal, *Schillers Dramenplan Die Prinzessin von Zelle*. Abhandlungen der Sächsischen Akademie der Wissenschaft zu Leipzig. Phil. histor. Klasse, Bd. 56, 1963, H. 2.

[12] So z. B. H. G. Thalheim S. 34 f. unter Berufung auf Ludwig Fleiter, *Das Tragische in Schillers Demetrius*, Diss. Münster 1952. „Fragment und Erzählung der Fabel bieten also eine durchaus gesicherte Grundlage für die Untersuchung der Ideen, die in der vollendeten Tragödie zum Ausdruck gekommen wären." S. 35. Ähnlich W. Binder, S. 252. Dagegen betont F. M. Fowler S. 448 ff. die Schwierigkeiten. Vgl. ergänzend zu Werke N. A. 11 die ältere und erste Ausgabe: *Schillers Demetrius*. Nach den Handschriften des Goethe- und Schiller-Archivs hrsg. von Gustav Kettner Weimar 1895, Bd. 1.

[13] W. Binder, S. 252.

[14] Dazu vor allem Karl Heinz Hahn, *Schillers Demetrius*; in: Aus der Werkstatt deutscher Dichter. Goethe – Schiller – Heine, Halle (Saale) 1963, S. 197–371; ferner H. Kraft, Werke N. A. 11, S. 413 f. Zur älteren Forschung Arthur Hordorff, *Die Entstehungsgeschichte des Schillerschen Demetrius*, Diss. Leipzig 1909.

Figuren, die Gradation der Affekte[15] und das Arrangement der Szenen. Während des polnischen Reichstags, beim Einzug in Moskau wird der Zuschauer als gleichsam auf der Bühne befindlich einbezogen. Schiller reflektiert die seinem dramatischen Werk eigenen Spannungs- und Stimmungseffekte, es begegnen Stich- und Leitworte seiner Ästhetik.[16] So lassen die Nachlaßaufzeichnungen dem Dichter und dem Dramaturgen in Denk- und Arbeitsvorgänge hineinsehen. Sie beschäftigen sich intensiv mit der Plausibilität der historischen Handlungsführung und der psychologischen Ausgestaltung der Figuren und Verknüpfungen.

Trotz dieser Informationsfülle findet sich die Interpretation wiederholt vor offenen Fragen[17], zumal angesichts des Schlusses der Tragödie. Wie sich während des Arbeitsprozesses erhebliche Konzeptions- und damit Textveränderungen ergeben konnten, verdeutlicht die erst in der letzten Arbeitsphase, vermutlich Februar/März 1805, entschiedene Streichung der weitgehend ausgeführten Samborszenen[18], denen Schiller viele Überlegungen zugewandt hatte. Mit ihrer Streichung wurde die ursprüngliche Konzeption nach dem Grundmuster der klassischen Tragödie[19] beseitigt, die Figur des Demetrius gewandelt, die Exposition verändert und der politische Zusammenhang akzentuiert. Daraus mußten sich auch Abweichungen im scheinbar gesicherten „Szenar" ergeben, verlor doch mit Fortfall der Figur von Lodoiska auch das wichtige Szenenpaar mit ihrem Bruder Casimir die Begründung: also mit jenem Vertrauten, dem der verzweifelte Demetrius den Verlust seines alten Ich, seiner Einheit mit sich selbst klagt, was nur im Horizont der Samborszenen dramatisch wirksam ist. Und es ist zu fragen, ob durch den Fortfall der

[15] W. Binder, S. 262.

[16] Dazu die grundsätzlichen Erörterungen über das Verhältnis von Ästhetik und Kunstwerk bei W. Binder S. 256. Doch bestimmt Binder trotz dezidierter Vorsicht die Tendenz, den *Demetrius* zu dicht an Schillers Ästhetik anzuknüpfen, ungeachtet der schmalen Textbasis und der Differenzen der entstehungsgeschichtlichen Schichten. Da er von der Einheit von Schillers Ästhetik ausgeht, muß er diese Einheit in den *Demetrius*-Papieren auffinden. Vgl. S. 265.

[17] Vgl. K. H. Hahn: „Man müsse immer der Tatsache bewußt sein, daß diese Fragmente, auch ein so weit gediehenes wie *Demetrius*, lediglich Vorformen darstellen, deren endgültige Gestalt in keinem Fall wirklich bestimmt werden kann." S. 199.

[18] Werke N. A. 11, S. 227–250. Zur Datierung der Streichung K. H. Hahn S. 275 u. ö. Zur Darstellung des Demetrius in diesen Szenen und zur Umbildung seiner Figur durch diesen Fortfall auch Wolfgang Wittkowski, *Demetrius – Schiller und Hebbel;* in: Jahrbuch der Deutschen Schillergesellschaft, 3, 1959, S. 142–179. Das methodische Problem, wieweit die Samborszenen in die Interpretation der Tragödie einbezogen werden dürfen, beantwortet sich dadurch, daß angesichts des knappen ausgearbeiteten Fragments sie auf die Intentionen im Gesamtkonvolut der *Demetrius*-Papiere zurückgreifen muß.

[19] K. H. Hahn, S. 224 u. ö.

Samborszenen nicht die Bezüge zwischen dem ersten Glückswechsel des Demetrius im Kerker von Sambor – Unglück entläßt aus sich das Glück – und seinem Glückswechsel in Tula – das Glück entläßt aus sich Unglück – zerschnitten werden.[20] Die Eliminierung der Samborszenen bedeutete eine Umschaltung des Gesamtplans: von der mehr psychologisch einzelmenschlichen Tragödie, in der ein edler, guter Mensch durch die Verlockung der Macht, fremde Leidenschaften und fremden Trug ins Verhängnis gerissen wird, zur politisch-historischen Staatstragödie, vom „Privatstand"[21] zur tragischen Rolle im historischen Konfliktfeld, das auf eine grundsätzliche menschliche und politisch-staatliche Problemsituation hindeutet, von der später zu sprechen ist. Daß Schiller weiterhin eingreifende Änderungen vorgenommen hätte, kann nicht ausgeschlossen werden. Die Entwürfe lassen gerade am Tragödienschluß dafür Möglichkeiten offen.

Selbst der ausgeführte Text[22] ist noch kein ‚autorisierter' Text. Er ist noch im Werden begriffen. Das Szenar[23] läßt erkennen, Schiller war – ausgenommen die Szene der Betrugsaufdeckung und der ersten Begegnung zwischen Demetrius und Marfa, ferner der Szenen von der zweiten Unterredung zwischen ihnen bis zu des Demetrius Tötung und der verräterischen Selbstrettung Marinas – anderer szenischer Organisationen und Proportionierungen noch nicht sicher. Es lag erst vor ihm, in den Boris-Szenen[24], den Romanow-Szenen[25] und jenen nach dem Moskauer Einzug die Stoff-, Ereignis- und Figurenfülle zu raffen und, was sich nur unscharf skizziert darstellt, in eine den beiden ausgearbeiteten Aufzügen adäquate Gestaltung umzubilden. Nicht zuletzt ist die Interpretation durch die Begrenzung der Dialogtextur auf Aufzug 1 und bis 2,3, damit durch den Abgang der Möglichkeit, deren Bildlichkeit und Metaphorik der Analyse einzubeziehen, eingeschränkt.[26] Dieser Textzustand gibt Warnsignale, die von spekulations- und hypothesenfreudigen Interpreten zu wenig beachtet wurden. Dies hat zur Verwirrungsgeschichte der *Demetrius*-Interpretation viel beigetragen. Sie demonstriert weiterhin, wie vielschichtig dies Drama angelegt ist.

[20] Dazu B. von Wiese, S. 791, und vor allem Peter Szondi, *Der tragische Weg von Schillers Demetrius*, Neue Rundschau 72, 1961, S. 165 ff.

[21] Werke N. A. 11, S. 253.

[22] Ebd., S. 7–58.

[23] Ebd., S. 175–226.

[24] Ebd., S. 209–213.

[25] Ebd., S. 213–214.

[26] Ilse Graham, *Schiller, ein Meister der tragischen Form*. Die Theorie in der Praxis, Darmstadt 1974, macht S. 113 f. auf die metaphorische Verknüpfung von Sehen und Höhe im *Demetrius* aufmerksam. In diesen Zusammenhang wäre auch die Vision Romanows einzurücken.

II

Demetrius ist die Tragödie eines durch die „Umstände“ und sich selbst betrogenen Betrügers und die Tragödie einer historischen Krisenzeit, in der es um staatliche Probleme und Konflikte ging, die für Schiller eine weltgeschichtliche und für ihn und seine Zeitgenossen noch aktuelle Signifikanz hatten. Es bedarf kaum des Hinweises, daß Schillers Wahl eines historischen Stoffes keine Negation von aktuellem politischem Gehalt bedeutete. *Demetrius* ist die Tragödie von der Zerstörung eines Menschen durch die auf ihn einwirkenden Umweltkräfte und durch ihn selbst, von der Zerstörung eines Herrschers, der die Menschlichkeit – als Achtung vor Würde und Freiheit – zum Staatsziel machen wollte, und die Tragödie einer sich selbst in die Anarchie treibenden Geschichtszeit, Schiller hat die Tragödie der Person Demetrius und dieser Geschichtszeit so dicht verknüpft, daß sie zueinander transparent werden: im Geschick der Herrscher Demetrius und Boris zeichnet sich die Situation der Zeit ab, sie erhält aus ihm ihre Kennzeichen. Das Geschick dieser Usurpatoren konnte sich nur in dieser Zeit vollziehen, und nur sie konnte beide hervorbringen. Es ist keine neue und dennoch notwendige Bemerkung, die Interpretation muß sich auf das Gesamtgefüge des Dramas als historische Tragödie beziehen und darf sich nicht, wie es seine Interpretationsgeschichte mehrfach ergab, nur auf die Demetrius-Figur isolieren.[27] Dies verbietet schon das Bezugssystem der Parallel- und Gegenbildlichkeit, das die Figuren eng verbindet.

Das dramatische Gesamtgefüge charakterisiert ein Neben- und Miteinander von Szenen, die sich auf Demetrius konzentrieren, und Szenen, die Entwicklungs- und Aktionsszenen der geschichtlichen Kräftewelt vorführen, in die er sich verstrickt.[28] In den beiden ersten Aufzügen erscheint Demetrius je in äußeren und inneren Entscheidungspunkten seiner Laufbahn auf der Bühne. Erst im zweiten Teil des geplanten dritten Aufzugs, nach Vorausgang des Blocks der Boris- und Romanow-Szenen, besetzt er, in akzentuierten Kontrastsituationen, eine kontinuierliche Szenenfolge: Tula, die Betrugsaufdekkung mit radikalen Veränderungen seines Bewußtseins, deren Folgen in der ersten Unterredung mit Marfa, der Einzug in Moskau. Diese Ballung wiederholt sich in den Etappen seines Sturzes in die Katastrophe. Ihr sind die Ereignisse auf dem politischen Schauplatz, die Konflikte zwischen den Russen und Polen, die Nebenhandlungen um Marina, Axinia, Zusky, Solticow vorgelagert.

[27] B. v. Wiese, S. 791.

[28] P. Szondi unterscheidet zwischen äußerem Schicksalsweg und innerem Bewußtseinsweg des Demetrius, S. 164.

Zutreffend wurde von der gedrängten Intensität der Vorgangsführung in diesem „dramatischen“ Drama gesprochen.[29] Der Umguß zur Versform zeigt eine entgegensteuernde Verbreiterung der Dialogsprache durch Bildlichkeit, Wiederholungen, rhetorische Ausgriffe[30], die fraglich macht, ob die Lakonisierung im Entwurf – bis zu hochdramatisch gefüllten Augenblicken des Verstummens und Schweigens, schon berechtigt, von einem neuen Stil des Dramatikers Schiller zu sprechen. Wie besorgt er um die Kompression war, verrät sein Einfall, erst mit der Szene Marfas im Kloster einzusetzen, doch hätte die Einlagerung der Vorgeschichte von Demetrius in einen Bericht zu überlanger Erzählung oder unangemessener Abbreviatur verleitet und die Position des Protagonisten geschädigt.

Wiederholt spricht Schillers Selbstinterpretation, die man auch als Selbstermahnung lesen kann, von der Notwendigkeit der „Klarheit des Ganges der Handlung“.[31] Er mußte vermeiden, daß die Stoffülle verwirrte und Aufmerksamkeit wie Verständnis zersplitterte. Eine „natürliche Entstehungsweise und Möglichkeit“[32] sollte die Vorgänge legitimieren. Dazu gehörten die Raumbilder, die Zeitbezüge. Das Milieu mußte in illusionistischen und symbolhaltigen Bildern versinnlicht werden; die mehrjährige Erstreckung des historischen Zeitverlaufs mußte durch Zusammenziehungen und Zeitsprünge ausgeglichen werden. Die historische Zeit mußte dramatische Zeit werden. Die Bühnenbilder hatten jeweils die äußere und innere Situation optisch zu vergegenwärtigen, die Zeit hatte die Dramatik des Ablaufs zu suggerieren: als zunächst mitreißend vorwärtsdrängende, dann, seit dem Moskauer Einzug, den Demetrius umdrängende Zeit. Raum, Zeit, Handlung wurden derart integriert. „Weil die Handlung groß und reich ist und eine Welt von Begebenheiten umfaßt, so muß mit einem kühnen Machtschritt auf den höchsten und bedeutungsreichsten Momenten hingeschritten werden. Jede Bewegung muß die Handlung um ein merkliches weiter bringen.“[33] – „Vorzüglich ist das zu beobachten, daß alles in Handlung erscheint, und ... von bloßen Reden so wenig als möglich vorkommt.“[34] Der Handlungsfaden müsse recht entschieden durchlaufen, er müsse sich auf den Protagonisten beziehen, Szenen und Dialoge müssen rasch wechseln. Durchsichtigkeit der Handlung war wichtig, weil sich der Zuschauer einem ungeläufigen historisch-exotischen

[29] Gerhard Storz, *Der Dichter Friedrich Schiller,* Stuttgart 1959, S. 500. Schiller notiert: „Das Stück fängt ganz leidenschaftlich an, oder geht doch schnell in diesen Ton über.“ Werke N. A. 11, S. 113.

[30] Dazu Emil Staiger, *Schiller*, Zürich 1967, S. 381.

[31] Werke N. A. 11, S. 166.

[32] Ebd., S. 128.

[33] Ebd., S. 171; 177.

[34] Ebd., S. 117.

Lebenskreis gegenüber befand, vor ihm unbekannten Geschichtsverhältnissen, vor einem so ungeheuerlichen wie abenteuerlichen, ja, märchenhaften Geschehen. Die politisch-sozialen Motivationen aus Geschichtsraum und -zeit mußten es abstützen. Die *Demetrius*-Tragödie war auch das Drama des russischen Weltreiches in einer Krise der Fundamente des Staates, des Herrschaftssystems, in der es sich im Nationenkampf aufzulösen drohte. Hier war alles aus den Fugen – der Staat wie das einzelne Geschick, das in dies Konfliktfeld mehr getrieben als handelnd verstrickt wird. Demetrius ist ungeachtet seines Aufstiegs vom anonymen, dunklen Nichts zum Zarenthron mehr passiv als aktiv, mehr getragen von Zufall, Glück, Wahn als ein Handelnder. Schiller suchte das Interesse des Zuschauers am ‚objectiven' Stoff mit dessen ‚subjectiver' Sympathie in Balance zu bringen. Ersteres konnte durch „Bestimmtheit, Klarheit und Consequenz und vollständige Angabe aller Daten"[35], durch „anschauliche Darstellung des Lokals, der Umstände, der Zustände" erreicht werden, die die Handlung vor dem Verstand rechtfertigen sollten, so daß das Abenteuerliche als natürlich erschien. Letzteres mußte die Rollenzeichnung des Demetrius, seine ‚hohe Natur', die faszinierende Größe seiner Person, die Kette seiner Glückswechsel und die Verschränkung des Guten in ihm mit dem Verderblichen leisten." Die Hauptfigur muß mit entschiedenem Übergewicht interessieren, wo sie selbst nicht erscheint, muß sich die Handlung auf sie beziehen, oder ein mächtiges anderes Interesse muß sie augenblicklich ersetzen. So bei der Marfa, bei Boris, bei der Axinia und Romanow.[36]

Der Bautypus dieser Tragödie ist einleuchtend als ‚Entwicklungsdrama' bestimmt worden.[37] In der Reihung von Einsatz, Wegetappen und Katastrophe des Protagonisten ist er dem Stationendrama nahe. Es ist die geeignete Form, die Epochengeschichte in der Vielzahl ihrer Figuren, Kräfte und Konflikte vorzuführen. Schiller hat mit sicherem Formgriff Auseinanderstrebendes zusammengebunden: innerhalb vorwärtsführender Handlung bewahrt jeder Auftritt ein in sich geschlossenes Gefüge.

„Jeder Moment aber, wo die Handlung verweilt, ist ein bestimmtes, ausgeführtes Gemälde, hat seine eigene vollständige Exposition und ist ein für sich vollendetes Ganze."[38] Gegenüber der klassischen Tragödie bedeutet dies die Lockerung zu einem episierenden Verfahren, in dem die Einzelszene

[35] Ebd., S. 128.

[36] Ebd., S. 117.

[37] W. Binder, S. 260f. Er weist in diesem Zusammenhang das gleiche Strukturmoment in *Die Räuber* und *Die Jungfrau von Orleans* nach.

[38] Werke N. A. 11, S. 178.

die Tendenz hat, zum selbständigen Vorgang zu werden.[39] Schiller zählt selbst Beispiele auf: die Reichstagsszene, das Nonnenkloster, die Abschiedsauftritte von Boris, die Dorf- und Lagerszene.[40] Dies Bauprinzip entspricht der an ‚Gemälde' erinnernden Panoramatechnik, die das geschichtliche Umfeld vergegenwärtigt. Mit gleicher Souveränität gelang es Schiller, den nicht auf der Bühne anwesenden Demetrius im gewaltigen Fortschreiten zu seinem Ziel dem Zuschauer gegenwärtig zu halten, damit die Weite des russischen Raumes und die Geschwindigkeit seines unaufhaltsamen Aufstiegs. Raum und Zeit werden Spannungselemente in der dramatischen Aktion. Zwar tritt seit dem Einzug in Moskau ein räumlicher Stillstand ein, seither ist der Kreml konstanter Spielort, er schließt sich nach der Peripetie dicht um Demetrius als Ort seiner zunehmenden Gefangenschaft im Ausweglosen. Es fehlt ein Hinweis, ob die Auftritte im Kreml-Binnenraum mit der gleichen optisch-atmosphärischen Symbolik wie der Reichstag, das winterliche Kloster oder der Einzug in Moskau, der geradezu choreographisch inszeniert ist, ausgestattet werden sollten. Choreographisches Arrangement legen hier wie in der Dorfszene und Tötungszene des Demetrius die bewegten Massenauftritte nahe. Es fehlen nicht die in Schillers Drama häufigen opernhaften Züge, z. B. als suggestive Bühnenmusik.[41]

Die Raumstatik in Moskau – Zeichen zunehmender Verengung der Situation von Demetrius – trifft auf um so größere Beschleunigung der Zeit. In später Nachtstunde treffen sich Marfa und Demetrius, beiden bleibt kaum Zeit zur Auseinandersetzung[42], „auf einige Augenblicke"[43] kann Demetrius die Rebellen beschwichtigen, „die Szene müßte sehr kurz dauern", schon dringt Zusky herein, ein knapper Moment ist dem allseitig umringten, gleichsam erdrückten Demetrius für den Tod gegönnt. Zur Strukturierung des Dramas gehören die abrupten Umschläge zwischen Weite und Enge, Höhe und Tiefe, Freiheit und Gefangenschaft. Demetrius erfährt im Kerker von Sambor seine hohe Geburt, im Klosterkerker empfängt Marfa die Nachricht von ihrer Rückkehr zur Größe. Boris flüchtet aus der Gefangenschaft zwischen Demetrius und Romanow in die Freiheit des Todes. Der polnische Kö-

[39] Vgl. zu dieser Tendenz zur Episierung des Dramas Walter Müller-Seidel, *Episches im Theater der deutschen Klassik*. Eine Betrachtung über Schillers *Wallenstein*, in: Jahrbuch der Deutschen Schillergesellschaft 20, 1976, S. 338–386, ferner Dieter Borchmeyer, *Über eine ästhetische Aporie in Schillers Theorie der modernen Dichtung*; in: ebd., 22, 1978, S. 303–354.

[40] Werke N. A. 11, S. 178.

[41] Ebd., S. 52; 201; 205; 217.

[42] Ebd., S. 223.

[43] Ebd., S. 224.

nig wuchs im Kerker auf, Axinia und ihr Bruder werden ins Gefängnis gesperrt, Romanow erlebt in ihm seine heilversprechende Vision.

Dieser Verdichtung im Raum- und Zeitgefüge mit gegenseitiger kontrastiver Bezugsetzung entspricht das komplexe Bezugsgeflecht zwischen den Spielfiguren. Ihre Wechselbeziehung erhellt sie gegenseitig nach dem Gestaltungsmodus der Externalisation[44], der besagt, daß Schiller Eigenschaften des einen im abgelösten Gegenbild des Partners verkörpert und so ein dichtes Konfigurationsnetz herstellt. Die Interpretation muß sich, da die psychologische Konstruktion und Motivierung der Figuren in den Entwurfsschriften dominiert, vorwiegend an dem in ihnen enthaltenen dramatischen Potential orientieren, ohne erschließen zu können, wie sie, ausgenommen die Partien bis II, 3, im Detail des Dialogs ausgestaltet worden wären. Schiller trägt viele Motivierungen zusammen; welche er ausgewählt und akzentuiert haben würde, bleibt unbekannt.

Die Hauptfiguren und die Vorgangslinien waren Schiller in der russisch-polnischen Geschichte um die Jahrhundertwende 1600 vorgegeben. Er mußte beides zum dramatischen Zusammenhang transformieren, so daß Figuren und Vorgang sich gegenseitig begründeten. Den Vorgang gliederte er zu dominierenden Umschlags- und Entscheidungspunkten, profiliert durch wiederkehrende Glückswechsel. Die Figuren mußten so typisiert werden, daß sich das Typenhafte zu individuellen Konturen differenzierte und sie gleichwohl an den fundamentalen Problemstellungen der Tragödie teilhatten.

Gegenüber der sonst in Schillers Drama geläufigen Paarung der Helden verfuhr er im *Demetrius* anders. Demetrius hat, vom Glück, vom Wahn, vom festen Glauben an sich und seine Berufung getragen, bis zu der ersten Tula-Szene keinen Gegenspieler. Auch in Marina nicht, die ihn verrät, aber zunächst seinen Aufstieg fördert. Der wehrlose Zar Boris – sein Gegenbild in entgegengesetzter Wegrichtung – ist es sowenig wie der tatgehemmte Romanow, auch er ein Gegenbild für Demetrius. Seit der Betrugsaufdeckung sind alle zu seinen Gegenspielern geworden, da er sich selbst zum Gegenspieler wurde: in der Spaltung zwischen seinem Ich und dem Anspruch auf die ihm auferlegte, von ihm ergriffene Rolle. Der Gegenspieler von Demetrius ist von jetzt an Demetrius selbst – Demetrius und Nicht-Demetrius. Es ist mehr als partielle Ironie, es liegt vielmehr in der Grundstruktur des Tragischen in dieser Tragödie, daß auch das Gute und Gerechte, das er den Russen bringen

[44] Vgl. dazu Ilse Graham, *Die Struktur der Persönlichkeit in Schillers dramatischer Dichtung*; in: Jahrbuch der Deutschen Schillergesellschaft 4, 1960, S. 270–303; Zweitdruck in: *Schiller.* Zur Theorie und Praxis der Dramen. Wege der Forschung, Bd. CCCXXII, Darmstadt 1972, S. 325–367.

will, sie zu seinen Feinden macht. „Demetrius verschmäht das knechtische Betragen der Russen und spricht davon, daß er es abschaffen werde; in diesem schönen Zug liegt der Keim eines unglücklichen Betragens.“[45]

Gewiß mangelt es in den Szenen nach Tula nicht an Konfliktkonfrontationen: zwischen ihm und Marfa, zwischen ihm, den Polen und den Russen, zwischen ihm und Axinia, Zusky und Marina. Sie treiben ihn der Katastrophe zu. Doch sein dominierender und verderblichster Feind ist er selbst, er entläßt aus sich sein Unglück. Dies mindert nicht seine Überlegenheit, dem inneren Rang nach, über seine Partner. Solange sein Glaube an sich selbst unbeschädigt war, war er in sicherem Bündnis mit sich selbst und Freund aller Welt. Die Skizzen sehen eine Szene vor, in der Demetrius, nach der Betrugsaufdekkung, verzweifelt nach dem Jüngling fragt, der er in Sambor gewesen ist, d. h. „nach sich selbst, als ob er eine fremde Person wäre, so unähnlich fühlt er sich selbst“.[46] Man kann daran zweifeln, ob Schiller dies Gespräch mit Casimir, dem Bruder der gestrichenen Lodoiska, nach dem Fortfall der Samborszenen noch ausführen konnte. Doch gilt die innere Situation, die in dieser Szene zum Ausdruck gelangt, auch für den Demetrius der Reichstagsfassung. Kein Schillerscher Protagonist ist so einsam wie Demetrius – er hat keine Mutter, keinen Freund, ihm ist kein Durchbruch zur Liebe gegönnt. Lodoiska hat er in Sambor zurückgestoßen, Marina ist er durch Ehrgeiz, nicht durch Liebe verbunden, und dies wirkt sich verhängnisvoll genug aus. Seine Liebe zu Axinia, die ihn abweist – damit zugleich eine Parallel- und Kontrastfigur zu Lodoiska – wird durch seine Hoffnung, durch sie scheinhaft zur Zarenwürde legitimiert zu werden, in einen politischen Motivationszusammenhang gerückt. Gegenbild zu solcher Kalkulation ist Axinias Liebe zu Romanow, eine „sanftrührende“[47] Episode, Insel humaner Idealität im politischen Kampffeld, das sie vernichtet.[48] Ist denn überhaupt in dieser polnischen und russischen Gesellschaft, in ihrer Makrostruktur wie in ihren einzelnen Repräsentanten, ein humanes Miteinander denkbar? Nur ein Nebeneinander gibt es in ihr, in dem jeder jedem zum Gegner, zum Verräter oder zum Werkzeug wird. Demetrius ist für Marina solches Werkzeug, Axinias Tochterliebe enthebt Boris nicht seiner Einsamkeit, durch „Ein unbekanntes“ getrennt, stehen Marfa und Demetrius einander gegenüber. Er überläßt sie, nachdem er in ihr die Mutter und auch den Vater, Iwans Blut, zu usurpieren versucht hatte und dies mit Überredung und Drohung gegenüber der Hilflosen geglückt war, so gleichgültig sich selbst wie sie ihn, als sie ihre Rachsucht befriedigt sah.[49]

[45] Werke N. A. 11, S. 214.
[46] Ebd., S. 172f.
[47] Ebd., S. 213.
[48] Ebd., S. 185.
[49] Ebd., S. 223.

Wenn die Menge in Polen und im Zarenreich seinen Glücksweg umströmte, geschah es um eigener Interessen willen, aus Wahn und Trug.

Demetrius, Boris, Marfa verbindet ungeachtet ihres Antagonismus eine partielle Identität; sie haben Elementares in sich, Größe, eine Mehrschichtigkeit, die zum Tragischen offen ist.[50] Schillers Tragödie bedarf der Größe der Handelnden und der Leidenden. Romanow gehört nicht zu ihnen, denn Größe fehlt ihm trotz der moralischen Qualität seiner „schönen Seele"[51] und als ein „beschütztes Haupt".[52] Er ist paradoxerweise als der legitime Erbe der Krone in die Kämpfe einbezogen und ihnen gleichwohl entzogen. Was ihn jedoch – und vielleicht auch Solticow – den Figuren der „Größe" annähert, ist, daß beide zu einem niedrigen Wollen und Handeln nicht fähig sind. Solticow hält, nach der Entlarvung des Betrügers Demetrius, diesem trotzdem, aus Abscheu vor Verrat, die Treue und büßt seinen Irrtum mit dem Tod.

Niedriges Wollen und Handeln steuert die Schicht der Verschwörer, Abenteurer, Glücksspieler und Intriganten, die, ob nun Polen oder Russen, das historische Mittelfeld besetzen; sie sind zwar fern der Größe von Demetrius, aber gehören dennoch der gleichen Epoche an. Denn auch Demetrius ist ein Abenteurer, ein Glücksspieler, zunächst unwissentlich, dann willentlich ein Betrüger. Parallele und Kontrast begegnen auch hier, unter dem Signum einer anarchischen Geschichtszeit. In dieser Mittelschicht folgt jeder den Interessen oder der Willkür eigener Zwecke, gehe es nun um Thronraub wie bei Marina oder Zusky oder um erbärmlichen Kleinraub wie bei dem polnischen Betteladel. Der Verrat ist das Zeichen der Makrostruktur dieser Gesellschaft und jener, aus denen sie sich zusammensetzt. Dies gilt für die republikanischen Polen unter einem von ihnen abhängigen Wahlkönig wie für die Russen unter dem zaristischen Absolutismus. Dies steigert sich noch, als des Demetrius Herrschaft, seit er sich einen Betrüger weiß, in die Despotie umschlägt. Nicht die Staatsform qualifiziert den Zustand des Staates, sondern das Staatsziel, wie es als eine Einheit von Recht und Macht und Menschlichkeit Demetrius vor seiner Entlarvung als sein Herrschaftsziel vorschwebte. Mit seiner Trennung von der „Wahrheit" zerbricht dies Ziel der neuen, besseren Ordnung im Kräftefeld der Anarchie.

Im Hintergrund und Untergrund verharrt das russische Volk, verwirrbar und verführbar „durch die gröbsten Mittel"[53], gebunden an das Altherge-

[50] Fraglich ist, ob man, wie W. Binder S. 275 Marina in die „realistische" Gruppe Demetrius, Boris, Marfa einreihen und ihr damit „tragische Größe", überhaupt „Größe" zusprechen kann.

[51] Werke N. A. 11, S. 100.

[52] Ebd., S. 170.

[53] Ebd., S. 132.

brachte. Es lehnt sich im Nationalhaß gegen die Fremden auf und ist doch wehrloses Opfer der jeweiligen Usurpatoren, es besteht aus „Sklaven" noch im „Soulevement". Dies Volk kann sich verweigern, aber es ist von einem eigenen Willen weit entfernt.

Beide Staaten – die polnische Republik und der russische Absolutismus – ermangeln einer für alle verbindlichen, sie zusammenhaltenden Herrschaftsordnung. Ihr anarchischer Zustand ist die Konsequenz des Zerfalls moralisch-staatlicher Ordnungsnormen.[54] Wo sie zum Spielball der Interessen und der Willkür egoistischer Einzelzwecke werden, zersetzt sich das ganze Herrschaftssystem. Eine zentrierende Norm in dieser Geschichtszeit der Konsolidierung des Absolutismus war das Prinzip der dynastischen Legalität, der Legitimität der Herrschaft. Es bildete das Fundament ihrer Absicherung. Es ist irrig, dies Problem der Legitimität im *Demetrius* nur als einen von Schiller „vertieften Oberflächenkonflikt" abzuwerten[55]; irrig angesichts der Tatsachen in der russischen Geschichte zur Zeit von Boris und Demetrius[56], irrig angesichts der Historizität von Schiller, für den es – davon später – wie für seine Zeitgenossen gerade angesichts von Legitimitätsauflösungen seit der Französischen Revolution und unter Napoleons Herrschaft noch ein akutes staatlich-sittliches Problem, ein aktuelles Problem der politischen Bewußtseins- und Staatslage in dieser Zeit war. Indem Schiller es dem *Demetrius* einlegte, machte er die historische Tragödie zur politischen Tragödie.

Ihr Aspekt liegt darin, daß, wenn die Legalität der Usurpation, das Recht der Gewalt im System des Staates ausgeliefert wird, dann ist jegliche Ordnung aufgehoben und zur Willkür verzerrt: in die Negativität einer Freiheit, in der jeder nur sich selbst will. Die Reichstagsszene demonstriert, wie aus Normen leere Formeln werden: die staatliche Gemeinsamkeit in der Verfassung, die Verantwortung gegenüber gemeinsamen nationalen Interessen, die Gerechtigkeit und die Freiheit, der Friedenseid; sie werden alle Spielbälle der ständischen und privaten Selbstsucht. Wie sich dieser Zerfall als Verrat bis in die individuell-menschlichen Beziehungen einfrißt, bezeugt das Verhalten von Marina und ihrer Anhänger. Der Verrat wiederholt sich unter den

[54] Dazu Max Kommerell, *Schiller als Gestalter des handelnden Menschen;* in: Geist und Buchstabe der Dichtung, Frankfurt a. M., [3]1944 S. 146. „Die von Schiller ausgewählten Geschichtsmomente deuten alle auf einen Urmoment, in dem die Geschichte geistig wird: das Wanken der Ordnungen."

[55] So Georg Lukács, *Der russische Realismus in der Weltliteratur*; in: *Werke*, Bd. 5: Probleme des Realismus II, S. 61, Neuwied/Berlin 1964.

[56] Dazu die ausführliche Darstellung der Geschichte von Boris Godunow und des falschen Demetrius bei Hedwig Fleischhacker, *Rußland zwischen zwei Dynastien (1598–1613)*. Eine Untersuchung über die Krise in der obersten Gewalt. Studien zur Osteuropäischen Geschichte N. F. 1, Baden bei Wien 1933.

Truppen und im Reich des Zaren Boris, er wiederholt sich in Moskau im Verhalten der Polen gegenüber Demetrius und in der Verschwörung der russischen Adligen unter Führung von Zusky. Was auf dieser Figurenebene gleichsam wuchert, zeichnet sich aber auch in den Figuren des oberen Ranges ab. Der Despot Boris Godunow, bemüht, ein gerechter Herrscher für sein Volk zu sein, ist „argwöhnisch, rachsüchtig und grausam"[57], wo es um „Angelegenheiten seiner Person", um die Erhaltung seiner usurpierten Macht geht. Marfa will, in aufflammender Leidenschaftlichkeit, nichts als ihre Rache, um zur gekrönten Hoheit zurückzukehren. Im Monolog des Demetrius nach der Betrugsaufdeckung heißt es in den Skizzen: „Fest stehen muß ich, und doch kann ichs nicht mehr durch eigene innere Überzeugung. Mord und Blut muß mich auf meinem Platz erhalten."[58] Schiller setzt zwar am Rand das Argument hinzu: „...soll ich sie [diese großen Völker] ins Unglück, in die Anarchie stürzen, und ihnen den Glauben nehmen?" – doch im Dialog mit Marfa im Szenar fehlt dies Argument, es geht ihm allein um sich selbst. „Ich bin nicht soweit her bis nach Moskau gedrungen um hier die Früchte meiner Siege zu verlieren und du wirst mich nicht zwingen wollen, verzweifelnd um meine Existenz zu kämpfen."[59] Usurpation hat zur Folge die Despotie, sie sät und erntet ihrerseits nur Anarchie. Boris und Demetrius sind nicht nur ihre Opfer, sie haben, ob nun willentlich oder zunächst unwissentlich Usurpatoren, diese Gesellschaft mitgeschaffen und mitverschuldet. Denn wo das Herrschaftssystem seine Verpflichtung an eine Rechtsordnung preisgibt und zur Gewalt greift, durchdringt diese Krise des Rechts den ganzen Staat. Im Zustand des russischen Staates externalisiert sich, was in seinen Usurpatoren angelegt ist. In ihnen repräsentiert sich eine ins Anarchische verirrte Gesellschaft, und das Rechtsdefizit der Herrscher wird nicht durch deren subjektiven Willen zu gerecht-humaner Herrschaftsausübung aufgehoben. Diese Wechselbeziehung zwischen Herrscher und Staat verwischt sich, wenn man allein vom Protagonisten aus die Tragödie interpretiert. Mit ihr hängt auch das komplexe, mehrperspektivische Verfahren in Aufbau und Dialog des *Demetrius* zusammen, das Schillers Entwürfe differenziert anlegen. Daß Schiller dieser Legitimitätsauffassung auch eine Grenze setzt, wird später erörtert, ebenso, in welchem Umfang er für ihn zeitgenössische, sozialpsychologische und sozialkritische Erfahrungen in sie eingebracht hat.

Sie haben gewiß bei seinem Entschluß zur Dramatisierung des *Demetrius*-Stoffes mitgewirkt. Es sei betont: mitgewirkt. Denn ihn fesselten die in ihm sich anbietenden theatralischen und dramatischen Möglichkeiten. Au-

[57] Werke N.A. 11, S. 211.
[58] Ebd., S. 170.
[59] Ebd., S. 218.

ßerdem kam der Stoff Grundmustern seiner dramatischen und tragischen Einbildungskraft und, wie zahlreiche Analogien zeigen, auf die in der Interpretationsgeschichte oft hingewiesen wurde, seines vorausgegangenen dramatischen Werkes entgegen.

Zwei Konfliktzentren drängen sich der Interpretation auf, die letztlich zu einem Grundkonflikt zusammenlaufen. In ihm verbinden sich der Konflikt zwischen Usurpation und Legalität im staatlich-gesellschaftlichen Bereich und der Konflikt zwischen einem sich absolut setzenden Willen und der Gesetzgeberschaft der Natur im humanen Bereich. In den ersteren sind Demetrius und Boris, in den letzteren Demetrius und Marfa verstrickt. Daß Demetrius mit beiden zu tun hat, legt ihm die größere tragische Dimension ein. Die Grundthese der Interpretation wird hier vorausgenommen; sie muß sich im folgenden Gang durch das Drama beweisen.

Als Demetrius den Glücksweg bis Tula durchschreitet, tragen ihn ehrgeiziger Herrschaftswille, seine auf Größe angelegte Natur, seine Überzeugung vom angeborenen Recht und sein Ziel, das Glück befreiter Menschen nach Rußland zu bringen, zusammen in einem Gleichgewicht voran. Er ist in ihm mit sich eins.[60] Und es täuscht ein Gleichgewicht vor, das eine starke, vom Recht gesicherte und es an alle weitergebende Ordnung im Staat verspricht. Dies Recht ist gleichsam von Natur her, aus „hoher" Natur und aus dem Geburtsrecht des Prätendenten garantiert. Als Demetrius die Lüge seines Zarentums erfährt, ist die Einheit in ihm selbst, damit die Einheit seiner Herrschaft mit Natur, Recht und Staat zerbrochen. Wille und Gewalt müssen den Abgang der Legalität ersetzen. Im Dialog mit Marfa setzt Demetrius noch seine „Macht" und sein „Glück" als Trümpfe ein.[61] Doch mit seiner Überzeugung von seinem natürlichen und dynastischen Recht verläßt ihn das Glück – es bleibt ihm nur, zunehmend zerbröckelnd, die Macht. Sie verzerrt sich in der Gewalt, sie pervertiert sich zu „launischem Despotismus".[62] Selbst

[60] Auf diese subjektive Einheit mit sich selbst stützt W. Binder seine Interpretation des Demetrius als „naiver Charakter", in dem er den „Schlüssel zum Verständnis seines Wesens" und zur Zusammengehörigkeit der Tragödie mit Schillers Ästhetik findet; S. 267 ff. Er interpretiert Demetrius' Natur mit Schillers Definition als „Bestehen durch sich selbst, Dasein nach eignen Gesetzen, ruhiges Wirken auf sich selbst, ewige Einheit mit sich selbst" (N. A. S. 169). Er bezieht dabei nicht ein, daß Demetrius schon in den Samborszenen sich als unsicher in sich selbst erweist und diese „hohe", „königliche" Natur auf Selbsttäuschung beruht. Man kann nicht von seiner „gottähnlichen" (W. Binder, S. 270) Existenz aus sich selbst sprechen, ohne den Schein dieser Existenz zu beachten. „Dunkelheit" liegt über Demetrius aus Gründen der Betrugsmanipulation, nicht weil er ein „Genie" (S. 270) ist. Die Interpretation mittels ästhetischer Begriffe Schillers führt hier vom Text fort.

[61] Werke N. A. 11, S. 219.

[62] Ebd., S. 220.

sein Gutes kehrt sich gegen ihn. Die historischen Gegenkräfte überwachsen ihn – die Polen und Kosaken, Marina, die Russen, Zusky, die Verschwörer. „Das furchtbare Element trägt ihn nun selbst, er beherrscht es nicht, er wird von der Gewalt fremder Leidenschaften geführt, und ist jetzt gleichsam nur ein Mittel und eine Nebensache."[63] Demetrius scheitert am Unvereinbaren, das zu vereinigen er sich berufen glaubte – die von ihm unverstandenen Lehren des polnischen Königs[64] waren Signale dieser Paradoxie gewesen.

Auch Boris hat, willentlich jedoch und mit geplantem Mord, sich usurpatorisch der Zarengewalt bemächtigt. Der Despot hat sich bemüht, sie als „schätzbarer Fürst", als „wahrer Vater des Volkes" auszuüben[65], wie es noch weit besser, gerechter Demetrius will. Doch Gerechtigkeit, Milde können die Legalität nicht ersetzen und, wenn sie mangelt, kein Gleichgewicht in der Herrschaftsordnung herstellen. Sie läßt sich nicht durch Gewalt bewirken. Dies wird Boris bewußt. Die zerstörte Ordnung nötigt ihn in den Tod. Denn Gerechtigkeit kann nicht gehälftet werden, sie ist sie selbst nur als ganze Gerechtigkeit. Schiller hat anläßlich der Boris-Figur vom Furchtbaren der „Nemesis" gesprochen[66]; sie ist keine metaphysische Macht, durch die eine höchste moralische Weltordnung spricht, sondern sie signalisiert das irrational Paradoxe, daß Boris durch seine persönliche Größe zur Herrschaft berufen zu sein scheint und sie dennoch durch ihr Defizit an Legalität zum Scheitern verurteilt ist. Die Macht scheitert, wo ihr das Recht fehlt.

Unter diesem Aspekt gewinnen die Verse des Demetrius in der Reichstagsszene leitmotivische Bedeutung. „Wer aber soll gerecht seyn auf der Erde, / Wenn es ein großes, tapfres Volk nicht ist / Das frei in höchster Machtvollkommenheit / Nur sich allein braucht Rechenschaft zu geben, / Und unbeschränkt von – / Der schönen Menschlichkeit gehorchen kann."[67] Daß Demetrius so die Polen anspricht, heißt, sie zu verkennen. Aber daß er zugleich eine Idealität der Staatsordnung meint, die er selbst zu verwirklichen hofft, wird damit nicht aufgehoben. In ihr sollen sich Recht und Größe, Macht und Menschlichkeit in Freiheit vereinigen, damit eine Totalität erreicht werde, die dem ästhetischen Staat entspricht. Es ist irrig, diese Verse so zu verstehen, daß „Macht vor Menschlichkeit und Recht" geht, und derart in

[63] Ebd., S. 220.

[64] Ebd., S. 27 f.

[65] Ebd., S. 211.

[66] Ebd., S. 110.

[67] Es ist irrig, wie W. Wittkowski diese Verse so zu verstehen, daß „Macht vor Menschlichkeit und Recht" gehen soll, und darin das Gesetz zu finden, nach dem Demetrius antritt. S. 151. Wittkowski betont wiederholt irrig: „die Macht geht ihm über alles", S. 152.

ihnen das Verfehlen zu finden, nach dem ein moralisch schuldiger Demetrius vom Beginn an antritt.

In Demetrius ist eine weitere tragische Dimension eingelegt: es geht nicht nur um den Zaren, dessen Position in Staat und Gesellschaft, es geht auch um den Menschen in der Grundordnung seiner Existenz. Als er durch den Namenlosen erfährt, durch niedrigen Betrug zum Werkzeug entwürdigt zu sein, ist er entschlossen, mit Willen zu sein, was er von Natur – in legitimer Geburt – nicht ist und doch von innerster Überzeugung her zu sein vermeinte. Indem er für sich die Legitimität erzwingen will, vergeht er sich gegen die heilig-freie Gesetzlichkeit und Wahrheit der Natur – nicht allein gegen das Rechtsprinzip des Staates, sondern auch der Natur. Sie setzt der „Czargewalt", die unbeschränkt von menschlich erstellten Gesetzen und von jeglichem Reichsvertrag ist, die unübersteigbare Grenze. „Dort ist nichts furchtbares als die Natur", sagt ihm der polnische König.[68] Von der Natur, die auch aus dem Herzen spricht, hatte sich Demetrius, mitgerissen von seinem Glück, seiner Bestimmung zu Macht und Krone und seiner messianischen Bestimmung, die Russen von der Knechtschaft zu befreien, schon in der letzten Samborszene losgesagt. „Macht, braucht kein Herz; der Wille nur allein / Spricht in den Handlungen das Leben aus."[69] Aber das Leben läßt sich nicht um seine Ganzheit betrügen. Mit der Aufdeckung der Intrige des Fabricator doli nimmt gleichsam die preisgegebene Natur Rache. Sie hat ihm das Geburtsrecht versagt, sie macht den durch andere und sich selbst Betrogenen zum Betrüger. Zerstört im Glauben an sich und sein Recht, in der Einheit mit sich selbst und seinem Glück sieht Demetrius nur eins vor sich: mit rücksichtslosem Willen als Nicht-Demetrius doch als Demetrius an der Macht zu bleiben. Er setzt seinen Willen gegen die Natur ein, er versucht, ihn Marfa aufzuzwingen. Er versucht noch im innersten Bereich, in der Naturbeziehung zwischen Mutter und Kind, sie zur Lüge zu verzerren.[70] Demetrius vergewaltigt Marfa und sich selbst zu dem, was er sein will – und büßt mit der Natur sich selbst ein. Demetrius und Nicht-Demetrius, Zar und Betrüger, Fremder und Sohn – er geht innerlich und im Versagen des Herrschers am Unvereinbaren zugrunde.

Beide Konflikte münden letztlich ineinander. Die Natur führt – wir müssen hinzusetzen, unter den Voraussetzungen dieses historischen Dramas und Schillers eigener Historizität – über die legitime Geburt zur Legalität. Der Wille führt zur Gewaltsamkeit an ihr, zur Verzerrung der Herrschaft und

[68] Werke N.A. 11, S. 28.

[69] Ebd., S. 246.

[70] Zum Konflikt zwischen Natur und Willen Arthur Pfeiffer, *Der fragwürdige Schiller*, Die Neue Rundschau 1, 1938, S. 106–138.

Selbstverzerrung des Menschen. Der Wille kann die Natur nicht zwingen; die illegale Macht kann nicht zu Recht und Gerechtigkeit im Staat leiten. Die Natur hat in Boris und Demetrius die Größe der Herrscherfähigkeit gelegt, sie hat ihnen zugleich das Fundament der Herrschaft versagt. Sie haben ihren Staat durch Größe erobert, sie verlieren die Macht über ihn, weil sie sie nur durch Gewalt behaupten können. Unvereinbares klafft auseinander. Am Schluß der Tragödie hat die Natur den Demetrius, hat er sich selbst widerlegt, und der Staat widerlegt ihn. Neue Usurpatoren setzen die Staatsanarchie fort – die politische Tragödie überdauert die Tragödie des Demetrius.

III

Die „Kollektaneen"[71] bezeugen, wie gründlich Schiller bis zu Sitten-, Kostüms- und Sprachdetails mit der Geschichtswelt sich vertraut machte, um sie ins theatralisch Sinnfällige umzusetzen. Ihn fesselte an den Stoff die Eignung zu „volle(r) tragische(r) Größe". Dahinter wirkten mit die dramatische Analyse der russischen Geschichte zwischen 1603 bis 1606 und deren Aufladung mit aktuellen Zeitbezügen. Er rückte den *Demetrius* in den Ideen-, Vorstellungs- und Gestaltungsrahmen seines bisherigen dramatischen Werkes ein und führte die neue Tragödie zugleich darüber hinaus. Diese Zusammenhänge sind in der Forschung oft erörtert worden.[72] Sie sollen hier sowenig wiederholt werden wie die Phasen des Streites über die formale und darin weltanschauliche Bestimmung dieser Tragödie, der sie zum Beleg der Weltsicht des ‚späten' oder ‚letzten' Schiller machen wollte. Die Auseinandersetzung darüber, ob Schiller in Weltinterpretation und Grundmuster die klassisch-idealistische Tragödie bewahrte, ob der *Demetrius* in versöhnungsloser Schicksalstragik, der gegenüber es keine „erkennbare Vernünftigkeit der Welt", keine „rettende Kraft der Idee" und „Allmacht des reinen Willens" gebe, die Bahn zu Kleist und Hebbel freilege[73] oder ob er sich in einer Übergangsposition zwischen ethisch-idealistischem und realistischem Drama befinde, die in Schiller selbst unentschieden war und die zu veränderter Konzeption des Tragischen und der Tragödie vorausdeute[74], ist bis zu jüngster Zeit offengeblieben. Schon früh meldete sich berechtigt die Frage, wieweit

[71] Werke N.A. 11. S. 63–82.

[72] Z.B. Julius Petersen, S. 166ff.; W. Binder, S. 260ff.

[73] Gerhard Fricke, *Die Problematik des Tragischen im Drama Schillers;* in: Vollendung und Aufbruch. Reden und Aufsätze zur deutschen Literatur, Berlin 1943, S. 375–443, besonders S. 436ff.

[74] Kurt May, S. 270ff.

das Fragment zu so weitreichenden Konsequenzen eine verläßliche Grundlage liefere.

Nicht die Geschichte der nationalen Kämpfe zwischen Russen und Polen, „eine Parteinahme...für die nationale Unabhängigkeit der Völker“[75] ist der Initialkern, sondern das unerhörte Geschick des Demetrius. Schiller konzentriert es auf eine Grundformel. „Demetrius wird eine tragische Person, wenn er durch fremde Leidenschaften, wie durch ein Verhängnis, dem Glück und Unglück zugeschleudert wird, und bei dieser Gelegenheit die mächtigsten Kräfte der Menschheit entwickelt, auch die menschliche Verderbniß zuletzt erleidet.“[76] In seiner Figur sind fundamentale Typenrollen, die in Schillers dramatischem Werk ein Grundpersonal bilden, mit gesteigerter Komplexität zusammengefallen.[77] Die für Schiller typische Exposition des tragischen Helden kehrt im *Demetrius* in den allerdings gestrichenen Samborszenen wieder. Demetrius löst sich dort aus dem idyllisch-ästhetischen Zustand noch unentschiedener Möglichkeiten; bisher ein namenloser Außenseiter, ein Niedriger und Fremder, unbekannt mit sich selbst[78], wird er zum höchsten gesellschaftlichen Ort erhoben. Dieser Ort verlockt und reißt ihn in die Welt des politischen Handelns – ein Aufbruch, den er als unermeßliche Befreiung zu sich selbst und ins Weite erfährt. Subjektive und objektive Situation klaffen hier bereits auseinander: die vermeintliche Entdeckung als Kronerbe fixiert ihn in eine politische Rolle, die im Bedingungsgefüge dieser Gesellschaft ihn zunehmend zu ihrem Gefangenen macht. Dies zeichnet sich bereits in der Zweiteilung des ersten ausgearbeiteten Aufzugs ab. In die Samborszenen hatte Schiller die „aufbrechende Knospe“ gelegt: im Aufschwung seines Glücks zeichnet sich zugleich Demetrius' Gefährdung ab: wenn er im Willen zu Größe und Macht der Stimme des Herzens absagt, wenn in ihm eine eigene Verunsicherung, ein Bangen vor sich selbst laut wird. „Bewahre Menschlichkeit in mir und Liebe / Zum Menschen hohe Macht die mich gelenkt.“[79] Im

[75] H. G. Thalheim, S. 39.

[76] Werke N. A. 11, S. 92.

[77] Es ist in der *Demetrius*-Interpretation immer wieder auf die Typenrollen des Prätendenten und Usurpators der Macht, des durch sich selbst und durch die Umwelt betrogenen Betrügers, des Glücks- und Falschspielers mit höchstem Einsatz und Ziel, des erhabenen Verbrechers, des Freiheitsverkünders, der zum Tyrannen wird, des an seinen Illusionen scheiternden Idealisten und deren Variationen in dem dramatischen Gesamtwerk verwiesen worden.

[78] Dazu Ilse Graham, *Die Kinder des Hauses.* A Model of Schiller's Poetic Imagination, Modern Language Review 66, 1971, S. 628–648, besonders S. 638 ff.

[79] Werke N. A. 11, S. 245. Diese Bitte zeigt nicht, wie Binder S. 264 sagt, den Besitz des Demetrius an Humanität, sondern daß er nach ihr strebt und zweifelt, ob er sie verwirklichen kann. Die Bitte bezeugt ihre Gefährdung in ihm selbst: schon bei Beginn seines Weges zur Macht.

gleichen Augenblick stößt er die Liebe Lodoiskas um künftiger Größe willen zurück.

Schiller hat, in Kalkulation des Zuschauerinteresses, seinem Helden in den Samborszenen wie im politischen Reichstag Qualitäten zugelegt, die Faszination auslösen mußten;[80] er hat zugleich in ihn und seine Situation Züge eingelegt, die auf die Tragik des Unvereinbaren vorbereiten. Demetrius ist von Beginn an nicht der reine, freie Jüngling, den man in ihm sehen wollte[81], doch ebenso einseitig ist, ihn nur negativ auf das Motiv des Dranges nach Herrschaft zu reduzieren. Mit moralischen Kategorien wie Reinheit oder Schuld läßt er sich nicht erfassen. Schiller schrieb im *Demetrius* keine moralisch begründete Tragödie. Ihr dialektisches Strukturprinzip liegt vielmehr darin, daß die ihn auszeichnenden Eigenschaften sowie sein Trieb zu Macht und Krone zusammen ihn in den Weg der Selbsttäuschung jagen, der für ihn und andere wie Boris, Axinia zum Todesweg wird. Dieser Drang zu Macht, Krone muß dem Zuschauer noch über die Reichstagsszene hinaus im Gleichgewicht mit seinen positiven Eigenschaften erscheinen, die seine Berufung zum höchsten Rang, sein Geburtsrecht, seine Sendung als Glücksbringer für die Russen, seine Überzeugung von sich selbst als glaubwürdig bestätigen. Es geht hier nicht um schuldig oder unschuldig, sondern um die Tragödie der Selbsttäuschung eines Idealismus[82] – man muß hinzusetzen: in einer politisch-gesellschaftlichen Wirklichkeit, die für diesen keinen Ort hat und ihn auch in dem Helden selbst verweigert.

Die Exposition in der Reichstagsszene versetzt Demetrius sogleich an den politischen Ort. Das Bühnenbild suggeriert eine gestufte, gesicherte Ordnung des polnischen Staates. Am Ende der Szene herrscht Chaos. Demetrius erscheint schon hier als der Sprenger staatlicher Ordnung, ohne darum zu

[80] „Körperliche Stärke, Schönheit, kühner Muth, Geist und Einsicht, Hochsinn finden sich in ihm, weit über seinen Stand und sein Schicksal.“ Werke N. A. 11, S. 116.

[81] So G. Fricke, S. 438; B. v. Wiese, S. 793; dagegen kritisch bereits K. May S. 262 ff., dezidiert W. Wittkowski, S. 145 ff., und P. Szondi, S. 166: „So ist Demetrius von Anfang an ein Opfer nicht nur der Umstände, sondern auch seiner selbst.“ Hingegen hält W. Binder an der Auffassungslinie von G. Fricke fest, S. 264 f.: „. . . aber sein personales Verhalten ist, namentlich im Aufstieg, von eindeutig idealen Zügen geprägt.“ Er muß für Binder so schuldlos und großherzig sein, damit seine Interpretation Freiheit und Idee im naturhaft-personalen Sinne und die Einheit der Person in ihm festhalten kann.

[82] P. Szondi, S. 169. Er warnt einleuchtend vor zu weitgreifenden Konsequenzen für Schillers Weltsicht. „Diese Tragödie des Idealismus entworfen zu haben, bedeutet noch keine Abwendung von ihm. Was man annehmen darf, ist vielleicht so viel, daß dem Idealisten Schiller die mögliche Tragik seiner Position bewußt wurde; daß der Dramatiker Schiller das Tragische, das sein Werk gestalten sollte, in seiner eigenen Gedankenwelt hat verwurzeln wollen.“

wissen. Auffällig gehäuft ruft er Recht, Gerechtigkeit an – sein Recht, die Gerechtigkeit der Polen, der Weltordnung. Beides wird ihm identisch. Doch das Recht, um verwirklicht zu werden, bedarf der Macht, die ihm fehlt. „Die Gerechtigkeit hab ich, ihr habt die Macht.“[83] Beider Vereinigung ist die ideale Voraussetzung seiner Herrschaft. Um sie geht es Demetrius, nicht darum, daß die Macht der alleinige Zweck, das Recht nur ein Hilfsmittel ist.[84] Er universalisiert die Gerechtigkeit in einer Sentenz, in deren Pathos er unbewußt sein Schicksal und den Zustand vorausnimmt, in dem er Rußland hinterlassen wird. „Gerechtigkeit / Heißt der kunstreiche Bau des Weltgewölbes. / Wo Alles Eines, Eines Alles hält / Wo mit dem Einen alles stürzt und fällt.“[85]

Wo alles eines und eines alles hält – dies wäre der ideale Zustand des Gleichgewichts der Kräfte im staatlichen wie sittlichen Leben. Der Zustand des Reichstags widerspricht dem durchaus. Der Mißbrauch ungezügelter Freiheit, das Übergewicht von Trieben und Interessen über die politische Vernunft, partielle Selbstsüchte wuchern. „Ehrgeiz, Ämtergier, Rivalität, Privatzwecke und Privatneid“ – so charakterisiert Schiller diesen Zustand.[86] Er präsentiert sich in Marina individuell. Es externalisiert sich in ihr zugleich, worauf partiell auch Demetrius angelegt ist: auf Ehrgeiz, Machtwillen. Doch nur partiell: Marina will nur sich selbst, egoistische Zwecke. Demetrius will ein für alle verheißungsvolles Herrschaftsziel, das sanktioniert ist durch vermeintliche Legalität, innere Natur, seinen Willen zum Guten. Es gibt ihm die sittliche Legitimierung gegenüber ihrer Besitz- und Machtgier. Doch eben in diesem Idealismus liegt seine Blindheit gegenüber Marina, die bereits verräterisch am Netz seines Verderbens strickt. Die Helferin präpariert sein Unglück; ihr Beistand wird sein Verderben. Wäre der Willen zur Macht die „Mitte seines Wesens“, wie könnte Schiller diese Verblendung motivieren?

Dennoch rückt er Demetrius ins Zwielichtige. Ist sein Appell an die Gerechtigkeit der Polen eigene Überzeugung oder kalkulierte Provokation ihrer nationalen Eitelkeit? Wo sind in der virtuosen Rhetorik von Demetrius die Grenzen zwischen Aufrichtigkeit und politischer Berechnung zu ziehen?[87] Wie läßt sich sein Idealismus der Befreiung der Russen damit vereinigen, daß er im vorschnellen Überschwang über noch nicht betretene Fürstentümer

[83] Werke N.A. 11, S. 17.

[84] So hingegen W. Wittkowski, S. 151 ff.

[85] Werke N.A. 11, S. 18.

[86] Ebd., S. 199.

[87] B. v. Wiese spricht S. 793 von „Eindeutigkeit der inneren Gewißheit“, während W. Wittkowski berechtigt auf das Zwielicht zwischen den großen Worten von Demetrius und dem, was er bewußt-unbewußt mit ihnen in Bewegung bringt, S. 153, hinweist.

verfügt und den Reichtum des noch nicht eroberten Landes an Fremde und Erbfeinde ausstreut? Zwielichtig wird hier alles: sein Anspruch und seine Zukunft dank schlechten Helfern, von denen er sich abhängig macht. Zwielichtig ist sein Aufruf zum Krieg und sein Ziel, für sich selbst, für die Russen Glück und Frieden gewinnen zu können. Zwielicht wirft der Kontrast zwischen seinen großen Worten und der Anarchie, die er im Reichstag auslöst. In noch mehr Zwielicht stößt Marina den „Träumer" und „Schwärmer", wenn sie mit eisiger Ironie von seinem „Wunder", seiner „Götterstimme" spricht und in der Ungewißheit, ob es Wahrheit oder Lüge sei, das Versprechen seines Erfolges sieht. „Laß ihn die glückliche Dunkelheit bewahren / Die eine Mutter großer Thaten ist."[88] Sie spricht damit das Geheimnis und das Fragwürdige seines Glücksaufstiegs aus.

Zwielicht umgibt die Figur des Demetrius auch im zweiten Aufzug. Ein illusionistisch-symbolisches Schaubild leitet ihn ein: die öde Winterwüste der russischen Ebene, Ort der Verstoßung, der Einkerkerung. Zugleich meldet sich frühlingshafte Wiedergeburt an. Das Bühnenbild präsentiert optisch, was in Marfa, im russischen Volk vorgeht. Zu der in Bitterkeit versteinerten Zarin und Mutter kommt die Nachricht von ihrem im „Wahn der Menge" wiedergeborenen Sohn. Sie wehrt ab.[89] Dennoch bricht zurückgestaute Leidenschaftlichkeit in ihr auf, als ihr bewußt wird, was der Wahn für Boris und sie bedeutet: ihre Rache, ihre Befreiung aus lebendem Tod zu geschichtlicher Größe.[90] Sie nimmt Demetrius an als den Sohn ihrer Rache, nicht als Mutter, nur „an Kindes Statt". Sie will ihn, denn sie will die Rache. Sie spricht nur insoweit für Demetrius, als sie das von Boris verlangte Wort nicht spricht. Doppelte Gegenbildlichkeit ist eingestaltet: Marfa und Demetrius werden aus dem Zustand der Niedrigkeit bzw. Erniedrigung zur Höhe befreit, in beiden leben unterdrückte Kräfte, „Hoffnung", „Wunsch" großer Zukunft entgegen. Und wie für Marina wird Demetrius für Marfa zum Werkzeug ichzentrierter Zwecke, wenn sie sich mit ihm verbündet. Diese erste Marfa-Szene – ein dichterisches Meisterstück in raschen Umschlägen der Stimmführung und in szenischer Kompositionskunst – erhält ihre Ausdrucksintensität durch den extremen Glückswechsel Marfas, durch die Wendung aus innerer Erstarrung zu Leidenschaft, durch die Konfrontation mit Boris im Dialog mit dessen Ab-

[88] Werke N. A. 11, S. 29. Schiller notierte: „Demetrius hält sich für den Czar und dadurch wird ers. – Die Russen glauben an ihn und so wird er zum Throne emporgetragen." Werke N. A. 11, S. 109.

[89] „Ich weiß, daß es ein Wahn ist"…„leeres Wort"…„Trugbild"…„Ich kann dieß Wort nicht glauben"…„Endlosem Zweifel bin ich hin gegeben". Werke N. A. 11, S. 42 ff. Das sind auch Signale für den Zuschauer, soweit er deren nach Akt I noch bedarf.

[90] Dazu M. Kommerell, *Schiller als Psychologe,* S. 228.

gesandten und dadurch, daß hinter der Bühne das Dynamische des rasanten Aufstiegs des Demetrius sich dem Zuschauer in Zeichen vergegenwärtigt. Das Gerücht bis in entlegenste Ferne, die Unruhe des Volkes, die Furcht des Zaren sind Zeichen, wie Rußland sich ihm öffnet, bevor er es betreten hat.

Schiller hat als Steigerungsmomente Retardationen eingeschaltet. Innere Unsicherheit überfällt Demetrius; sein Glück scheint ihn abrupt zu verlassen. Dies bezieht die Szene des Grenzübertritts und, nicht mehr ausgeführt, der Niederlage durch die Borisowische Armee aufeinander. Letztere wird Demonstration eines neuen extremen Glückswechsels, in dem der Verlust den Gewinn wie ein „Wunder" aus sich entläßt. Der geschlagene Demetrius verfällt, des „Vertrauens auf seine Sache" beraubt, dem Selbstmord nahe, der Hoffnungslosigkeit.[91] In gleichem Zustand wird kurz danach der alte Zar vorgeführt. Der Umschlag signalisiert die Unzuverlässigkeit des Glücks, in Demetrius eine innere Unsicherheit, der gegenüber der Wahn der Getäuschten, die sich ihm anschließen, sich stärker beweist. Solticov verfällt ihm, wenn er „rein aus Gewißenspflicht" Boris verrät.[92] Er stellt das Glück für Demetrius wieder her. Die ausgeführte Szene an der Grenze ist knapper als im Entwurf gefaßt.[93] Demetrius zögert darin in kontemplativer Wendung nach innen, im Gebet um ein Gotteszeichen.[94] Er steht wie in der letzten Samborszene vor einer inneren Entscheidung. Dem emotionalen Nachdruck der Szenentönung entspricht das zu Marfas Klosterwüste kontrastive Bühnenbild: die weite lachende Ebene im jungen Grün der Saaten. Der Fluß der Zeit malt sich darin: der Frühling hat das Land überzogen. Beschwörend tönt in dichter Szenenverklammerung Marfas Ruf nach: „Er ist's, er zieht mit Heereskraft heran..."[95] Diese Raumweite zeichnet die innere Dimension von Demetrius' Aufstieg. Der Ungeduld Marinas am Schluß des ersten Aufzugs entspricht Marfas Ungeduld. Der Schritt über die Grenze entscheidet, nicht mehr umkehrbar, über alles: Gewalt oder Frieden, Verwüstung oder Verzicht vor dem Kampfbeginn, „mißliche" Größe oder die „alte(n) Dunkelheit".[96] Dies ist noch von den Samborszenen her gesehen. Wie im Ab-

[91] Werke N.A. 11, S. 208. E. Staiger S. 306 sieht in dieser Täuschung von Demetrius' naiv-realistischem Glauben, die Erde sei für ihn geschaffen, eines Glauben, dessen naive Kraft das Geglaubte erzeugt und die Welt umwirft, eine Parallele zu Wallensteins Regensburger Entlassung. Er folgt damit W. Binder, der eine innere Unsicherheit von Demetrius zwischen Sendungsbewußtsein und verdrängter Ungewißheit, die in dieser Szene und der Szene an der Grenze deutlich ist, nicht erkennt.

[92] Zu dieser Figur B. v. Wiese, S. 799.

[93] Zur Problematik dieser Abweichungen F. M. Fowler, S. 452 f.

[94] Werke N.A. 11, S. 205.

[95] Ebd., S. 52.

[96] Ebd., S. 130.

schiedsdialog mit der liebenden Lodoiska regt sich „das Herz". Schiller spricht von einem Scheideweg zwischen dem Guten und dem Bösen.[97] Böse ist die Verführung zur Macht; eine moralische Kategorisierung scheint sich abzuzeichnen. Doch dies gehört noch zur Samborstufe des Entwurfs des Dramas. In der ausgearbeiteten Szene ist die moralische Alternative verdrängt; sie hätte dem Usurpator zu früh eine Schuld aufgedrückt. Das eigentliche Paradox, daß er mit Hilfe der beutegierigen Erbfeinde seinem Vaterland die Freiheit bringen will, wird Demetrius offenbar nicht bewußt. Solche Freiheit hieße doch Selbstbestimmung, die weder sein zaristischer Machtwille noch die Polen den Russen einräumen. Sein und ihr Mittel, so verschieden auch die Ziele sind, ist die Gewalt.

Es ist möglich, daß Schiller zusätzlich unter dem Druck der dramatischen Zeit abgekürzt, das poetisch-idyllische Moment um der Aktion willen beiseite gedrängt hat. „Es muß so viel geschehen, es ist so viel zu zeigen."[98] Der Demetrius der ausgearbeiteten Szene ist nicht nach Sambor zurückgestaltet, er drängt vorwärts, nach Tula und Moskau. Der Eroberer-Zar zwingt Gewissenszweifel fort. Überzeugung von seinem Recht, Nötigung durch die Polen lassen sich nicht sondern. Er handelt und er wird getrieben. „Gerade die Sicherheit, womit er an sich selbst glaubt, ist das Furchtbare, und indem es ihn interessant macht, erweckt es Rührung."[99] Der Zuschauer sollte also schon jetzt das Trügerische dieser Sicherheit durchschauen.

Die Dorfszene leitet die szenische Dynamik weiter. Das russische Volk ist zu ratlosem Durcheinander aufgestört. Unter dem Klang der Sturmglocke – ein für Schillers Dramen typischer akustisch-musikalischer Steigerungseffekt – jagen die Bauern angstgehetzt hin und her, die einen vor Demetrius, den Polen zu den Truppen von Boris, die anderen vor ihnen zu Demetrius, dem „Freund des Volkes". In dieser Ungewißheit zwischen Furcht und Hoffnung malt sich das Chaos ab, in das Demetrius Volk und Staat hineintreibt. Er löst anarchische Unordnung aus – wie auf dem polnischen Reichstag. Nach dem Szenar geht es wie dort auch in dem russischen Dorf um Parteienkampf, Zwang, Gewalt.[100] Derart wird die Dorfszene zur Exposition der zukünftigen Herrschaft des Demetrius in seinem Reich.

Die Ausarbeitung bricht hier ab. Der weitere Verlauf ist grundrißhaft im Szenar aufgezeichnet, im Detail aber nur skizzenhaft angedeutet. Wir wissen nicht, was Schiller verändert, gekürzt, gestrichen hätte. Zumal zum Ende der Tragödie hin wird das Vorläufige in der organisierenden Planung der Sze-

[97] Ebd., S. 131.
[98] Ebd., S. 205.
[99] Ebd., S. 205.
[100] Ebd., S. 204.

nengruppierungen, ausgenommen die zentralen Demetrius-Szenen, deutlich. Dies macht eine Analyse Szene für Szene unmöglich. Wie Blöcke fügen sich zu der Demetrius-Handlung die Auftritte um Boris, um Romanow, um Axinia und Marina, um die widerspenstigen Polen und die wachsenden Widerstände der Russen.

Zwei Szenen zeigen Bruchstücke der Dialogisierung: der Auftritt des Fabricator doli, in dem Demetrius die Wahrheit über seine Abkunft erfährt, und der Auftritt der ersten Begegnung zwischen Demetrius und Marfa. Diese Szene zeigt zusätzlich Angaben zum Bühnenbild, zur Choreographie, zur Hintergrundsmusik. Es sind die dicht zusammengerückten Auftritte eines doppelten Umschlags, Auftritte innerer Entscheidung: Sturz von strahlender Höhe ins maßlose innere Unglück, Überwindung dieses Unglücks durch Gewaltsamkeit des Willens zu einem Scheintriumph, der die Katastrophe nicht aufhalten kann. Beide Szenen waren offenbar in Schillers Einbildungskraft schon bis ins Detail gegenwärtig. Vor sie legen sich die Boris- und Romanow-Auftritte.

Angesichts von Boris drängen sich Wallenstein-Reminiszenzen auf; an Talbot in der *Jungfrau von Orleans* hat Schiller selbst erinnert.[101] Die vorwaltend monologische Präsentation von Boris wird eingeleitet durch die Lagerszene, die zu Demetrius hin vermittelt und die Situation des Abfalls und Verrats illustriert, in der sich der alte Zar gefangen findet. Verrat ist die dominierende Art des politischen Verhaltens in der polnischen Republik und im Reich des absolutistischen Herrschers über Unmündige – hier wie dort Signum des Zusammenbruchs der zusammenhaltenden Ordnungswelt und einer von Normen definierten Wirklichkeit. Macht und Glück, so sahen wir, mußten die Verbindlichkeit des Rechts ersetzen. Boris hat alles eingebüßt. „Boris' Situation und Untergang ist höchst dramatisch – eine furchtbare Nemesis waltet hier."[102] Der Dramaturg Schiller stand vor Schwierigkeiten: die Boris-Auftritte drohten sich durch das Gewicht von Figur und Vorgang und die Zahl der Nebenfiguren zu verselbständigen, es ergab sich kaum Handlung, denn sein Geschick ist entschieden und das Ganze eine große Abschiedsszene[103] – von der Macht, der Krone, vom Leben. Und war nicht die dramatische Funktion der Boris-Partien im Gesamtverlauf der Tragödie zu wenig bedeutend? Denn Boris gibt kampflos dem Rivalen den Weg frei und bestätigt nur die Unaufhaltsamkeit seines Glücks. Die Funktion dieser Auftritte ist von anderer Art. Schiller mahnt sich selbst: Obgleich mit Boris beschäftigt, solle

[101] Ebd., S. 210.
[102] Ebd., S. 110.
[103] Vgl. dazu *Schillers Abschiedsszenen*, S. 244 ff.

der Zuschauer „den Haupthelden nie aus den Augen verlieren". [104] Das bezieht sich wohl auch auf die dichte Parallel- und Kontrastverschränkung zwischen beiden. [105] Sie deutet auf den einen, oben erörterten Grundkonflikt.

Boris hat Größe, er vermag sich sowenig wie Demetrius zu erniedrigen. „Sein Tod ist königlich." [106] Schiller akzentuiert mit Nachdruck diese Größe. [107] Er ist Usurpator, aber willentlich, er hat versucht, den Abgang von Legalität durch Mord und durch gute Herrschaft zu ersetzen. Er hat versucht, im Rahmen der Despotie „zarische(r) Vatergewalt" über „knechtischer Unterwürfigkeit" für das Volk ein gerechter Herrscher zu sein – Widersprüche, deren er nicht Herr wird. Er wurde um der Krone willen schuldig, und nichts spricht ihn davon frei. Boris lehnt sich vergeblich dagegen auf, daß keine Rechtschaffenheit der Herrschaft das Unrecht, das sie durchsetzte, ausgleicht. „Kann der gute Gebrauch nicht die verwerflichen Mittel entschuldigen?" [108] Sein freiwilliger Tod verneint die Frage; er nimmt seine politisch-staatliche Schuld als reuig resignierender, dennoch Größe und Stolz bewahrender Mensch auf sich. Sein Tod ist die letzte Manifestation seiner Größe. [109] Er erfährt sich unter einem für ihn unfaßbaren Verhängnis. Wenn Schiller hier von Nemesis spricht, kann dies nur auf die Boris-Figur, nicht auf die Tragödie des Demetrius bezogen werden. [110] Wenn er ihn etwas „Incalculables ‚Göttliches'" ahnen läßt, woran „sein Muth und seine Klugheitsmittel" ver-

[104] Werke N.A. 11, S. 210.

[105] Dies verkennt Hermann Schneider, *Vom Wallenstein zum Demetrius.* Untersuchungen zur stilgeschichtlichen Stellung und Entwicklung von Schillers Drama. Tübinger germanistische Arbeiten Bd. 18, Stuttgart 1933, wenn er S. 101 vermutet, daß selbst die Figur des Boris schließlich gestrichen werden sollte.

[106] Werke N.A. 11, S. 210.

[107] Ebd., S. 212.

[108] Ebd., S. 210.

[109] P. Szondi spricht S. 173 zutreffend von einer „idealistischen Erhöhung" der Figur des Boris. „Ist es die Tragik des Demetrius, daß ihn das Gute auf den Weg des Bösen bringt, so will es das tragische Schicksal Boris Godunows, daß er noch am Ziel seines Weges, der ihn ins Gute geführt hat, für das Böse bezahlen muß, von dem er ausgegangen."

[110] Es ist zu beachten, daß Schiller den Satz von der furchtbaren Nemesis, die Boris trifft, im frühen Planungsstadium des Studienheftes (Werke N. A. 11, S. 110) durch die Notiz „auch die seltsame Wirkung des Glücks und der Volksgunst sind ergreifend und rührend" fortsetzt, so daß der Nemesis schwerlich die Bedeutung einer höchsten sittlichen Weltordnung, mehr eine Funktion für die Auslösung tragischer Affekte durch Ansicht der Ohnmacht auch des größten Menschen vor der Unzuverlässigkeit (Glück, Volksgunst) des Welttheaters zukommt. Vgl. dazu Clemens Heselhaus, *Wallensteinisches Welttheater*; in: Der Deutschunterricht 12, 1960, 2 S. 42–71. B. v. Wiese S. 802 betont hingegen die Nemesis als „einer sich in der Geschichte und allen ihren Widersinnigkeiten und Zufällen durchsetzenden geheimen Vergeltung für jedes schuldhafte menschliche Tun".

sagen, wenn er ihn an „Vorherverkündigungen", an prophetische Zeichen glauben läßt[111], dient dies poetisch zur Erweiterung der inneren Dimension der Figur. Ihre Größe beglaubigt des Boris Gefühl einer höheren Schicksalgebundenheit: als sein Auserwählter und Gefangener. Wir wissen nicht, wie Schiller diese differenzierte Figur ausgestaltet, ihre im Entwurf komplex auseinandergelegte Psychologie zusammengezogen hätte. Ihre Funktion ist hingegen deutlich: der Besiegte, nur noch „Schein und Schatten", spiegelt die Zukunft des Siegers voraus, die Dialektik von Größe und Schuld, von Usurpation und Legalität, von Macht und Recht, an der auch er erliegen wird. Sein Geschick wird des Demetrius Geschick sein. „Er sieht die Meinung des Volkes umgewendet, die Armee treulos, die Großen verräterisch, die Glücksgöttin falsch, das Schicksal feindselig; sein Geist ist gesunken."[112] Zugleich rückt Schiller Boris über Demetrius hinaus: der Akt der Freiheit im Tod wird dem Jüngeren nicht gegönnt, die Erniedrigung, sich als niedriges Werkzeug eines fragwürdigen Fremden zu erfahren, wird ihm nicht erspart. Boris bewährt in der Selbstreflexion seiner Schuld, in seiner Entsagung, seiner Gelassenheit im „Erhabenen der Fassung"[113] seine Größe. Demetrius wird stumm sterben – die Boris-Auftritte sind eine einzige kathartische Explikation eines tragischen Sterbens in Art und Stil von Schillers klassischem Drama. Auch dies gehört zur Gegenbildlichkeit des alten Zaren gegenüber Demetrius. Und zugleich verschärft seine Figur das Fürchterliche von Demetrius' Fall, denn der mit ihm verglichen Schuldlose wird wie ein Schlachttier erschlagen.

Offen bleibt, wie Schiller diese Auftritte zu jenen knappen Szenen- und Dialogfolgen konzentrieren konnte, die die ausgearbeiteten Aufzüge kennzeichnen. Zumal auf Boris' Tod neue Anforderungen die Staatsaktion vorantreiben: die Herrschaftsübernahme der Bojaren, der Auftritt von Romanow als Treuhänder von Boris' Hinterlassenschaft.

Schiller erkannte Schwierigkeiten der Szenengestaltung. „Die Ereignisse, welche den Boris nach und nach zur Verzweiflung treiben, dürfen nicht bloß aus schlimmen Botschaften bestehen, es müssen Thatsachen darunter seyn, welche ins Auge fallen."[114] In diesen Auftritten mußten sich Monolog, Bericht, Zwiegespräch mit einem Vertrauten zu sehr vordrängen – der Theatraliker wollte sinnlich packen, Aktion versinnlichen. Sie scheint sich mit der Figur Romanows und den durch sie bewirkten politischen Umschlag anzukündigen, aber Romanow wird in eine eigentümliche, edle Passivität zurückgeschoben. Von seiner problematischen Figur ist später zu sprechen.

[111] Werke N.A. 11, S. 212.
[112] Ebd., S. 209.
[113] W. Binder, S. 258.
[114] Werke N.A. 11, S. 210.

Die Auftritte des Demetrius zwischen den Einzügen in Tula und in Moskau sind eine souveräne Kompositions- und Konzentrationsleistung. Das Wort von „kühnen Machtschritten" trifft hier voll zu. Demetrius ist, mit Erhalt der Zareninsignien, in Tula am Ziel, und er ist am Beginn seiner humanen Herrschaftsreform: „ein Gott der Gnade für alle..."[115], „wie ein Kind des Hauses"[116], ein edler Garant des allgemeinen Glücks. Man darf das relativierende „wie" allerdings nicht überlesen. Ein gütiger Herrscher verspricht die schöne Vereinigung von Macht, Recht und freier Menschlichkeit. Der triumphalen Höhe folgt der Absturz: Demetrius erfährt, er ist ein Betrüger. Mit gewaltsamer Willensanstrengung zwingt er Marfa zur stummen Geste der Anerkennung. Der prunkvoll inszenierte Einzug in Moskau wird durch „Einmischung des Düstern und Schrecklichen"[117] unterhöhlt. Die Katastrophe wirft Schatten voraus. Schlag auf Schlag ändern sich die inneren und äußeren Situationen.

Demetrius war durch fremde Absichten, Zufall, Wahn, trügerische Zeichen in seine Würde gestoßen worden, er wird jetzt aus ihr durch die Wahrheit verstoßen. Er wurde in Sambor, im Reichstag zum Objekt der Geschichte, wenn irrig auch er sich ihr Subjekt glaubte. Der Anonyme, der diesen Betrug verursachte, kommt aus dem Dunkel, er fällt namenlos in es zurück, gesichtslos, wie ein blinder Zufall. Es ist mehr als fragwürdig, in ihm ein Walten der Nemesis zu sehen, denn noch ist Demetrius' Schuld eine unwissentliche, unwillentliche Schuld. Demetrius erfährt sich als Nicht-Demetrius – als Betrüger gegenüber sich selbst und der Welt.[118] Er hatte in dem gesellschaftlichen Standort, der ihm in Sambor zugesprochen wurde, seine Identität gefunden: in subjektiver Übereinstimmung von Recht, Aufgabe, Willen und angeborener „hoher" Natur. Mit dem Verlust dieses Standorts ist diese Identität zerbrochen: Recht ist Betrug, Bestimmung ist Täuschung, Natur ist Lüge geworden. Es bleibt ihm nur der Wille, als Nicht-Demetrius dennoch als Demetrius gelten zu wollen. Er glaubte sich in der „Wahrheit" von Recht, Natur und Selbstbewußtsein; in der empört strafenden Ermordung des Anonymen, einem Verderber im Trug der Rettung, wird er selbst schuldig. Er erstickt in ihm die einzige Stimme, die die trügerische Maske seiner Rolle entlarven kann. „Er ist nichts, eh er das höchste wird"[119] – in sein Nichts zurückge-

[115] Ebd., S. 214.

[116] Werke N.A. 11, S. 169. Dazu Ilse Graham, *Die Kinder des Hauses,* S. 640ff. Übereinstimmend mit dieser Analyse wird hier dies „wie" als Schein, Täuschung, also als Negation aufgefaßt.

[117] Werke N.A. 11, S. 219.

[118] Vgl. die ausführliche Analyse dieses Auftritts bei P. Szondi, S. 175ff.; ferner A. Pfeiffer, S. 113f.

[119] Werke N.A. 11, S. 151.

schleudert, will er der Höchste bleiben. Dazu bedarf er der Gewalt; sie saugt auf, was er mit dem Mittel der Macht an Menschlichkeit in Rußland einführen wollte. „Ich und die Wahrheit sind geschieden auf ewig.“ [120] Wahrheit war für ihn sein Recht als Thronprätendent, sein Glauben an seine Harmonie mit sich selbst, mit der Natur und dem Recht. Seit dessen Zusammenbruch muß die Gewalt vor Wahrheit, Recht, Natur und Menschlichkeit gehen. Sie muß dies alles ersetzen. Er ist sich selbst gegenüber der andere geworden, und er wird ein Fremder für alle. Er kann und will sich nicht aufgeben; seine Größe, mit Überspannung in seinem Willen konzentriert, verbietet ihm die Rückkehr in eine Niedrigkeit. Dieser Wille steigert sich zu gewaltsamer und zugleich unterhöhlter Selbsttäuschung und Täuschung aller anderen. Demetrius hatte von seiner Macht Freiheit erwartet, er wird jetzt zum Gefangenen ihrer Lüge. Er muß die Ordnung gerechter Herrschaft, die er Rußland zugedacht hatte, mit „Mord und Blut“ behaupten, auf denen eine Ordnung sich nicht gründen läßt. Seine Unsicherheit schlägt um zu Gewaltsamkeit, seine Angst zu Tyrannei. Er betrügt sich selbst, wenn er mit der Lüge seiner Legalität seinen Völkern den Glauben an sich bewahren will. „Diese großen Völker glauben an mich, soll ich sie ins Unglück, in die Anarchie stürzen und ihnen den Glauben nehmen?“ [121] Es ist sein tragischer Irrtum, daß er die Anarchie im Staat abwehren will, indem er die anarchische Rechtlosigkeit seiner Herrschaft festhält.

In dem Dialog mit Marfa bewahrt Demetrius Größe; er erniedrigt sich nicht zum „Gaukler“ von Gefühlen, aber er muß von ihr die öffentliche Maske des legitimen Sohns als Fürst, als Staatsmann erpressen. Was die heilig-freie Natur aus ihrer unbezwingbaren Wahrhaftigkeit verweigert, die selbst despotischem Absolutismus die „furchtbare Grenze“ setzt, müssen Wille, Klugheit, Wahl aus politisch-staatlicher Notwendigkeit erzwingen. Er treibt Marfa in die Lüge hinein – gegen die Wahrheit von Natur, Blut, Herz. Die Dialogskizze, die, um voll ausgelotet zu werden, selbst in diesem vorläufigen Zustand einer Analyse von Wort zu Wort wert ist, zieht in verwirrend raschen Umschlägen von Stimme und Ton alle Register dramatischer Rede. Wie lassen sich in ihr Aufrichtigkeit und Raffinement der Überredung sondern? Demetrius bittet mit Sprache und Gestik des Sohns – „und dieß Gefühl

[120] Werke N. A. 11, S. 170. Der Bedeutungsbezug von „Wahrheit“ schwankt in den *Demetrius*-Interpretationen. B. v. Wiese, S. 802, bezieht ihn nur auf Demetrius' eigene innere Überzeugung, W. Binder, S. 273, bezieht ihn nur auf „Legitimität“; W. Wittkowski, S. 159, reduziert die innere Katastrophe von Demetrius auf den Verlust seines Rechts, der sein bereits feststehendes Wollen der Macht nicht beeinträchtigt und ihn eine moralische Umkehr „empört“, „hohnlachend“, „brutal“ zurückweisen läßt. Davon allerdings findet sich bei Schiller kein Wort.

[121] Werke N. A. 11, S. 170.

das meine Knie vor dir beugt, es ist mein Ernst, es ist mein wahr Gefühl".[122] Er trumpft drohend auf – „ich habe die Macht, ich habe das Glück"[123] –, nicht ahnend, daß das Glück ihn schon verließ und die Macht untergraben ist. Er triumphiert brutal über den Toten, dessen Recht er usurpierte – „er gibt dir nichts, ich aber gab dir alles".[124] Er bäumt sich erpresserisch in Angst und Trotz auf. Es gelingt ihm, in rascher Überlistung die hilflose Marfa zum Instrument seiner Selbstbehauptung umzulügen. Sein Wille hat zum letztenmal sich durchgesetzt.

Schiller erkannte die Schwierigkeit des zweiten Dialogs zwischen Demetrius und Marfa, der, im äußersten Gefahrenaugenblick, „noch dringender, mächtiger, passionierter" ausfallen sollte. „Durch was für Gründe kann er sie dazu bewegen suchen, ihn anzuerkennen? Es müssen andere sein als die im vorhergehenden Akt."[125] Der Kernkonflikt hatte im ersten Dialog Aussprache erhalten. Dem zweiten mußte dramatischer Gehalt aus der extremen Aktionssituation zukommen. Marfas Anerkennung ist die letzte verzweifelte Hoffnung von Demetrius. Entfremdung hatte zwischen beide sich gelegt, nachdem jeder als Werkzeug seinen Dienst geleistet hatte. Die Skizze deutet auf Unsicherheit der Ausgestaltung. Schiller schwankt zwischen gehetzter Dynamik des Entscheidungsaugenblicks und einer Retardation, die vorsieht, daß Demetrius erzählend „die Hauptmomente der Handlung" rekapitulieren und sein Geschick explizieren solle[126] – gleichsam in innerer Biographie und vielleicht Rechtfertigung. Schiller hätte derart Demetrius vor seinem stummen Tod eine Selbstdarstellung gegönnt, in der sich vielleicht eine jetzt vermißte Katharsis angedeutet hätte. Doch sind dies unbeweisbare Vermutungen.

Der erste Dialog rollte den fundamentalen Konflikt zwischen Naturgesetz und Willkür des Willens, zwischen Recht und Rechtsbetrug auf – der zweite ist nach dem Szenar mehr in der Aktionsspannung des politischen Vorgangs situiert. Dies steigert sich bis zur Tötungsszene. Schiller legt ihr einen Augenblick der Hoffnung auf Ausgleich zwischen dem Zaren und den „wüthenden Rebellen" voraus, der, vor seinem elenden Ende, nochmals die Attitude der Größe zeigt – so wie Boris. „Die Macht des Herrscheransehens, das imposante das in der Ausübung der höchsten Gewalt liegt, kommt hier zum Vor-

[122] Ebd., S. 218.
[123] Ebd., S. 219.
[124] Ebd., S. 219.
[125] Ebd., S. 223.
[126] Ebd., S. 223.

schein."[127] Doch bleibt ihm nur ein unglaubwürdiger Täuschungsversuch; Demetrius verspricht den Russen, was er längst zu schwach ist, gegenüber den Polen durchzusetzen. Marfas stummes Sich-Abwenden – es bedarf immer wieder in Schillers Dramen im Moment der Entscheidung nicht mehr der Sprache [128]- ist sein Todesurteil. Die Wahrheit der Natur siegt über seinen verzweifelten Willen, sie ist, wie König Sigismund voraussagte, seine furchtbare Grenze.

Die Phasen des Zusammenbruchs der Zarenherrschaft Demetrius', die Schiller in breiter Staatsaktion, doch fragmentarisch im Szenar skizziert, sollen hier nicht nacherzählt werden.[129] Demetrius gerät in lähmende Zwischensituationen: zwischen Marina und Axinia, der ungeliebten Gattin und der Geliebten, die sich ihm verweigert und deren Opfer wird, zwischen den Polen und Russen. Er hatte Freiheit erwartet und versprochen, er ist jetzt zum tyrannischen und hilflosen Gefangenen seines Betrugs geworden. Sein Mißtrauen im Bewußtsein seiner Lüge schlägt als Mißtrauen der anderen zurück. Der Glücksbringer hat sich zum launischen Despoten verändert. Schiller notierte in früher Arbeitsphase: „Das aufgezogene Uhrwerk geht ohne sein Zutun."[130] Die polnischen Helfer werden ihm verderblich, er kann sich der Ehe mit Marina nicht entziehen, Axinia vor ihr nicht retten. Die Russen, in verschiedene ständische Gruppen aufgeteilt, rebellieren gegen ihn – auch um des Guten willen, das er ihnen bringt. Demetrius wird von seinem Volk verworfen, es spricht ihm die Legitimität ab. Zusky, nach der Krone süchtig, stellt sich an die Spitze der Russen, Demetrius wird Spielball der von ihm herausgerufenen Kräfte.[131] Der anarchische Herrschaftszerfall, in dem sich alle staatlich-gesellschaftliche Ordnung zersetzt, geht schließlich über den Wehrlosen hinweg. Auch sein Tod ist, gegensätzlich zu dem von Boris, der Selbstbestimmung, damit einer Freiheit sich selbst gegenüber entzogen. Demetrius

[127] Werke N. A. 11, S. 224. Vermutlich dachte Schiller hier an einen Analogiebezug zu der Abschiedsszene von Boris.

[128] Walter Müller-Seidel, *Das stumme Drama der Luise Millerin*; in: *Goethe*. Neue Folge des Jahrbuchs der Goethe-Gesellschaft 17, 1955, S. 91–103. Neu in: Wege der Forschung, Bd. CCCXXIII, S. 131–147; Herbert Singer, *Dem Fürsten Piccolomini*; Euphorion 53, 1959, S. 281–302.

[129] Vgl. die Analyse der tragischen Struktur dieser Vorgänge bei P. Szondi, S. 170ff., in der gezeigt wird, wie die Helfer des Demetrius seine Verderber sind (Marina, die Polen, Marfa).

[130] Werke N. A. 11, S. 111.

[131] „Das furchtbare Element trägt ihn nun selbst, er beherrscht es nicht; er wird von der Gewalt fremder Leidenschaften geführt und ist jetzt gleichsam nur ein Mittel und eine Nebensache." Werke N.A. 11, S. 220. Darin liegt eine vernichtende Umkehr von Marinas Wort (Werke N.A. 11, S. 36): „Laß uns der Flut vertrauen, die uns trägt."

erleidet, von den Verschwörern eingekesselt und fast erdrückt, einen einsamen, stummen Tod. Zwar gibt es eine knappste Notiz Schillers im frühen Szenar-Entwurf. „Er wird erstochen und fällt edel.“[132] Das später ausgeführte Szenar läßt ihn stumm wie ein Schlachtopfer sterben. Stumm auch im Sinne einer Aussage dieses Todes über sich selbst hinaus. Es gibt hier nicht Sühne, Läuterung und Entsagung, keinen Aufschwung in die intelligible Freiheit der Idee, keine Katharsis – dieser Tod ist stumm. Marinas schmähliche Selbstrettung, ihr letzter Verrat an Demetrius, akzentuiert seine Verlassenheit. Ein neuer Usurpator, Zusky, greift nach der Zarenkrone, ein zweiter Demetrius, der „Cosak von verwegenem Muth“[133], rechnet seine Chancen vor.

Keine Interpretation entgeht dem vieldiskutierten Problem des Schlusses. Der Blick fällt auf die bisher ausgesparte Figur des Romanow. Ist sie nur „episodisch“ eingesetzt[134], bereitet sich in ihr das Ende der Tragödie vor? Soll in ihr innerhalb der Geschichte die Geschichte überwunden werden? Im politischen Spielfeld bleibt Romanow in eigentümlicher Passivität stecken. Er kommt zu spät zu den Borisowischen Truppen, er kann den Kindern von Boris nicht helfen, zumal Axinia nicht schützen, seine Liebe zu ihr nicht verwirklichen, und seine Vision verbietet ihm eine blutige Unternehmung gegen Demetrius. Der einzige legale Thronerbe verzichtet auf Rache an Boris und richtet gegen Demetrius nichts aus. Offensichtlich ist er als dessen anderes Gegenbild eingeführt. Er wird die Symbolfigur des gerecht-humanen Verhaltens, ein Mann des Friedens, der Treue in anarchischer Umwelt. „Eine reine loyale, edle Gestalt, eine schöne Seele“[135], ein „beschütztes Haupt“[136], dem Demetrius, diese „gequälte(r) Seele“[137], nichts anhaben kann. Denn die Gewalt des Usurpators zerbricht an der Legalität. Sie verbindet sich in Romanow mit Humanität. Beide sind Grundpfeiler einer gesellschaftlich-humanen Ordnung. Die sittliche Positivität von Romanow unterstreicht die Negativität der Usurpatoren, bei denen auch das Humane sein Ziel verfehlt. Aber diese Grundpfeiler reichen nicht aus: es fehlt Romanow an Kraft zur Größe. Rechtlichkeit ohne sie, Sittlichkeit ohne Wagnis zur Verwirklichung

[132] Werke N.A. 11, S. 186. W. Binder, S. 275, legt auf „edel“ ungewöhnliches Gewicht, wenn er sagt: „... womit nicht nur auf eine Mitte zwischen dem Schönen und Großen, sondern auf den seinem göttlichen(!!) Hervortreten entsprechenden Ausgang gedeutet ist.“ Davon kann angesichts des Textes keine Rede sein.

[133] Ebd., S. 226.

[134] E. Lachmann, S. 28.

[135] Werke N.A. 11, S. 100.

[136] Ebd., S. 170.

[137] Ebd., S. 173.

hat geringe Geltung in Schillers Sicht der Geschichte.[138] Die Vision, wie ein opernhaftes Mysterienspiel inmitten dieser harten geschichtlichen Wirklichkeit inszeniert, soll Romanow im Kerker, mit ihm die Zuschauer „durch ein erhabenes Ahnden höherer Dinge“[139] beruhigen und auf einen Trost der Zukunft lenken. Sie ist in der Tragödie uneingelöst und deutet in eine unbestimmte, abstrakte Ferne. Läßt sie sich, zusammen mit der Figur des Romanow, als eine gleichsam durch höhere Mächte bewirkte Lösung des Problems der Legitimität, dergestalt daß mit Romanow sich „die rechte Relation von Gott, Vater und Volk“[140] wiederherstellt, im Kontext dieser Tragödie akzeptieren? Wie läßt sich die Geschichte, die das Handeln fordert, durch eine Figur, eine Vision verändern, die außerhalb und oberhalb der Geschichte gestellt ist? Eine Notiz Schillers verweist auf eine von ihm reflektierte Ausfüllung der Vision: „Er hat eine Vision. Peter der Große – Catharina II. – Alexander.“[141] In den drei Namen zeichnet sich ein damals in Europa verbreitetes Urteil über die Romanowdynastie ab; sie galt als auf dem Weg zu einer Monarchie nach Wertmaßstäben der bürgerlichen Aufklärung. Es braucht hier nicht belegt zu werden, wie irrig dies Urteil war. Der Vision liegt dann die geschichtsphilosophische Idee zugrunde, der Zustand der legalen Ordnung werde der Anarchie der Usurpatoren nach einer dem Geschichtlichen immanenten Progressivität folgen, deren Konzeption in der bürgerlichen Aufklärung angelegt ist. Romanow werde verwirklichen, zusammen mit seinen Nachfolgern, was vergeblich Demetrius sich selbst zum Ziel gesetzt hatte. Die dynastischen Namen werden jedoch im Szenar nicht wiederholt, Schiller wäre mit ihnen zu nahe jener höfischen Huldigungsattitüde gerückt, die er

[138] Vgl. Max Kommerell, *Schiller als Gestalter des handelnden Menschen,* S. 146: „Nie hat Schiller, wie etwa Grillparzer, einen großen Vertreter der gesetzlichen Macht gestaltet. Die Legalität sitzt immer auf der Anklagebank.“ Dies trifft für Romanow offensichtlich nicht zu.

[139] Werke N.A. 11, S. 214.

[140] B. von Wiese zeigt angesichts des Tragödienschlusses eine auffällige Unsicherheit. Schiller habe einerseits die „große Tragödie dem Unerbittlichen in allem wirklichen Geschehen gestellt“ (S. 808), andererseits in „Axinia, die als reines Opfer den ‚schönen Tod‘ sterben sollte, und Romanow, der vom Schicksal wahrhaft zu legitimer Herrschaft Berufene“ als „die Lichtbringer in der Finsternis“, als Zeugen für eine Hoffnung auf jene „Gerechtigkeit“, die Demetrius vergeblich erstrebte, ja schon in ihr Gegenteil verkehrte, vorgesehen. Vgl. auch S. 804.

[141] K. H. Hahn, S. 245 ff., vermutet, Romanow sei so passiv gestaltet, um den Verdacht einer Anspielung Schillers auf ein Gerücht zu vermeiden, Zar Alexander I. (seit 1801) sei über die Ermordung seines Vaters Paul I. zumindest orientiert gewesen, was einschließt, daß Romanow als eine Hinweisfigur zu Alexander I. konzipiert wurde. Dafür fehlt der Beweis; Schiller wollte aktuelle Bezüge vermeiden. Über Alexanders Geltung als aufgeklärt-liberaler Monarch in seinen ersten Regierungsjahren gibt es viele Zeugnisse, u. a. von F. M. Klinger.

1804 um der Reinheit seines Stückes willen ausdrücklich und glaubhaft verwarf. Ob Goethe sich durch um mehr als ein Jahrzehnt zurückliegende Gespräche mit Schiller berechtigt vermeinte, in dem „Maskenzug bei Allerhöchster Anwesenheit Ihro Majestät der Kaiserin Mutter Maria Feodorowna in Weimar Den 18. Dezember 1818" den *Demetrius* als höfische Huldigung einzusetzen, muß mangels von Zeugnissen offenbleiben. Vielleicht handelt es sich in der Vision nur um einen Planrest[142], vielleicht wäre bei definitiver Ausarbeitung die Romanow-Figur überhaupt gestrichen worden. Ein unsicheres Fundament liegt jenen Interpretationen zugrunde, die in ihr die Projektion des Tragödienschlusses, in ihm das Aufleuchten einer höheren und progressiven Gerechtigkeit des Sittlichen in der Geschichte erkennen wollen und derart die *Demetrius*-Tragödie in die Kontinuität des ethisch-idealistischen, klassischen Dramas einrücken.

Schiller hat im Szenar einen durchaus gegensätzlichen Schluß skizziert, der als gleichsam autorisiert gelten könnte, hinterließe er nicht kaum weniger Zweifel an seiner Endgültigkeit. Neue Usurpatoren, der Bojar Zusky und der anonyme Kosak, werden sich um die Demetrius-Nachfolge streiten. Die Anarchie wird sich aus sich selbst heraus fortsetzen; es gibt kein Zeichen des Endes ihres Unheils. Dem Kosaken wird das letzte Wort überlassen – in Form eines monologischen Epilogs, der die Permanenz der Anarchie bestätigt. „Dieser Monolog des zweiten Demetrius kann die Tragödie schließen, indem er in eine neue Reihe von Stürmen hineinblicken läßt und gleichsam das Alte von neuem beginnt."[143] Man wird aus der Trostlosigkeit dieses Kreislaufs in der Geschichte, solcher Wiederholung sinnleerer Abläufe nicht eilig auf einen neuen Geschichtspessimismus Schillers schließen dürfen, aus dem sich eine „radikale" Tragik, eine radikale Wendung in Schillers Tragödie und Weltsicht überhaupt ablesen ließe, wie mehrfach behauptet wurde. Zunächst: Schiller folgt mit dieser Schlußskizze genau dem Verlauf der fakti-

[142] Hermann Schneider, S. 101. „Ich halte es für ausgeschlossen, daß die Romanowfigur so geblieben wäre, wie die früheren Notizen sie auffassen." Hingegen behandelt Herbert Kraft, *Um Schiller betrogen*, 1978 die nur vage skizzierte Figur, als sei sie ausgeführt, und er macht sie zum ideologisch-politischen und künstlerischen Kriterium des ganzen Dramas. Er sieht in ihr S. 277 f. die falsche Verbindung von regulativer Geschichtsidee – Romanow als Figuration des ästhetischen Staates – und historischer Realität des noch aktuellen Romanow-Zarenabsolutismus. Damit gerät das Drama bzw. Schiller künstlerisch zu einem „entscheidenden Fehler", „indem es eine historisch-gesellschaftliche Realität zum Maßstab der Utopie erhob". Schiller habe im „Demetrius" die Aneignung von Wirklichkeit durch deren Verklärung zu erreichen versucht. S. 278. Es ergibt sich hier der merkwürdige Fall, daß der Kritiker verwirft, bevor das Kritisierte, in einer uns unbekannten Weise, ausgeführt wurde!

[143] Werke N.A. 11, S. 226.

schen russischen Geschichte bis zur Thronbesteigung von Romanow.[144] Auch dies ist auffällig genug; wollte er wirklich den geschichtlichen Rohstoff übernehmen, ohne ihn zu seiner Tragödienkonzeption umzubilden, die vom Schluß her ihre Gesamtinterpretation erhielt? Wollte er den Schluß dem geschichtlichen Rohstoff, damit dem in ihm dominierenden Chaos des Zufälligen, Willkürlichen und Anarchischen überlassen? Dies widerspricht Schillers Auffassung von der tragischen Notwendigkeit, seiner bisherigen Gesamtkonzeption der Tragödie, es sei denn, die *Demetrius*-Tragödie habe ihn, was nur Hypothese sein kann, zu einer veränderten Bestimmung des Verhältnisses zwischen Drama und Wirklichkeit geführt. Dramaturgisch erscheint dieser Schluß ähnlich unwahrscheinlich: ist bei Schillers Meisterschaft der Schlußgestaltungen[145] die relativ primitive Form denkbar, daß eine kaum erst eingeführte Figur mit einem Monolog diese weltgeschichtliche Tragödie im kleinen Gaunerformat abschließt? Vielleicht sollte dieser Dieb als zurückspiegelndes Parallel- und Gegenbild die Größe des tragischen Geschicks von Demetrius durch seine Negativität akzentuieren – lag aber nicht die Gefahr nahe, daß er gegenüber Boris und Demetrius zur Parodie, die Geschichte zum bös-ironischen Satirspiel würde, was beider Rang beschädigen, letztlich das Tragische der Tragödie aufheben müßte? Zur Tragödie als Komödie des Absurden wäre dieser Kosaken-Gauner ein Absprung – er ist für Schiller nicht zu erwarten.

Die Ungewißheit angesichts des von Schiller definitiv intendierten Tragödienschlusses ist der Notpunkt jeder *Demetrius*-Interpretation. Problematisch ist es, aus der Anlage der Romanow-Figur auf eine der Geschichte – metaphysisch, gesetzlich-immanent oder wie auch immer – eingelegte Progression zu einer sittlich-humanen Staats-, Friedens- und Menschenordnung zu schließen, in Romanows Vision die konkrete Utopie der Zukunft Rußlands unter der Romanow-Dynastie anzunehmen und diese Versöhnung in der Geschichte ideell so zu verallgemeinern und zu verklären, daß die Kontinuität der ethisch-idealistischen Tragödie Schillers, ungeachtet des von Schiller selbst skizzierten Schlusses, erhalten bleibt. Problematisch ist jedoch auch, aus dem Schlußauftritt mit dem Epilog des Kosaken eine Sicht der Geschichte herauszulesen und zu verallgemeinern, die nur noch in radikalen, ziellosen Vernichtungen einen unabsehbaren Kreislauf des Gleichen erkennen läßt – ohne eine Hoffnung auf bessere Zukunft – und derart eine Wendung des ‚letzten' Schiller zu radikaler, unauflösbarer Tragik und einen Bruch mit seinem ganzen vorangegangenen Tragödienwerk zu folgern. Versuche, über diese Alternative hinaus den Schluß der Tragödie zu rekonstru-

[144] Vgl. dazu H. Fleischhacker, *Rußland zwischen zwei Dynastien.*
[145] Dazu vgl. oben H. Singer, *Dem Fürsten Piccolomini.*

ieren, stoßen an die Grenze der Textüberlieferung, hinter der nur spekulativ-hypothetische Vermutungen möglich sind, deren es in der Geschichte der *Demetrius*-Interpretationen, wiederholt mit weitreichenden biographischen und weltanschaulichen Konsequenzen, nicht ermangelt.

Vielleicht hatte Schiller sich selbst noch nicht entschieden und war seine dramatische Einbildungskraft in der Zeit der vorliegenden Planungen noch zu anderen Alternativen offen[146]; vielleicht wollte er dies Bild des Welttheaters im Mehrdeutigen um einer größeren Wahrhaftigkeit gegenüber der Geschichte willen belassen.[147] Vielleicht sollte im Geschick von Demetrius, des Märtyrers der Dialektik zwischen Gewaltherrschaft und Anarchie, auch das Urteil über die ihm folgenden Usurpatoren fallen. Oder vielleicht sollte im jetzt einsetzenden Kampf zwischen dem zweiten Demetrius und Romanow – dem jedoch ein Kampf zwischen Zusky und seinem Rivalen vorausgehen müßte – das Gute und Glückverheißende, das Demetrius den Russen bringen wollte, nun ganz und rein von Romanow verwirklicht werden.[148] Es hätte sich dann in Romanow die edle Seite des Demetrius externalisiert – wie sein Betrügertum, ins Niedrige fast parodistisch verzerrt, in dem diebischen Kosaken. Mit der Tragödie wäre, falls diese Hypothese zutrifft, der Widerspruch zwischen „Wahrheit und Betrug, Adel und Niedertracht"[149] aufgelöst und in der verklärten staatlich-dynastischen Ordnung eine sittlich-humane Ordnung wiederhergestellt. Eine andere Hypothese geht von der zeitlichen Vorausnahme der „Versöhnung" vor der „Katastrophe" aus.[150] Versöhnung wird in der Romanow-Vision mit ihrer Prophetie der faktischen Geschichte der Romanow-Dynastie gesehen, welche so zur Korrektur der dramatischen Handlung würde. In der realen Geschichte selbst vollzieht sich die Versöhnung, und der dramatische Autor kann sich damit begnügen, seine Zuschauer an sie zu erinnern. Der von Schiller skizzierte Abschluß aber würde die Unzulänglichkeit des auf der Bühne als gegenwärtig dargestellten Geschichtsverlaufes demonstrieren. Chaos in der Gegenwart – Ordnung in der Zukunft würden sich ineinander spiegeln und verstärken. Denkbar wäre auch eine Intention Schillers, die in der Negativität des Schlusses, im Auftritt von zwei weiteren Usurpatoren, dem Zuschauer ex negativo den Fingerzeig zur Möglichkeit des Positiven geben wollte. Sie ist zwar durch die zu blasse Figur Ro-

[146] K. May, S. 272ff.
[147] M. Kommerell, *Schiller als Gestalter des handelnden Menschen,* S. 155.
[148] P. Szondi, S. 177.
[149] Ebd., S. 177.
[150] Herbert Kraft, *Schillers Demetrius als Schicksalsdrama.* Mit einer Bibliographie „Demetrius in deutscher Dichtung". In: Festschrift für F. Beissner, hrsg. von U. Gaier und W. Volke, Bebenhausen 1974, S. 226–236. Ebenso in: *Um Schiller betrogen,* S. 276.

manows nicht abgedeckt, sie sollte nicht direkt, quasi lehrstückhaft demonstriert werden, sie sollte sich vielmehr durch die Tragödie des Demetrius hindurch indirekt abzeichnen und vom Zuschauer in eigener Reflexion erkannt werden. Der Zuschauer sollte in dem historisch-personalen Fall den generellen Fall erkennen, in dem das Geistige der Geschichte, erfaßt in der epochalen Problemsituation von Herrschafts- und Staatskrise, von Rechts- und Gesellschaftskrise, selbst anschaubar wird.

Es wurde schon gesagt: in der Tragödie des *Demetrius* sind der tragische Protagonist, die tragischen Figuren überhaupt und die geschichtliche Lebenszuständlichkeit zueinander transparent. Der Horizont der Täuschung, dann des selbstzweckhaften Betrugs, in dem sich Demetrius' Tragödie vollzieht, muß im Zustand der beiden Staaten, in denen sich Glück und Unglück seines Geschicks abspielen, wiederkehren. In der Republik der Polen unter schwachem Wahlkönig brechen nationale Ideologie und die reale Verfassung des Staates auseinander. Die Reichstagsrede von Demetrius spricht aus, wie die Polen gern gesehen werden möchten – die Anarchie, welche seine Rede auslöst, beweist, wie es um diesen Staat wirklich beschaffen ist. Demetrius heizt die Polen an, als Klein-Usurpatoren in Rußland einzubrechen, Marina will Land und Krone rauben. Ähnlich ist die Situation im Rußland der Usurpatoren. Boris, Demetrius, Zusky, der Kosak reißen nacheinander die oberste Gewalt im Staat unter dem Schein der Täuschung und mit Korruption des Rechtes an sich. Die Herrschaftssysteme sind pervertiert, in denen Despotie und Anarchie sich gegenseitig bewirken. Die Anarchie, die Demetrius mittels Trug, Wahn, wankelmütigem Glück nach oben trägt und ihn dann stürzt, deutet indirekt auf eine entgegengesetzte Ordnung, von der er weiß, wie seine Reichstagsrede zeigt, gegen die er aber zunächst unwillentlich, nach der Betrugsaufdeckung um so gewaltsamer verstößt.

Es ist die Ordnung, die auf der Einheit von Herrschaftskraft und Legalität, von Wille und Natur, von Größe und Recht beruht und damit die Einheit von Herrscher, Staat und Menschlichkeit begründet.[151] In ihr stellt sich ein ideales Gleichgewicht her – es entspricht der Utopie im Entwurf des ästhetischen Staates. Demetrius zielte auf ihn, aber ihm fehlte, schuldlos im subjektiven Sinne, die Legalität, er wurde zum Betrogenen wie alle, die an ihn glaubten. Er wurde schuldig auch im objektiven Sinne, als er Staat und Natur seinen Willen aufzwingt, um lediglich sich selbst zu behaupten. „Demetrius" ist die Tragödie dessen, der schuldig werden mußte, weil die geschichtliche Wirklichkeit, aus den Fugen des Gleichgewichts geraten, ihn schuldig werden läßt.

[151] Erinnert sei an die Verse 323 ff. Werke N.A. 11, S. 17 f., in denen Demetrius die alles zusammenbindende Gerechtigkeit in Form eines einigenden Vertrages beschwört und sie mit der harmonischen Ordnung des Weltgewölbes gleichsetzt.

So spielt sich auf diesem geschichtlichen Welttheater die Tragödie des großgearteten Menschen innerhalb der Zwänge der Geschichte ab, deren Subjekt er sich glaubte und deren Objekt er wird, das ihn hinaufhebt und verwirft. Solcher Anarchie in geschichtlicher Krisenzeit, in der Zufall, Wahn, Willkür, trügerisches Glück und Gewalt im kleinen wie großen dominieren, stellt sich in der Tragödie von Demetrius ex negativo eine Ordnungsgesetzlichkeit gegenüber, die für das Sittliche und das Politische, für den Menschen und den Staat gilt und deren Voraussetzung das gekennzeichnete Gleichgewicht der Kräfte ist.

Die *Demetrius*-Tragödie spielt in einer geschichtlichen Krisenzeit: ihr ist die Notwendigkeit der Wendezeit immanent. Sie sollte sich idealiter in der Vision des Romanow als Ausblick auf eine Vereinigung von legaler Herrschaft als Ordnungsgarantie und von rechtlich-sittlicher und politischer Humanität in Staat und Volk abzeichnen. Schiller verzichtete auf die historisch-dramatische Konkretisierung dieses Ausblicks, um eine fragwürdige Huldigung an die Romanow-Dynastie zu vermeiden. Doch war dies wohl nicht der einzige Grund.

Daß die Legalität in Form der dynastischen Legitimität in dieser Staatsvorstellung ein gewichtiges Glied ist, entspricht der Historizität des *Demetrius*. Die Legitimität hatte konstitutive politisch-staatliche Bedeutung in der Zeit des sich gründenden russischen Absolutismus; sie hatte eine noch aktuelle, aber problematisierte Bedeutung in der Zeit um 1800, als in Europa die Auflösungen dieses Herrschaftssystems markant wurden. Der *Demetrius* wurde den Verhältnissen und Ursachen der von Schiller gewählten russischen Geschichtsepoche gerecht, und er rückte die Tragödie in sein und seiner Zeitgenossen gesellschaftlich-politisches Erfahrungsfeld ein.

Man darf das Prinzip der Legalität in der Tragödie nicht nur staatsrechtlich auffassen: es bedeutet den Besitz einer Mutter, eine nicht ersetzbare Bindung an Kontinuität und Tradition, es bedeutet, die Natur an der Seite zu haben, damit den Inbegriff der Legitimität. Es heißt, mit anderen Worten, in der „Wahrheit“ zu sein. Keine noch so gerechte Herrschaft wie bei Boris, kein noch so edler Wille wie bei Demetrius kann sie ersetzen. Boris' „Einsicht und Eifer in Beförderung des Volkswohls“[152] gleichen sein Defizit an Legitimität nicht aus, und selbst seine guten Absichten werden für Demetrius verderblich. Die Überzeugung vom progressiven, Staat und Gesellschaft verändernden Sinn aufgeklärter Humanität, die einer neuen Menschenordnung versichert, scheint hier dem Prinzip der Legitimität untergeordnet zu sein. Das aktuelle Erfahrungs- bzw. Spannungsfeld, in das der *Demetrius* durch

[152] Werke N.A. 11, S. 211.

Schiller eingefügt wurde, ist wesentlich durch drei für Europa um 1800 und für Schiller entscheidende Mächte bestimmt: durch die ethisch-politischen, auf Freiheit und Humanität bezogenen Staats- und Gesellschaftsvorstellungen der Aufklärung, durch die Ereignisse und Erfahrungen der Französischen Revolution und das Phänomen der Person und Wirkung Napoleons. Es bedarf hier keiner Erinnerung daran, wie die gesellschaftlich-politischen Gedanken der Aufklärung Schillers gesamtes dramatisches Werk von *Die Räuber* bis *Wilhelm Tell* durchziehen und sich im *Demetrius* in Boris' und Demetrius' Herrschaftsziel – nicht aber Herrschaftsformen – fortsetzen. Boris wie Demetrius rücken intentional dem Idealentwurf des aufgeklärten Monarchen nahe. Wir müssen hier weiterhin Schillers mehrschichtiges Urteil über die Französische Revolution und sein Urteil über Napoleon als hinlänglich bekannt voraussetzen, soll diese Interpretation nicht ihre Grenzen überschreiten. Dies Spannungsfeld erhält seine für den *Demetrius* wesentliche Struktur daraus, daß eines das andere – Aufklärung, Revolution, Napoleon – aus sich entließ, zugleich aber jedes zum anderen in einen intensiven, von Schiller erkannten Widerspruch geriet – analog der Struktur des Tragischen in dieser Tragödie.[153]

In den Figuren von Boris und Demetrius nahm Schiller ein Widerspruchsproblem auf, das in der Konzeption der aufgeklärten Monarchie selbst lag. Beide sind als Zaren absolutistische Herrscher – beide wollen zugleich bürgerlich-aufklärerische Tendenzen im Sinne des 18. Jahrhunderts verwirklichen. Dieser Widerspruch war nicht nur aus historischen Gründen unauflösbar, mußten doch diese Aufklärungstendenzen zur Aushöhlung des absolutistischen Herrschaftssystems führen, in ihren Konsequenzen es negieren. Der Widerspruch läßt sich im 18. Jahrhundert in der Realität der europäischen absolutistischen Monarchien zwischen Rußland und Spanien beobachten; gerade dort, wo ihnen der Schein der aufklärerischen Fortschrittlichkeit angepaßt wurde. Dieser Widerspruch mußte, mit tragischer Expressivität, um so radikalere Formen annehmen, als Boris wie Demetrius Usurpatoren sind, die ihre Herrschaft nur außerhalb von Legitimität und Legalität, also mit Mitteln der Täuschung und Despotie durchsetzen und behaupten können.

Zu dieser Aporie im System der aufgeklärten Monarchie gesellt sich offenbar – man ist hier auf Vermutungen angewiesen – ein von Schiller an der Entwicklung der Französischen Revolution wahrgenommener, den Gedanken und Zielen der Aufklärung selbst inhärenter Widerspruch: bestimmt, zu einer harmonischen Ordnung des politisch-gesellschaftlichen und humanen Zusammenlebens zu führen, löst sie in radikalisierter Konsequenz ihrer emanzipatorischen Tendenz diese Ordnung auf und läßt sie in eine Anarchie

[153] Dazu ausführlich P. Szondi.

umschlagen, in der Recht und Sittlichkeit zerfallen, Freiheit zur selbstischen Willkür sich verzerrt. Schillers *Demetrius* scheint von einer Skepsis zu zeugen, die sich angesichts des von ihm abgelehnten Terrors von Anarchie und Diktatur im jakobinischen Stadium der Französischen Revolution gegen die Absolutsetzung total-emanzipatorischer Gedanken der Aufklärung richtete und ihnen gegenüber im Prinzip der Legalität einen Gegenhalt ordnungsbewahrender Art suchte. Die vielzitierten Sätze von Sapieha – „Was ist die Mehrheit? Mehrheit ist der Unsinn...“[154] – dürfen nicht, wie es oft geschah, als Äußerungen Schillers, sondern dieses polnischen Hocharistokraten, der in ihnen egoistische Interessen versteckt, gewertet werden. Dennoch steckt in Sapiehas Verweigerung der Anarchie in Treue- und Eidbruch etwas von dem Impuls zur Einbindung des Staatlich-Gesellschaftlichen in einen dem Recht und dem Sittlichen verpflichteten Ordnungsbegriff. Zu ihm gehört als eine wenn auch nicht einzige Voraussetzung das Prinzip der Legalität – in der historischen und damals zeitgeläufigen Form des durch Legitimität gefestigten dynastischen Herrschaftssystems. Offenbar wurde seine Bedeutung durch Schillers Urteil über Napoleon bestätigt, dessen Kaiserkrönung 1804 noch in seine Lebenszeit fiel. Es wurde wahrscheinlich gemacht, auch wenn wiederum sichere Zeugnisse fehlen, daß bei der Gestaltung der Demetrius-Figur eine Analogie zu Napoleon ihm vorschwebte.[155] Der „subjektive Prinz“[156], der sich selbst aus anonymer Niedrigkeit zum höchsten Gewalthaber erhob, der Usurpator, der die Befreiungsideen der Aufklärung und Revolution mit sich zu bringen schien und zum erobernden Diktator über Europa wurde, der dessen ganze traditionelle Ordnung aus den Fugen riß und seine fremde, absolutistische Gewaltherrschaft inaugurierte, erscheint als der Demetrius-Figur nahe. Schiller bezog Gegnerschaft gegen Napoleon – er muß jedoch gleichzeitig in ihm mit Faszination die Größe des politisch handelnden Menschen erkannt haben, die zum Grundthema seines dramatischen Werkes gehörte. Durch Napoleon erhielt das Problem der Legitimität eine neue Aktualität. War es durch seine Größe, seinen steilen Glücks- und Machtanstieg, durch seine Präponderanz über die vor ihm zusammenbrechenden Monarchien beseitigt, oder bestätigten seine Existenz, sein Wirken und dessen Folgen, die Schiller nur als die Eigenrechte der Staatsnationen vernichtende Zerstörungen sehen konnte, um so mehr seine Notwendigkeit? War Napo-

[154] Werke N.A. 11, S. 23.

[155] Dazu ausführlich H.G. Thalheim, S. 40ff. und S. 57, weiterhin K.H. Hahn, S. 355ff.

[156] H.G. Thalheim, S. 41. Er zitiert Goethes Tagebuch vom 8.8.1806 und schließt aus diesen Worten auf den *Demetrius* zurück. „Unterwegs politisirt und neue Titel Napoleons ersonnen. Spaß vom subjektiven Prinzen. Ferner Fichtes Lehre in Napoleons Thaten und Verfahren wiedergefunden.“

leon nicht die Inkarnation der Hybris, der Despotie der Macht, wenn ihr die Voraussetzung und Grenze im Recht abgeht? Unter diesem Aspekt möchte die Romanow-Figur wie als geheimes utopisches Gegenbild, als das ideale Versprechen eines gerechten, humanen Staates nicht nur zu Demetrius, sondern auch zu Napoleon erscheinen, als Gegenbild eines legitimen Zaren Romanow gegen den „subjektiven" westlichen Kaiser. Vermutungen auch hier – aber sie weisen vielleicht darauf hin, wie unter der Einwirkung aktueller politischer Erfahrung das Verhältnis zwischen Macht und Legalität, wiederum ein Grundthema seines dramatischen Werkes[157], im *Demetrius* eine andere Wendung erhält, die gewiß nicht mehr die Legalität „auf der Anklagebank" sitzen läßt, jedoch ihr nicht den obersten geschichtlichen Rang zugibt. Die geschichtsbestimmende Herrschaft bedarf nicht allein der Legalität, in ihr der Kontinuität und Tradition, sie bedarf auch der Größe des handelnden Menschen, wie sie im *Demetrius* dem Protagonisten und Boris eigen ist und Schiller sie doch wohl in Napoleon erkennen mußte. In der historischen und dramatischen Figur des Romanow, soweit die Entwürfe erkennen lassen, liegt eine Widerlegung der Präpotenz des Legitimitätsprinzips; die Figur, als eine edel-ideale, gleichsam aus dem geschichtlichen Kampffeld herausgenommene Figur, verdeutlicht, Schillers dramatisch-tragisches Interesse lag bei Demetrius und Boris, die über Größe als Bedingung des bedeutenden geschichtlichen Handelns verfügen. Die konkrete dramatische, tragische und dichterische Gestaltung scheint zu negieren, was staatlich-moralisch dem einzigen legitimen Zarenerben und damit dem Prinzip der Legalität zukommen soll. Das Prinzip der Legalität scheint die ihm sittlich, rechtlich und politisch zuerkannten hochwertigen Qualitäten für den gerechten, humanen und starken Ordnungsstaat nur zu bewähren, wenn es abstrakt-utopisch, als moralischer Ausblick auf eine ideale Staatsverfassung aus dem konkreten Kampffeld der Geschichte herausgelöst wird. Seine Idealität ist zugleich seine geschichtskonkrete Widerlegung. So vergegenwärtigt sich in Schillers Konzeption der Romanow-Figur historisch ein Widerspruch, von dem wir nicht wissen, wieweit er ihm bewußt geworden ist: der Widerspruch zwischen dem Prinzip staatlich-dynastischer Legitimität als Garantie künftiger humaner Ordnung jenseits von Despotie und Anarchie und dessen utopisch-ideali-

[157] Dazu Ditrich Jöns, *Das Problem der Macht in Schillers Dramen von den Räubern bis zum Wallenstein.* In: Deutsche Literatur zur Zeit der Klassik, hrsg. von Karl Otto Conrady, Stuttgart 1977, S. 76–91. Jöns streift den *Demetrius* mit Bezug auf die Sapieha-Figur nur am Schluß und gibt der Entgegensetzung des Prinzips staatlicher Legitimität gegenüber dem aus eigener Machtvollkommenheit handelnden großen Individuum, „indem sich (Schiller) dieses doch nur als ein anarchisches, die politische Freiheit des Bürgers der Willkür ausliefferndes Element" darstellt, einen antithetischen Akzent, den unsere Interpretation nicht bestätigt, S. 91.

stischer Abstraktheit, die in der konkreten geschichtlichen Wirklichkeit nicht wirksam werden kann.

Die Interpretation eines Fragments wie des *Demetrius* muß letztlich in Hypothesen münden, die, so behutsam sie sich aus den vorliegenden Bruchstücken und Entwürfen entwickeln, nicht behaupten können, den Intentionen des Autors durchaus adäquat zu sein. In Schillers Einbildungskraft war vermutlich die ganze Tragödie präsent. Sie ist der Interpretation unzugänglich. Diese Einbildungskraft war dynamisch, sie konnte viel verändern und verwerfen, was in den Entwürfen schon oder noch festgelegt zu sein scheint. Die Interpretation muß sich in solchem Fall noch mehr als angesichts eines abgeschlossenen und autorisierten Textes als offen erklären – offen in sich selbst und zu vermutlich noch vielen folgenden Versuchen.

Chr. D. Grabbe: *Napoleon oder die hundert Tage*

I

Es geht in Grabbes *Napoleon* um das feindliche und doch gegenseitig bedingende Grundverhältnis zwischen dem titanischen Menschen und dem Weltzustand, wie er sich in der „rollenden" Zeithaftigkeit der Geschichte, im Spiel ihrer Widersprüche und Zufälle, im dauernden Wandel ihrer Voraussetzungen und Bedingungen darstellt. Nicht also das Schicksal Napoleons, die Tragödie des scheiternden Titanen gegenüber der Masse, wie man oft gesagt hat, gegenüber „den vielfältig abgestuften Gegenkräften einer Epoche"[1], erscheint als sein zentraler Gehalt, sondern dieser greift über Napoleons Existenz und Verhängnis zwischen Triumph und Untergang weit hinaus. In Napoleons Schicksal enthüllt sich die Fragwürdigkeit des großen Menschen in der Relativität der Geschichte, die er schafft und die ihn bedingt, die der weite Raum seiner Taten ist und ihn einengt und scheitern läßt. Wie gewaltig sich sein Wille seinem Ziel entgegenspannt, er bleibt an sie, ihren Zufall, an Gunst oder Ungunst des Entscheidungsaugenblicks in dem großen Weltspiel gebunden, das in diesen „hundert Tagen" abläuft. Nicht der Held, sondern der Lauf der Welt ist das zentrale Thema dieses Dramas.

Das klassische Drama setzte die seelisch-geistige Freiheit des Menschen in seinem Handeln und vor seinem Schicksal voraus. Jetzt erscheint der Mensch eingeordnet in das Zeithafte und der Unzuverlässigkeit der rollend bewegten Welt unterworfen. Darin äußert sich die gewandelte Problematik des Zeithaften und die die Empirie des Tatsächlichen entdeckende Geschichtserfahrung des 19. Jahrhunderts, die ihre metaphysische Rückbindung verloren hat. Es kommt uns darum in dieser Interpretation nicht auf die Psychologie Napoleons, nicht auf den Vergleich seiner historischen Erscheinung und ihrer literarischen Umgestaltung, auch nicht auf die Frage nach den Veränderungen an, die seine Gestalt während der Arbeit durch Grabbes eigene, vielleicht auch durch seine Quellen beeinflußte Urteilsverschiebungen über den Kaiser erfahren hat, sondern allein darauf, in welches dramatische Kräftefeld er gestellt wird.

In ihm und mit ihm öffnet sich eine starke dramatische Kontrastspannung: zwischen ungerächter Vergangenheit und unerfüllter Zukunft – „die Aurora

[1] B. von Wiese, *Die deutsche Tragödie von Lessing bis Hebbel,* Hamburg ³1955, S. 520

einer jungen Zeit“[2] –, zwischen prometheischer Riesenhaftigkeit seiner Persönlichkeit und „der Überzahl der Schwachen und Elenden“, zwischen dem Gigantischen seiner Tatbesessenheit und dem Schicksal – „Nicht Völker oder Krieger haben mich bezwungen – das Schicksal war es“[3] –, zwischen der Liebe zu Frankreich, dem Ruf der Nation und dem auf sich konzentrierten eigensinnigen Ichwillen des Sohnes der Revolution, der nur und ganz aus sich selbst da sein, nur sich alles verdanken, aus sich alles schaffen will; zwischen dem Reformator Frankreichs und Europas, des kindisch gewordenen Greises, der der Zuchtrute bedarf[4], und seiner Selbsterfahrung als dämonisches Weltgesetz, vor dem Gut und Böse im amoralischen Nihilismus gleichgültig werden. Es spricht aus ihm jenes Elementare, das ihn das Meer wie eine Geliebte und Mutter als seinesgleichen empfinden läßt. Er steht, „Sohn der Revolution“[5], nicht nur allein im Kampf gegen die ganze Welt, er birgt auch in sich explosive dramatische Möglichkeiten. Er hat keinen menschlichen Gegenspieler, auch nicht in Blücher, der bei aller individuellen kraftvollen Ganzheit weniger als ein Handelnder denn als Verkörperung eines idealen soldatischen Preußentums erscheint. Einen Kampf in sich selbst nimmt Napoleon nicht auf; denn Grabbe schrieb kein psychologisches Entwicklungs- oder Wandlungsdrama. Er nimmt den Kampf mit der Welt auf; die Welt lebt und rollt unter dem Gesetz der Zeit. Die Zeit ist das Geschick – „Ja, es stand bei mir in Korsika, meiner meerumbrausten Wiege, und wird auch meinen Sarg umbrausen.“[6] Die Zeit, eben noch schmerzlich erinnerte, von Taten überfüllte Vergangenheit, wird seinem voraus schaffenden und voraus entscheidenden Geist zu einer neuen, unermeßliche Taten und Triumphe versprechenden Zukunft. In Napoleons Zugriff wird die Geschichte zur heroischen Geschichte, wie die Erinnerung an ihn fast schon zu einer Art der Heldensage geworden war. Zugleich aber treibt die Geschichte in die ironische Tragikomödie des Sinnlosen, des resultatlosen Kreislaufes.

[2] *Napoleon oder die hundert Tage,* nach: *Werke,* hrsg. u. eingel. v. Benno von Wiese, Stuttgart o. J. (1943), S. 222. Briefzitate nach: *Werke,* hrsg. von Eduard Grisebach, Bd. 4, Berlin 1902. Das Drama ist 1829 und 1830 entstanden. Erster Druck 1831. Erste Aufführung mit verstümmeltem Text: 12. 8. 1868 im Theater an der Wien; mit vollständigem Text: 2. 9. 1895 im Opernhaus Frankfurt a. M.

[3] Ebd., S. 223.

[4] Ebd., S. 226.

[5] Ebd., S. 229.

[6] Ebd., S. 223.

II

Grabbe teilte sein Drama traditionell in Aufzüge und Szenen ein. Aber die eigentliche Gliederung greift über sie hinaus; sie stellt sich in drei „Bewegungsphasen" dar, ein Begriff, den man nicht zufällig der englischen Shakespeare-Philologie entnehmen konnte. Ihren Abschluß kennzeichnet je ein Nachlassen der dramatischen Spannung und Bewegung und ein zeitlicher Einschnitt. Wir folgen darin den Beobachtungen von H. W. Nieschmidt[7], wenn wir die erste Bewegungsphase mit dem ersten Aufzug, die zweite mit dem zweiten und dritten Aufzug, die dritte mit dem vierten und fünften Aufzug (das „Schlachtendrama") umfaßt sehen und in dieser Gliederung „die ruckartige und sprunghafte Folge von repräsentativen Abschnitten der historischen Überlieferung" erkennen.

Bereits an die erste Szene läßt sich eine Reihe von Beobachtungen anschließen, welche dem Verständnis des ganzen Dramas dienen. Eine breit und vielfigurig ausgestattete Volksszene läuft ab, die, unterschiedlich zur Aufbautechnik der klassischen Dramaturgie, nicht eine sich allmählich herausschälende, vorwärtsdrängende und zielbestimmte Handlung vorbereitet, sondern Genrehaft-Zuständliches, Stimmungshaft-Atmosphärisches wiedergibt. Eine Vielzahl von Figuren kommt und geht, der Zufall führt sie zusammen und treibt sie weiter. Ihr Sinn für das dramatische Gefüge liegt in der illustrativen Funktion, die sie hier und später im vielstimmigen Zusammenspiel des Ganzen ausüben. Sie erscheinen weniger als Charaktere, mehr als Rollen, die etwas Typisches, Generelles festhalten und den „Zeitgeist" ausdrücken. Das Kollektive der historischen Existenz, eine neue Lebensform im Massenhaften, soll sichtbar werden; der einzelne wird aus dem Gesamt des Geschichtlichen und Gesellschaftlichen, als Exponent seiner Zuständlichkeit verstanden, die durch ihn hindurchspricht.

Wichtiger als die zeitliche Reihung dieser Bildepisoden, aus der sich kein dramatischer Geschehniszusammenhang entwickelt, ist offenbar ihre epische Ausbreitung, die von Bild zu Bild eine neue Perspektive auf ein durchgängiges Grundthema richtet. „Die Welt ist noch nicht untergegangen"[8] – das Spiel dauert fort, obwohl eine Katastrophe durch Napoleons ersten Untergang in die Zeit, von der die beiden zunächst in den Vordergrund geschobenen Veteranen sprechen, eingebrochen ist. Die Welt ist im fließenden Rhythmus ihres Wechsels von Auf und Ab gegenüber der Größe und dem Scheitern gleichgültig geblieben; dem heroischen Spiel folgt das Glücksspiel in einer jetzt vom Geld regierten verbürgerlichten und müßigen Welt. Das

[7] H. W. Nieschmidt, *Chr. D. Grabbe, zwei Studien,* Detmold 1971, S. 57.
[8] *Werke*, S. 187.

Dasein in ihr erscheint unter dem Zeichen des Spiels in seiner mehrfachen Bedeutung: als Abenteuer und Rausch des klingenden Gewinns, deren Lärm zur Straße hinabtönt, als Abenteuer und Rausch der Macht und Größe, wie sie in der Erinnerung der beiden Veteranen nachleben, als Wagnis auf Tod und Leben, wie es den kurz darauf hinabstürzenden Spieler tötet und wie es Napoleon niederwarf, den grandiosen Spieler um Europa und den ganzen Weltball. Aber das Wort vom Spiel hat eine hintergründige Bedeutung: es hebt eine metaphysische Vernunft und Ordnung der Geschichte, ein sie durchwaltendes ideelles Gesetz auf und gibt den Menschen, der dieses Spiel wagt, in ihr dem Zufall des Glücks oder Unglücks, oder der Rache der anderen preis, weil er betrog oder zu viel gewann. Der Zufall regiert launisch-unberechenbar die Welt. „Den einen trägt, den andern ersäuft die Woge des Geschicks."[9] Vitry sagt: „Vater Veilchen spielte um die Welt, und wir waren sein Croupiers."[10] Spiel um die Welt – die Inversion führt zur Welt als Spiel. Seine Demonstration im dramatischen Gefüge erscheint als die Formabsicht dieses, wenn man an den Gesetzen des klassischen Dramas mißt, zunächst verwirrend formlos, nur „realistisch" ungestaltet anmutenden Werkes. Grabbe wußte, daß er die Grenzen der klassischen Bühnengestaltung sprengte. „Napoleon wird eigen – das jetzige Theater taugt nichts – meines sei die Welt."[11]

Dem ersten Dialog der Veteranen folgt das wechselnde Nebeneinander der Ausrufer der Bildergalerie und der Tiermenagerie, der dynastischen Ruhmesschau und der Zoologie. Auch hier erscheint für Grabbes Form Wesentliches. Die Demonstration auf der Bühne sondert sich als etwas Selbständiges, als eigenes Spiel ab und tritt dem, was in der Folge sichtbar werden wird, vorausnehmend, die Perspektive lenkend, gegenüber. So wird man, in der Analogie zu den hier rühmend vorgeführten Tieren, die Bourbonen sehen, wenn sie schließlich selbst die Bühne betreten. Die Kritik wird indirekt in die Darbietung eingeformt, sie wird auf der Bühne selbst vollzogen und will als Kritik nicht nur von dem sich dort herumtreibenden Volk, auch von den Zuschauern verstanden sein. Das Spiel entfernt den Vorgang nicht als in sich ästhetisch geschlossene Ganzheit vom Zuschauer, sondern bezieht diesen in den Spielraum ein. Der Dichter übergibt die Gebärde des Zeigens, der Demonstration den beiden Ausrufern; was sie gegenüber dem Volk bewirken, tut er, indem er ihren ironischen Widerspruch durch ihre Kombination auslöst, gegenüber seinen Zuschauern. Sie sollen mitdenken, miturteilen. An die Kombinationsfähigkeit des Zuschauers wendet sich das erneut verdeckt auf

[9] Ebd., S. 193.
[10] Ebd., S. 187.
[11] *Briefe*, S. 292.

Napoleon vordeutende Lied des Savoyardenknaben; sie ruft in weiterer Steigerung der Ausrufer des Panorama-Guckkastens auf. Auch hier setzt sich der Text aus gedrängten Anspielungen zusammen, die auf die Grundthematik des Ganzen vorausweisen. Grabbes Technik der abgeschlossenen Szenenbilder – formale Analogie zu seiner Auffassung der Geschichte als abrupter Wechsel widerspruchsvoller Augenblicke, die keine ideelle Kontinuität verbindet – bedurfte der Vordeutungen und Verklammerungen, um das Ganze als eine Spannungseinheit festzuhalten. Das Lied des Knaben bedeutet einen Begleittext zu dem Napoleon-Geschehen; der Ausrufer überschreit ihn noch. „Etwas Besseres als eine elende Marmotte – die ganze Welt schauen Sie hier, wie sie rollt und lebt.“[12] Dies deutet auf das Gesamtthema des Dramas.

Grabbe bedient sich eines Doppelgriffs der szenischen Führung, indem er der künstlich verfärbten, melodramatisch harmonisierten Vergangenheit in den Panoramabildern durch die Kommentare der Veteranen die wirkliche Vergangenheit, der malerischen Illusion die spannungsgeladene Wirklichkeit entgegenstellt, die in der Volksstimmung spontan und explosiv durchbricht. „Kaiser, Kaiser – ist er wieder da?“[13] Beständig ist in dieser Szene der Augenblick zur Vergangenheit hin offen. Zugleich wird diese Vergangenheit als unwiderruflich erfahren; in den Träumen der alten Aristokraten wie in der schmerzlich-stolzen Revolutionserinnerung der alten Putzhändlerin. Das „Schicksalsrad“[14] geht über alle hinweg – die Feudalen, Danton, Robespierre, den Kaiser wie die unbekannten Söhne der armen Frau. Die ganze Szene wird von dieser Doppelperspektive durchzogen: auf die Größe des Kaisers als geheimer Gegenwart und auf die Vergänglichkeit der Geschichte in der rollenden Welt als inneres Fatum. Daraus gewinnt die erste Szene in ihrer epischen Bilderform eine dramatische Funktionalität; sie dient nicht nur, wie man meist lesen muß, der vordergründigen realistischen Ausmalung von Geschichtsmilieu, Zeitstimmung, politischer Atmosphäre.

Wie wenig dieser dramatische Stil vom nur abbildenden „Realismus“ her zu erfassen ist, macht die zweite Szene noch deutlicher. Die Darstellung wird bis in das Marionettenhafte, in das Groteske getrieben und setzt derart fort, was sich schon an der Bildergalerie, Menagerie, dem Guckkasten zeigte. Das Groteske wird zum Mittel des kritischen Theaters, der polemischen Demonstration, welche die Entlarvung der Sache oder der Figuren durch sich selbst um der größeren und objektivierten Sinnfälligkeit willen wählt. Der Grad und Charakter der szenisch vorgeführten Realität wird nicht vom Dinglich-Faktischen, sondern von der Perspektive und Tendenz des Dichters be-

[12] *Werke*, S. 189.
[13] Ebd., S. 192.
[14] Ebd., S. 200.

stimmt, der erneut durch die sich dazwischen schaltenden Vordergrunds- und Kontrastfiguren den kritischen Kommentar unmittelbar in das szenische Bild einfügt und ihn so dem Zuschauer mitteilt. Grabbe stellt zugleich die zweite Szene – im Wechselspiel der Perspektiven zum gleichen Objekt – kontrastierend neben die Volksszene, führt also auch hier das episodische Nebeneinander fort, das nicht Handlungsphase nach Handlungsphase setzt, sondern die Wiederholung als Mittel der Steigerung benutzt. Die dritte Szene führt in den inneren Kreis der bourbonischen Familie. Die gleichen Themen kehren immer wieder: die geheime Gegenwart Napoleons, auch wenn man sie leugnet oder bagatellisiert, und der Versuch, durch künstliche Restauration dem Geschichtsgesetz der Zeit zu entgehen, das der König gleichwohl als unausweichlich erkennt. „Wieder! Wieder! Nichte, das Wort ist nur zu sehr in der Mode!“ [15]

Schon in den Spiegelungen der ersten Szene blieb das Bild Napoleons nicht eindeutig; jetzt, am Gegenbild der Schwäche dieser Bourbonen, wird es vielfältig gebrochen: Weltbezwinger, elementarisch dem Meer, seiner unbegrenzbaren Naturgewalt verwandt, Dämon der Hölle, Kaisertiger, voll List und Verrat, Begründer des Ruhmes Frankreichs. So läßt Grabbe das Geheimnis seiner Größe von fern vorbereitend aufscheinen. Der Sinn der dritten Szene liegt darin, die Lage nochmals zwecks Ergänzung des historischen Gesamtpanoramas, nun aus der Sphäre der politisch-feudalen Restauration und der Krone, zu verdeutlichen. Auch in ihr fädelt sich keine sichtbare Handlung ein, sie bleibt ein historisches Gesprächsbild. Aber ihr ist gegenüber dem Zuschauer, wie in der ersten und zweiten Szene, eine eigene Funktion übertragen. Was hier geäußert wird, bedeutet gegenüber dem, was dieser Zuschauer in den beiden ersten Szenen erfuhr, eine Illusion, eine kaum begreifliche Unwirklichkeit. Ihre kritische Entlarvung, ihre „Verfremdung“ wird zwischen die Bühne und den Zuschauer gelegt; der Zuschauer wird, wie in der zweiten Szene die Bürger beim Vorbeizug des Königs und bei der ihn begleitenden Verzückung der Aristokraten, einbezogen, wird selbst in die Position des Kritikers versetzt, der diese Illusionen durchschauen muß und wird. Die Ironie wird zum Formprinzip der Szene. [16]

Die vierte Szene, in der endlich Napoleon selbst erscheint, bedeutet nicht nur den Höhepunkt der inneren, dem Zerreißen nahen Zustandsspannung, sondern offenbar auch den Einsatz zu einer Handlung. Napoleon entschließt sich zur Rückkehr. Bei den Bourbonen war von „Verschwörungen“ die Rede; jetzt empfängt Napoleon Nachrichten von Fouché. Ein politisches In-

[15] Ebd., S. 217.

[16] R. Kaprolat, *Chr. D. Grabbes Drama Napoleon oder die hundert Tage.* Eine Interpretation (Schriftenreihe der Grabbe-Gesellsch., Bd. 2), Dortmund 1939, S. 29.

trigenspiel scheint sich anzukündigen. Aber der Faden reißt sofort ab. Auch die spätere Verschwörung von Fouché und Carnot, wirkungsvoll auf dem nächtlichen Revolutionsplatz inszeniert, bleibt ein blindes Motiv. Politisches Planen scheitert ohne Konsequenz.

Napoleons Erscheinung war vorbereitet. Aber seine Gegenwart übertrifft alles, was an Vordeutung gegeben wurde. Niemand kann seine Größe aussprechen, nur er selbst. Es gibt seit dieser Szene durch das ganze Drama hindurch nur zwei Ausdrucksformen Napoleons: den Monolog, auch wenn er im Dialog zum Partner hingesprochen erscheint, und den Befehl. Der Dialog des klassischen Dramas reißt in der Entfremdung der Menschen nebeneinander und gegeneinander ab.

Was der zweite Aufzug darbietet, treibt die Handlung nicht voran, sondern zeigt die vielstimmige Reaktion auf die sich verdichtenden Nachrichten von dem Näherrücken des Kaisers. Wiederum wird in einer sprunghaften Szenenfolge, in der nur die letzte, die eben angedeutete Verschwörung von Fouché und Carnot – jetzt aber mit der Tendenz des Liberalismus gegen Napoleon, nicht mehr im geheimen Bündnis mit ihm – einen neuen Handlungsstrang einzuleiten scheint. Bild wird an Bild gesetzt. Beschleunigter, kürzer, gehetzter als im ersten Akt laufen die Dialoge ab. Die allgemeine Unsicherheit, Erregung und Spannung prägt sich in ihrer Sprache und ihrem Rhythmus aus. Paris wird sich dem neuen Herrn erwartungsvoll öffnen und ihm wehrlos anheimfallen. Die Kraft zum Handeln ist gebrochen, der König, die Prinzen und Minister sind zu klein und zu schwach, um die wiedererstandene Gewalt des Kaisers auch nur zu ahnen; durch den Gegensatz wirkende episierende Bilder spiegeln die Übermacht des Kaisers, in dem sich ein unwiderstehbares Weltgesetz zu verkörpern scheint.

Ein kontrastreicher Wechsel durchläuft diese Szenen: die naive Frühlingsidylle im Jardin des Plantes, die Hoffnung der Veteranen und des Revolutionärs Duchesne, die ahnungsvolle Angst der Herzogin, Hochmut, Leichtsinn und Apathie des Königs und seiner Berater, Furcht der Bürger und die verräterische Berechnung der Liberalen. Die innere Spannung, die den parallelen Szenen des ersten Aufzugs die Intensität, ja eine Übersteigerung bis ins Groteske gab, ist jedoch gedämpft. Die Figur des Duchesne hat an Feuer verloren; die Sprache ist vereinfacht. Die Situation des inneren Aufbegehrens ist beendet; aller Augen sind erwartend auf die nahende Ankunft Napoleons gerichtet. Der Aufzug ist wesentlich kürzer, das Personal ist reduziert. Was hier geschieht, wird im Grunde bedeutungslos vor der alles entscheidenden nahen Gegenwart des Kaisers. Benno von Wiese hat davon gesprochen, wie die Szene II, 1 von Grabbe als Kontrastbild gegen die dramatisch-musikalische Bewegtheit eines von seiner eigenen Dynamik weitergetriebenen Geschichtsgeschehens eingefügt wurde, ein Kontrast, „der die Grenze alles

Geschichtlichen, noch vor Napoleons Untergang, vom Idyllischen aus beleuchtet".[17] Gewiß taucht hier eine Welt außerhalb der Zeitverfallenheit des Geschichtlichen auf: in der Natur, der Unschuld der Blumen, dem Aufstrahlen des Frühlings, der unbekümmerten kreatürlichen Lebens- und Liebesfreude des Mädchens, das den Geliebten aus dem Bann der Politik in ihre Arme ruft. Zugleich kehrt jedoch jene Technik des verdeckten, doppelsinnigen Sprechens zurück, die wir schon I, 1 beobachtet haben. Frühling, das Aufbrechen der Blumen, das Junge, Stürmische, Wilde – dies alles deutet indirekt auf jene Mischung, die sich in dem Geliebten des Mädchens – Bonapartist und Revolutionär zugleich – verkörpert, der für sie alles Mitreißende und Berauschende bedeutet. In der Bruderschaft mit der Revolution erscheint Napoleons Bild auch in der zweiten Szene; von der Revolution, die die regelmäßigen Verse des Racine und der anderen Klassiker nicht mehr anerkennt, ist im Salon der Herzogin die Rede. Fouché und Carnot endlich scheinen in der vierten Szene, welche dem König das Eintreffen Napoleons meldet, in ihren Broschüren auf der Seite der „Königsmörder und der Revolution"[18] zu fechten, und es bedeutet einen wirkungsvollen Höhepunkt dieses durchlaufenden Revolutionsthemas, daß die letzte Szene die beiden ehemaligen Teilhaber am Blutbad der Revolution auf dem Platz der Guillotine vereinigt, in einer düsteren, von blutigen Erinnerungen durchtränkten Atmosphäre, vor deren Drohung die Bürger erzittern. Napoleon erscheint als die Wiederkehr der Revolution, als ein Versprechen ihrer dynamischen Gewalt und ihrer Freiheiten.

Aber in der Gartenszene wird auch ein anderes Thema durchsichtig. „Es geht wohl mit den Herrschern wie mit den Blumen – jedes Jahr neue."[19] Das blutige Spiel der Welt wird vor der hier noch ganz naiven Frage nach seinem Sinnzusammenhang zur Komödie; noch intensiver spricht dies während der Pantomime auf dem Marsfeld der zynische Pessimismus des ehemaligen Revolutionsführers Jouve aus. In anderer Art begegnet diese Dämpfung, die auf das Bild Napoleons und seine Zukunft schon leichte Schatten legt, in II, 4. Napoleon kommt als unwiderstehliche Naturkraft, als der einzige Mann, der das falsche System der Restauration und die hinter ihr lauernde Anarchie überwinden kann. Aber er wird von seinen beiden früheren Ministern nicht als der in II, 1 ersehnte Fortführer der Revolution, sondern als ein Feind der Republikaner erwartet. „Der vertilgte die Freiheit mehr als alle Tyrannen."[20] So bilden Schlußszene und Anfangszene des Aufzuges einen deutli-

[17] Wiese, *Tragödie*, S. 519 (s. Anm. 1).
[18] *Werke*, S. 239.
[19] Ebd., S. 231 f.
[20] Ebd., S. 253.

chen Kontrast. Die Stimme der Politiker überdeckt und korrigiert den Stimmungsenthusiasmus des schlichten Volkes. Und auch die Zeit hat sich geändert. Wird sie mächtiger sein als Napoleon selbst, wird sie ihn zu den Ideen des Liberalismus hinzwingen, wird die Zeit selbst sein Titanentum begrenzt und geschwächt haben? Wird auch seine Wiederkehr glanzloser werden, wie die Wiederkehr der Bourbonen jedes Glanzes entbehrte? Wird er auf die Stimme der Zeit hören, sich ihr als Werkzeug unterwerfen lassen?

Alle diese Szenen der Erwartung, Hoffnung, der Furcht und des Zweifels, der halben Maßregeln und verdeckten Verschwörungen spielen sich ab, während Napoleon, beständig unsichtbar auf der Bühne gegenwärtig, näher und näher kommt. Der Zuschauer hat die Gewalt Napoleons (I, 4) gesehen und vernommen, er durchschaut, wie belanglos, ohnmächtig ist, was jetzt auf der Bühne beredet und beschlossen wird. Er wird in die Spannung der Situation hineingezogen, aber er kann ihr gegenüber auch aus seinem Vorwissen eine ironische Distanz bewahren.

Das Ende des zweiten Aufzugs bedeutet keinen Einschnitt und keinen Ruhepunkt. Das Nebeneinander der Bildszenen greift über seine Grenze hinaus. Die Lage ist verwirrt genug; sie zeigt eine fast chaotische Vielfalt der Gegensätze und Konflikte: Napoleon steht gegen die Bourbonen, die Liberalen und die Alliierten, der König gegen die Republikaner und die Liberalen, gegen Napoleon und das Volk, die Republikaner sind gegen den König und gegen die Alliierten, die Liberalen gegen den König und gegen Napoleon – so verknüpfen und durchkreuzen sich die Kontrastfäden. In der ersten Szene des dritten Aufzugs wird das Bild noch verworrener und undurchsichtiger. Wieder entwickelt sich breit, vielfigurig, in episodischer Dialoggestaltung ein politisches Stimmungsbild. Der Schneidermeister spricht aus, was Grabbe mit dieser Szene beabsichtigt: „Ich sondiere hier nur noch ein bißchen die Stimmung von Paris – es ist der beste Platz dazu.“[21]

Die endgültige Nachricht von Napoleons Nähe erreicht das Volk; die Bourbonenszenen sind beendet und verlaufen sich in der vom Volk höhnisch kommentierten Flucht der königlichen Familie. Die Flucht wird sinnvoll als Pantomime dargestellt; diese Leute haben nichts mehr zu sagen. Ironisch wird die Rede des Königs auf der Bühne nur noch stumm gehalten; so kraftlos-gleichgültig wurde seine Existenz. Ihr Echo im Volk unterstreicht dies. Es entspricht der Groteske, daß nur die Dirnen von Rührung und Mitleid ergriffen sind. Aber das Volk, das den kritischen Kommentar liefert, stellt sich selbst als fragwürdig dar. Ratlos, töricht, jedem Gerücht wehrlos ausgeliefert, eine blinde Menge ohne Willen und Ziel, wird es zum Spielzeug jedes kleinen Mutwillens. Ein Schneidermeister spielt in primitiver Demagogie mit ihm

[21] Ebd., S. 258.

Revolution, um sofort zu erbleichen und die Bourbonen zurückzuwünschen, als die wirkliche Revolution ihr vernichtendes Antlitz zeigt. Das Kleinbürgertum, das dieser Schneidermeister – schon der Beruf ein ironischer Kommentar – vertritt, ist ein charakterloses Objekt der Geschichte; es spielt mit dem Wagnis, solange es sich in Sicherheit und im ergiebigen Verdienst weiß. Aber die Vorstädter aus den Elendsgassen, der vierte Stand, diese „Bestien von Habenichts und Herren von Schlagzu“[22], sind eine gefährlich-gewalthafte politische Realität. Wiederum treibt der Kontrast zu einer mächtigen Steigerung, einer großartigen, dichterisch und szenisch höchst eindrucksvollen Massenszene. Sie macht besonders deutlich, daß Grabbes Dichtertum nicht nur aus dem Wort lebt; es lebt aus allen Wirkungselementen der bewegten Szene, des Mimischen und fast schon Opernhaften, das Gesang, Pantomime, die Choreographie der Massengruppierungen dem Dialog ebenbürtig eingesetzt.

Mit einer elementaren Gewalt brechen die Revolutionäre von einst aus der Verborgenheit ein. Ein blutgieriger Fanatismus, der sich an der gesamten Ordnung des Staates und der Gesellschaft rächen will, wendet sich wie eine anarchische Naturkraft gegen alle und jeden. Im chorischen Gesamt des „Ça ira“ findet diese Masse zu einer starken Stimme zusammen. Aber auch dies ist nur eine Wiederkehr, nur eine Restauration der Revolution. „Und da tragen sie auf den Schultern eine Hure, in ihrer Jugend, als Gott vom Wohlfahrtsausschuß abgesetzt war, Göttin der Vernunft, und jetzt dieselbe noch einmal, aber recht gealtert.“[23] Können diese Besessenen das Fundament für den zurückkehrenden Kaiser sein? Ist Napoleon wirklich der Sohn dieser Entfesselten, die ihn selbst den Verräter nennen? „Bekommen wir den König oder den Kaiser in die Hände, sie gehören beide mit dazu“[24], ruft Jouve seinen Gesellen zu. Aber diese Woge der Vernichtung zerbricht an der Gegenwart des Kaisers. „Paris liegt in seinen Ketten, eh' es ihn nahe ahnte.“[25] Napoleon bändigt den einzigen und gefährlichen Gegner in Frankreich, der ihm an elementarer, sprengender Gewalt ähnlich ist. Er wird Herr der anarchischen Masse durch die Kraft seiner Persönlichkeit, die keiner Hilfen, keiner Bündnisse und selbst Ahnenschaften bedarf. Mit ihm kehrt aber nicht nur die Ordnung des Staates zurück, sondern auch das erscheint sofort wieder, was soeben unter anderen Namen und Wappen in alle Winde zerstob: Kutschen, „voll von Prinzen und Prinzessinnen des kaiserlichen Hauses“. Mit dem Befreier kehrt der neue Herrscher, tyrannischer als der Bourbone, zurück. Der

[22] Ebd., S. 263.
[23] Ebd., S. 264.
[24] Ebd., S. 266.
[25] Ebd., S. 269.

Blutrausch des einstigen Kopfabhackers von Versailles und Avignon Jouve schlägt um in einen höhnischen Zynismus; er wechselt das Gesicht, nimmt die neue Maske, die neue Mode an. Die Mechanik der Geschichte in ihrem sinnlosen Kreislauf der Wiederkehr wird grell in seinem Monolog ausgedrückt. „Der Imperator zurück und in der Mode, solang es dauert. Ich mache sie mit und trage morgen wieder einen eleganten Frack. Die Jakobinermützen überdauern am Ende doch alles.“[26] Dieser pessimistische Zynismus, der nur dem Aufruhr eine Permanenz und den Revolutionen eine Zukunft zuerkennt, hebt die Größe des Kaisers als eine vergängliche Illusion, als ein vergehendes Objekt der Geschichte im Narrenspiel ihrer Komödie auf, welche der Bürger – in der Figur des Krämers – geschäftsgierig und gewissenlos mitspielt, die der Revolutionär mit der noch versteckt in ihm lebenden idealistischen Neigung zum Unbedingten aber in ihrer ganzen Erbärmlichkeit durchschaut und verachtet. Es wäre verfehlt, hier die psychologische Frage zu stellen, ob dieser Umschlag in der Gestalt des Jouve, wie Grabbe sie vorangehend einführte, vorstellbar und begründbar ist. Grabbe, wir müssen es wiederholen, dichtete sein Drama nicht vom Psychologischen her; wesentlich ist hingegen, das Funktionale und Expressive dieser Figur aus dem politischen Kontrastgewebe des Dramas und seiner pessimistischen Auffassung der Geschichte zu verstehen.

Napoleon hat die Macht des Staates, des Hofes, die militärische Ordnung wiederhergestellt. Er hat den Sieg über den ihm in Frankreich gefährlichsten Gegner mit leichter Hand gewonnen. Die Revolution liegt hinter ihm – vor ihm wartet das neue Caesarentum. Jetzt endlich, III, 3, betritt er wieder die Bühne; als ein gewalttätig Handelnder. Ihm gehört die breite letzte Szene des Aufzuges, die Endsteigerung wie I, 4, die alle Entscheidungen in sich rafft. Im Gewirr der Nachrichten verdeutlicht sich die Sprengkraft seiner bloßen Gegenwart: die Bourbonen flüchten wehrlos, der Wiener Kongreß läuft auseinander, Murat ist ein Gefangener schon vor der Schlacht, die Holländer und die Preußen marschieren, England steckt die Kriegsfahne auf. Europa sammelt sich gegen ihn. In einer trotz der vielen episodischen Brechungen klaren Linie hat der dramatische Vorgang bis zu diesem Kulminationspunkt seiner Existenz geführt, der zugleich krisenhaft rückwärts und vorwärts weist. Napoleon fühlt sich als der Revolutionär Europas, als das Genie der rücksichtslosen, allein dem eigenen Gesetz folgenden Tat, getrieben von einem maskenlosen Amoralismus der Macht.

Grabbe gibt die Methode der indirekten Darstellung auf; er schiebt keine Distanz mehr zwischen Bühne und Zuschauer; die Gewalt des Kaisers soll in ihrer vollen Ausstrahlung wirken. Aber eben auf diesem Höhepunkt läßt

[26] Ebd., S. 269.

Grabbe durch die wechselnde Dialogfolge die Grenzen sichtbar werden, an die dies Selbstbewußtsein, diese Allherrschaft stößt. Mit einer flüchtigen elegischen Stimmung blickt Napoleon der vergehenden Zeit in das Angesicht, die ihm viele Freunde tötete oder sie zu Verrätern werden ließ; er wählt seine verschwiegenen Gegner zu Ministern und verweigert ihnen die liberale Verfassung, für die die Zeit reif ist und die sie von ihm erwartet. Seine Wiederkehr bleibt außerhalb der Forderungen und Notwendigkeiten der Zeit. Er kommt als ein Verspäteter, als sein eigener Epigone, und die Forderungen der Geschichtszeit wenden sich gegen ihn. „Die alte Manier, als wäre gar kein Elba gewesen.“[27] Er entfacht den Krieg, nicht weil er ein politisches Recht, eine Notwendigkeit ist, sondern um seiner selbst willen, aus „Eitelkeit“, wie ihm Hortense zu sagen wagt. Er bemächtigt sich der Geschichte, um seinen Eigenwillen zu befriedigen. Die expansive Dynamik der geschichtsschaffenden Persönlichkeit, die aller Bindungen spottet, stößt an die Grenzen, die mit der Zeitlichkeit der Geschichte, mit dem in ihr vorgezeichneten Schicksal dem maßlosen Individualwillen gesetzt sind. Über dem Genie der Tat, das sich aus allen Bindungen befreit hat und aller Ordnung spottet, zeichnet sich das Fatum der Geschichte ab.

So macht diese Szene die Gefahren sichtbar, die ihn von außen und innen bedrohen und sein endgültiges Schicksal vorbereiten. Erwartet man allerdings nach der Dynamik dieses Aktschlusses ein zügiges Vorwärtsdrängen der voll in Bewegung gebrachten, von Konfliktfäden überreich durchzogenen Handlung, wird man durch den Beginn des vierten Aufzuges zunächst enttäuscht. Die Szene auf dem Marsfeld scheint als eine neue historische Reportage die Handlung kaum zu fördern. Ist sie nur eingeschoben worden, um Jouve als Sprachrohr der subjektiven Anschauungen des Dichters die Gelegenheit zu zynischen Glossen, pessimistischen Kommentaren zu geben? Es ist wohl anders: das zweite Grundmotiv des Dramas forderte jetzt, nach der Selbstdarstellung Napoleons, die szenische Aussprache, wenn das innere Gleichgewicht des dramatischen Themas bewahrt bleiben sollte. Die Geschichte wird von Jouve als komödiantisches Narrenspiel entlarvt. Der feierliche, prunkvolle Akt der Vereidigung einer ganzen Nation auf die Verfassung enthüllt sich in seinen Randglossen als ein hohles, dekoratives Theater. Napoleon selbst erscheint wie seine „aufgeputzten“ Begleiter als geckenhafter Schauspieler, seine Majestät ist Maske, und ihre Eitelkeit entspricht versteckt jener Eitelkeit und heuchlerischen Lüge, mit der sich die buhlsüchtige „Dame“ vor Jouve ziert und ihn an sich lockt. Jouves höhnische Menschen- und Weltverachtung nimmt zwischen den heroischen Napoleonszenen III, 3 und IV, 2 eine seit längerem verdeckt vorbereitete thematische Linie wieder

[27] Ebd., S. 280.

auf und knüpft so an die spielerisch-unbewußten Bemerkungen der Gärtnerszene in II, 1 an. „S' ist ja alles Komödie" – auch diese neue Verfassung, die nur das Alte, ja bereits Veraltete wiederbringt. In den Augen des ehemaligen Revolutionärs erscheint Napoleon nur als eine Wiederkehr der Bourbonen mit anderen Gewändern und Parolen, als eine neue Form der ewig gleichen Restauration. Selbst dieser Ausnahmemensch wird unbedeutend in dem mechanischen Gleichmaß ihrer Wiederholungen. Die beiden das Drama durchziehenden Perspektiven des Verhältnisses von Mensch und Weltzustand werden hier pointiert deutlich: das geniale Ich emanzipiert sich von allen Bindungen nicht nur, weil es sich selbst geschaffen hat, sondern auch, weil eine ideelle, überindividuelle Wertsetzung nicht mehr vorhanden ist. Sein Titanismus enthüllt den Verlust an objektiver Sinngebung in der Geschichte. Titanismus und Nihilismus werden zwei Erscheinungsformen der gleichen Grunderfahrung. Das Tatgenie erscheint als Zukunft vor dem Nichtigen, aber es wird zugleich in es hineingezogen.

Die Verachtung eines enttäuschten Idealisten, der in den Worten des Jouve nachlebt, trifft nicht nur die blind und dumm an den Flittern der Lüge hängende Masse, sondern auch den Kaiser. Die Welt erscheint als lügenhaftes Spiel; ihr gewalttätigster, raffiniertester Spieler ist Napoleon. Was sich I, 1 und II, 1 nur andeutete, beherrscht hier die ganze Szene. Grabbes Verfremdungstechnik ist in ihr durch den kritischen Kommentar, die Verbindung von Vordergrundsironie und Hintergrundspathos und die entlarvende Perspektive voll entwickelt. Auch Jouve tritt in die Spaltung sich selbst gegenüber ein. Er schwört mit und weiß genau um das Sinnleere und Lügnerische seines Eides. Was einen religiös-unbedingten Gehalt haben sollte, wird dem Augenblicksspiel der Frivolität, der Gedankenlosigkeit und der theatralischen Täuschung preisgegeben. „Fünfmalhunderttausend Meineidige, mich selbst mit eingeschlossen, ohne daß ein Blitz sie fällt, sind doch eine interessante Erscheinung! Was haben wir nicht alles beschworen und gebrochen, die erste, die zweite, die dritte Konstitution, die Satzungen Napoleons, die Charte des Bourbons –."[28] Wir erinnern an die Vordeutung dieses Themas in II, 1. Es gewinnt jetzt ein erbittertes Pathos. „Ob nicht im unerforschten Innern der Erde schwarze Höllenlegionen lauern und endlich einmal an das Licht brechen, um all den Schandflitter der Oberfläche zu vernichten? Oder ob nicht einmal Kometen mit feuerroten, zu Berge stehenden Haaren – Doch was sollten unsre Albernheiten, was sollte ein elendes, der Verwesung entgegentaumelndes Gewimmel, wie dieser Haufen, Erdentiefen oder Sternhöhen empören?" Der Pathetiker dieser Worte ergibt sich mit zynischer Gleichgül-

[28] Ebd., S. 288.

tigkeit dem Zustand der Welt. „Kommen Sie, Madame." Das Karussell dreht sich weiter.

Der Napoleon, der nach dieser Szene in IV, 2 auftritt, muß dem Zuschauer in einem veränderten Licht erscheinen. Glanz und Legitimation seines Machtwillens sind ins Fragwürdige geraten. Hinter ihm wartet keine Idee mehr, keine Mission für die Zukunft; er lebt und herrscht aus der Dämonie der Maßlosigkeit. Nicht zufällig setzt sich IV, 2 das Gespräch zwischen dem Kaiser und Hortense fort, die mahnt und warnt. Die Liebe, die Erinnerung an den Tod, der Gedanke an eine Flucht – sie sollen ihn in den Grenzen des Menschlichen zurückhalten, die er bereits überschritten hat. „Napoleon aber kann nicht flüchten, kann sich nicht verstecken. Ist er nicht vernichtet oder nicht behütet wie Feuer, so stürzt Europa zürnend oder liebend ihm nach."[29] Eine innere Gewalt reißt ihn vorwärts; der Größe seiner politischen Visionen entspricht die Größe seines Wollens. Dieser Titan spielt auf der höchsten Ebene, nicht mit Masken und mit Eiden – darin erfolgt die perspektivische Umlenkung gegenüber IV, 1 –, sondern mit Ländern, mit der Welt.

Der Kampf mit den Alliierten beginnt. Das Epochenbild, szenische Biographie des Kaisers, wird zum Schlachtendrama. In ihm werden die Raffungen noch kühner, die episodischen Kontraste noch betonter, die Ablösungen von einem Bühnen-„Realismus", der sich an die Grenzen der zeitlich-räumlichen Wirklichkeit hält, noch radikaler. So entsteht ein szenisches Panorama, in dem alles möglichst gleichzeitig, als Ganzheit *eines* Ablaufs übersehbar werden soll. Es hilft wenig zum Verständnis des Aufbaus des Dramas, wenn man die kriegerischen Vorgänge, die Grabbe jetzt teils genrehaft ausmalend, teils in gehetztem Tempo über die Bühne laufen läßt, an den realhistorischen Tatsachen mißt, wie es ausführlich, aus dem Mißverständnis eines Fakten-„Realismus" heraus, F. J. Schneider[30] getan hat. Wesentlich ist die dramatische Durchbildung; die Dynamisierung der Vorgänge, ihre expressive Verdichtung, die Ballung explosiver Augenblicke, der Wechsel durcheinanderwirbelnder Stimmungslagen, die Pathetik der Steigerungen und Verkürzungen. Ähnliches hat später die Simultantechnik des expressionistischen Dramas versucht und erst der Film erreicht. Was in dem Guckkasten der Szene I, 1 nur gemalt war – „Da schauen Sie die große Schlacht an der Moskawa – Hier Bonaparte ... Und da, meine Herren und Damen, erblicken Sie den großen, edlen Feldmarschall Kutusow usw.", soll jetzt zur theatralisch-sinnlichen, in ihre Spannungen hinein-reißenden Anschauung werden. Der Krieg ist das gefährlichste Spiel – es geht um Leben oder Tod, Alles oder Nichts. Napoleon kämpft nicht nur gegen Staaten, sondern gegen Völker – dies wird

[29] Ebd., S. 290.
[30] F. J. Schneider, *Chr. D. Grabbe*, München 1934, S. 267f.

auch in der Charakteristik der schottischen Regimenter, die mit ihren uralten Kampfliedern in die Schlacht ziehen, sichtbar –; er kämpft, im Falle Preußens, gegen die eine neue Zeit ankündigende Idee der nationalen Freiheit. Auch im französischen Volk wurde diese Idee lebendig, und sie ließ geheime Gegenkräfte gegen den Kaiser wirksam werden; wenn sie auch zu schwach waren, um sich zu dramatischen Handlungslinien zu verdichten.

Nicht geistige Entscheidungen bestimmen den Ablauf des Schlachtendramas, sondern Fortuna regiert, wobei sich Tatkraft und Kriegskunst bis kurz vor dem Ende gleichgewichtig verteilen. Aber ein inneres Thema bleibt stets gegenwärtig. Der einsamen, in sich selbst ruhenden Größe Napoleons tritt in den Preußen, die im Gegensatz zu den Franzosen gruppenhaft als Gemeinschaft zusammengefügt sind, ein Volk gegenüber; und auch Blücher, den man wiederholt als gleichbürtigen Gegenspieler gegen Napoleon in diesen Kampfszenen aufgefaßt hat, ist nur ein Exponent dieses Volkes, seiner in einer Persönlichkeit konzentrierten Energie und Tapferkeit. Grabbe wählte auch hier wiederholt einen enthüllenden Stil der ironischen Sachlichkeit, den er bis in das Groteske steigerte. Er parodiert das Heldische (IV, 4), ohne es auszuschließen (V, 2). „Was hilfts aber! Ich bin im Tumult und kann nicht hinaus. – Und am Ende sind die Franzosen hinter der Königsmauer schlimmer als die hinter uns.“[31] Hortense gab, als Napoleon von dem „Feld der Ehre“ sprach, das Stichwort vom „Feld der Eitelkeit“; Blücher, dieser Soldat der Soldaten, bezeichnet den Krieg als eine schmerzliche Notwendigkeit. „Es ist doch alles Kreuz, Jammer und Elend, aber das beste Kreuz ist doch immer das des Königs.“[32] Nur innerhalb der bitteren Notwendigkeit, der man sich nicht entziehen kann, erscheint kriegerisches Handeln und Opfern als sinnvoll. Auch in diesen Szenen bedient sich Grabbe der Mittel des Kontrasts; das preußische Heer schleppt viel Menschliches-Allzumenschliches mit sich: neben das Heldenhaft-Idealistische tritt das Kleinmütige, neben das Mannhafte die Karikatur des Soldaten, den die Geschichte wehrlos in ihr Getümmel hineinwirft. Grabbe zeichnet in den Berlinern, dem Schlesier, dem Juden Typen, nicht Individuen, in denen sich die Mannigfaltigkeit möglicher menschlicher Stimmungslagen auf historischem Grunde darstellt. Er führt durch diese komischen, vom Naturalistischen in das Groteske spielenden Intermezzi, die viel der Anregung durch Shakespeare verdanken, das Pathos des Kriegerischen auf ein rechtes Maß an innerer Lebenswahrheit zurück. Er dämpft auch das Pathos der nationalen Freiheitsidee, ohne ihre Macht zu verleugnen. Allerdings wird deren Leuchtkraft nur im Rückblick ungebrochen sichtbar –; auch der Enthusiasmus der jungen preußischen Freiheitskämpfer hat die

[31] *Werke*, S. 331 f.
[32] Ebd., S. 297.

Macht des Zeithaften und ihre Desillusionen erfahren. Der Klang der großen Worte (IV, 5) ist in der Enttäuschung der Gegenwart erstickt.

Grabbe hat diese Depression der demokratisch-nationalen Begeisterung aus der politischen Perspektive von 1830 eingeführt, ohne sich wesentlich von der historischen Wahrheit zu entfernen. Er hat aber diesen Rückschlag durch die Wendung aufgefangen, wonach in diesen Männern die Bereitschaft lebendig bleibt, für eine Idee zu kämpfen und sie mit einem in die Zukunft hinüberwachsenden Sinn zu erfüllen. Der Schicksalstrotz Napoleons vor der Massierung seiner Feinde, seine Bereitschaft zum Spiel um die Welt blieb begrenzt auf den Titanismus seines Eigenwillens; die kriegerisch-nationale Schicksalsbereitschaft der Preußen verwirklicht einen das einzelne Ich unterordnenden Wertgedanken, auch wenn ihn die Relativität des Zeithaft-Geschichtlichen bricht und lähmt. Der Abend vor der Schlacht um die Entscheidung (IV, 5) wird zur Erinnerungsfeier an das Jahr 1813, seinen Enthusiasmus, seine Helden und Toten; aber diese Erinnerung bleibt nicht nur Elegie des Vergangenseins, sie ist nicht ganz von der Enttäuschung und dem Versagen der Gegenwart ausgelöscht, sondern sie ist als Impuls noch in der Gegenwart und durch sie zur Zukunft hinein wirksam, so ungewiß und verschattet diese auch erscheint. In den Preußen bewahrt die Geschichte ein Ziel, das vielleicht jedoch nur ein Traum ist. Der Auftritt zwischen Blücher und den französischen Überläufern verdeutlicht, wie diese vaterländische Sinngebung des Kampfes auch das Haupt der Armee lenkt und eine lebendige Einheit vom Füsilier bis zum Feldmarschall bildet, die in dem Gemüthaften, Derben, Humorigen und Kameradschaftlichen, kurz, in dem gleichen Volksgrund die Grundlage hat.

Die Spannung steigert sich in den folgenden Szenen. Grabbe gelingt es, dem Zuschauer jene zunehmende Erregung mitzuteilen, welche die französischen Soldaten angesichts des schlafenden Napoleon bewegt (IV, 6). Mit der ihm eigentümlichen Vorbereitungstechnik ließ Grabbe schon III, 3 aus dem Munde des Kaisers den Namen des „braven jungen Mannes“ fallen, der sich jetzt, in letzter Stunde vor dem Kampf der Völker, zum Anwalt des jungen Zeitgeistes, des Volkes, der „freisinnigen Zeit“ macht. In der Marseillaise, die aus der Ferne herübertönt, gewinnt dies Volk Stimme, das für den Kaiser kämpfen wird und das dafür die Anerkennung seiner Rechte verlangt. Dieses Lied ertönt wie ein mahnender Chor, vielleicht auch wie eine Drohung. „Der Kaiser liebt die Marseillaise nicht“[33], sagt Cambronne. Die Stimme des Volkes wird verboten. Zwang und Härte der militärischen Diktatur versuchen vergeblich die Stimmen der Zukunft zu ersticken; Napoleon setzt sich selbst

[33] Ebd., S. 313.

als das einzige Gesetz. „Da gibt es keinen anderen Liberalismus, als *ihm* zu gehorchen, keinen anderen Geist als den *seinigen*, keine anderen Gefechte als die à la Kairo, Austerlitz, Jena und der Moskwa“[34], akzentuiert Cambronne. Das seit I, 1 immer erneut auftauchende Grundthema des Konflikts zwischen der despotischen Gewalt Napoleons und dem revolutionären Zeitgeist, der von ihm die Bereitschaft zur Wandlung erwartet, kehrt in genauer Antithese zu IV, 5 wieder. Bertrands Worte überdecken mit ihrem Trost zur möglichen Zukunft hin den sich andeutenden Konflikt. Die Entscheidung fällt auf dem Schlachtfeld; vor Napoleons siegestrunkenem Auge erglänzen erneut die Kuppeln von Moskau. Wird es dieses Zurück zu dem, was einst abbrach, geben? Wird Napoleon auch die Macht der Zeit überwinden? „Er kann die Welt eher umgestalten als die Welt ihn“[35], hatte Bertrand gesagt. Der Zuschauer, der das Ende des Kaisers vorausweiß, muß dieses maßlos gesteigerte Selbstvertrauen, diese Hybris erneut wie eine tiefe Ironie empfinden. Der Gegensatz zwischen der Illusion des szenischen Augenblicks und der sich nähernden Wirklichkeit der Geschichte klafft weit auf, er enthüllt das Irrationale, das Unheimliche des geschichtlichen Daseins.

Wiederum setzt sich die erste Szene des fünften Aufzuges dieser Endszene des vierten Aufzuges mit scharfem Kontrast entgegen. Von der Todesahnung des braunschweigischen Herzogs her wird das Leichtfertige, ja fast Gespenstische des Tanzfestes, das Wellington prunkvoll seinen Offizieren gibt, grell unterstrichen. Neben die geladen-harte Atmosphäre der Napoleonischen Armee und die idealistisch-mannhafte Stimmung in Preußen tritt, nicht ohne aktuell-polemische Pointierung durch den Dichter, der gesellschaftliche Glanz und die hochmütig-leichtsinnige Selbstsicherheit der Engländer. Das Gezierte, Künstliche dieser Dialoge, erotisch-galanten Gruppierungen und ihrer Gestik verstärkt das Bewußtsein des Illusionären, das vor der Wirklichkeit der Geschichte ins Nichtige zerfällt. Auch dies Fest ist ein Spiel, ganz dicht an der Gefahr, Sieg und Leben zu verlieren. In den Farbenglanz des Balles wird das Nächtliche von Krieg und Tod eingemischt, das schließlich diesen Prunk auseinanderbrechen läßt. Der Versuch, das Geschehen von der Einzelfigur, vom Gedanklich-Geistigen abzulösen und in ihm das Massenhafte, das weit mehr aus dem Sinnlich-Emotionalen spürbar wird, zu vergegenwärtigen, führt das Drama hier wie in den folgenden Szenen dazu, Mittel der Oper, die musikalisch und mimisch im Chorischen liegen, stark einzubeziehen. Grabbe befand sich damit im Zuge einer allgemeinen Entwicklungstendenz des Dramas im 19. Jahrhundert. Der Ästhetiker F. Th. Vischer sah

[34] Ebd., S. 313.
[35] Ebd., S. 314.

richtig, daß der Schwund an geistiger Durchbildung des Dramas zur Oper führe, in der sich die Gesetze der klassischen Dramaturgie von Grund auf verändern.

Die folgenden vier Szenen lösen die Gesetze, ja die Grenzen der Bühne völlig auf. Das gemalte Panorama, das I, 1, vorgeführt wurde, ist als mimisches Bewegungsspiel unmittelbar in Bühnenhandlung verwandelt worden. Von wechselnden Positionen aus – der preußische Rückzug, die englische Vorhut, die englische Hauptmacht und Wellingtons Kommandozentrale, dann Napoleons Standpunkt und Überblick – soll eine Gesamtanschauung des räumlichen Aktionsbildes in seinen wechselnden Spannungsphasen zwischen Vordergrund und Hintergrund gegeben werden. Es handelt sich um eine Reihung von Raumbild-Szenen, die trotz ihrer Dynamik episch-illustrativ bestimmt sind. Grabbe scheint hier in der Isolierung des Episodischen, in der sprunghaften Folge sich verändernder Ausschnitte, in Überblendungen, die sich von den Grenzen des Räumlichen und Zeitlichen ablösen, auf die Mittel des Films vorzugreifen. Das Einzelne, Teilhafte verselbständigt sich; den Zusammenhang halten nur kommentierende Dialoge künstlich aufrecht. Der Anfang der zweiten Szene macht die Tendenz zum Anekdotisch-Illustrativen des Momentbildes besonders deutlich. Er überhöht darin, ähnlich der Pariser Revolutionsszene III, 1, die Wirklichkeitszüge ins Groteske und ordnet dem Pathos des Geschehens das Komische und das Grausam-Blutige zu, um den ins Sinnlose treibenden Weltwiderspruch auszudrükken. „Eh, Freigelassener, was tragisch ist, ist auch lustig, und umgekehrt. Hab' ich doch oft in Tragödien gelacht und bin in Komödien fast gerührt worden"[36], sagt der ältere Scipio in *Hannibal* zu Terenz. Das Groteske, das auf Wedekind und Brecht vorausweist, wird allerdings dem sozial unteren Bereich zugewiesen, wo der Mensch nur Objekt der Geschichte bleibt: der Berliner, der Jude wie später der Milhaudsche Kürassier (V, 4) und V, 5 der Pächter neben Napoleon. In III, 1 wird es zu einem sprechenden, funktionalen Bestandteil der Szene; in V, 2 isoliert es sich anekdotisch auf einzelne Figuren, auf das Individuelle, Lokale; es fällt als für das ganze Geschehen sinntragend heraus. „Alle innere Gehobenheit und aller pathetischer Ernst geht ihm da mit einemmal in die Brüche, und unter den Händen verwandeln sich ihm die lebenden Gestalten zu karikaturistischen Holzfiguren eines possenreißenden Puppenspiels"[37], sagt F. J. Schneider.

Dem großen Spieler um Europa hat sich inmitten des Kreises verschworener Männer, die Grabbe in den letzten Szenen immer dichter um ihn geschart hat, das Glück versagt. Der Zufall der Geschichte hat gegen Napoleon ent-

[36] Ebd., S. 30.
[37] Schneider (s. Anm. 30), S. 272.

schieden, er wird *sein* Opfer, nicht nur seiner zahlreichen Gegner und der sich in ihnen gegen ihn erhebenden gesellschaftlichen Geschichtskräfte.

„Verräterei, Zufall und Mißgeschick machen das tapferste Heer furchtsamer als ein Kind. – Es ist aus.“[38]

So hat das Drama eigentlich keinen Schluß; er wird von der Geschichte selbst bestimmt. Indem Grabbe die Form des Dramas öffnet und die Bewegung der Geschichte in der Zeit in es aufnimmt, die keine Resultate, kein Ende kennt, verzichtet er darauf, das Ende aus der dramatischen Anlage des Charakters und dem inneren Gesetz des Formtypus zu gewinnen. Napoleons Prophetie deutet in die ferne Zukunft; damit wird auf „realistische“ Art der ästhetisch abgegrenzte Raum der Dichtung und der Bühne gesprengt, der Rahmen wird zur Realität der Geschichte hin erweitert. Es sind die Zuschauer, welche die Geschichte weiterleben werden. So wird die enge Beziehung zum Zuschauer, die diesem dramatischen Stil innewohnt, nochmals deutlich.

III

Hat sich in Napoleons Schicksal eine Tragödie vollzogen? Die Fatalität des Geschichtsverlaufes hebt das Tragische im reinen und strengen Sinne der klassischen Tragödiendichtung auf. Das zufällige Unglück, das trotz des Widerstandes wehrlos macht, bildet keine Grundlage des Tragischen. Man hat gemeint, diese Tragik liege in Napoleon selbst, in dem Scheitern seines titanischen Willens, sich in der Tat zu verwirklichen. Aber dem widerspricht, daß Napoleon ein inneres Zusammenbrechen nicht kennt; er bleibt im Selbstgefühl seiner Größe und seiner geschichtlichen Sendung, das sich heroisch und verächtlich über den Zufall des Weltlaufs hinwegsetzt, unbesiegbar und ungebrochen. „General, mein Glück fällt – Ich falle nicht.“[39] Gegenüber dem sinnlos erscheinenden Glücksspiel des Zufalls hält sich der titanische Wille des großen Ich unverstörbar als Sinn und Wert fest. Er bleibt im Trotz seiner Selbstbehauptung frei und ungebeugt, er erkennt das Schicksal nicht an, auch wenn er ihm weichen muß. Was sich in der Subjektivität dieses Selbstgefühls ausspricht, wird in Napoleons Zukunftsprophetie durch Grabbe in die Objektivität eines Geschichtsgesetzes gesteigert, das sich als Überpersönliches in ihm verkörpern soll. Die Wirklichkeit aber hat den subjektiven Traum des Tatmenschen vernichtet: sein Unglück läßt erneut die Erbärmlichkeit des Weltzustandes frei. „Da stürzen die feindlichen Truppen siegjubelnd heran, wähnen die Tyrannei vertrieben, den ewigen Frieden erobert, die goldne Zeit

[38] *Werke*, S. 361.
[39] Ebd., S. 362.

rückgeführt zu haben. – Die Armen! Statt eines großen Tyrannen, wie sie mich zu nennen belieben, werden sie bald lauter kleine besitzen – statt ihnen ewigen Frieden zu geben, wird man sie in einen ewigen Geistesschlaf einzulullen versuchen – statt der goldenen Zeit wird eine sehr irdene, zerbröckliche kommen, voll Halbheit, albernen Lugs und Tandes, – ..." Im Blick auf die Zukunft wird der Sieg der Gegenmächte zur Täuschung; Grabbes Pessimismus angesichts der zeitgenössischen Restauration, in der sich das Alte wieder stabilisiert, umfaßt den ganzen Geschichtsverlauf und den in ihm sich darstellenden Weltzustand. Er scheint dem sinnleeren Kreislauf der Wiederkehr preisgegeben zu sein, der kein Ziel, nur das Auf und Ab in einer nicht abreißenden Reihung in der Zeit kennt. Zwar deutet sich mit dem Pathos des Finale, das der Formtypus des Dramas zu verlangen schien, in Napoleons Prophetie der Wiederkehr der Revolution und seines Kaisertums ein überzeitliches, einen dauernden Wert verwirklichendes Ziel an. Doch es handelt sich hier nur um eine Art von romantisch-utopischem Postulat, das über das, was in dem Drama soeben als Verlauf der tatsächlichen Geschichtswelt vorging, hinwegspricht, nicht seine Konsequenz, sondern eher den Gegensatz zu ihm verkündigt. Es ist offensichtlich, wie sich das an Hegel anklingende Wort vom „Weltgeist" zugleich von dessen Geschichtsphilosophie des dialektischen Vernunftfortschritts zum Absoluten entfernt. Weltgeist – dies meint hier nicht den objektiven Geist als Ziel der Geschichte, der den großen Menschen seine Sendung erfüllen und mit ihr vergehen läßt. Sondern dies meint eine irrationale Kraft, einen unfaßbaren Willen, der sich als Dynamis der Geschichte im Wechsel ihrer Phasen erweist und sich jeweils als der drängende, fordernde Zeitgeist verwirklicht. Mit dem Untergang Napoleons sinkt der Weltzustand erneut „in einen ewigen Geistesschlaf" zurück, bis ihn sprengende Gewalten wie diese Revolution, dieses Kaisertum erneut vorwärtsreißen werden.

Wird, so muß man fragen, nicht auch diese Wiederkehr von neuem scheitern, wie die Revolution durch Napoleon endete, wie der Kaiser durch die Alliierten besiegt wurde und wie Blücher den Idealisten des preußischen Freiheitskampfes auch nur eine enttäuschte Zukunft zu prophezeien vermag? Geht nicht das „Schicksalsrad" über alle und alles hinweg? Der Glaube an den geschichtsschaffenden Sinn und die Dauer des Revolutionär-Großen, den Grabbe aus Napoleons Prophetie sprechen läßt, kann nicht den Geschichtspessimismus überdecken, der das Drama durchzieht, nicht die Fatalität des realen Geschichtsverlaufes verbergen, die Episode auf Episode folgen läßt, nur Ablösungen kennt, die sich gegenseitig vielleicht bis ins Unendliche aufheben. Das große grausame Spiel der Welt, das Kleines wie Großes in das Nichtige hineinreißt, den Helden fällt, die Schwachen vegetieren läßt, bleibt undurchschaubar; das Drama endet in einer Resignation, die nicht den Glauben an die Geschichtskraft des Großen aufgibt, aber vor der Frage nach dem es übersteigenden objektiven Geschichtssinn verstummt. Das Heroisch-Große wird als Wert behauptet; es geht, zum Subjektivistisch-Maßlosen gesteigert – („das Ungeheure überstürzt am leichtesten")[40] – an dem objektiven Weltzustand, aus dessen Bedingtheit es sich nicht zu lösen vermag, wie immer es ihn umschaffen will, zugrunde. Napoleon ist auf die Geschichte zur Selbstverwirklichung seiner Größe angewiesen, er wird zugleich aus ihr verstoßen. So enthüllt sich die merkwürdige Paradoxie: die geschichtliche Welt negiert den titanischen Menschen der Tat, dessen sie aber als „lebendige" Geschichte bedarf.

Im Zwiespältigen dieses Schlusses spiegelt sich das Unsicher-Widerspruchsvolle der Geschichts- und Weltanschauung Grabbes und der Restaurationsperiode. Titanismus und Nihilismus, Entwicklungsglaube und Entwicklungspessimismus, Entwicklungstragik und Schicksalstragik, Heldenverehrung und Zerstörung des Heldenbildes, Revolution und Diktatur, die Verkettung von Hybris und Nemesis auf der einen Seite, der Amoralismus des geschichtlichen Tatmenschentums auf der anderen Seite, heroisch-tragischer Subjektivismus der starken Persönlichkeit und das Recht zum Freiheitsanspruch des National-Kollektiven, die Bewunderung des Tyrannisch-Gewalthaften und ein human-moralischer Liberalismus stehen hier verwirrend ungeschieden, als in sich verflochtene und sich gegenseitig herausfordernde Tendenzen nebeneinander. Sie spiegeln die Geschichtserfahrung des Jahrhunderts zwischen Hegel und Burckhardt, Schopenhauer und Nietzsche.

Das historische Drama wird im *Napoleon* zur Maske des politisch-sozialen Dramas. Das Ereignis Napoleon war 1829/30 noch lebendige Gegenwart. Es wurde durch die Julirevolution 1830 weiterhin aktualisiert. Napoleon löste die Massenbewegungen aus, aber sie stellten sich gegen ihn. Er trieb die Revolution weiter, aber sie wandte sich auch gegen ihn. Die Bewegung war stärker als ihr Beweger, das Kollektive wächst über den einzelnen hinaus. Wiederum zeigt sich, wie zum eigentlichen Inhalt des Napoleondramas die gärende, treibende revolutionäre Zeit, die in ihr sich verkörpernde kollektive Geschichte und deren „Geist" wird. Napoleon ist nur das Fähnlein am Maste. „Nicht er, die Revolution lebt noch in Europa ... Nicht er, seine Geschichte ist groß."[41] Grabbe tat sich nicht wenig darauf zugute, in welchem Umfang er in dem Drama kommende Ereignisse vorausgesagt habe.[42] Der durch die Geschichte ein Weltverständnis suchende Dramatiker schilderte nicht nur ihre

[40] Ebd., S. 346.
[41] *Briefe*, S. 289.
[42] Ebd., S. 294, 298, 301, 303, 306f., 320 u.ö.

Wirklichkeit in ihrer Doppelheit des zufällig Faktischen und des sie bewirkenden „Weltgeistes", sondern er fühlte sich in ihr als Dichter selbst mitten darin. Dies hob die Distanz zwischen dem Gegenstand und dem Künstler auf, ließ ihm keinen Abstand mehr, sie von einem festen Ruhepunkt aus zu deuten, erhöhte zugleich die Forderung an ihn, durch das Individuelle, Zufällige und Widerspruchsvolle des Wirklichkeitsstoffes hindurch einen objektiven, wahren „Geist der Geschichte"[43] zu enträtseln. Die scheinbar durch die zeitliche Nähe gesicherte dramatische Objektivität erwies sich angesichts des Einbruchs und des Sich-Überkreuzens widerspruchsvoller Tendenzen als eine Illusion. Indem er sein Drama in die gegenwärtige Geschichtszeit stellte, unterwarf er es ihren widerspruchsvollen, wandelbaren, im Grunde eben doch als ‚Objektives' unfaßbaren Tendenzen.

Wertet man dies Drama von der klassischen Ästhetik und Dramaturgie her, so erscheint hier ein auseinanderbrechender, an die Sprünge des Balladesken erinnernder Formzerfall. Blickt man jedoch von den Verwandlungen des Dramas seit dem Ende des 19. Jahrhunderts bis zu der gegenwärtigen Umgestaltung von Form und Spiel zu Grabbe zurück, so erkennt man in ihm einen genialischen, kühn vorausgreifenden, neue Ausdrucksmittel erprobenden Vorläufer. Sein Drama ist nicht auf eine Gesetzlichkeit der ästhetischen „Struktur" gerichtet, sondern auf die Demaskierung der Kontraste, einen Wechsel der Perspektiven, der eine andere Totalität anstrebt: die Totalität eines zerspaltenen Weltzustandes. Ironie und Pathos, Karikatur und Erhabenheit des Titanischen, Masse und Einsamkeit des einzelnen, kritischer Kommentar und mitreißende Emotion, Burleske und Katastrophe, Genrehaft-Idyllisches und alle Grenzen sprengende Dynamik, Erbärmliches und Gewaltiges, Satire und Oper, episierende Illustration und explosive Theatralik, Naturalismus und komödiantische Stilisierung in das Marionettenhafte sind in dieser Tragikomödie der Weltgeschichte zusammengezwungen. Das Ironisch-Diffuse der Kontraste wird zum Bauprinzip des Dramas bis in die Gegensatzspannungen der einzelnen Szenen hinein. Gewiß konnte Grabbe Vorformen dieses Stils bei Shakespeare, im Sturm und Drang, in dramatischen Dichtungen der Romantik finden. Aber neu ist, wie er, was dort im Episodischen blieb, zum Formprinzip des politischen Dramas und seiner Geschichtserfahrung machte. Und es ist wesentlich, wie er im Gegensatz zum klassischen Drama, das sich hauptsächlich aus dem Wortzusammenhang des Dialogs aufbaute, dem Theater seine mimisch-sinnlichen Wirkungsmittel zurückgab: als Pantomime, Chor, Musik, gestische Handlung, Sprache des Raumes und der in ihm sich ballenden und ablösenden Gruppierungen. Das Wort wird nur ein dramatisches Mittel unter anderen. Diese

[43] *Werke,* S. 184.

Sprache ist szenische Rede, von da aus bis in ihre Rhythmisierung bestimmt. Ihre Prosa hat in solcher dramatischen Spannung zum Knappen, Bewegten, Pointierten, Explosiven und pathetisch oder vulgär-karikaturistisch Stilisierten eine eigene Prägung gefunden; nicht jedoch in ihrem dichterischen Bestande. Grabbes neue Form bedient sich – ähnliches läßt sich an Hebbels Dramen von der *Judith* bis zur *Maria Magdalene*, zum *Trauerspiel in Sizilien* und der *Julia* beobachten – einer vorgeprägten, vielfach abgebrauchten Sprache, der durch rhetorische Steigerungen wenig Neugewinn zuwächst. Nur in den Volksszenen, ihrem Witz und ihrer Derbheit, gelang ihm der Griff in ein noch unerschöpftes Sprachreservoir. Sein dramatisches Dichtertum muß als Einheit von Wort und Bühnenspiel verstanden werden, dessen mimisch-sinnlicher, dynamischer Ausdruck ersetzte, was dem Wort abging.

Nachweis der Erstveröffentlichungen

Christian Weise: *Masaniello* – Lehrstück und Trauerspiel der Geschichte. In: Orbis Litterarum XXV, H. 1–2, 1970 (Festschrift für Erik Lunding)

Die Poetik des Dramas im Sturm und Drang. In: Deutsche Dramentheorien, hrsg. von Reinhold Grimm, Bd. 1, Athenäum Verlag: Frankfurt a. M. 1971

J. R. M. Lenz: *Anmerkungen übers Theater.* In: Jahrbuch der Deutschen Schillergesellschaft, XIV, 1970

Goethes *Götz von Berlichingen* – Charakterdrama und Gesellschaftsdrama. In: Dichter und Leser. Studien zur Literatur (Festschrift für G. Teesing), Wolters-Nordhoff: Groningen 1972

Die feindlichen Brüder. Zum Problem des gesellschaftskritischen Dramas von J. A. Leisewitz, F. M. Klinger und F. Schiller. In: Jahrbuch der Deutschen Schillergesellschaft, XVI, 1972

Die treuen Diener ihrer Herrn. Zu F. M. Klinger und F. Grillparzer. In: Jahrbuch der Grillparzer-Gesellschaft, 3. Folge, Bd. 12, 1976

Erzählte Szene, stummes Spiel. Zum Siebenten Brief des Barons von F... in Schillers *Der Geisterseher.* In: Untersuchungen zur Literatur als Geschichte (Festschrift für Benno von Wiese), Erich Schmidt Verlag: Berlin 1973

Schillers Abschiedsszenen. In: Über Literatur und Geschichte (Festschrift für Gerhard Storz), hrsg. von B. Hüppauf, D. Sternberger, Athenäum Verlag: Frankfurt a. M. 1973

Schiller: *Wilhelm Tell,* der ästhetische Staat und der ästhetische Mensch. In: Der Deutschunterricht, Jahrgang 12, 1960

Schiller: *Demetrius.* Usurpation und Legalität. In: Schiller, hrsg. von Walter Hinderer, Reclam Verlag: Stuttgart 1979

Chr. D. Grabbe: *Napoleon oder die hundert Tage.* In: Das deutsche Drama, hrsg. von Benno v. Wiese, Bd. 2, Verlag Bagel: Düsseldorf 1958